翻刻 明月記 三

自 安貞元年
至 嘉禎元年

冷泉家時雨亭叢書 別巻四

朝日新聞社

編集　公益財団法人冷泉家時雨亭文庫

目次

凡例

一、本巻には安貞元年（嘉禄三　一二二七）から嘉禎元年（文暦二　一二三五）までを収めた。

一、底本は可能な限り藤原定家自筆本を用いたが、自筆本が不明の場合は写本を用いた。底本の替わり目では、◇印で底本を記した。底本表記の下に記した（　）内の数字は、巻末「底本一覧」の通し番号と共通である。底本については、「底本一覧」および「解題」もあわせ参照されたい。

一、自筆本を底本に採用したものの虫損等のため判読しがたい場合で、慶長年間（一五九六―一六一五）に徳川家康の命によって書写された内閣文庫蔵『明月記』（全六十四冊、国立公文書館函架番号特九七―一＝以下「慶長本」と呼ぶ）により補うことが適当と判断した箇所では、〔　〕で慶長本を傍記した。

一、冷泉家時雨亭文庫には、享保年間（一七一六―三六）に冷泉家第十四代為久（一六八六―一七四一）が書写した精巧な副本（以下「為久本」と呼ぶ）が蔵されていて、自筆本が虫損などで破損される前の姿を伝える箇所もある。自筆本や慶長本を為久本により補うことが適当と判断した箇所では［　］で為久本を傍記した。為久本が判読に迷って「〇歟」と傍記している箇所は「［〇歟］」と表記した。

一、写本で見せ消ちによる訂正がなされている場合、原則として訂正後の形で翻刻した。

一、底本の判読不能箇所を、「慶長本」「為久本」でも補いえず、東山御文庫本あるいは『明月記　徳大寺家本』（ゆまに書房より影印刊行）あるいは二条良基編『日次記』で補った箇所もある。それぞれ（＝㊐）（＝㊉）（＝㊐）の形で傍記した。

一、自筆本以外で、底本の書写者が判読できずに文字の形をなぞり書きし、「〇歟」などと傍記している場合、なぞり書きによって判読可能であれば傍記の翻刻はしていない。

一、使用文字は常用漢字を原則とし、常用漢字にない文字は正字を用いた。異体字・俗字の類も原則として常用漢字または正字に改めた。

ただし、以下の文字は使用した。

况　ム（某）　吊（弔）　兕　尪　厩　岑　峯　廻　弃　恠　惣　栢　猨　薗　謌　豫（あらかじめの意）　躰　輙

閇（「反閇」の場合のみ）　駈　龍　愍　欝　剱　莚　錺

一、翻刻にあたって、文字の大きさは、本行9ポイント、傍記6ポイント、割書などは7ポイントを原則とした。

一、割書内の改行箇所をはじめ、なるべく底本の体裁をとどめることにつとめたが、組版の都合上、底本の体裁を踏襲できなかった箇所もある。

一、断簡として伝存している記事については、前欠・後欠は（前欠）（後欠）で示したが、内容や料紙の余白などから判断して、前または後に直接繋がると判断した場合は付けていない。

一、使用した符号は次の通りである。

ヽ　抹消。抹消した字画の明かな場合に限り、原字の左傍に付けた。文字の改変がある場合は、原字の右傍に改変後の字を記した。

▨　塗抹、あるいは文字を改変してある箇所で、原字の字画が不明な場合。

□　虫損、摩滅その他の理由で判読しがたいもののうち、字数を推定できる場合。

［　］　同じく字数を推定できない場合。

「　」　異筆や追筆。

一、写本を底本とした箇所では、日付と天候の直後に改行をせずに続けて記事が書かれている場合もあるが、自筆本にならって、日付と天候は一律に独立の行とした。

一、頭書は本文中に＊1 ＊2などと傍記して位置を示し、当日条の末尾にまとめて記すのを原則としたが、一日の記事の途中で底本が替わる場合は、当該底本の末尾に記した。頭書には原則として読点は打っていない。訂正がある場合は訂正後の形態を記した。

一、補書は本文中に（補1）（補2）などと傍記して位置を示し、前項頭書に準じる位置に記した。

一、補入は、底本に補入位置を指示する符号が明記されている場合は挿入済みの形態で翻刻した。符号のない場合は原本通りの形態で翻刻した。

一、巻子装になっている自筆本が底本の場合に、紙継ぎ目を』（紙数＝洋数字）で示した。

一、編者の加えた傍注は、（　）を付けた。ただし「籙」（簶）、「鏁」（璅）など当時通行の書きぶりや、混用されることが多い文字については、傍注を省略した。

一、按文は○を付した。当日条の末尾に記すのを原則としたが、わかりやすくするため記述の位置を適宜、動かした箇所もある。

一、声点は、自筆本が底本の場合にのみ示した。

一、その他、翻刻の要領は、慣例にしたがっている。

一、底本の選択や翻刻作業にあたっては、多くの先行業績を参照した。とくに辻彦三郎氏が執筆・校訂された『藤原定家明月記の研究』（吉川弘文館　一九七七年）には多くを負っている。また明月記研究会発行の『明月記研究―記録と文学』（1号〜14号）、同編『明月記研究提要』（八木書店　二〇〇六年）、尾上陽介氏が研究代表者としてまとめられた『断簡・逸文・紙背文書の蒐集による「明月記」原本の復元的研究』（二〇一三年）により最新の研究成果を参照することができた。記して深謝申し上げる。

一、本釈文は田中倫子が草稿を作成し、赤瀬信吾・上野武・大山和哉・岸本香織・島津忠夫・田中・橋本正俊・藤本

孝一・美川圭が、公益財団法人冷泉家時雨亭文庫内に組織された「冷泉家文書研究会」において検討した。校正は立川美彦が担当した。

一、「冷泉家文書研究会」の運営に関して、公益財団法人朝日新聞文化財団の「文化財保護活動への助成」を受けた。記して謝意を表す。

翻刻　明月記　三

安貞元年（嘉禄三　一二二七）

定家66歳　従二位・民部卿、辞民部卿（十月二十二日）、正二位
為家30歳　後堀河天皇16歳　後鳥羽上皇48歳　土御門上皇33歳
順徳上皇31歳

二月、定家家歌会・連歌会。三月、定家家連歌会。西園寺公経家影供歌会・連歌会。毘沙門堂にて花見。閏三月、土御門院姫宮のために『古今集』を書写し献上。為家男為教誕生。定家家連歌会。阿弥陀経四十八巻のうち四十五巻を書写し終える。四月、土御門にて火事、最勝寺・成勝寺等焼亡し、再建途中の内裏に及ぶ。五月、高麗の牒状到来する。覚寛より『保元元年七月旧記』を借覧し書写。六月、承久の乱首謀者の一人で京に潜伏中の尊長、六波羅に連行され死亡。延暦寺衆徒、源空の大谷墳墓を破壊。九条教実家作文詩会に招かれる。七月、延暦寺の訴えにより隆寛・空阿弥陀仏・成覚等を流罪とし、専修念仏を停止。九月、源通具死去。十月、『源氏物語』二部を家本と校合後、九条道家に返上。民部卿を辞し、正二位に叙される。十一月、南隣家に群盗入る。十二月、平経高に承久・貞応改元日のことを注し送る。この年、「道助法親王家十五首」詠進。道元帰国。

◇北村美術館蔵（嘉禄三年春）本（401）

（旧表紙）（貼紙）
「安貞元年嘉禄三年」

嘉禄二年春四ケ月』（1）

嘉禄三年丁亥、

正月大、

一日辛亥、　朝雲散、陽景晴、

遅明、奉拝神社本尊、今日精進念誦、午終許宰相来、餝剱隠文丸鞆、金魚袋、紺地平緒、堅文霰地表袴、夜前深更、自関白殿賜新車宰相中将、伝給、自去夏、元三可賜之由被仰、月来被儲御車、右大弁拝賀賜之、仍其後更被新調賜之云〻、自是参殿拝礼左少弁親俊催之云〻、明後日、右幕下可扈従、明日、可参廻皇后宮浄土寺・両法親王・宜秋門・東一条院九条者不具共侍、相国御牛、殿拝礼訖、人〻可参女院拝礼持明院云〻、寿考六十六、眼前見金紫之栄、望眉目過于栄啓期、何恥宿運哉、

後聞、殿下拝礼、公卿、中宮大夫殿、前中納言顕俊、中納言定高（補1）・頼資、参議隆親・経高・盛兼・為家・両大弁、頭弁頼隆申次、殿上人、頼隆・宗平・有教・家季・経賢子在後・有親・光時・光俊・時兼・信盛・親俊・忠行卿両息・為経・為綱・忠高・経氏・範頼・家清殿拝礼、殿上人雑〻、殊不立事也、

（補2）女院拝礼、左府練、二位大納言忠、右大将、中納言家嗣・公氏・通方・顕俊・実基・国通・具実乗菅車・頼資、参議隆親・経高・盛兼・為家・〻光、実有三位、範輔、』（2）殿上人、頼隆・有親等皆持笏舞踏以下七八人云〻、拝之間秉燭、

小朝拝、関白殿、左大臣、内大臣、大納言忠房・定通・両大将・中宮大夫、中納言家嗣・公氏・実基、其下臈不立、

節会内弁内府二献以前退出、定通卿請取、御酒勅使経高、宣命使家光散〻、出軒廊、斜経公卿列後、当日花門揖、披右、不捧而久立、不退出人、隆親宣命下殿時出・経高・盛兼見宣命間出・為家・両大弁、

補1定高卿相具信盛・為経・忠高、

補2左府共、別当相具官人、実忠随身萌木袴、実光紅梅袴、顕俊共、頭滝口二人、親俊・頼俊、

二日、　天晴、

頗有和暖之気、

三日、　天晴、

宰相、昨日参内中宮・陰明門院・坊城納言・宣陽門院・東一条院・宜秋門院・脩明門院・岡前宮範朝卿・皇后宮云〻、今日、右幕下扈従、可参仁和寺云〻、午始許、密〻出於二条東洞院辺、見右大将参内、前駈八人一員在前、番長武信、車後下﨟随身騎馬、侍従宰相、三位中将紅梅袴随身四人、少将実経・実任牡丹車、偏以如庇御車、不穏便・頼氏・実清、各共侍・童・雑色等、自路南行、列人数威儀、不異執柄、帰路、於近衛室町辺、奉見博陸自持明院参内給間歟、居飼・舎人八人、一員、前駈八人、御随身上﨟四人、御車、下﨟随身、前駈四人、亜相御車、衛府長、小随身又着布衣騎馬、宰相中将、宗平朝臣、定平歟、資俊旧車、蝶車忠行子歟、又有相車、又見雅親卿前駈四人、又於持明院惣門辺、奉見左大将殿、一員、前駈八人、御共能忠朝臣・雅継朝臣随身紅梅袴、別当参、有前駈四人厳父一門人、此卿又具之歟、中納言時不具、無殿上人、経高卿参、相具退紅仕丁持雨皮者也、他諸大夫宰相三位之時、不具之、定有所見歟、大夫進経氏相具車竹雀彩色、有総角組、右衛門督参相具弟、少将』(3) 見此等帰家、于時申刻、日入以後宰相来、参内之後、参七条院右大弁参会・御室、帰路、自一条大宮被留、参持明院所来也者、自是令参承明門院、

四日、　天晴、巳後陰、

夜前殿上淵酔、両頭以下十三人、殿上乱舞了、参宮御方星のまきれを、うたふ又歌白薄様云〻、以雑人説聞之、巳時許、依日次宜行冷泉、今日女房始出行云〻、不経程又行東宅、即帰家、申始許、又鳴動小地震、妻宿也、臨昏小浴、

五日、　天晴、夕陽晴、入夜忽急雨、小時又月明、

叙位被行云〻、平相公音信之次、元日宣命使事粗示之、作法不思儀叙位入眼・御斎会事等、小〻問答之、及暁鐘、有騒動之音、後聞、此北小路北、富小路西、犬王大夫卜云鴨氏人宅、群盗入散〻、出一条方云〻、年始早速、怖畏之世也、

六日、　霜凝、天晴、

叙位　正二位顕俊　経通　従三位範輔任意加階、如打火歟、各

正四位下藤行能　実世　経賢　平親長　藤頼隆

従四位上源資俊　藤時綱　大江周房　源家長　源定平

藤雅継　源有資　従四下大中臣仲宣　源具教　藤隆盛
大中臣頼継　藤兼輔　同実光　源通忠、正五下源遠景
平惟忠
従五上藤仲資　丹波忠茂　同以長　安部清長　藤親泰
同為綱　（補1）源親具　同資信　藤定兼　同資親　菅長成　藤
家範　菅良頼　藤教信　同忠高　同公基　藤公親　中師
世　清良光　中師弘　藤公光　五位五十二人、外従五位
下一人云々、
宿此屋之後、満十五日、仍宿北小路小屋、聞暁鐘帰家、

補1末代人名字、偏一門先達歟、濫吹之世也、

七日、　霜如雪、天快晴、
不聞世事、』(4)
八日、　天晴、夜深微雨、臨暁甚雨、
昨日加叙、正四位下藤資頼、正五位下藤顕嗣、従五位上
藤貞時、従五位下橘知資、左少将具教・隆盛、
右少将通忠叙留云々、
沐浴精進、
右武衛消息云、前少将知光朝臣、去晦逝去云々、去年五
十九、法皇、昔幸父卿病席之日、忽任左近少将年十六、前淡路守、従五位下、為近臣之一分、法皇崩御之後、依関東之挙、加
禁裏之近習、遇建久之政、遏絶叙留、又依源内府之讒言、
漸々不快之上、依女事仁和寺僧娘、、突窕一分永以弃置、承久乱後、
自関東雖入洛、遂以不幸、時房妻、依親昵僅雖憐愍、不
及世途之計、遂以終命歟、是一門之積悪歟、
申時許、宰相来談、昨日内弁一上、午時可参由、職事催
之、仍早参、及酉時、内弁参入内府・通方卿等在陣、参議
可着由被催、仍着之間、右大将被参、仍起了、相次左大
将・中宮大夫参給、左大弁参着、其後不着、左府、以伊
平卿令書加叙、大弁在傍、不勤入眼人書之、未聞其例、
（補1）外弁、内大臣、両大将、中宮大夫、中納言公氏・通方・
実基・国通・定高・具実、参議経高之外七人、範輔立叙列、
両大将昇降、依家礼之煩、不昇殿、於御後見物、又早出、
内弁、立親族拝之後、不相触而早出、右大将被勤之、叙
位宣命使具実、以右手如揺笏而歩寄、不足言事歟、御酒
勅使隆親、宣命使盛兼、』(5)禄所左大弁云々、
今夜、参法勝寺修正、上卿実親卿辞退、通方卿為上卿云
々中納言上卿、殊被撰、其人事也、如何、十日結願日、可参法成寺有催、内・中
宮女房可有見物云々、

御斎会始、雖領状、今日公卿十三人大納言三人、雅親・兼―、定通・参由聞之、仍結願無人、欲参、

政始未聞及、節分行幸仁和寺・七条院御所、又廿一日重可有行幸、依斎宮入御、諸司可被造左近府云々、此等事不聞子細左近府、自仁和寺、当壬相歟、如何』(6)

中将宗平、今年白馬日始持笏、年来不持、今更持之、何故哉由相示、随傍輩也、然者可弃由答之、又制止実清少将笏、於定平等者、皆持之近年之例也、不足言、但頭中将不持云々可持者、不可依、職事哉

入夜、伊勢前司清定来臨、称歓楽由不逢、以人謝遣、寒月朧々、鐘鼓遠聞、只思往事、与誰為歓、

補1後聞、橘知資□〔検〕非違使叙爵、頼隆、下式部召名一通、内弁不咎、伊平又書之了、不足言事歟、

九日、　遅明雨止、朝雲漸分、終日風寒、入夜雨、

朝間伝聞、左大将殿御産気由、今年未出仕依顧身、憚年始、仍不参、

雑人説云、去年見来参川権守清綱、依強盗被搦取、養父馬助亮清、同被搦於父者、被追放了云々、件男博奕不善、久有其聞云々、当代侍中歴極﨟云々、於父者、適重代之仙籍旧物也、可悲之世也、雅亮、徳大寺左府以下為彼家人、亮清、去当時左府辺、為源内府家人、其後、子息三四人之中、雖被駈仕各無恩、被逼貧歟、是末代之式歟、自高倉院蔵人、久見之、

御産、昼後人々退出、有落居御気色歟云々、北白河・安嘉門院御行始、渡御今□〔出〕河□(新カ)亭云々、

十日、　終夜今朝雨間降、朝天漸晴、

遅明、女房参詣日吉、依老骨難堪、付幣、手足病依不堪遠路也、遥拝許也共人、忠康、家仲・有弘・、申時許帰、即参賀茂、入夜、武士数多引馬、十余疋、入盛宣西小屋、依群盗狼籍、自今夜、被分配所々之干諏(ママ)、暫入此屋、欲待月入之由称之云々、不知実否之間、成怖之処、須臾出去訖、行東方、其後無聞事後聞、非虚言、武士云々、差分、内・中宮女房咒師見物、今日延引、十三四両日云々、

十一日、　天晴、風烈、』(7)

寒風惨烈、北山之盤、白雪映日、

午時許、法印被来之間、忽南方有火、法成寺南大門之前、大路東云々、馳向之間、火南北分焼、但北火留訖、南火、於勘解小路南程滅了、帰北風如刀、

秉燭以後、依方違出門之次、行冷泉問行幸事、不委聞供奉人幷輦路、但今夜仁和寺殿、明暁七条殿、明日御逗留、十三日暁更還御本宮云〻不供奉還御由、、兼面奏聞了不具馬副、右幕下・三品実有卿被供奉、資雅・実忠・宗平・実経・実任・教雅・親氏新任・実清等、聞供奉由云〻、

去九日、両女院御幸密儀、按察寄御車、光俊・家時・基氏、、等御共、母院、ねりぬき三御衣、同御薄衣、唐綾御小袖、御袴白、女院、二重織物、紅梅薄匂御衣十、同御小袖、紅御袴、内宣旨三位在御共、鈍色織物二衣、唐綾小袖二、白袴、若夫黄門薄色二衣小袖、、袴、左金吾紅梅二衣、、又同、被置也、台盤所唐綾二百段、如檀紙積之、居御綾折敷各百段二枚、被置之、三位猶薄様裹銀南良被副、悦喜饗応吐詞云〻、

今夜宿八条頼重屋、明後日又可供奉還御者、

有見物之志、行陣口、見右大将以下小〻、人〻参後、立二条猪隈、雖経時刻、立明未立、無其期由聞之、月漸見車、西鳥羽依遊年、在西也大将軍程遠、依恐暁鐘、猪隈西行、向城南勝光明院西大路、在家之中、借請法師住宅書巻文、忠弘沙汰也、以此所為本所、羞饌付寝、入夜月明、於堀川尻、見行幸松明、

十二日壬戌、立春、　自朝天陰、暮雨降、

暁鐘以後出鳥羽、未曙帰北辺、長途寂寥、

十三日、　終夜今朝雨降、

宰相示送事、

節分行幸供奉、右『大将・別当・盛兼・為家・基保卿、』(8)近将、左資季・資俊・定平・有資・家定源・教雅・家任・実清、右実忠・基氏・有教・親氏・頼氏・実直、少納言為綱、職事宣経之外皆参、左兵衛佐公員、今暁雨皮兼掩之、公卿、盛兼・為家・基保・資宗、近将、左有資・家任、右基氏・親氏少納言遅参、、鈴奏、於日花門、為徹雨皮、奉安御輿西面、自壇上示此事、各未練不聞入、適聞之、不徹之寄南階、近将未練、甚不便、

政移官庁不参、除目廿三日始、廿五日転輪院国忌、、廿六日入眼

申時許陽景見、雨猶間降、女房見物、今夜一定云〻、夜月猶不晴、入夜、招請今姫欲誂絵、

十四日、　朝天陰、巳後天晴、

夜前御堂、殿下・中宮大夫殿・二位中納言・前中納言顕・二条中定・平宰相・〻〻中将・侍従宰相・両大弁、中宮女房、見物咒師五手、暁鐘以後事畢、今日北山罷帰、

参官庁之由示送之、

後聞、御斎会上卿通方卿、伊平・隆親・経高・為家卿、於官庁及夜半、別当僧正遅参右将只一人雅継、雇定平歟、初献勧盃、二三献雅継云ゝ、

十五日、　自朝天陰晴、夜月暗、

自夜咳病、寒風甚、念仏之後平臥、

十六日、　天晴、入夜月明、

土御門殿黄門、相具禅尼信実朝臣妹被来、誂絵、

今日、女房参安嘉門院、日入之程、雑仕令参薄萠木衵、蘇芳単衣、紅梅帷、忠弘車、次令参局女房、其後秉燭以後令参、今度用宰相車伊員・有弘、在共、柳衣表白織物、紅単衣、赤色唐衣、地摺裳、御方と云定修妹、也、乗後表青村濃、白衣、』(9) 去年、依心中冷然籠居、依被聴本望、今日令参、於今者、可遂奉公之志、

後聞、踏歌、内弁二位大納言忠、外弁、土御門大納言定通、二位新大納言嗣、右大将、三条大納言実、中納言国通・具実・頼資、参議、盛兼卿之外七人親定、不昇殿退出、勤仕、御酒勅使、不出東廂、廻台盤下、宣命使隆親、禄所範輔、内弁・具実・隆親・経高・為家・範輔、取禄退出、始終無入御、公卿将▨▨近仗不候云ゝ、極不当事歟、伊平舞妓拝之次逐電、

十七日、　早旦雪降、陽景漸消、

午時許、僧正被来談、去十四日、僧事不被行、追儺小僧事、聖護院辞大僧正、座主被補之超成宝、其替、依権僧正任日之一、別当僧正実尊補之、而聚洛院山、当時御持僧可辞御持僧并権僧正由怨欝、主上御納受、北白河院又助先年御師弟、旧労、其賞可異他、今一腹舎弟補正、失面目、成給之間、有欲加正之聞、彼人任日下﨟也、第一妙香院同天台之、上﨟、顕密兼学、於事無瑕瑾、何被超越哉由、山門遍欝、其次常住院良尊、当時名誉、又世許之、其次親厳、(補1)度ゝ国忠、不蒙其賞、所存申之間、頗難被成敗歟云ゝ、旧労之欝訴、為朝不忠事歟、

申時許、宰相来談、踏歌、二位新大納言、出外弁、於橋東揖南行、即入日花門、其後不見、雖非可然之所、若於日花門内見物歟由、人ゝ存間、逐電退出、或人云、自宜陽殿廂昇東階、自職事信盛・内侍之傍、入御後退出云ゝ、此人先ゝ無如此事、極以不審、

内弁出軒廊、四五尺之程被練始練止事他人之程也、他事無指違例、於其身尋常歟、御酒勅使、置数多上﨟、頗不得心、若日

暗不被見分之間、随見被召歟、』(10)
宣経朝臣、行幸供奉不催人、而出所労籠居、分配事多不
催具、而臨期申病之間、内と御気色被改分配、如臨時祭
被替信盛等、大略被処不足言歟、
諸参議、依執達之字奇恠、催事不領状云と、
補1 左大将殿姫君、翌日夭給云と、
十八日、　夜月明、朝天陰、雪霏と、未後雨降、
閑居寂寞、前相公忠定卿、音信不通之後、今夕送書状、
同宿武衛掌侍歌令合点、更不変旧意之由答之、
十九日、　天陰、屋上宿雪白、
今暁、相府方違河内龍光寺（故法印領）、相公又供奉云と、
歯熱気之余、右目下腫、連と熱気可恐事也、
自二品親王、給獣炭三十籠、故僧正如此芳志、不忘往事
由被仰、畏申、
廿日庚午、　天晴、
面上腫如増、招心寂不来、貞基朝臣、称午日又不来、明
日可来云と、今日、杉板障子三間、画図了立訖、女絵文
字木書之、
廿一日、　天晴、無霜、地水皆凍、

左府、自十四五日之比（去十一日）、重病危急云と、貪佞之得時、猶
有尽期歟、内府被乗人口云と、水書《ミツカキ》大臣、墨薄由也、落
馬大臣（書落馬允、数輩）、
伝聞、女叙位（不知其日）、御乳母三位（実宣卿妻）、叙二位云と、
変異重畳之世、存国忠者、可慎極位、寛平阿智古、与今
事異歟（後聞、非娘、母禅尼成子叙二位云と、）
巳時許、侍医貞基来、加歯針、面腫塩可充由示之、申時
許、心寂房来、煎菊桑蓮塩（車前草）、可洗由示、於針者不可然云
と、彼是不同危思、
今夜、母儀仙院入内御幸云と、入夜聞之、亥時許、前声
警蹕等聞之、』(11)
廿二日、　霜凝、天晴、
秉燭之程、宰相来、密と相府・幕下入給、見廻蓬屋給之
由、青侍告之、深隠閉戸、即帰給了、宰相来、只今自吉
田同車帰給之次、下車給、不日之功感給云と、偏是嘲弄
歟、但最初入給、門戸之光華也、可祝とと、
夜前御幸、大将（御車寄）・経通卿（政上卿、内裏、参会）・隆親・為
家・基保・公長・家時卿、殿上人、長清（付御車）・基氏・宗
明・時綱・信時・為継・知宗等十人許、無他近将、暁更

還御、左府病重、昨日上表云〻、

方違之次、於片野狩猟之興、幕府・公雅卿・尊実僧都供奉馳走云〻、雉兎麋鹿之興云〻、

叙二位之後、禅尼参北白川院、宰相中将扈従、寄車、実直・親氏等相具云〻、

廿三日、　霜凝、天晴、

今日、遠江守時政朝臣後家牧尼、於国通卿聟有巣河家、供養一堂十三年忌日云〻、宰相女房幷母儀宇津宮入道頼綱妻、昨日向彼家、亭主語公卿、宰相招請殿上人、公卿直衣、殿上人束帯、一長者前大僧正(補1)導師云〻、関東又堂供養云〻、余慶照家門歟、雑人等云、秉燭以後取布施導師遅〻、按察布施以前早出・皇后宮大夫布施以前早出、宮司・亭主・平宰相・侍従宰相・治部卿皆直衣、六人・宗平朝臣・定平朝臣・実経朝臣・隆盛朝臣亭主為子云〻・実蔭朝臣・隆範〻〻・信実〻〻・能定〻〻家任少将殿上人十八・氏通・為綱、諸大夫三四人、〻数不幾、孝綱・盛忠堂童子、手長等役之、

前摂政殿泥塔供養、定高卿・能定等変改、

今日除目始云〻、

阿闍梨、入夜下山来、依乳母法師所労也、

補1導師、相具綱所、備威儀、讃衆僧綱六口之中、道寛供奉云〻、公長、取誦経導師布施、此宰相、取別禄鈍、両人二反、

廿四日、　朝天陰、終日不晴、』(12)

貞基朝臣来、加針、腫漸減了、

廿五日、　天猶陰、未時雲晴、

依嘉承贈后国忌、除目入眼明日云〻、

未時許宰相来、談一昨日事等、法金剛院西、見物車多立宰相早速之間、車有両三、、遅来人〻極厳重、導師威儀具足遅〻云〻、

廿六日、　天晴、風寒終日不休、

依満十五日、宿北小路小屋、西方有火、此間聞暁鐘帰来、火炎熾盛、下人等云、大宿織手等悉焼亡云〻、壬生東土御門北大垣内、是又諸人織綾之牢籠之故歟、此間風休、不出垣外、先是又南方有火、髣髴遼遠、若是鳥羽御願寺歟、

廿七日、　天晴、未時西風猛烈、白雪散漫、須臾晴、

朝伝聞、夜火匣西不焼、群盗度〻襲来、放火云〻、武士巡検無詮事歟、

昨今冱寒過厳冬、至于未斜、不見聞書、

関東禅尼、今暁引率子孫女房、参詣天王寺幷七大寺・長
谷、於東大寺万灯会云〻、冷泉女房妊者也、雖善事不穏
事歟、当世之風、骨肉猶不拘于教誡、況辺鄙之輩哉、
臨昏、見荒涼聞書如抄物、神祇三人　外記史　中務三
侍従源通成　藤盛季推之復任歟、　源顕親　内舎人五人
少監物二　大舎人助　図書一　縫殿二　陰陽允允(ママ)小属・師、、
式部丞菅在章　治部二　玄蕃助二　民部丞二
兵部一　隼人一　刑部権大輔橘知宣　丞九人　宮内二
大膳権亮源行定　木工三人　大炊助小槻秀氏　允一
掃部三　内膳正懐遠王　弾正忠一　右京亮清原光行兼
山城守源邦定　大和三善忠光　摂津藤忠時』(13)
(補1)出羽平知康　佐渡藤孝久　薩摩惟宗盛忠
左近少将実光四位後　将監十二　右中将有教　少将良ー
将監十二　左門十七　志三　右門十一　志四之中多好家、　左兵
十八　右十六　左馬権頭平季繁　允十二　右允十一
兵庫助藤光盛　允一　四位季宗　正五位下藤業義
従五上四人　五位七人　使繁茂蔵人歟、　遥授等不書、
無偏之化、末代之善政、下官一人、卿労十年、丞吹挙遏
絶、他事以之察之、

補1備後権守経高、阿波権守為家、参議兼国、阿波非恒事歟、
　勘見近例、朝方・公定、

廿八日、　天晴、風烈如刀、
巷説云、尊長法印長厳僧正弟子等、又会合云中納言僧都長能尊長弟、在吉野奥戸津河八郷庄云〻、
其所有黒太郎者、其内五郷已同意、寄熊野、取熊野甲冑、
欲渡阿波、黒太郎之弟、依恐神威不同心、凶党欲殺之、
仍逐電告熊野人、熊野聞之厳兵云〻、長倫朝臣家近衛南、京極東、
去夜群盗入、

廿九日、　天晴、
夜沍寒無物取喩、今朝天地悉氷、
雖有警衛之聞、群盗連夜害人云〻、無従之貧家、余命何
日哉、
申時許、相門賜使者左衛門尉藤秀資、東地券直銭五十三貫沙汰取
送之由、有其命、自相逢畏悦申、
女房、夕退出之後、乗車、行新地南口見之、二戸主余四
十丈許云〻、但於竹者、悉可被召之由、答申了、当時、
花亭被栽竹最中也、仍申此由、近隣民家等視聴、尤為面
目者歟、
卅日庚辰、　朝天陰、微雨不湿地、雲漸晴、入夜大風

又発屋、
(補1)左府夜前薨之由、下人等説、一定云々、年五十三、少年而有才芸之誉、十六而任参議、再歴大理、共逢殃去職、遂歴将相、先以致仕、更還任大臣、貪欲忘恥、心操挿凶、以下女為妻、子息有禽獣之聞、『(14)父祖三代各歴一上、不過一廻、此大臣雖及三年、又十四ケ月歟、白馬節為内弁、月中亡没、世上無常歟、自去年、管領宣陽門院事、未満一廻、

又或人云、去十一日、脚病入腹中腹張、請取要上房弟子、写(ママ)薬服之、痢下血多交、無力危急、又請止薬、痢止、其後無殊事、言語如例、食事雖違例、家人等称減気由□[之]間、昨夕俄周章、遅明事切歟、午時気絶由称之云々、今夕密々移于徳大寺云々入棺以前行他所、不聞事歟、

群盗又連夜蜂起、去夜入陣口、武家雖有警衛之聞、全無守護之実云々、岡前別当三位有雅卿後家、悉被剝云々、又人云、左府姑禅尼、驚此事行向間、於仁和寺宅即死去喪家混合、珍事歟、

夕女房帰参、

補1後聞、今暁事云々、午時一定由、家人等称之云々、

二月小、

一日辛巳、　天晴、

法印被来談之間□□[法眼]来、酉刻許帰、

安嘉門院渡御岡前脩明門院云々、魔界有聞、群盗又充満云々、如何、

二日、　天晴、

夜前下名云々、神祇権少副大祐二人　中務三人　内舎人三人
少監物一　治部一　刑部三　大膳亮一　進一　大蔵丞一
掃部一　台忠二　修理亮平信継　参川権守和気邦成
伊豆守藤実重　飛驒藤盛行　陸奥権守　安芸重貞
権守俊康　土左権守和気宗基　左中将資季　少将氏通
将監十四　右中将実蔭　少将兼輔　将監十一　左門十　志
一　右門八　志五　左兵十六　右兵十四　左馬頭藤親季侍従也、隆宣被改任云々、　允八　右馬八　従五位上藤公輔右大将息　菅時頼
五位藤実雅同教高
使宣旨左尉藤兼親　右志中職兼　中章俊
掃部允卜部――止召名、従三位藤宣子

宰相来、夜前為相門御使、参関白殿御□(直カ)盧、『(15)付宰相中将、中後院別当事右幕下、沙汰時可奏由、御返事云々、窃以、此事強不可被申歟、必非将相之仁、如何、左衛門

督別当已辞退、具実・隆親競望誇言云〻、又人云、太理又病悩喪家▨《此》病充満云〻、侍従宰相、必衛府督最前闕任来由、一旦可申入之趣、示含了、
誠信永祚元、実資・公任雖先任、長徳三加左衛門督、　実成寛弘五七廿八、同六三四左兵衛
資平寛仁二、万寿三中将　経任長元九十、長久四左兵衛　俊明承保二十二月、承暦四右衛門
能実永長元、同二年左兵衛　雅通久安六十一月、仁平二正右兵衛　公光保元三八、永暦元二右兵衛
行成・公能、依為大弁、直任納言、親能《仁義公》、不申衛府任納言、基平居職終命、愚父、顧衰老辞退帯劔、永観以来十四人之中、二人大弁、二人任中納言、一人□□[卒去]、一人辞退、七人任衛府督、一人任中将、此官猶規模、父子歴之、可謂光華、
一寝之後、南方有火、煙炎太盛也、以下人遺見、三条町、及室町東云〻、
三日、　大風発屋、沍寒入骨、
巳時許、鳴動大地震胃宿、旱魃、二月又旱歟、江河枯乾云〻、、寒気殊甚、
大風過于日来、慵於嵇康、不出臥内、
四日春日祭、　朝天晴、風適休、
至于泔器悉氷、沍寒無極、

依大風之隙、未時許参相門、前相公暫言談之後、心閑奉謁、算博士政衡勘文、今年正月卯酉日、左大臣重厄之由、雖為辰日今一日、歟、正月符合云〻、又四月七月、国重事必然之由勘之云〻、極以可恐事歟、後院別当事、猶申由有其命、愚意窃雖有所思、恐逆耳不出口、次参前殿、又見参、粗申所存了頗有御甘心、来十四日、少将殿御』(16)拝賀、常儀晴元服人、必有勅禄拝舞、六条殿密儀元服初参、猶有勅禄、松殿密儀、依諒闇無禄由記之、故殿密儀、内〻雖召御前無禄、前右府道経・内府等、又無禄歟、近例又如此、強不可申沙汰歟由、被仰申可然由、衛府長種文、殿上人当時参人〻、可被催由被仰、大臣事、其後無聞事云〻、内府除目、今度無別事歟、経高清書、大間字分明、今度無落事等歟、但女叙位、輪転勘文皆悉叙之、師季、此事為後〻極可為違乱、何為乎由、触上卿定高、上卿、以時兼申執筆坐中宮殿上《失》、周章忘却了、速可切除簿由答給、仍切弃、此事、第一錯之中第一之遺恨歟、人必迷惑事也、可存之人、於此事失錯、極以為恥歟、
一日比、奉謁松殿之次、納言内弁、必不可立替壇上兀子、相撲奏、雖納言大将、立壇上取奏、已為内弁、何不坐両

面兀子哉之由、被仰云〻踏歌内弁、被坐云〻、練様、足ヲひとしむる
様ヲ被練由聞之、其事又雖非恒説、令用之由被仰、妙音
院入道、用此説由、令語申給云〻、墨染御装束楚〻、猶
全無耄昧之気、了〻分明云〻、
九条大納言基、大臣所望消息、被付実宣卿由聞之、被付
人如何者、窃案之、甚不可然事也、今度大臣事、雖被申、
更不可出于両人外、極愚事歟、又仰、入道大納言、昨日
登山、暫可被住横川云〻、此事尤尋常之儀歟、秉燭以後
退出、繊月高懸、其光清明、不異半月、
五日、　天晴、未後陰、入夜雲暗、雨雖降即止、
東新地、向南立土門今日、正月節内日次宜云〻、追可築〻垣、又小〻令』
(17) 栽木自此庭、堀渡、来十日[密]□〻可披歌一首由、今日送題、前
宮内卿領状・備後前司信実朝臣、領状・家長朝臣称他行由、辞退歟、此外
宰相・長政許也、故不披露、題栽松、
寒気頗宜、
六日、　朝天快晴、
顕俊卿、肩腫物柑子許、恐灸不焼云〻顕平朝臣説由、盛宣語之、一栄
一落不待秋歟、頼隆懇望衛府督云〻、
但州・能州等領状、又示教雅少将了領状、

午時許、心寂房持来木二本真木三尺許、先年所栽去年枯、仍又栽之、白八重梅、
未時黒雲覆天、西風吹雪、陽景又間見、又以沍寒、
七日、　宿雪僅隠地、連日寒風不休、雪間飛、
終日沍寒、不出戸外、
八日、　朝天陰、雪頻飛、巳後晴、
風猶寒、
今夜、三位中将実有卿、於無舎小路時〻相国居住給家也実清入
道宅、迎新妻、実雅卿妻之弟也、母儀去年入洛、競望之
聟中武州所許云〻、羽林幸運之来時歟家嗣卿、依此事去妻、云〻、忠信卿女也、
具実又懇望云〻、但頗似前事歟、尤可慎向後哉、下人等
云、尼二品慶賀喜悦由、自讃自愛、相親之輩、称慶事、
備饗膳儲引出物、群集云〻、三合御重厄之年、尤不穏之
事歟、沈淪之愚老未音信、雖憚吉事、定処等閑歟、志同
時胡越不遠歟、
九日、　天晴、風適休、未時許又風、
夜前除目云〻、左衛門督具実、隆親卿別当宣旨、無雑任
云〻、
明後日、宰相勤仕大原野祭云〻左大将殿分配御障、職事催云〻、』(18)
或人云、頭弁、今度申衛府督、弁官可任由、世以称云〻、

右大弁有恐事由、人又称之、或無実云々、
明日、前宮内卿可来会之由、有約束、世間人口猶依無益、
今日只歌許可給之由、重示送之、
十日、　朝天陰、午終天晴、
未時許備州来、先是宰相来、衛府督事、二品幷宰相中将、
丁寧申入之由、各以有恩言、御気色頗宜、経近将中納言
壮年人、任衛門督、又可謂理運歟、於今度、非遺恨之限、
頭弁雖懇望、従者等惜弁、別当不成勇之間、漸如思変云
々、周防・和泉両国相博、禅閤御懇望云々、此外無他事、
明日大原野、弁為経、内侍少輔義高女、各可早参、遠路網
代車何事在哉由示了、謁備州之間、少将来臨、不経幾程
三品被来、於南面暫言談、相待但馬・能登之間、経時刻、
黄昏両人来、仍令掌灯、各着座、以硯蓋為文台、当座人
置歌、能州為講師着円座、三品読師頻固辞、再三申之、備
州・但州詠吟非無興、不着座人、経国・成茂・兵衛尉家
清・下野女房・家仲掌灯等役雖往反、歌兼取加、兼立切灯台、
講了、連歌一枚可有由、各相議、賦松何々竹、其句不尋
常、頗経程、一枚了分散、三品被出之間、宰相儲馬黒
鹿毛、左衛門尉伊員、取松明、有弘牽之、存外由頻有饗
応、此間月清明、尤有余興、可謂老後之数奇、
十一日、　風寒天晴、夜月明、
宰相参大原野祭云々家仲・有弘・伊員・光兼・忠康、在共、網代車
以書状、示昨日光臨事、又有彼書状、以忠康示少将、又
以書示家長朝臣、
入夜、副北山峯、細雲其色黒東南聳、但他雲其色薄』(19)多在
天、月明、夜深宿東北小屋方違、
十二日二月節、　天晴、風烈、
鶏鳴帰、禅尼左顔腫、有熱気之疑、招貞基朝臣令見、非
殊事、蓬塩可充由示之、
十三日、　天陰、陽景間見、入夜雨適降、
忌日事、如例送嵯峨、
斎食、宝篋印・阿弥陀経・法花一部奉読、
経国宿禰、送橘下枝・浜松三本、各栽了、
十四日、　天晴、細雨、
面腫、昨日有増無減、貞基毎日来、今朝押付薬付紙、更
不可有大事由称之極難信、
早旦、安嘉門院還御云々、送私車此家八葉車、共人有弘・光兼、先渡御
北白河殿御墓所、其後還御云々、申時許車帰、

未時許宰相来、昨日、参内祈年穀奉幣、上卿中宮大夫殿、使、経通・親定・範輔・範宗卿、御剱頭中将、御裾頭弁、来十九日、前殿渡御左（ママ）幕下冷泉、幕下室町大臣殿西亭、各可渡御云々、
有教朝臣、奉幣御剱申領状之間、臨時祭使被催、申軽服由云々、戌終坤有火後聞、姉小路堀川、人々参、内、殿下同参給云々、
十五日、　朝天晴、
顔腫有増無減、貞基又来、猶雖不驚恐、毎度替薬、頗不審事歟、午時女房退出、
未時許、招心寂房、令見病者、是丹毒瘡也、尤重事歟、大略無療治術、付大黄可試由示之、又加寸留、日来貞基不称重事由、極為奇、腫已及胸、面腫更匪直也事、若是可及大事歟、無為術病也、留心寂房、且加咒術、夜半過宰相来、西園寺修二月式日、大将・公俊・基保卿着座云々、『成実着直衣参内云々、』(20)
十六日、　天晴、
今夜腫頗宜、似付減云々、巳時許宰相帰、心寂房帰嵯峨、
午時許、経国宿禰来談、移漏、孝道等父子、往生人無穢由称、入左府穢中、参所々云々、末代之儀、不足言事歟、其喪家人、前太理已下、時行病多云々、不似往生之儀歟、
三月社頭八講之次、可始毎年恒例和歌会由、示合之、雑談移時刻退帰、秉燭以後宰相来、
十七日、　天晴、屋上夜雪白、
病者已似付減、極以欣悦、心寂房来、於今者無怖之由相示、感悦無極、
申時許参一条殿、親房朝臣語云、前中納言、腫物加灸火針之後、当時雖無増、清成朝臣只今参入、明後日許若有増者、必死由称之云々長基自、始療治、明日出家云々、年四十六、於予父子之齢也、
見参、月出之後退出、
十八日、　天晴、有春気、
宰相来、昨日、内有御鞠云々、高麗事弁宇佐遷宮、去年空不被遂、可改任大弐哉由、可有仗儀云々、明後日、皇后宮院号定云々、今年釈奠無宴座大臣薨、
未時許、参二品親王明日、天王寺、令参詣給云々、以法眼公｜、申入日来籠居由、物詣明日之間、有取乱事等由被仰、即帰家、前黄門出家之由、有其聞、
夜半過地震、

十九日、　天陰、申時雨雪漸降、入夜甚雨、
巳時許宰相来、小時備州来、相逢之間、法眼・長政朝臣・経国等来会、待但州、移時刻、且始連歌、若何中何云〻、殊以不得風情、一枚訖之間、但州来加、秉燭以前終百句、各退出之間掌灯、』(21)
青侍説云、山西塔衆徒、江州住人左近将監某、塔下彼岸所可造営由、以宮司法師加催之間、兄山僧闘諍、打擲御正躰、打調使法師、衆徒之怒如水火、山門騒動云〻、座主参普賢寺、一昨日帰洛、未被致其沙汰、弥忿怨云〻、
廿日、　暁月朝陽晴、夕陽不陰、夜天如墨、俄甚雨、
(補1)夜前、宰相参前殿、少将殿御拝賀出立所云〻、及深更云〻冷泉右大将亭、自昨日令渡御、又為扶持参内、(補2)有御前召、頭中将賜御衣、拝舞御作法神妙、先昇青瑣門、参弘庇帯剱、賜御衣拝舞、出仙花、又経無名・神仙、於殿上口解剱、付簡、中宮御方同有召、有御送物云〻甚尋常之儀歟、
心寂房来、余気時〻雖有赤色、已付減了由示之、女子二衣紫村濃・牛一頭志之、称存外由、帰嵯峨了、
単紅梅花僅開始、

補1信盛奉付簡、頭中将対揚、

補2御共殿上人、基定・能忠・雅継・資季・公綱、

廿一日欠日、　天晴、
平相公返事云、昨日院号定、日来雖伝聞、無相触人、一昨夕始蒙催、申始参陣、其後公卿小〻参入、内府及夜半参給之間、睡眠之外無他、
議奏之趣、内府、藻壁門、土御門大納言定、四条・五条、三条大納言実親、延政、大炊御門中納言家嗣、延政・安喜、大夫、南三条・延政、高倉中納言経通、延政、新中納言頼資、東二条・安喜、権大夫、談天・延政、右大弁、新三条・延政、経高同上、但新三条申上度〻難趣、猶依其難不被用者、可為東二条由、加〻申申之、新中納言、新加延政難、是謀反者名云〻、
安喜之由被定仰了、左大弁不出仕、不知其故、
仗議雖有其聞、未承定説、若不可被行歟、
顕納言出家一定云〻、昨今未承増否、
院号以後参本所、天曙退出云〻、』(22)
司天伝〻説、太白順行向昴宿、入犯者大慎云〻、太白食昴、和漢咎徴不空云〻、
去十八日子時地震、月行亢度、為金翅鳥動、本文又不快云〻、桜小木三本栽之、

廿二日、　天晴、
未時許、大宮三位知来臨、清談、申時許参前殿云々、
酉時、自嵯峨使者帰、持来桜木一本、栽于南庭、
又有咳病気、心神不快、
廿三日、　天陰、申時甚雨、入夜雷電猛烈、
猷僧都来談、昨日、殿尊勝陀羅尼参、二位中納言・新中
納言頼資・平宰相・〻〻中将盛兼・左大弁束帯・右大弁・三
位成長、頼資卿、依催右衛門権佐取布施云々、
廿四日、　朝雨漸休、巳時陽景見、
法眼引送黄斑牛、是故左府牛云々、去年去彼家、可謂吉
事覚寛牛額白黒牛、宣陽門院好額白牛給、為引進、左府、乞取其牛、所替送云々
夕宰相来、三ケ日在幕下許安居院、不聞世間事云々、
廿五日、　天猶陰、時々雨降、夕甚雨、
咳病甚不快、雖心神悩乱、依有限思企事、洗髪、
(補1)経国来、今度和歌会、依作者面々故障、思止由語之、尤
宜儀也、日来雖不甘心、此境節、依人宿願、不能加制止、
自身思止可謂神妙、僧正又被過、依洗髪不謁、此間正僧
正競望歟云々、聚洛院、以御持僧、訴母弟実尊転任、
良快妙香院・良尊常住院、依任日上﨟、被訴申、道誉前僧
正、為常住院師、不可被超由被申云々、師弟兄弟喧嘩云々、
補1 家長称障、信実八幡御幸経営、教雅少将軽服、泰光朝臣
加陪従申所労、行能重服、
廿六日、　終夜今朝猶甚雨、終日濛々、』(23)
雨中寂寥、心神極悩、
廿七日、　朝天晴、午後陰、
日出之程出門、参日吉、乗車、粟田口深泥甚危、長途早
梅花盛開、関寺内八重紅梅多開、午終許、着社頭宿所
馬場王子宮、路東之角、巫女屋云々、成茂借之、休息、終日成茂来談、今月上旬、
又御聖躰頻令動揺給自去年頻有此事、風不吹、他物不動、年来更無之、極以恐奇、西塔事、
可有裁許由有沙汰、近日落居歟云々、秉燭以後奉幣、親
成痢病所労、以孫令申祝、与衣一領、帰宿所又休息、子
時入夏堂通夜、懺法訖退下、
廿八日二月中、　自朝微雨漸密、終日濛々、夜猶降、
遅明出宿所、於山階、逢大宮禅尼輿、巳終許帰家、長途
車中老膚破損、足摺損、帰後見之、極恐思者也、以書問
心寂房、令付猪油、
宰相示送、夜前行幸、左大将殿・別当・侍従宰相・右大
弁・宮内卿・宗平・資季・資俊・定平・氏通・資雅・有

教・親氏・頼氏、職事宣経・時兼奉行・光俊、少納言為綱、還御之後、於弘御所東壺蹴鞠、宗平・資雅・親氏、宮御方女房見物云々、

明日仁王会、可参所々、

廿九日晦、己酉、　朝天快晴、

昨日足、当時無殊事、

近江国造大宮料米吉富分百四十余石、今日之中可究済由、官使来責忠弘法師宅、月来雖聞此事、件法師私語知忠、付奉行職事信盛、欲被免、近代横謀之輩、依一旦之好、無音、職事相替、為光俊奉行此事出来云々、是非不及口入、

午終許、心寂房来見足疵、非殊恐、相構不可膿、自夜部付《令》猪油、又加寸留、即帰西郊了、』(24)

禅尼、病後今日初沐浴、無為、是又存外事也、

三月大、

一日庚戌、彼岸始、　朝天快晴、

朔日無為、風静有陽春之気、

午時許法眼来、一日比注送卅首題内、十五首撰出、宰相以下、可然好士可誂由、好士等勧進由、示之密々御気色歟、題一両直付、作者、

侍従宰相・大宮三位・信実・家長・教雅・隆祐、本被書之、

前宰相中将信成卿、已詠歌人云々、尤可被触歟、家清、何事候哉、長綱忠綱子、得其骨由見給、蔵人大進光俊堪能、如何、答云、彼御辺不参来人也、若自然事歟、即退帰、

未時許宰相来、十五首事示了、

一夜行幸、無殊事左大将殿御共人、不奉引下袍御前、令入中門給、奉告即令引下給、前駈不覚、不便事歟、還御《遅明》、成実外無他人、天曙後、俄就鞠宣経相加、近臣四人往事、忽被開宮御方台盤所妻戸、殿下、自御直廬令昇給、存外晴歟、地湿、鞠極以狼籍、

昨日仁王会、公卿定通上卿・雅親・兼―大納言・家嗣・経通・国通南殿・経高・範輔南殿・公長卿、出居実俊・宗平・資俊、南殿氏通・親氏、

弁遅参、上卿云、伝大弁仰鐘、雖納言上卿、有其例天喜土御門大納言時、範輔卿云、弁不参時常例史雖承之、只可随上宣、此間親俊参会、仍仰之、自北白川院、公卿一人不参由被申、仍被催人々、定通・経通卿相共、参彼院、四位院司宗明遅参、以五位光時始之、上卿退出、与経通卿、』(25)参安嘉

門院御方、事始間退出、又参東一条院、一身行事女院、令参春日・長谷御、定高卿御共云〻、顕性僧都卜云山僧死去、頼資・家光卿軽服云〻、

前殿仰云、忠弘法師宅、為壇所可召進、召仰了、

二日、　自夜甚雨、終日滂沱、

壇所事、厳海僧都、自来十日比可参由被仰、自西郊、十五首題可示人〻由、法眼示送実非指事、少年好士等小〻、示送之、

入夜宰相来、去月廿五六日、北白河殿、有入道納言八講二日四座、結願参人、頼資・公頼・盛兼・為家・公長・基保・光俊卿、初日、基保・光俊卿参云〻、

西園寺懺法、聖覚・慈賢・隆誉・能玄・有杲、聖覚・能玄之外、三人供僧云〻、

三日、　夜雨止、朝天陰、巳後陽景見、

心寂房来、足無殊事、以車前草湯、可洗之由示之、召使等入来云〻、前官籠居者、全不可然、近代之人、無芳心之間、強来歟、賜酒肴菓子如形十合、立紙折櫃也、毎度如此、小事不及変改、仍不留之、

四日、　天陰晴、

官使又来責云〻、一旦依職事之宥如、今日雖立使、不申披其子細、後日更不可遁事歟、一庄滅亡之期也、宰相在北山、不聞入云〻、

五日、　朝陽快晴、

定修来、妙香院、返給富永庄之由被仰、但躰興寺可給他人由、有御命、依譲与可示合由、昨日申之云〻、勿論事也、無故被停癈、』(26)奇思之処、返給者、可為本意由答了、

今姫、今日帰参深草斎宮御所月来自然、遅引也、

定修云、仁王会次、正僧正三人被加任了、良快・良尊・ー聚洛院ー、尤可然、於道誉者被超越、前官如予者歟、他事不被行云〻、

六日、　天晴陰、

終日無事、対垂柳、永日空暮、

七日、　自夜甚雨、巳後休、

一昨日前殿仰云、最勝金剛院八講結願、殊無人、相公初日可参云〻、止其日、結願可参由、示之哉、早可令参由申之、宰相、朝間有障、難早参由答之、不知何事、猶可構参由、重云送了、依足病、今日不能出門、

笠置事、雖有若亡、毎年沙汰送之了、
忠弘宅官使、蔵人大進芳心、停其責、卅一町、可任造八
王子例由、致其沙汰云々、雖無始終、不以苛責歟、
後聞、内府、中納言定高・頼資、参議為家・々光、』(27)
三位知家参云々、
八日、　自朝天陰、入夜月明、
夜前、宰相、依宰相中将消息、自法性寺、直参殿下、今
暁又馳参北山由、以下人説伝聞、推量、後院別当事歟、
巳時許、前殿仰次、此由風聞云々、窃以、此事不甘心、
鳥羽管領細工所等事、不似将相之仁歟、
九日、　夜霜白、朝天晴、
臨時祭云々、廿一日下午時、用之、使按察長庶男隆綱云々、数
多顕官不勤之、任意▨厭却歟、
昨日、北山懺法結願、宰相一人、三位五人公俊・基保・知家・実有・家時、
後院、相国可奉行給云々、
入夜宰相示送、参長講堂八講始、雅親・通方・頼資・範
輔・公長・成長・家時卿参、
臨時祭使隆綱朝臣前民部大輔、舞人、親保・顕氏・頼行・氏
通・通行・長信・親頼、六位忠時親氏替・繁茂・仲遠非蔵人、

七日調楽、親氏・家任・公有・六位一両、見物之間、
引破幄令顚倒、以幄為網、陪従為魚、引纏之、令耎仮
板敷、陪従悲痛、泣申殿下、親氏為舞人者、陪従不可
勤神事云々、去年嫌成実勤使、不相随意趣云々、
公卿、大納言定通・大夫殿、中納言家嗣・公氏早出・経
通・具実、参議伊平・隆親・為家・範輔、三位公長早出、
初献頭弁、二献土亜相、瓶子能定、陪従隆範衝重顕嗣、三
献大夫殿、瓶子兼綱、陪従基定、五位蔵人役、光俊一
人、』(28)御笏頭中将、陪膳弁此事相替、常不見習、前召中将、後召弁、
重坏家季・資俊少将云々、近習少年所為、不便事歟、舞
人身、不参調楽見物、末代之極歟、
十日、　天顔快霽、
午時許、法眼来談為御使、参殿下之次、法金剛院寺領家相論、尼忽寄山門狼籍事、件尼、公氏卿為妻女房、依
産死去之母、法橋、誠仁ト云法師妻也、退帰後、証寂房来臨、及日入帰、
十一日庚申、　朝天陰、午後大風、未後陽景間見、入
夜微雨、
安嘉門院八幡御幸、早速之由伝聞昨日、両庄被充仕丁装束、忠弘調進、、日
出之程、行彼御所辺見之、無一有情、辰時許、長清朝臣
参、又良久定高卿参、其後此宰相参、舎人二人花田、山吹衣、柳瑩、

薄色衣、中請寮御馬鴾毛云々、有弘・光兼・伊員・時広相具、
小時、三位中将束帯、諸大夫一人、侍四五人、在車後、被相具居飼大将馬申歟、
出車未見云々、帰家休息之後、出一条東洞院見之、大風
揚塵、雨脚灑落、
午時許、御幣・神宝過了冠二人持標、烏帽二人持御幣、辛櫃二合両面覆、冠男二人騎
馬、経時刻、殿上人僅九人、
少納言為綱、侍従能定、中務大輔為継、右少弁為経未見知、
少将頼氏随身朽葉、左衛門佐信時、中将不見知、萌木袴四
人基氏云々、有教朽葉袴随身、兵部長清付御車云々、
三位中将実有卿、有居飼、随身蘇芳袴、右兵衛督舎人、黄香、薄色
左兵衛督、侍従宰相、中納言定高卿、大納言実親卿、被具
居飼、
御車庇大将調進云々、御車副、白張、白衣、平礼、
大夫尉親清子、下部色々結染、召継長頼次花田、平礼、
出車、家定歟外戚一門・実任牡丹、偏如執柄車、見苦文也・頼氏旧車、侍衛府
二人衣冠各相具、衣柳、山吹表襲、紅単衣、エヒソメ唐衣、白腰裳、』(29)
遅々無人、甚不便歟、右大将姨服云々、別当俄不参、靫負
佐・蔵人頭、顕官輩皆不参、不似初度被刷之儀、
今日御衣大将、仰信繁入道、令調進給御領云々、

薄萌木十、山吹表襲、赤色《御》唐衣、皆二重織物、
御車後御匣殿嵯峨左府姫君、紫匂七、柳表襲、赤色唐衣、脩明門院令調給、
於社頭、以御輿令登坂給、御輿光盛卿調進蘇芳、□〔下〕簾、力者、
太相国召進給云々、無浮橋沙汰、被催』(30)御庄々船云々、
夜前、内府被申行直物初度云々、不聞及、
見聞書、神祇祐　右少史　中務丞　内舎人　小監物
玄蕃　民部少丞惟宗久言　刑部二人　木工権助藤広経
修理権亮平時氏武蔵太郎任官云々、
若狭守平長基　隠岐守源義清守護彼国、サヽキ左衛門ト云者云々、
将監左五右三　衛門左九右五　志一志二　兵衛左十右六　馬左六右二
正五下宗綱斎宮奉行人、実宣卿眷属　従五上頼俊侍従
五位二人　平範頼　義清　左宮城判官　主典
防河判官等云々、
十二日、　自夜雨降、朝後休、
寅時許、家仲帰来、至愚本性、無指見聞事、
宰相、於二条壬生、騎乗替馬、長途供奉御車辺、赤江、
大渡、以組船、渡御車幷出車、
日入之後、着御高房、供奉人列立、其後退下宿所、不経
程帰参、依憚妊者不登山、家仲自赤江前陣、御幸又漸成

歟云〻、
適供奉人、社頭又無人、甚等閑之儀云〻、』(31)
女房書状、長途供奉近辺、悦思食由被仰云〻、
入夜宰相来、昨日大風之埃塵、長途供奉難堪、三位中将・基氏・為経、四人終始供奉、但還御天已曙了、自大炊御門東洞院留了（大納言・左兵衛・、三位中将参仕）殿上人又九人之中、猶多不参社頭云〻、
勧賞事、幸清平申請例譲、重被仰追可申請由、
左宰相中将、参詣南山、明暁進発云〻、
昨日、相国幕下同車給、被立室町面門（忠広・永光・衛府長兼岑子、三人）、殿下御車、右大弁・頭弁・資俊・定平▨（御）共（土御門東洞院）、各露顕之儀也、常住院御房後車済〻、駿牛、通具・〻実卿同車（父白直垂、葛袴）、
宿西小屋方違、近日、西庭北門内紅梅盛開、
十三日、　天快晴、
鶏鳴帰、
未時許、当亥方遥有火、賀茂西方歟、今日、依下御社一切経、車馬多過、
十四日、　天晴、巳後陰、夕陽晴、東地築〻垣、
十五日、　自夜微雨降、巳後甚雨、未時休、申時晴、
相門御消息、来廿日、可行影供三首題、凝風情可来会、足所労、当時不能出仕由答申、凡老耄身、卅一字難連出、如此事毎度難堪、北八重白梅盛開、奉書阿弥陀経、
十六日、　天晴、
午時許宰相来、影供事、毎月被定其頭（孔子賦、今月大臣殿、行兼、宰相、三位中将、朝仲、行寛、大将殿、頼氏）
小時法眼来臨、遣車迎禅尼之間、三位被来会、』(32)此間且始連歌、寂真房在京由、禅尼告之、仍招請、能州・成茂等、次第来、康茂・家仲、已以十人甚多、人〻来後、更改賦物、一之何〻子云〻、愚老不能加詞、山月漸昇分散、可謂数奇、明旦、（宰相）又依連歌催、参五辻大納言殿云〻、不甘心、
十七日、　遥漢清明、
或颸、或大風、永日徒暮、
十八日、　自朝陰、午後雨降、申時休、秉燭以後又雨、
奉書阿弥陀経、
足所労不減之上、腰損不能起居之上、示宰相、愚老不交

者、可為遺恨、可延由有相門命云々、旁無心与難堪、為
之如何、
或人音信云、尊長法▨印、戴烏帽子掻鬢、為戸津河住人聟
居住云々、
横河長吏忠快法印、一昨日早世云々、門徒闘諍張本也、
受病七ケ日、事躰時行歟云々、冥罰歟、当初同甲子由聞
之、旧遊之零落可悲、
十九日、　終夜今朝甚雨、午後雨止、申時晴、
相門重有招請命、不来者可延引、依恐申可参由、
宰相来、一昨日、於大納言殿、詠百首云々主人・信実・家長・清定、定見苦
事歟、
廿日、　天晴、
午時参相門西池亭、信実朝臣相共奉謁、前宮内卿・一条
少将頼氏・行寛法印、次第随参入、預招引、幕下・宰
相・三位中将、被加座皆端、主人・下官・宮内奥、信実・頼氏・
法印等、在障子東、家長朝臣・永光・長政等朝仲新衆、在弘庇、
秀能入道・行兼・知景、在其後座、
西横座、敷東京茵三尺許、安木像衣帽直衣、持紙筆、眺望気色也、其前立机
以唐綾作之、白琉璃器六、盛梅桜花、
又唐綾折敷、居青琉璃酒器、傍置小瓶子、』(33)
二行座之中央、置連歌懸物百物云々、十積之、毎物、其中央立瓶子
よはひはおいぬしかはあれと、此歌文字ヲ以糸置之、立梅桜花、各着座了、先勧影
酒、信実朝臣参進、入酒置之退、次置文台黒漆、敷円座、次自
下置歌、殿上人以上、経座中置了、長政為講師、将軍読
師、各進寄講之、披講了復座之後、三位中将・朝仲・行
兼等退座、始連歌、何水何木、人数多而頗狼籍、自然経
程、入夜事訖、予腰折歌、殊叶亭主賢慮云々毎事、快然、初夜
鐘之後分散、腰痛、足疵甚不快、
廿一日、　天晴、
送遣夜前懸物・影前物等、更以存外、不依連歌員数、只
被送老者許歟、是宮内只一句、可無興之故歟、事頗過分、
非歌興之躰歟、
入夜宰相来、自早旦供奉北山、只今被帰云々、昨日愚歌、
殊叶賢慮云々、可謂存外本懐、
廿二日、　天快晴、
初有暖気、冷泉女房外祖母時政朝臣後家、来臨冷泉、依消息、
禅尼被行向、愚老不知如此事、只惘然之外無他、夕、兵
部来臨言談、戌時許退帰、

廿三日、　天顔快晴、
此間、毘沙門堂花盛、軒騎成群云々、
廿四日、　自朝雨降、未後休、入夜又降、
此家東垣下、本主老嫗作小社、々跡故儲小壇、為潔斎地只五尺許、而已為持仏堂之後、依無便宜、今日以宜日次、運件壇土、令安新地艮角、檜木一本・栟櫚一本、同堀渡之、』(34)以件所、又欲奉安小祠之故也、
歌仙下州示過由、送桜一枝、聊贈答之、
奉書阿弥陀経、
廿五日、　自朝大風払雲、朝陽快晴、
僅開始花、遇風雨散了、栽椿・躑躅木、
艮方築垣左衛門佐と云女房宅端方・北壺檜垣・柴垣等、今日終其事、
廿六日土用始、　天晴、風静、
午時参前殿、妙香院御対面之間、暫可候由被仰、退出給之後、見参之間、慈心房海住山参入、又御対面、此間、左大将殿見参之後、又出御、及日入退出、窮屈殊甚、任大臣事、重示合関東、返事未到之由、博陸・相国御対面之時、有御命、右大臣、去年除入道相国服、未着陣、而着吉服先是母喪参内、其比、家嗣卿、称軽服不随神事、博陸聞此事、彼是已相違、不散不審之由尋問、再三問答之後、更為服者籠居、』(35)依此事、多失世間之人望云々、
廿七日帰忌、　天晴、
巳時許、行向毘沙門堂、乍車廻見花、已過半落敷、晩花猶残、即帰廬、夜宿西小屋方違、
廿八日、　天晴、巳後陰、
暁鐘以後帰廬、
或人云、一昨日、花山院入道右府亭有鞠興、南面出机帳親王旧室御坐之由歟、開門雑人群集資雅朝臣柳狩衣、返帯云々・教雅朝臣已下会合云々、又云、一日比、周房朝臣衣冠、相具布衣子息二人、又有定平少将、相具中宮半物雑仕、見毘沙門堂花、半物着薄衣云々、頗見苦事歟、半物見花者、事宜人可相具歟、
廿九日、　天陰、申後甚雨、終夜、
卅日己卯、　自夜甚雨、未時休、
奉書阿弥陀経、
及日入参相門、清談之次、去廿二日後院庁始、勘見先例、保元三条内府、此事不内覧奏聞、只於家覧吉書下之、故左大臣内覧奏聞、於殿下被書下云々、其事無所拠、召問資朝之処、全不知先例、左府御時如此由申之、

仍以光俊当時行事院司、保元内覧奏聞不候、近例有其事、無音止之者有其恐、仍保元之例如此由、申殿下、猶可奏由被仰者、可奏聞由相示、御返事云、尤可随保元例、不可有内覧奏聞、仍用其儀、召問資朝事等、

京辺・京外院領、左府、悉為我家侍恩分給之、其事更不可然、悉可為年預資朝沙汰、於細工所者、左府請取時、自女院、三度、信繁如旧之由被仰、遂以停廢、適為我沙汰之時、争不返給哉、早可奉行由、示付了、但其間事、如彼等訴訟、慥可致其沙汰、無故耽賄賂、充催課役事、尤可』(36)有如之、於鳥羽者、仰付知信、但後院御庄と、或請所、或地頭等進年貢於別当所と、停件年貢、可築鳥羽堤由、下知行村法師了、心力之所及、可営鳥羽修理、但於御所者、申請上御使、令検知可請取由、申博陸了者、今沙汰之大概、実清廉之儀歟、尤可貴、

補此事之後、不入来主典代・庁官等、可止庁参由下知了、近日、付所と縁、申可被免由、不聞入、但資朝申請之輩、随形勢可免之、其条、又以私偏頗、不可申由、仰含了、流涙退出云と、

小時帰盧、小雨又降、帰入之後大風、其響如牛吠、他行之間、前左馬権頭長綱朝臣入来云と、初学歌人也、依其詞優、加勧励之詞、

潤三月小、

一日庚▨戌(ママ)、　天晴、風烈、

貞応二年埋核梨木花、初開、

二日辛亥(ママ)、　朝天陰、

去と年春所継之八重桜花、又欲開、以之養心神、冬春之間栽木、皆以不枯、葉各萌、

午時許、参常住院僧正御壇所大炊御門京極、検非違使知景宅、見参之後退出、心神不快、不参他所、

去二月、令転正給之間事等、委令語給、

権僧正五和尚、称帝御師由、平申加任、妙香院一和尚、顕密之器量、山門之上﨟、旁不可超越由、衆徒成怒云と、二和尚身、雖当時無縁、▨為一門上﨟、難堪由申間、前僧正道誉、忽称師匠、平欲妨昇進、旁難堪、申子細旨之処、』(37)正月已過了、成不審之処、仁王会之次、遂被加三人、尤存面目由者也者、前僧正事、卿二位奔走云と、除目・僧事沙汰、猶以口入、可然哉、

三日、　朝天陰、終日不晴、

午時許、参妙香院僧正御房、見参頗移時刻申正僧正御慶也、退出之次、参前斎宮本大谷南方小屋、酉時許帰廬、宰相来、花山院鞠、教雅朝臣頻招請、領状、当日、称足所労由了者、

夕女房退出、

入夜、青侍等説云、去廿七日夜、内蔵寮宝蔵、群盗(補1)焼穿乱入、累代宝物払底了、礼服弃七条河原小社、件盗露顕、已被搦由云ゝ、法性寺五躰《大》堂鐘盗取、又七条院御堂仏具等、悉取之堀門地乱入、凡所ゝ公私、毎夜如此云ゝ、多搦得、於河東連ゝ斬罪、更不被拘云ゝ、是只社稷之宿運尽了故歟、又可謂道理、

補1 求出礼服、奉置内蔵頭家云ゝ、盛宣、自其家来、所談也、件礼服、流于鴨河、於塩小路河原、下人等引上云ゝ、

四日、　自夜微雨、終日濛ゝ、

秉燭以前、女房帰参、

五日、　終夜今朝微雨降、午後間晴、

早旦、聞昨夕以後御産御気色由、馳参冷泉殿、御産成了、不昇而暫在庭上、験者僧等、懸御衣出之間也賜従僧等、帰入令加持、男子平産云ゝ、可被引御馬、被催御随身、遅参之間、逢惟長、示遅参由、退出帰家、境節尤足欣感、

未時許、心寂房来、女房等小ゝ加灸点、

六日、　朝天快晴、

午時許、厳海僧都来談、日来、依御祈候冷泉殿云ゝ、』

(38)

今朝、大宮禅尼音信之次云、北隣大納言殿、群盗、駕車馬乱入散ゝ、深被秘云ゝ、毎聞消魂、余命何日哉、連夜有此事云ゝ、

申時許参相門、申昨日無為御慶、又不例之人姫君訪申、於今者、一分無其憑、只相待日数、依方忌、来十一日欲渡他所、其以前無事者、以之為大切、其躰非人姿、只如打置紙、此四五日、又毎日発悩者、

法住寺辺河原田、雖非幾、是為別当得分、以之可充法住寺殿三御堂仏供由、示含資朝、但其内長講堂安置二躰尺迦・阿弥陀、本尊之阿弥陀、三条相国非後院別当、只宣陽門執事□、仰主典代景宣、奉渡左大臣僧正許云ゝ、此事勝事歟、可尋沙汰由、示資朝了、近代人心、実言語道断事歟、

日入以前退出、向幕下御許、自然移時刻、戌終許帰廬、

大納言殿群盗、已被搦云ゝ、按察典侍之下女之夫、

七日、　天晴、昼漸有陰気、

未時始許、前大進兼高朝臣、不慮来臨、於当世適稽古之人也、清談自然移漏、及日入、厳親黄門長女未嫁、両納言姉、年六十九、猶存命、和漢之才智、公事故実、家之秘説、超過于連枝、其家地・庄園等、譲与我身由談之、

入夜、宰相自北山来、宰相中将、密ゝ令申相国、左大将殿大臣事、已一定也、但今五六日、殊不可有披露者、為示其御返事、只今欲罷向者、今一闕被沙汰之間歟、二人昇進、尤可然事也実是博陸長嫡、大臣闕、無異儀事歟、依時事異、

八日、　自夜微雨、申時止、

一条不例人危急之由、聞伝ゝ説、詣彼亭、命云、病者自可渡他所由云出、又可出家由、同示之、仍今暁、渡乳母家実雅卿母、今朝令出家了、於母儀者、猶相副之、於我者、不見事躰、不可過此間、

左大将殿御事、夜前博陸有御告、今朝又、宣旨』(39)二位示送、大饗此東亭、已最吉所歟者、即帰廬、去ゝ年所続八重桜花、初開、

九日、　天晴、風静、夜月朧ゝ、

禅尼行冷泉、未時許、昨日遁世人、遂他界由、以下人説聞之、相国被参内之間云ゝ、

十日、　朝天晴、

款冬盛開、足疵押付香薬、今日落、平愈訖経四十余日、

巳時許参相門、命云、病者、昨日申時許事切了、臨終正念殆無比類、平生、於事無言語、無好事之躰、此間、毎事分明、依自示、出渡他所、又令出家、昨日、事已一定、早可還給由、告母堂、又請聖人、可高念仏給由示之、自身念仏数百反、引五色糸、気絶了、後事不触耳、一向示付住心房了二百貫、送之、即於当時居所奥地、同上人可被沙汰由、示付之、此次、予奉問一条北辺地、此事不憚歟、凡不憚云ゝ、心中極悦思、於此宅終命事、依此事思煩之処、証拠極以感悦者也、

又命云、昨日、終日奉謁執柄、雑談、諸事示合給、其間事、故不書之、退出之次、逢親尊法印、即帰廬、

未時許、寂真房来談之次、義懐中納言法名、猶被去乎之由教訓、天下賢者之故也、即時可用親字之由、承諾訖、

十一日、　朝天陰、巳後小雨灑、未後雨止、

分栽菊、

夜前、七条東洞院辺、有炎上由、今朝聞之経時刻云ゝ、

十二日、　自夜雨降、午後止、申時天晴、

黄門所誂之古今、今日終老眼書写、進士御門殿姫宮御料、自
御誕生奉付、依懇切之志、誂付之、為縁者之証拠、染老
筆也、女房今朝退出、洗髪、夕帰参、明後日、此女院渡
御北白河殿、四五日云々、近日無由事歟、』(40)
十三日、　朝天晴、午後陰、夕雨灑、
依夏節、今夕、行幸七条殿云々、
秉燭以後、為違夏節、行七条北小路壬生監物景房宅、亥
時許雨漸密、亥終許、聞行幸由、出七条見之、御乳母、
宮内卿成実、又他公卿一人不見分車渡、良久衛府佐一人
渡有随身、若信時歟、不見分、、伯三位騎馬、侍等在共、、又衛府佐、次右兵衛
督、左兵衛督歟襖袴随身二人、取松明、、又中絶之後、別当新任別当、看督・火長、
打梨無極、次近将十余人許、御輿、覆雨皮、天顔端厳、次将
甚多、不能分別、又衛府佐等歟、二人許、朱紱不見、次
殿下御車、見了帰付寝、於納言者不参歟、
十四日癸巳、四月節、、　鶏鳴以後雨止、朝天晴、
聞暁鐘乗車、鶏鳴帰廬、
今朝、安嘉門院、渡御北白河殿云々、
十五日、　天晴、自昼陰、
送書札知三品、返事云、熊野悪党、欲奉迎阿波院之間、
守護小笠原太郎、今朝馳下云々、
日入以前、参相門、阿波事云々説、兵船卅艘許寄阿波、
已以合戦、守護代臨陣親自合、雖攻寄御所前、戦士飲血、
遂引還了、仍守護馳下、件代官蒙創云々、但不聞何日事、
月来風聞事、已露顕歟、此事只増殃歟、甚不便、此宰相、
依女房等忌、忌軽服不参云々、極以為奇、秉燭以後退出、
月暗、
任大臣、其後無重沙汰云々、
暑気忽生、今日着帷、夜猶甚暑、
十六日、　天陰、朝微雨降、未後天晴、
前修理権大夫、請取柳枝、及暑気定枯歟由雖答、猶送使、
仍取冷泉柳枝、送之了、自往年、依愛垂柳、多為人被請
取、已為所々老樹云々、
十七日、　朝間晴、雨灑、辰後天晴、風烈、
午終許、行寛法印来臨、相謁示合歌事、即帰、』(41)老後
好此事、但無未練之気、不存見苦之躰、仍頗加感言、禅
尼行冷泉、夕帰、此未時許、宰相俄依召、馳参内裏之由
聞之、
入夜来、依召衣冠馳参、以二品、仰任大臣事、已一定訖、

此由可告申相国、関白殿又、於弘御所有召、仰云、左大将任大臣事、已事切了、殊悦申由可告申、又中宮大夫、同可任給由、今日承之、尤悦思給、饗間事、面可申事等多、今明令参会給乎者、又此事、猶以如頭中将、可被仰歟依不存、衣冠雖異様、馳参申此由、畏悦承候了、明後日許、早可参入候、此事、以職事、被仰前摂政、可宜候歟、帰参申此由、其後、雖臨昏、有御鞠云々、

一夜行幸、経通出御々所許・具実納言以後初騎馬・隆親・盛兼・基保・光俊・資宗、近将、左将十二人、右将六人云々、師季奉仕雨皮、無指笠者、被催示之後、宗平指之云々、実世、右中将実忠・有教、少将済々云々、

侍従宰相、為期衛府督也、其事不被許者、猶兼本官、又有其例、彼是間、猶欲申者、尤可然由答之、

十八日、　天晴、午後陰、

安嘉門院、還御持明院云々、奉書阿弥陀、

今日季御読経始云々、定通・雅親・　経通・伊平・隆親・盛兼・為家・範輔卿領状、時兼奉行之由、夜前語之、

定修出仕之由、先日借牛、其出仕不知可否、

十九日、　朝天陰、巳後甚雨未後風相交、

辰時許、冷泉女房産気、非火急之躰由聞之、

巳一点許、女房相乗行向、於北庇相儲其事、陰陽師道繁門生歟修祓、有験者、事非取頻之躰、入道近日在京来臨相逢、依無指事、入道帰了、午終許予又帰、無指所作、窮屈無術故也、』(42)

昨日御読経、定通・雅親・基家・隆親・盛兼・為家卿、両大弁参入、上卿奏事由、右大弁一人候南殿、着御前座、即上卿退出之後、加座末、頭弁仰御願趣、出居宗平・資俊・定平朝臣、右中将実蔭・左少将家定、候南殿、結願、定通・雅親・々定・伊平・経高・隆親卿領状、

阿波合戦事、無其実、熊野前海上往来船、悉取之、漂没其人、崔嵬険阻之上、儲石弩構城郭之由、有其聞、南海地頭等、各警衛之由、又有其説云々、彼是実否難弁、

至于未時、只同事由云送、風雨相交、漏湿無隙、秉燭以後送使、猶同事由答之、風雨暗夜、家中無人音、

廿日、　自夜雨止、天猶陰、午時晴、

猶同事云々、但卜筮、自一昨日、廿日巳午時之由占申、更不可驚、一定吉事由、頻称云々、但事躰、猶極恐思者也、

午時許又行向、入道来会、験者若微〻歟由、夜部卜之、
又請加律師某長厳僧正弟子、先年祈、此母堂産云〻両度許取頬、未時無為
誕生男子、後事即訖、奔出乗車了、験者二人律師女房衣一具、阿闍梨二衣、
各引龍蹄、陰陽師事、送大允道繁許門生三人修祓、其身称病、在此向小家云〻、
今朝、御乳母二位、被送書状、存別奉公之由、奉成功、
給信濃国哉云〻、承功程可申由申之云〻、件国、為斎宮
御料、前大納言給之、官掌国兼近代好良吏、請取国務、斎宮
御相折二ケ月、致其沙汰、下遣使者之処、件使、無存命
之計、帰洛之間、大納言被辞申国兼二ケ月用途、可為左衛門尉功之由、申請云〻、
今月入御』(43)諸司用途、詮分闕如之間、凴国務名字、
進成功乎由、被尋求、但競望者数輩出来、而頗有被仰旨、
被尋仰云〻、随功程可申請由相定、且相尋入道、答云、
件国、第一国司不中用国歟、其故、鎌倉近習侍、夙夜勤
厚之輩、二百余人居住彼国、為面〻名主之間、其嗽〻可
察、雖然、名字懸《国》名務名、期相博者、何事在哉由、同答
之、予所案又如此、少将定平、進五百貫、可給由申請、
殿下仰、其身頗非国務仁、又其力定不可叶歟云〻、
廿一日、天快晴、
小児、来廿四日沐浴着衣、四月一日垂髪日次云〻、
参相門、真恵僧正・円経法印来会、各別〻謁申、一夜之
後、未参内、明後日参、可奉謁博陸、大略之儀、来月三
日兼宣旨、十三日任大臣歟者、即帰廬之間、家長朝臣兼
来臨、入北門相逢、大納言殿御使也、於木綿御逆修所、
可有詩歌会之由、禅閤頻被仰、老者殊可参、有御気色云
〻、於彼御命者、実難背、雖老病難治、可扶参、抑密〻
申、任槐之最中、詩歌御興遊、頗可有御存知旨哉、如何、
家長朝臣甘心、帰参、
廿二日、朝天陰、申後雨降、
以書状、尋家長朝臣、返事云、彼比遊興、頗可有斟酌乎
由申、尤可然由有御気色、但《可》被申本所云〻、折節詩歌、
尤至愚之沙汰歟、
未時許、経国宿禰来談、秉燭以後退帰、
信州事、猶可進済五万疋鵝眼五百貫云〻』(44)之由、傍輩競
望、可為其定由、女二品示送云〻、一条命、信州五万、
頗韻外事歟、不可過三万哉、彼縁者等又、於三万者、当
時可相儲由示送、仍重為申合、参一条由、入道法師所告
送也、
廿三日、自夜甚雨、終日不止、

午時許、長政朝臣来、示合十五首歌事、
伝聞、信州事、猶為五万疋者、不可請取由、相門命云々、
是又可然事歟、
廿四日、　自暁雨止、天間晴、
奉書阿弥陀経今日四十五巻、残三巻也、
廿五日、　朝天遠晴、
巳時許、宰相・三位同時来会、次摂州来、小時能州来、
始連歌、何書《カキ》何気《ケ》、人少甚遅々、秉燭以後分散、三品云、
来月七日大饗、二献勧盃可勤由、親房朝臣、内々仰由、
有消息、奉行人右少弁為経也、是只告送由歟、宰相云、
来月二日兼宣旨、可扈従由、右少弁送御教書前摂政殿、
申領状了、饗十三日由、有其聞七日、若為用意、催儲由歟、今日、被
築室町面築垣依破壊之気、如新造被修理、又、通具卿、辞退大納言、可籠
居由、月来有其聞、已出辞書由、按察、昨日被示送右幕
下許云々、尾籠之至極歟、
信州実事、当時急事、早速成功、無請取人歟、進三万疋
可給由、重被仰、仍今朝、件物可進納何所哉由尋申、宰
相中将返事未到云々、
二位中将、任中納言之上、両頭昇進由必定云々、近代貫

首、不過数月歟、関白殿祭御見物桟敷、左少弁親俊営作、
被仰入道納言、依修小善、平辞退、譲鹿田庄、以次男令
作、備後譲嫡男云々、』(45)
廿七〔六〕日、　朝天快晴、
伝々説、信州猶無音、三万疋之条、博陸雖有御許、実宣
卿、猶依求五万疋、尋廻万人之間歟、
去夜、盛宣小屋西垣外、窃盗両三人、剝取衣装云々、無人
蓬屋、已相近歟、
廿七日、　遥漢遠晴、
忠弘告送、信州事、夜前又、宰相中将已被仰下了由、有
消息亜相種々口状、等多云々、宣旨一品又、其成功物可送我許由、被
示送、仍今朝欲沙汰送二条町家、此事云置、宰相、参相国
方違共桂方云々訖云々折節遠行、不可然事歟、
黄門局消息云、南海事、今日始散不審、
熊野太郎々云者、在彼国、件男、此状到来由去九日事、触守護代、
其状云、可付我方哉、可付守護方哉者、守護見此状、国
中周章馳走、騒動無極、但無指事、送日数之間、去十五
日夜、海人為釣魚、漁火多見、存敵向来由、又以馳走、
其後、軍兵守護御所、往反人不通、此使者、猶窃以入洛

所申云〻、事躰不論実否、於南海之狼籍者、滅亡之期来
歟、可悲代也、
法印被来談、
入夜、前左馬権頭長綱来、令見歌、少年初学、頗得其骨、
相逢委示含之、
廿八日、　天晴、風静、
巳時許相公来自方違所帰、只一人云〻、大饗必定七日云〻由、十三日有憚、泰忠申之、本自七日吉也、依卒爾、被用十三日云〻、国事、已可給由被仰了、功物、昨日
二百貫、已取返抄、今日百貫進了由、忠弘示送、
巳時許、詣幕下亭、尊実僧都同時謁申、僧都立去之後、
良久帰華、
廿九日戊申、晦、　朝天晴陰、
今朝、令築東地築垣三本余也、』(46)
未斜、依預招請、詣幕府、即被始連歌西出居、宰相・信実
朝臣俄被招引・長政・知景等也、
賦差物引物近日物、毎人一同、頗為珍、用先年物、　秉燭以後終百句、忽然
詠潤三月尽歌、各退出、
夜前、以実経少将、被勘発法印共所行不落居、不当事等云〻、不足言事
歟、
為方違、宿忠弘冷泉宰相・備後又在此所、忠弘法師云、今朝、為
使者向四条入道在所、国務事等示合、依　朝恩、預国務
由、以消息、先可被触武州幷駿河彼国守護、一事以上可被計
行由、尤可宜、
補郷司、下面〻使者事、近代定為牢籠之端□[歟]、只無音、
而可被相待彼等音信哉者、此事皆、予至愚之所存也、相
叶賢慮、尤以神妙、
一昨日職事時兼御教書、到来紙屋紙、
信濃国務事、可令行給者、依
天気、上啓如件云〻、事切了、尤神妙、』(47)

◇東京国立博物館蔵（嘉禄三年四月）本（402）注1

嘉禄三年、
四月大、
一日己酉、　朝天陰、
天曙帰家、
性恵房出京、
二日、　天晴陰、
巳時許参前殿一条、令渡給昨日、所〻修理訖、直見参、今日扈従

公卿、二条納言定・二位中将昨日所労由被申、今日又可扶参由・侍従宰相・左大弁・三位中将実有、殿上人能忠・雅継・資季朝臣・実任永久例四人云々、日暮者可参由被仰、彼饗尊者左大将殿禄請取役、侍従宰相可存知者、

又仰云、尊者牛飼所舟事、所注置、無船有足、而下家司老翁説、為差舟由申之、未散不審、□[重]可拾[勘]見、奉行為経、自昨日所労温気、信盛為職事、初任饗無職事例、太政大臣饗、為房・長兼・宗頼等奉行、准拠何事在哉、未決之、臨昏雨如注、毎事不及視聴、終夜大雨、

三日、　朝後雨漸休、巳時青天間晴、

去夜無殊事、信盛俄奉行、二位中将猶不被参、左大弁被留扈従憚四人云々、加定座云々、

今姫、自深草退出、

四日、　天晴、

前宮内卿書状云、按察入道実教卿、昨日朝入滅自去月廿六日、病悩云々、日来不聞及、足于悲歎、其身雖不書漢字、非啻提携糸竹音曲、在世之間、拝趍之忠不懈、諳習公事、口弁説之、出家以後猶出仕所々、交衆不止、於事有古老之要之人也、年七十七云々、昔所聞七十八歟、長命之尽期、遂以如此、可悲可痛、子息公頼卿横笛相継、世許之・公長卿諸方出仕、一事不怠・四位少納言宗明（1）為基宗卿猶子、出仕勤厚、猶不似傍輩・入道公広朝臣笛・神楽・酒、多以継父芸、有違乱出家、皆以至愚、難及父歟、

巳時許参前殿、牛童・車副装束、祭以前衣一領、単衣歟、可着帷歟、建久四五六年御賀茂詣、牛童着衣重帷由、兼時申之、予申、常儀、祭比衣単衣着歟、建久二年新制、舎人・牛童被止単衣、仍着帷候歟、無殊新制者、単衣可宜歟、御斟酌又同、仍被用単衣、居飼可着襖布、冬襖、夏帷也、

一昨日召仰詞、一人時、毎度可任其大臣日時勘申せ、二人任時、或其日可任大臣由、有被仰事其時於里亭、不勘日時、今度用常詞、二人共被加日時、

彼殿公卿、家良・頼資・経高・盛兼・範輔・基良卿云々、後聞、経高不参

内弁家良卿、可扶参由被申毎日発病云々、出仕人、通方・経通・定高・頼資・経高・盛兼・為家・ゝ光・範輔卿歟、雖勤内弁、所労猶有早出之志、琵琶難扶得云々、

今日、月輪殿八講発願、宰相可参由、一昨日誂付了、入夜宰相来、参内之後、参彼殿、左大弁同自内参、即被始、四座了退出、参東一条院、明日、定高・頼資・家光卿参云々、

五日、　自朝天陰晴、
巳時許、参向相門不例気云々、仍驚参、出逢給、近日流布
事歟、有小温気、顔已腫、心神甚苦、又有寒気、
高野老僧、以木筆書墨絵、誂遣障子、昨日持来由有命、
障子被張唐綾、筆勢実以珍重、見了参東殿、終日々臈、
依仰書御次第、臨昏退出之次、参承明門院、日入之程帰
家、
六日、　天快晴、
辰時許、自殿給昨日御次第、可清書由被仰、老眼極見苦、
已為明日、遅筆難書出由、依被仰、愁染筆、宰相来之間、
又称有召由、参一条殿為御使可参殿云々、』(2)

◇売立目録（一七〇二）(403) 注2

（前欠）
(九日)
日入之程帰参、節会未訖云々、為略出立、故不被忩行云
々、職事基邦、令弁備所々饗訖、
秉燭以後、中納言通方卿先参入、節会訖云々、兼雖禁乱
入、男女更不拘、已乱□(入カ)庭上了、雑女在堂上末代事更力不及歟、
少将氏通参入、依不定之聞、此昼被催中将家定朝臣、已
参入云々、此間経通卿参入、被仰此旨、申云、於已参者、
上臈勤仕何事候哉、氏通一方勤仕、面目可足云々、仍被
仰家定、
良久而、右大臣殿令帰入給北門、於(北)中門令拝給云々殿下・北政所両御方、依無所便不見知家卿申次、此間、新中納言参入、拝
賀給云々基定朝臣・定具等在共、
小時、尊者已臨門前給云々、諸卿下立、主人又令下給兵部少輔親氏、、取御沓云々、予・能季・知家卿、親房・信定朝臣・親季左馬頭等、
入禄所見物皇后宮中宮御時、殿上也、雑人充満、
(補1)
尊者練給進退可謂神妙、主客再拝、揖譲此間事不委見、各着座、大納
言家良内弁云々、中納言通方・経通・高実・定高・盛兼・頼
資、参議経高・為家・範輔卿云々、
次立尊者机、陪膳前右京権大夫隆頼朝臣、役送維長・以忠・重長・為仲・兼仲、、居肴
物、陪膳役人同人、
取儲一献盃資高朝臣、此間、中納言定高・頼資・参議三
人起座右大弁同存礼歟、主人勧坏、瓶子信盛家司、蔵人佐、奉行、□(続カ)杓二人、忠
輔・能範、其間事遠而不見、
長朝敷主人円座、上官座勧盃兼仲、瓶子次五位二人、宗尚・宗光、

（後欠）

補1 酒部所事、行事家司頼尚、下家司二人、康直・定広、諸
司二分三人、紀国直・中親康・紀景直、

◇「北日本新聞」掲載写真（404）注2

（前欠）

（十四日）此黄門局取琵琶云々、兼聞之、宜秋門資家卿、東一条能忠卿、見了帰、
十五日、　天陰、夕晴、
奉書阿弥陀経、宰相来、夜部参九条殿、帰路自冷泉止、
明日参吉田祭内府御分配、連歌座僧可来、専不可被来、神事
有恐由示了、相国被参持明院殿云□（ヽカ）、
入夜宿忠弘宅、
十六日夏節、　天晴、
遅明帰廬、
巳時備州来臨、相逢之間、公猷律師来云、法印親尊聞此
事、有聴聞志由、相議本関白殿了、仍重可相触由相示、
小時、寂心房来会、能州・禅尼等已会合、乃且始、賦何
舟何路、三四句之間、三位被来加、又法印来臨、人数已
多、存外入興、五十余句之後、宰相加座、吉田、頭弁参、
入相具滝口二人、会参五位、九条殿侍老対馬重経右衛門大夫参、
指笏如刀、満座咲壺之外、無殊事云□（ヽカ）、会参者有先例歟、
不見及事也、如何、秉燭以後四五句満百、各分散、殊以
有余興、
十七日、　天▨（陰）、巳時晴、
午時、向冷泉幕府亭、即被出、於東作泉屋、被招引人々、
宰相・備後来後、迎例禅尼、又告執行法印、秀能入道在
座、尼来之後、且始之、賦烏帽子与衣、法印末至、日入
以前終百句、人々退出、暫謁申、秉燭以後退出、先是光
宝僧都来、以長政被伝、依北白河院勘気、被止安楽寿院
供僧事、歎申云、依為人不便事、三度申入了之上、強御
憤以信繁被仰、非力所及由、被答成宝反掌之間、当時又違背讒言、共是不善者也、依
入道顕俊卿述懐悪口、深有御攀縁云々、

（後欠カ）

◇静岡県立美術館蔵（405）注2

（前欠）

（二十二日）外記庁不焼、南所焼了、大内払□、淑景舎之北舎一宇残
云々、左近府行村法師守護、師季・季継等騎馬朱紱、在陽明
門辺云々、

大臣公卿已下、依朝家大事馳参人、無之云〻、
左少弁親俊居住前出納建保之比久ー宅、焼了云〻、博陸祭
御見物桟敷、件弁営造云〻、
上皇不顧京中大焼亡、脩明門春日御幸、最勝・成勝寺等
焼亡後朝、日吉御幸、後鑑是即天下磨滅之期、宿運之尽
時歟、累代之礼服、先為群盗汚穢、重又宝蔵焼失、朝廷
之滅亡、挙趾可待、生而遇此事、悲而有余、
廿三日、　朝天陰、巳後雨漸降、不湿地、
御禊延引廿七日云〻、
他事不聞及、
安嘉門院女房、今夕退出、
晩頭、閭巷騒動云〻、後聞検非違使行兼次男左衛門尉左衛門尉基綱聟云
〻、他行間、舎人男、大路置馬草、運入門内之間、男一
人来、取其草逃去、称草盗追欲搦之間、他郎等男見付、
制止取放了、其後、件男党類、成群乱入門内、以飛礫打
宅之間、又他郎等聞之、自外来、抜剱奔懸之間、十余人
群入者逃散了、相門侍・雑人等、随聞馳出之輩数百騎、
群集其門、欲搦取乱入物、自相門、遣算博士政衡、殊被
加制止之間、無為分散、件乱入者、範輔卿従者云〻、

入夜、以使者、事趣被示遣中宮権大夫、中宮司慶之次、
早可申入由答之云〻、範輔連〻武勇、得時之故歟、可恐
之世也、

（後欠カ）

◇大阪青山歴史文学博物館蔵（406）注2

廿五日、▨（曙）雲漸分、朝陽間晴、巳時甚雨又如沃、午
後休止、
雖病気不快、未時許乗車、窺路頭、桟敷車更無其隙、依
極無益、立高倉東、此辻立切車、各向正方西、無通路、
此辻東無桟敷、下人等云、高倉可（補1）南行云〻、時儀不足言
歟、只立其車後、〻来弊車等、自然来立傍、博陸御桟敷
中宮女房車会合、厳重云〻、但万事礼法、時刻空移、及酉時看督
初渡、立切車三四両退之、僅開路融出了、検非違使其間
各中絶、大略新補歟、下部皆付牡丹、不見知、六位八人
歟一人付鼓、五位尉▨（長）▨（親）歟下部付田殖具、云〻、行兼付畳台各下馬、渡御桟敷云〻、
次馬助故重輔朝臣子、上北面、称大豆小男也、当時成人、候殿下云〻、有居飼童結髪、上結、馬助如此、二藍
雑色朽葉、馬副・手振等行粧尋常也、皆付比〻良木之文
父車文云〻、

次中宮使車小八葉、無物見、殿下御牛歟牛童▨▨二藍、不付風流、八郎丸、
使䮳留了歟、馬副張口、蛮絵二人花田、懸緒押堅食《ハミ》、朽葉村濃袴、雑色白
張歟、皆騎馬、又有槿色若取物舎人歟、文如右近云々、菅笠、
次近衛車渡、上霞鸞公佐朝臣、車也、物見簾薔薇紅花充満、袖猶有同花、此間、
上方霞鸞□□
夕陽入山之後也、雖相待無見来者、在前車、皆退帰、已
及昏黒、取松明男両三人奔渡如御所侍姿也、着闕腋帯剱人
騎馬上差縄、善悪無所従、面施粉黛、若□使少将歟、如
馬副・手振・蛮絵・童・雑色物、惣不見、々物車競馳、
典侍出車、東洞院南馳云々、暗然帰廬、
後日伝聞、䮳武澄・兼廉烏丸見物之人、一騎之尻、猶不見使従者、有出車数多云々、中宮
使䮳種武下毛野・武茂、中宮女房、蔵人大進光俊扈従云々、暁
鐘以後、使近衛参社頭、其間遅留、不知其故、
又後聞、使無従、非他故、日已暮了、見物車、不待使馳走
之間、䮳已下怖投輪開轄、悉倚路傍求馬之間、不能進、
空遅留云々、
武澄布、襖袴、付夕顔扇、鈴、、兼廉付薄様、定有故歟、、随身よせ布、袴付藤、朽葉末濃、顕文紗、蛮絵、
（補2）童萌木、付之、紅衣、結髪、八人 唐垣薔薇、毛沓、雑色二藍、紙鋳洲浜、紅衣、載山吹［　］［　］此装束皆、馬
副・手振各例褐、無殊風流云々、舎人虫襖、付牡丹、乗寮
鴾毛八幡御幸宰、相乗馬也、

出立所以狭少、寝殿為其座、長押天井等甚見苦、放障子被合之間、天井之躰不足言、旧簾、茵・
円座等散々古物也、侍従宰相依二品請向・左大弁近習好歟・宮内
卿、殿上人座、経賢、、・資季、、、二献宰相、瓶子宗
綱、三献大弁瓶宣実、少将実清褰御簾、使出穏座瓶子兵
衛佐公員、中門廊儲陪従座蔵人五位忠広兄行事、無諸大夫座
毎事簡略、不足言、、

補1 後聞、検非違使兼近先年大岡子云々・康重康実弟・親尚尉・明
継・□（章カ）俊殿下所司、志・元兼五位出納俊元子、志、馬助藤家国云
々、検非使下臈三人下馬、被仰可乗由乗云々、中宮大夫、
殿上人七人許候、牛、安嘉門院斑御牛、牛童赤色付薔薇、
母□院御童十方丸好連歌童也、
補2 童雑色当色、非打物、張物皆用、近代通具卿所好、□□
板配リタル絹云々、或人云、時房宗付忠綱令調云々、初献
兵部卿、

◇善本五百種展観入札会出品「御切」(407) 注2
廿六日、自暁雨降、雖間休不晴、
不聞世事、終夜甚雨如注、河水溢云々、
廿七日、雨降、或休、
御禊明後日之由、雖有其聞、不重催云々、

廿八日、巳後雨止、昏黒又如注、
夕、経国宿禰来談之間、又甚雨、烏丸辺見祭、近衛使無所従、但於其西辺各騎馬、打入南北辻云々、不知其由、
明暁又□向云々、
宰相来、粗語夜前闘諍事、
（補1）御禊、廿七日廿九日之間之由、未有一定云々、厳重神事無定日、如何、焼亡不被処穢、当時煙炎充満之故、一昨日延引云々、何無定日哉、
祭使右近少将実直出立、向一品陣口宿所（僅三間四面、蔀、屏中門、中門廊二間許、無他屋）、又、末代出立、不嫌蝸廬歟、尤可然、

補1 今日右大弁参向相門、披陳対面云々、

◇『加島美術新春書画幅逸品目録』掲載写真（408）注2

（前欠）
（五月十日）河令修給（日来欲参其事、直衣［　］）、即参了、
秉燭以後、性恵房自醍醐来宿（高倉殿、今日出京、自廿二日於木綿聴聞、同奉伴、二日帰醍醐、今日参宜秋門、只今被下留）、木綿御逆修、自廿二日八講（其式厳重、無比類）、過差、聖覚証誠云々（僧名不知之、南京三人、円経・覚遍・凡僧一人、天台信乗・智円云々）、今月二日結願、
曼陀羅供導師覚朝（前僧正、日来五十日十壇護摩）、其布施、興福寺僧正被儲、三大納言・経高（新、後見）・兼季卿、頼資・範輔卿、自博陸被催奉、
殿上人同済々参云々、件一品経、高倉殿被申請、今日持来、過差人々、銀外題表紙竹、或玉紐結紐平緒等、大略例事、又無殊事人々、（例）紺泥等小々交、彼御子孫▨（縁）▨（者）等之外、九条殿（法師功徳）・宜秋院・左相府・妙香院相加給云々、
於九条殿者、偏外孫之御好也、亜相僧正不知其由、
八講了僧退出之間、南京衆徒集会、准本寺事、延年乱舞云々、結願日又如此、是只当寺務之時、（被）表其威光歟、八講之間、毎日有衆僧送物、本寺所司等、多預其課役、内々歎息云々、両大納言、毎日着座（居住近辺給）、九条発願結願両度参給云々、嵯峨禅左府、白地雖被参、無宿所不宿、
十一日、天晴、漸陰、酉時許又雨降、
性恵房、又詣高倉殿今出河、今日被入嵯峨（被始例読経）、
午時許、信実朝臣来談、去二日、自殿下依被催、渡大水参木綿、殿上人諸大夫、雖被□（催カ）□（将カ）□等不見、範輔弟子息範頼・光資・経賢［　］等参云々、
宰相又来、昨日通方・経通・隆親・□□（経高カ）・為家
（後欠）

◇清和書道会蔵 (409) 注2

十四日、　青天黒雲陽景、

未時許又蛭飼、

入夜宰相来、一昨日参御八講、大納言定通、参議経高・為家、両兵衛督、四位院司不参、五位判官代光時(補1)布衣、上結、以五位申事由、無先例、自身不具由称之云々、以六位蔵人申事由、始事、

明後日十六日、臨時廿一社奉幣三合之上、日蝕御祈、御願雖厳重、無出仕人、可勤八幡使云々、左大弁、新宰相中将宣経、

(後欠)

補1今日左府参給云々、

◇東京大学史料編纂所影写本（三〇七一・三六／一六／二）(410)

廿一日、

貴種之人、所作必第三日勤仕、左府闍梨今日勤仕云々、万事同執柄子息、得時給歟、臨時受戒一身阿闍梨云々、

廿二日、　天晴、未時雷鳴、又雨降、須臾晴、

昨日公卿、左府、中納言経通・高実・盛兼、参議経高・宣経、

出居有教・親氏・氏通云々頭弁申事由帰出、左府被問弁、親俊候、依召参昇長押、左府被問弁、左府、大臣為上卿、親俊候、五位弁不昇由、被咎云々

今日、中納言公氏・頼資、親定（参議）・為家・両大弁、出居師季・有資・家定（源）・実任・実直、堂童子、左光資・貞時、右能定・経光、

◇『竹柏園蔵書志』掲載写真 (411) 注2

廿三日、　天晴、未時黒雲、雷雨、

昨日定修所作講師経円、無為、与知音雖相合、講論共無其失由存之（由）云々、示送、

得業来、所望事示付人々、更雖無其告、各気色又不放埒之間、愍在京云々、

一乗院法印出京、被参僧正宿所云々、

夜已及亥時、定修来、秉燭以後行香、只今事訖、依妙香院仰、出明義門後、取継阿闍梨御禄、給従僧貴人有相伴聴衆時、間有此事、非毎人事、凡毎日扈従円弁と云、僧同従、智円已講可下逢由、雖有命、初日之外無其礼由、相定云々、

◇五島美術館蔵（412）注2

被処奇怪、今日又下云々、供奉前□機縁、僧又相同歟、
無其賞有其役、
（補1）今度論義、不見苦由称之、不□□（知カ）［実］否、人所作、此闍梨御
房之外、無尋常事云々、
今日、殿下・右内府・大納言定通・通方・具実・盛兼・
伊平・家光歟云々、頭中将取智円禄、頭弁取定親禄、入
二間、経僧綱座前云々、所語不幾、
一昨日、少将親氏、入冷泉と殿其所為公性宿所、着沓在堂
上、童部等咎之間、互謗言之間逃帰、法師原群出罵辱、
白者被□□鳥歟由、詞及母、路人側耳、自禁裏語馬部、
可搦取童由下知、公人等雖入、僧等嘲弄、又罵辱之間、
喚返件輩了云々、無識近習権門之躰、奉為上有其恥歟、
深更雖怖畏、夜半許帰了、

補1後聞、頭中将、可申事由、有庶幾之気、仍頭弁譲之、右
府遅参給之間、内府召之、昇小板敷欲昇長押、□□［日熳］懸膝
長押候、源卿等咲壺、内府申可始由給、奏之帰来、又如
此、弁や候と被問、申不候由、内府被仰金、於小板敷乍
坐仰金、又満座嘲弄、夕座右府蒙殿下御目、又召人、頭
中将猶懸膝、如犬突左右手、満座大臣以下先咲壺□可被
申事由、帰来如前坐、右府仰、弁や候、頭中将

○補書1は東京国立博物館蔵本（413）五月二十四日条補書1
に続く。

廿四日、　天晴、未時又雲雨半天不陰、即止、
日出之後、得業叙法眼由示送、朝恩珍重、偏是大乗院之
深恩云々、遇此時有此事、誠是神恩之至也、不可云尽、
午時見聞書、僧正覚朝前僧正躍（ママ）歟、任意代也、権僧正実信一乗院、不経僧綱講師 不経維摩、探題、権大僧都
真遍・真忠・公豪、少僧都十四人之内、覚経・隆快隆衡卿子・実
瑜云々、律師三十二人之内範実第一、法印十五人之内良
算宿耀・能性・尊実、法眼十二人之内長賢、法橋卅二人、
二会准講証慶、一身阿闍梨道宝、
世上之獲麟、只除目僧事之面歟、

◇東京国立博物館蔵（嘉禄三年四月）本（413）注1

（補1）上皇御在世一度僧事、律師十八人、世為勝事、奈何于今
世、

申時許法眼来、借宰相車、向別□権別当房幷前大納言許、僧正着香染、出逢□（偏カ）□興福寺伽藍大明神之奉為、懇切挙申由命給云〻、芳言之至、（補2）実余身之面目歟、又借此車、参殿下幷新僧正宿所、今日、南京僧綱、依有申事、群参殿下山階寺廻廊破壊、欲顚倒事云〻、已、依過其程、待夕云〻、自他皆明日可下向、即欲参社頭者、宰相来談、

今夜暑気、已以難堪、寒暑廻転、如打火、七旬病者、徒送旬月、悲而有余、

補1高声仰金、右府歎息、此上可何様乎、殿下虚有声、於今者、重不可召歟由、被定仰了、

補2今度、興福寺僧正以下五人任云〻、於末代少歟、

廿五日、　天晴、未時、乍晴大雨降、

暑熱已難堪、只臥閑寂之所、

夕定修来、為六月会問者、明暁登山、

廿六日、　天晴、今日始雨不降、

暁更定修登山、午終許法眼来談、僧事所望、法親王頻雖令執申給、遂無勅許、有事故歟云〻、相門影供、六月可被行由、今日被示云〻、暑熱老病、万事難堪、

廿七日、　天晴、巳後忽陰、大風起、雲飛揚、法眼、借送保元〻年七月旧記、年来未見、馳筆書写之、終夜大風、雨間落、後聞、忠行卿一条高倉、群盗襲来、人多而不入云〻、』(11)

◇『平成新修古筆資料集　一』掲載写真(414)注2

廿八日、　天陰風吹、雨間灑、

旧記返了、

武士群集勢州、諸庄園責兵粮米、国土磨滅、是存内事也、

（後欠カ）

◇東大寺図書館蔵(415)注2

（六月）六日、　終夜雨降、朝暫止、陽景間晴、急雨頻降、未時又雷鳴、雨如沃、即休、申時又雷鳴猛烈、大雨、日入山之間漸晴、

宗清法印、以左京進宗朝、有示送事之次語云、河辺田畝悉為水底、早田・中田栽而皆朽、晩田苗又朽、民戸愁悶云〻、

七日、　朝陽晴、申時許小雷、適不及雨落、

午時許下人説云、於鷹司北油小路西辺、搦取尊長法印自害未死、入車帰河東菅十郎左衛門・小笠原左衛門、武士乗車、密〻来打入

云々、委事無語人、於伊勢・熊野之間、損害武士等之由、月来有其聞、今在京、彼是子細尤不審、入洛、定成党為構夜討歟、世上之儀、又有同心之輩歟、

入夜、又下人等云、事已一定也、如巷説者、自叡山、昨一昨日之程下来、山法師一人、義盛和田左衛門之子兵衛尉、年来逃隠者入道、相伴、今朝客人来、盃酌退出之後、俄打入之間、雖突一両人不死、其身自害腸出猶不死、於二人法師者、無疵而搦得云々、実是末世之冥助也、奇謀定漸々露顕歟、時々往来叡山之由、年来有其聞、事已為実、定又有同心凶徒等歟、

八日、　朝天晴、申時雷電、東西南北双光合声、小雨又降歟、

又巷説云、此事又不然之由説々、尊長本妻仙洞春日、定輔卿妹、去夜自河東召取、又云、大秦宮僧都、被懸此事云々本是知音也、依為能性一腹、為犯事友、去比参熊野之次、相具其徒党入洛之故云々、

（後欠カ）

◇東京国立博物館蔵（嘉禄三年四月）本（416）注1

（前欠）

（十日カ）納物、知行六ケ年之間、一度不勤之、前司又不勤云々、以其状又仰国兼、彼国無納物由、極無実由披陳、省家国務之詞水火、所詮、可依納物有無之実否、近年勤来之例、不及口入由答了、

十一日、　自朝陰、雨漸灑、風吹聊涼、

巳時許、法眼来臨、言談及未時宮僧都、遊大井河之間、武士来向、騎馬帰家、依定毫計略、武士雖去、始終猶有沙汰歟、及申時、心寂房来談之次云、去八日午時許、罷向菅十郎左衛門許、其辰時許、法印終命日也、武士等委談其間事、年来、熊野又洛中・鎮西等経廻、此三年許在京、義盛子兵衛入道尋逢、為友之間、件法師従父兄弟、山伯耆房又知音之間、兵衛入道忽挿弐心、以告此事、為可扶身計由、成支度、以使者触武州、々々成悦、以書状、可搦取之由、示送河東、状五日到来、忽議其事、伯耆房、向法印許早旦盃酌、我身出門之時可入由、兼与武士約行向、武士称避暑由、行向一条大宮泉菅十郎・、ヲ笠原甲冑入車運之、又乗車四両、令引馬、行彼近辺之間、伯耆、河東武士成群之由聞之、罷向見可帰来由称、出門麾武士、奔去之間、菅十郎手先押寄、法印、取剱入一間所如他人説、先奔入男被突三疵、帰出、次入者又被突浅手、次自害之

後、入車向河東、乍車入門内、法印問云、あの男ハ誰ソ、人云、修理亮殿、武蔵太郎こさなれ、又あの男ハ、掃部助殿、これハ見き、次云、只早頸ヲきれ、若不然ハ、又義時か妻か義時にくれけむ薬まれ、こひてくハせて、早ころせ衆中頗驚此詞、次昇入菅十宅河西之後、ヲ笠原・菅十、各称我先入由、以使者問上綱、答云、先入男突之、次入者又斬、三人也、其後久無見者、遂見者等、当時在男等之外無之、再問之、なんてう只今しなんする我等、』(6)などか人ニ被語て虚言はいはむ、復問希有也と答、又(補1)兵衛《和田》入道説、年来京人と知音由云、如何由問之、又云、京中ニ知人事何要哉、甚無益也、更無之云々、又尋氷、無由答、世ヲ打取て、六波羅殿と云て居物、寧無氷哉、甚不覚由辱之、求氷与之、食了、八日辰時許、只今臨終歟、着改帷、手濫令懸仏、高声念仏、乍坐終命、武士等称往生由、跡無臭香、各讃歎之、又兼、我身必円明寺ニ可埋、於河原(補2)不可曝由、示含菅十、我云ッレハ土用不可憚者、仍相送其所葬之、不斬頸、当時、只異口同音称美云々、兵衛入道ハ召取、置武士許後日賞罰不知之、件法師之縁者しうと歟入道、宮僧都知音、依之被責云々、

飛脚奔了、待帰来、有尻引之沙汰歟云々、

従三位清季卿、自去月癰瘡、廿七日被請見之、更不可存命由示送、今月一日逝去了、本飲水労云々、遂不出家、□□心中有所存歟、本自僻案之異人也、叙上階可忩出家由、奏聞、勅許、臨最後病、猶不遂□、本妻惟義娘、又皇子祖母之佐尼、同心看病、本妻所生安房前司光盛卿猶子、又大夫等馳走云々、

臨昏、雨如車軸、終夜▨《風》雨、神今食、定失進退歟、

補1人欲着改帷、只今不可然由答之、

補2此僧雖如此、後日聞之、武士猶相議切頸由云々、

十二日、　朝天漸晴、未時許、半乍晴大雨落溜不及、夜適見月、黒雲間聳、

自春所伝聞之太子石御記文、今日始眼見、末代毎堀土、御記文出現、

河内国太子御墓辺、為造立堂、曳地、瑪脳石曳出畢、其石記文云、　但両本玄隔相違、

［　］無人字人王八十六代時、東夷来《一本責来》、泥王《傾》取国《知事》、七年丁亥歳、三月有閏三月、其年四月十七日可有潤月、四月廿三日西戎』(7)来従国雖責来、可為賢王之間、三十ケ年豊、世間可為豊饒、饒、其後依賢王治世卅年、而後、自空獼猴狗下猿猴自空下、喰人類滅亡人命云々、

彼石、納置天王寺聖霊▨(堂)了、
今所見、傍所書付之▨(説)、文章今一倍、当時愚暗之雑人筆
歟、人王・獼猴等之字、頗有古文之躰、
逐時代而頻出現、其事、毎度有実哉如何、四月已過訖、
十三日、　朝天又陰、巳後晴、夜月清明、
平相公音信、可有条事定仗議等云ゝ高麗返牒事、右少弁為経奉
書其紙高檀紙、雖□□代ゝ朝、未見高檀紙之書状
来廿二日詩歌会、可凝風情、右大臣(殿)御消息云ゝ、五十余
日所労、近日殊増気、出仕勿論由申之、
夜月適明、出南庇、適銷憂、
十四日、　朝天晴、終夜風、
昨今聞蟬声、
十五日、　天晴、風吹、明月無片雲、
日入以後宰相来、昨日参四条殿前夜行幸、日薦、夜前
還御、供奉、中納言具実・盛兼、参議為家・盛兼ゝゝ(宣経)、次将
頼氏・実直・親氏、頭中将雖参、不陣列、実直一人渡左、
次将未練近年万倍、一昨日、此人数外、三位中将基輔許
云ゝ、少将公有参内侍所、』(8)

◇『鴨東通信』七五掲載写真(417)注2

(前欠)
(二十一日カ)
作文和歌之間事歟ゝ(也)、
廿二日、　天晴、
自朝巷説又嗷ゝ、東方飛脚入洛但非本事云、道□武州次男当
腹遇害云ゝ如聞者、寝突云ゝ、非如合戦歟、未聞正説、巷談又縦横、
申終宰相来、件武蔵次郎不知名字、其年十六、所従高橋弥次郎常陸国者、
去比勘当追放、又恩免近習、去十七日夜、酒宴酔郷、寝
出居、夜已曙、十八日辰時許、猶寝之間、件男取置其枕
剱、打落頸、寝前男二人(補1)、僅雖起皆斬殺、在戸外者一人
起合又斬自肩及腹、乍蒙疵、抱犯人取合之間、共落縁腸出、死
一身奔出立路傍之間、伊東左衛門と云者所従奔逢、抱之
搦得之訖、件日午時許出国飛脚来着当時其外事、不聞、若狭守朝
時、表和親由、去四月、以其女妻、婚姻三ケ月云ゝ、修
理亮時氏、為聞其事可馳下云ゝ、京中又無人歟、□(三カ)合之
歳、六七月凶事之至極之由、算道勘之云ゝ、怖畏有余、
只今為相門御使、可参殿下、忩帰了、
法成寺ゝ務法眼円乗、五六日以来忽中風、巳時許逝亡云
ゝ、未及老之齢歟、嗜酒好牛、

補1後聞、件男遂不死、乍被突取付、遂令搦留□□年十六、
可謂壮士、
廿三日、　天晴、
前内大臣被送使者、青侍所飼鵯鳥、令一見哉者、事頗雖
存外、急奪取奉送、依此事、使者三度往反殊不知子細事也、今
日不聞世事、
夜熱殊甚、小浴之後、前後不覚、
廿四日、　天晴、
炎暑如焦、未時許宰相来、修理亮時氏下向事、自相門被
留、唯一人兄弟非分之死、非可罷不問事、一子已殺害、為
父身又於事不審多、面謁旁大切之故、白地馳下候、定又
追上候歟由、答申、
（後欠カ）

◇東京国立博物館蔵（嘉禄元年四月）本（418）注1

（前欠）
（二十七日カ）夜深早涼成、始着有綿物、
山門僧、又依妨専修、発法然房之墓、破壊其墓堂、以濫
僧等、令壊取之間、自武家制止不知此事日、欲陵礫山所司等
之間、訴訟又嗷ゝ云ゝ、近日、謀反悪徒蜂起之最中、時
節定負同心之疑歟、甚無機間、
廿八日、　天晴、朝雲有秋色、
朝間風颯ゝ、終日風、夜有涼気着綿衣、
酉時許、西富小路方、有下人闘諍、殺害刃傷云ゝ、
此間、又出雲路此家良方方、有失火、雖聞騒動声、未見煙出
之前打滅云ゝ、
今夜行啓、初御退出、不能見物、後聞、
公卿、雅親・家良・家嗣大納言、具実・頼資・盛兼中納言、
基良二位、隆親・経高・為家・家光・範輔参議、基輔・
光俊・成実三位、宣経参議、内府、乗車供奉給晴、大路、与権
大夫、寄御輿給云ゝ、近衛家定中将・頼氏少将、衛門廷尉左右、
兵衛左公員・、右顕氏、殿上人廿人許云ゝ、
出車十両、公卿皆家光・宣経之外有馬副但納言四人、参議二人、具人有之、雅親
卿、毎事如例人云ゝ、殿下、於右兵衛督家前、令見物給、
廿九日、　天晴、
朝間有涼気、晩涼又似秋、夜深、有綿小袖之上、猶重綿
衣、
卅日丁丑、　天晴、

申時許宰相来、京畿殊無聞事、
相門吉田泉造営、已功成寄云々、
今日腹病極難堪、心神違例、皆是老屈之至也、
日入之程、今月祓於南面修之、』(12)

◇國學院大學図書館蔵 (419) 注2

(前欠)

(夏カ某日)
奉書阿弥陀経、今日四十九巻、是没後中陰之間《依》、毎日供
養之志、所果遂也、其料紙、只随在不嫌物躰、
夕陽之間、陰雲満天、陽景薄透、宛如炎色、西雷響内、
東雷発声、前雷声上、後電重照、雨脚又密、云光云声、
不似尋常之天、

(後欠)

◇時雨亭文庫蔵(附 旧表紙集)本 (420)

(旧表紙)
嘉禄三年秋』(9)

◇天理大学附属天理図書館蔵(嘉禄三年七月他)本 (421)

注3

嘉禄三年、
七月、
一日戊寅、　朝天晴、
暑熱又難堪、夜景猶無涼気、
二日、　朝天陰、辰後晴、
宗清法印書状云、自山階寺差所司、宗清以下、権官等許
申送状云、別当法印有訴申事、就其事、可被遠流之由、
衆徒訴申、次官等、同心幸清者、可有後悔之由、触送云
々、正権別当、近年喧嘩之上、嗷々定増色歟、
今夜又暑熱、及丑時、乗車出一条大路、待暁鐘帰入、星
躔照耀、不異微月、又無露、
三日、　天晴、未時許、不陰而大雨不及溜、
暑熱如焦、
法勝寺御八講始、通方本上卿実親卿、任大納言之後、辞之云々、自今具前駈人、不可行此寺・
頼資・経高・光俊・宣経朝臣参之由伝聞、
初月繊於糸、去山纔五尺許、
四日、　天晴、
近日、山門小法師原、於路頭、見及所破却念仏者之黒衣、
剪笠云々、又好其宗、立飼法師原尊卑之家、触送可追却

之由云〻、東一条院無此謗云〻、通方卿家、成群好色等、
近日逃散云〻、
五日、　天晴、
今日、信州前使発向云〻随分小舎人冠者之中、適所残者也、為威儀、任右兵衛府歟云〻、
』(1)
六日、　天晴、
入夜宰相来、法勝寺、公卿一人不参由聞之、一身参入、弁有親行之云〻、一昨日左大弁一人、昨日中納言経通・左大弁云〻、南都別当権別当参仕、僧正才智顕現、論義精好之間、朝座一座、経数刻、始夕座退出、先是参中宮、家良卿兄弟・通方卿・経高・範輔卿参入、山門之訴強盛、可振神輿之間(由)、頻以騒動之間、今日雅親卿参陣、左大弁参結政、張本隆寛本山僧、律師・空阿弥陀仏・成覚等流罪云〻、后宮雖令発給、時下又早令寤給、仍被召今日(明後日)験者親厳僧正弟子、中宮権大夫弟、已以隠居、尋求云〻、善恵房上人宇津宮随逐之師也、山門訴訟、入其数之由聞之、周章書誓状、且進公家、妙香院又披陳給云〻、吉水前大僧正帰依、為臨終善知識、以之為証拠云〻、物蔵下知、濫僧等、随見及可陵礫由、示含之云〻、

七日、　遥漢無片雲、
称川崎惣社祭、自日来打鼓、今日申時許、一条東行云〻、今暁、神輿出左近馬場北、更今日帰入云〻、朝間令払文、申時許望南庭、召使一両、猶入門音信歟甚無其謂、只以不追序之所、猶為其身之要歟、菓子・酒肴、与名字云〻、近年、此事不知及之処、去官之後、猶如此云〻、
八日、　天晴、
自朝暑熱、
或人云、去五日為行条事定、一上参陣、左大弁・宣経朝臣参入、納言一人不参、召大外記、被問無納言而被行之例、申不候之由、仍只被定賑給、於公卿分配者、条事以後可定之由、示之退出六日参中宮人〻、召使毎日来催、条事定、数度被行歟由、』(2)面〻吐嘲弄之詞、一上之職、已甚軽忽歟、是又本性之令然歟、炎暑難堪、偏如病者、又或説、中宮行啓夜、基輔卿、左右手持弓笏、在殿上座云〻、宰相不語此事、若不見歟、
九日、　天晴、
宰相示送云、昨日巳始刻、参中宮日蔵、酉時許無為、験者親厳僧正弟子律師坐南面簀子、頭弁、進仰任僧都之由、権大夫取御衣賜之、家良卿、賜宣陽門院御方禄女房装束、殿上人皆悉送車下、殿下御随身、前行払人、次参殿下、基良卿賜

御剱、被引御馬、実宣・具実《頼資》・忠行・経高・家光・範
輔・光俊・成長・基輔卿参仕云〻、酉時参陣、頼資卿、
為上書最勝光院・尊勝寺御八講僧名定文、依無人、参最
勝光院蓮花王院新御堂也、右兵衛一人参、夜半帰云〻、公卿不仕、
太不便、送書状于親厳僧正許、昨日厳重之儀、仏法験徳、
門徒之光華之由也、返事云、新僧都定厳、験徳実以未曽
有、面目余身、今日又参上了、帰来時且可申此旨、其次
云、東寺丈六千手、令顚倒給、為世為宗、殊驚思給者、
入夜宰相来、昨日賞、勅定被仰大僧都之由、殿下被定仰
少僧都了、其後参内、入見参之次、少僧都歟由有御尋、
定高卿、申腫物由辞退、斎宮上卿闕如、被催公氏卿、無
故申故障、当時無其人云〻、
入道大納言定輔卿、面腫物危急云〻、年六十五、癸未歳
愚老一年之弟、公国・公定、卿同年出雲国務人、相続終命当時大社造営、無叶神
慮人、歟自　上皇御在世時、横管領相撲事、今以遁世身偏
張行、末代奇』(3)異之其一歟、自少年、其本性為事讒
言、以謀詐之詞、為二代琵琶之　帝師、為故内相府、吐
讒言之詞、近年寓直于相門一条、皆悉子息可作猶子之儀
云〻又以納受、饗応世上之儀如此、長賢法眼、今夜送瓜之次云、

田楽頭已被差、可経営者、
十日、　炎旱、夜無露、
今夜、暑気又過于日来、寅時許、雖聞雨落之音、不及溜、
十一日、　天晴、地乾、未時許、雷電猛烈三四声、雨不降、
巳時許、心寂房来談、帥入道定輔、一昨日一定入滅清水辺、
嵯峨念仏房、為善知識行向、帰来披露云〻、
山門訴、相触諸宗、悉令追払念仏法師原云〻、
入夜、静俊注記来、招寄問衆徒事、沙汰甚興盛、専修停
止之沙汰、日〻雖議定、其事未有一定云〻、当時谷〻悉
行如法経懺法最中、其隙成此議定之間、物忩、事未定云
〻、雑人等云、近日天狗狂乱殊甚、清水鐘楼之下、以白
布縛付法師一人、聞叫喚音求出、不言語飲食、両三日加
持之後蘇生、本《在》伊勢国、去春入洛、経廻歴旬月、依無余
糧、六月十二日下向本国、於途中、勢州本見知僧山伏躰相
逢、語可伴来由之間、相共更帰京、先於大内、又他僧来
会、又相引入法成寺貴賤数輩列座、依貴人之下知、以此僧衣帷
令取酒、盃酌乱舞、又相引入法勝寺、又相議、入清水礼
堂之由、雖存之、狂心不知其実、坐礼堂叫喚之由、語之、
不覚悟縛楼上事云〻、参詣人等憐愍、令着衣装、下向伊

勢云々其間事等、崇徳院、当時御于鎌倉、竹中僧都、参隠岐島等云々、座列乱舞之輩、或其
額有角云々、』(4)
十二日、　炎旱盛、而草木枯槁、
昨日、相門、吉田泉被造改、移徙白昼云々、
午終許雷電猛烈、其音如徹大地、聞雨音不及溜、暑熱弥熾
盛、如焼焦、
入夜下人説、昨日有除目、不知何事、
十三日、　炎旱如焼、
聞書伝見、中務丞・修理亮以上十六人、左将監九人、右
六人、左門十三人、右八人、左兵十一、志一人、右兵同
数、左馬六人、右五人、使宣旨左門尉藤行康云々、
大略、諸斎宮等功云々、臨時内給甚多、内外之功、相積
被行歟、信濃国司、待除目之次由、一日称之、今不任、
不得其故、巷説云、武士等小々遣八幡、是南衆徒可焼払
宮寺由、有其聞云々、
臨昏、宰相自昨日所悩、頸腫由伝聞、欲沐浴之間、不行
向、母儀忩到、即帰云、昨朝参吉田之間、心神違例之上
顔腫、仍早出之後腫漸増、但近日人多有此病云々、又問
国司不任事、答云、不知除目、不申云々、例之懈怠之所
致歟、尤兼可示付権勢事也、宮司黄門日夜言談、不知除
目、至愚之性歟、
十四日、　天晴、夜月間陰、
大谷斎宮御所悩重之由、伝聞、令書状示送戸部局、自朔
日令発給云々、午未時之間、暑熱難堪、不能念誦、甚無
力、月出後、南地之口、家中之青女、此間立門屋、有一
間桟敷、雖半作、懸簾、於其所礼不軽、帰来之間、坤有
火、南風甚利、是柱松之失歟、伝聞、姉小路堀川、及三
条坊門油小路云々、陣口歟、後聞、内裏南築垣火付云々、
十五日、　朝天適陰雨脚雖灑不湿地、天即晴、』(5)
未時許小雷、陰雲雹雨、簷溜初落即止、
終日風吹、但無涼気、
十六日、　天晴、
宰相書状云、今日右大臣殿御着陣、兼日蒙催申領状、此
病以後、所労無術由、触奉行右少弁、件書状、弁他行持
帰之由、青侍等懈怠不告示、身受重病忘却之間、只付遅
参催、始覚悟、為恐有余者、本自懈怠忘却、不事重事、
青侍等、博奕偃臥之外、送日月無所作、其失如此、老父
長病、籠居八十余日、不預一言之恩問、四月新任、過六

月令着陣給、子細等又不及耳目之境界、懈怠子息不当、有何面目出微言哉、早達吉慶之両方、可被披露之由答了、近代之儀、貴賤緇素、皆同心之賢慮歟、非至愚之所弁、幸運之吉想而已、

日入以後、乗車出門、参大谷斎宮依聞御不例也、於東方旧堂、請出女房達申入、事躰偏古墓之霊気歟、尤可令避此所給由、加詞、不経程帰家、暑熱適宜、月前有秋気、

十七日、　天晴、

宰相、自昨日殊増気之由、聞驚臨昏行向、疾躰甚重、於面腫者漸〻減気、温気又痞之後、自昨日又更発辛苦云、青侍等根鈴大腫、近日諸人有此事云〻、食事又不受之、気色太弱、乍驚示泰俊朝臣、令修泰山府君祭、

今夜、在入道法師東屋、依八月節也、聞暁鐘帰廬、相門之室幕下尊堂赤痢、渉月増減、昨今又被増云〻、

十八日、　天晴、申時許大風雷鳴、雨適降、不及地湿、

』(6)

禅尼又被向冷泉、申時許、今日不増于昨日之由示送、

平相公消息云、来廿一日於殿下御直廬、可有事定云〻一昨日被催、又廿三日、右府詩歌御会云〻知家卿示之、心中窃不甘心、甚不可然、

南京性恵房音信、乙姫依病危急出家、当時待時、事未切云〻、

入夜、長賢法眼出京、忽無宿所由云送、依無其所、可宿狭小之西面由答之、夜深来宿云〻、

十九日、　天晴、入夜適聞雨脚、

前殿下家司親直、以御教書来、宇都宮入道家人、称有負物、其屋打簡由、可尋沙汰由云〻、無縁之非人、不論親疎縁者、如此事口入、無承引人由雖令答、殿下御教書、可示触由懇切云〻、如此事、御教書到来、頗軽忽歟、口入深憚思、所縁名号、実正疎遠、旁以難堪也、前斎宮御不例猶重云〻、

宰相、今朝温気痞、心神不似昨日由、有女房返事云〻、適慰心中、

廿日、　朝天陰小雨、午時晴、雨間降、

宰相、如当時者平減云〻、禅尼行冷泉、申時許帰、法眼借車向所〻、夕帰、

廿一日、　天晴陰、

法眼、向覚教僧正房云〻、

平相公有音信、御直廬定、猶逃片足申歟云〻、予先年逃

足、此事敬由歟、就之、博陸御前、何可異仗座哉、先達
又有此儀云〻、殿下御一門、仗座無其事、若依人歟、
弟姫法眼妹、去十八日未時、遂逝去云〻、
抑仮事、雖姪僧娘也、依不審尋法家、』(7) 雖僧侶、猶可
有其仮之由答之、仍欲解除、
廿二日、　天晴、
未時許、平相公有消息、尤芳心歟、以之散不審、』(8)

◇野宮定基旧蔵本 (422)

○以下、原書状を貼付した体裁を取る。

返〻申候へハ、今はしめたる事ニハ候はねとも、酒
ハかりうたてき物ハ不候けり、浅猿候し、さすかに
末代いかにてもそとハ覚候へとも、如此議定なとハ、
さすかなる事候そかしな、是自身事ハ不然、他人事
ハ努力〻〻早□(啓カ)、凡於事、逐日公事之狼藉、事〻凌
遅事、あハれニこそ覚候へ、窮屈之余、鳥跡弥狼藉
為恐候、
昨日依重催、日没参内、先之右大弁参候、殿上辺暫言談
候、秉燭之後、人〻漸参集、土亜遅参、及深更候き、其
後各参御直廬、相府、自彼屋東面如御即位議定之時、被参内、土亜
已下、出自油小路門、令廻参、此路是非如何、不審候、
但いかにても候ぬへきニや、
人〻左府・土亜兄弟定通・〻方・右幕下実氏・三亜実親・二条定高・新藤両黄門頼資・左右大弁家光・範輔着座之後、召頭弁、被尋高麗牒状、即持参献殿下、
次第見下、至右大弁座下、一見之後暫置之、両大弁之間、
以誰人可読(令)哉否事、被仰合、於委細、太雖無心候、依一
日仰、粗注進候也、可被勘付候歟、努〻不可及御口外候、

◇紅葉山文庫旧蔵本 (423)

廿三日、　天晴、
法眼今朝下向南京、知音人〻、相触経営事、田楽、一人分可防(訪ノ誤カ)由許容人三条相国・
同亜相・此相公・右武衛・覚教僧正・前女御殿・興福寺
別当・権別当・前別当範円云〻、権門前亜相有芳心詞、
公氏・公俊両卿・弟大僧都、各約束疋絹之由語之、
廿四日、　天晴、未後大雨、〻止、天猶陰、夜雨滴、
巳時法眼覚来談、相門室赤痢、已数十日云〻、依其事参
彼亭云〻、右府御会、明日之聞如何、不得心、心寂房又
来、同時相謁、即各帰了、一夜議定、定納言依所労早出
云〻、

未時許心神忽悩、暑熱之故歟、又有痢病気、
廿五日壬寅、帰忌、　朝猶微雨、漸晴、巳後間雨降、未時甚雨、
昏乗車、出門外除服、終夜暗雨打窓、今日、又造日吉官使・宮仕法師成群、責吉富国衙所済云々、昨日、法眼又談此事、御室御領、造日吉・役大工（夫ノ誤カ）・野宮、前後左右譴責、無寸分心隙云々、
廿六日、　朝雲暗、微雨灑、
午時許、行寛法印来談、相門、依室家不例、明旦被渡西園寺、月来此亭恠異非一云々、病者被渡忌諱方事、諸人雖不甘心、陰陽道七人、占申最吉由云々、
驚此事、日没之程扶起、参向前殿、右大臣殿渡御、暫与彼御方人言談之間、還御之間入見参、其後謁申幕下、赤痢已過一月始非急躰之間緩怠、但月来不食、極以危之上、此亭有銀花等恠間、依占吉被渡、此間、公俊・経時両卿各訪参云々、以人被謝、頃之主人謁給、方忌皆有不忌例之上、占吉、縦有不慮事、京中旁可見苦、病者又殊於彼所終焉庶幾之者、京中憚思事、雖年来愚意所渋、可依人方忌、猶如何由雖申、被思決事勿論、帰宅之後、若有不慮事者、尤可参籠之身分限歟、尤可有用意由示通（送ノ誤カ）、無思得事之由答之、
廿七日、　雲飛、天間晴、
今朝、相門被渡北山亭云々女房輿、主人車、侍各二人云々、無人尤宜歟、
廿八日、　天晴、未時大雨如沃、即晴、
早旦参北山、於北野前下車之時、朝陽出、小時奉謁、昨日来着無増無減、依病者懇切、請明恵房、出家無為遂了、其後始懺法、其志偏営臨終作法、西無屋、望見山葉、可凝観念由相示者、
安倍家基朝臣末子蔵助家弘、喪父之後、無渡世之計、忽発心参籠那智、苦行不退、攀昇三滝、毎日三千三百三十度礼拝、毎夜臥白沙上、奉書五部大乗経晴明有此行云々、未供養之前、御殿焼亡経同焼失、更発心又奉書、已書終之、為求軸・表紙、始出京、傍輩等悉発信心、敢不成猜心、加吹挙之詞、請件男令修祭、七人於赤山如法泰山府君祭

◇天理大学附属天理図書館蔵（嘉禄三年八・九月他）本

(424) 注4

苦行者在其内、初出京之時、遇此事、頗為奇異事、此一事有凴

由有命、即退出、於泉方謁申幕下、言談之趣同前、昨日為扶持、兼相儲寄輿、更以無事、下輿被行歩之間、頗有安堵之心者、
花山院禅相府有使者、其使称女御殿大臣以上人、家人自称之、末代之希異、毎触耳弾指、親王之室称女御、何例哉、即帰家、
昼暑熱猶過于日来、萩花開後、未遇如此事、人云、山門衆徒之怒、弥嗷ゝ、吐悪言云ゝ、張本三人流人、各隠于引汲之所、不知其在所、朝威軽忽、人心狂乱、以之可察歟、
廿九日晦、丙午、炊日（ママ）　天晴、
未時許宰相来憔悴甚、不便、病後、昨日参北山重日不、可然歟、四三品家時・時賢・知家・能季参入、毎人謁之伝申、臨昏入道蓮生参入謁給、自昼可相待由、示送之間、乍無力日藹云ゝ、但遠所之輩、多不知物由之処、若雖及大事、不及是非可参籠（補1）又如小善、争不修乎由、示云ゝ、存外可謂神妙、武士猶存仁義歟、八幡第六参議家光、賀家時、松・平宣経朝臣、去廿六日、有祈年穀奉幣、家時卿領状、忠定卿送書、懇切可申所労由、誂之、乞其書状、依人懇懐、書送之、奉行時兼猶可勤仕由書状、彼卿又送之、猶可申所労云ゝ、重雖送其状、事依無益、依人語辞申、只可随上仰由、直示時兼、彼卿事不許、急可勤由返答、仍勤仕云ゝ、其次日、有御方違行幸、二十人納言不参、別当・右兵衛　参入之処、忠定卿早参、此人可令供奉歟、可追却歟由、抑行幸被申、殿下、已参入了、只可任彼心由計申給云ゝ、仍通夜祗候、供奉還御云ゝ、』(15)

補1 納言出仕、絶于世、

八月大、
一日丁未、　天晴、
日出之程出門、参向北山奉謁、依可有仏供養、不経程退出、参前殿見参、巳時帰廬今日密ゝ令渡給云ゝ、
二日、　天晴、
暑熱猶雖盛、今日北風甚利、
巳刻許、東有火、不遠一条南堤東西云ゝ、不経程滅了、
先是、早旦於桟敷伺路頭、八葉車、牛童二人取付其前、有白張男一人奔走、猶似昔日召継、車後出単衣重、有退紅仕丁、浄衣非楚ゝ、頗見苦、騎馬男五人其躰頗非尋常、騎馬共雑人云、女御殿云ゝ、被詣賀茂帰路歟、其躰不尋常出衣、有仕丁者、共人可布衣哉、前行男何料乎、
禅尼行冷泉、女房頸腫温気寤了云ゝ、三郎嬰児、又頸有熱気云ゝ、宰相無力尫弱、不便、

三日、　朝天陰、辰後又晴、
申時許、日吉うれしや水女奔入、宰相共参北山、不例重御座、幕下悲歎給由称之、又去朔日、社頭大殿開夜、衆徒三百人許叫喚、宣陽門院立飼念仏法師十二人、十人充壮年女房十人局給、二人又御物、寵愛事甚奇恠、以濫僧之輩、可奉責、無許容者、可振七社御輿之由、放高声、参詣雑人悉側耳云々、別当三位(宗頼卿室)如例百日参籠、退出之時、尽過差修神楽、敢無衰苦之躰、人以褒美云々、件女、又自北山称被召、奔出云々、
今夜、宿北小路小屋、待暁鐘之間、坤方遠々有火、僅聞遠鐘、帰入、
四日庚戌、　天晴、巳後漸陰、入夜雨降、
以書問宰相、大略増気歟、度数夜間十六度、昨日中時以前七八度云々、昨日無外人(公相公・三位中将云々)、今明』(1)有慎事、立物忌簡、不出行、
五日辛亥、　天陰、不見陽景、小雨僅降、
物忌如昨、
六日壬子、□(彼カ)岸始、　天陰、朝微雨、巳後漸密、
早旦詣北山、宗保朝臣来云、度々訪来、尤本意也、依無仮不対面云々、自一昨日修法護摩(息災)、皆結願、偏善恵房念仏、自今日、又更被始懺法之由、私相語之間、又打磬念仏要文等釈之音、聞之、宰相今夜宿、只今退出云々、大納言・両法印(能性・尊実)・三位中将之外、只今無人云々、不経程退帰、欲参前殿、被閉両門、御物忌固云々、仍帰家、昏黒宰相来、彼御病、於今者只如待時歟、幕下片時不立放給、只一身奉仕、一昨日為御使参殿下、被召御前、蒙仰之次、放生会宰相闕如之由、被仰出云々、上卿頼資卿、被責出歟、
此籠居事、雖当時未申定、心中思決了、抑籠居者、即可着服歟、左右只可随彼御命由、答了、
今夜休息、明旦可参者、
七日、　終夜雨降、朝天漸晴、
未後欲詣向之間、宰相使奔来云、只今事切給了、聞之後、周章馳参、大将軍堂西程、奉逢北政所御車、下車(左馬頭在御共)入西園寺門、於中築垣戸辺、招出宰相、自今朝、今日一定由示給、明慧房被来、両上人共勧進念仏、声更不弱之間、人猶非今日事由成疑、遂無退転気、未時終給(其後只今、一時歟)両人未出外方給、不能申由示之、仍只示置永光朝臣、(宰相云、他)庭

上佇立無便宜之間、不経程退帰、中将入道』(2) 実時相事未聞及、籠僧六人、慈賢・印円・能玄・貞雲・明遍・真恵代弟子逢、又於南路逢有長、又逢親尊法印、於北野、逢能季三位、参前殿、北政所、此間可御実清入道宅、殿下只今御其門前云々、日入之後還御云々、参御前、此間又親尊・家時卿・雅継中将参云々、月欲入之間退出、

八日、　朝天陰、陽景間見、申時許雨漸密、

今日聞、夜前葬送了云々、堂東山滝艮方云々、

承明門黄門局来談、通具卿身腫、又痛腹底、通方卿造営白河辺龍華口方歟、

九日、　終夜甚雨、今朝猶降、

法眼田楽装束料絹、昨日付使送了依恐伝々穢、所咎尋也、

冷泉宅忌穢不混合云々、宰相只相具忠康云々、

朝、左目内赤筋、乱満如紅色但無苦痛、問心寂房、可懸蓮菊湯於眉上者、申時許沃之、

三位入道家衡卿、淡路国省功下文斎宮御月料云々、近代無例由有消息、令書一行、付其使仰年預、一省長官、依不知事、猶有人恨、極以無益、

十日、　終夜雨如沃、朝天晴、夕雨灑、目病頗宜、

十一日、　天晴陰、入夜雨降、

定修下山来、依腹病発、欲服蒜、衆徒連々嗷々、誹謗貴人云々、適涼気、取入灯、

十二日、　朝天間晴、昼後猶陰、

法眼過談之次、伝々説、尊長法印、暦書日記存外事歟、件暦已在関東、有好人々如明鏡云々、

大炊助入道、武士預了、又遠江酔郷、留関東了、適京中之冥加歟、高麗重送牒之由、有巷説云々、若又持向于関東歟、』(3)

十三日、　天晴、夜月適清明、

日入之後、参室町殿、仰云、此中陰之間、物無可修仏事日次、今日一日吉云々、仍供養阿弥陀経、修始諷誦、今北政所日同令着服給云々、

巷説、又有狂乱任官之聞云々弁官四人去官、両少弁可至右大・左中云々、時儀非可不被行事歟、面々輪転、狂乱之奔くらへ歟、近辺家々郎等雑人等、成群議結党強盗、欲打入此殿御辺、其謀洩、而行兼告于聟長親、已搦取張本四人云々、末代之怖畏、向後可恐歟、

十四日庚申、　天晴、巳後雨降、漸密、
見旧記送秋日、腹病不快、
後聞、実瑜僧都母儀、今日亡逝、長病云々、
十五日、　自夜雨降、終日不晴、夕休、
放生会、中納言頼資・参議範輔・弁有親云々、
今日、忠弘召寄仏師、可奉造文殊像之由、令示含、自去年思企事、依無物送年月、細河庄到来物給之、非今日奉始、仍不及日次、
十六日、　朝天晴、
未時参前殿、大蔵卿同時見参、小時詣向北山、於門下謁法印・宰相雖籠居不可着服、猶依命不供奉葬送、只触穢許也云々、各申入、有労事不出由、蒙命退帰、
依無日次、来月七日五七日、以前、可被修法事、是御堂万寿幷鷹司殿例有之云々、尤吉例歟、
入夜宰相来、於庭言談云々、
十七日癸亥、　天晴、
去冬栽木、旱天枯、今日令堀弃、又栽小木等、
自夏不食之気依不止、今日服薤、
十八日、　天晴、
昨今、只栽庭前小木、入夜忠弘宅、
十九日九月節、　天晴、
聞暁鐘帰廬、』(4)
十月可有公卿勅使云々、中宮権大夫承之、不知其故、只江州無縁庄、為官使苛責重畳歟、
弁官四人、皆可売弁範輔譲子、頼隆任参議、有親補頭、親長術尽叙三位、親俊・為経、可為右大弁・左中弁云々、世之狂乱逼迫歟、天下遍所謳歌也、親定、罷参議・出雲両事、申他国云々、
廿日、　天晴、
午時許、俊範僧都来臨門前、依朝暮社参人、恐穢疑、出門相謁、乍立謝遣、
廿一日、　天晴、
適属秋気之後、草花已凋零、荻薄之盛也、節物時節如馳、七旬之余算何日哉、
廿二日、　天晴、
(補1)伝聞、関東三条建保禁中上総姉也、故一品近習、万人厚縁、承久乱依範茂卿聟事、暫恐懼、貞応之比帰参、又恣挙将相、又以覚心房、令致陶朱之富、末代任意之女也、於粟田口宅死去云々腫病死了、自口水出云々、其夜葬
後聞、虚言也其息女宰相典侍亡去、母猶在関東云々、
補1 件息女、雅経卿女、範茂卿為妻女也、通時朝臣解官之源

也、

廿▨〔三〕日、　天晴、巳後陰、及未雨降、晩漸密、

（補1）巳時許、僧正被過談、前殿、此両三日御于今出河云々、

若君又不例御坐、依被渡邪気、令避其所給云々、

補1前右大臣、百ケ日参籠春日云々、猶宿願歟、

廿四日、　終夜雨降、朝休、或降或止、

今日止薤、朝沐浴、

廿五日、　天晴、

薄暮之天、雲惨風冷、忽有蕭瑟之気、

深更雨降、

廿六日、　自夜雨降、終日濛々、夕休、

廿七日、　天晴、風冷雲飛、

廿八日、　天晴、

未時許心寂房来、家中病者等加灸点、』(5)

伝聞、聖覚法印一昨日帰洛云々、

廿九日、　天晴、

宰相来、於砌下言談、去十一日、安喜門院御幸始、全不延引、彼相国被張行、召継可被催進由、頻被示送（猶不得心之本）（性歟）、公雅卿、自廿日比来籠、此間無殊事、宰相還後、鏤

也（空躰房来夜前入洛云々）、言談移漏、日入以前帰、祭主出京付便、又例幣下向之程、可下云々、今年七十九（無殊老苦、歟）、

卅日（帰忌）、　天晴、

未時許、如例歯蛭飼、寒天之後依無蛭、此療治不可叶、仍以不失時企之、

及日入参前殿（今出河）、見参、戌終許退出、

九月、

一日己丑（ママ）、　天晴、夜深雨聊降、

朝洗髪潔斎、

二日（土用）、　天晴、風吹、

入夜雑人説云、大納言通具卿、申時許薨云々（不知虚実）、道俗男女之所称、稽古有識公卿、今年共滅亡歟、是少年之時、遇光輔・宗業、読書之名号也、於公事者、不足言之人也、以自讃之詞、為卿二品・広元等、被帰伏、京畿得其名、誰人弁其虚偽哉、但彼両儒之説、他人不受其一巻、於当世可謂抜群、今已亡去歟、

三日、　天晴、

午時許定修来、専修念仏所行奇恠、愚意所存、破彼宗之文作之、成草由示之、少年浅﨟、如此事、付善付悪、発

言極無由、不可然由雖示含、取出三帖草子、可一見由誂之、内典於』(6)事不堪、雖不可分別是非、置之退帰、

宰相来、全無聞及事云々、本性也、

日入之程、参今出河殿、仰云、天変逐夜重、熒惑太白相犯、一昨日犯右執法、今夜犯左執法云々、先例建久六年云々、山階衆徒蜂起、大明神已奉渡移殿、可令入京給、多武峯衆徒、殺害御寺領神人、仍寺衆徒、焼多武峯数百家、仍天台衆徒進訴状、頭弁、以件状下南京之間、衆徒忿怒、頼隆放氏由訴訟、殿下逆▨鱗、召籠使者五師於政所之間、衆徒怒如水火云々、

四日庚辰、　天晴、

今明立物忌簡、依有所思也、雑人説、通具卿、今夜石蔵葬送、両息左金吾・拾遺、処分相論云々、

五日辛巳、九月中、　天晴、朝後陰、未後雨降、

去夜、宿北小路小屋、暁鐘帰方違、

人云、陰明門院崩云々、愚札之次申前殿、御返事云、雖聞危急獲麟由、未聞一定由発心地経数月、御不食云々、又云、脩明門院令煩雑熱給云々、又云、七条院猶危御坐云々、南衆徒之訴、三ケ条悉裁許、歓喜落居云々、

信実朝臣来談月来籠居、猶不出仕、明日可有除目云々、大納言以下事歟、弁官四人新任、可見勝事、仕丁装束二具加笠進之有長朝臣奉行、為昇布施長櫃也、

大納言殿、安居院召聚三卿等、令拾栗云々頼資・家隆卿等、信実朝臣預催不参、

六日、　夜雨止、朝陽晴、

巳時出門、参仁和寺宮、不経程入見参来九日令参高野給、十五日還御、入御之後、謁法眼、帰廬、宰相今夜宿冷泉云々、』(7)

日入以前、参今出河、見参之間、明日御仏事布施、行兼調進、昇立前庭、明弁可供養云々、依優籠僧也、

聖覚法印、此中陰八度可勤云々、

秉燭以後、仏師奉渡御仏、観音立像来迎脇士也、仰云、本所奉造中尊三尺、脇士可奉安也、甚美麗、給禄御衣歟、明日法事、曼陀羅供真恵僧正辰時、其以前可有供養云々、右大臣殿御方供養也、

錦被物一、御綾四、鈍色綾五練単、例布施絹裹、鈍色装束、童装束二具親房朝臣調、遅々未進、綾懸子敷鈍色香等、薄様、無鋳、絹一懸子、綿・糸各百両、色革一枚、紺・藍摺白布各一結、請僧被物三、単重、例布施絹・綿・布三、願文、俊親朝臣草優也、兵部卿経賢書其手宜、

北政所正日之朝云々、依無日次、被用式掌日事次、
今夜除目云々、或云、雑任許也、大納言以下十三日可任、
実宣卿還任、下向公卿勅使云々国々所望、種々秘計云々、
七日、　朝陰、昼晴、
巳時許、聞書到来、式部任人四十五人安房・紀伊・豊後、改守・、宰相
信濃猶不任十三日可任云々、称判官代宣陽門院、祗候六条宮之後、不出仕男、
在宰相家、高階繁清、申任下野権守云々、
左将監十六人　右十四人　左門十四人之内、忠時蔵人
右門十二人　左兵十七人　右十六　左馬十三
右馬十一人　従四下賀茂俊宗　正五下丹波基
和気光成　従五上安部親忠　藤定俊　藤光国
従五位下中原仲景　修理大仏判官中原尚継
陰明門院瘧病初度、連日　御不食水奨(ママ)不通、令待時給、脩明院雑
熱、有御療治事云々、』(8)

◇紅葉山文庫旧蔵本 (425)

或人消息云、故源亜相葬送、子息三人并家人蔵人五位等、
色々布衣如折花、騎馬在車後、

◇天理大学附属天理図書館蔵（嘉禄三年八・九月他）本

(426) 注4

各其馬前、有取松明者、如御幸渡京中、此事有先例歟云々、凡末代事、例之有無、不能分別是非、武士二三百人供奉云々又云、土用中、依無遺言不犯土、以棺置木上、水漏出、烏集其上、
八日、　自夜甚雨、巳時天漸晴、
小念誦之間、短晷空暮
九日、　天晴、風烈、夜霜結、
午時詣北山、今日昇堂上、於泉方奉謁、語亡者臨終正念并夢告等給、於仏前祈申、生者不審、経五ケ日、人其人不覚云、生孔雀王国、明恵房・慈賢僧都・聖覚法印等各云、是即阿弥陀仏国也、阿弥陀乗孔雀三給像有之云々、仍造其像可奉供養、我遁世事、又可辞後院之由、云送関東、共委細之旨示送、仍又当時忽不可遂、聖法印又来臨予不逢、又謁申幕下、自画奉仏云々、即退出、晩雲飛、時雨灑、草木蕭索之色、満望動心、帰入蓬門之間、召使等来、毎見衣冠、不忘弃置之怨、不忘旧好由、聊問答、伏地称唯退出、
十日、　天晴、

十一日、　天晴、霜白、
寒暑之廻転、於末代、只有夏冬無春秋、倩思往年事、萩花盛開之比、下着小袖、上着生衣、参成菩提院、不流汗、菊花開後、依初霜結、色漸移、顕然如斯、今年八月七日馳詣北山日、炎暑如盛夏、此三四日菊未綻、寒霜皚ゝ、是依人界之罪報、只遇寒暑之苦之故歟、
日入以前、参前殿、見参之間入夜宜秋門院又御不例云ゝ、秉月退出、』
⑼
十二日、　天晴、申後陰、夜深雨降、
午時許、参宜秋門院先是殿下御坐、謁女房武衛・備州・都護・大進、御不例、昼殊事不御、僧正御房参給寺、相次参東一条院、謁掌侍、短▨〔晷〕空暮退出、途中入夜帰家、兵部過談、夜深帰、除目之由聞之、
十三日、　朝雨降、巳時晴、月明無片雲、
除目延引云ゝ、青鳥飛東歟、
十四日、　天晴、
朝霜不異雪、
申時許宰相来、今夜宿家云ゝ、
十五日、　寒霜如雪、朝陽快晴、
菊蘂纔綻、入夜心神苦、是只老苦也、適飲食物、更不下在喉下、因茲胸腹甚苦、又弥不堪食事、唯是残日之少故歟、
十六日、　朝無霜、天晴、
依蒙仰、日入以前、参前殿見参、月昇退出、夜月清明、徒臥吾廬、昨日、定毫僧正、於仁和寺房、修八講、着座公卿忠定・家光・範宗卿云ゝ、亡兄家長、範宗聟也、忠定近日水魚云ゝ、
十七日、　天晴、
短晷徒暮、菊花白漸開、
十八日、　天晴、
日出之程、詣北山于時無人、前藤宰相出逢、暫言談之間、懺法僧達昇了墨染、貞雲、依毎日、導師同装束、甲袈裟、小時、侍従宰相来伝命、於東出居奉謁之後、出給于聴聞方、各参其簾中、道場之北懸簾、如例、東第一間、主人坐給善恵房・実時中将入道、道場東南二間為頭庇、北一間為、聴聞所、北第一間以北二間、大将・僧正真恵・法印公□・予・藤宰相、』⑽
同東庇、三位中将着服・侍従宰相・実経少将等也、
先毎日懺法、次毎日仏供養阿弥陀絵像、毎日一鋪云ゝ、、法花経一部如例、

貞雲説法、切蝮尾有心歟、次奉懸幕下自筆阿弥陀像臨終着給衣、為御衣絹、書置給文、為裏紙置四事供養物、飲食唐破子云々、居台、衣服錦被物、臥具御綾為席、染物在中云々、医薬以剱為松枝付之歟、委不見分、聖法印、鈍色甲袈裟、即説法三部経金光明写模、有諷誦文如願文、経範草、弁説如例、一座了後、親尊法印、引籠僧之輿、自西渡来力者六人、笠・雨皮持力者、各相副、見了出東中門廊方之間、公卿殿上人済々今日不聞此由之間、厳重甚晴也、庭上、久清等在中門、甚掲焉、仍自東壺方、経泉屋東北山中、自堂之門逃出、窮屈難堪、

十九日、　天陰、

宰相来、昨日退出之後、又三座六七日、大納言上仏事、兵衛入道景経、臨時両仏事、着座取布施公俊・基保・家時卿四人、殿上人十人許、頼氏・実清・伊成・実任・実尚侍従・四位隆範・信実・基定、、、

今日、自下野、進彼御訪物女房沙汰歟、絹百疋・紺百、夜前事了宿京、只今帰参者、

夜深宿北小路小屋、暁鐘帰、

廿日冬節、　天陰、時雨降、自未時漸密、

入夜宰相来、依脩明門院又御増由、参彼御所、先日御減御沐浴基成申、其後御増、基成奉灸、療治不可然、非可惜身由被仰云々、今夜宿京、明日欲帰北山云々、

廿一日、　夜雨止、朝天晴、

堀櫨・紅葉四五本、令栽之、』(11)

廿二日、　天晴、

去夜、巽坤有火云々、不知何所白川方歟、西錦小路堀川辺云々、不知一定、

未時許、参前殿室町殿、昨日還御、見参、日入以前退出、天忽陰、大風猛烈、帰家之後、風雲弥暗然、

中宮大進光俊奉書、宮可被発遣鹿嶋使、下総常陸国省符可成之、即下知年預了、

廿三日、　天晴、時雨灑、

依徒然、伺見紅葉早晩之程、法勝寺内鶏冠未及半、僅染始、桜・櫨悉紅、詣禅林寺僧正御許、閉門、入小門謁申、酉時許、参大谷斎宮、明日可令渡一条給云々、日入之後帰廬、

入夜雑人説、北山聖法印臨時仏事、依夢告、被供養阿弥陀像坐孔雀給、導師退出別禄剱之後、被引籠僧関東布施毎物五十、六人、也、以三百物被引、綾三百・絹・綿・糸・染絹・紺布・藍摺・砂金三百両・麞牙三百石今一不聞分、将軍奉送給物云

々、衆僧之富有、末代無比類歟、

廿四日、　天晴、

徒然之余、見白河方、歓喜光院破壊、已及顚倒之期歟、南廂如無、旧遊之恋慕、悲涙難禁、又見尊勝寺、無金堂之間、如入他空地、掻取木葉下法師云、御八講、於東薬師堂被行、寺家之庄々、徒割分国領、充満于天下、空為魚食法師破戒尼之衣食、曽不致一分之修造、本寺悉顚倒無実、末世之法、悲而有余、又見近衛末、高陽院御堂、堂舎如昨今新造、庭上白砂紅葉、如入仏刹、是依禅閤之管領給、被催其修造之故歟、遂執末代之政、依此善歟、足于嗟歎、今日北山最愛弟姫君仏事云々、後□（聞カ）、今夜子時許、斎宮御禊、入野宮給云々、不知而不見、』(12)

廿五日、　天晴、風静、朝天無雲、

北山正日仏事、右幕下被修、又北政所御仏事、今朝被修云々、忠弘入道病又発之上、面已下腫云々、今度殊早速発歟、惣不可馮事也、何為□（哉カ）、凡付万事、老身之残涯、無其計、

下遣信濃使者法師、帰来、召出問国事、先無梯、皆作其路、為人馬通路、更級里、対于姑□（弁カ）山在里之南西云々、あさまの嵩燃峰石之焼也、昼ハ黒、煙立、夜火気見、ちくま河大河也、廻流于国中、入国自南端、及于北方、善光寺六ケ日之路云々、善光寺近辺、号後庁、為眼代等之居所、於古者、尤広博国、温潤之地歟、乱以後、隆仲卿使者、不忠検注、百町郷、只麻布之類二三段注之、一国已如此、已以不足言事云々、国中皆□（熟カ）田、依無米穀之運上、住民皆豊饒、末代国務、□（更カ）不可有得分云々、在庁等、即皆当世之猛将之輩也、寧随所勘哉者、

入夜、下人等説云、北山二座仏事、尽善尽美、海内之財力、中陰之忌景、尽了日歟、月卿雲客諸大夫、折花済々、依雑人之説、不知其人、

廿六日、　朝天陰、

宰相来、一昨日、或人、献五節由称之云々由、示之、一度蒙催国、辞退之後、已無音由答之、

昨日公卿皆直衣定高・隆親不取布施・為家・公俊・基保・範宗卿云々、殿上人布衣、束帯隆範（補1）・基定・実忠花田狩衣、白衣・能忠白襖、薄色生・家定中将、束帯・実経同実忠色・信実・頼氏花田、青張衣・実清青狩衣、薄色生・貞時・能定束帯、諸大夫実清老・永光・光経・知仲・知資・知家兄弟三人云々・行

光・以邦・知業・季宣・範昌、

頭中将、催中宮行啓四日云〻、

酉時許、詣相門町亭、奉謁之後、参東殿、僧正御房御座

（之カ）□間、推参之次御言談、御弟子大弐□（兄弟カ）僧、野宮木』(13)

補1青衣、往昔秋不見者也、近代如此、

◇紅葉山文庫旧蔵本 (427)

柴諸国闕如云〻、忽勤仕之、叙直法眼、法師勤野宮事、有其例

歟由申之、不知例之有無云〻、

◇天理大学附属天理図書館蔵（嘉禄三年八・九月他）本

(428) 注4

除目、被待関東返事云〻、巷説、盛兼可任大納言云〻、

範輔不辞弁、弁二人可闕云〻、入夜退出、

廿七日、　陽景陰晴、昼大風、

法印被過談、

自仁和寺御室、給御書、去春和歌十首、取重次第、北院

御記如此、今度、愚詠、相国、大将異凡人、可相准乎、仍、僧綱、公

卿予父子・家□（隆カ）、有職、殿上人、可重歟、彼御記、

文治三年七月廿日、右府実定公被来臨、有和歌会幷連

句・連歌、和歌重次第、先規以僧為上、以俗為下、然而

大臣詠上、有職等重之、頗似無礼、仍法親王与大臣、僧

綱与公卿、凡僧与殿上人、如此三重相対、以僧為上、以

俗為下、可宜歟之旨、示合右府幷隆房卿之処、神妙之由

相計之間、如此思定了、

申云、北院御時、御議定之上、他門他宗猶以可為例候、

於御所中勿論候歟者、然而彼御定、頗有不審事歟、於今

者不可有子細、尤可被追彼例歟、

去夜夢、小野右府来坐給六十許老者、鬢又不少不多、非肥非瘦、非白髪、すこし長丸（御カ）□て、きよけなる形、冠、なえたる直衣也、坐于長押上、予坐其下、予云、偏存御家人之儀、

疎不可思食、気色甚快然、予乍恐重申、枉理御束帯にて

渡御候乎、不審事等欲窺申、有許容之気、更衣之間、装

束未出来事躰、更衣以後朔之比歟、異様旧装束取寄、可着之とて被立

去訖、此間心中思之、如内弁之躰、殊勝賢者之説、面見

之可問申、▨無限可有興事也と思之間、夢覚訖、予本性、

慕古人之心極深、近日、殊日夜握翫彼記長和之比、依此執心、

見此夢歟、存吉想之由、

廿八日、　朝雲南飛、時雨頻灑、

木葉飜色、籬菊散匂、四時廻転之中、所染心肝、只近日
之景気也、未時許、東持仏堂屋忽顚倒依無長押也、
申時参室町殿、ゝ下九条殿御渡之間也、』(14)

◇【参考】国書刊行会本所収逸文
以侍、一昨日御風気之由承之、依不審参之由、可披露于
女房由申、一昨日事不宜発悩、昨今無為之由、被仰出、
即詣西亭、明慧房戒事云ゝ、即退出、参大谷斎宮伯三位一条宅也、
日入以後帰廬、
廿九日、　終夜今朝甚雨、辰時雲晴、朝陽鮮、雲飛風
　烈、時雨間降、
昨日顚倒持仏堂、即如本取立之不云日次由、陰陽師許也云ゝ、柱少ゝ折
改之云ゝ、猷円僧都拝堂之訪、細川物最小分可送由、下
知入道法師了、宇治供僧之譲、難被免棄之、補別当云ゝ、
依名聞棄利養歟、甚不便、
卅日丙午、　天晴、風静、
巳時参御室、一昨日給御書之次、依申可参由也、見参之
後、与法眼言談、未斜帰廬、南院南築垣之内、紅葉如張
錦、九秋已暮、惆悵何為、只対菊蘂之孤叢、悲蕭瑟之知
晷、斎宮戸部来次云、法眼経営田楽装束、甚美麗之由、
衆徒褒誉、六人二藍用絹紅打衣、置唐綾白筋又縫物、六人朽
葉、置同青筋又縫物、指貫此亦末濃縫物云ゝ、又云、陰
明門院、八月之間水漿不通、如待時、偃臥給、此卅日許
時ゝ起居、又有食給時、偏無本心、只吐天狗之詞給、其
隙又如死人、全正念不御坐云ゝ、可悲事也、彼相国才芸
闕如、無社稷之忠、只以□旨為事、執国柄、恣申任官叙
位事、皆末代之乱政也、子孫之滅亡、依無其冥加歟、去
廿四日御禊、母儀仙院御見物、隆親着供奉装束、先参入
寄御車御共侍一人不出仕、以隆親私従者、為御共人、、御傍親少年等、連車上後前簾、
大納言家良・中納言盛兼・別当右大弁等以下、供奉渡、
上簾、車前太無便宜由、於博陸殿下、家良卿述懐云ゝ、

◇時雨亭文庫蔵（第四十一）本 (429)
(旧表紙)伝聞事
[十]□月平座事　中宮行啓　叙正二位
十一月五節事□□[不幾]
　公卿勅□[使]見物
十二月十日改元不聞議定事

十四日春日行幸見物　南京事□□〔等伝〕々説
御仏名事等僅聞
下旬列見定考由聞之
京官除目
嘉禄三年冬改元安貞』(1)

嘉禄三年、
十月小、
一日丁未、　天晴、巳後陰、入夜雨降、
朝、自相門、右衛門尉　来、令堀東方竹自春、有命
入夜伝聞、平座、権大納言実親卿、中納言通方卿、参議
伊平・為家卿、権弁有親朝臣、左少弁□□〔親俊〕、右少弁為経、
少納言□□〔為綱〕、着座少納言初献、左少三献 右少二献、、盃留参議座、三
献之後、召侍〔　　〕〔従二献之後飯汁〕、目六給権弁云々、
老眼雖沃菊、□〔猶〕不減、
二日、　終夜今朝雨降、終日陰、細雨間降及日入、陽景見
夕宰相来、相□〔府〕御膝有増、来十三日、下向于有馬給、又
御共、与実経少将参、
明日中宮御入内自六条□〔殿〕、明後日臨時除目、
献五節舞姫人、定高□□□〔中納言〕、範輔参議、近江顕平朝臣、忠房卿依造大宮不諧
辞、顕平給之、其上出五節、、参河七条院御分、御老病已獲麟、如何、
春日行幸、十二月一日云□〔々〕、
三日、　去夜猶雨降、朝風払雲、入夜又甚雨、
(補1)定納言消息、風流櫛事、蒙昧倦堕□〔不〕領状、
宰相三郎世□□〔間無〕隙夏秋其身不例、、今日百日食餅云々、
戌時許、仏師〔　　〕□〔奉〕渡文殊像、依吉日、最初雖示今日由、
日来□□□〔懈緩忘〕却、已以魚食、雖懈怠、先奉安室中、奉礼拝、
即沐浴、
補1 □〔行〕啓、内ゝ左府車・家良・盛兼・基良・経高・為家・基輔・
□〔光〕俊卿、将資季・実□(任カ)、無諸衛、出車三、公氏・通方・
成実車、
四日、　遅明□□〔雨止〕、
奉拝文殊、委奉見、多年宿願適成就、』(2)
又法華経・金光明経料紙色紙、預経師令打、
目病猶無減、已盲目歟、
夜深、宿于北小路小屋、夜半、西方一町之内歟群盗入斬女、云々、騒
動声近聞毎夜事、歟、暁鐘之後帰廬、
五日辛亥、十月中、　天晴、未後陰、
巳時許見聞書、　神祇二人　権大納言実宣　参議頼隆

左中弁有親　右中親俊　権右中為経　左少弁時兼　右少
光俊兼　中務丞三人　内舎人一人　監物二人　縫殿助
允　式大丞　少丞二　兵部一　刑部八　木工□[三]　弾□[正]忠一
修理大夫基定年五十七　少進一
勘解次官平経氏□[兼]　□[伊]勢守藤資広　尾張権□[守]平盛尚伊平卿、□可成□云と
公頼
甲斐藤家国　[近江源清]兼　美乃藤清成頼隆云と、　信濃信
忠　出雲平有時有親弁　□[備]後中原師季兼、作外記庁云と、　安木経高云と
藤惟兼　筑前藤家賢忠房卿　豊後守橘助村親定替　薩摩橘公業　対馬
藤為清
左少将親保　将監十一人　右少将伊成年卅二　源顕定
将監八人　左門十□[人]　右門八人　左兵十人　右兵九人
左馬六人　右五人　四位親俊　藤宗綱　大中臣隆時　定
継　賀茂兼宣　正五位下定雅　従五下平光衡　大中臣宗
経　橘助村
蔵人頭親長　五位蔵人範頼
六日、　暁雨止、朝天陰、未時晴、
為見故禅門之造仏、向清水谷旧宅、非幾年紀、木老屋旧、
寂寥之閑庭令痛心、
即帰来後、式賢来談、月前退帰、

宰相参宜秋門院左右府烏帽・高実・定高・為家・知家卿、隆範・重長・信実・能忠・資季・能□[定]・忠隆、長朝奉行
七日、　天晴、霜凝、
斜陽徒暮、□□[残菊]漸衰、
北山月忌無[外人云と]、
八日、　天晴、昼陰、
午時許宰相来、信盛愁欝、辞両職云と是又僻案歟、定被弃置歟、』(3)
定高卿又辞納言挙之云と、為諸人辞退、頗軽と歟、皆不
許、
九日、　朝雲漸晴、入夜時雨、無程晴、
未時参室町殿、存外平相公参会、暫清談修理大夫在座、参御前
不経程、令渡九条殿給北門、簾襄御車、出御之後還出、猶三人
言談之後、相公退出之後、退出、
今日、以左衛門佐信時束帯、被遣東寺長者僧正許、右大
臣殿御方吉事、帯護身云と、又御祓始歟、次詣今出河此三四日、被坐[云と]之間、土御門中納言通方被来会、聊言談、同時依
□[無]心退帰之間、只今被坐他所云と、又参前斎宮伯[卿宅]、即帰
宅之後雨降、
十日、　天晴、風惨烈、
日入以後、詣今出河奉謁、膝事、雖有馬湯、定難得減歟、

是只依老漸ゝ衰歟、但小瘡又難治、仍所下向也、勝間田、膝足疾雖聞有験、美作国非可下、凡世間極無益、只有隠居之志、付視聴、可痛哭事多者歟、平相公伊賀国所領、両上皇御時、各被下宣旨知行、近日、自北白河院、欲被奪取候于持仏堂小法師、称得寄文取之云ゝ雖申入無許容、重可申、又或浄侶、偏愛着女色云ゝ、

十一日、　霜凝、天晴、

水尽凍、甚寒、

法眼過談自七条□[院]、櫛棚風流、□□[被申御室]云ゝ謝遣之後、申時許参前殿、見参、兼時朝臣入道、一昨日依所労増、行吉田宅由、▨匠作語之、今日尋申所労事間、仰云、一昨日朝行吉田、夕死去了、承驚無極、年六十八予二年兄、女院・此殿大略一身奉行、於事違乱候歟由申之、』(4)仰毎事散ゝ、如失手臂者、十余年之間、水魚之交、同僚之好、悲歎銘肝、芝焚蕙歎之謂歟、中承雑事、乗月退出、参前斎宮、謁昔斎宮好子少将禅尼覚朝僧正妹、年七十三、三位中将実有卿外祖母也、互陳懐旧之思、涙湿袖、往時渺茫、徐摧肝胆、寒月過午退出、

十二日、　天晴、風寒、

洗髪之間、猷僧都来臨、不能謁、

入夜宰相来為申仮参内裏、明暁下向一定出京浄衣騎馬、修理亮時氏引□[送]馬一疋云ゝ、可謂面目、

中納言依重示、童女袙袴領状、蔵部又濃袴四具、右大弁布百段、依示送領状者、

十三日、　天晴陰、

日来給置源氏二部、返上于室町殿以家本粗見合、用捨其詞、中物詣由、私本一帙第二同進之、

夕、僧都又来談、宇治供僧不可兼由、被仰切了、又語云、湯山辺赤斑瘡盛興、僧正御房常住院、昨日帰洛給、御共童部廻雪輩、三人重悩煩多云ゝ、聞驚無極、旅宿之間、不審不可云尽、此両病、予如赴他界、先年疱瘡両息又同、極以怖畏、無由供奉歟、只可仰冥助、』(5)

十四日庚申、　天晴、

天曙出蓬門乗車、参詣、巳終着宿所成茂約束所、障事有、儲遍津伊殿云□[ゝ]、愍入、是備御供之所也、甚有恐、臨秉燭時奉幣、帰入宿所之後、前右府乗車参着、十禅師彼岸所云ゝ七ケ日、被籠、今夜被奉幣被着浄衣、良家子一人、侍三人、甚省略之躰云ゝ、又六条宮旧室、入指出廊通夜云ゝ、夜深、入夏堂北廂通夜也、此所任尊法眼所造、於京相触、便宜殊神妙、此間、依恐令改宿所、

十五日、　朝陰、巳後微雨漸密、終日不休入夜如沃、
懺法訖、参二宮以下坂口伏礼、退下、
今日、依雨煩、不出門戸老者、依思人嘲、昼不出、夜又有行歩之煩
光盛卿妻過門前、孫男前行少将入道実重子云々、退紅仕丁
捧幣、共人等在輿後、偏如諸院密儀御幸百日籠始云々、
依甚雨不宮廻、亥始参通夜之間、腹病更発難堪、丑時退
下、
十六日、　朝小雨、天間晴、陰雲未散、
午時許、狂女剪垣外木不知其名、衆徒咎之云々、以宮侍法師、
路頭木不可剪、早可植替由示送、仍示俊僧都、忽堀送鶏
冠木高於本木、感悦令栽之又相副桜木、
日入以後、宮廻退帰之間、於鳥居下、逢前中納言教成、
互雖不隠、又不言談遠過了、光盛卿今朝宮廻云々、常参
之人集会之盛、甚晴也、子時、参通夜之所之後、納言奉
幣具子息四人童一人、即坐庭上通夜、毎度如此云々、子息各乍坐不休息、六歳童同云々
十七日坎日、重日、下食　暁大風、曙止、朝陰、
懺法訖退下、』(6)
未時許、俊範僧都被過談、往事懐旧等、自然移時刻、日
入退帰、月出雲暗不見之間宮廻、子時参通夜、

懺法之間、時雨忽降、聊休止程退下、又〔後〕又甚雨、
十八日、　朝天晴、
短晷空暮、前納言音信此卿参籠之間、丑時毎夜奉幣之後、坐庭達曙、雨夜取笠、少年子息又皆悉在傍、信力
実勝人歟、右府参籠之間、不上格子猶不被開遣戸云々、又異于例人、平二位
毎朝宮廻夜通夜不見、称二棟人前内府女、貴人一分歟、往年、乗旧輿、疋夫二
人舁之、浄衣小冠一人相従上下無他所従、舁居御前、次寄廊、小冠居縁上直下、前黄門開明障子、其躰露顕歟、輿舁之
躰甚不便、雖無益事、人心々々依徒然記之、
昏黒宮廻、丑始参通夜、
十九日、　暁時雨、朝晴、
懺法訖退下、日入以後宮廻訖、前納言昨今音信、依往事
之恋慕、向彼宿所二宮彼岸所、相互述当社之信心、又談旧年
之視聴之間、自然移漏退帰、子時参通夜、
廿日、　暁月清明、朝天遠晴、
懺法訖退下、
未終刻、行向俊僧都房、良久清談、親成宿禰尋来、円長
僧正逝去、二位妻室軽服、暁更出京云々、
奉拝先師御影、懐旧之思拭涙、黄昏帰、不入宿所奉幣忠
成申祝、時雨間落、
送使者忠康二品宿所日来雖期此次、不得便宜、出京遺恨由、又副使者被示、又

答之、子始通夜、
廿一日、　暁月晴陰、
懺法訖間錫杖不訖退下、不経程乗車帰京、於四御井』(7)
河原天曙、帰廬之間、時雨灑間陰、
青侍説云、昨日、自関白殿御教書到来、申物詣明旦帰京
由了云〻、極以不審、
依日次宜、午時許始写経金光明経、未時許、中宮権大夫
消息到来非奉書躰、表書只書名字、
指事不候之間、久不令申、何事候哉、』(8)
抑令辞戸部給、令申一級給候歟、其儀未被変候哉、如何、
内〻御不審間、令尋申候也、且此様、侍従宰相殿御物語
候き、恐〻謹言、　十月廿日　盛兼
民部卿殿　封之、無礼紙、立文也、
依老病無隙候、自然懈怠、不啓案内、
罷民部卿、申一級所望懇切候、於今者、蒙昧有若亡候、
如傍輩上下藹事、不存知候、只叙一級、可為現当之名聞
由、思給候、
凡人不任納言叙正二位、参議師成卿于時散位、
延久五年四月卅日正二位、年六十五、其例候歟、年歯雖
相過候、
聖代之徳政、所仰　皇恩候也、便宜之時、洩御披露候哉、
定家謹言、　十月廿一日　民部卿定家請文
加礼紙、表書〻民部卿、
日来有指祈請旨、今生相待事貴人御事也、存命之間、遂不
可奉見者、速蒙其告、早遂素懐、
七ケ日空無其告、欝〻帰洛、今日此状到来、若是可擬冥
告歟、相扶筋力参室町殿、二通案返事、経御覧了、黄昏帰
廬、去年歳末、此事示付宰相、忘而不申由称之、心中雖
有其恨、是知不可被許分限歟、云而無益、其後不出詞、
外官除目時、可申歟由、問之、両卿加階叙位之後、甚無
詮、於今不可申由答了、而此状到来、頗不得心、若依不
許示忘由歟、今又此官公用出来歟、〻即為被遷見任人、被求
闕歟、太以不審、但若被許者、本意相違之後、更雖無気
味、為向後嬰児、又非無其要、猶一得之内歟、被仰旨又
同愚案、
廿二日、　天晴陰、終夜風雨、
閉門写経之間、巳時許前殿仰、無相違之条神妙者、不知
除目之間、申請聞書、

中宮権少進藤業茂　治部卿親長頭』(9)
民部卿公長散三位任此官之始、無分別歟、
左門尉藤康職御祈功　藤盛高初斎宮　右藤時綱東大寺七重御塔
左兵尉藤重忠臨時内給　藤為実功　嘉禄三年十月廿二日
正二位定家辞民部卿叙之、
正二位者、人臣之極位也、不逢乱世者、争叙之哉、
可謂身上之得分、尤希代之珍事也、心中甚自愛、以書状
畏申之由、示中宮権大夫有返事、
顕平朝臣・経通中納言不変旧好由歟、　送賀札、
終日写経、夕終第一巻、
廿三日、　朝天漸晴、
未時、覚法眼来談先是、猷円僧都・、定修等来昨日登山、参僧正御房、下山云々　退帰之後、参室町殿
見参、入夜退出、
廿四日、　天晴、
終日写経、信実朝臣来談不知戸部辞事、為見歌也、、隔物言談、加賀
前司泰光朝臣、来門前音信、以人示指日念誦由、示位田
省符事、令見一日聞書了、
日入以後、住心房入坐受戒、
暁鐘之程、宰相書状、只今無為帰着、大臣殿同還給了、
云経廻、云路次、無為無事者、欣悦無極、
廿五日、　天晴、
終日写経、終第三巻、
夕宰相来、昨朝天明後、出山着水田之間、鳥飼左馬寮・
後院鳥羽綱手行事等、数多人数計会、忽被引綱手之間、
亥時許、着水無瀬殿、猶又被上赤江、月不出以前、自赤
江乗輿給、暁鐘各帰家前宰相・清水少将等也、権侍医経長供
奉、』(10)
申終許、有長朝臣来門前、依写経仮借、称他行由了、
廿六日壬申、　朝天晴、申始許西風吹、雨猛烈、夕陽晴、
終日写経、閉門戸称他行由、有長朝臣又来、称御使▨▨云々
藤左馬権頭長綱来云々、各答他行由、
戌時許、奉書終第四巻、
自幕府、被送自草願文来月百日仏事云々、尤申感歎之由、実以優
也、
廿七日、　天晴、
写経直付字等、今日終功了、
信濃千田郷庁宣、今日成送之、月来遅引、甚懈怠存外事
也、即付有長朝臣、進之了、

及日入、中将有教朝臣、被過訪参内之次、束帯、清談良久、昏黒退帰、一日、故源大納言法事所、中門廊壁下、(補1)敷紫端為殿上人座妻戸内長押上、有公卿座、可然歟、彼家、自平生時、此所為、殿上人座云々、定有所見歟、但不隔物被直下、頗無便宜歟、
答不知由了、
后宮殿上以下関白家公卿座、皆末座有紫端、称殿上人料歟、其日通方卿在座云々師季朝臣以下殿上人、覚朝僧正曼陀羅供、翌日称正日、又招請不向、又其翌日、土御門大納言、以寝殿為堂、父公忌日修八講、殿上人座、対代長押上高麗畳、彼是不同如何、
五節可出仕事等、被示合薄色衣、重白衣、白単衣、如何、答何事在乎由
補1 後日申殿下、一上以下家、殿上人公卿同長押、殿上人用紫端、摂録以後、以長押下為殿上人也、
廿八日、　天晴、
未時許定修来、日入之程帰、
入夜宰相来、昨日、参殿下幷内裏之次、畏申加階由、各申之、不知行幸之間、今夕御方違依』(11)無人、内々被仰別当、可参由被仰之間、俄供奉、召仰中宮権大夫近日上卿只一人勤仕、是又依闕如行之、不供奉、別当・侍従・左大弁・宮内卿・宣経朝臣・頼隆朝臣馬副具之、左将宗平、、・資季、、、右親氏・頼氏・実直、兼申請、不供奉還御、
忠弘法師、此四五日又赤斑瘡、恥而秘之云々、今日殊危急之由聞之、匪直也事歟、
廿九日晦、乙亥、　天顔快晴、霜如雪、
不知僧事、送書法眼許之処、返事副聞書、
権少僧都定季　珍祚先朝将軍□喜子云々　権律師快全陰明験者　実位
蔵尊　慈暁　道成
法印覚寛　公全　法眼泰承　公真　嘉禄三年十月廿八日
上卿中宮権大夫、職事頭治部、弁右中云々、
未一点参室町殿、見参之後、詣今出河、又奉謁日入之間、秉燭以後南方有火、人々云、冷泉方歟、即退出、先問入道法師宅病、只同事云々、児子等付減、次詣右幕下亭、於東面被見火三条白河云々、即被謁、法印同坐言談、及和漢之故事、夜半帰宅、
広隆寺宮僧都、関東議定事切、以小所三ケ所、被充存命、可居洛外由示送、其所猶以地頭可守云々、譲于定毫之所帯不許、仁和寺親王御室御、弟子、取之可知給広隆寺別当、御室之、寺務、更無例云々、是東大寺東南院定範譲、以定毫威、被領知之会稽云々、脩明院御腫物御頭、止薬者、又令腫給、仍于今被付大黄

不及御湯、陰明已得減給、験者寛快子勧賞、快全是也云〻、
泰乗者泰宗妙香院一物子以養諸鳥、為業
十一月大、
一日丙子、没、　朝霧、不見咫尺之草樹、天晴、
未時許、参権大納言殿大宮北辺、見参、臨昏退出、』(12)
二日、　天晴陰、
短晷空暮、夜風惨烈、暁鐘之程、南方有火大風、如吐推之群盗放火歟、一時許
不滅云〻、其後寒夜如経年、
三日、　朝天晴、漸沍陰、
夜火、七条殿之北町云〻不知実否、寒風殊烈、不出戸外、
四日、　沍寒、晴陰、
未時許、参室町殿、右大臣殿仰云、明日欲着陣軽服之後、
聞春日行幸定由、延引了、上卿大納言忠房、宰相伊平、弁
有親・〻俊云〻、□(知カ)家卿参、付親房朝臣、申宜秋門院御領
事等御使歟、資経卿、申聚落院僧正御返事菩提院領事、親房朝臣申継、各
退出之後、予帰廬、
五日、　晴陰同昨日、
宰相有悩気流布事、始歟、禅尼被向其所、夕帰、無殊事、慎寒
気、只以軽勤為望者也、近日、下民之中、依此事終命者、
不可勝計云〻、
鴨権禰宜関東不快者、資通、依此事死去云〻、
六日、　霜凝、天晴、
申時許、参室町殿、右大臣殿見参、行兼、明暁下向関東
之間、殿下不出御、親房朝臣語云、行幸定延引了、親長
書御教書、進上二位大納言殿、被返又奉、已三四度之後、
前日夕書改表書家人、名、其時有返事、依有所労、不能奉行
之状、如件、当日朝、内覧其請文之間、依無上卿延引、
異姓人不可行、此貴種皆不被出仕、仍可催実親・家嗣両
卿云〻、
亥時許月未入、行兵部宿所毘沙門堂之南、言談、近日民家
等、群盗比屋公行、依有怖畏、自昼□(示カ)之、雖無心不睡、
而聞暁鐘、帰廬談往事密事等、父卿所得之名簿未失置賀茂御倉辺云〻、
七日十一月、中、　霜結霧深、』(13)
朝沐浴、今日、寛治大納言殿御忌日也、故精進、
申時許、詣住心房許受戒、秉燭以後帰、伊輔卿女卿二位局、称
御方、権勢之時、知音一分也、去夏音信、存現存由之処、
九月逝去、以持仏幷小田園、譲与之由被語、浮生無常、
忽催悲哀之心、近年有小恩顧、参宣陽門院由、去夏示送

之年四十、七云と、
暁鐘以後、南隣梅忠社北群盗入云と、近日無間断云と、
八日癸未、　朝霧、陽景又晴陰、昼適風静晴、
申時許、自僧正御房常住院、給黄斑牛雖老尋常也、昏、乗之出
門帰入、
今日依〔有〕所思、奉書始地蔵十輪経十枚、聊奉送小雑菜等於
住心房許、加薪、宰相有様同事云と、
下人等説、公家后宮、此事有御悩気、漸御減云と、
夜半許、又北方有呼声京中、近日夜行者、毎辻六人守之、仍辺土不闕夜云と、無従之家何日哉、
九日甲申、欠日、　天晴、無霜、巳後大風、沍寒、
(補1)春日祭使少将伊成、除目任右、忽被渡左勤仕云と、是又
他将不勤歟、弁蔵人弁光俊云と、
申時許前殿仰、依神事在西亭、来乎、即参入、節会習礼
有其志、依寒風思止了、入夜退出、
補1□[今]日又雖旧御忌日、依春日祭不念誦、
十日、　初雪僅積、朝天晴、
定修、妙香院御共登山借牛、宰相僅出由聞之、
申始許、参一条殿西亭、於南面、内弁御習礼始間也、以
二棟代屋為陣座、職事仰内弁時、東面に令坐向給、外任

奏披御覧之時、礼紙筥底ニ半折て押敷天、文ヲ取て令披見、
巻之、次巻礼紙置之、把笏、目外記退、召官人召職事、
謝座向西揖、次向乾左右各二足許、一拝先突右膝、自左立』(14)次向
同方揖了、三四歩乾ニ進天、次第ニ右ニ歩廻令練返給、
次第事大略如例、雖有下﨟、猶可仕大弁之由被仰、宣
(補1)
命・見参返給時、必見文数若落失者重、可尋内侍、進物所・御厨子所
一度ニ被尋之、小忌台盤下せ、大宮座北ニ移せ、一度ニ被
仰之、蚫羹ハアツモノト被催、白キ黒キ別とニ被仰、大歌
別当召時、先把笏起奏之、中宮権大夫藤原朝臣召ム、召
大弁詞、大トモヒノツカサノ藤原朝臣、召中将、左のち
かいマモリノツカサノ藤原朝臣、大略事如此、入御之間
微音不聞分程ニ天、以気色可触其人
即退出、
去夜、博陸殿下、以使者被申左府、日来存御風由之処、
御悩之躰已赤斑瘡也、公卿勅使・春日行幸、今年可延引
歟者、於御減以後者、勅使猶被発遣、於行幸者、可延引
歟由被申云と、
宰相今日殊有悩気由聞之、出之間辛苦歟、地躰又咳病極
重云と、
補1宰相ヲ召仕、始御酒□[勅]使之時、外弁上ニ、宰相座誰とト

問、其人答詞ハ、只如常称名、左宰相中将、平宰相、侍従宰相、左大弁之躰也、

十一日、　霜結、天晴薄霧、

宰相、去夜殊重、頻反吐、今朝多出由聞之、予昔安元ヽ年二月赤斑、同三年二三月之間皰、共如赴他界、皰瘡以後雖蘇生、諸根多欠、身体如無、其後五十年、存外寿考、至于今、非尋常身、依此事、尤恐思之処、果又如此、猶以怖畏、夕、長延入道来談、

十二日、　天晴、

今日又写経夕終一巻、又第五巻三枚、当時依料紙枚数合也、未時許、烏落物骨令見、人骨有血云々、仍令取弃、令立穢簡五躰不具、近日、東北院辺穢物如山云々、依近有此事歟、

宰相今日頗宜云々、

十三日凶会、　霜凝、天晴、』(15)

雑人説、土御門納言室一条禅門女、母具実卿母逝去云々赤斑瘡邪気相加、去夜丑時、下人等、今月以後、死亡不知数云々、

内蔵頭音信、帳台出御、不可候五節所、若有可存事歟、依穢気、以盛宣示返事、出仕之間、不見及之間、不存其儀、殿辺定其沙汰候歟由也、

十四日己丑、　朝天陰、夜月清明、

帳台無出御之例、中右記元永二年御物忌、其年之儀舞姫参上不注之、保安元年関白殿被止内覧、内裏無遊興中宮入興、此外年ヽ嬾而不能引見、

吉富、公卿勅使切符、官使来責之由、昨日入道法師愁悶、今日職事奉書、国司請文恩免状送之兼日不沙汰、之所致歟

十五日庚寅、　天晴、風静、

自早旦及夜景、写経終第五巻、

扶七旬之老病、徒臥寒窓、寅夜明月無片雲、独思渺茫往事、乍生如亡、

十六日、　天晴、

未時許、長延入道来談、称遁世身不忌穢、十九日可下向云々、平相公音信、節会、無出仕参議由、被催云々、長延云、神宮禰宜本六人也、崇徳院御時、加補七人、一禰宜氏良、懇切挙申子息之間、承久二年被加八人、今案、此加補、尤不可有勅許事歟者、予又思之、公卿加任、又必有不吉事歟、向後可有斟酌、

四位大外記、又師元・師重只二人也、二条院并承久朝也、近年神宮事、詮分無御成敗云々、可恐事歟、

不聞世事、毎夜明月、動老病之心、
此家少年、此中旬以後、又悉病悩老者又相交云〻、
宰相猶不快云〻、
十七日壬辰、　天晴、辰後沍陰、秉燭雨降、夜月明、
今日北山被満百日、結縁経尽美云〻、金銀之外無他云〻、宰相分法師品、堺上下裏金鋳タミ、堺内銀鋳、表紙』⒃展銀其内画絵高倉殿、只心云〻、裏只銀色也、外題表紙竹透銀塗金恒事、玉紐青匂、水精軸衣銀、捧物錦（紫）、被物（赤）錦単衣、又副錦絹裏云〻、是過差之至極歟尤叶本所之儀歟、受生於濁世、雖交過差之時儀、其前鋒之所作、貧老之所不好也、以無殊恥可足哉、
後聞、親尊捧物、美精好絹十疋、入錦筥云〻、
臨時仏事二座北政所・大将之後、有此事、及夜景、人〻分散云〻、平宰相・公俊三位在其座云〻、
今年五節昼出仕人、加職事十二人其中、雅亜相聟少将初出仕、是建暦輔平中将子也、範光卿外孫専修若尼、公卿勅使・春日行幸十二月十四日、皆今年被遂、上卿忠房大納言勤仕、禅閤（松殿）知行筑前国近江替、不充付給之間、無出仕之計云〻、
少将定平虚言過分資雅朝臣母三位庄、左府、以中宮権大夫被申殿下、我依芳心頻申止之由、語于資雅、三位奉怨左府之間、左府、負無実由、被訴申殿下、禅閤近衛聞驚給、依此事、被召知行小所、殿下猶無別勘気云〻、
十八日、　自朝天陰、沍寒、陽景時〻見、
定修妹青女、流布病殊重云〻、非人重病不似涯分在巽小屋云〻、蓬屋雑人等、次第勤之、已無被仕者云〻、
十九日、　朝天沍陰、
午時、参大納言殿、即見参、一時許之後、人〻出来、信実朝臣・家長朝臣・忠倫朝臣依有望気、予召之・頼氏少将一句、後参康綱・清定在長押下、始連歌、三代集作者名、か文字在頭、三字物名賦之、甚固、被置懸物、令悦目手鞠・五節櫛・枕・焼石裏・檜扇・墨筆・檀紙、』⒄毎句置之時綱朝臣置御前、
月昇事了、退出、非無興、
信実朝臣語事、近日、壮年人大略病不出仕、五節出衣、出仕人十二人之中、直衣、資季・有資此人〻行事歟・資信侍従・雅亜相聟此外不覚悟・両次官等、衣冠、小男・重長等也、
淵酔中宮公卿、左内府・家良卿・経通卿（国通卿）・盛兼卿・隆親・範輔・時賢皆直衣、大臣立舞時賢シラサキコソ、頭中将雖歩出、善悪不舞、公卿咲壺、偏有嘲弄気云〻、
親長数反乱舞、公卿頻被催之間、資季令袒、直衣左袖、左右共落、紅衣出現云〻、

臨時祭使侍従能忠、日吉使基定朝臣、
伊成、被免五節出仕、勤春日使由称之、夜〻出歌舞人、
今三人闕如云〻、陪従無一人一人死去、自余多ハ兄弟也云〻、加陪従家長、
可吹笛之由、陪従等頻申、依不習固辞由称之、
廿日、　天沍陰、臨昏雪飛、
未時許、参室町殿、知家三位参会、近日、寓直宜秋門院、
九条占宿所、御庄〻事等、連〻被申含、為御使往反之由
語之、次見参、仰云、今度内弁無為勤仕、如聞無殊失、
尤悦思、但多有非分事等、各示含了、外弁上首家良卿始
終祗候、雅親不着外弁而列立、謝座昇殿不着座、直訪五
節所取櫛出去了、存内也、公氏・頼資大歌別当小忌座不下以前早出、如何、只不知子細也、争存乎・盛
兼小忌、参議伊平・隆親訪五節所不帰・経高・家光・範輔不
帰・頼隆小忌、
召仕参議事、依永久例、自下召之、家光御酒勅使・経高、
召大歌別当、伊平宣命使、家光禄所、人〻訪五節所之間、
相待初度内弁必待之、家光不蒙上宣而下殿、催昆屯令居之間、
追返了非分事一、仰小忌台盤下大歌座』(18)移北事、仰之家
光只移大歌座、不仰台盤、昇之間又仰之是二、此輩、予所存、是如定失錯也、存
別承由也、舞妓推参着座、追返是三、小忌上卿、存二拝由離
列、喚返舞踏是四、博陸始終見物給云〻、
有童御覧云〻、
今日被召舞人馬引進之、御馬御覧云〻又御馬乗闕、被召御随身今日未時催、親長
奉行、兼日不承、只今相尋他行遠所物詣、極有恐由被申了、
左府、不被参帳台・童御覧、被参中宮去年又如此、如何、
是無他様、私追従切之故歟、於公事者被略歟、
初夜鐘程、暗夜退出、
後聞、近衛舎人一人不参陣、官人引御馬云〻不足言、事歟
廿一日、　天晴陰、
猷僧都来談、十六日拝堂了、当時在白川弟子法眼房、寺別当
猶有自愛之気、所歴先達、
覚朝当時長吏　禅覚　勝成不拝堂人不入員云〻、　行舜至僧正、　已上四人、公
胤長吏之時　公胤至僧正、実慶長吏時　倫円僧正真円長吏時　真円円恵親王長吏時
実慶覚算時　賢覚僧正　公舜法印　有観法印　猷乗法印　覚
泉僧都　覚喜僧都
経国来、明春、宿願欲行大法会自筆五部大乗経供養、依家時卿勧、
寄進北白河院、院司可下向、其間儀不審多、如此事、尤
可尋有識由答之、但当世有識、実者誰人哉、式部大輔書
願文、大学頭咒願云〻、毎事相応歟、人望之令然也、

頭中将、自昨日称所労非流布事、有公卿勅使供奉変改之疑云ゝ、頭治部供奉云ゝ、経房卿猶子云ゝ、
昨日殿仰云、依後一条院御夢想、赤斑瘡事』(19)被下官符、背可書文云ゝ、
麻子瘡之種我作　書之、或遁此事、又軽役也云ゝ、仍今日未役輩ニ書之了、
忘却一寝之後、思出方違、乗車出北門外、待暁鐘帰入、
廿二日丁酉、滅日、、十二月節　天晴、間陰沍、
臨時祭日也、
午終欲出行之間、証寂房来談近日、在兼時朝臣、喪家也、四十日許、帰後、参綾小路宮、入新所御門之間、下格子無人、問下人等、其巽方又新造作所渡御云ゝ、以人伺、可参此所云ゝ、仍参入、中納言入道仲経卿・親尊法印・公賢法眼列座、加其中、暫言談、法印退出、宗雲法印来談之間、出御、人ゝ退、心閑申承、入御之後退出、帰家及秉燭、今日人ゝ云ゝ、伊時卿三位出家云ゝ、不知其由、経侍従父少将時任、少将父辞兵衛督申任、中将蔵人頭、叙三位之後、近年不出仕、只与季時入道等嗜酒、流転所ゝ、出家若任意遊放之好歟、年五十一云ゝ、

初夜鐘之後、依狂心行南桟敷、相待臨時祭、亥時、雑人取松明過、以人令問刻限、答云、使只今参内、舞人皆徘徊二条面云ゝ、時儀之陵遅、不足言歟、寒夜無人之境、徒送夜、繊月出山、暁鐘已報之後、舞人漸ゝ過行(補1)但七人、人別不取松明、又騎馬所従、不過一両者等有之、不分別其人、使四位侍従能忠朝臣、乗車、如前駈者二人其内民部大夫政範相交、、今一人若男、侍三四人歟、雑色白張、其後又有弊車一両若陪従所乗歟、見了帰付寝、
舞人　頼行　維忠少納言　定実侍従　光衡中務　資信侍従
季頼不知佐清子大夫将監云ゝ　実隆不知新舞　貞時中務新舞　高階忠時　源行綱』(20)
加陪従　家長朝臣　有長朝臣　孝時　業継　為範　邦定
範昌　信宗　所作　親頼　親季　源範綱　御倉小舎人康継所注送也、
補1後聞ゝゝ後日使談、定実昇殿、今日依公卿着座、不昇着、帰立之次可付簡、松殿仰、於舞人□[装]束者、帯劔持笏可着由、称之云ゝ、遺老御説、若為実者、老狂給歟、先達所為炳焉也、何物帯劔可昇殿上哉、上社上御馬、日出□[還]立、左大弁候、事訖退出、午正中云ゝ、召蔵人頭、不見使、折烏帽子雑人在滝口戸辺、□[無]通路、定平衣冠在縁上、高声告貫首来由、使聞之、自雑人中融出、貫首又聞定平声帰去云ゝ、又直衣殿上人、多在南殿見物、

廿三日、　朝天快晴、
午時許、詣今出河、心閑奉謁、次参前殿、北政所頗御不例云々、維長語云、昨日、大臣殿令参内給、(職事頭治部)刻限可申由申、相待之間、秉燭以後御参、職事女房、内外兼仰御服事于蔵寮、随領状、当日早旦、只青色御袍一領進之、本御服只一具、内外周章、殿下又被仰之間、其後更令織御服之間遅々、使装束秉燭以後給之云々、右大臣殿、中納言定高・頼資、参議隆親・経高・家光、関白・右大臣御坐殿上之間、実世朝臣、於小板敷、乍立取御贖物云々、未練於事不思議、暁鐘大臣殿還御云々、重坏隆範・信実云々(時儀於今、定役歟)、
廿四日、　天晴、風静、
終日写経、此四五日口熱又発、写経之間顔腫、頭面之熱臨老弥増、無計略者也、
日来物詣者、今夕帰、
伝聞、伊時卿、去比切手爪之間、(後聞、非爪、依堪細工、依作双六筒、)誤切其指、疵腫上、遍(切手)身已及根鈴腫、難存命、仍出家云々、
父経蔵人頭、為前内府(信清)聟、為卿二品親姪、院近習之名字、河陽名謁等奔走、遂無成、可悲之運也、

廿五日、　天晴、昼後大風、
終日写経、第二巻廿枚奉書、
廿六日、　天晴、大風、
沍寒無極、今年、今日初取寄火炉、
廿七日、　天晴、
去夜寒気殊甚、老膚破損之故歟、』(21)
未時許、大炊御門中将来臨、清談、公事之間、小々被示人也、無隔心問答、漸経年序之間、有音信歟、先祖長秋納言次第等、小々被見、要須事尤多、可貴之家也、
五節之間事、小々聞之、去年、有資、以資信可令出歌由結構、資季等不許、今年、実俊、以弟実隆(名字、不当)、可令出歌由、示勅使大納言、大納言、此事可計由、示聟中納言、々々々又示資季之間、資季不承伏、有資又妨、遂無人望無其事云々、資季・有資等、寄事於堪能上立、行事定平等又上立、如此輩、不云位次、最後舞云々、往年出仕時、乱位次者、更不見及事也、逐時代而自由之所行、又察向後者歟、
又云々説、大納言勤勅使訖、翌日可辞官云々(光親例歟)、可謂狂事、中将実俊(今年五節不出仕)、子息三人、少将二人・兵衛佐、

勅使供奉、父子四人出立云〻、為中将者子二人少将、或又父子同時少将、尤天下勝事歟、参議父子、人又存此儀歟、自他縦雖有例、可謂希代事、
参河有童御覧、扶持人、本被儲雅親卿聟、臨其期、乍出仕、称未練由不付、被催諸人皆遁避、信盛付之云〻、女院御沙汰童、導州民廷尉、時儀不足言事歟、件少将美麗、而二ケ日祖廻、不着殿上、不候中宮淵酔、只廻了退出云〻、雅亜相之教歟、
参入夜、滝口遅参、参会中宮北対之東方云〻、
廿八日、　朝天沍陰、無霜、終日陰、
今朝、年来所飼之鵤此間有病気死日来在籠中、不委見、令見之、痩損無極、但至昨日食物如例
寒気殊甚、歯熱随寒冷有増気、手疼殊以苦痛、終夜病悩、宰相余気猶尫弱、春日行幸、依難扶得、申所労無減由了、
右武衛・宮内卿等借馬了由、示送之、
廿九日、　霜凝、天晴、』(22)
去今両月之間、唯一日之外雨不降、諸水又涸云〻、寒気雖難堪、雪不降、是又向凶年歟、
陽景快晴、寒風適休、巳時許、為見物行冷泉、以下人令窺精進屋、無人寂寞云〻、午時、勅使参内之由聞之、良久参神祇官云〻、大路車、漸無其隙之由聞之、仍乗車、女房車一令持榻、有弘在共、予与宰相乗、又雑〻女房乗旧車、出二条東洞院辺路、出精進屋二条南室町東云〻、二条東、洞院南、三条東云〻、洞院面、二条南一町、殿下御車可立、不可立車由、舎人等払之云〻、二条南洞院西角程二条面、立車、時刻徒移、僅自神祇官退出之由、聞之前駈一人、云〻、神宝已出、大炊御門東、洞院南行、四姓使不見、又及数刻、落日已没、神宝過了後、殿下御車過給八葉、御牛身白斑牛、也、左衛門尉称宗左衛門専一云〻、行範・下野武茂故左府御随身、非当時上郎、又近習第一者云〻只二人在御共、右大弁・宗平朝臣・有教朝臣連車、此外無人、二条南町半許被立御車、御共人車在南北、此間、勅使雑物湯桶、樋台櫃等至□[于]渡、此路、舎人等雖制止猶渡、御車前甚見苦、行事等、不覚不教訓歟如此事、尤可加詞事歟、中将実蔭車、又赴此路被追返、
日入以後僅渡、六位前駈歟、折花布衣者二人、様〻当色所従等、不弁見、又不見知五位二人同之、次、
源仲親仲家舎弟云〻、本在此家、盛親周防知忠国兼子、元暦小蔵人往年基兼改名以後其名忘却、忠広兄也、皆小舎人童雑色等、様〻水干当色也、次若男折花布衣以人令問、民部卿子云〻、

兵衛佐公員束帯、随身蘇芳袴　又布衣男令問、中務少輔云々、不知、後聞、光衡云々、
束帯　随身二人蘇芳袴少将基長云々、　又布衣男美濃前司基行卿子
少将実任束帯　随身蘇芳　少将隆盛同上
権右中弁為経束帯　少将実清二藍狩衣、青衣、紅単、不具布衣随身、』(23)
一門之上、成親卿外孫也
蔵人弁光俊束帯　宗綱四位、布衣　少将実経束帯、随身萌木
成親卿外孫
少将雅継束帯、野剱、無随身、　中将実蔭随身朽葉袴
中宮権大夫一家好歟
中将資季随身蘇芳　兵部卿経賢近日与父怨敵、乗駑駘、
中将実俊衣冠、半靴、不帯剱、　頭中将随身二藍袴
勅使半靴　寮鴾毛云々、　櫳頼次例袴・久清唐綾、共付薄様、袴風流不見分、
所張之差縄短、櫳手不慘持云々
此間已暗、不慥見、
(補1)少将実直狩衣、花打、鰭袖青地錦　置千鳥、昇、　具調度懸妻黒羽、青丹唐、紙歟、不慥見　随
身二人、童二人、雑色六人、皆唐紙、
此外、中将家定・少将公有、長途供奉由、日来聞之、当
時不見、侍十人、五位隼人正――云々、
(補2)衛府等、雖折花、已及昏黒、不弁其色、衣櫃等如恒、見
物車競帰、入冷泉食了帰廬、
夜前、中宮行啓六条殿、大納言雅親・家良、中納言盛兼
権大夫・頼資、参議隆親・経高、
啓将有教・定平、御後殿上人、光資等供奉由伝聞、今日
事、云人数云美服、尤得時、但及昏不能委見、宰相引送
馬二疋云々、
行事弁有親、昨日俄催幣料、即付吉上忠弘法師宅、致水
火責云々、頼資卿又付殿下小舎人、殿下元三饗責之云々、
内々中入恩免云々、

補1後聞、実直猶不下向、留京了云々、
補2又後聞、有親不覚、幣料不具時刻移、上卿左府早参、〔大〕□
忿怒勘発給云々、後聞、召怠状云々、又聞、不召怠状、
赤斑瘡殊重、吐血難存命、仍被宥云々、

卅日乙巳、坎　朝天陰、辰時細雨漸密、
依遠忌、閉門写経、例事送嵯峨了、至于夕甚雨、入夜休、
夜前、中納言経通卿執聟光親卿女、所養也、左府中納言云々、後聞、
非今夜、来月十日由云々、
十二月小、』(24)
一日丙午、　朝霧不見向屋、巳後天晴、大風発屋、
心寂房来談、為見病者、向三井寺云々、
法印被過談、承久二年令入御室給若宮清季女腹、依脩明院仰、
渡梶井宮給、御出家来十日、為受戒登山、雖密儀参御共、
公毫僧都入道左府子、明禅法印弟子・雲快僧都源内府子、三人連車儀云々、

此事尤可被用密儀事歟、
二日凶会、　天晴陰、大風、
此冬、雖非別病、心神惣違例、身躰不調、気根如亡、余命之不幾歟、
三日戊申、　朝天陰、陽景間見、
未時許参前殿、大府卿候御前、来十日改元云々、今朝被仰云々、在高卿・頼資卿同進歟左大弁、六人、有例由申云々、議定公卿誰人哉、左府参給云々、年号字、当時公卿読解人尤不審、
彼卿退出之後、自然入夜退出、今夜月高懸、又非繊月、
四日、　朝天陰、雪霏々、不経程止申時許、雲雨又休、
自前殿、春日行幸建保事被尋仰、書進愚記了、
平相公、改元定所見被尋、承久貞応改元日事、粗注送、
鴨祝光兼来、殿下御祈奉仕、祐通之亡替所望之、去夜粗申出事也、
五日庚戌、　暁雪埋庭砂、朝雲晴山嶺、
未時許、詣今出河、心閑奉謁、日入之程帰、
去夜、盗破北築垣、依不寝者聞、適退去云々、
此間連夜事也、
六日、　天晴陰、
去夜、盗入法成寺、取仏具金物云々、』(25)
日入以後、詣右幕下亭、拾謁、初夜鐘之後、宿忠弘法師宅方違、満十五日、
七日、　霜凝、天晴、巳時雪降、忽積庭、
遅明帰蓬門、
午時許、右武衛被過談、雪中閑談、当時行幸供奉公卿、右大臣殿、中納言定高・盛兼、参議隆親・宣経、三位光俊・成実許領状、上卿大納言忠房、行事宰相伊平、中納言頼資、参会南京云々、不足言事歟、
無可立片舞人、行事上卿、宰相・隆親・光俊・成実可立由、有沙汰、一日於御前、更非涯分、然者定高・頼資可立歟由申之、中宮権大夫咲云々、件納言拍子・経通卿笛云々、如此之時、強有行幸、頗不審事也、
朝覲行幸奉行院司、于今無其人、当時御所南庭池北六丈、又無中島、近衛引陣、南全無其所歟、中門廊三間、中門外又極以狭少、毎事無便宜云々、
夜前聞、御仏名導師山僧法眼泰実、付所領事、有成相論事脩範卿後家庄、権勢時可伝卿二品由約束、依之二品猶可知、被処彼僧不当、被触座主、々々、於使庁早可被召問由被申、仍職事範頼、以書仰太理、々

〻、仰検非違使搦取之乱入引張、令乗車召禁、山僧之習、被仰
本山、〻〻不放進之前、被搦召僧綱以上者事、無例云〻、
依之山門又訴訟、隆親・範頼可被解官流罪之由、訴申云
〻、卿二品被追京中、所領可没官由、同申云〻、又件二
品資貯之倉在中山、生涯之世途重衰微者、以之可在世之
資財積置云〻、群盗入件所、悉取之、斬殺兵士疋夫云〻、
近日盗賊蜂起、無従旅所、於事怖畏之間、昨日』(26)忘
宿入道宅、今日見暦、帰忌、太白旁可憚、仍又雖寒気難
堪、宿南桟敷京極東也、北十町、東二町、猶非正方、此忌八町之一町不憚、故
人説也、
聞暁鐘一声、帰寝所、
八日、　天晴、昨雪昼消、大風、
写経之間、覚法印来談、寒気甚、
朝夕之間、書第三巻、
此小児、自昨日、有流布事之気家中、於今、人数已皆悉、
九日、　天快晴、沍寒殊甚無霜、
(補1)今日、宜秋門院北政所御忌日也、老病遠路不能参、
硯水炉辺椋皆氷、寒風入骨、不能出寝所、
北山昨今八講云〻、

補1後日聞、公卿勅使欲奉納□[之]間、御戸□[鏁]更不□[被]開、□[爾]宜等
恐惶、勅使□[令]破開云〻、更無例事歟、

十日、　朝天晴、無霜、辰後又大風、昨今寒気極難堪、
経通卿聟、又延引云〻、
一日或者云、近代卿相家〻、多成長夜之飲、各結党群集
所〻、好而食鶴鴿《クヽヒ》、尋常山梁等、連日群飲之座、猶乏少
之故歟、昔先考之命、兎青侍之食物也、事宜人不食之、
壮年之後視聴、可然宴飲之座、皆相交、今又聞此事、為
知時儀之改、雖無益事注之、又貒《ミ》、近代月卿雲客之良肴
云〻、少年之時、自越部庄持来苞苴、兎山鳥云〻、是皆
非尋常之食物、可賜青侍由、先人所被命也、又経長左衛門佐等食狸《タヌキ》云〻、
午刻許、招心寂房、令詣右幕下依招請也、
申時許、参室町殿、改元事、右大臣殿令参給、左右府、
大納言欠、中納言定高・頼資、参議経高・両大弁参云〻、
六人進勘文、頼資・在高・家光・為長・両幹林、』(27)
可挙寛元為長文暦在高由被仰、不見勘文、秉燭以後退出、
寒気難堪、』(28)
○第29～32紙は、一紙（第28紙と33紙）を切って異筆の四

紙を挿入したもの。

新藤中納言
建長
　後漢書曰、建長久之策、
治建
　周礼曰、以治建国之学政、
顕応
　晋書曰、禎祥顕応、風教粛清、天人之功成矣、
菅二位
久保
　梁書曰、姫周基文、久保七百、
文暦
　文選曰、皇上以叡文承暦、
左大弁
元徳
　周易曰、乾、元亨利貞、正義曰、元者善之長、謂天
之元徳、始生万物、
嘉観
　史記曰、従臣嘉観、厚念休烈、
大蔵卿
貞永
　周易注疏曰、利在永貞、永長也、貞正也、』(29)言長
能貞正也、

寛元
　宋書曰、舜禹之際、五教在寛、元元以平、
資高朝臣
安貞
　周易曰、安貞之吉、応地無疆、
長養
　毛詩正義曰、長養万物、万物喜楽、故曰凱風、
和万
　尚書堯典曰、百姓昭明、協和万邦、
周房朝臣
政和
　毛詩曰、治世之音、安以楽、其政和、
文応
　春秋内事曰、仰観天文、俯察地理、始画八卦、足天
地之位、分陰陽之数、推列三光、建分八節、以文応
気、
祥応
　天地瑞祥志曰、政教兆於人理、瑞祥応乎天文、是以
三皇邁徳、七曜順軌、』(30)
先日所蒙仰候之年号字、注進候、　行幸忩と之間、即不

令進上候き、且不可忩之由、蒙仰候之間、懈怠候、其後、連〻被纏牽忩忙、于今遅〻、返〻恐思給候、此中、周房朝臣文応、大府卿、於菅二品之許、見之云、春秋内事何文哉、年号尤出文可分明歟、而常不承、如何云〻、就之、二品又傾奇候云〻、其後、大府卿、参一条殿』(31)申此趣候、折節頼尚参上候之間、被問此事名目候、頼尚頻傾案、遂不覚悟、申云、春秋副文歟、而当座不案得、退引勘可申云〻、如此之間、二品、若以大府卿之難、被問本主候歟之故、付外記之後、更取替此字候、文永云〻、後漢書文と候しやらん、其本文猶尋承、可注進候也、後朝、頼尚真人参上申云、見在書目六之中、一切不見候云〻、此事雖其憚候、為御不審、委細言上候也、須持参候之処、歳暮忩〻之間、且進上候、為恐候、恐惶頓首謹言、

十二月廿八日　　兼康(上カ)□』(32)

安貞元年
十一日、　天晴、風寒、
夜前改元、被用安貞(資高朝臣勘文)之由、(前殿)以御書被仰、此字存外事歟、
終日寒風、不出臥内、
十二日、　朝天快霽、風適休、辰後又大風、
入夜兵部来談、相州上洛(熊野詣料)又止了、孫(歌仙入道子)夭亡之故云〻、　今日、狂巫丸奔入、十禅師南門東腋下人頓死、朝見付之間、社頭忽穢(今日七ケ日)由称之間、即追出了、可驚奇事歟、
十三日、　天晴、又大風、
午時許宰相来、行幸、遂依所労不能供奉由、申入女房、
六(南)角大宮東儲桟敷、
一昨日、神今食卜合由、頭中将責之、所労力不及由答之、又乙下合勿論〻〻、慥可参由示平相公、公卿以上者、勿論慥字不聞及、故大納言、職事(催)慥字奇恠由、被訴申、為五位職事、所伝奏也、甚不可然由咎之、伊平卿所労、隆親不聞入、右大弁穢所労、左大弁一身奔営、難堪由申之間、終日祗候殿下、自殿内〻被仰、平相公参勤了、上卿頼資卿云〻、
四位舞人　侍従公綱　被叙四位勤仕云〻、今一人隆盛、、、
侍従通行　少将実清　兵衛佐家清(中殿御随身、)　中務貞時　侍従範継(黄門腹、範茂卿子)　定実　平繁茂　源教行(国基子、新蔵人)
十四日(己未、復)、　遥漢快霽、終日和暖、
天明遅来之由、自冷泉送使者、辰始行向大理門、寂寞人

不見、供奉人所従等未往反、路頭又静、已始行桟敷、二
条町陣、毛車一両見若上卿歟、殿下、自夜前令宿直廬給云
ゝ、」(33)
六角大宮桟敷南、有季時入道桟敷、白拍子五王為妻、有
小児、北検非違使仲親云ゝ、検非違使一人不供奉云ゝ、
言語道断事歟、
路頭又静、見物車不幾、依隔河、西無桟敷、以下人令伺
内裏、大将殿未令参給、舞人近将等、小ゝ徘徊云ゝ、及
午終刻、御輿已出御由聞之、前陣猶見来、神宝適過了、
又移時刻、舞人見来、
源教行新蔵人、国基子、元北白河蔵人　童二人二藍黄菊　雑色四人朽葉付白菊、
平繁茂検非違使　雑色不着当色、
侍従実隆　童一人　白張雑色二三人
侍従範継　童萌木紅衣付紅梅糸結、　雑色朽葉白梅
(補1)中務少輔貞時　童二藍歟白梅　雑色朽葉付松旧舞人也、
侍従通行　童一人後聞、定実云々、不見分　雑色白小ゝ
少将実清　随身指鞭二藍袴付鶴、　童萌木鷺付、　雑色タオ付萌木朽葉ゝゝ
右兵衛佐家清　随身袴押鶴鋳、　童二藍鶴金鋳
雑色松重　鶴丸鋳

左番長下毛野武俊故左府番長云ゝ、　白唐綾桙比礼付之、
行幸舞人、近衛舎人相副近代久不見歟、
侍従公綱　童一人　雑色二人　法師三人
少将隆盛　随身二藍袴黄スハマ指鞭　童萌木　所具雑色、皆国通卿雑色云ゝ、
雑色朽葉　紫皆洲浜ヲ透、　父子之儀不得其心、
京職　只官人代許歟、亮不見、
隼人正成員　帯黒漆細剱、甚奇事歟、
左衛門尉四人云ゝ、無佐、　兵衛尉一人無佐、
無左右馬允、　右権頭佐清　左頭親季童二人二藍
此後又中絶甚久、　陰陽助国通
上官兼衛府者着緑衫、闕腋、平胡籙、洛外行幸也、　雖外記兼衛府、此事不知可否、
盍着褐哉、」(34)
少納言為綱
宮内卿舎人二人薄青、馬副如例、雑色六人　右兵衛督舎人薄色、黄香馬副随身　後聞、有所労、自五条大宮帰家由、有消息[云ゝ]
別当　下部十人、二行前行　突白杖、唐紙スソコ袴歟、纐纈衣　京中行列未見事也、先ゝ儲七条朱雀辺也
中宮権大夫居飼、御厩舎人　新源大納言
二位大納言居飼同　威儀御馬等　左右将監各一人
左大将殿垂纓如例、例御下襲也、
番長武文子　府生久員　蘇芳袴

下﨟近衛持平胡籙、馬副上﨟持御笏、
左将　伊平卿　宣経朝臣萌木袴、紅梅下襲　随身袴、縫目押黄唐綾、
　宗平　藤家定已上中将　定平　親保　実任少将
右将　有教　実蔭已上中将　通忠紅梅半臂、下襲、萌木袴　頼氏　源家定　実
光二人左将云ゝ、在右陣、若被渡歟、
蔵人頭親長　頭中将不参称病云ゝ、貧乏之至歟、（補2）衛府蔵
人忠広甥　着青色、帯弓箭、在職事列衛府蔵人、弃本陣在此
列、未見、
少納言惟忠　御後殿上人云ゝ、
無兵衛衛陣、　右衛門佐資能有能卿子、童二人　随身二人
権佐範頼　尉一人　当時行幸之躰、非晴行啓之分限歟、
殿下御車　前駈　仲国　仲家　為永　為範　能範　以輔
　自余不知其名、
舎人黄香四人　御随身袴、染分如例、
見訖、帰入忠弘法師宅一条無水、為沐浴也、
入夜猶月明、沐浴之後聞、亥時許忽雨降、』(35)　終夜甚雨、甚見苦事歟後聞太理不交
伝聞、両大納言・両羽林・太理片舞云ゝ、
今朝前殿御書、向黒木屋事、已一定也者、此事甚可然、
年来相互無此御好、極無由事歟、』(36)

行幸間事、後日問有教中将、粗注送之、
出御時列立公卿
左大将殿　二位大納言　源大納言　中宮権大夫　藤宰相
中将　別当　右兵衛督京許供奉
駄餉栢森南、号古摩川原云ゝ、
　定平朝臣外皆前行、無人云ゝ、御綱縿置云ゝ、
還御之時、殿下・宗平、、・定平、、・有教、皆取弓祇
候、頭治部陪膳、範頼役送、
浮橋皆下馬、
頓宮入御、秉燭之程、剱璽役宗平頗有不審事、
　右大将　二位大納言　中宮権　別当　宮内
　宗平　有教　定平　親保　実任
出御、剱璽役定平、供御草鞋、　出御戌刻、
雨以前入御社頭夜半許歟、供奉人多留京、不幾、
翌日刻限、依雨遅ゝ黒木屋公卿雨暫止、
（補3）右大臣　二位大納言　源大納言　中納言経通　盛兼
　頼資　宰相伊平　隆親　三位成実
片舞　右大臣　両大納言　両宰相伊平・隆親　宣経京留云ゝ、
加陪従人　経通卿笛　盛兼卿拍子、染装束、蘇芳下重、袴不染、　此

間〔又〕雖甚雨、猶為晴儀、
公卿禄　大臣親長　盛兼卿周房　隆親惟忠　此外人不見、
舞人定実取公卿禄、未見事云々、
出御戌刻、頓宮卯刻、
入御本宮、午刻十六日、勧賞未承一定、』(37)
補1 此人々不見知、以下人令問其所従、聞之、
補2 陪従只一人供奉、
補3 別当禄、中宮権大夫、権別当、顕平朝臣、別当自身法務、
権別当譲経円、任僧都、
十五日、　自夜甚雨、未時休止、夜月明、
早旦帰廬、雨脚更不休、今朝之儀、定有煩歟、未時▨〔雨〕漸
有間、
今日すゝ払〔炲煤〕、
小童昨今殊重、昨日不飲乳又痛而不小便〔此病之間 尤聞驚〕、、
自夕聊飲乳、及暁小便云々、
十六日、　朝天晴、晩後大風、又発屋、
良算法印送勘文、存外寿考、不図迎六十七年、兄弟十余
人之中、七十之齢纔二人、余算幾日乎、
十七日、　朝陽快晴、辰後又大風、
寒風猶超於日来、
十八日癸亥、凶会、　天快晴、
夜前、小浴之後、鼻垂忽病悩、
志深禅尼、昨日入洛由、来臨、
小児猶温気不止、其瘡已枯了、甚不得心、猶不受飲食、
十九日甲子、　天晴、
招蔵助貞行、問小児病事、重役輩多如此、猶歴日数者、
非無恐由示之、更無為術事歟、
午時宰相来、一昨日依召参殿下、為御使、参太相府、
(補1)右大臣殿、令臨黒木屋給、殊為本意面目、且直雖可申、
還天事々しくも候へハ、便宜之時令伝申給哉、又浮橋事
極以公平、其由又令奏聞了、鳥羽修理』(38)之躰、已如
復旧、殊感思給由等也〔坐室町殿給、即参申此由、即有前殿御返事云々〕、浮橋、十五間及前夜已闕如、諸
国之力已尽、無計略由、行事弁申間、被仰此由、即遣侍
等、以後院力、不日令渡之、鳥羽沙汰者等態闕事、弁欲
募左衛門尉功、猶不足由等対捍之間、所遣使者即加下知、
無為令渡了、頓宮守護事、被渡御物事等、剰悉致沙汰、
鳥羽修理朱雀面、悉如新▨〔造〕作路、超過白河院御時之由、
見者称之云々、

行幸賞、其夜被行了、従四位下時兼左少弁如元・為経権右中弁、伊平卿雖申二位、当時不許云々当時上﨟、国通・定高・具実・基輔・公俊・兼忠・具定、朝覲行幸、雖被催沙汰、更事不可行事歟、万事徐福・文成、誑誕多云々、不催可催事、弘莚以下全無其沙汰云々為経奉行雖示諸事、大理、惣不成敗、長清朝臣今朝送書、打出料綿、細川庄、任庁催、十九日以前可済云々、当庄播磨国、依無綿、非計略限由答了、不足言沙汰歟、

今明日内御仏名、式日廿一日節分行幸五辻私方有忌、不供奉、自明日大乗会、(補2)

廿五日京官除目云々、尊勝寺灌頂、分配也上卿具実

椋水以下猶昼氷、井水猶乾、雖冱寒無雨雪、

補1後朝甚雨、何様可被行乎由、自殿下被□□□［申、右府］寛治永久例分明候、暫可被待歟由令申給、仍被待云々、為内府御供奉、兼日被調儲下襲表袴、云文云色、一事不違、右府令着給、雖無彼供奉、いかゝせましと、内ゝ有其沙汰、且入興歟、引出物馬御秘蔵鹿毛云々、

補2灌頂、於法勝寺薬師堂行之云々、

廿日、　夜雪埋庭砂、朝陽出即消、天間陰、雪紛ゝ、

小児所悩猶同事云々、已経二七日、甚恐思、

夜前御仏名、上卿大納言基嗣卿、中納言頼資、参議経高・為家・頼隆云々、上卿、不申事由、鐘以前被催出居、鐘以後出居可着座歟由申、出居着て鐘ヲハ沙汰して令打るそかしと被』(39)答、奉行右佐散ゝ云々、

又書三会四灌頂僧名定文云々、

午時許、僧正来臨、言談之次聞及日来不知、

成宝僧正逝去、覚教僧正辞長者定毫加上故云々、東一条院・先帝共此事御悩、各御減軽御、

酉時許、長賢法眼来、明(依)後日参賀内大臣殿大臣以後歟、出京云々、

又宰相来、仏名事、御導師一人闕如、(補1)範頼忘却不沙汰歟、秉燭以後思出、尋所望物始仰之、件法師其後参之間、及深更云々、

不打鐘以前、出居昇、有通(右)・定平・公有右、経高卿等、猶可被申事由歟之由、申上卿、ゝゝ更被尋職事、頼▨(範頼)徒跣進沓脱、蒙命通女官戸、又帰来同坐沓脱、次打鐘、公卿着座、定平申栢梨、少将二人勧盃、無三献、取禄時、範頼僧綱儲赤掛、上﨟不咎而取、平相公示此事歟、但不及取返、凡僧料白云々、定平問名謁、無貫首、右大臣殿、有可令参給之聞、定平、宿申事周章来問、答忘由立去了、

昨日政始、頼資・家光卿参勤大弁不候、御仏名云々、
静俊注記云、西塔両谷、依泰実事、日来閉戸絶跡、又有
不同心輩、不用其訴之処、件党、自昨日更籠于釈迦堂、
若有制止之輩者、放火可滅亡由結構阿波院皇子綾小路、千日入堂奉制、是
依青蓮院門徒、関白殿召貞雲、此事可制止給由被仰、妙
香院不拘制止者、可致其沙汰云々、
補1 泰実禁固之替未補、
廿一日、　天晴、
消息之次、右幕下返事云、安嘉門院中事、辞退已了、実
宣卿可申沙汰云々、毎事定叶』(40)時儀歟云々、自今以後、
定猛於虎歟、
今夜、御方違行幸五辻云々、
秉燭以後、宿入道冷泉宅、病気寒夜不能遠行、入道法師
云、自信濃、干棗二合櫃・梨子一果今年不実・銭五貫持来、
無他物、
廿二日丁卯、立春、正月節、　天晴、有和暖気、
遅明帰家、昨今早鶯初啼、
未時許、中将来臨、清談自然移漏、
春日行幸出御之間、右将只一人也、被渡乎由雖相示、頭
不沙汰、一人不渡之様承之、不然云、予本自不知右近事、
粗見先蹤、一人之時猶渡歟不知可否、
於頓宮、宗平先開輦戸、殿下、先可上御簾由被仰、仍上
之非所存由、思歟、通具卿云、入御時先開輦、次上御簾、出御
時先上簾、次開輦、為先御所方云々理頗叶、但所見及人々、
皆又上御簾、社頭御輿寄、今度極高上板敷ニヒトシク造之、
仍伊平昇西階之間、殿下御坐極無便、駄餉之所殿下御参、
親長献御盃、令取給、即返給令置本、折敷給、御膳、頭陪膳撤之、
於御輿後各分《ワケ》食、親長・定平等四五人也、依招預其列、
此事定有例歟、又尤大切事也、但先々全不見及、
黒木屋盃、留成実手、不下殿上人親長頻雖欝、不預其巡、宗平取殿
下御沓、実任取右府御沓、
法眼、今日着法服平袈裟出仕、及日入帰来、別当僧正殊
被引龍蹄云々、
中将昏黒帰、
廿三日戊辰、坎、　天晴、
法眼暁更下了、
廿四日、　夜雪埋庭沙、朝陽快晴、
宰相示送、昨日大乗会唯一人参、今夕東一』(41)条院御

仏名、明日分配灌頂、明後日中宮御入内、連夜寒風無術
計者、実難堪事歟、諸公事、皆為歳末下旬事、為人無術
事歟、
廿五日、　天晴、朝雪霰即消、
夜部仏名、定高・知家・範宗卿、長清・基定朝臣・信
盛・兼高子行香云〻、
今夜除目云〻、去廿一日夕、左府俄所労之由、申殿下給
由、伝と説、廿二日自前殿被尋申、昨日不快、今朝宜、
随躰可出仕由、被申云〻、仍右大臣殿、昨日令習礼給由、
有長朝臣密と所示也、
改元定、和漢例字釈、当座会釈等、殊被加御詞、諸人奉
褒美云〻、春日御供奉毎事分明、進退有度由、博陸奉讃
給云〻、
昨今精進念誦、依無力又平臥、
範宗卿、可来謁由音信、答所労無術由了、
廿六日、　天晴、
二品親王、令補座主給之由、聞巷説、示送法印宗雲、但
籠居之身、不知世事、何日被宣下哉由、私示之、
当時内と仰也、未被宣下、最前申令披露由、有返事、

昨日典薬寮、今日施薬院、送白散故給例禄、紙一帖ヲ、紙、一枚ニタ、サマニ裏也
申時許、大巻聞書、纔見及之、
神祇小祐　権少外記清教隆　中務丞中原幸重臨時内給
侍従藤公親　藤隆兼　内舎人八人
少監物四人　大舎人明経　図書二人　縫殿五人
治部二人　雅楽一　玄蕃一　民部惟宗兼親
(42)
刑部十一人　宮内三　木工三　大炊・典楽一　掃部四』
忠一人臨時　左京進一人　修理権亮小槻元清
山城藤以行　参川権介清宗清　丹波守藤実遠
伯耆源盛朝　壱岐藤祐康
(補1)
左中将通忠　少将通行　将監十五人
右中将良実　将監十五人　医師一人
左衛門十六人　医師一人　右十一人　左兵十八人　右十
五
左馬十三人　右馬十人
従四位上平有親　従五位上源邦定罷任国、　五位四人
今度適無公卿昇進歟、
後聞、除目出仕、三公・雅親・盛兼・経高卿一人奔走、清書

宣経、親長、惣不催人ゝ間、人不存無人由云ゝ、教雅少将尋行啓ゝ将事、
補1二位中将不可思議事歟
廿七日、　天晴、
夜前行啓供奉、権大夫・二位中将・侍従宰相・左大弁・三位中将基輔・宣経朝臣、夜前、被行内侍所御神楽、拍子資雅朝臣当時未時催・定平朝臣、笛経行朝臣、篳篥忠兼、和琴隆綱朝臣、御劔資雅、
今夕荷前、頼資・範宗・家時卿・頼隆朝臣領状、宰相申所労云ゝ、夕又云、依重催参勤者、朝覲行幸正月廿日比由、詞許披露実無其沙汰云ゝ、下名又今夕云ゝ、
廿八日、　自夜雨降、
宰相来、夜前荷前、範宗・頼隆不参、依無弁及深更、頼資卿、行擬侍従定等未座中納言未聞事歟、大納言以上尤可行事也、徒依及深更、』(43) 兼語大外記師季、於閑所書儲懐中之、即取替之、与家時只二人、着外弁、
中宮権大夫、天台座主事宣下、少納言惟忠、給宣命登山云ゝ、件惟忠、一日平野祭依穢延引使、失礼散ゝ不着使座、進欲取幣、宮主示之止、之、乍立指笏、悉取御幣、横持返置之時倒之、指入案之下、久不引出得、咲壺云ゝ、
去廿四日列見、定高卿参官、依無一有情、参殿下之間、頼資卿又称（参）列見由、仍申仮参法勝寺大乗会結願、家時卿只一人云ゝ、蔵人弁行之、依無人無行香参由、女院仏名夜語之云ゝ、
観音院灌頂家光、東寺宣経、又皆不参、
尊勝寺於其寺薬師堂行之、僧正桜井行之、取大阿闍梨布施、即逐電了、
今日考定云ゝ、世上之儀更不可云、毎聞驚之、考定、定高・家光卿云ゝ、下名今夜又、無参議由聞之云ゝ、此間事惣不催伝聞、参者自然勤歟、
誂信実、令画新絵、今日持参□[内]裏云ゝ、
正治元年新日吉小五月也、以成定朝臣記書之云ゝ、
申時許、雨中南方有火云ゝ、見之如薫炉煙、即滅、後聞、大炊御門高倉云ゝ、冷泉隣歟、
廿九日甲戌、復晦、　夜雨間降、朝後漸雨止、雲晴、雲往来、日晴陰、
賀茂権祝保孝来、依咳病不逢、少年之知音也、共戴白髪、未時許、下名聞書到来、中務丞二人　内舎人五

少監物二　縫殿二　刑部四　木工二　掃部一』(44)
造酒正中原師広　左将監十七人
右将監十四人　左門十四　右門十二
少志二　左兵衛十六人　医師一
右兵衛十四人之内、藤成通幽玄姓名　左馬八人
右馬九人房任其一云々、真言院功
従四上丹波頼季　従五位上中原師守　安部泰重
従五位下源教行
夢歟非夢歟、
家仲諸国権守、示付蔵人弁、可秘計由日来約束、雖小事
遂無沙汰、依人事異歟、戸部十年不被任丞、又是可謂道
理、
入夜、女房参安嘉門院、此官仕極以難堪、雖忘恥猶有煩、
依讒責難遁、纔不黙止許也、』(45)

寛喜元年（安貞三　一二二九）

定家68歳　正二位
為家32歳　後堀河天皇18歳　後鳥羽上皇50歳　土御門上皇35歳
順徳上皇33歳

正月、為氏、従五位下に叙される。三月、毘沙門堂にて花見。藤原知家家人丸影供歌会・連歌会。定家家連歌会、連歌禅尼来訪。四月、九条道家より女竴子入内・除目について下問あり返答する。入内屛風歌についても相談を受ける。五月、女子等、受戒のため栂尾の明恵の許に赴く。七月、南隣に人魂が見えたため招魂祭を修させる。四月以降の籠居の間、仰せのなかった道家より書状、子細を申す。定家家連歌・和歌会。月次の連歌・和歌会をこの月で中止とする。宇都宮頼綱より障子歌として大和国名所和歌を請われ、詠み送る。八月、卿二位藤原兼子死去。九月、摩訶止観の書写を終え、加点を始める。道家、興福寺僧徒が兵仗を帯びるのを禁ずる。十一月、東大寺僧綱ら道家邸に強訴。道家邸において西園寺公経らと『女御竴子入内屛風和歌』を撰定、定家七首、為家三首撰入。長女因子、竴子に出仕。竴子入内。定修に『史記』を授ける。十二月。定修に『文選』を授ける。

◇時雨亭文庫蔵（第四十二）本（430）

（旧表紙）寛喜元年三四月安貞三年也』（1）

安貞三年、

三月小、

一日己巳、　天晴、午後陰、自晩陰、甚雨又風、
未時許、覚法印過談、宰相来会、相具小男、今日、殿下
河原御祓、午終許出御云々不見其儀、
安嘉門院、渡御北白川殿云々、月来籠居女房参会、夜深
風雨之間帰来、

二日庚午、　自去夜甚雨、巳後雨止、
西面紅梅去年自北移盛開、南小桜又開、

三日辛未、　天晴、午後陰、入夜甚雨、
未時許参殿、仰云、宇治猶忩思、来廿三日也、於御前、
有長朝臣、書可催人々、殿上地下諸大夫、大略書之、公
卿扈従、右大臣殿御参之外、大納言殿・定高卿・為家卿
云々、明後日五日改元定、職事皆虚病、奉行牢籠之間、
外記未触進勘文之人、今日遂老頭請取云々、是又非知恥
之儀、只不顧失錯之本性歟、最勝金剛院御八講、所被催
済々焉云々、
申時許、御参内大臣殿同令参給之間、退出、

四日戊〔壬〕申、　自夜甚雨、巳後雨止、午後天晴、
午時許、大炊御門三位範宗卿来談、謝遣参殿之間、証寂
房又来臨、清談之後参殿、渡御九□［条］殿之由、有若君仰、
上下無一人不可然事歟、即退出、

五日癸酉、　天曙雨降、辰時漸晴、
巳時参殿昨日宜秋門院御不例之故、頗宜御、被渡御物気云々、御出、今日改元事、可参
公卿済々云々、定無座□［歟］、左右相府・按察・土御門大納
言追申触穢由云々・九条大納言殿・右大将・三条大納言・』
（2）土御門中納言・中宮大夫・左衛門督・二条・新藤納
言・二位宰相中将・平宰・左右大弁・新宰相頼隆云々、新宰相中将宣経
才卿満朝歟、不参只侍従一人歟、
年号不▨［見］▨［勘］文、只大府卿言談之次、聞之、

頼資卿　正安　建長
在高卿　嘉徳左伝曰、上下皆有而無違心、　万喜毛詩正義曰、万物喜楽、
家光卿　禎祥我朝未用
　　　　弘長　嘉観
為長卿　貞永　寛喜
資高卿〔朝〕臣　徳和　寛政

天休字未用
周房朝臣　寛安　　養寛
文永
今日、尊勝陀羅尼供養寝殿南面、云々、導師長者僧正、不召具綱所、依事煩略之云々、公
卿定高卿　　公長卿　　五人云々、僧
俗皆参、御仏遅々被責、未始持参近代一補、半云々、以北面為僧
前所先例立屏風云々、此事訖、殿下可有御参内、
未時退出、窃行毘沙門堂見花、已以盛也、適無人之時也、
乍車、見南西東三面花、帰了、後聞、有触穢事云々、無
人其故歟、
夜月明、又久不入、此春如此、
六日甲戌、欠日、　天快晴、
巳時許、窃入歓喜光院、往年花樹之跡、一株古木不残、
堂宇傾毀、不能昇見、徒寄数多之民煙、不知大破之仏閣、
悲痛無極、』(3) 次入殿下御領故三位中将旧跡、適見古木
之花、卅六年之昔、訪亭主之病之後、今年初臨此所、彼
是懐旧之思難禁、次又見北白川殿、是又大破、事与心相
違歟、午時許帰、未時心寂房来、灸左肩、入夜宰相来、
改元寛喜云々大略一同、挙之、左大丞、与叔父納言諍論之詞、相
互似過云々、納言云、禎祥極異様、不及被勘申云々、大
丞答云、於此年号者、文治(補1)之度、故中納言所撰申也、仍
貴家跡所挙也、非可被難申云々、納言閉口、此外有忿怒
之詞等、
補1 □夜宿□(東カ)小屋、暁鐘帰、
七日乙亥、　天晴、夜雨降、
巳時許、欲参殿之間、前匠作行能朝臣来談、謝返参入、
仰云、宇治可為廿二日康和五年之例、三月符合、故用之、支干不憚厭対、廿三日、右
大臣殿初御作文歌等、被催云々、廿五日、北政所御物詣、
来十四日、幕下亭御渡、右大臣殿、其夜同御渡一夜出御他所、御渡有
憚云々、宇治還御日、可御高倉也、祭使有沙汰、被催実
蔭・具教朝臣云々、此間、予申行能朝臣申旨了世途事、一州望也、
及未時、御束帯御出最勝金剛院、右大臣同令参給、昨日又如此云々、殿上人師
季朝臣・宗平朝臣・有教朝臣・資季朝臣・能忠朝臣等也、
宜秋門院無別御事云々、仍不参、直退出以書申、女房
興心房被来談、
八日丙子、　自夜雨降、及巳時天晴、
朝、侍従来談、申時許、式賢来之次、聊聞龍笛声、雖不
分清濁、猶抽感情、

夕、暲尋師来、白地出京、明旦可下、
九日丁丑、　天晴、夜深雨降、』(4)
先年所継八重桜花二、開始、又先年栽下枝、同僅開、眼前待得之、午時許、行能朝臣来談、依永日難消、送書之次、欲連歌由示送之故也、而人ゝ皆変改、空雑談、宰相及未時来、法印、依寺中聊有物忩事武士搦強盗同類之間事、不退出御所由示送、備後不来云ゝ、漸及申時匠作帰了、与宰相行毘沙門堂、乍車見花帰来之間、法印又来臨、彼是参差、又空帰、入夜、又尊実法印被過、相続拾謁、老骨屈了、
十日戊寅、　自夜甚雨、巳後天晴、大風、
未時許、伊勢前司清定来談、
十一日己卯、　天晴、
巳時許参殿、民部大夫康基云、自昨日御内裏、即退出、今日仁王会云ゝ、
未時許、成茂来談、
十二日庚辰、　天陰、晩陰雨降、
巳時参殿、昨日仁王会、殿下御着座行香不令立給、右大臣殿、大納言家良・家嗣、中納言実基・定高南殿、参議伊平・隆親・為家・宣経南殿、頭中将加行香居長押上、大臣殿、暗而不見由被仰、別当早出、不知其由云ゝ、
午時許退出、未時詣右将軍亭、臨昏始連歌、深更甚雨帰廬、　賦御《ミ》何ゝ馬、
十三日辛巳、　天晴、間陰、
性恵房去九日来臨、伴高倉殿、被向西郊例経始、
入夜侍従来、依脚病無術、乍臥言談之間、』(5)宗平中将被示可逢由、仍扶起相謁、良久謝返、故亜相、治承二年為婚姻之始、予可有猶子之儀之由、先人被示付、彼命云、如実子常可同宿、車文可相替者、予雖少年、頗有所思、便宜成猶子之儀、雖可馮申、改本家之人、非所庶幾近則、少将公房為実長卿子、実教為公親卿子、通能少将為師能弁等之例也、出仕之時、存其礼所縁十二年、非無其好、故入道中将、常為厳親不快、雖無同心之躰、又至于老後、互音信之人也、仍不可存疎簡由示之、宰相又甚深之知音云ゝ、
十四日壬午、　朝天陰、午後雨漸降、
石清水臨時祭日也、巳一点許、詣相門、円経法印奉謁間也、退出相替奉謁、退出参殿、中納言申雑事之間、漸及午刻、範頼此間参、中重圷等、散状甚遅怠歟、公有之外、全無随催者、次将悉申病、又不参御共云ゝ、時儀不足言

歟、御出又遅、未時退出、雨漸甚、
後聞、殿下、右大臣殿、大納言家嗣、中納言公氏網代車・盛兼、参議伊平・隆親・為家・宣経、重坏師季如例打梨・能忠、使左中弁有親白張雑色薄色衣、不具取物云と、舞人頼行・為継・能定・光衡・忠兼・長成菅・貞時・教定、蔵人左門尉泰秀・兵衛尉惟清実清法師子、陪従家長・仲国、一献大臣殿、瓶子経光、陪従重長、三献家嗣卿、瓶子宗氏、陪従信実、初献親長、陪従経光云と、
早旦、道澄僧都来談、』(6)
稲荷祭馬頭、毎年五月五日、指六条以南富有下郎云と、去年被指者、称日吉末日神人、抜棹櫛弃之、社家山門頻訴申、無成敗、自夏及歳暮、社家恐御慶之始、正月十五日以後申之、信盛・兼教雖申沙汰、不被決断、信盛逃隠改元、事已及今日、稲荷祭不可行歟云と、事極未曽有歟、如此事、尤可被忿仰事也、臨時祭舞人、無新舞、重坏、無領状公卿、舞人数不足、毎事不異近年事、心中之恨也、
十五日癸未、　終夜雨降、朝後猶陰、大風、
未時許宰相来、明後日数奇微行事、示合、承諾帰、
十六日甲申、　天晴、
巳時許参殿、稲荷事社家頗承伏、今年可廻秘計由申云と、是又被申合座主、自今以後、可差彼神人由、給御教書云と、
中納言参申、明日氏寺参賀事等、又宇治之間事等、窮屈不遑注、
一昨日不仕殿上人光時・定実付簡之後、未参内云と、除籍、親季昇殿云と、中将資季、宇治供奉、不可具随身由申入云と、此識者父子、共不足言之人歟、
十七日乙酉、　天晴、
午時出蓬門、相過之間、問宰相、答可来由、向九条知家三位宿所今日有可来会約束、而遮而到向也、示入来臨由、驚示掃塵由、小時招請、』(7)下車入、亭主被下向、可拝柿本之影由示之、即披細櫃懸之、一幅半紗縁也、暫言談間、宰相・備後具能登来、及未斜、法印覚来、以能登令読上歌、題、庭上花・浦春月・久恨恋於一条蓬屋可講由約束、不来人と歌、予持来之、此三位出題也、行寛法印・例尼・家長朝臣・家清・成茂・長政等也、法印相具影御前物、居机菓子八種机并其筐、皆鋳彩色、折敷二面、一居膏へにさら三居、唐墨二廷、同筆二管、一盃盛唐菓物、一折敷居酒盞茶垸物也、又相具小瓶子、予取盞盛酒居之、又有破子六重取置影御前、

次連歌、此間一献、先供影、頻以巡流、或相譲、亭主入
興、漸及秉燭以後、終百分散、未及昏黒之時、予引馬供影也、宰相馬也 予退出亭主被下逢、
次雖窮屈、参宜秋門院、謁武衛・都護退出、月黒帰家、
雨降、
十八日丙戌、 朝雨休、天漸晴、
今日書止観、未時許、三位又被来謝、
入夜侍従来、
十九日丁亥、 朝天晴、午後陰、
午時許参殿、仰云、渡大将家事、猶一定宰相家又同、北辺不
可然由、其難多之上、有人之夢想、仍忩思廿三日、於彼
亭、可有詩歌会、明後日廿一日申時許、可渡九条東面方、
暫入御之後、不経程退出、』(8) 偃臥、令分栽庭菊、
廿日戊子、 朝微雨間休、午後甚雨、
廿一日己丑、 自夜甚雨、巳後止、未時天晴、
侍従来、明日供奉殿上地下、可別列由、一昨日被仰、告
送之間、此事難堪、数輩超越之後、剰殿上地下差別、可
増恥由示之、然者可申所労歟、一身難定是非由答之、興
心房被来談之間、家長朝臣来、可参殿下北面由、所望云
々、謁了参殿之間、已御参内、御車寄云々依上結不出、逢信定
朝臣、示付家長朝臣申旨言家事等、右大臣殿見参之後、
退出、晩頭出門、秉燭以後、宿九条民屋忠弘従者堂也、
夜深、殿下入御女院御所云々、
廿二日庚寅、 天晴、風静、
辰時参殿九条殿、女院御所、家平朝臣・忠高奉行等等参前駈等小々、参御
前、仰云、供奉人猶雖遅参、早欲装束、大納言早可被来
由、可奉使者由、可仰奉行人基邦、即仰此由、召兼教、
已召御装束、見物之所、河原之路無閑路之間、遅出可無
骨、仍退出、乗車九条南行、出川原南行、相国被立川原
南方云々、仍不進、立浮橋東妻信実朝臣車在、良久之後、前陣
居飼・舎人等□〔立〕進御厩舎人装束、四人各別、諸大夫前駈漸来間、
座主宮御車後車十三両、法師原、立前打路車、甚喧嘩、南過給了、各進来、』(9)
兼教花田織襖、唐紅衣
有長朝臣平礼
侍従教定
侍従言家

前　守有長朝臣平礼
侍従忠俊
左馬頭親季
侍従能定
勘解由次官忠高浮線綾白襖、紫衣
蔵人左衛門権佐信盛衣冠
右少弁光俊
左少将実任朝臣
童一人　随身二人紫結染、不負矢、帯劔
右中弁為経朝臣平礼
左少将雅継朝臣
随身二人黄朽葉、帯劔、不負矢、
大膳大夫時綱朝臣平礼
左中弁有親朝臣平礼
左中将資季朝臣帯劔
不具随身、
侍従能忠右腋指赤扇、此事称故実、先〻又間□〔有〕此事、』(10)
左中将宗平朝臣
不帯劔、無随身、又無雑色、如疋夫物持劔、

頭治部卿親長朝臣衣冠、打融在殿上人三四人之前、
□〔御〕随身
下﨟御随身歩行
御車　上御簾、
検非違使大夫尉信綱衣冠、赤衣
次居飼・舎人各二人
前駈四人
重長
以良
家盛帯劔
兼仲
番長頼岑
官人久員
御車右大臣殿
下﨟御随身歩行』(11)
次前駈四人　清定　清

清邦
康綱
「　　」
次侍

御衣櫃等渡了、
検非違使随兵、悉着錦繍、

見了帰入宿所、改衣装、参宜秋門院〈出御〻所、也〉、実経少将参〈依北政所還御、〻共参、但殿下還御之後、一度可還御、仍退出云〻〉』(12)謁都護退出、帰家〈午時、〉窮屈無極〈帰路入冷泉、〻〻明日可渡御云〻〉
入夜、源中将被来談、
廿三日〈辛卯、〉　天晴、
午時許参殿、
秉燭以前御渡之由聞之、依被召車退出、即令進新車、夕、住吉神主国平来、入夜、称(車)不入由帰来、
(補1)今夜、右大臣殿御作文和歌等訖、可渡(令)宰相家給〈云〻〉、文人

中納言定高卿　参議経高卿　家光卿　大蔵卿〈為長〉
三位中将〈実有卿〉　殿上人淳高朝臣　師季、、
長倫、、　親長、、〈頭〉　周房、、　雅継、、　有親、、
時兼、、　光俊　信盛　忠高　宣実　兼宣
経光　地下信定□〔、〕、　孝範、、　資高、、
長清、、　範房、、　忠倫、、　義高　光□〈講師〉
経範　親氏　久良　長成　宗範　良頼
高嗣　高長　菅原在氏
歌人　両宰相　侍従宰相　大蔵卿　三□〔位〕〈知家〉
中将〈実有〉　殿上人行能、、　親長、、　信□〔実〕、、
光俊〈講師〉　経光　地下信定、、　孝範、、
家長、、　有長、、　親氏　隆祐〈侍従〉
補1後聞、今日内府初参内給、条事定、家良・頼資・経高・家光・頼□〔隆〕卿参〈云〻〉、
廿四日〈壬辰、〉　天晴、
入夜宰相来云、夜前詩講之間、天已明了、歌講師光俊、
読師平相公、
其後、右大臣殿入御冷泉、立馬二疋牛一頭、又作厨子一脚、居手箱二〈皆以色〻染□〔物〕作、〉』(13)其中置紺帷六十〈云〻〉、今

日令乗件牛給［　］〔云々〕、
廿五日癸巳、　天陰、
（補1）今暁、北政所令参春日給云々、不聞委事、
昨今、依雑熱療治籠居、
去廿一日、楊梅町辺、依民家責負物事、日吉二宮々子法師、致苛法之間、河東武士壱岐左衛門従者等、諍論闘諍、已打殺宮子法師了云々、依此事、山衆徒又騒動云々、

補1［　］人資季［　］経・能忠［　］季［　］家定、地下□教、前駈八人、

廿六日甲午、　朝天忽晴、風烈、
雑熱猶不減、行能朝臣消息云、来廿九日直物之由承之、壱岐島所望、懇切猶申入乎、
月次御屛風題土代、書出進上之次、進入其状、有不便之由仰、魏家宅属他人、詔贖賜還五代孫、依貴賢者之余流、申此人之望、不可為時之非拠事歟、
夕、暲尋禅師来云々、為読嵯峨経云々、又静俊注記来、問山上事、此僧説云、廿三日有此□〔狼〕籍、宮主法師、或終命或刃傷、衆徒、昨日三塔会合議定欲申請件左衛門尉云々、
昨日文殊楼焼亡、卌余年之間、此事已三ケ度、初度師子頭尾□〔取〕出、其度大原上人等造之、次度師子頭不取出、纔取出尾、今度乍其身引出、暁房両三焼了、余燼付之歟、及朝楼焼云々、
侍従言家来、直物申四位事示合、可申座主宮之由示含、次将之望不可叶、暫叙留、近代不失前途事歟、予先日教訓之、
廿七日乙未、　天顔遠晴、
両株八重桜盛開先年所継之枝、已為花樹、款冬漸落、』（14）
心寂房来談、去廿三日松尾社御輿迎、依先例、桂供御人等、儲船八艘、奉渡之間、西七条住人等、乗神船、加制止之間、闘諍、奉神輿於河岸之間、自社家奉送之、七条住人、更舁奉送神輿、又奉弃河辺、事已未曾有云々、件日、神主死去、其職競望云々、死神主弟正禰宜第一、嫡子権禰宜第
一、存、日受譲　甥死神主兄神主譲職于弟者嫡子、正祝云々、呉公子光歟、
諸社諸寺不静、極不便事歟、
今日逢静俊、聊有誂付事、侍従又来、参座主宮、申四品事、治部参会、被仰付、申云、直物延引了、来月四五日之間、有祭除目、信盛奉行也、依小瘡所労、申仮欲籠居云□〔々〕、山門事、武士怒、欲申請神人下手人、山門又欲申

請武士、但所被打殺者、非実宮主之由、尋《貫首》披、被仰武士
云々、武士又申請神人下手事、可被構宥之由、以治部被
申殿下云々、夕、連歌禅尼来談、
廿八日丙申、凶会　天快晴、
下人等云、陣辺有警固武士云々、山門猶嗷々歟、不聞世
事、秉燭以後、南方東有火、後聞、大谷隆宗卿家、不移
他所、
廿九日丁酉、晦、　天晴、未後天陰、入夜雨降、
以右衛門尉時盛《広》、問石蔵入道中納言病自去冬不食、自今月朔身躰腫、水奨《（ママ）》不通之躰
云、同訪新宰相、午時許、帰来示返事、廿年之最弟超越、
又遁世、今獲麟云々、自出仕之時衰老、手足痩而腹張云
々、
九旬之艶景空過、八重之紅桜猶残、徒望閑庭、独痛心府、
四月大、』(15)
一日戊戌、　朝天陰、午後雨降、
午時許侍従来、今朝、向蔵人左佐許予送書状、示付四品
望、又参座主宮、仰云、武士・山門嗷々、互申下手、更
不可落居、依無由、辞申天台座主昨日面奏、如此事、折
節不能口入者、尤可然事歟、此事実　朝家大事、何事過
之乎、甚以不便、
二日己亥、　天晴、
朝洗髪、奉書尊勝陀羅尼経九枚、
安嘉門院女房、為受興心房戒、被渡云々、山上猶嗷々、
偏帯甲冑云々、京中又武士往反云々、天下無艾安之隙、
可悲世也、
入夜宰相来、昨日参平座、参入退出之間、雨止、中納言
公氏・実基・盛兼、参議経高・為家・々光・宣経、弁有
親・時兼・宗明、一献有親、二献時兼、三献宗明、盃留
中将手、三献訖、上卿、仰大弁召侍従、少納言宗明召之、
申不候由、上卿、召内豎召外記、奏見参之間雨降、経御
後、退出之路、用青璅門、職事信盛奉行、頭治部、着赤
色下襲、
今日、武士俄馳奔、粟田口十禅師祭、有帯兵具者、見之
相驚云々、今日又有打神人者、山僧、因茲又奔者等有之
云々、連日事歟、
宰相、可居住室町殿云々、貴賤成怖所、一身居之、与鬼
相撲歟、不被信用之身、不及加詞、
三日庚子、　朝天陰、巳後晴、風烈、

午時参殿、無出御密と令渡高倉給云と、僧正御房見参、去廿五日、護持僧初参、無見知殿上人之間、侍従宰相有参会哉申、参被申継、』(16)但信盛又出来、相公被褰御簾、殊面目之由被仰、大府卿参入、暫言談、相共退出、信定朝臣相逢之次、言家申四位事、示付了、頻懇望之間、憖加詞、衆徒之訴、当時只被仰関東、可随彼申由、被仰歟、当世事、実此外無他術歟、

四日辛丑、　天晴、午後陰、微雨間降、

午時許参殿、衆徒重可奉奏状所打殺神人、非関東沙汰、出下手事、又可被仰在京武士之由事云と之由、有其聞、仍不渡御法性寺殿、可有御参内云と、付有長朝臣、申前宮内卿申子息侍従一階事、其後見参、申按察被示送事、大蔵卿同候、入御之後、中納言参入、付信定朝臣、申条と事之間退出、座主令辞退給表、已被付治部昨日、于今不内覧、懈怠不思議之由、有沙汰、

五日壬寅、　自夜微雨降、巳後天晴、

早旦、按察書状云、宜秋門院御八講、忠定卿出仕云と、顕通大納言、依厳父之勘気、不出仕、上皇御時、已被解却官職了、今何故可出仕乎之由也、即以愚状申殿下、仰云、不加催、奉行人不入散状、尤以驚思、若如女房所申歟、早可申此由者、即達此由訖、父深被禁断出仕、子強好交衆、又増不孝耳、世又子息同心之輩多、極以為奇、未時許、覚法印来談、来十七日、御室有御物詣事、勝尾・蓑尾等、又河尻方有勝地、暫御覧云と、時之機間、極以難測事歟云と、此次、多聞人相論訴訟等公氏卿妻母尼座主、覚紹僧都近江□(庄カ)御室、』(17)――法印、称御方僧也、行寛法印論也、脩明門雅親・件法印一方、付定高□［卿］、行寛申北白河院平御引挙座主・仁和寺宮一方、摂州小領、相門被付脩明御方云と、

六日癸卯、　天晴、

朝間按察消息、昨日忠定儼然云と、驚思食由乍被仰、無為無事歟、極以不安由也、惣不承及由答之、巳時許参殿下、進覧彼状、一昨日参云と、不知其事、昨日又参入、不可出仕由、被仰了修正之次、今参仕如何由仰之、去年参入神妙由、女房被申、仍存毎年事由、二ケ日参入、又不可出仕由、職事未申由申之、早退出可宜由仰了、其上猶加着座、即起座退出了者、実不穏便事歟、今日参内之次、奏事由、不可出仕由、可仰職事者、仍書此由、達按察了、山衆徒重進使三綱所司・社司、殺害神人事、所行是時氏郎従也、何被仰関東、早被仰時氏、可給下手人等由云と、可有御参

内、於陣可承之由被仰、座主已辞退、被返辞書、猶実有固辞之志、必可被納之由、被申云々、聚落院僧正御持僧懇望天気宜、衆徒等一人無其方者、若有宣命者、追返可払由結構云々、妙香院被補者、是殿下御自由之謗、必然歟、不被補者、衆徒又可出事云々、是又可似彼勧励歟、旁尤不便、猶只被返本人宜歟、又定玄・円経[等]□参入、南京伝法院事等、多申之、世上事、実以如乱糸歟、御参内、今夕行幸御供奉、御車、四条殿云々、申始許退出、』(18)
今夜宿東小屋夏節也、暁鐘之後帰、

七日甲辰、　天晴、
按察又有消息、以愚状進上、仰云、昨日洩奏、有入興御気色快然、今日重申事由、可仰下之由、可仰職事者、仍又達此由、又無由口入歟、所々女房、有懇志人也、蟄居不聞世事、

八日乙巳、　天晴、午後有陰気、入夜風雨猛烈、
今日暑気着帷、

九日丙午、　終日雨降、

十日丁未、　天陰、小雨間降、
已時許侍従来、参座主宮已御辞退之由聞云々、依雨気不止、顧身涯分不出行、
臨昏、俊範僧都来臨、驚謁、依妙香院補座主給、出京、依明日遷宮事、明暁忩帰由也、依御持僧競望、有勅許之気之由、多披露、彼門徒依無一人、更無可承引者、鎮当時之歟々者、可被補由、内々依被仰、以梨本門徒、被助成此事乎由、被申大原僧正、以其書状、被命門徒僧〻張本等之処、去七日重三塔会合、横川未来以前、且成議定、其場有落書、披見、天台座主、長于真言止観之道、行法』(19)清浄之人用之、今度尤可被撰其器之由、載了、惣衆徒、一向称可然之由、梨本門徒雖其数多、更不出一言、仍奏聞此由、殿下無御口入云々、相国又被奏此趣之間、昨夕、内々被仰可被補由、来十二日、可被下宣命云々、予十一日本社遷宮遂了、後朝新補、是冥慮令然歟云々、予答云、殿下御政之後、此御門徒、殊可被励忠節、而正月最初、被出喧嘩事、甚失本意、其事被達関東、未申其左右歟、今重有山門喧嘩歟々事、武士・衆徒共其憤難散、当此時新補、必定被鎮此喧嘩、如存有安穏之計者、尤所願也、末代之儀、事与心相違、当殿下御政之最初、園城

寺長吏・天台座主、各有骨肉之新補、若無如存之安穏之
計者、世□〔以〕失本意歟、先計此事、可和平乎否、如何、答
云、其事尤似暗難知、極以危事也、但所謂天台座主之仁、
其器量又無其人、冥顕之道理、雖末代空哉者、秉燭以前
退帰、所示尤可然、但猶此喧嘩之間、暫被過者、可無一
門専権之謗歟、雖自然事、関白・一上・右大臣・左大
将・右大将・天台座主・三井寺長吏・興福寺ゝ務、悉為
骨肉之親昵、併雖非世之非拠、窃思之、寧無其危乎、如
何、入夜甚雨、

十一日戊申、　夜雨止、而朝霧深非秋冬、希事歟、而頗、雨間降、
申時天晴、夜月明、

今夜、日吉三社遷宮云ゝ、行事弁光俊下向云ゝ、

十二日己酉、　天晴、

巳一点、参座主御房吉水、逢全兼律師、』(20)申御慶事、
小時見参、松容之次、□〔御〕拝堂之儀、被止過差乎由申之、
寺領・国務等事、殊絶嗜欲之源、被挙顕密之器者、自然
可為安穏之計歟由、同申之、退出参前座主宮、謁公性・
宗雲両人、被仰有労事由、有長朝臣、為殿御使参入、即
退出参殿、午終許、被立梅宮神馬、南庭敷御座如例、神
馬一疋御厩舎人、冠引之、着褐、乗尻十八人引御馬、入西中門、列立東上、南面、左衛
門尉中原良基已下云ゝ、御祓、有長朝臣遅参、中将師季
朝臣、参会勤仕之、役送重長奉行、使所雑色兵衛尉康宣
小冠、是康房子男云ゝ、陰陽師在継御祓了、御馬引出東屏戸
了、自下﨟、更引入本戸乗之、出西中門了、入御、依南
円堂修理事、来十七日可有御方違座主宮渡申御所、今日被申之由、雖
有沙汰、召民部大夫雅範、被問其破壊之子細去比下向、検知
及大破之間、今月難終功、仍可為六月事之由、在継申定、
祭除目十八日、歟、国ゝ等競望如雲云ゝ、
按察申子息不可出仕事、去九日、信盛可仰下由、被仰了
云ゝ、平等院有小恠鐘汗出、霧故歟、
夜前遷宮無為無事、国司造営以後、次第事過差未曾有、
衆徒落涙感歎云ゝ、右少弁光俊、参申其間事等、
自然消永日、ゝ入退出、

十三日庚戌、　天晴、

巳時許、有教中将被来談、相謁之間、備州具能登来臨、
中将帰之後、法印・宰相・禅尼会合、相待三』(21)位之
間、及申始被来、宜秋門院姫君、明日可渡御殿下事不定、
被待御返事之間、不可出由被仰云ゝ、其後連歌、葵草五字巡下、法印今

日被儲酒膳、甚過差、極以痛思、各可置懸物之由、雖有議輩、予堅制止此事、勧他経営、極不尋常事歟、但州参日吉、今日帰京不来、長政朝臣灸治不愈云々、灯下読上三首春後思花・郭公初声・寄桂恋、連歌六十、依経時刻各分散、天晴月明、定修来云々、不知之、言家又来云々、頻来臨無益、

殿下御方違有無、今日事可切云々、

十四日辛亥、　天晴、

午時許参殿、御方違延引六月三日云々、見参、不経程入御、治山之間事、聖覚但馬国務・貞雲祇園別当・左府已講西塔院主云々、三事一々非其仁歟、如此沙汰、極可招謗難哉、甚不便、殿下、此事不可然由、雖示送、無承引、重欲示之由被仰、本自不似顕密之器量、世務頗不調御坐歟、尤遺恨事也、前座主浄土寺、国務被付執当、修理終不日之功、山僧戴其徳云々、能説之吏務、極存外事歟、西塔成▨源之仁歟、

十五日壬子、　天陰、自朝甚雨、臨昏間休、

聖法印国務、貞法印祇園、隆承僧都年来梨本庄務、房中悦喜放光云々、諸苦所因無逃人歟、折牡丹花供仏、

十六日癸丑、　朝天陰、小雨降、

巳時許参殿、申按察消息事、忠定卿不可出仕之由、請文到来歟可被尋仰信盛、一州事非可期事歟』(22)争無御存知哉、可待事次、此由書愚状、示達了、

仰云、明後日中宮院号云々、本所招親長朝臣、可申沙汰由被仰、左府参入、屏風歌事等、於今者欲沙汰、強不可憚披露歟、長保例、先御裳着、次叙三位給之後、度々有御書等、待賢門院、只叙三位、当日有御書・裳着、近例皆用之云々、多子太后之時、殊被用長保但依女御代、先裳着、今度、只一向用長保、如何、申尤可然由、十一月庚辰日、支干已同彼例、最吉日云々、而豊明節会日也、節会日雖有例娍子、此事如何、申云、節会更不可被憚候、豊明、如法午時被始行者、更不可及其障、以支干一同、尤可為御本意候、又仰云、御名彦子、長保御名、立早久、是最吉、是又立久、尤吉由、為長卿申之、又仰云、於今者、小々可申私得分、雅継中将、不可及謗難歟、上臈二人、資俊・定平云々、申云、転任事、重代非重代、争無差別乎、自他之所歴也、雅継朝臣更非々抛候歟、実清申中将云々、申云、偏与父同官一度、猶世之勝事歟、上臈已多、甚不可然、又実雄可被任少将由

被申云々、其事勿論歟、今度諸国事、不可有沙汰者、入
御之後退出、
十七日甲寅、　天快晴、
宰相、自今日参籠日吉七ヶ日云々、前宮内卿・行能朝臣、
有消息、日来申入了由答之、
十八日乙卯、　天晴、午後陰、
辰時許、初聞郭公、但十声許鳴北方、
未時許、兵部少輔入道来談今日出京、出家後初、自出家日、在大原
僧正御房中、如昔近習云々、明後日許可帰入云々、酉時
許帰、』(23)
十九日丙辰、　朝天陰、
昨日院号鷹司院云々、
除目　神祇少副一人　少納言兼宣相博歟、　侍従源通教
内舎人一人臨時　少監物同　内蔵助安部光景
内匠頭丹波頼賢　兵部権少輔平惟忠少納言
刑部丞藤有広八幡功　典薬頭和気基成自去冬、長基中相博、
(補1)少弼菅在章　山城介中成長
但馬守▨源▨兼康有長朝臣子、加賀権守也　左近少将実雄　将監藤時長
右近中将藤雅継　将監日奉能行　藤遠経臨時

左門尉藤盛綱群行功　藤祐光同　三善宗衡
右門尉同信綱八幡功　惟宗光守　少志狛有久
左兵尉藤信行群行功　藤家氏臨時
右兵尉藤季兼賀茂臨時祭功　藤広成臨時
左馬允藤実綱　石上吉忠　右馬允三生義教
　寛喜元年四月十八日
正四下賀茂在継　従四上資隆　正五下藤宗氏　藤▨季左馬頭親
同教信　従五上藤親季陪従　同隆祐白河院康和元□□給[年未]
従五下藤雅清
使宣旨　右衛門府生中原為国
典侍藤信子
午時許参殿、進家隆卿畏申之状、昨日院号定、
左大臣、内大臣、権大納言家良、中納言通方・両大夫・
定高・頼資、参議伊平・経高・両大弁、鷹司大略一同、
五条、談天、藻壁、朔平門等、小相加云々、依咳病不快
早出、

補1 淳高朝臣子云々、菅家儒、少弼例多之由勘申、他人不申
此官、仍被任云々、

廿日丁巳、　天晴陰、申時許雨灑、即止、

近衛季武来、為陳身上憂也、尤不便、当時時儀、如予重代、存忠不趁他方、貧者皆被弃、力不及事歟、瞿麦初開、

廿一日戊午、　朝天快晴、』㉔

自昨日咳病殊増、去夜辛苦、病与憂、不離罪障之身、皆是前生之宿報歟、

連歌禅尼来談、頼氏少将一昨日連歌、隆祐在其座、此間、少将可下向関東云々、

狂巫唐衣調賜之、花打左袖押錦、付金銅丸文、又造賜笠上花、杜若架中栽之、去今年、巫覡等多差日照笠先々用常唐笠、此笠如舞人取物笠、張錦付総丸緒等、

長胤得業円朝得業真弟子云々、取定納言書状来、秋季頭可訪由云々、依所労不逢、依期日遠、軽役可存由答之、

月出、之南桟敷子終、聞暁鐘帰四月中、水鶏頻送声、

廿二日己未、　朝天遠晴、

侍従来、四品不許事欝訴一度雖申出、天気不分明、不重申由、殿下仰云々、、覚法印来談、廿七日、御室高野御参詣、来月廿日比還御当日無定、日歟、寺領、依狂尼濫訴、無是非被成下宣旨覚紹僧都領、、寺僧等迷是非云々、如此事極不便事也、心神殊悩、不経時刻謝遣、

今出川去年歳末土用中、居土坐、被作御輿宿屋如車宿屋也、壊渡為一条桟敷云々、如此事、今年暫可有用意歟、今度祭、不及壮観事歟近衛使只一人、無引馬云々、

申時許巷説、山衆徒嗷々、欲留明日祭、殿下只今御参内、御使頻参座主御許、閭巷物忩云々、関東已可被行罪科由、内々申之上、時氏猶不承伏渋申云々、衆徒訴、於此事、尤為理歟、少年武士僻案也、天下旁不静、雖末世之常儀、尤可恐歎者歟、』㉕

興心房、今日自南京帰被来、春日若宮千木、忽折云々、極可恐事歟、

廿三日庚申、　天顔快晴、

不聞世事、成茂子将監、補小比叡禰宜、弥施威儀云々、祠官幸人勝絶者歟、

巷説云、正僧正――聚落院逝去云々、帝師護持僧、含恨終命、本不運之人、得時無詮□[歟]、況無所慕乎、早可忩遁世之身也、

右武衛云、依大理招請、欲向祭使所、其間事可示送、又無其故、可有謗難哉、如何、答云、思子息前途、人不論親疎訪此事由、有古賢説、何事在哉、粗示其事、但中納

言国通・頼資・両大弁可向哉、着座更不可過両三人歟、
太無益事歟、依検非違使信綱渡、見物成群云々、且是追
従歟、
廿四日辛酉、　朝陽陰晴、南風吹雲申時雨降、
午時許宰相来、今暁帰京、昨夜(夜)祭前、衆徒(梨本)卅人許、於門
楼前、成騒動之群議、制止方(無動寺)又自両方出来、且問子細之
間、漸逃去云々、(祭日)成茂子、帯剱(補1)具随身壺、垂袴、又具宮仕
法師二人二宮司、其弟、令着当色六人、父子三人刷威儀、
巫覡面々過差、但笠錦不多云々、法印又出京来臨、同車
参太相桟敷云々、咳病猶以辛苦、不逢法印、漸及黄昏、
南方雑人喧々、秉燭已▨(後)、(補2)青侍等帰云、検非違使渡了、
六位八人之中、武士以東新補云々、五位二人信綱・親清
子、山城・内蔵渡了、近衛使車渡後、已及』(26)暗、使
不見来、見物之輩多帰了云々、又甚雨、遅怠陵遅甚不便、
万事如此、可痛者歟、

補1 昨日、祭無為被遂了、
補2 「　」下部「　」数多「　」懸地蒔「　」手□(筥カ)「　」浦「　」「　」［云々］□
綱付殊□(勝カ)、鷲羽数多、共付宝歟、親清□［子］着小鳥籠付其装
束、革山緒為紐、使童、輪台青海波装束、雑色、万歳楽

地久、相並朽葉青薄物単也、車楽屋殿下御牛、此風流、
隆房卿・隆仲卿皆用之云々、又人云、長親、桙鞘抜夾尻、
又指檜笠云々、是雨儀故実云々、
廿五日壬戌、　夜雨止、朝天陰、
昨日使申時参内、又抑留検非違使、我行桟敷之後、可渡
由、別当示含、仍各及暗天云々、寮頭三位娘五旬老嫗、
放埒所々時賢・宗源・基成已下、入替其家、補典侍随神事、悲哉、末
世之法、只以横謀立身、昨今、雖精進不行水、
廿六日癸亥、　自夜甚雨、夕休、
病中按察消息廿三日歟、忠定有請文乎由、尋信盛之処、
返事如此、已以如夢、有種々詞等、信盛状、彼卿被止出
仕由雖承、可遣御教書由、未承之云々、先日三四度申入、
以被仰下旨、答申之処、今職事状、実如夢、迷是非由申
入之、無御返事、使者終日臨夕帰、万事反掌、病者力不
及、付右京大夫可被申由、答申之処、今日又書状云、付
汝詞、付京兆申、返事云、又可遣御教書由、被仰信盛了、
但不進請文、定又有横謀之様歟云々、又字適雖遁先日虚
言、此仰猶不得心、予所存、先日誠可遣書由被仰者、信
盛不承由返答、何様事乎由被勘発、可為沙汰之道歟、仰

下之由被』(27)仰職事、不知由有書状、無其沙汰、而又
遣書由、京兆返答、頗以不足言事歟、病者於今不可知大
小巨細、前後相違、存外事歟、伝聞、侍従宰相、明日可居住
一条室町殿云々、鬼物現形、上下諸人逃去、一身居住、
是又非尋常之儀歟、予去此宅、可令居住由、先日、於姉
妹之前述懐云々、相対不云此事、老後之身、以対草樹適
休憂、本性、自昔聞板屋之雨不眠、況能登雑掌官使馬部
苛法、甚以怖畏、非思慮之限、此事成遺恨由歟、不示触、
廿七日甲子、　朝天快晴、巳後大風、夕休、
宰相以下人等云、可渡室町殿車牛疋夫等、可送牛童、当
日之告、不他行者、早可催遣由、下知了、只付幕府之近
隣、不知身上之安否歟、借進蝸舎以下事、一言不加微言、
只賢者之自由也、
今日、御室令詣高野給云々、陰雲晴、無事煩歟、法印巳
時許書状云、高野衆徒蜂起狼籍之由、昨日酉時飛脚到来、
今日御進発令留給、可期秋歟云々、末代衆徒諸方狂事、
不足言事歟、未時宰相両息来、旅所塵掃之間、相待云々、
入夜、病者已睡眠之間、大膳大夫、於門外音信、驚起相
謁、暫言談、職之陵遅、公事苛法、次第加増事等、末代
事実不便歟、雖事旧、彼』(28)祖父済綱朝臣、先人之出也、
不忘旧好、不可被思放之由、相示了、
廿八日乙丑、　朝天遠晴、
雖心神不宜、依垢穢沐浴申時許、無殊増減、
廿九日丙寅、　天晴陰、夕雨、夜密、
夕宰相来、居住当時無殊事、今朝、被免御出居屋二棟也、
移坐一昨日居北対、
祭桟敷、大将・両法印・前相公父子、密々殿下・右大臣殿
渡御最密、無御共人、使渡事、未取松明之程云々、
卅日丁卯、　自夜微雨、
病後、今日始念誦、咳又不尋常、
按察消息云、忠定請文適入手、尤為本意、雖遅怠存外、
非始終之無実者、尤穏便事歟、
疾無減之上、出仕甚無益、答出仕無期由了、
書止観十三枚、』(29)

◇東京　蓮念寺蔵（寛喜元年五月六月）本(431)

（旧表紙）寛喜元年五六月』(1)

寛喜元年、

五月小、

一日戊辰、凶会　天陰、

直物今月之間、宇治供僧闕、面々所望之輩、親疎送書、或来門前、甚以無由、更非挙達之仁、又疾重、出仕無期之由答之、不逢人、

二日己巳、凶会　自夜微雨、終日不休、

明日病宜者可参由、一日申大納言殿、猶依難〔扶〕□得、申其由了、

三日庚午、　天陰、微雨降、巳後陽景見、

四日辛未、　天陰、雨間降、

依始精進洗髪、未時許、右武衛被過談之次、一昨日参法勝寺、公氏・家光卿三人、近年三綱等参、物不見云々、去月廿七日、兵衛佐拝賀、於弘御所方、密々御覧云々、入夜宰相来、於相門連歌云々、幕下、夜前被参殿上議定、祭主譲補許否云々、群議大略可被行御卜云々、其後腰労由、不被接連歌、近日、被沙汰貞観政要、為付驥尾、求其本云々、

五日壬申、　朝天晴、』(2)

貞観政要借送宰相、適披書巻、雖一巻所〔懇〕□求也、牡丹花盛開、此花逢端午日、年来不見之、瞿麦此間漸綻、午時、西面為賓莚畳、鼠食破、頗依驚思、泰俊朝臣令占、病事火事驚歟、卅五日之内、九月十一月節中戊己日、可慎、

六日癸酉、　天晴陰、

巳時許出京参社、雑人帰京者、無間断相連、超関山之後、漸以希、出浜之後無人、未刻着宿所、酉時奉幣、資成申祝、入宿所後小雨、山上□日宣旨到来左衛門尉為清・兵衛尉――共流罪由、衆徒又群集議定云々、少年等、猶兵衛禁獄由雖申、老僧等制止云々、子時参上指出廊、通夜、微雨間降、寅時、錫杖了退下、

七日甲戌、　朝天晴、

辰時宮廻、新造宝殿、錦繍之色、金銅之光、照曜驚目、廻廊、夏堂、至于山下小社、悉新造、厳重無比類、京音信之次伝聞、醍醐僧徒数十人先群集冷泉地蔵堂、群参殿下、無裁許者、可離山逐電由申云々、諸寺諸社不静、甚不便、不知何事、推之、賢海法印得境、任意所望之間、本寺又悋惜歟、末代只以貪欲為先、子時参上、通夜、錫杖了退下、

八日乙亥、　朝天陰、如霧、昼徐晴、
辰時宮廻、』(3)
酉時許、神主成茂来談之次、順真堅者石見、可相逢由伝示、即許諾来臨、良久言談、本自弁士名人也、及亥螺帰、即参、
懺法訖帰、
九日丙子、　天晴、
早旦、禰宜親成来、今年八十八、自生年十歳相見、不図五十九年師檀之好、
退帰之後、宮廻、
静俊注記来、六月会勅使房論義、忽預其請、二十﨟之後、猶被撰其器、今年十七﨟、存外面目也云〻、此次問山門事等、法性寺座主公円僧正前天台座主、一度有例云〻、西塔院主成源、定了、
子時参上、懺法了（衍カ）訖退下、
十日丁丑、　天晴、
辰時宮廻、日入之程、俊僧都来参昨日依召、参殿、為清・｜｜二人、可流日向国由、関東申云〻、同国不可然事歟、衆徒猶雖有申旨、老僧等加制止、大略落居歟云〻、
亥時参上、僧都又参会、猶言談之後、病等競発、丑時退下、
十一日戊寅、　天晴、
巳時宮廻、申時許登坂、参八王子、即下、子時参上、懺法了退下、
十二日己卯、　朝天陰、未後雨徐降、
辰時宮廻、申時、雨降之間奉幣、親成申』(4)大宮祝、頻雖謝、適参争不申哉由、頻称之、依雨降堅相止、以孫令申、
帰入之後雨漸甚、風又烈、有事煩、在宿所、昨今雖物忌、旅宿只抽敬神信心、不付物忌、
十三日庚辰、　暁天漸晴、
遅明出宿所、於戸津浜弃松明、巳時帰廬、宰相来、最勝講廿三日由、粗聞云〻、持明院殿八講第二日公頼・経高卿已下、今日参云〻、窮屈之余、痔病発、
十四日辛巳、　朝天陰、陽景間見、
巳時許覚法印来、今日、御室俄有御仏供養、依可申沙汰、今日不可在其座、仍所来示也、言談之間、備州来法印替、帰、次〻但馬・前能登・三位入坐、宰相先是来、信忠等七人、

始連歌、賦青何手何之間、禅尼来加、成茂又来、備州聊
儲肴物等、秉燭百訖講歌先日題、五月雨朝・庭夏草・寄
蛍恋、家長朝臣出来月十七日題、名所夏月・名所夏水・
名所夏恋、分散、月陰、
祭主譲、任殿上議定去月、可被行御卜云々、大略不許歟、
祭主大成恨、可辞官籠居由忿怒云々、押小路尼宮、六条
院領五ケ所召取之内、光俊卿・家定等在其中云々、世上
怖畏之外、無他歟、
後聞、今日、持明院御八講結願、』(5)殿下令着北座給、
南座、右大臣殿・源大納言雅・大炊大納言家嗣・権中納
言実基・新藤中頼資・別当・右兵衛・三位長清云々、隆親
不動座云々、
北白河殿、相国被修造之間、光俊卿奉行、
十五日壬午、　天陰、入夜猶不晴、月蝕戌時、
禅尼・女子等、密々詣戸《ト》加之尾、明恵房、於件所、毎月
十五日晦日被授戒、天下道俗、如仏在世、列其場云々、
予雖結縁大切、恥稠人、無従貧者非人、遂漏其教化、尤
所悲思也、今依興心房引導参向云々、申始許帰来、衆会
群集、入狭小壺禰、不及見人、為長卿参《列》其座由、人称之、
先々盛兼・定高両卿、殊在其所云々、非人之漏人数、現当以
同、
来廿一日、奉為故入道殿下、集会月輪殿、有一日経云々、
九条大納言殿御消息之次聞之、予無催、依無息、重被処不快歟、
自晩雲暗、月輪不見云々、有倣験歟、
十六日癸未、　朝天猶陰、
入夜侍従来、女房煩邪気、加護身云々、
一昨日、殿上人廿余人参、
十七日甲申、　天陰、未後晴、
午時許心寂房来、左手腫事、更無減之故、又令加灸点、
待来月、可飼蛭者、
十八日乙酉、　天晴、
未時許、侍従来談、参殿下云々、帰之後、興心房被来坐、
女房等受戒、奉謁、病久不出仕由』(6)陳之、書終止観
第三巻、
十九日丙戌、　自暁雨、朝後漸密、夜深大風、
又灸左手二所、一昨日加点也、
廿日丁亥、　自夜大風猛烈、雨又降、未時陽景見、
朝間、法橋貞賢来謁、日比在京、今日下向若狭云々、

廿一日戊子、　朝陽晴、辰後陰、午後更晴、
今明物忌、閉門念誦、宰相、ゝ門御共河尻方（方違、云ゝ）、法眼（夕）
来北屋（物忌不遇）、明日例御共、借車、
(補1)有長朝臣書状、来月三日、河陽御方違必定也、故入道殿
御方違時事等、小ゝ有其問、彼時供奉古老、所残只二人
歟、予雖在其座、雑事等、至愚本性不知之、綱手夫員数
等更不存、只支其用者可足事歟、又有垸飯等哉云ゝ、風
流破子、贄殿供膳幷人ゝ料之外、不見歟、如然事可依時
儀歟、所労弥増気、不出仕由示之了、

補1 月輪殿一日経供養（聖覚）、後日言家語、［定］□高・頼資・知家
卿・経時卿、師季・能忠・有教朝臣・時綱・ヽ・ヽ・言家、
諸大夫両三云ゝ、殿下御、左府小直衣云ゝ、

廿二日己丑、　天晴、午後微雨降、
今姫、今朝下向南京、季武来門外（無息之、述懐）、去▨（比）番長近光
不仕追却、召加頼種了云ゝ、是又為一座、被加上﨟、欝
訴云ゝ、於頼種者、不被召仕、極不便事也、今被加適可
然、近光本自無由者也、只被求他所奉公者、被弃御辺年
来物、甚無詮事歟、漢宣帝故劔、（今）有何益、
廿三日庚寅、　天晴、

最勝講始云ゝ、法眼（長賢）巳時許来、奈良禅師御房、聴衆
令参給、殿上人両方御随身、可奉迎送云ゝ、得時御運歟、
尤以厳重、
入夜宰相来、参最勝講、早出、禅師御房、自御』(7)直
廬参給、殿下・左大将殿御随身前行、殿上人、師季朝
臣・有教朝臣・雅継朝臣・頼行・能定等、在御共、公卿、
殿下、左大臣、右大臣、右大将、中納言通方・経通・定
高、参議伊平・隆親・為家・範輔・宣経、
堂童子信盛・能定・兼宣・宗氏、治部卿仰御願趣云ゝ、
明日▨▨（可参）公卿、大納言雅親、中納言国通・頼資、参議経
高・家光・範輔、此宰相、五巻日第四日可参、禅師御房
御所作五巻日云ゝ、
一昨日、方違水田（有小屋）、江口遊女群参、聊給仮粧具等、
不及衣装、大将・前宰相等供奉、
後聞、廿一日有御方違行幸、左大将殿（片路）・別当・右兵衛
督・宮内卿云ゝ、
廿四日辛卯、　天晴、
念誦之間、清定朝臣来談、帰了後、懺法之間、(補1)法眼来談
之間、越前ゝ司来、彼是及数刻、甚難堪、帰之後、又読

例時之後、右兵衛督被過、明後日可参内、故院御八講、兵衛佐初令勤堂童子、初度無失、尤為悦、為御使、依召参殿下頻有此事、且為面目、賢海法印申事被申云々、此事甚無由事也、自御慶最初、賢海意欲所求、先円満獲得、為人不便事歟、雅親卿弟所帯相論也、武衛被帰了後、又伝聞、賀茂神主伊平、昨日未時死去、祠官等挙首所望云々、今年、所々惣管・座主・長吏、多得替、尤有怖事歟、

今夕初見寒氷依最勝講、之所送歟小舎人、

今度北政所春日御籠御共人依不審内々、尋聞』(8)左馬頭・重伊豆長・惟長筑後、侍左衛門尉親直・俊清・右衛門成季・大膳進近茂敦尚子・兵衛尉重茂重頼子也、已上七ケ日、兼教御送参、行兼参御迎云々、或人云、此御共人、連日飲酒高会、酩酊前後不覚云々、甚見苦事也、如此事、尤可被撰其人、可弾指事歟、

補1後聞、最勝講、内府・按察・源大納言以下云々、少将資俊着座、実蔭不着退出云々、

廿五日壬辰、　自朝雨降、終日滂沱、

権祝保孝来云、以権禰宜、被補神主了超正、其替権禰宜、以弥平可補由、殿下被仰、勅定事未切由風聞、但先年、能久、自無職、超諸社加権禰宜、有例云々、後聞、云継青侍僻案也、諸社司之中運者、加権禰宜、弥平又補其社、不知何社云々、

内蔵頭一定辞其所帯、最勝講御服不沙汰云々、於殿上、被仰下蔵寮年預、視聴所及、大小事皆以非拠歟、縦始末雖不叶事、最初尤可被行理運歟、時儀尤可長大息事歟、

廿六日癸巳、　曙後雨止、天晴陰、

(補1)前宮内卿女房、病獲麟云々、一昨日今朝相訪、猶無其馮云々、後聞、権禰宜補神主超正禰宜、被問公卿、又有御卜云々、権禰宜已下次第転任、

(補2)昨日最勝講、殿下、右大臣殿、大納言雅親・大将・家嗣、中納言公氏・通方・経通・実基・定高・具実、参議隆親為家・宣経、出居宗平・雅継・実蔭・兼輔・実任、堂童子信盛・宣実・能定・知宗云々、

侍従来門前、病者不逢而帰、夕定修来、不逢、最勝講聴衆、座主挙申給、殿下無』(9)御返事云々、拝堂供奉事、無一事之恩顧、可騎馬之由有責云々、不運法師、似父拙交衆、尤無由事歟、只可暗跡雲霞者也、

補1弥平加若宮祝、但熟所四所被付弥平云々、

補2今日、家良・定高・具実・頼資・隆親着座、家嗣卿参□〔加〕、
下﨟不立、狭少無極、頼資卿起云々、

廿七日甲午、　終夜今朝雨降、巳時天晴、
（補1）早旦、式賢子信賢と云男入来、依病不逢、
宮内卿送書及再、於北野可遂歌合、可出十首題、慇書送
之、
定修暁更登山六月会云々、
法眼書状云、別当僧正、転大僧正給、他僧事延引、不被
行、雅縁僧正以後、法務大僧正久絶、殊勝々々云々、神
徳仏恩可貴事歟、依行歩不叶、夜深乗車、自門外行南桟
敷、方違、暁鐘以後帰、

補1最勝講、殿下・右大臣殿・定通・基ー・実基・伊平・隆
親・両大弁・宣経、

廿八日乙未、　漢雲遠晴、
今日見及　最勝講僧名
証義者　僧正実尊　法印聖覚
初日　朝座講師覚遍　問者審範
　暮　公性　問　良遍
第二日　円聡　良盛
第三日　親縁　道喜
　憲円　尊家
　長静　円ー
第四日　経円　円成
　聖基　経海
結願　智円　実縁
　公命　定兼』（10）
威儀師厳縁惣在庁　従儀師相円惣公文
僧事　大僧正実尊円基辞退替　五月廿七日

廿九日丙申、晦、　天晴、
申時許侍従来談、所労、隔簾乍臥相逢、

六月小、
一日丁酉、　朝天陰、巳時晴、
法眼云、今日、禅師御房御共、参法輪寺昨一昨日、同御共、連日
借牛車、明日帰南京云々、
或雑人云、昨日、戸加の尾稱人衆会、如互登踏、声々嗷
々、不及聴聞之間、聖人不説法被帰入云々、世間妖言、
此上人、頻有被終命之聞、旁不便事歟、後聞、衆会依無
其路、弟子僧達引手、被超融之間、胸骨違而不及言語被

帰、今日有例戒云〻、
前宮内室病、頗宜由有返事、
二日戊戌、　天晴、
今明物忌也、
（補1）去月十五日、山隆真法橋此僧、丹波国民家之子、順真之師也碩学死去云〻、於当世、論議之明敏抜群云〻去今年中、碩学三人逝去云〻、是仏法滅亡之時至歟、帯妻子、出挙富有者、張行悪事、充満山門、随以有抽賞恩顧、天下緇素、非富有少年者、更難交肩歟、
補1吉水欲任律師給、固辞叙法眼云〻、賢慮之者歟、
三日己亥、　天晴、午後自南陰、小雷鳴、未時雲雨忽暗、申時雨止、天猶陰、
今日、川崎始卅講、上人勧進天下人、為毎日頭、国母仙院・博陸殿下数多、前執柄・太政大臣三人云〻、加松殿歟、奉加各別当加署、先日、上人来門前示此事、原憲隠逸、旁不可交貴人中、於軽微涓塵者、』(11)可交雑人中由、返答了、今日聖法印説法、聴聞衆又群集云〻、此上人関東武士、承久三年在戦場、又参佐渡御共、発心出家入洛、又参天王寺、勧進如此事云〻、
四日庚子、　漢雲遠晴、昼間陰、
此両三日黄梅落風、閑中催興、
五日辛丑、　天晴、
去夜、一条富小路小屋群盗入、
巳時許宰相来、此間、大略連日、相門雑遊之間、窮屈不来云〻、昨日、殿下渡御吉田、御随身・侍等、密〻競馬云〻、相門又北山不参、
明日、国通中納言西郊家、作堂供養聖覚、語人〻行向、
一昨日、殿下御方違止了云〻、以行兼、被見南京修理事、無材木一枝、因幡国今月沙汰勿論、仍無其事云〻、懈怠無其沙汰、御方違延引、実以随時儀歟、呉志云、周公立法、而伯禽不師、非欲違父、時不得行也云〻、
黄門書状之次、閑所聴聞哉由被示、三ケ月老病、尫弱有若亡、不能出行由答之、
六日壬寅、　天晴、
未時許、大宮三位来臨、言談之間、法印又来臨、不食所労、殆如忘名字、已及数月、依無心神無（衍カ）違乱、怒出行、為御使向幕府之次云〻、自他所労甚不便、三位先退出、臨昏法印退帰、窮屈又失度、
七日癸卯、　天晴、

興心房光臨、奉謁、久依無召、不参殿下云〻、』⑫
八日甲辰、　天晴陰、午後雨降、
書止観第五卅枚、前宮内音信、女房所労得減了者、当宮
内、又令見其歌、
九日乙巳、　朝天雲漸晴、午時雨降、未斜止、
巳時許宰相来、ありす河仏事、公氏・経通・隆親(補1)・経
高・範輔卿、殿上人十一人云〻、
其日依召参殿下、以惟長仰云、鞠有見物之志、六月不可
然乎、申云、不可依時節、早可随仰候、又年来出仕下郎
等、可被召候歟、仰何事在哉、人〻且可計申、資雅朝
臣・宗平・〻〻(隆重)・教定・宗教・頼教(雅経卿弟)、此内常参仕人、
定被召候歟、仍今日欲参件御鞠者、資雅領状、教雅相触、
依所労久不出仕云〻、
午時許、心寂房来臨、示合老病事、
伝聞、自春比、巷説頻称石(北陸石云〻、在相坂方)、月来、雑人云、此
石有霊、依帰郷心、風雨常不止云〻、相国運取其石、被
引北山云〻、
一日比、以牛十七頭、被引取了云〻、又云、其石有穴、
似師子頭云〻、春比疾病、又称石病、是又虚言歟、

補1事訖、[三]□納言坏酌、珍喜乱舞云〻、
十日丙午、　天晴、毎夜黒雲掩月、
昨日鞠、依雨延引云〻、
十一日丁未、　天晴陰、
(補1)今日、宰相所縁女房、於在洲河、修正日仏事云〻、語人
〻行向云〻、後聞、家光卿(着座許)・長清卿訪来、殿上人十
余人、
服薤之後、今朝洗髪、読懺法例時等、猶依無力又平臥、』
⑬
興心房被来坐、嵯峨朽損堂、有其要者、可被壊取之由申
之、甚喜悦、明日可見由被命、
補1頼資・範輔神今食、[経]□高贄事、[三位]□□等皆障云〻、
十二日戊申、　終日天陰、
午時許、歯丼手左蛭飼今年始、
来月朔日、座主拝堂給、定修出立事、偏可被致沙汰、猶
可騎馬由、被責催、領状云〻(遂以無恩)、於供奉者又不被免、
是皆時儀、依被賞富有者也、
興心房被見破堂、雖荒癈朽損、可壊取之由、喜悦為本意、
一条富小路虚空蔵堂、修理為相加也、

（補1）入夜、以人問宰相、答云、今日所参殿下御鞠也、資雅香狩衣布、
琉璃色、・宗平同色、、・紀内山加良法師・宗教刑部卿大夫香布二藍・秦頼種番黄香単、紺
長・頼教民部輔、先三百揚而落、次三百六十、存外各尋常、
殊有興之由被仰云々、明日、（補2）供奉行幸之由示之、後聞、葛袴
宰相先着下袴参、相国参給、相共被透木枝、其後退出
両中将、来会忠弘宅、相共参、頑愚老翁之子、為壮年、素飡公卿鞠足
名誉、一念不存事歟、

補1宰相、青狩衣非布云々、右大臣殿若君令出居給、
補2後聞、相国不被参、下人虚言也、

十三日己酉、血忌　朝陽似晴、又雨降、
承明門女房来談、
入夜、狂出三条大宮辺、欲見行幸、供奉人車等漸過之間、
猪隈可為御路云々、仍立猪隈東油小路南、三条猪隈云々、
夜已深、前陣適来、検非違使知景従者武士数十人、佐信盛、此
宰相、別当看督・火長・舎人男打梨、、中納言盛兼卿、左衛門督、両大
将武信兄弟各陸梁（補1）、近将十人許歟資季・有教・実蔭・頼氏・隆盛・親氏、三位中将実有張口、、経光歟、後
陣之馬・雑人等纔過了之間、有歩行』(14)人（補2）、随身松明取、
驚奇之処、賢所渡御云々、又縦牛、極以恐惶、厳重渡御、
範頼在御後、職事・近将皆不知子細歟、供奉人馬後甚有
恐、仰出納等、待路頭之澄、奉出定事也、其後帰来、暫
在大路、不経幾程聞暁鐘、帰入、月未没、入夜雨止、待
鐘之間、纔見月、

補1宣経卿少将在此中云々、
補2後聞、家定・実任辞内侍所、有病者可退出由被仰、家定
退出、実任・兼輔参云々、還御又実任、

十四日庚戌、　天猶陰、申時大雨灑、夜月初明、
昨今殿下無御出仕、右大臣殿令宿候給、右大将同被候、
男女房有手鞠興、両大将・具実・隆親・為家、殿上人等
小々、有御馬御覧両大将・三卿・、盛兼両番長兄弟・久清・頼
種子揚馬、還御、実基卿・伊平、右大将・、盛兼出自余同、
十五日辛亥、　天陰晴、未時許雷鳴、
午時許、興心房被来、受戒之間安坐、心神弥疲、又平臥、
夜深月明、
十六日壬子、　朝天陰、陽景間見、未時雷鳴隆々、
侍従、女房邪気病甚重由、昨日示送、仍問病躰、猶又相
具病者、可物詣由、尤可案由示送、一身明日参詣由答之、
静俊注記来談、午後又蛭飼歯小々、左手卅許、
山月出雲漸晴、

十七日癸丑、　朝天陰、巳後晴午晴大雨、両度
入夜、女子参脩明門院、近日、可渡御二品中山、近辺之間、可参由、一日被仰云〻、以彼中山、可為御所云〻、不知其由、佐渡督典侍通忠朝臣母、病獲麟、有上洛之聞云〻、又隠岐西御方、同種〻病発、被帰京云〻、』(15)
十八日甲寅、　天晴、夜月明、
午時許、住吉神主国平来談、
今日、書止観第五廿一枚、
入夜宰相来、十二日鞠、殊有興由被仰、人〻皆優美云〻、
十九日乙卯、　天晴、未斜大雨灑、
今年草樹花実皆遅、黄梅猶纔残、昨今初聞蟬声、但萩・女郎之中、有纔開花、是只自然事歟、夕、女房等行室町、
廿日丙辰、　天晴、
相門昨日腹病不快非殊事云〻、長病事、幕下有恩問、又被送寒氷、今日殊暑、
廿一日丁巳、凶会　天陰、巳後晴、
相門和歌、病中心神不能詠出、
入夜、以使問宰相、答云、彼御腹病、今日又不快、歌延引、廿七日由承之、近日〻夜寓直、無寸仮者、
廿二日戊午、凶会　天晴、未時許雷鳴猛烈、
此三ケ日暑熱殊甚、
雷鳴殊猛、大雨即晴、
今日、貫算之昇天之日歟、末代猶不忘歟、』(16)
廿三日己未、　天晴、風吹、
巳時許、備州来談子息相伴、宰相又来、午時但州来臨、不経程、前能登・三品会合、始連歌、禅尼・成茂等追〻来加、賦何所何殿但州出題賦物発句、有肴物等、伊勢物語風流、毎事有風情、尤丁寧歟、人〻褒誉、能州等入興之間、連歌不及句数、秉燭以前読上歌、題、名所夏月・名所納涼・寄名所恋、其歌多宜、秉燭之程各分散、人〻言談之次聞之、入道納言顕俊卿、其病月来無小減、如有増、已経数ケ月、及十日許、言語絶而只いひき許、此両三日之程、気絶了、在世之間、信心行法不怠人云〻、極悲事歟、又顕円法印他界年七十、年来飲水云〻、禅尼暫言談、又帰了、依病可在簾中由、日来雖約束、題者入輿、依丁寧之志、構扶着座、
今年馬長、内裏十二騎、安嘉門二騎云〻、
廿四日庚申、　天晴、午時雲雨、即晴、

人云、基綱又入洛、仍可有大除目云々、
昨日、高野伝法院、定毫又訴訟之間、有沙汰、依此事、
法印昨日不来由触送、
暑熱殊甚、雖精進沐浴、懺法例時之外平臥、無力、』(17)
廿五日辛酉、血忌、　自暁雨降、朝間雷鳴、及巳時雨間止、
未時天晴、
依陰雲聊涼、暫念誦、未後偃臥、
人々聊音信、右武衛一日被示合、事　法印覚所労猶不快云々、但馬返一
昨日歌、宮内卿誂歌点、兵部入道於清閑寺、書如法経、、
廿六日壬戌、　天晴陰、巳後雲暗、小雨間灑、
(補1)八条院御忌日、宰相参蓮花心院云々、今朝必可参由、重
示之安嘉門院々司長清卿子奉行云々、
補1今朝無雷鳴、
廿七日癸亥、　朝天晴、
今日和歌、於幕下町尻亭、可被講云々、出仕猶依難叶、
歌許送長政朝臣許了、依亭主腹病余気、猶延引、返送愚
歌、
昨日御忌日、宰相・隆範、為継奉行長清卿子、高倉殿・京
極殿之外、人不参云々、殊無人歟、

郭公音未止、今日頻鳴、
定修音信、前宮内卿歌仙家群盗入、斬侍一人不死、取其
装束等云々、不嫌原憲貧老、芝焚蕙歎、何為乎、
廿八日甲子、欠日、　天晴、
相門三首、今日也、依暑熱無心、各歌許可送云々、腰折
付長政朝臣、
未時許送預其歌、恋愚詠殊付心之由、有感言、書留即返
奉之、
夜、乗車、自門外宿南桟敷十五日方違、聞鐘帰、
廿九日乙丑、晦、　天晴、風吹、未時許微雨随風、』(18)
朝、心寂房来談、嵯峨故入道内府御墓所、運渡六条坊城
寝殿、立三昧堂公審法眼造作行事、以公覚法眼三四十年遁世籠居大原、近年依実宣卿招引、居住
其嵯峨領、与幸二品不和、依無居所、所望居住云々、賢者又如此、可令居住之由、太相被約束、
禅左府、当時領知大学寺興福寺領、自菩提山御時、領知此所、依其領之内、
公覚居住事、将来可無骨由渋給、両相門不和、遂推而押
領初請受為父母墓所、今背命張行、彼実宣卿領、又同大学寺領之内也、
近年張権勢、行悪事之間、又与禅左府不和[　]事弥難渋
云々、事変時移、人心顚越、是又世之習歟、
今日、書止観十八枚、日暮閣筆、

荒和祓贖物持来者、已無其人、依貧家無従也、予不祓、
力不及事歟、
定修書状、侍従宰相明日可来臨由、依座主仰申之云〻、
緇素毎人数入時、先被駈召在家出家、又以無恩、全以無
入輿之思、明日刻限、雖催早旦之由、実可為他人一同之
時刻云〻、非着錦繍、被用去年京極之路、如伝聞者、僧
綱太政法印（兼房公子、年来同宿）・左大臣已講許扈』(19)従、凡骨僧綱、
自山上可供奉社頭、
有式僧、凡無其人、顕家卿子・兼定子・老僧定修之外、
依無人、今更被求尋供奉僧綱、又以教成ーー子・智円・
貞雲、為其人云〻、極見苦事歟、
静俊注記来談（之次）、伝入道大納言殿仰、令痛旧意、
日吉社頭、有恠異等、新行事社之後木、無風雨而顚倒、
大宮拝殿犬失、此等珍事云〻、三村庄事、領家入使、地
頭可「　」□〔之〕由武士行之、去年已被下官符了、時儀実以反
掌歟、山門之滅亡、挙趾可待、何為乎、
入道二位光盛卿、去正月、依妻喪出家、悲歎、又行法不
退之間、不食之上、大腹水腫病、已難存命云〻、年五十八、
其身生武士（補1）之家、有文道之志、好而知我朝之古事、語基
親卿、成師弟之好、伝取家之文書、年来嗜学之志、頗不
似時儀、但所存又頗背時輩、承久貞応之比、近習奏者、
於事無其誉、被処盧胡、妻又有巫覡之所行、敬神忌穢事、
不似例人、其得失毀誉雖異、非□〔儀〕不弁黒白、北院御室守
覚法親王・吉水大僧正殊褒誉給、是又各抜群之』(20)賢者、
有所見給歟、』(21)

補1 物無男子、女子有其数、至于十九、一生不犯、自彼年有
此妻、持邪婬戒云〻、

◇時雨亭文庫蔵（第四十三）本（432）

（旧表紙）寛喜元年秋』(1)

寛喜元年、
七月大、
一日（丙寅、吉日）　朝天陰、間晴、風涼、
座主拝堂云〻、定修馬鞍事、宰相沙汰送之由、日来聞之、
借右武衛牛引遣了、
今夕、鷹司院初御幸云〻、
炎暑難堪、不能見物、此南桟敷、可為路次之由、聞下人
説、未時向其所、一時許之後、前陣渡来、雖過晴、中童

子等未騎馬、委不分別、其物専堂歟赤袈裟、歩行八人歟、赤袈裟騎馬十余人許、

次房官六人歟、各中童子二人・力者法師等相具歟、童子等、不施殊風流只常染装束也、不知其人、次有職四人云々、定修為其中上﨟云々、中童子二人朽葉青引ヘキ、舎人花田、

次御車殿下庇御車副等、上童義村子云々、鏄狩衣袴如着銀、以糸置物歟、相国被調云々、其所従等当色、次中童子四人歟・大童子等、次又前駈歟、太政法印、小八葉長物見車、上童顕文紗裁入錦、其次左府已講相府網代車歟、牡丹立揚例文也、非新車、上童不見来自法成寺出川原云々、存外見物了帰、定修、於北屋西面令休息、参御出立所人、家光・知家卿之外、不見及云々、京極北行、中御門西、富小路北、一条等云々、』(2) 天常陰、暑気宜、有涼風、有冥助歟、定修改衣乗車、向西坂、今夜、無動寺、次参中堂給、明日参社、又帰山、来五日遂受戒、去四月無此事云々、其次開一筥、六日下山云々、

二日丁卯、　朝天晴陰、

昨日相門見物、検非違使友景宅小門、為桟敷、幕下・前相公・宰相・両法印・少将実経会合、見物了、又吉田泉、猶一条河原方見物云々、

宰相不供奉御幸、伝聞、子時許、公卿、内府騎馬、大納言家良、中納言実基、御車後・盛兼・頼資、参議隆親、二位基良・基輔、参議経高・家光・範輔、殿上人、頭実世・資季・資俊・伊成・親氏・時高・範頼・伊忠・宣実・兼宣・資能、六位三人、有親・隆盛・経光取松明、在御車前、御車唐車、檳榔、検非違使康景、出車五両、毛車、半物車教信云々、

巳時許、覚法印来談相門之次、今度基綱入洛之次、転法院訴之次、定毫吐狂言、竹園有勝事等云々、来臨之次、聊有被仰事、本意満足、催落涙、人口之可恐、不始于今事歟、近衛末武来、歎無衣装無術由、実不便事歟、今世之習俗、縦有其力、如此事憐愍、更非現当之勤、賢者不聞入事歟、不預活計之俸禄、又無衣装之恩賜、何為哉、

知三品返送草子、返事之次云、昨日参無殊事、自午上日﨟自殿、被進御車、仕丁装束、無沙汰、臨期被調、空遅云々、左大弁・権弁在座、申始令出給、貞雲召人、両人参着、東上北面、被渡上童、騎馬所従相従、次賜仮』(3) 退出、毎事奉行泰承、其後参殿定納言、上結祇候、即退出云々、初月不見、

三日戊辰、　天晴、

去夜、一条西洞院斬殺、又在高陽院麻之中云々、欲入人家一条、侍打合斬件老入道又、負手云々、[盗]□七十人、於大炊御門辺、在示者、如合戦、宛無恐憚之気云々、京中警固、甚無益事歟、
四日己巳、　朝天陰、
書訖止観第五巻十一枚、
未時許、宗雲法印来臨、補日吉別当勅定、慶且被示告、此職殊在此門跡、快修・昌雲・実詮等、三僧正之所歴也、殊自愛云々、親長朝臣、不内覧、奏聞叙法橋山僧、依此事、自去比被止出仕云々、是近代毎人事歟、
五日庚午、　天晴陰、
朝間書第六巻十枚、
未時許、定修下山、談拝堂事、先着無動寺南前房給、請取印鎰宮、有職二人舁之、定修・静尊家信卿子、公円僧正弟子、又有役尊家顕家卿子、大弐・隆慶隆宗卿子、大納言、中継成真法眼教成子、左衛門督、次参講堂・中堂給、各誦経定修鼻荒役、又敷草座、隆慶居宮、奉行者兼不触、不知其路、自他失礼多、天已明云々、
(補1)翌日参御社給大宮彼岸所、寺家僧禄取、
貞雲・成源・隆源隆保子・知円、成真、夜前母死、社司禄有社司皆束帯、職十人許取之、其夜又帰登山、成茂子細[太]□刀随身云々『(4)
今日参前唐院、令開一宮給、成源為仮執当、取宮置御前、又取脂燭燃付之雖昼其所、窈冥、□物杉櫃角塗云々、宝物等御覧、依多被略之、受戒事、御共隆源・成源、歇摩教授、定修鼻荒役、
毎事無為、衆徒入興、参南山房延年帰之間、無動寺法師咎兵具、斬衆徒、甚喧々、極不得心之至云々、
授戒了参西塔尺迦堂、窮屈申仮先下山云々、即帰壬生訖、
補1幣取継巳講、又取継隆慶、
六日辛未、　天晴、
連夜群盗、近日殊盛、無従之貧家、危於累卵、郭公声、日夜更不休止、
入夜、宮内卿送使、可来之由示之、所労不起居之由答了、
七日壬申、　天晴、
開文庫令払書、
入夜、宰相来之次云、去年、於天王寺、有刃傷殺害童、自宮賜検非違使、定修、私語使庁、請出件童、相具渡晴大路宮御見物前、人々驚奇、仰使庁、又被召禁云々、至極之道理、不足言之尾籠歟、凡此僧心操、万事成此案、

甚無由者也、不可親近、山三村庄事、任道理、被付本領家、可為本地頭沙汰、猶有訴訟山僧者、任法可被召禁由、関東申之、西塔僧徒三百人許、半分為貫首御門徒、大略承伏、自余若致濫訴者、可有其沙汰云々、去年沙汰、実以為非拠、』(5)但已被下官符、今又改易、是且依貫首懇切、去年被枉理歟、

行幸日手鞠負態、為左右幕府之営、去五日被進禁裏、作天徳歌合左右洲浜風流、地鋪等用錦金銀如旧、洲浜下入単重廿云々、

今日、関白殿令参法勝寺給、公卿十人参由聞、初日許参入公卿七人、弁加行香、

月入殊早速、近日如此、

八日癸酉、　天晴、

明日、帥殿御遠忌也、先日言談之次、語申興心房、有約束、率五人僧、秉燭之程被来臨、先如形被行饌、次各着座、二十五三昧修之、臨暁為結願也、宰相来女房相具聴聞、読経聊講経、次念仏例時、次六道了、又念仏之間、聞暁鐘、結願之後、宰相帰了僧又有饌事、各被帰了、忠弘法師云、直物近々、上下馳走云々、

巷説、親長可被弃、親房流涕頭若大弐、兼申云々、貫首有闕者、資頼無是非歟、此両三日、又兼教勘気籠居云々、宣陽門院犬飼其名猿方、後白川院犬飼鶴方、子息、以擾犬、又為尼院寵人、与殿下御厩舎人、有諍論事、依御厩別当、於兼教宅問注之間、論人忽取合、兼教従者制止之間、猿欝憤、依擾鳥獣、権門納言引之、仍兼教籠居云々、通時朝臣、懇望蔵人頭云々、兄卿挙之、連枝共職事器量歟、』(6)

家時卿申大弐相門又納受云々、

九日甲戌、　天晴、

今夜御方違行幸云々、

為違秋節、宿忠弘宅、鶏鳴以後帰、

十日乙亥、　天晴、辰後漸陰、午後雨灑、

夜前行幸、右将軍・左金吾・盛納言・大理・拾遺相公・(補1)戸部、左将宗平・資季・有資・々俊・実任・実清・公有・伊忠・氏通・々行、右将実蔭・実経・伊成・親氏・頼氏・隆盛、少納言兼宣、右兵衛佐二人供奉

直物十三日、或説、不可有殊事云々、

(補2)有炎旱祈請云々、長者僧正被修三ヶ日歟、陰雲漸畳、夜景猶雖陰、雨不降、

補1少将家定、六月行幸以後未出仕云々、
補2後聞、無御祈、只神泉掃除云々、真恵僧正加長者三人、
覚教三長者、定毫加之時、辞長者了云々、
十一日丙子、　朝天晴陰不定、
▨書第六巻十一枚、
入夜宰相来、昨日、資雅中将来俄懇望、招実経少将・知
業、赴桂方、路次告隆盛少将居住三条坊門故左府亭、候禁中之間、
与実清少将奔来、六人同乗行向、無指事、帰忠弘法師宅
後、分散由、語之雖無由事、依聞書之、直物不可有殊事由、
幕府説云々、
十二日丁丑、　朝天陰、辰後微雨灑、巳時漸密、
雨雖降、地湿事猶不幾、終日陰、有涼気、自朝着小袖及
暮、年来未覚事也、還奇之、若猶不及暑熱之盛歟、
夜涼忽成、求綿入物着之、殊珍事歟、』(7)
十三日戊寅、　朝天猶陰、終日不晴、入夜雨暫降、
今日直物云々、
十四日己卯、　朝間陽景間見、陰雲不晴、
(補1)任人、内蔵頭藤隆綱、掃部允藤俊定内宮役夫工功、左将監清原
能成真言院臨時功、

従三位顕平、日来巷説、已以虚誕歟、以盛宣依彼家人、行向便也
賀歟弔歟示送之、寮務之間事、自然聞及歟、其上、只去
職可為前官之由、申請之処、不慮叙上階、可謂面目之由
返答、父祖共三位、於此身者、年来雖成夕郎望、遂以叙
了、惣末代事、将相三諸大夫之外、不可有機縁事歟、
誂両女子、於桟敷令礼不軽、依行歩不叶、不能寸歩、懺
法例時経一部諸家説、古今有父母人、今明殊魚食云々、予有所存、如此令随仏事、
補1後聞、直物延引云々、是只臨時小除目也、
十五日庚辰、　天晴、
心神窮屈、臨晩休息、雑人説、殿下・右大臣殿、令参盂
蘭盆給云々、毎年今日、東北院辺雑人相撲、叫喚声入耳、
自夕天無片雲、忽有涼気、着袷衣対月、治承以後、此早
涼未覚悟、今年盛夏、猶不似近年、又有此事、還奇驚者
也、古人之詩歌、景気皆以如此、於身未逢此事、
宰相来談、帰後、自春時々来臨嫗弾箏、及暁鐘之後、着
綿衣付寝、
十六日辛巳望、　天清明也、』(8)
侍従来、参綾宮云々、四ケ月有病不出仕由、可語人由誂
之、治部卿一昨日被免出仕禁裏之御有如云々、

黄昏、新三位光臨、扶病相謁、拝賀着陣事等問答、上階雖申所望、不候由、猶有被仰旨、且依有恐、更申恐悦由、涯分奉公、可励出仕由存之、尤可然由饗応、月又無片雲、此間暑気、

夜前、南隣竹辺人魂見云々、依卒爾、今夜令修招魂祭、

女房等、夕行室町、亥時許帰、宰相々具即帰、須臾雲忽生、或陰或晴、過停午付寝、又着綿衣、

十七日壬午、　朝天遠晴、夜月明、

今夕、殿下若君相門御坐、又渡吉水給、宰相御共云々、山門衆徒遊宴称延年、此若君、(補1)有見物之志由、有御好、衆徒聞之、於吉水可舞云々、西塔訴訟、可磨滅由愁歎、又乱舞、頗始末不叶之追従歟、

補1後日静俊示送云、妙香院横川当谷、与東塔大衆会、於西塔者、密々雖見物不交云々、三村庄可給他庄由、有上仰云々、西塔南谷東谷、貫首令抑給、北谷西谷之南北尾、文書櫃、送院主房了云々、

十八日癸未、　天晴、

書第六巻十七枚、暑熱殊甚、不能右筆、

昨夕若君御共、宰相布衣、殿上人自殿下被催、(補1)師季朝臣・能忠、、・定平、、・実経、、・頼行束帯奉送帰、今夜衆徒可舞、

又北白河院御所、勧修寺法眼入道嵯峨左府子、御猶子、相具南京猨楽、被参之由、依被告仰、此女房密参依貧籠居、依被仰参、過夜半帰月明、』(9)(補2)別当・三位三人具定・両武衛、殿上人等、見物云々、南北之舞、京中計会、若天下艾安歟、頗不甘心、於今日者、至于夜炎暑難堪、

補1幸清法印引送黒牛、頗雖老大牛尾曳地、御室御牛安居牛云々、不似涯分者也、

補2後聞、山門之遊、家時卿乳母等輩俗、小々見物云々、

十九日甲申、　天晴、

若君帰給、宰相又俄参、師季・実経・定平云々、

廿日乙酉、欠　天晴、

大宮禅尼来臨、来廿三日、可下有馬湯之由等也、

近日、毎夜月、日没暗夜之後、更不経程、今夜、挿初夜鐘之間出山、年来未見事也、尤奇思、

申時許、猷法印来臨白地出本寺、

四月籠居之後、惣無被仰旨、今日未時許、自殿下給御書、申月来所労子細了、

後聞、入道従二位光盛卿、今日申時薨去云々、去正月、依妻喪出家、自五六月之比、依大腹水腫病、度々絶入蘇生、遂以滅亡、

廿一日丙戌、　天晴、

覚法印引送黄牛其躰凡卑、依厭長髪、上牛相替之、(補1)午時許、法眼信忠本信光法師也、以相国書状来、可為知音云々、毎月和歌可加歌云々、此法師、謀書盗犯虚言横惑之外、無他一得、年来寵人、近習無双云々、前上皇、聞食其心操、新古今之時、不被入作者、依玄信法印之奇謀、替名称他人由、叙法橋、一乗院僧正盲目非器、論義、道澄同胞弟・乗信異父兄弟作出、令一問答之故、依両弟之力、叙法眼、今取権門之書来臨、可為知音由承之、依所労不対面、毎月会、外聞似宴遊、依有憚、自来月可止由、』(10)日来申其衆由、答申了、

午時許備後来、俄而宰相来、経時刻成茂来、為題者、賦物、又同之存歟由問之、答云、今日事偏申付但州了、只身許所参也、及未斜、但州、(補2)相具前能登来臨、相具風流物、已以過差、擬振瓜大外居二合一合積雑物、以護袋為瓜、在上如紙小器、へにさら等也、一合積例瓜、昇居座中、又作小台盤色革、居五十日餅立鶴亀、▨最存外事也、満座入興、連歌賦何人何子、入夜終百、但州分懸物、次読上歌了、以今月為此事終、於来月以後者、可止由、各相触了、籠居非人、以之(補3)纔可述心緒之由、雖思企、事已似遊、不叶愁人身上、又世上和歌、依老耄不堪、皆可辞退、私詠之条、尤可有傍難、今日又盗可加作者云々、不運者、付万事有魔姓、甚無由、仍禁断也、月出又早速、亥時許各帰、卿二品腫物、及灸但非飲水人、気力猶如丁壮、定無為歟云々、年七十五、

補1此法師所為、非恒規、上皇・故殿皆所知食也、建仁之比、於源内府許、宰相中将公経卿、所詠歌依託、毎度相訪由称之、即讒奏歟、上皇、以彼歌、信光詠由被仰由、通具卿語之、彼父子毎度称信光歌、甚不便、此犯者年来被賞翫、今如此、案之、更有往事之疑、近年称時房使、乞取幸清箏売之、時房、後聞之、尋問之時、周章更雖持来、不取返之云々、如此事年来毎家事也、

補2先是禅尼来、

補3式部大夫孝行光行子、今日加座、

廿二日丁亥、　天晴、

暑熱又難堪、

尊勝寺八講結願、依無人難行由有催、参由宰相示送、後

聞、於東洞院辻、示事訖由帰云〻、
廿三日戊子、　天晴、
右将軍、以使者、此狂僧説法聴聞、乱舞可見由示給、暑熱殊難堪、法師種性不知之間、答病発由、成後日約束、
廿四日己丑、　天晴、急雨間落地不湿、天不陰、』(11)
興心房被来坐、受戒、此間心神不例、依殿下召頻参間、弥増気由被談、花山入道右府又股腫物、及灸云〻、
夜深宿南桟敷、暁鐘帰此間繊月昇、
廿五日庚寅、　天晴、
暑熱無力、雖精進偃臥、
廿六日辛卯、　天晴、
雑人説、花山禅門及火針、非軽忽事云〻、
今日、殿下御上表日云〻、
廿七日壬辰、　天晴炎旱已渉日、
又巷説、卿二品病非軽云〻、上皇往年宮人之中、美濃元廻雪、一昨日終命云〻、又夕云、危急歟、其所髪際火針之跡不愈、苦痛難堪云〻、有処分之沙汰、大略奉譲脩明門院往年以西御方為子、冷泉宮如孫、去年七条院事、悉奉脩明院、為此二品之発起、今年事、皆以被改歟是又遠所仰而已、花山又物忩云〻、又下人云、宣陽門院同腫物御煩云〻、近日此事多云〻、可恐、
廿八日癸巳、　天晴、
近日、雖天晴無夜露、草木多枯槁、
入夜宰相来、於吉田泉納涼幕府・藤宰・実経・尊実・唯蓮、勝負事、又博奕上下之勝負云〻、
花山獲麟四位侍従幼稚之間、宣経卿摂政可当朝、庄小〻可、知云〻、如此事、必有後之違乱歟、周公猶有流言、窃以、此家已磨滅之期来歟、成範卿旧妻之積善、雖有三代相将之栄華、若有尽期歟、失二代之人』(12)嫡子、為薙襁之遺孤者、前途定危歟、
卿二品又以如待時、依苦痛如叫喚、基成、最初称軽忽之由、及大事之後、付親成、〻〻称不祥之由云〻、予問相門令訪丁寧歟由、別不承及由答之、雖有建保之大事、其後又水魚、北山喪家之時、来門前下車対面、付境有懇志、於今如何、宣陽事不聞及云〻、除目事、又不聞及、放生会、依再催領状了、上卿盛兼卿云〻、神事必可果其役事也、上卿又以神妙、於参議者、具前駈束帯、或不具、有両説、猶可具之由示了、
廿九日甲午、　天晴、
有朝露云〻、関東入道、於本居所作堂障子、書大和国名所十ヶ所、予・前宮内卿令詠歌、可押色紙形由、誂宰相、

仍今朝腰折五首書送葛木山春、久米磐橋同、布瑠社夏、泊瀬山同多武峯同、前宮内吉野山春、二上山・三輪山夏、龍田山秋、春日山同、秀歌多、可恥、行能朝臣可書云々、世以雖処軽忽、此三人没後、詠歌右筆誰人乎、

卅日乙未、　天晴、

已渉旬月無雨露、井水已乾云々、

織部正道正、受病不幾而死去不聞其日、去春、於御前、預諸卿之挙、拝一司之正、可謂道面目、年内終命、若非天之所許歟、又禅閤近習左衛門尉高方、見付腫物、五ケ日而死云々、近日如此事満耳、浮生之老病、厭可厭、

近江栗本郡十九郷と云所、三村庄之替、可被立替、西塔之衆徒、当時用否評定云々、』(13)

宰相参社云々、

八月小、

一日丙申、下食巳、　朝天聊陰、午始急雨降溜初落、即晴、

簷溜初落、不及湿地、雨即止、

入夜宰相来、幕下命也、屛風之題、三月桃花、五月樗花、結埒所、可改他題由、有沙汰、可相計云々、今度不可交公事由、可被替、文治例云々、其外事、四季景物有限、又喚子鳥・菫菜等、画図難用之、如此事凡無計略、只可有御計、然者藤・山吹在一所、雖有一所、歌一首不可詠両花、此両花、各別被成宜歟、樗替又石竹宜歟、盧橘又必不可為昔袖、可被相計乎由、答申了、此事一向幕府可被行云々、其沙汰猶有御厭却者、屛風歌季不可有事歟、

他事如例、不聞及云々、

二日丁酉、欠日、　天晴、

暮天晴、繊月不見、心智房尼、昨来、今夕帰、

三日戊戌、　天晴間陰、雨雖灑不湿地、

浄昭房来、相伴霜台、欲赴肥後国来八日下向云々、老病之身、不期再会者歟、

井水漸乾濁云々、

今朝、書訖止観第六巻、書始七端、

四日己亥、　朝天又晴明、

午時許、興心房被来参殿下之次、花山院禅門、』(14) 於今者不被起揚、只臥床上、常寝入イヒキ、サクリ、開目之時正念不違、宣経卿毎事奉行、於食事不通、只以氷如続命、待時之躰歟云々、其瘡非大事、只雑熱也、其身衰損無極之故、気力難存云々、年五十七、

二品減気之由巷説云々、晩月見、

五日庚子、　天晴陰、小雨間落、不湿地、夜晴、
朝間、書第七巻九枚、
今日午時、入道右大臣、臨終正念、遂以入滅云〻、
六日辛丑、　天晴、
去夜、土御門高倉辺、群盗殺家主云〻、先〻炎暑最中、
無此事、逐年月衰亡之甚歟、
午時許、心寂房来談、日来灸足、久不出京云〻、嵯峨辺
萩皆盛開云〻、此辺僅開始、
広沢池水乾失了、大井河猶以水浅云〻、
入夜宰相来、朔日自此家帰、腹病忽苦痛、喚貞行令取腹、
服薬頗落居、其後未出仕、室町殿井久乾了、今日、於入
道宅沐浴、放生会供奉人、上宰相之外、未領状頭中将奉行
云〻、
七日壬寅、　旱天無其期事歟、
諸井皆乾、此家僅残其水已白濁、巳時許宰相来、
未時許、大炊御門中将来臨之次聞及、卿二品腫物、更無
減気、大略待時之躰歟云〻、朔比到訪、中納言実基・少
将頼基等在其家中、其比、猶没後事無云出人、禁忌之躰
也、但所領等悉進脩明院、於領家者、譲中納言妻云〻、
今朝、前兵衛佐成方ト云人、送書状、年来更不知、近年
又不聞在世由人也、年来住紀』⒂国、此間欲赴関東、
駑駘相訪乎由也、雖非知音、依察窮人之情、示付宰相了、
明後日下向云〻、二品之親姪、近年雖放光、其身已沈淪、
原憲之上、非憐愍之限、如予歟、成親卿嫡孫、已如百里
奚、可悲又可恐、
八日癸卯、　旱天、夜無露、
或山僧書状云、近日山上無申限、西塔三村庄事、依関東
申、栗本郡十九郷、被寄替之処、衆徒猶騒動、可企離山
由申之間、貫首房領平方庄彼御房領之中、江州所也、為宗、可被寄替
由、有其聞、於西塔一院者、落居歟由云〻、又栗本十九
郷之地頭分、可被寄三塔之惣領之由、被沙汰云〻、是被
擬将軍家御祈供料歟、件郡被補新地頭、依山門訴、皆以
被止、而又件地頭分、被付山門之間、一郡百姓殊以愁歎、
件郡之中、又私領相伝衆徒多之間、不受此事、連日大衆
欲発、彼御門徒雖妨之、他門徒等私領相伝者幷百姓、数
百人登山、合力訴訟、更難落居、又去五月之比、西塔良
仙同宿衆徒、与東塔南谷衆徒闘諍、依其事、良仙門徒幷
従者数多、於山崎辺被殺害了、依其事、南谷静斅律師、梨本門徒

学頭之職幷中堂執行、被停止之、執行、東谷禅性律師ト
云僧、被補之、』(16)
学頭、貫首御留守、覚仙阿闍梨被補了、其外衆徒張本被
召之間、其内性淵闍梨梨本、大欝忿、殊以騒動、両方付惣
別、東西之坂、兵具充満、凡逐日、如此事次第加増、只
仏法破滅之時至歟、可悲可歎云々、
今日暑熱又難堪、
臨夜景、宰相引送栗毛小馬、即以下人、引送成方朝臣許、
甚以数奇、無由事也、少年見父祖之人、失時窮困、難忍
之故也、
九日甲辰、　炎旱弥盛、入夜片月忽陰、雷電雨降、
覚法印来談、彼御辺、当時指無見聞事云々、興心房又被
来、仍先逢、花山臨終、依彼命、不逢其時被存可有禁忌由、之芳心歟
嵯峨当時交如此事、上人二人成海法眼真弟子一人・公性僧都兄弟一人、幷我禅房
不知其字弟子上人等三人、善知識、臨終神妙云々、
卿二品、自昨日只気許通、今朝辰時許気絶了由、有下人
等説、又称気通事不切由、
法印及未時退帰、暑熱無為方、
十日乙巳、　去夜、雷雨雖不久土湿、暁天晴、
午後、黒雲雖掩天、雨未降、申後晴明、
臨昏、興心房音信云、依俄召参殿下、御腰辺聊御雑熱事
云々、近日人定驚歟、尤以不便、
夜深、宿忠弘冷泉方違、一昨日、宜秋門院、奉具姫君、
令参籠春日給、北政所御懐妊、御着帯、已御令籠長谷給、窃以、御
懐妊月重之後、遠所御行甚不穏事歟、凡宜秋・東一
条・』(17)北政所・姫君御前・定高卿・斎宮幷私女子・
其妻、相続南京経廻、侍・諸大夫・殿上人、大飲酔郷貪
酒食、定是南京之費、不似範輔放光之時歟、去比、親尊
法印、舁莫大垸飯、向黄門宅、飲食衆会、長季・知家・
経時・入道仲経卿・信盛等之輩云々、年来権勢之追従、
成謗人、最前之酔狂、超過前事、極以不便、
聞暁鐘帰廬、涼夜已永、
十一日丙午、　朝天遠晴、昼間陰、小雨聊灑、
夕宰相来、自吉田泉水絶了云々来、殿下御雑熱軽忽事、猶依
恐思、押而付大黄之由被仰、相門只今参給云々、宰相、
立室町殿、可居私女房周防大炊御門小屋云々、是本自可
然事也、貴所太不甘心、盛親痢病危急、放生会前駈、更
無其人云々、卿二品一定存生、成敗分明、至于家中雑物

覚悟、令書目六、行処分、臨終沙汰等、自被加詞云と、
定高卿家大会執行日第三度云と、親尊参幕下、自称近習
由云と、
十二日丁未、　朝天晴黒雲間見、
井水徐乾僅汲云と、宰相、今日去室町殿云□〔と〕、
酉時地震、雖不荒其程久、日暮雨降、即休、
終夜小雨間降、真恵僧正承御祈十日事、歟、有験徳歟、
十三日戊申、　天陰、雨間灑、
日入之程以後、詣幕下亭、心閑謁申、粗陳心中区と之旨、
自然夜深帰廬、暁鐘漸報、月陰暗、人云、鴨水頗増、若
遠山雨降歟、』⑱
十四日己酉、　天晴、未後天陰、
宰相先行八条頼重屋、夕可参八幡云と、今日不備行粧云と、
明暁、前駈盛親朝臣・為清朝臣権守、侍伊員・有弘・光
兼左門・時広右門・忠康兵衛、
申時許、大宮三位来臨参殿下之次、謝返之後、沐浴、
十五日庚戌、　自夜甚雨、辰後止、天漸晴、未後、乍
晴雨間降、
興心房音信、明日、可壊嵯峨旧堂者、

十六日辛亥、　天晴、
昨今有所慎、称物忌由閉門、
金商七八月庚辰戌・辛巳亥、金日と木性人可慎、又西方
有門之宅、不可居之由、有先人之命、仍年来慎此日、已
及七旬之暮齢、此事、去十三日申殿下、昨日御于高倉之
由、所伝聞也、今月、又当于癸酉之月仍重於例年、
下人説云、卿二品、辰時許遂被終命、門前車漸散了云と、
後聞、暁土葬云と、
夕宰相書状云、一昨日、日入参着上卿先着云と、昨日遅明参上
宿所遠不聞乱声、上卿・弁已参向訖之後也、追加之、上卿前駈四人、侍
二人・弁共侍四五人歟・右衛門資能・右兵衛定具・馬助光衡左門左、兵不参、
左近将二人少将家定・通成、毎事早速訖、神輿入御、弁経舞台
之中、上卿経縁、宰相経下此間雨未降、供神物之間、大雨
如注、行道之程漸止、舞楽無雨気、終日在座不退下、相
撲三四番、猶不暮、如此無為早速、近年無之由、宮寺殊
感送云と、近将、相撲之間、立神殿砌下近年事云と、』⑲不知何年以後
事即帰京了、
日入之程、黒雲聳、不見山月、と昇漸晴、
十七日壬子、　終日晴陰、

此三四日、萩花盛開、興心房、昨日運取堂了由、被来示、
自佐渡、督典侍、依病身腫入洛云〻、
十八日癸丑、　天晴、風吹、
静俊注記、如法経訖下山、〻上又落居云〻、
今日称御霊之祭、上辺下人経営、着金銀錦繍、渡今出河相門被見物、
今日、書終止観第七巻、書始第八巻十五枚、
入夜宰相来、駒牽上卿闕如、放生会上、又俄被催参勤、
宰相・別当、少将定平、盗馬二疋云〻、明日可向督典侍禅林寺宿所者、
十九日甲寅、　朝天遠晴、
今朝又書六枚、
知家卿御屏風歌事、以予申旨申之処、有恩許之気之旨、
右幕下返事被示、仍告送此由、
当居所艮方、令立三間之仮屋、
三位返事、只今自女院被仰此由、其状送之雖存七人由、懇望者可為八人之由、也、即只今参殿下之次、可来謝、又送書、今日有障事、
不可有光臨由也、於殿下門前奉書由、使者持来返事、於
彼一門堪能之人也、於予多年有其好、貞応元年大祀、以法皇雅清卿被仰予、辞退申子細之次、近代彼家多詠之高倉院吉例歟、
於彼家、当時堪能之由申之、遇時之不逢、称重代、左大
弁家宣承之於衆中、未詠卅一字之人也、即死去、又称』(20)一門之
先達、家衡卿詠之毎交衆有嘲弄之歌也、得時与失時、玄隔事歟、
而今度又漏此人数依人多、用上﨟云〻、、給恰不便之故、謁幕下之次、
委示此事、依被達適被許歟、是又可謂本意、無隔心之人、
便宜事、存自他差別哉、
此三四日、鶺鴒小鳥来鳴、炎暑雖如盛夏、時節自至歟、
鷰不見、古今歌稲負鳥有説〻事不切事也、予用此小鳥之説、
家隆卿、多於赤羽用矢鳥也了見之由披露云〻、未知其証、其鳥
尋常近辺不可来、此小鳥来鳴之時、賓鴈必計会、尤叶此
鳥之歌也、只以節物慰心緒、故記之、
入夜偃臥、前左馬権頭長綱来、令叩門、扶起言談、依好
歌来也、父朝臣、七月五日赴関東近日可帰云〻、事次聞及、籠
二品喪家人、坊門殿範光卿女、元按察典侍・大宮殿入道内府女、称皇女母・権中
納言実基妻室頼平卿女、姫御前とて養之、上皇御発心地時執聟・少将頼基非人数、無行方、依居其所歟、処分、五所進脩明門中山家、西御方当時隠岐、庄二、中山之内一方・坊
門庄一、大秦宅・大宮庄一、家一忘・中納言庄家其員数多、不委聞・陰明門定勝房、法勝寺向・
綾小路宮嵯峨所領五云〻、是又養君之数云〻、、嵯峨若狭堂(補1)始浄土寺二位、依教成参議、為此人領・

我所造安楽心院、進脩明門云〻、所謂時移事去歟、此処
分、其夫入道相国子息、無温潤歟、脩明門、可令渡住中
山給之由、依申行、雖有其事、依此病、当時御于安楽心
院、近日、可還御今出川云〻、
補1公清・教成、各以家地、連日任参議、依公継賂被奪、道
経大臣之時也、
廿日乙卯、凶会、　朝天晴、
朝書止観、申時許、参大納言殿去比、依有御消息也、扶病構参、五辻
大宮也、見参移漏、事次被仰事、松殿仰、
(補1)臨時祭庭座壁下座、参議着後座揖、経両座中、向南揖、
一同故入道殿仰、』(21)
予申、彼公達乍着沓坐、揖脱沓給、是上説歟、命云、
正説、只如故入道殿仰、此着沓事、(補2)一之或説也、希有
説也、全可用之由不云由被仰、三献勧坏、上卿居二献、
垣下衝重之間、先起座、出仙花門也、漸執坏搢笏之間、衝
重等訖入也、又此等役人、更不待職事触、只初献・二献
之人退時、立出也、
非内裏所如朝覲行幸、居胡床、次将臨時起座時、不可寄
砌内裏、階下也、依入、只自我座後、(補3)可出中門方也、毎事同故殿
仰、尤有興、
着殿上之人、脱履、懸右膝於長押突膝昇也、小板敷陣横
座、皆依突膝、先突座上也是又同故入道殿仰、但取笏文昇青璅
門之時、先突右膝是又同、但着御前座時大臣、可突膝、依為座上、、
納言依座末、只乍立昇長押後、可突右膝、裾懸檻欄之
時、若有遺水者、不湿程ヲ計て取て懸也、
月出山之後、退出月色赤、帰廬之間、大原少輔入道自昼来臨
云〻、仍於門下車入、即相謁、雖窮屈、言談之後、暫入
食事了、又出逢、及暁鐘付寝、
補1西塔猶又不静、本三村庄事云〻、
補2義村率数多之勢入洛云〻、是何料乎、不得心、
補3出行之間、八条三位長清来門前、示此由帰云〻、
廿一日丙辰、　天晴、
暁更禅門帰一両日可在、清閑寺辺、忠弘入道示送、今日、右大臣殿、
令渡殿下御所泉殿給御同宿、右大将、可被居宰相高倉町
亭日来大将被坐、壊渡殿下御造作三条坊門烏丸院御所跡也、依其事大将
被立云〻、
未時許、大宮三位来臨、態来向之間、今朝項有二禁、令
見忠元朝臣之処、頗不軽忽由示云〻、急可有療』(22)治由

相示、不経程謝返、伝聞、従三位隆宗卿薨腹病不、経程
夕、右幕下音信、只今参殿下予、一昨日、達今夜、可参由明旦可*1
渡高倉、明後日来乎、「〻」(朱書)今夕押小路宮親王宣旨云〻、比丘
尼之幸、当世不可勝計、
*1 (朱書)「内親王宣旨」
廿二日丁巳、　天晴、
暁有涼気、着綿衣、
隆宗卿、去比瘧病之後、痢病不経日数増、終命云〻、
長清卿送書、来廿五日御方違行幸供奉事也、注折紙送之、
今日昼不着帷、初取入灯、
廿三日戊午、　天陰間晴、
自朝暑気又如日来、横川大納言殿御消息、依所労下山、
来廿七日可向有馬湯御坐唐橋左府旧所云〻、
及秉燭、詣右将軍亭高倉、心閑謁、先是、於宰相宿所、
小〻問世間事、近日人云、少将隆盛、於右少弁宅沈酔参
内、狂乱之間禁中騒動、厳父勘当由、日来聞之、事有実
閉籠萩戸、被追出之間、吐狂言等云〻、凡末代酔狂大飲
等、超往事、甚以不便歟、暑気又同日来、
子夜帰廬、以時広、問秀能入道病ニ禁危云〻、

廿四日己未、　自辰時雨降、未後天晴、酉時雨又灑、
時〻念誦、又平臥、
廿五日庚申、　朝天晴、
書第八巻十八枚、
秉燭之程、凌長途、参入道大納言殿左府弁置給唐橋、』(23)見参東一条院
令借請給、左府、御坐殿下九条殿、明後日、令下向有馬湯給一条相国新造、湯屋云〻、自
然移漏、聞暁鐘退出、但帰家鶏未鳴、即用方違、雖疑思、
鐘声非一報了云〻、未練乗車、路遠心神如無、
廿六日辛酉、　朝天晴、
朝書三枚、伊勢前司清定朝臣来談、本性好栽草樹云〻、
多問其事、大納言殿、月来被仰連歌事、依懈怠有恐、明
後日乍平臥可参由申訖、夕宰相来、向督典侍禅林寺、
廿七日壬戌、　天晴、
宰相企灸治、為引医師、取黄牛、引送黒牛秘蔵云〻、来月三
日、御室令修七条院御法事給、公卿参大切之由、先日被
仰、此灸治事、日来依不聞及、不爛之間猶参哉由、雖示
送、蒙催時、中灸治由訖云〻、愚父相示事、公私本自不
聞入、甚無芳心、
後聞、右大臣殿、大納言殿、右大将、中納言三人、経

通・定高・頼資、参議経高・家光、
(補1)今日、殿下第二度御表云〻、只伝聞許也、
初度御上表日、公卿八人着座云〻、近日事複保安以往歟、
尤可然、右大臣殿、大納言殿、大炊大納言家嗣、中納言
経通・定高・頼資、宰相伊平・家光云〻、右大将・三条
大実親・土御門中通方、兼領状、当日所労云〻、

補1使宗平、勅答資季、資高朝臣草之、第三度孝範朝臣可書云〻、

廿八日癸亥、　自遅明大雨、辰時漸休、巳時天晴、
朝書終第八巻老後所願、不図及此巻、尤以欣悦、
彼岸初日也、又是斎日、老病難治、不能断葷、随哀暮之
甚、病力又以加増、悲而有余、』(24)
廿九日甲子、晦　自暁雨降、辰時休、入夜又雨、
(補1)清定伊勢来談、身上訴訟之歎也尾張所領、内二品得論人賂、
信実朝臣又来会、不詠御屏風歌之遺恨歟、依長保例、公
卿許可詠由、有沙汰者、非此限歟由答之、和歌之不運、
遇新古今不入、此事又如此、於歌道者、交衆無益事歟者、
一旦雖可然、先例之上何為乎、
静俊告送云、昨日廿八日、彼岸初日、於社頭大宮彼岸所、両門
徒闘諍、南谷衆徒勤彼岸、青蓮院方欲着座、梨本遏絶之
間、於彼岸所及合戦、未曾有事云〻、
今夜又涼気、

補1伊勢語云、左府、昨日俄絶入給、御子中納言、此間居岡崎、聞之騎馬馳給云〻、不知其後事、

九月大、
一日乙丑、　自夜雨降、終日濛〻、
適有涼気、不聞世事、
二日丙寅、　通夜終日甚雨、
大納言殿、今月可有女房御産事云〻、其以前、連歌之興
大切之由被仰、仍午時、以雨隙参入、見参之間又甚雨、
人皆不参云〻、申時許帰廬、清定云、今朝逢有長朝臣、
此間欲入熊野精進屋、山門事嗷〻之間、忽難遂宿願、昨
今無他事云〻、不聞他子細、凡世上之乱、逐日無落居之
期歟、可悲之世也、
三日丁卯、　朝雨如沃、巳時陽景見、夕又雨降、
書第九巻八枚、本草子七十七枚、依大巻、』(25)以卅九枚
為上巻巻料紙卅枚、於大巻者、皆為上下也、
西方雖雲多、初月、今年不見之月多、

不聞世事、雨気不止、心嬾猶不能出門、
四日戊辰、　自朝雨又降、時ゝ休、
書第九巻十六枚、不聞世事、大納言殿、昨日女房産給云ゝ、
五日己巳、　自夜雨降、終日滂沱、
書十七枚、
六日庚午、　終夜今朝甚雨、巳時休、午時陽景間見、
　未時天晴、
書終第九巻四枚余、書始第十巻五枚、此巻草子卌六枚
七日辛未、　朝天遠晴、
書十枚、午後、土左前司有長朝臣来臨、明後日入南山精進屋之由、来触月来不音信、可謂本意、縮道之日数、参三御山、十月三日可帰京云ゝ、
微陽已短、日没甚急、此数ケ月、三日四日似無月、昨日之月、如常四日之月、甚奇事歟、
八日壬申、　天晴陰、
心寂房送草樹等、令栽之、
夏梨続木也・真木・椿・大柑子・御山ウツキ・白萩・高宗薄不似例薄云ゝ、穂不出、不見分・例躑躅等也、
今日書十四枚、
禅尼、近日不食之気、経数日、精進渉旬月、其身窮屈歟、依有善心、而尋常断葷、又無労扶之術、念誦不怠、所積老身之衰損、尤道理歟、甚不便、』(26)
九日癸酉、　天晴、
今朝書六枚、
召使来、請恒例酒肴云ゝ、前官旧老、更不可然、尤尾籠事歟、纔望竹皮之来臨、更思菊酒之往事、感暮秋之景気、拭重陽之老涙、懐旧之悲、不異陵園之配妾、只対庭柳、短晷空暮、
十日甲戌、　天晴、
今朝書八枚残三枚半、令築巽角垣之壊、
今日有出仕之志、巳後、大風忽起発屋、恐落帽、日徐暮風不止、遂不出、
十一日乙亥、　朝天快晴、
今朝書四枚第十巻書訖、自去年十二月七日、至于今日、終十巻之功、不図、迫七旬之暮齢、遂此願、機縁之令然歟、尤以欣感、於今者又欲加点、
申時許、証寂房来臨、言談之間、入夜忠弘法師告云、大

納言殿《女房》御産之後、七ヶ日、依赤痢病、昨夕逝去給云々、
以知村、送清定朝臣之処、帰来云、大納言殿渡四条坊門
給、御共勢州又参、雖別所、依下人等相通、此宿所不混
合者云々、
夜深宿南栈敷九月節、明日帰忌日也、忘却了、連夜旅宿、
極可有煩、
月入山之間、聞暁鐘帰、
十二日丙子、　天晴、
朝自殿下給御書、屏風歌題引失、又可書進、
午終許参、大蔵卿、中人々中事頭中将・権右中弁等歟、又平宰相参
云々、明日仗議、法家勘文不審』(27)多、且又被問仰詞、
有不審治部奉行、祇園所司、与役夫工神部闘諍事云々、先被
問先例准拠事、依法家勘申、可及罪名沙汰歟、而已勘申
罪名、頗不可然歟、付此勘文、諸卿若有難申事者、尤召
儲勘者、重可被問之処、章久参熊野云々、定事不切歟由、
内々示大蔵卿云々、(補1)仰詞事、遣召親長朝臣、可被尋此事、日来又
有御不審、然而已勘申之上、内々被改其状、外聞可有不審、仍待群議也　為経朝臣、又可停止僧徒
之兵具之由、仰南京長者、宣草先覧之、依仰、小々有直
事等、相門、明暁被参詣春日云々、来月兵仗牛車之拝賀
云々、参御前之後、不久退出、向右幕下亭宰相宅、拾謁、
秉燭之程帰廬、
依帰忌日、夜深如夜前宿南栈敷、聞暁鐘帰来、

補1見事躰、仗議可延引歟、

十三日丁丑、　天晴、巳後風吹、
借得証寂房本付仮名、朱点、不加、点所書止観、本点猶不慥、甚
以停滞、及未時、僅十余枚了、休息、及晩景、風払雲、
良夜月明、昨日出仕、連夜方違、終朝移点、筋力疲而不
能出門、唯出南面望清光、但恨、自六七月以来、惣有可
奇事、毎月不見初三月、今夜猶月輪多欠、其暉猶微也、
如尋常十一日許之月、薄雲又満天、雖無尋来人、不下格
子、徒及深更、暁鐘之程、雲収尽、清光弥朗明、
十四日戊寅、　天晴、
朝間移点、夕沐浴、夜深小雨雷鳴、』(28)
十五日己卯、　天晴、
移点之後、懺法了、未始許、興心房来坐、受戒、日入参
相門、秉燭以後奉謁、即帰、
終夜無片雲、昼夜和同歟、
十六日庚辰、　天晴、

至于未時移点、依不読得借本之故、太遅〻、忠弘法師来
次云、式部孝行対馬所領土民、為強盗被虜掠、不能逃去、
大強盗、以此男補職事、令催諸同類、雖有帰郷之心、怖
殺害而奉仕、去比、適遇式部従者、遂随之行式部宅、遠
左右而密語、式部聞之、即向河東示此由、修理亮聞之、
随指示、遣武士搦取、皆以承伏、依其数未尽、秘蔵此事、
当時猶搦取云〻、為人之大切歟、
月出之間今夜月、日入即出、参大谷斎宮、初夜鐘程帰廬、押小路
宮去月親王宣旨、大腹水腫御病、医家恐申云〻、
十七日辛巳、　天晴陰、時雨間灑、
興心房消息、自昨日未時許、北政所俄令悩給、仍被召居、
在近辺小屋、頻参上云〻、例御邪気歟、更不可緩怠、太
不便事歟、
未時許、空躰房鑁也来、一昨日入洛、依八幡別当招請行
向、今廿日許可経廻、依在京、態来由陳之、今年八十一
云〻、猶以騎馬無煩云〻、退帰之後参殿、与三位入道暫
言談、右大臣殿見参、殿下又出御、中納言参申雑事、』
(29) 雖聞護身音、彼御事不及披露歟、無殊事、人〻申事
等只如例、晩頭退出、

今日又暑、衣下不着小袖、着帷、灯猶在内、
十八日壬午、　夜大雨、朝天晴、
朝移点、昼念誦之後、口熱欲飼蛭、〻不付、仍今日不果
之、
覚法印書状云、転法院事、被補改之外、当時無他事由聞
之云〻、殊以感悦、
夜月明、
十九日癸未、　天晴、
移点八枚訖、
未時□〔蛭〕飼、知宗、安嘉門院奉書、両庄課役、桑孫五疋可
進上来月十日以前、末代召物、非近江・播磨之土産、雖難堪、
定是有事故歟、不能対捍、
入夜使者帰申、飯室入道殿止観俗点本也、五帖給之、奉請之、感悦
千廻、若写得者、可為世〻之結縁者歟、
廿日甲申、　天晴、
此本第一帖七十八枚、廿八枚移之、
未時又蛭飼昨日上歯、今日下歯、依蛭少、昨日不終功、
短晷空暮、夜深月出之程、大雨降、
廿一日乙酉、　天晴、

朝間点廿一枚、忠弘法師来、病者身雖極危、不罷下者、能州事更不可落居、仍来月五日欲下向者、実雖非旅行之器、相公』(30)勧此事云々、不能制止、主従老身、遠路難期後会歟、

廿二日丙戌、　朝天陰、終日不見陽景、

朝移点十五枚、

未時許、覚法印来談、去十五日、相国使者帰来、転法院、定毫還補之外、他事無為之由被申、又自殿下、同被進御書云々、七条院御正日十六日、脩明院御仏供養云々、例時布施、雅親卿沙汰之、十八日私正日了云々、

又蛭飼、及昏了、

廿三日丁亥、　天晴、

移点十八枚第一巻終之、十三枚、第二始之、五枚、

雖有出行之志、病気不快、心中殊懶、風又吹、

廿四日戊子、　天晴、

自朝移点卅八枚、

右兵衛督・前修理権大夫来臨、同時謁之、武衛、向花山院正日仏事所之次云々、束帯、土御門大納言今日無他人、聖覚法印如例、布施五十、過差無極、法事日如此同講師、其日、通方卿・宗宣卿等来云々今日二人同、宣経卿偏奉行、語此人々云々、一昨日酉時許、押小路宮薨給云々親王宣旨以後、不幾歟、夜前近辺葬送了二条面堂歟、彼御跡第、尼宮相承給云々、武衛先帰、匠作暫言談是又束帯、参内之次、退出、

秉燭之程、参殿下、即参御前、白川宮御事、』(31)行幸之有無、外記勘文、応保、依以日易月、不延引、隆子此名忘々鳥羽御内親王云々不知何宮女、寛治外祖母隆子、十月延引、明年二月被遂、已為吉例、尤可延引云々、除目京官、来月九日、信盛可奉行由被仰邦長、五位奉行何事在乎者、自湯山、明日雖帰由申、若有事故歟、

去月之比、関東有勝事、三宮惟明親王孫王、長髪余其長云々、忽下向、坐八幡若宮拝殿、被触下向由、大驚奇、急可有御上洛由申、帰京無其所、不元服、又無出家之計略、只可居住此辺由、雖懇望、付武士一人、早令上洛、可然僧一人被仰付、可有出家之由、申公家、件武士送置醍醐辺云々、

近年称片野宮、遊于江口・神崎辺人云々、

今夜、禅尼請興心房、修廿五三昧、雖窮屈時々聴聞、不及夜半早速了、

廿五日己丑、　天晴、

朝点及未斜廿一枚、近日又此癖歟、忘他事、申酉時暫念誦、

廿六日庚寅、　天晴、

朝点廿一枚、第二巻十五枚訖、第四巻、六枚直之以他本点訖、見合直之、其点多相違、摺改極有煩、午以後、依魚食休息、

静俊来談、山門不用新補学頭之外、両方当時無殊事云〻、秉燭以後、謁申右幕下、北政所、例御邪気令発給、此御持病更発之時、惣只惘然、』(32)是非無分別之間、旁不穏、吉事可延引由、一日殿下御参内、雖令申給、猶不許、只抛万事可被遂之由、御気色之上、又不及子細、猶有御営、凡万事不合期、相門相共雖有種〻案等、袷恰如事不行、抑私老女房事、猶一定馮思食、無異儀之由、重被命、驚此事、入忠弘法師宿所、示含此由了、下向能登之後、誰人致其沙汰哉、甚難堪事也、亥時許帰家、

廿七日辛卯、　朝天陰、辰後微雨間降、申後漸密、

第四巻直点十五枚、自相門、可来由、以使者示給、扶所労詣向、此女房事等、重被命只如先〻申不、諧由聖法印・親尊法印、乍立相逢、即帰廬、

(補1)入夜宿忠弘宅方違、宰相来会、参議兼侍従、衛府督闕出来時、必兼之、流例歟、於親能者、本性不望之、予又勿論辞剱了、右武衛申匠作之由、世已謳云〻、昨日又示送、漏其恩者不便事歟、可申由示了、暁鐘帰、

廿八日壬辰、　朝雨、降天晴陰、

補1侍従宰相〻入在朝之時、於上﨟者雖兼任、下﨟一人不任衛府、

自朝至午、直点廿枚、

廿九日癸巳、　天晴、

直点廿一枚上巻十五枚、下巻六枚、面雑熱猶不尋常、以愚状申按察被申事申殿下、分憂事也、』(33)闕国不幾、成功権門相競之間、所存依違之由被仰、即達其趣了、

日入以後、詣相門、咳病之由被示出、無面謁、又向幕府、出仕之間云〻、空帰廬、

卅日甲午、　天晴、風冷雲惨、

終日直点、終第四巻四十一枚、

興心房被過云〻、北政所、如令付減給、猶依仰、候近辺云〻、除目来五日、昇進分憂、競望千万云〻、多是若少嬰児也、尚少之世、顔駟何為乎、

菊蘂初綻、荻花尤盛、閑庭只望之、不図六十八年之秋、又如夢過、』(34)

◇時雨亭文庫蔵（第四十四）本（433）

（旧表紙）女御〻入内事　不交衆之身、
　　聞及事不幾、不能委記、

寛喜元年冬〻』（1）

寛喜元年、

十月大、

一日乙未、　天晴、

按察書状、昨今頻到来、以愚状申入、給御返事送之、又有返事、又進入分憂名字事也、、宰相来灸治以後初出行云〻、御屏風大略詠出之、不似老後不堪、於予者遂事闕歟、

二日丙申、　天晴、

朝移点廿枚、定修持来点本、散小〻不審、

面熱沃菊湯、短晷無程暮、

夕、入道法師来、老女房出仕之間、一度出立事注出之、無足、鵞眼六十一貫云〻、是只衣装許歟、貧家之涯分、実無計略事歟、被処凡骨、為振家恥、此営、可謂前世之悪縁、

三日丁酉、　天晴、

午上点十九枚本草子数也、菊花盛開、紅葉飜色、

日入以後詣相門、一昨日、参北白河院、此女房事、以北政所御文、委申入了、快然、内二品参会、加饗応詞、又参安嘉門院御方、同申入了由、如例、万事快然、自讃気色之外無他、雖恐内〻御意、有如然之仰者、一旦可安堵之由申之、小〻可助成之由、有恩言等、雖不知始末、悦申退出、参殿下、只今自内退出之由被仰、按察懇切事、』（2）重申之、凡熟国無闕、〻国不幾、今日彼状進入了、無左右仰之由、被仰之、大将被参会、同時見参、入御之後、又僧正御房御坐、予退出、

天王寺悪徒等結構、奉払別当法親王、積藁於寺中、有制止者、欲放火云〻、山上梨本門徒某、打破兵具禁制簡、又帯兵具、下社頭馬場、所司等咎之間、三人刃傷云〻、別狂乱歟、

一日不知其日、多武峯悪僧張本一人召出、給武士訖於此殿中門、相具退出、今一人、賜検非違使長親云〻、

四日戊戌、　天晴、

点十三枚訖、巳時笛師式賢来、相逢之間、大宮三位来臨、
言談自然経時刻之後、参殿申終、已御参内訖云〻、空退
出、日入之後、(補1)参宜秋門院、都護・武衛・備州相謁、昔
別当三位宗頼卿室・京極殿春花門・春花門佐参云〻、京極殿
事次聊言談、御懺法初夜時始、資季朝臣・今一人不見分、及暗、
取散花、僧慈賢・成源・印円、僧退下之後、小時退出、
路遠帰家夜深、腰病極難堪、

補1 参入尼皆是愁訴也、佐、為二品、被取繋命之庄、三品、聟違背、女孫貴人以下、皆無衣食、京極殿、為公暁、先年被取庄、是皆本主取返也、

五日己亥、　天晴、夜雨降、
移点十四枚、以書状申按察、毎日消息、行能朝臣事等奏
聞了、猶可[申]□入由被仰、達此由了、
宰相来灸治猶有煩、乗輿、右武衛申修理之由、重示告其闕事、
付具実卿奏達、又付女房、　天気非不快、争可申殿乎、
只可申幕下、賤老有存旨、更不可申子息事、武衛申事、
同不能出詞、親姪之上、其闕似有所望、無由之故也、』
(3)
幕下依腰病不被参内・宰相、皆依招請、参向吉田云〻、酔郷之
料耳、
未時許心寂房来、令見面熱、擢黄菊葉可冷由示之、申後、
大風又発屋、
六日庚子、　天晴、風猶不止、
朝間巷説、蔵人頭・国〻闕等無沙汰、下名可有之由、風
聞云〻、
巳時聞書見来書一紙、近代不見之、、参議宣経　侍従[家]□雅復任
内舎人中原季有関白臨時給　藤輔[成]□臨時内給　大監物中原
師世　小監物鷹司院　大舎人琮子　明法博士中明能
音博士清隆尚本道挙　玄蕃粛子内親王　民大輔藤経成兼
少丞礒部行継　大江有棟　主計允ーー　兵部大菅長成
権大藤高嗣　刑部藤久康北白川　少録本道挙
織部正親成　宮内宣陽門　木工明経挙　清貞嘉陽門
典薬権助和貞幸　掃部臨時　中原清経寮奏　橘公厚学子内親王
左京権亮菅乃長尚　少進安嘉門　修理東一条
勘解判官長官挙　伊豆守源信光　上野介藤朝光
加賀守善康俊　播権守宣経ー　長門守源盛忠
筑前権守中文盛　左中将宣経　将監藤光成蔵人
藤行実臨時　中盛経初斎宮　医師中業清連奏

右少将通氏　将監中盛経初斎宮　日奉良兼臨時
左門尉源仲遠蔵人　滋野実綱　豊教貫　中盛村
右門石上敦業　医宗盛員　左兵尉日吉神宝
藤親説　神実貞　医宗〻継連奏
右兵尉ーー臨時　清原石清水修造　平繁綱斎宮当年
左馬允源光良父右衛門　紀朝宗　右馬権頭源有長
允平家経臨時　平保知後高倉去ー臨時内給　兵庫允算道』(4)
寛喜元年ー
正三位公長臨時　知家左大臣、建保六年松尾北野行幸　成実臨時
正五下親氏止兵部大、　平経氏臨時　藤経光北白川去年
従五上資親臨時　教定臨時　中師景止音博士、
従五下紀宗朝民部　源時長　信光　朝光
施薬院使丹波良元　従五下清業尚大学助如元、
良元有子細云〻、承久三年、後高倉院此官已御約束、而長基、以頼基例一日兼帯、後日可譲良元由申請、良元聞之、依為妻父、後任者非訴由申、法皇有御感言御教書等、而変改譲子息、仍以彼御教書等、自関東被申、先是与其妻離別云〻、
日入以後、詣向幕府、小〻散不審、国〻事、任人名字等被尋者、可経程、下名可被任由、有沙汰云〻、蔵人頭、親房有懇望、哀憐欲被補之処、近日親房身有不祥云〻、実是不運令然歟、
義村深渇絶殿下御事之由、被聞食、恐惶無極、関東奉公之身、寧可然乎、此事為申披、有上洛志由申之、将軍依抑留仰憖止、次男猶令参由、内〻申之、此事被伺問之処、右京大夫有此詞之由、有其聞云〻、聞食此事、可有勘当、剰朝恩之条、有事憚云〻、親房書誓状云〻、依之親長又暫延引云〻、人宿運、自他実可悲事歟、
相門、被申実経中将之間、其詞頗有過事無此朝恩之程分限候者、私有親昵之好、不可召仕、可追却由云〻、此事咎思食、無勅許之由、不被聞以前過分詞、有御不請之気、除目夜無出御、無御対面云〻此事又可謂道理、凡聖明』(5)之世実可恐事歟、今夜、内〻被示殿下御気色之趣、尤可謂本意、心中抃悦、但非計略之限事也、
老後一日之本望事、於御意非〻拠由、有御存知、而更無其闕、国通親昵之人歟、内〻相語計略哉之由也、彼卿本性、本自極不得心之人也、於予又逐年無其好、勿論事也、一日所申都督事、更非貪温潤、一日居其官者、若如頼資、相博事相語哉之故、所申也、可被申入由示

達了、
可悲、起居行歩猶以不輙之身、未抛此執心、自弾指者
也、
按察入道、申給参川国歟本阿波・和泉也、相博泉本望也・阿波ニ可
替由、有沙汰歟云〻、
雖及深更、大風猶不息、草木弥黄落、
七日辛丑、　天晴、
朝点十六枚中巻十三枚、下巻三枚、午時許、但馬前司来談、及申時、
越前〻司隆範又来、近日吉事、宜秋門院極歎思食之由、
見気色、猶有恐事歟、且可被示右幕下由示之、即忩出了、
日入之後参殿下、右大臣殿見参、可献舞姫人、入道按察
之外、無其人云〻、甚不便事歟、大炊大納言陰明御共参天王寺・土
御門中納言役頗遠云〻・有親等可責之由、今日被仰云〻、
是今世人、軽忽公事之故歟、奉公者、無抽賞之故歟、右
幕下被参、暫謁申、即被参御前、右大臣殿、今夜依忩〻
不逢、明後日昼可来由被仰、仍退出、
八日壬寅、　天晴、』(6)
終朝雖点、廿一枚之後念誦、
定修来、按察一州事、又以書状申殿下、可構出由懸心由
被仰、又有書状、仍答申其由、知宗所催之桑孫、随尋出、
送彼朝臣許、如員数進、珍重之由返報、奉行人、不可如
数由存歟、朝暮期日弥近、心中極周章、
九日癸卯、　天陰、
今日不点、
巳時参殿、頗心閑見参、
五節、有親朝臣出雲纔領状、公卿、左衛門督・大炊御門
大納言被責、権中納言実基、申妻重服、明年必可献由申、
除目之景気小〻相伺、御出被忩之間退出、向幕府、又申〻《示》
申存旨等、即帰家、
青侍惟宗〻弘、依有事次、被拝諸司允、▨《名》字哉由申之、件
男令伺聞、暁更来、任木工允由告之、可謂過分、
十日甲辰、　自夜雨降、
朝点十五枚、
巳時許見聞書、権少外記中師範兼、侍従藤宗教
内舎人二人臨時　図書允清成経功　玄蕃藤光重臨時
刑部丞藤盛家公卿勅使神宝　少録紀能久
木工《惟宗》宗弘臨時　三宅清宗同　掃部平家村
典薬允惟宗宗茂寮奏　同正継同　属中清景同

左大弁和泉源時長　別当参川守藤範房　資経卿越中守藤高経
越後権守賀茂長宣　経時卿丹波守高階泰定
紀伊守小槻季綱兼　右兵衛督淡路守藤資忠』（7）
信盛肥前守藤家広　大弐藤成実
左少将藤教房　将監平頼親北野大政所　右少将藤公基
左門尉平家俊　坂上宗澄法勝寺修理　右門尉藤時頼鹿嶋使
大江致重官庁功　少志中原親茂楽所功
左兵尉藤良基住吉功　中原行能臨時　藤秀弘同
右兵豊原信秋　中明直装束司申請、　左馬允中元重宇佐神宝
右馬允藤良成木工寮申請、

寛喜元年十月五日

従三位藤良実中将如元、　正四下藤教忠
正五下大中臣隆弘　同盛清　同孝時
従五位上安部宣賢　源資国　藤実清
従五下中師為外記主計助如元　高階泰定　外従五下大神宗□
使宣旨左門尉藤祐政　音博士隆尚可改書博士、
織部正親成　典薬助兼宗　左将監中盛経　止位記、

午時許、右兵衛督被過、日来顧涯分不申、先日聞修理闕、止督、肥後国可任由申、夜前忽賜淡路、可献五節由被仰之、可謂面目、実存外之恩歟、尤可謂善政、

今朝、按察又有怨欝之状、即進覧、仰云、尽詞雖申之、閑可有沙汰由被仰、更非吹挙之微々、二品状密々遣之、可一見左府国事、可被計仰、按察、雖可憐愍、心閑可有沙汰由也、実不及事歟、　仍又示達此由、甚無由申継也、予申之由、已達天聴歟一日状、令奏、覧給云々、置両国之闕、閑可有沙汰之由、七旬之余命、期何日哉之由、有怨望返事、頗以道理歟、』（8）

十一日乙巳、　夜雨止、朝天晴、

朝点十五枚終第五巻、

只対菊蘂、短晷空暮、徒然之余、乗月出一条室町辻、数刻待行幸、二品車過了、経時刻、殿下御車室町北、又久而先陣来、無諸衛、右兵衛・右衛門・左衛門督、左大将殿、近将十余人、範頼許也、見了帰、又出行今小路富小路小家、借新大夫局宜秋門院隣家書譲文、暫待暁鐘帰来、

十二日丙午、十月節、　天晴、霜白、

朝点十五枚、未時又歯飼蛭、

秉燭参殿、頗心閑見参、夜前行幸、雅親卿、如大将経桜木北、甚奇事也、国々間事等散不審、右少弁光俊、厳重成功、欲給安房、成恨辞退、不便云々、公氏卿、雖不成

終功、又懇望、若可給肥後歟云〻、按察事、雖尽詞、当
時無其闕、欝憤極不便、
退出之後沐浴、
十三日丁未、　天晴、
朝点十九枚、
午時許、前宮内卿被過談、已移時刻、入夜被帰之後、詣
右幕下、此官仕事等、重尋申、亥時許帰廬、
十四日戊申、　天晴、
朝点、至未時廿五枚、前匠作雖来臨、称他行由不逢、左
金吾書状、五節櫛事答有営事由、
十五日己酉、　霜結、天晴、
早旦詣法輪寺巳時参着、乍車渡河、入嵯』(9)峨草庵、聊
休息之間、午終帰廬、
移点十枚、及昏了、入道按察、以使者被示五節事、身上
有卒爾之営之由、答之了、
夜月無片雲、乾坤洞朗、
十六日庚戌、　天晴、
心神疲、今朝不点、
入夜宰相来於相門又沈酔、昨日、北山室家墓所小堂供養明慧房
之間、法印公暁険路顚倒、瓜転頭出血之由、嘲弄云〻、
能登新立庄仲経卿女、定高・信盛引挙、送背勅定由状内〻
上啓云〻、御教書歟、私文歟、更不得心、幕下被申殿下、
更不知食云〻、権臣自由謀書歟、彼等引挙事、始終必有
祟歟、甚無由事也、
十七日辛亥、　朝天陰、陽景間見、申時微雨、
朝点十五枚、
臨昏、右中将有教朝臣来臨、清談移漏、
母堂所労老病加増、次第尩弱、臨時祭使被催、乍帯病者
領状有恐、若及後日無事者、臨期、雖卒爾可勤由申、
安喜門院御所冷泉油小路地(補1)三戸主被召、可給其替之由、去夏内
覧奏聞事切了、早可充給由被仰、而信盛于今抑留、不重
仰下云〻、侍従行通嫡男、申兵衛佐、若得便宜者、可申
入由等也、若得隙者、可申由答之、雨漸密、月出之後謝
遣、

補1重陽日、御書所作文云〻、

十八日壬子、　朝天陰、巳後晴、入夜雨間降、
点廿三枚、午時許、相門有招引之命、即詣向、前中納言
教対面之間、相待、退出之間、乍立言』(10)談之後、奉謁、

官仕之間事也、
明慧房為戒被来云〻、即退出、自南庭被入、予下地相譲、
被昇了退出、
十九日癸丑、　朝天漸晴、
点十五枚第七巻訖、侍従言家、適帰洛由伝聞、数ケ月在
志深庄、非尋常之儀歟、
未時許参殿、臨昏見参、中納言参会、多申雑事之間、自
然経時刻、月末出光白之間帰廬、窮屈難堪、
(補1)
明日、姫君令叙三位給可被補家司等、
前大相国兵仗宣下廿七日拝賀、
官掌兄公史大夫下手、切従者本鳥舞人好氏、称我従者
　楽所輩成訴訟事、
東寺一長者、為頭治部卿下官史、〔打〕破寺領庄庫、被運取
納米等事被召問治部、陳申事等
両事被仰大史季継事信定朝臣伝申、
第三御表事、
御入内扈従可被触仰公卿
前太相国　左府　右、已上已存知、　大納言忠房　基嗣　右大
将領状　実親領状　家嗣　中納言通方　経通　高実　国
通　定高　頼資　参議伊平　隆親　経高　為家　〻光
三位実有　中将殿不定云〻、
内裏御装束事、南殿御後壺、可有立蔀、以東庇、可為公
卿座此両事、年来事　替、
母屋廂御調度皆新調、糸毛御車又新調、
件車、貞信公御車、先年焼了云〻、文治被申請『(11)院
永久待賢門院新調御車云〻、其車、新院儲皇御時召之、其後、東一条院又乗御、其車焼了云〻、安喜・鷹司皆
新調歟、
御名事、大府卿撰、彦子似上東門彰子之由、渋申云〻
予、文彦太子四字之内、二字不甘心由申之、
貴子　是貞信公嫡女尚侍御名也、賢者失歟、
　尤可有沙汰事也、
親族拝、可及家嗣卿等、定高・頼資不可立云〻、
補1随身秦兼廉・同武澄・同兼俊・中臣近光、一座国近、
廿日甲寅、　自昨日、時雨間降、浮雲又晴、
未時許
右幕下消息、讃州一村多配庁宣伝賜、是女房出仕之料、
雖軽微猶可相待者、
入夜言家来、月来依灸治籠居之由陳之、
右武衛書状之次、不献五節、可造後白河院法花堂之由、

被仰云々、
廿一日乙卯、　霜如雪、朝天陰、
未時許宰相来相具大夫、灸猶不愈、不出仕云々、
廿二日丙辰、　天晴、時雨間降、
午時許詣今出川、被渡室町亭了、即参殿下、中納言・大
蔵卿、同時見参、只聞御経営事、昨日、第三御表、孝範
草、文章甚優也、但蒙昧甚、於御前不能読云々、
使宗平朝臣、勅答資季朝臣、如第二度、
廿七日、姫君令参春日社給南円堂・東大寺、長保例云々、
同日、相国兵仗拝賀、
夕、室町殿為御覧渡御云々、此間退出了、
廿三日丁巳、　天晴、
未時許、宗清法印、相具弟子法眼来年十三云々、』(12)容儀、美麗　言談
之後帰了、
及日入之後、詣今出川奉謁、秉燭以後退出、
廿七日供奉人当時領状
右大将　大納言実親　中納言通方　中納言実基　別当
侍従宰相　三位中将　此外藤中納言公氏未触、殿上人大
略、中将基氏　家定　少将実経　実清　隆盛　兼輔　前
左馬隆宣
左馬頭親季　侍従教定　知宗　猶可催云々、
言家、有供奉志由申、即許容告送了、
廿四日戊午、　天晴、
点第三巻卅枚、申時参殿、依御風気無出御、中納言・大
府卿相謁、宜秋門院、今日還御云々、夕退出、
廿五日己未、　天晴、
点卅二枚、日已暮、暫念誦、夜侍従来、
廿六日庚申、　天晴、
点十四枚、自　殿下給御書、行能朝臣申寺領、今日欲宣
下、其名忘却、相尋可申、仍此由示彼朝臣許、返事云、
蓮花王院領美作国｜｜｜、即持参進入之、遣召右少弁云
々、小時出御、被仰御名字間事、上東門院彰字立(補1)早久、
此字殊吉也、欲追吉例、無其字二条院章子・待賢門、璋子、已被用了、彦子
如何月来有沙汰、文彦太子四字之中、二字可憚歟由、予申之、意子窃案、医師之音相通歟、愔子姪音通、
遵七旬反云々、尤宜歟之、由申之、恩子是又無難歟、則子』(13)大府卿、一昨日雖申宜由、則天皇后
尤可忌、由被仰、内々被尋師季、今日注申趣、大略相同、大蔵卿
参入、又申此等事、右少弁参、行能朝臣事可宣下由、被
仰之尤可謂徳政、八代之手跡、争無抽賞乎、御入内事等繁多、女房猶多未定

事云々、日入之程退出、

補1今日、三位知・越前隆範来臨云々、

廿七日辛酉、　天晴、

今暁、殿下姫君御参春日社庇御車、中納言扈従乗新車、殿上人諸大夫十余人云々、出車三両殿上人車、其次、令参東大寺・南円堂給云々、宗平朝臣・藤家定朝臣｜｜｜有長朝臣已下歟、

宰相、今夕可供奉由、一日有本所命、而不参由又伝聞、依不審相尋、雖蒙二度催、灸治不愈不参云々、尤可扶参事歟、

秉燭以後、出一条大路見物、人々漸会合歟、良久前陣進、先居飼・舎人赤色、殿上人為先下﨟歟地下交歟、次諸大夫、次上﨟随身、被垂車簾、下﨟随身歩、雑色、次公卿過了、帰廬、

宿東北小屋、聞暁鐘帰、』(14)

○第15紙は一紙（第14紙と16紙）を切って異筆の一紙（折紙）を挿入したもの。

御拝賀供奉人々

上達部

右大将殿　三条大納言殿
土御門中納言　権中納言
別当　三位中将

殿上人

師季朝臣　基氏、、
隆綱、、　実蔭、、
家定、、　実経、、
兼輔、、　信時、、
実任、、　頼氏、、
実清、、　言家
知宗　親季
忠俊　公員
源仲康蔵人

前駈

長衡朝臣　家長朝臣
守高　知宣
重綱　光経」(紙端)
忠広　知仲
業綱　盛親

長政　季継知忠子、永光猶子
忠泰宗□（政カ）子　惟清
藤宗基宗□（政カ）子　同仲光藤行経子
随身
官人
秦兼廉　同武澄
番長
秦兼利　中臣近光
近衛
佐伯国近　下野武吉
佐伯光文　秦量久
下野助久　秦弘種
大将殿前駈
永光　重光
長守　仲成
範昌　知資』(15)
廿八日壬戌、　天晴、
点十六枚、申時許宰相来、夜部参出立所布衣、被示人ゝ事等伝之、往反馳走、已下立給之間、出北門、於中御門大宮見物云ゝ、三位中将履、大将被褰車簾云ゝ、乍乗車、自二条堀川参入之間、殿上人皆可』(16)在車後、下車之後又扈従、於月花門外、取松明、可進弓場之由、被命人ゝ親疎一同、以宰相、可存此儀由、被示含師季中将云ゝ、此事不知可否、又先例供奉之上、又勿論事歟、
日入以後参殿、ゝ下御参内了云ゝ、小除目・僧事、右大臣殿見参之後退出、近江弁光俊、顕平卿給下総、左府安房、公氏卿肥後歟、
大僧正辞法務、被申請律師尊遍云ゝ、
廿九日癸亥、　天晴、
点十四枚第三巻七枚訖、第六巻七枚始、
午時許、土御門大納言被送使者左衛門尉――、自相逢、子息少将五節出仕之間事、答申所存了、
申時許、大宮三位来臨、被示合屏風歌事、秉燭以後帰、
夜前有僧事、無除目云ゝ、右少弁光俊、以御教書、給近江国顕平卿国被召歟、可給替歟、不知、
三位息女俄被召云ゝ、定季卿女東一条中納言局、申不可乗三車之由、申不参云ゝ、
卅日甲子、　天晴、風吹、

終日点（四十枚）、申時許、宰相来之間、南方□［有］火、宰相即帰了、日入以後参殿下、火無程滅、殿下無御出、右大臣殿御参内、只今還御云〻、（補1）火姉小路室町辺、大臣殿、只今渡一条由被仰、小時参殿下御前、親房朝臣、伝申人〻申事、左大弁申、東大寺（僧綱等）修理料申一州事、』(17)又伊賀庄新補地頭押領事、国事有御沙汰、指（依）申請周防、不被沙汰其替之間、遅〻歟、庄事、定毫已内〻触関東云〻、其僧帰洛之後、聞返事、重可歟由被仰、基定卿、中修理職事等也、入御訖退出、

補1後聞、火頭中将家、放火、一物不取出、称穢由不出仕云〻、

十一月大、

一日乙丑、（凶会、）　天晴、霜凝、

朝間雪飛、点十七枚、夕侍従来、一夜之儀、於月花門、殿上人可取松明之由、於本所雖被命、雑人狼籍、如相騰践、不及見傍、只於射場辺、僅小〻取之歟、自内退出、又騎馬、参持明院殿之後、各分散、殿下、於大宮大路御覧（諸大夫侍等、在御車辺）、小〻、前座主宮・新僧正、如例見物給云〻、

二日丙寅、　天晴、霜如雪、

点十四枚、申終許参殿、依召参御前、半物三人召出御覧、一人ハ神崎、二人ハ京中者云〻、各退出之後、又参御出居、東大寺僧綱已下群参、不給周防国者、不可帰寺、僧徒逐電、本寺可閉門戸由申云〻、末代僧徒嗷〻、非恒規歟、明後日御奏聞、可被仰勅答之趣由、被仰含（左大弁参会、有長朝臣、伝仰）、

三日丁卯、　朝天晴陰、未時雨降、申時休、

今日、殿下令渡室町殿給、先御名字被定了、頭親長朝臣、為勅使可参云〻、（従三位、）次（御入内）定了、』(18)殿下可有御拝賀云〻、委次第未聞之、

御名、竴子（依立尊作、被撰也）、佺子（此字仙人名云〻、依詮子御名音歟）、此外、彦子（立久依上東門院云〻、予文彦太子名不可然由申之、人〻（小〻カ）□同）、位子（立人子由、有難云〻）、恩子（無指難、無殊吉例）、日来所聞也、

為御拝賀御共、宰相参云〻、依按察兼日消息、毛車牛・前駈馬等可借奉由、示付宰相訖、自料車借別当云〻、

未時許、備州来談（十五歳女子、参吉事間事）、詠歌、此間雨、

酉時、右兵衛督来臨、清談入夜、此間甚雨、雷鳴一声、日来雨不降、今夜如此、人又有所言歟、淡路、造法花堂事、極以存外、又有所思、若被催不日之功者、猶欲申替

亡国之由也、尤可然事歟、為女院々司、為禁裏近臣一分、法花堂之造営、頗不可然由也、雨漸甚、

一日、頭中将家焼亡間、参内人、盛兼・具実・範輔・成実卿等云々、右大臣殿、他人不見、

四日戊辰、　終夜寒雨、辰後漸晴、

宰相注送、昨日先御名字定、

殿下出御客亭南面三間、右大臣殿・按察・右大将・定高・経高・家光卿、御名𫝹子大蔵卿勘申、次覧日時、書定文忠高、其後親長朝臣勅使参入、退出之後御拝賀、大臣殿・中納言・為家・師季、、・宗平、、・雅継、、・定平、、・忠俊・頼行・能定、定間甚雨、御拝賀、雨止不取笠、

去夜々半以前、川崎別当好武芸悪僧也、梨本房出雲地大路、群盗乗車云々入、取種々物云々、』(19) 房主他行之間歟、此間、依非分経営、衣装等尋求之、世無隠歟、極以怖畏、

夜前、左近将監重実ト云男来、宰相家伝二字、依如此者大切、所語寄也、入夜時広来云、其男忽変改云々、不足言事歟、

相門命云、今明可来、御屏風歌欲示合、明旦可参由申之、

五日己巳、　天晴、

早旦参相門、奉謁、御屏風歌被見、愚歌又随身、奉覧之、有饗応之命等、今度殊風躰神妙、已秀逸由申之、極以快然、不経幾程退出、参殿、心閑見参、中承之間、右大臣殿令参給西御亭、有長朝臣参申、孝範朝臣申仙籍状、尤可有哀憐由、頻加微言、大蔵卿已加御侍読了云々、依東大寺僧徒訴申事、有御参内云々、此間退出、

宰相来談、帰之後、覚法印・知三品各光臨、三位云、東大寺又群参云々、我朝僧徒之躰、更不足言事歟、

六日庚午、　天晴、

宰相引送黒牛、

長者僧正被過賀茂詣之次、高野僧徒已及合戦云々、不足言事歟、

夕宰相来、東大寺僧、又集会相門云々、訴訟之儀、左道背恒規、為仏法不便之由、』(20) 且被加教訓之詞、頗承伏退出云々、

七日辛未、　終日天陰、巳時許暫晴、

行能朝臣来臨、謝先日所申入之由也、

聖代之徳政、実可貴之由答了、今度御屏風、一身可勤仕由、且自愛、又吉例之由陳之、大嘗会崇徳院、有屏風、無清書

之人只此一代云〻、近衛院、朝隆・伊行書之、後白川、朝隆、
二条伊行、六条同、高倉朝方、安徳伊経、前院同上、土御
門同、新院・当今自身書之、入内、文治三人書之、一人奉
仕、為吉例歟由也、
臨昏、興心房来坐、依藤大納言殿寛治五年十一月七日御忌日、聊可被修廿五
三昧由、去月所申付也、寒夜雖無心、依懇志誂申之、
為曽孫之一分、仮公卿之名字、報恩之志、雖軽微修之也、
八日壬申、　天晴、夕雨降、
点廿枚、
春日祭使、少将公有朝臣云〻、
前宮内卿、被見屏風歌、愚眼所及、今度歌頗非秀逸、而
有自讃気云〻、強不能饗応、
九日癸酉、　朝後天漸晴、風寒、
備後前司来談、宰相来会、愚歌三首詠改、今日清書了高檀
紙七枚、続之
端作　月次御屏風十二帖和歌
　　名字無官者如此歟、
正月
元日　如此書之不書題子細、只若菜、霞等字也』(21)

加礼紙一枚、切放紙封之、書封字、
日入之程、持参進入了、中納言在御前、申雑事等、御入
内路次、一条西行、宮城東大路北行、待賢門大路東行、
町尻小路南行、自二条可入御、出車女房、自十五日可参宿
云〻、　十六日白昼為乗車云〻、
和歌、十二日早旦、各参可撰由被仰、
次参相門秉燭以後、奉謁、只今参殿由有命、不及暖座退出了、
十日甲戌、　天晴、
巳時許詣相門、申三首詠改歌事、次参殿、御覧御馬、中
納言在御前、多申雑事、今夕女房可参由申、申始許退出、
小時宰相来、及秉燭侍従来母儀相伴、又土御門殿黄門来
臨、月出之後、相国参給殿下之由聞之、仍戌時許、宰相
先可参由示之布衣、以近習申入参由、有聞食由者、可被
告由也、不経程、早可参由告之、仍寄車、今夜有不具事、
不具出車、車八葉新車、長物見、、牛宰相黄牛、童薬師丸青白裏薄色衵、
車副賜装束、装束、白衣単衣濃打柳表襲、今夜依非其式、
随在着本唐衣裳濃張袴、予孫女高諦、着白衣生袴裳、乗
車後、前駈二人、権守高階為清在相公家・藤清房儒範房弟云〻、在
言家云〻、雇寄之、二人布衣着半靴、但在車後、侍左衛門尉伊員経滝口・同光兼経武者所・兵

衛尉忠康経所衆武者所・雑色』(22)騎馬四人奔物三四人、一条西、今出川北、無遮小路西、室町北門留車、前駈取松明、廻北対北、可寄西方由示含了、客人等帰了、不経程帰来宰相寄車、云々、太相出逢給、今夜有子細、不入見参、近可候由、以宣旨局被仰、太相又有恩言等云々、参会為本意、

十一日乙亥、　天晴、夜雨降、子丑時許雷鳴、

朝点十三枚、

未時許、大宮三位来臨、歌四首許改直之由被触、壬生三位又、歌小々改由、返事之次被示、明日和歌可被評定、可被参由、予示送之、有所労不可参云々、自殿下々給御歌披見、尤以神妙、日来依忩劇、風情不成之由、被仰之処、御歌之躰尤宜、仍申其由了、

十二日丙子、　朝雨漸晴、陽景見、又陰、

朝点、

午時参殿布衣、二衣単衣、参御出居、先是両三位早参云々、予出障子上相逢之間、宰相又参入束帯、又参御前、被書連歌猶遅々、未時許大将被参云々、申時太相国参給、漸及日入日猶陰、出御二棟南面母屋御座、太相被参、幕下廂奥、予在端座西方、宰相参、依憚連座在東、前宮内、依仰居中央程、知三位着東末、

有長朝臣持参歌、於座中板読上、随宜合点、毎題不限一首、題三許之後、秉燭切灯台、』(23)春夏一巻読了、又持参秋冬巻、又読了、歌皆殊勝之由、各入興、上﨟御歌皆宜、末座大略難加入歟、読上了、有長朝臣退、自下﨟各退出、入夜之後月殊明、

土御門大納言、被送使者石見守云々、自相逢、御入内之間出仕人々事等、被問、聞及事答申了、

十三日丁丑、　天晴、

今日不点、依有召、巳時参殿、歌事等被仰、大略申定、但可被仰合相門由申、已及申始、中納言参入有□　□(予カ)□退出之間、大将被参、又有召、帰参於二棟方、猶被示合多改之、月出被出、納言猶在御前、

臨時祭大略催出、於用途闕如由、信盛申之、重坏宗平・雅継領状云々、

今夜帳台出御、殿下・右大臣殿・大将・大炊御門大納言・九条中納言被参云々、月明無片雲、思往事、退出、

土御門大納言被送使、窮屈不相逢、

十四日戊寅、　天晴、

早旦詣相門、奉謁、歌事猶被示合、有不甘心事等、只今
参入可申、先可持参此歌由、被命（所寄書之二巻也）、先参殿申其
由、屏風已調出、在御前（但云画図之躰、ふち金物等甚疎荒、末代事、万事如此歟）、期日
可直由被仰（行兼承之所調也、絵兼康也）、小時相国被参、於二棟南面又
評定、被入替、今度書定了、
有長読上、又書付之、
殿下五首　元日　鹿　田家　千鳥　雪』(24)
太相八首　若菜　柳　桜　更衣　昌蒲　秋風　月　鶴
大将六首　梅　早苗　菊　紅葉　氷　重陽
下官七首　霞　葵　瞿麦　虫　鴈（已上三殊存外、）　水鳥　臨時祭
桜（尋常由雖有沙汰、相国御□（有カ）□自讃気、）　藤（宜由又有沙汰、聊有密難之上、知家卿一歌依不□（便カ）辞退、）
野花（宜由人々吹挙、前宮内納涼、梓弓詠之、弓歌二、依（有）所思辞退、）
月（宜□□（歌已カ）相門歌被入、）　紅葉（雖非劣人、大将歌可入由有沙汰、）
重陽（同□）　なてしこ　虫　鴈　異様歌也、依無指難、
被備員数歟、
宰相三首　山吹　郭公　網代　本有四首、有所思申止之、
前宮内七首　網引　納涼　祓（六月）　野花　鷹狩　炭竈　歳暮
今度宜歌、只六月祓許尋常也、網・鷹、自去月、秀逸
之由自讃披露、執心深云々、大将聞之、辞我宜歌被譲
了、
前院御時、被用天下第一歌、時移事去、予依近習旧労、
貪取歌数之由、天下道俗男女疑思歟、甚無由、仍頗雖
見苦歌、狂員数不可被劣由、申請之、
三位（知家）二首　藤　山井　（此人歌、今度又無殊事、雖危構挙、）
撰定了、有長朝臣可清書由被仰、
行能朝臣、依召参入、於御屏風者、明日可給、歌先給之、
可択字由申之、予申此由、但只普通之仮名ニ可書由、被
仰（如此物、多用真名仮名也）、但有所存者、小々可加由被仰、
親定卿参、見予来、乍立相逢示往事、』(25)
退出、日暮又参西殿、両女院御坐此亭、謁宜秋門御方人々、
初夜鐘之後、帰廬之後、沐浴、
候女院之間、殿下又入御、仰云、炭竈歌、相国猶有可□〔入〕
□□〔之志〕云々、九首如何、家隆又可減乎、申云、於歌者、一
□〔首〕相門被□（勝カ）、依優人、所被入宮内也、被□候者、何事候
哉、彼卿自歎歌、已捨他人歌被入、所詮強無遺恨（者）歟、追
可被仰行能朝臣云々、窃案、九首頗自由事歟、
十五日（己卯）、　天晴、
巳時許参殿、炭竈歌、猶相国被入了由被仰、童御覧早速

催云と、仍被忩御出、
午終刻、御装束了出御白御衣、紫出衣、厚衣、殿上人遅参、
親季一人候、予褰御簾、
前駈随有四人、上﨟冠如例、
馳車行陣口見物、定平朝臣・能定等参会、宰相不慮来会、
自物見言談、
東一条薫物御使禄可取、於内裏二献勧盃可存由、被催云
と、永久、帥殿参議勤仕給、先例尤為面目、
両夜共参内、終夜見物、具実・光俊・成実卿等、候御所辺
参(公氏卿)入之躰驚目、女房色と衣旧朽張袴、(紅)其躰不可思議、又白衣濃袴女房
二人交不同車、各染衣、白衣相並
又車一、一人乗、女房頓病云と、諸大夫無一人、不知恥
之故歟、可悲、
重長昨日、殿上着座之殿上人、舞了、貫首』(26)未舞最
中、重長出下侍、昇小板敷并長押、乱舞衆人解頤云と、別
儀歟今年又此事出来、資雅朝臣実(別仰)「　」夜と出仕云と、
即帰廬、漢雲遠晴、山月帯蝕出云と、小時皆既、細如暗
夜云〔と〕□、一時許後漸明、復抹以後殊以洞朗、
十六日庚辰、　天晴、
辰時許詣相門、御調度已下物、召細工等且被調、申承参
殿、御鬢之間也、自然遅引、巳時御参内直衣、宗平朝臣
束帯御共是為御装束也、中納言束帯、雖不参節会、付魚袋、後可解云と同参内、右大臣
殿、此殿御装束事、仰基邦、且被立御帳已下、以安嘉門
院御調度母屋具(沃懸地)、被立内裏、於廂具者、被用平等院御調
度仍安嘉門院庇調度、被預置相国御許、此殿、被用新造母屋庇調度相国被新造、木地螺鈿也、
今度御屛風、被立内裏、此殿旧屛風也、惟長出車行事、
頻雖送使者、車未見、女房又皆只今由被召云と、
御厩、懸御簾敷高麗帖、為出車女房候所、西第二間南面、
釣上蔀為車寄、以其内為上﨟休所、殿下八葉御車御牛飼、
侍二人、能忠朝臣行迎其亭三条室町源大納言雅親卿家、扈従参云と、
具実卿女、以東妻内北面為休所車寄其妻戸云と、乗出車之時、第
一車(可)寄東面車寄、三位中将実有可寄云と、第二已下、可
寄御』(27)厩東内北面東面妻戸、未と車可寄北対妻云と、
可寄人、雅継・実経・能忠・資季・親季・能定等云と、
御書使、右少将顕定朝臣件作法、依亜(有)相消息、伺御気色、委注付送之訖、被献薫物
所と、宜秋門・東一条・北白河・陰明之姫宮云と、安嘉
門院、被調献御装束無薫物、仍内と可被進無御使云と、
当時無出来事、時刻推移之間、未時退出、自相門調預局

雑具、棙・手洗・灯台有台・炭取・炭櫃此局不居之、只居火桶、而不知案内造之、仍送由有其命・机帳・萌木二重織物帷、毎物可謂殊勝、皆悉蒔三
浮線綾丸、甚以美麗、
自上可賜之由、先日被仰上童・雑仕装束、于今無音、仍
尋右京大夫、付使賜之、雑仕紅梅匂赤色帷、上童柳紅単
衣袴、入夜之間、上童・女房等載車一両、雑仕・ヒスマ
シ又乗之、以忠康令前行、可引導局由示之、宰相参会可
引導由、日来雖誂付、東一条薫物使禄可取由、被催参入、
刻〔及〕限之間、難参内之由示送、甚失本意、仍(補1)只令参共人伊
員・光兼金吾二人也、忠康・房任在内裏、可引導女形等由示
含、此間雨已降、遺恨無極、従女乗車早速帰来、仍乗之
出一条油小路辺見物、夜景不分別人面、又殿上人七八人、
已過了云々、人数猶甚多見、出仕物皆参歟、』(28)
皆是縫腋、蒔絵剱、如例也故改節会装束也、
取笠覆雨皮之間、毎事不分明、御車過了、後騎親房朝臣、
出車十両、得選半物車二両、次殿下居飼四人取松明、舎
人前駈十六人歟、御随身如例、御車上簾、下臈随身歩行、
次相国、居飼・舎人同前、前駈十二人歟毎事同前、次左
府前駈五人、次右大臣殿前駈六人、次大納言忠房三人、基
嗣卿四人歟、右大将前駈六人、抑扈従五人、警蹕、更無前蹤事歟、実親、家嗣、中
納言通方、経通、国通、定高、頼資卿、参議伊平如夫雑色取松
明、如何、経高、為家、々光、三位実有随身取松明、次北政所出車
三両殿上人、車、半物車等也、
見訖帰廬、忠康帰来云、武士固陣禁出入、但又門内見物
女充満、更無其所、此御方上下閉戸不通人、雖寄車、更
以無計略、構尋景親等、適通局女房之路奉下、又辛櫃等
入〔舁〕局中参入以前、雑仕・上童等、共入局中了、所罷帰也、事甚不便歟、不
審無極、下総権守と云男、自今夜来住此家、

補1今夜装束、紅梅薄匂同単紅打、柳表襲、ヱヒソメ唐衣、
紅張袴、雑仕、自上給之、紅梅匂赤色帷、今一人萌木匂
紅単衣、上童蘇芳匂柳袙、

十七日辛巳、　夜雨止、天猶陰、雨間灑、
夜前参入之間、無引導者、甚難〔雖〕堪、無為参入、被寄輦車
之間、殿宣旨・宜秋門相公三人、参儲奉仕、殿下・太相
内、右府・幕下外、御坐云々、
委事不聞及、窮屈偃臥、
世事不聞、無音信人、』(29)
出車女房

一 一条殿 冷泉殿 前内府 通具卿　二 按察 別当 実明 公雅　三 衛門督 民部卿 親輔 定経
四 兵衛督 新宰相 宗房 親房　五 刑部卿 大弐 親房 有親　六 権大夫 少将 盛房 信実
七 左衛門佐 播磨 兼時 仲基　八 安倍忠久 成茂　九 鴨佐通 賀茂弥平
十童女 弁棟基 兵衛佐光時

女房装束

入内日十八具

萌木二亘亀甲織物唐衣　紅梅一亘鸚鵡唐草織物表着
紅打衣　色ゝ掛五領 文二亘亀甲 薄色 蘇芳 紅梅 款冬 萌木
紅単衣　摺裳
紅張袴　扇可充催殿上人、

露顕日十八具

蒲萄染一亘鸚鵡唐草織物唐衣　以銀押窠文、
梅二亘亀甲織物表着
紅打衣　紅梅匂掛五領 文二亘鶴丸 今度ハ不可然也、永久例如此
青単衣　摺裳 綾上塗銀泥、以金青画水文、以錦為腰、
紅張袴　扇可充催殿上人、

露顕日押出女房

西一間 新宰相東 兵衛督　二間 衛門督東 民部卿　中間 無押出、
四間 按察西 別当東　五間 刑部卿西 大弐東
東面南間 少将南 播磨北　二間 いつぬき南 よろつ世　三間童女 弁南 兵衛佐』(30)

◇為久本 (434)

十八日壬午、　天陰、時雨灑、
点廿三枚、定修来、
今夜北政所御退出云ゝ、宰相進出車三両、後聞、右大臣殿・大将・定高卿、殿上人扈従云ゝ、
十九日癸未、　天晴、
巳時許参殿、中納言候御前、相国被候之間也、露顕日事禄事等、多有沙汰、小時相国出給、行北山可立石由被申、宜秋門院、今日還御之次、渡御此殿、被寄御車之間東面、下地、東一条院御同車云ゝ、蔵人範頼参云、明日日吉使、四位侍臣闕如之由、於今者、相構事不闕之様、有御計乎由、有勅定云ゝ、闕如者、尤兼日可申沙汰、一昨日申此事、尤遅怠由被仰、此事非本分配、依親長朝臣与脱、催廻之処、悉対捍、五節之間、懈怠不申由申之、於今者、力不及歟由被仰、内ゝ以御使、前大弐・三位家時等子息、令参〔乎〕示由、被仰遣、不経程範頼帰参、少将実清朝臣、依内裏仰領状由申之、予参間、以親房朝臣奉書、遣召行能

朝臣、未時許参入束帯、女院還御之後、以親房朝臣被仰、今度御屛風清書、殊以感思食、且依為長保吉例、雖非尋常馬、故所給之也、召中門廊、御随身二人下﨟引御馬糟毛、行能朝臣、下中門切妻沓脱、渡橋出庭、取御馬綱、一拝退出、家面目何事過之乎、書様存故実、殊有所思書之云々、春始ハ万葉集之歌之躰、其次如宣命書之、自余以只仮名書之云々、

今度月蝕皆既、先々雖皆既、如今度、月輪其在所不見、偏如消失蝕、古老未見、時刻又甚久、其変尤重云々、実可恐事也、於予七十年、実不聞不見、司天等又恐申云々、泰忠朝臣・国通・伊憲等申間〔旨〕、大略同前、

殿下、今日又御参内云々、臨昏退出、

廿日甲申、　終夜今朝雨降、終日或止或降、

朝点十六枚、自所々尋屛風歌、自殿下賜御書、終日偃臥、

廿一日乙酉、　朝天漸晴、夜月又間晴、雨灑、

朝菊湯沃頭、

(補1)未時許法印来談、仁和寺宮御弟子宮御不例、仍舎利会来月中旬被延、十一月雷鳴、仁和寺宮御慎由、世謳歌云々、無指証、但仁平高野嘉応五宮御時、十一月雷鳴、十二月有不吉御事、依之所称歟云々、臨時祭使経行朝臣前兵衛佐云々、女御殿御方、依露顕以前、無如押出事云々、

入夜宰相云、臨時祭御禊酉時、又可参還立、可有出御云々、厳重日御禊甚遅怠歟、御露顕日暁出御、頗無心事歟、定又及明朝歟、

補1 後聞、御禊、頭中将、役送範頼、公卿、右大臣殿・定通・具実・隆親・経高・為家・家光・々俊卿、庭座、実世朝臣召、初献親長、陪従範頼、二献右大臣殿、瓶信盛、陪隆範、三献定通卿、瓶知宗、陪周房、重坏宗平・雅継、信盛着花台下、還立出御、殿下・大臣殿、簀子、為家・々光・光俊、長橋、頭中将召使、舞人皆参、初献実世、能忠、聖神信盛、宗氏、召才男時、大臣殿令退入殿上給、為家被召立、

廿二日丙戌、　天晴陰、入夜間微雨、終夜、

点十二枚第八巻訖、九巻始之、

自殿下仰云兼康奉書、女房名字可注進、此事定高卿頻申行、又出車之外、不知女房之数、甚雖不可然、書進了、此事、后宮院号・准后人可去之云々、准后名不知事多、仍申其由了、

大原小僧能玄僧都弟子来談、定修又来、適依有余巻、受留

侯世家、依有読外伝之志也、

廿三日丁亥、　朝陽晴、未時又陰、

殿下、今日還御冷泉殿云〻、

昨日儀粗聞、御書勅使頭中将一献雅継、二献師季、三伊平、四高実、五大将、、取入御書女房兼聞之、具実妹、酉時許、渡御(補1)、〻剱顕定朝臣、扈従殿下・相国・左右府・大将、公卿着座人、殿下・相国・左右府・定通卿・大将・通方卿・経通・高実・国通・定高・伊平・隆親一献親長、二隆親、三定高、親族拝、大臣四人・大将・経通・高実・国通・定高・伊平・隆親・為家(補2)・〻光・実有、御乳母以下禄取人、定高・隆親・経高・為家・家光、親族拝兼日聞之、長保、懐忠・〻輔等不限一門立、応保、只殿下兄弟三人立給、文治、兼光等相交、仍今度、不可限貴種之由、所被仰也、但長保、殿上人立、近例不然云〻、於其儀者、同永久大治等之例歟、仍記役人耳、

補1已秉燭以後、殿上人皆取脂燭、

補2還御以後、女御宣旨、左府被下、有親承之、宰相二位二人着陣、

廿四日戊子、凶会、　陽景晴陰、沍寒、

入夜宰相来、昨日終日候内裏、御屏風、近習侍臣運弘御所、御覧、毎事快然、

明日、相国初着直衣参内給公卿不扈従、殿上人三人実経・実任・実清、、半蔀車之眉ヲ如唐棟被造云〻、主上又渡御云〻、昨日同有渡御女房御共、内儀〻、

廿五日己丑、　天晴、霜如雪、

女房、昨日依御神事、不参上大原野祭、今日初着無物具衣他人自昨日、仍今朝調送、紫染物重、其表柳衣ニ唐山吹唐衣也、午終許、行今出河辺見物、及申時、上臈随身等来集、被出半蔀車、鞆絵小八葉之程五ヲ袖ニ如五目被置、切物見車也、棟如唐棟、前駈六人、上臈冠萌木・花田・赤色・〻褐返歟、下臈又騎馬、実任朝臣、乗旧車扈従、見了帰来之間、留守者云、大学頭朝臣来臨不着沓、只着襪云〻、於事有芳心之詞之由、依聞及、来謝之由云〻、

廿六日庚寅、　天陰、雪霰間降、沍寒、

以書状、謝昨日光臨他事遺恨由於祭酒、午始許参殿、孝範朝臣、又申仙籍状、有長朝臣申之、御方違行幸、今夕帰忌御本所、不憚歟由、被尋在継朝臣、申云、雖御本所、於一宿者不憚之云〻、大府卿同候御前、密〻仰云、赤龍

何瑞哉、儒卿申、尭母夢見赤龍、朝臨水、龍又現授図書、件図有人形、果有身生尭、々貌即同彼図、最吉想、即是天子之相也者、右大将夢、去廿二日夜、赤龍入殿下御口云々、最吉何事過之哉、御参内自然遅々、及晩之間、日臈、御装束之後、予、強取老儒慣状、進御手、快然令懐中給了、予退出、窮屈甚而腰病難堪、今夜、行幸持明院殿云々、別当入南山精進屋云々、大蔵卿承仰、明旦参御室云々、

廿七日辛卯、神吉、　天陰、沍寒、

未明、大府卿可参由、密々告覚法印、月蝕皆既之変、殊重、尤可被修大法、何法可宜哉、又可有御勤仕由也、可被申云々、此御時、未被修大法云々、

午時出京、日入以前着宿所、秉燭以後奉幣、親成孫不来会、不申祝、行歩不叶、進退失度、即帰宿所、成茂来談、女子官仕、可扶持事等、亥時許参通夜指出廊、

廿八日壬辰、　天晴、

懺法訖帰宿所、鶏再鳴赴帰路、於大津天明、辰終帰家、繊月出山之後也、

湖辺寒嵐吹氷、老骨失度、終日平臥、

後聞、行幸供奉、左右大将具実申次・盛兼・為家・基保・実有・光俊・公長・々清、顕平張綱初供奉、還御両納言不候、

廿九日癸巳、　朝天沍陰、

午時許、行能朝臣来臨、扶病相謁、御屛風叶御意之由欣悦、脩明門院、御発心地重令悩給云々、(補1)極寒之比、非尋常事歟、可驚、昨日老骨猶以難堪、不能出行、伝聞、頼次二禁病危急云々、末代独歩者也、可惜可痛、

補1父入道伊経朝臣、嘉禄元年卒、年七十八云々、

卅日甲午、　天晴、辰後陰、巳後雨雪随風、

故入道殿御忌日、(補1)恒例事等、送嵯峨僧許、雖奉迎持仏、於此事者、不可違約束由、所云置也、但於此仏前、興心房可被行廿五三昧由、約束了、雨雪依有路煩、以車迎僧、秉燭以後、修訖行粥、又以車送、此間、毎日参殿下、被奉護身、仍坐此一条虚空蔵堂云々、右大臣殿、此女房、毎事穏便、言語分明、他人皆、恥人現未練気色、不能問答由、令語給云々、老者之得分歟、

補1後聞、頼次夜前出家、着衣袈裟、於仏前、高声念仏三百反許、此丑刻乍坐終、往生由、見者随喜云々、

十二月小、

一日乙未、　夜雪埋庭草、天晴、
午時許詣今出川、奉謁、参殿日薦、兼岑、望申召次長事
道理歟、久清已被補左了、右府生未定、兼朝左番長又懇望
云々、資親云、忠定卿自去月病悩腫、此間増由云々、
昏有旬御祓、秉燭以後退出、
二日丙申、　天晴、
午時参殿、召次長兼岑・兼廉・武信競望、久清左年預事申、今日御参内、
可被奏聞云々、
弁有親役夫工奉行、与造宮司隆通不和、依此事不可辞由
被仰、
大法、自十七日可始云々、大蔵卿直衣参、日入之程退出、
入夜宰相来、一昨日御堂、殿下・右大臣殿・頼資・経
高・為家、行香之間、殿下令入簾中給、右大臣殿已下、
皆下簀子、大臣殿即復座、自前令進給、頼資已下殿上人、
自簀子進入机南間云々、殿下入御之間、下立、公卿各取
笏如何、予所案、撤剱笏了、何把笏乎、今日参内、参脩
明門院、自是可参御堂云々、已及深更、殿下御参遅々云
々、不可然事歟、基良卿参入由聞之、依夜深参了、
三日丁酉、　天晴、入夜風雨、終夜不止、
夜前宰相参、即殿下入御云々、右大臣殿・頼資・親定・
基良・為家・公長・宗宣卿、重長朝臣已下五六人云々、
未時参殿、召次事、兼岑天気宜云々、〔夕退出〕
定修、為法成寺見聞来、夜深、静俊等相具出云々、
四日戊戌、　天晴、入夜微雨、終夜降、
定修云、探題隆承之党、抜三尺剱、追四方之人、昇道場、
猶欲斬堂上之人、濫悪可為〔所〕、古今未聞云々、兵具禁制之
最中、非器探題之所為、甚不便歟、如此事、尤可被禁遏
哉、
今日、定修令受文選両都賦・風・秋興・雪賦、夕帰、
五日己亥、　朝天晴、
巳時参殿、隆承悪行兼被仰含、申可制止由、致狼籍依甚
奇恠、可進下手由被仰了、其身可被解官歟由被仰、尤可
然由申、右大将被参、未時許退出、心寂坊来云々、夜前、
殿下御堂御参、按察参入、行香、自座前進、自簀子復座
云々、左大弁自簀子進、兼岑召次事、一昨日被仰下了、
久清、左近年預御車副管領事、同被仰了云々皆是勅定、至極理也、
右大将番長武信、依召継競望、不可出仕由怨欝云々、兵
仗所望之同類歟、於殿下御随身転任者、未被仰云々、入

夜、女房自禁裏退出、
六日庚子、　霜凝、天晴、
午時許備州来、相逢、後参四条坊門大納言殿、九月凶事
之後初参、見参移漏、入夜帰、夜深雨降、
七日辛丑、　朝天晴、
午時参殿、中納言申雑事、大蔵卿参会、夕退出、入夜女
房帰参昨日沐浴、
八日壬寅、　霜凝、天晴、
孝範朝臣、両度送書、尋其所望事、
九日癸卯、　霜凝、天晴、
去夜、暁鐘之程炎上、即滅、花山院東小屋(補1)云々、彼家侍
宿所群盗入放火、斬殺盗於近衛高倉辻云々、午時参殿、
心閑見参、夕、右大臣殿令参給即令参、内給、重長朝臣参会、
於御前狂談、解頤、乗月退出、

補1 北山八講、右大将、中納言通方・定高、参議為家、三位
　実有・光俊・為長・基定、殿上人七八人云々、

十日甲辰、　沍陰、
光行入道、日来請取六十賀其年六十七云々、更不得其心、餞赴関東〔別〕□詩歌、
歳末貧老、雖難堪無極、不堪譴責、今朝書送二枚了、忠
弘法師、自北陸音信、国領悉雖為新立庄、於国務無殊障
難云々、
此家小童為定、依外祖引導、今日行向老尼宅可為猶子云々、
件禅尼、彼禅侶知行庄之領家也、年来和与之間、示付此
児事云々、入夜帰来得〔笘〕草子、入道来会扶持云々、
今夜、内侍所御神楽隆範、〔本〕資雅、〔末〕笛経行、篳実俊、琴有資、無能定平、殿下御参、始終聞食云々、
十一日乙巳、　霜如雪、天快晴、入夜雪飛、
詣相門、来十五日、兵仗辞退被上表云々、十七日孔雀経
法始、一事以上可有沙汰之由、信盛俄来示先日雖少々被沙汰哉由、来触之後無音、俄仰此由、不足言事歟云々、明年節分、又可有行幸此亭云々、藤相
公・尊実法印相謁、其後参殿下、自昨日御内裏云々、仍
帰廬、宰相勤神今食云々、非卜合上卿頼資自去々年毎度勤云々、弁
時兼、少納言為綱、
十二日丙午、　天晴、雪白、
欲参殿下、猶御内裏云々、仍詣右幕下、被参内之間、於
西出居被謁、不経程帰廬、寒風出行甚無由、宰相、称入
道可来由、為相逢、憖又夕可来由示了、夕告来臨忠弘宅
之由、月出後行向、心閑言談、帰了後帰廬、夜深宿東北
小屋、昨今風病甚不快、聞鐘帰来、月未入、

十三日丁未、　朝天陰沍、
午時許、伊勢前司清定、来談之次(補1)云、禅閤、内大臣慥可
上表之由、譴責給、聞慥説云々、
未時許参殿、三位入道能季卿参会、談往事、同時見参、
僧正御坐、信定・有長朝臣、数多雑事等申之、夕退出、
右兵衛督被来云々、言家来云、正月二日朝覲行幸、為給
勧賞、可補院司之由被仰、又楽所饗可致沙汰勧饗者必預賞云々、
武衛又聞此事、多勧修寺等勤此事、可云合由被示云々、
予云、勤楽所饗院司、預賞由等、年来之間、惣以不触耳
目、是自身不経、又非識者之故歟、被加院司之条、只可
謂面目、尤可所望事歟、窃以、近代為近衛司輩、多不補
判官代、以之為凡卑歟、但故右兵衛督、多年五位判官代
無官也、又以知光幼少同補之、於家不卑事歟、院判官代、
何劣邦綱・成親等従者乎、人心不同事歟、此侍従、世間
出世、惣不及教訓事歟、　入夜微雨降云々、
補1後日聞、更無此事、果而虚言歟、
十四日戊申、　朝天陰、午後晴、
右武衛被過、淡州国務存外事等言談、夜前、俄可有朝覲
行幸之由、有其聞、不得心云々、今日、家中令炲払、歳
月如馳、又遇臘月、毎時節之推移、増残涯之悲、未斜参
殿、大蔵卿暫言談之間、出御、二日朝覲行幸可候歟由申、
仰云、不聞及、縦雖中下旬行幸、尤兼日可有沙汰、況元
三事、争無兼日沙汰乎之由、被仰之間、有長朝臣、持参
按察入道書状、隆親参熊野之間、只今承朝覲行幸可候由、
院中事、卒爾極不審之由也、極被奇仰、日暮入御、各退
出、世間之儀極足奇、夜小沐浴、
十五日己酉、　自夜甚雨、申終青天漸見、
咳病殊増、
後聞、春日小路室町辺有火云々、不知之、今日荷前云々、
前太相国、被上兵仗辞退表云々、
十六日庚戌、　朝天陰、雪飛雹降、
朝覲行幸事、其沙汰出来由、有長朝臣示送、
荷前、納言頼資、参議経高、三位光俊・長清・基定卿参
云々、
(補1)尊実法印被来談、未時許、聊聞召由参殿、依御風無出御
云々、以維長給一巻物、可注加之由被仰、給之退出、
昨日、兵仗辞退延引云々、朝覲行幸、又依難叶延引、
入夜、女房退出、依有病気也、

補1言談之次聞、或相門、有望国司者、献其任料、勧修寺家者伝申此事、請取十貫失、廿貫進納訖由、本主称之云々、其身依不任、忿怨譴責云々、主従共賢者之子息云々、可悲世也、望国司者、頼盛卿子・河内入道之子云々、

十七日辛亥、　天晴、

未時許心寂房来、

入夜宰相来、今日孔雀経法被始、御室御参、与光俊卿参向、奉引導、令参二間給、有御対面令退下給、奉送退出、近習殿上人等両三、直衣上結、取脂燭、職事信盛不催儲歟、是又不知案内之故歟、若有出御者、御劔将可入、束帯可儲由、示基氏朝臣了退出云々、末代職事、貪欲偏頗之外、不知事、堤坊甚不便、御仏名可有宿申由、資季、不可令聞於人之由、示気色云々、

一昨日、宗平朝臣問此事、粗注送、違彼人心歟、

一昨日火事、夫左衛門尉殺其妻、我又自害、放火焼家、母又焼死云々、或云、是又非本心、狂乱所為云々、妻近江国住人、夫右大弁侍云々、

十八日壬子、　天晴、沍寒甚、

烈風吹乾草、微陽没寒林、

女房有小雑熱、不帰参、

十九日癸丑、　霜沍、天晴、地上悉氷、

午時許詣相門、即奉謁之次、申参殿之由、聊有被伝申旨等、即参殿、覚乗僧都参由聞之、於泉方相謁、今年満八十云々、暫言談之後、参御前、所入蘭林坊盗、為武士被搦、如此事、尤可被行賞之由、所被申也、又法成寺丹波五ケ庄経時卿、仏供已下皆闕如由承及、如此事極不便候歟、又隆承狼藉事、何様沙汰候哉、仰云、已被行了、隆承解官、止公請、付使庁、被召下手人也、弓場始明日被行、弓矢已下物具闕如、尋出哉由被仰、仍私弓等取寄、入御覧、射手勤了、所持弓矢頗相替歟、仍猶有御尋、又於御出居、以兼康朝臣、令書仏名次第之間、人々云、北政所、頗有御違例事、但護身之外、当時無他事、依窮屈、秉燭以後退出、猶以使者令伺聞、無別御事云々、

廿日甲寅、　天晴、

巳一点許参殿、右大臣殿御料弓物具等、依仰持参弓・弓袋・矢・靫・弓懸、又夜前所書一巻物、同進入、依仰猶書直之、年来言家許預置弓・靫等、今朝送之、仍又進入、(補1)殿下令加座給之時、先例借召頭中将弓云々、件人若不持者、為用意、

猶内〻可被具之料也、未時許、職事範頼参、中公卿散状、
右大臣殿・右大将・土御門中納言・二条中納言・左門
督・侍従宰相・左大弁云〻、此中無射手、若公長卿為上
首歟、能射無納言、甚見苦事歟、賀茂正祝死去、為新補
者御尋、社司等被召云〻、今日忩忙、明日可参由被仰、
大蔵卿参、及申時入御、予退出、夜深女房帰参、

補1 関白之初、必可有御着座云〻、

廿一日乙卯、　天晴、
少将教雅朝臣、以使者、宿病逐日加増、危急之由示送、
甚不便事歟、就中鞠秘事故実、独相伝、甚可痛事歟、已
時許宰相来(夜前、弓場始不着座、早出、参吉田、只今自吉田来)、夜前、御室令参御加
持給(有御対面)、令退出給之間、催殿上人等、令取脂燭御
送参(寛済等殊示参会宜由、又有御気色)、弓場始公卿、右大臣殿、右大将、
大納言家嗣、中納言通方・具実、参議為家(已下不着、入無名門)、三
位公長・顕平、所掌範頼、宗平(第一将)取御剱、資季(第二将)
召(仰的、カヘヨ、的殊短)、資俊・定平・親氏・氏通(已上出居)、射手(公長卿・隆範・隆綱・定平・頼俊・顕平卿・、家季・資俊・親氏・氏通)、陪膳(頭親長・蔵人経光、役送)、四位能忠(今一人不見、)
範頼奉行不触官、亥時触催、当時無公事之時、陣座無畳、

出納俊基(主殿寮年預、範輔専一者)、馳走、掌灯敷座云〻、居衝重者、宗
氏・宣実等歟、一昨日仏名、右内両府(二献坏内府取給)・家
良・通方・具実・頼資・基良・経高・為家・〻光・範輔、
出居宗平・資季・有教・資俊・定平・具教、堂童子宗
氏・貞時、
宿申次将、立弓場柱外(如筥文、晴儀)、宗平・資季・定平・具教
皆立云〻、
仏名・弓場始、蒙衣女如五節群集(諸公事皆如此云〻)、今夜、可参
尊勝寺灌頂(分配具実卿上)、安嘉門・北白川、御仏名皆過了、
賀茂権祝保孝来云、正祝去十八日死去、転正当其仁者、
昨日社司可皆参由被仰、有申所労輩云〻、今日已暮、明
日可参由被仰、是且子細為有御尋歟、何被行非拠乎、早
参可申披所存由、示含了、侍従来、毎度陳四位所望事(官途事有其期歟)

廿二日丙辰、　天晴、風寒、
詣相門(午時)、被立車宿屋(二間、東有、随身所二間)、為節分行幸御輿宿(云〻)、即奉謁、花山院入道処分、孫法眼庄(美濃国平家領、平家滅亡時没官、自関東、被渡姉妹所領之内、分一庄被譲両女子、其一方当時所知行也)、忽称安嘉門御領、成庁御下文、
二品下使者之由、有長(有範子)周章来告、件使者急可張伏、

平家領、故前大将没官之後、又無領主、今所称定謀書歟、更不可用之由、庄家可答之由、示含訖、如此事、偏是宗行所行歟之由、有忿怒之気、如此不善之輩、又聞此命定忿怨歟、事漸甚無由、兼岑又訴、頼次分知之領、賜御下文了云〻、如此事、更無被仰合人〻之沙汰、妄被行、甚不便事云〻、退出参室町殿、右大臣殿早御出云〻、即参殿下、右大臣殿、官奏事有御習礼等、賀茂正祝死闕事、為被尋仰、祠官氏人五十人許参集云〻、親房朝臣伝仰之、有其理之輩、各無偏頗矯飾可申之由、被仰下、久清参入、聟兼俊頼次子三神庄事歎申、可有御沙汰之由等、被仰、日入以後退出、逢侍従教定、問兄少将所労事、大略及大事由答之、殊驚歎由可被伝由、示付之、

戌終許、南方有火頗巽、河東云〻、巷説、蓮花蔵院焼亡云〻、是又金物盗之所為歟、又云、尊勝寺巽塔云〻、

廿三日丁巳、　自暁微雨、終日降、

定修来、読文選西京賦・月賦・服鳥等、夕帰、夜前火、蓮花蔵院巽角塔二基先東三重、次高塔、次二条南十一面堂、風不吹而滅了、金物盗所為云〻、

廿四日戊午、　朝天陰、霧深、陽景漸晴、風烈雪飛、寒風難堪、不出戸外、興心房被来之次受戒、故尼上忌日也、

今夜、東一条院御仏名云〻女院近日頗御不例、興心房、依殿仰毎日参、頗御減云〻、

入夜風雪惨烈、沍寒難堪、

廿五日己未、　夜雪宿、朝天晴、

今日、孔雀経法結願云〻、

去夜仏名、九条中納言、宰相為家・〻光、三位長清・基定、四位院司能忠奉行、信盛・宣実・高嗣・長氏、納言自長押上進、不下而取禄、行香経僧座後云〻、未練之路歟宰相、背上﨟、不能用別路、示告て僧ヲ向南令立云〻、

承明門院姫宮土御門院皇女、日来令悩給之由聞之、今日尋申黄門局、無申限大事御由答之水腫歟、今年殊多、、此女房自幼稚奉付、定又周章歟母儀通宗相公女、承久三年亡、一腹皇子数多云〻、今年二十歟、昨今如例精進、寒天病者、念誦猶不堪、良算法印送勘文、明年三月九月其慎重云〻、頽齢六十九、不図長命也、将奈何乎、七十年在世、遂無資糧、欲知過去因、此謂歟、

廿六日庚申、　天快晴、

宰相参日吉云〻、

午時詣相門、昨日参女院、頼次譲子三神庄事、急可返給之由申、即召知宗令書下訖、綾小路宮参会給、尤可然由申給云々、昨日、孔雀経結願賞、被申請両ケ事、共以勅許、御弟子宮、叙二品給事已被仰、上乗院法印良恵、後法性寺殿御子、左府一腹、任権僧正給於一家沈淪無例由、年来歎息給、今年卅九、但殿下、於此事者、以追儺之次、可被行由、令申給云々、退出之間、逢家長朝臣、暫言談、次参殿下、未時以後、参御前、数ケ奏事等無其隙、寺僧正御房御坐、明日参御加持、官奏可無骨歟之由、令申給、官奏夜深歟、其以前不可指合由被仰、右大臣殿同令参給、御産猶及明春者、殿下、除夜可渡御一条殿当時、右大臣殿御坐彼亭、臨時客刻限、若有御産御気色者、如何之由雖申、更不可有別事之由被仰、覚寛法印、為御室御使参云々、昨日事令悦申給歟、予出相謁、無為厳重之儀等、感悦之由相示、云折節云両ケ賞、殊欣感之由、及落涙、殿下御返事之趣、又以同、天変等候しも、此修中不犯而過訖由承之、尤法験候由等也、御室御書、表書関白殿、御判、被入文筥近代多物也、蒔絵、昏黒、入御之後退出、今日、以兼友被補右府生、兼岑参入、悦畏申云々、於頼次所領事者、不承御気色以前申事、失錯由承伏申云々、頼種被渡左番長、右番長可召加兼俊也、元三被召放、高階為仲、夜前群盗入家、元三出仕不可叶云々、教行国基子、所労已待時云々、

廿七日辛酉、遅明霙降、辰後雪漸積、已以甚雪、未後雨交、雖溜落不消、

保孝近日転正祝来云、遂所望已転正了、但本祝所知神領、未被充、所勤神事繁多之職、無其禄難勤、為之如何、書消息、示送有長朝臣許了、

廿八日壬戌、没日、天晴、庭雪漸解、

午時許、参右大臣殿室町殿、依無祗候人早出、参殿、依御沐入御云々、与大蔵卿言談、臨時客止了日来所存也、御産当月尤不可被行事歟、元三猶可御此殿、又立后猶延引、可為二月云々是又長保之例二月也、尤可然、言家所示之叙爵者事、付右京大夫申入、於氏爵者去春申請、毎年有恐、以臨時爵、被載叙位乎由也、不承御返事、重可伺由来示、日没程退出、京兆語云、去廿日、従三位隆仲卿出家云々、大納言隆房卿四男、母前院右衛門佐、自上皇御在位之時、昇殿近習、経左衛門佐、右近少将父卿辞大納言、申請叙留、去少将叙正四位下、任内蔵頭、叙三位、神楽・催馬楽・鳳笙、伝家秘曲、悉受庭訓云々、本

性、以不及父祖之家跡、為怨欝、不好世間之交衆、況承
久以後、偏籠居、遂辞信濃之吏務、無冠帯之志、此冬、
一門後輩無能芸之輩三人、相並超越、弥増遁世之本意歟、
適継家習道之輩、又如此、以何誡後輩哉、可惜之人也年
五十云々、又云、故中納言長兼卿三男前八省輔、名忘、去比有謀
書之聞詐任国司、取任料銭、其事、以尊実法印説、先日聞、其兄
長朝、不堪忿欝、殺舎弟云々、或謀書、或殺害、袷恰不
義非恒規歟、父卿誇稽古之自讃、軽当世之傍輩、恣称賢
廉之由、偏吐憍慢之詞、老後漸背時儀、如被弃置、光親
卿超越従三位之後、謳五噫謗朝議之由、達于上聞、又増
不快、成恐、書誓状、進于仙洞、其後、属文器量嫡男逝
亡、其身忽中風、殆無分別而終命、遺跡已如滅亡、所残
子息又如此、冥鑑如何、不知可否者也、
入夜宰相来、追儺依無参人、申可参由、
廿九日癸亥、晦、　天晴、雪解、
寒天窮屈、不出行、念誦蟄居、
臨昏解除、入夜修鬼気祭南門、年始女房装束調出、昏黒
之後送之云々、
元日　薄萌木紅単衣　紅打　山吹表襲　衣比染唐衣

二日　二色衣打衣　単衣同　柳表襲　同唐衣　表織物
三日　表白紅梅号雪下、紅梅単衣　柳表襲用他文　唐衣又同色、他文　已上張袴
四日　不着物具、紫匂表近年流布染物、有文
又元日早旦、不着装束以前料、りうもんの紅梅捻合単衣、
浮線綾柳唐衣、此御方不着薄衣、只着単衣仍捻合云々、ネリヌキ小袖、
上童二人、紅梅薄匂、
雑仕一人柳袙、紅単衣後聞、紅単衣、雑仕有制、着紅梅云々、二藍帷、今一人色々袙、各着唐
綾小袖云々、少年之時不見聞物也、最勝光院供養日、安
元御賀三ケ日、唐綾織物等五領三領小袖、女房着之、尋
常時只着平絹云々、於近年者、上中下偏用如此物、京中
織手織出唐綾也、
漸過夜半、宰相書状到来、
上卿盛兼卿之外、弁・少納言一人不参、
小除目　玄蕃允平重信　木工允平光成　壱岐守清原宣業
左門尉平光村　従五位下藤保範　藤兼高可為本位、
僧事　権僧正良恵　権少僧都道智
此外猶有両三人、－－法眼左府御子已講　法親王二品孔雀経賞
建保二年除夜除名之時、予結政請印、歴十五年復本位、
人之宿運可悲事歟、窃以、此事不得心、年来着五位袍、随此御辺所役、或為奉行家司、今始本位如何、

書付之間、聞暁鐘、
御入内之間役人　後日基邦朝臣注送之、
奉行
　勘解由次官忠高　前甲斐守基邦
御入内十一月十六日
内裏御直曹立御帳人
　忠高　親氏不参　経俊
御調度役
　有長朝臣　重長　家国　盛親　家盛　教行　諸司官人
　等
御出立所立御帳幷御調度事
　基邦
御衾迎向右大将家人
　但馬守兼康　下家司左史生康職
童女装束
　盛親
打出刷事
　仲家

勘御着裳日時事
　大膳権大夫在継朝臣
所ゝ御使申次
　忠高
敷円座人
　主人為仲　使教行
東一条院御使薫物　左中将資季朝臣
取禄人女装束平宰相手長懐兼　取薫物進御所兼教
北白河院御使御衣　侍従能忠朝臣
取禄人侍従宰相女装束　手長為宣　取御衣進人重長
宜秋門院御使薫物　左中将師季朝臣
取禄人左大弁手長忠泰　取薫物兼仲
姫宮御使薫物　侍従頼行
取禄人白掛一重右中将有教朝臣　取薫物為仲
所ゝ御使庁官仕丁等禄
　庁官六丈絹一疋　仕下（丁ノ誤カ）布二段　已上政所沙汰
安嘉門院御衣内ゝ被献、
寄出車人
一車三位中将　二車以下能忠、、実経、、　資季、、親季、、　雅継、、能定、、

刷衣人　仲家　盛親
御書勅使
　左近少将顕定朝臣　申次家司忠高
敷勅使座人　畳為宣　仲雅　茵為仲
召勅使人　忠高
一献権右中弁為経朝臣伝坏諸司官人　瓶子兼教
敷垣下円座人　家国
二献土御門中納言手長兼仲　瓶子宗氏
勅使肴物　兼康　教行
〔垣〕地下肴物　家国
〔三〕二献二位新大納言伝盃重長　瓶子知宗
禄幷御返事女房
御倉小舎人勧坏上官五位景康外記大夫　瓶子所司二分主計允宗尚
取禄人六丈絹二疋上官五位友宗史大夫
反閇　在継朝臣　取禄人白褂家国
付御車人　親房朝臣右京大夫　有親朝臣左中弁
　諸司二分十二人
弾正疏宗重　図書属久行　右京属久則　弾正忠康重　同久茂　大膳進久忠
修理進定広　図書允景重　主計允宗尚　左門志親康　左史生康職　右史生久頼

寄御車人　左〔右〕大臣殿　右大将
路次行列供奉人
　師季、、　宗平、、　有教、、　実世、、　親長、、
、資季、、　基氏、、　時綱、、　定平、、　雅
継、、　有資、、　隆綱、、　有親、、　実蔭、、
時兼、、　為経、、　実経、、　家定、、　具教
、、　隆盛、、　兼輔、、　顕定、、　信時、、
実任、、　家任、、　公有、、　親氏、、　実清、、
、、　信盛　光〔資〕賢　知宗　顕嗣　忠高　範頼　頼俊
宗氏　教〔信〕行　親季　経氏　経光　能定　宣実　兼宣
　範継　忠俊　経俊兵部権大輔　公員兵衛佐
　　地下公達
有長、、　言家　重房　資親　教定　宗教　長信
　　諸大夫
資高、、　家長、、　業〔家〕忠、、　有長、、　兼教
親氏　信説　業基　以忠　基邦　為継　定俊　為綱
　高嗣　頼俊　朝房　仲雅　知資　懐兼　教行
　　已上七十二人
御車　御車副十二人

宗次　宗友　重弘　国友　正清　国吉　安清
宗次代　重吉代　国吉代　行友代　武延代
後騎人　親房朝臣
出車　土御門大納言　源大納言　藤中納言　権中納言
左門督　富小路中納言　右大弁　左兵衛督　一条三位
中将　右兵衛督
前駈　両別一人
左門尉大江盛範　平弘綱　中原行景　藤俊親
紀久宗　中原季氏　平季継　惟宗頼景　藤康光
右門尉三善季尚　已上檳榔毛
網代車二両　頼氏朝臣車　右衛門尉知忠
実経朝臣車　右衛門尉長康
殿下前駈
維長　為仲　懐定　時光　忠輔　基重
家盛　成継　忠泰　時長
扈従公卿
前太政大臣　左大臣
右大臣殿　前駈六人重長　家国　兼康 兼仲　康長　藤頼季　一位大納言　二
位新大納言　右大将　三条大納言　大炊御門大納言　土
御門中納言　高倉中納言　坊城中納言　二条中納言　新
藤中納言　一位宰相中将　別当　平宰相　侍従宰相　左
大弁　一条三位中将
北政所出車三両家定朝臣　前駈右衛門成季　実任朝臣 兵衛紀久家　頼俊　馬允藤通業
門路出車四両八葉紋車　扶持侍修理進藤能親 左馬允紀朝宗
仰輦　左近将監藤光成
付輦諸大夫　兼教　親氏　惟長　為仲　基邦　重長　定
俊　朝俊　朝房　高嗣　兼康　兼仲　教行
几帳役人　諸司二分同上、
右大臣殿　手長雅継、、　右大将　実経、、
候近殿上人　資季、、　雅継、、　実経、、
賜吉上禄白布藤〔廿段〕　下家司家尚　久忠
女房下車扶持人同上、
饗座公卿
左大臣　右大臣殿　三条大納言　高倉中納言　二条中
納言　新藤中納言　別当　平宰相　侍従宰相　左大弁
初献頭中将光成伝之、　瓶子光成
二献別当懐兼伝之、　瓶子兼宣
汁物陪膳

左大臣　有長、、　役為仲　右大臣殿　陪膳同　役重長
三献高倉中納言懐兼伝之、　瓶子能定
御膳事　褻御膳　不知之、
召内侍禄　女装束加綾褂一重、　内ゝ進御台所、
第二日饗座十七日
殿下　右大殿　土御門大納言　源大納言　二条中納言
新藤中ー　侍従宰　左大弁
初献頭治部盃光成　瓶子同
二献侍従宰相盃教行　瓶子宗氏
　汁物　殿下左中弁有親、、　役重長　右大臣殿有長朝臣役
三献頼資卿　瓶子知宗
第三日
殿下　右大臣殿　右大将　土御門中納言　二条中納言
左衛門督　二位宰相中将　平宰相　左大弁
初献頭中将盃光成　瓶子同　二献平宰相盃忠泰瓶子兵部権少輔経俊
汁物　殿下為経、、　右大臣殿有長、、兼康
三献左衛門督盃基重　瓶子光資
御露顕廿二日
刷打出仲家　童女装束盛親

居公卿殿上人饗　兼居之諸司官人、
　右大将、相具三夜餅、被参取進台盤所女房、右衛門佐事、基邦
御書勅使　頭中将　申次忠高
敷帖　為宣　懐兼　敷茵　以良
召勅使　忠高
　初献雅継、、　瓶子為仲　二献師季、、　瓶子惟長
敷円座人　基重　家盛　兼康
居勅使肴物　基重　家盛
三献二位宰相中将　盃懐兼　瓶子少納言兼宣
　垣下肴物　以良
四献九条中納言　伝盃惟長　瓶子経氏
五献右大将　盃為仲　瓶子光資
徹肴物幷座　初人
掌灯　公卿座上基重忠泰　以良　座下家盛懐兼　為仲
　南廊　為宣　忠泰　昼御座基重懐兼　以良
　御倉小舎人座　五節所東仮庇
勧盃大江景康外記大夫　瓶子諸司三分康職
　取禄大江宗友史大夫
公卿座饗役不知之、依主上渡御也、

女房殿上人以下禄
奉行家司親房朝臣　蔵人方信盛
取女房禄人　略書之定高卿　頼資卿　経高　隆親　為家　家
光
供三夜餅人
殿下
参公卿
殿下　前太政大臣　左大臣　右大臣　土御門大納言
右大将　大炊御門大納言　高倉中納言　九条中納言
坊城中　二条中　左衛門督　新藤中　二位宰中将　別
当　平宰　侍従宰　左大弁　右大弁　一条三位中将
着侍始家司職事
長朝　兼教　忠高家司　親氏　惟長　基邦　兼宣　高
嗣書吉書、
有官　厚尚　宗尚　行兼　政章所司　藤季康　同能親
紀久言　中原行景　大江盛範　藤俊清　同俊親　中原
成季　同宣季所司
衆　中原行継　紀久氏　中原季有
雑仕六人　賜当色、　弥孫女　曽孫女　姪女已上大子

千寿女　祇寿女　葵女　已上連
小舎人六人召付之、
廿六日御祈始
神事河臨御祓　在継朝臣　使基邦
仏事　仁王講
僧名　法橋暹真　承舜　大法師興尊
御布施取　惟長　高嗣　基邦
御湯殿始
庁弁所司沙汰之、
十二月八日被埋三日夜餅
家司為経、、　職事基邦　下家司親兼　庁守国近
御露顕
主上渡御と共
殿下　前太政大臣　左大臣　右大臣　右大将
御劔顕定朝臣
着座　殿下　前太政　左大　右大　土御門大納言　右大
将　土御中納言　高中納言　九条中納言坊中納言　二中納言　左
衛門督　二位宰相中将　別当
初献治部　瓶子蔵人仲遠　二献別当　瓶子宣実

三献二条中納言　瓶宗氏

親族拝　申次頭中将

取御草鞋人　殿下　一条三位中将給之、持参、

女御殿御方又進、

殿下取紙燭付女御ゝ方灯呂事　右大臣殿

寛喜二年（一二三〇）

定家69歳　正二位
為家33歳　後堀河天皇19歳　後鳥羽上皇51歳　土御門上皇36歳
順徳上皇34歳

正月、摩訶止観の加点を終える。西園寺公経家和歌・連歌会。覚寛より『北院御室詩御集』を借り書写。空体房鑁也死去。二月、九条道家女竴子立后に為家とともに参仕。道家より後朝の御書使の歌について相談される。仁和寺大聖院にて花見の後、連歌・和歌会。毘沙門堂にて花見。四月、道家に命じられ『源氏物語』桐壺・紅葉賀巻を書写し進上。連歌禅尼が死去し、追善のため結縁経勧進を計画。七月、道家より勅撰集について下問あり所存を述べる。道家より蓮華王院蔵の『部類万葉集』一帖を賜り、書写を命じられる。八月、道家、九月に百首歌を行うと告げる。大風雨で諸国の損亡半ばを超える。九月、実氏・道家・覚寛・教実・信実等の百首歌を見る。十月、中納言昇進を所望し、道家に申し入れる。一条京極邸の前栽を麦畑とし凶作に備える。十一月、麦が実り桜が咲き、筍が生え、郭公が鳴くなど季節異変あり。十二月、藤原成実から北野歌合への加点を請われるが断る。この年飢饉。

◇時雨亭文庫蔵（附　旧表紙集）本（435）

寛喜二年正月潤正月』(10)

◇東京大学史料編纂所写真帳（六一七三／四二一八）（436）

寛喜二年庚寅、大将軍在子、

正月大、

一日甲子、帰忌、血忌、　朝天陰、午後雨雪交降、

遅明奉拝神社、弁色懺法錫杖、阿弥陀経了、読寿命経・尊勝陀羅尼・薬師経、巳時許歯固、即撤之、今年称物詣之由、自然音信之人、依無心也、及未刻、雨猶雖交、雪徐欲積、万頃同縞、千巌倶白、小時雪又止、雨猶降、所〻拝礼定止歟、属夜陰、可被参節会之由、示送宰相、存其旨之由答之、

二日乙丑、　朝天晴、

宰相示送、昨夕参内、子始許小朝拝、殿下・右内府・右大将・三条大納言実親・土御門中納言通方・権中納言実基・左衛門督・富小路中納言盛兼・別当・平宰相・侍従宰相・右大弁・三位中将実有、定高・家光卿早出、以下不立、両頭・信盛・経光、六位雖被尋、不立、節会雨儀、内弁内大臣、親長朝臣仰之、、外弁実親不昇退出・通方・具実・盛兼・参議四人、別当一献之程退出、御酒勅使経高、宣命使為家、内弁・具実・盛兼・三宰相、給禄退出、鶏□〔鳴〕、殿下拝礼今日歟、北白河院拝礼未定、若有者三日、別当称云〻、

未時宰相来之間、右少弁同時来臨、不能隠居、先以相公令謝、次面謁謝返之、今日相公、参幕』(1)府・右大臣殿・太相国・北白河院、此後可参殿拝礼云〻、過夜半之程歟、宰相送使、北政所御産気□〔御〕、有長朝臣又送使者、驚起尋牛僕之□〔間〕、鐘声側聞、即参入、忠康等来車下云、御産早速成了、今一事遅〻歟、即参上、宰相直衣云、於御産者、大略不参以前成歟、大将参入給了、未被出、予廻寝殿巽方、南面東第一二間、伴僧等候、大阿闍梨各加持、東面縁、陰陽師五人歟列座、御祓、其北人〻小〻候歟、尋侍聞之御産今一事平安成了、例御邪気事御云〻、是定事也、親房朝臣・有長朝臣・親季・維長布衣・兼仲衣冠・能忠朝臣直衣、上結、等候、招出有長朝臣、見気色、当時猶非無為歟、良久僧正御房殊加持御、音高打邪気之響等聞、此後、右京・右馬両人出来、無為之由各悦気、殿下、可令参宿内裏給之由、兼有儀云〻、維長御産奉行催御随身等、若有御出者、能忠朝

臣・兼仲之外、無着冠人、定無人歟、宰相可令参御共由、
以兼仲申入、御産成後、頗経程了、仍先被申事由、随仰
可有御参内之由、被仰、此後、又経時刻、所遣召之信盛
適参入、為御使参内、又以良久、仍予先退出了（外人一人不参、不聞歟）、
拝礼之儀問宰相、参之後、及一時許事始、右大臣殿・九
条中納言（頗退被立、少将氏通在共、取沓云々）・二条中納言・平宰相・左
右大弁・三位長清已上八人、殿上人、両頭・資季・定平、
弁三人、為経・時兼・光俊、五位蔵人三人、勘解由次官
二人、家司只基邦一人、在朱紱之中云々、』(2)公卿皆乍
列、大臣殿令帰出給（定高卿已下皆跪云々）、
宰相、其後参梶井宮・新僧正（常住院）・座主御房云々、
明日（今）、幕下可被参九条殿、可扈従云々、
三日丙寅、　天晴、入夜大雨、終夜不止、
予帰家之間、東方漸明、付相公留置僕従不帰、日漸高、
依不審又送使者、辰時許宰相退出、給禄之後ハ可産穢、
早可出由、以右京被仰、殿下無出御之儀由示送、但太相
曙被参、幕下未被出云々、甚奇思者也、
申時許定修来、元三法師不可然、未練所為歟、参吉水慈
会大師講之次云々、漏講師請朝恩、述懐貧僧、全不可憂
事歟、
今日御有様不聞及、如当時者無為歟、
昏、以宗弘為使、尋申興心房、御産無為之後、例事経程
之間、雖周章、巳時許之後、殊以無為、神妙之由被答、
四日丁卯、　朝猶小雨、天陰、
宰相示送、昨日参東一・宣秋・宣陽（鷹司）・嘉陽・陰明、
参内、々府参女御殿御方給（被（奉）入簾中）、次参北白河院、拝
礼、中納言通方・実基・盛兼、（参議）隆親・経高・為家・範輔、
三位光俊・長清、殿上人親長朝臣・基氏、々々・実清、
々々・光俊・知宗・親高・範頼、六位、中次親長云々、北
政所今度頗過（御）先々之間、幕下已産穢、不参所々之由、以
宰相被申内裏云々、其後無別御事云々、
未時許参殿（例男之外、召具雑色一人）、小時出御、見参、』(3)僧正御
房同御坐（無産穢披露、端懸尻御坐、但入簾中、奉護身給、依御持僧也）、被仰雑事等之間、
右大臣殿（非産穢）、自庭令参給、仍下地出南方、依無路便、
自南面出中門廊、御共次将達、甚晴之交衆也、令廻車、
出西北門退出、
為被奏叙位事、再三召治部、于今遅参云々、惣以不法之
人也、伝聞、常入坐下侍、以主殿司令焼折松、六位蔵人、

於今者、皆比肩交語、更無上下之礼云々、禁中無貫首云々、中将又不仕不堪、不見不聞云々、元(仰云)日内弁、無指違失歟、依腹病、一献(補1)之程退出了、但御膳遅々、白(内弁)下殿被催大納言作、法歟、大納言、猶於一門者九条殿大納言時、被、仰参議、仰参議催之、所被存不審、叙位執筆、一上勤仕云々、入夜有叮門者、言家来云、参女院申四位事、二位参会、殊被仰含、丁寧可奏之由被申、当年御給、々範継、母黄門又懇切、二品又可奏之由領状、兵衛佐光成上臈也、右武衛聞之欝訴、於此事、不可申之由被仰、甚以不足言事歟、厳父旧賞已譲、不及変改、此事又難治之由、怨欝云々、

補1後聞、親長、愚案、晴《ハレノ》御膳と云物ハ、雨日よもあらしと存て止了、其後、殿下頻依被仰、更尋催之間遅々、内弁先仰範輔催、範輔下殿還昇、猶久不供之間、内弁又下殿云々、

五日戊辰、　夜雨止、朝天陰、

去夜無量寿院、右大臣殿・為家・公長・経時卿、灯明極乏少、次五位只一両云々、

巳時参殿、進行能朝臣昨日示送状、又有被仰事等、候御前之間、中納言参、進関東両人書状、時房・泰時各別書状、共阿野少将上洛、此人被申事、付便宜、可然之様可有披露由也、実(少将)直事云々、暫申雑事之間、右大臣殿令参給、如昨日、下庭』(4)昇南面方之間、行歩不叶顚倒、有長□□〔朝臣〕見之来訪、但無殊損事、只老屈之令然、恥而已、小時、令帰参内給之後、又候御前、納言相共承雑事、詣女院、御給未被申所多、当時聞事、又頭親長朝臣進目六等、小々伺見、

申正三位資宗、申従三位行能、申正四位下有資鷹司院当年、資俊・定平・雅継、為上臈、不可抑当年給、四人被叙何事在哉、各申尤可然由、申従四位上実任陰明門去年未給、其上臈殆十人許、皆悉難叙歟、申四位労階勘文、通行・実直・基長未公文、不入勘文、兼教罷少輔申之、申正五位(補1)下者甚多、所謂侍従範継等也、経行嘉陽門当年給云々、不委聞、入御之後、黄門猶雑談、自然月入之後退出、終夜風雪、

旧年、真言院板敷、盗悉放取、長者僧正、可被忩敷之由頻申、殿下又付職事奏之、忩可致沙汰之由被仰、職事経光、其事只可被仰官之由、一度触弁、全不示無板敷□〔之〕由、已及今日、恒例之法、無可塗壇所由、僧正申之間、重被

問職事、無板敷之由、不聞及之由申之、於今者、不及是
非沙汰、只雖仮板、欲令忩敷之処、近日職有若亡、小事
猶不合期、成功又卒爾難出来、只占堀川商賈板借渡、後
日慥可返之由、欲被仰検非違使、遣召長親之間、且此大
事出来之由、被示仰』(5)相国御許、即御使行兼帰参、板
敷可令敷、如此懈怠有若亡、職事尤可被誡仰之由被申、
万事合期之家、為　朝家尤公平事歟、
補1東一条、高嗣給之、上臈多、而不叙［　］
六日己巳、　　曙後猶雪降、
巳時見聞書、
従三位藤教忠自去年、禅左府、被叙平三位乎由、申請殿下給　正四位下丹波能基　藤伊氏宣陽門当年
藤雅継　源有資鷹司院当年　従四上大中臣隆朝粟田宮功
藤範房策　藤宗尚同　藤実経府　源家定同　従四下安親元
源遠章策　源通行府　藤実直同　正五下藤公親　藤公光
卜部兼継久安四年平野行幸祝宗賢賞　同兼有宮主労　同兼頼御卜労
従五上源重光従下一　藤盛季其年五十余侍従労云〻　同定信　同実春二人侍従労
同俊資策　同季盛簡一　源時光皇嘉門未給　藤俊季陰明門当年
平頼度臨時　従五下資世王寛和御後　源仲業蔵人
藤範尚式部　同貞康民部　中原師範外記　藤隆氏氏
源□□氏　高階泰賢粛子内親王当年　大中臣親清斎宮
紀吉末琮子　大江有棟臨時　平望範同経高卿猶子、少納言範資子云〻　諸司十一人
左近右近外衛十五人
言家申四位事、昨日申殿下、自女院頻被申云〻、其上不
許、実力不及事歟、
七日庚午、　　朝天晴、
言家漏恩苦悩書状存例、右武衛訪来其宅云〻、
午時参殿、仰云、加叙之輩事、大略叙位被定歟、薄面依
人数多、故所被留也、
親房朝臣、申立后日次事等二月上中旬、、無吉日云〻、遣召在(補1)継朝臣、
右大臣殿令参給、今日令勤内弁給、今日出仕公卿、大納
言一人家嗣、中納言二人通方・、高実、参議五人伊平・隆親・為家・、両大弁、
召頭治部遅参、及申時、大臣殿令参給、親長朝臣申旨、
東大』(6)寺、歳末被下宣旨、□(持カ)向五師、為衆徒被斬殺
了、悪徒所行、更不足言事歟、末代出家為法師者、只朝
敵謀反武勇之外、無他行歟、雖(補2)欲行善政、此法師原充満
之世、更無其術歟、
加叙伝聞、正四位下資俊臨時　定平被求出旧賞云〻、　正五位下
政衡算博士　従五位上伊頼伊平卿子歟、　叙爵二三人云〻、

今度姫君御湯、寝殿巽角南面有此事、諸大夫三人衣冠弦打御湯自中門持参云々、自元三日也、夜深宰相注送、加叙如聞、叙爵二人云々、左大弁入眼宰相書加叙、

内弁右大臣殿、外弁、昼聞外、左衛門督新叙宣命使加、昇殿之間早出、参議三人始終可候由称云々、依早参退出、

補1後聞、立后日十六日戊寅、伐日、有一度吉例、又無他例云々、仍被用之、

補2後聞、被召下手云々、

八日辛未、　終夜今朝雨降、陰暗、終日滂沱、

定修来、申已講草持来、全雖不可有其用、進入可在心之由答了、非厚縁者、更不可被許、帰去之後、言家又来、雖已付厚縁一分信繁母、不運又無其所得、当年御給不許、母女房忿怒、仙院又有御欝云々、厳重御給、々最末下劣者、不超人者、又怨欝不便事歟、終夜雨降、

九日壬申、　朝天漸晴、

昨日御斎会、内府、大納言雅親・家良、中納言盛兼・頼資、参議隆親・経高・為家・両大弁々々々余行香、亥時許事訖、参法成寺、内府・経高・為家・々光・公長、毎事陵遅、灯暗無役人等、甚不便、聞之悲慟之思無極、云而無益事歟、孝範朝臣、送嫡男』(7)経範挙大内記之状草、尤足握翫、当時壮年儒之中、抜群之器量歟、

日入以後詣相門、申近日視聴之欝念、有同心歎息之気、於今者、非心力之所及之由答給、万事緩々懈怠、無勤否之賞罰事等也、真言院板敷、一昨日不日令敷訖之番匠百余人召之、又被盗取、明年、依去年之例、可忩敷之由、被誂仰歟、元日、殿下亥時令参内給、親房取籠移鞍、亥時進之故云々、更無遅怠之咎、黄門之成敗、又驚耳目事多云々、是若末代相応之吉想、長生久視之善政歟、経範柱下事、殊可被加御詞之由申之全非私好、必可為朝之要須事也、不経程帰廬之後、雨降、

十日癸酉、　終夜今朝甚雨、終日不止、

適依無寒気、点止観十二枚、

十一日甲戌、　朝天晴、

点止観十二枚、後聞、越後前司具兼、去三日逝去云々、

宰相示送、昨日、最勝光院御八講僧名定、未刻之由、信盛依催語、先参殿下、御参内之間、入見参、即参内、入夜、殿下令参御堂給、信盛申請内覧、信盛・光俊弁・六位史、相待上卿定高卿之間、空及夜半、尋御堂之処、忠高

云、今夜不出仕云々、未刻可催具由、示送信盛云々、酔郷之懈怠歟、仍不参御堂、修正、殿下・右大臣殿・経時・長清云々、追参御堂、殿下又還御、法勝寺、弁光俊徒物僧名候陣、盛兼卿一人参寺始事云々、執権納言、漸非恒規歟、

未時許、興心房被過談、護身被召事無寸仮、被仰付護摩供米以下事、合杓未下、旅所』(8)寒風極難堪之由、被密談、凡殿中之儀、云而無益、所詮無存忠人歟、法成寺仏供灯明以下、又以如此云々、

今日風吹之上、権臣酔郷之翌日、参議愚父出仕、有讒言之疑、依無由終日偃臥、

十二日乙亥、　霜凝、天晴、未後雨忽降、終夜不止、点十五枚、

午時参殿、不見参、於御出居、僧正御房見参、法務事不必守次第、盍被補哉之由、去冬申之、座主競望、為上﨟之由被仰、又不及強申之処、被補彼之後、御斎会可辞退之由、本約束云々、仍今度被補歟、他僧事不可被行云々、暫見参之間、前大弐参、在御厩上方被聴近習歟、予相替退立、雨漸甚雨、日﨟依無由也、有教中将被過問由、留守者告之、御斎会竟、右大臣殿令参給、可有出立公卿数少之由、被催宰相云々、件日内論義之後、可有行幸歟、毎事如例遅々者、不便歟、殿下此程頗御風気之由、聞之、今日御昼寝之由、兼教等云々、若御違例歟、

氏寺恒例仏事、皆無用途而退転、僧徒吐怨言云々、長日臨時急事御祈等、悉無供米以下之実、被召仕之輩、清貧与不忠、如木石、毎聞雖歎息、豈出口外哉、逆耳而弥被処嘲弄歟、云而無益、

戌時許、禁裏女房今年初退出、年始祗候女房不幾、於事如等閑、諸事無委沙汰歟、甚存外、毎日渡御、終日為御所大略如此御方御、於今者、偏如近習祗候云々、実可謂本懐、昨日雑仕』(9)御覧東面屛中門之内、侍臣等、自露台方競見云々、右大将被候御前、明日又局々童女可御覧由、内々有沙汰云々、定異様事等多歟、凡此御方、至于御簾御机帳、麁悪不法、極不便云々、万事存外、聞驚者也、

一日、大納言三位室隆衡卿、参此御方、以隆盛朝臣、兼可参由示送、仍殊相謁、入内以後不退出人、上郎二人源宰相宜秋門・御乳母子親房両女・権大夫・左衛門佐・播磨仲基・下郎等、年始参人、別当公雅・新宰相宗房許歟、極

以無人、世定誹謗歟、殿中事、万事只如此、歎息而有余、
十三日丙子、　朝天漸晴、陽景見、午終大風、
点十二枚、東地早梅初開、風雲飛而日空暮、夜又雨降、
十四日丁丑、　朝天猶陰、
点十七枚、今日、右大臣殿、巳時令参御斎会給、可有出立、無人可参由、催宰相之由、一昨日云送、有教中将、内論義之出居、行幸指合、無参人由蒙催、装束如何之由、昨日音信、只例縫腋可宜哉由答之但不知時儀、相門行幸経営、私方違、被渡宰相吉田云々、
風烈陽景不見、心嬾不出戸外、
夜深之後、宿東北之小屋左衛門佐ゝ云女宅也、以之為本所、家中深泥也、
乗輿廻門外、聞暁鐘帰、
十五日戊寅、　朝天猶陰、陽景不見、
(補1)昨日御斎会、無大臣殿御参、宰相又不参、土中納言・頼納言・平宰・左大弁、出居有教朝臣歟云々、
行幸　左〵右〵大将　家良　具〵実　盛兼　隆親　基〵輔　為〵家
基〵保　実〵有　光俊　成〵実　資宗　顕平卿』(10)
次将　左家〵定中将　定〵平　有〵資　実〵任　公〵有　実〵清　教〵房　伊忠　氏通、右基〵氏　雅継　実〵蔭　実〵経　隆〵盛　兼輔　伊成　親〵氏　頼氏

合点、還御供奉、職事、両頭・信盛・経光奉行

法務宣下、他事不聞及云々、』(11)
後聞、行幸被儲置物、以錦造厨子、以紫染物、造手箱二合各笠六納其中置之、云旅手筥物二十ヲ、如唐垣入中、以護緒為筋、為厨子戸、蒔絵御草子箱入白物具、蒔絵御硯筥置之、御引直衣、御剱、台盤所、以色ゝ唐物等、造(補2)簡袋御膳棚等、以唐赤根、為台盤面、緑衫為裏、桑孫百疋、入日記唐櫃赤唐物造唐櫃、被居酒膳、右大将・左衛門督・宰相・右兵衛・宮内卿・親氏・隆盛・公有・基氏・家定朝臣等、盃酌乱舞、達曙、殿下・右大臣殿、以侍屋為御宿所、還御同令参給云々、
基輔卿放列、入左右将中央練参、乗御ゝ輿之時、称警蹕云々、小ゝ憶説歟、
最勝光院御八講、毎日公卿一人可参之由、弁光俊』(12)催、節会以前可参由、宰相示送、
未斜、興心房被来坐、禅尼毎月受戒之間、又自殿被召被参、此間、寓直近辺小屋云々、御心地頗不快、常有護身云々、予又心神違例、不出行、

補1後聞、資俊、、・公有、、皆縫腋、如例云ヽ、同愚案歟、
此中公有改着参行幸、
補2大略許也、猶不委聞、又以色□（ヒカ）護袋造火炉、以水入為金
物、以護緒為鉢、積仮粧具、
十六日己卯、　霞聳鶯啼、巳後陰、
適属和暖、頭沃菊湯、心嬾、又返牛僕不出門戸、未時許
侍従来、女院、重以女房奉書、可被申四品事於殿下由、
被仰云ヽ、答神妙由、雨漸密、非直也事歟、終夜甚雨、
十七日庚辰、　朝天晴、風又猛烈、
宰相示送、昨日、不参最勝光院、自暁会合吉田、入夜参
節会、内弁右大臣殿、外弁通方・具実・頼資・伊平・隆
親・経高・為家・ヽ光卿、一献之後入御、内弁令退出給、
通方卿行之、御酒勅使伊平、於軒廊東二間、取夾名未聞事歟、
宣命使為家、版置南二間、於三間宣制乍置大理、被召下臈、宣命奏
之間、範頼落失、不見咎而帰、於東階下見付、更令求、
依不求得、更以外記令書黄厚紙、不知其出来所、納言有痛恥之気色云
ヽ、
未時許、覚法印来談、為御使詣相門、依坐吉田、詣幕下
謁申、又只今被向吉田宰相ヽ具歟、
入夜宰相来、今朝黄門送書宣命失事歟、連日吉田、昨日酒、
今日小弓、又被駈馬大将・前宰相・三位中将・、尊法印・実経已下
十八日辛巳、　朝天陰、夜深後甚雨、』(13)
点十七枚第九巻訖、第十巻始、自相門給書来廿七日歌、可見由也、両度問答、午
時許参殿、法務新僧正上乗院参給云ヽ、大蔵卿暫言談之間、
出御、右大臣殿除目習礼、頼尚真人調入笘文云ヽ、明慧
房被参、与大蔵卿、参南弘庇聴聞、適参会結縁、尤感悦、
無程被出、予下地、其後、於東庭、御覧御馬之間、与大
府卿退出了、明日、依平等院仏御躰汗事、堅御物忌云ヽ、
十九日壬午、　朝雨漸微、巳後休、未二点陽景晴、
朝点十二枚、
春日徒暮、宿鳥争声、
廿日癸未、　陽景晴陰、臨昏雨又灑、入夜微雨、
朝点十七枚、
刑部少輔経範来臨、示柱下望事、今度事、至極之道理歟、
明日可伺御気色由答之、謝遣了、無提携事、而只催老眠、
廿一日甲申、　朝天漸晴、夜適見星、
点十四枚、
午時参殿、大蔵卿参会、子息柱下之慣状、昨日付左衛門

督進入、直申右大臣殿之間也、今日先例等、又実以炳焉歟、
前大弐参、三人言談、無出御、大臣殿束帯、令参御前給、
除目習礼云々、是又御遅怠歟、寒風難堪、申時退出、
入夜、有教中将来臨、面謁自然及深更、親房朝臣雑熱所
労云々、仍以書状問之、灸之後無殊事云々、春日社司依
召参云々、神人訴事歟、』(14)
廿二日乙酉、　朝陽晴陰、午後陽景不見、
朝点十二枚終第十巻、一部終功、心中欣悦、静俊注記下
山之次、付便奉返飯室御本二帖、
申時許、大宮三位被過談、参殿之次未令参内給云々、除目昼之
由、昨日被仰、又以遅々歟、兼早速披露、還無由事歟、
今日又無殊聞事云々、
宜秋門院、当時御所、本是兼時宅也、在建永焼失御所東地、又有人夢等、令立去給、已渡御殿
下御所信乃小路、彼本御所、卜筮等不快、可被壊渡他所連々
之由、有議定等云々、及秉燭謝遣之、
御所牢籠、甚不便事歟
宰相居処之向、有白痴下人檜物云々、与青侍闘諍、搦取之間
喧嘩、面縛給検非違使友景云々、如此事、極無由事也、
白河院御世、公卿之威、無是非打調下人等、已為其時儀、
武士・悪僧充満之世、只以無音、可為穏便、所聞驚也、

廿三日丙戌、　天適晴、
昨日除目、午時催云々、入夜、右大臣殿令参給、即事始、
右内、大納言定通遅参不取筥・大将・家良・実親・家嗣、中納言公氏・通方・実基・高実・頼資、参議伊平・経▨高・為家・家光・範輔、功過定宣実下野、
明日可被定云々、
大蔵少輔成茂来門外、示女房蒙芳心之由、過三十日御産
可入来由、以人云入、
覚法眼来談、明恵房、遠所被出立之由、時俗如仏滅度悲
歎、御室聞食、以寛済法印、枉可被止住之由被仰、於亡
父』(15)遺跡、有追善之志、一夏許可籠居由、雖思企、
故被仰下之上、争背仰旨哉、急可思止之由被申、被進其
由書状云々、尤穏便事歟、自相門被申鎮西御領、忽無其
所之由、内々御案等未定云々、太不便事歟、
廿四日丁亥、　朝天陰、
去夜、深更事始、雅親・高実・具実・盛兼卿筥文、顕官
挙、九条退出、定高参加、参議一人為家・家光始終候、鶏鳴
退出、
明後日廿六日、立后兼宣旨云々早速存外、顕官申文、老頭僅撰
入各一通云々、不足言事歟、当座求尋又書加云々、

止観調巻、今日書外題、十九巻、第一第十八一巻、第五八三巻、其外二巻一帖裏之、
廿五日戊子、　天晴、午後風又烈、
辰時許、宰相示送、功過定、別当読帳、伊平卿見合、経
高卿書定文、
清書、ゝ奏任別紙権也・兵部・丹波隆親・周防家光・加賀範輔召名伊与良実・下名等、退出、右大弁未
書終云ゝ、
侍従源通有通忠朝臣弟云ゝ　左中将実経　少将通行　右少将実直　右兵
衛佐平高頼保盛卿子兼　右馬助源仲親
従四位上具教　従四位下橘知宣
正五位下宣実　公相幕下嫡、元公輔拾遺、
今日又吉田弓興云ゝ、
聊念誦之間、午後腰忽違痛之間、又平臥、股之継目苦痛、
只老屈之余歟、』(16)
申時許言家来、四位事、自女院被奏、又被申殿下、被仰
二品、又参綾小路宮申之、宮奏給、御気色已宜由被仰、
而不被叙之由愁歎、四角八方厚縁不許、非人力事歟、信
定朝臣云、四位侍従多歟由、有沙汰云ゝ、能忠・定雅・
公綱三人歟、寛治以往之世、寛弘以後聖代、二人常多、
末代四人何事在哉、適見聞書、可然人事、不過今朝所聞、
山城惟宗祐通　大和藤信広
若狭橘説定　丹後藤経範兼　肥後藤ㅣ守不見解、
筑後藤仲房　壱岐藤業教末代、孔子云ゝ、
従五上厚尚止山城、　清原宣業止壱岐、
医・陰陽道等多加階、不注之、
腰苦痛、入夜猶不止、
廿六日己丑、　天晴、朝後又陰、
中務大輔為継来談、近日、安嘉門院御四辻殿之間、常祗
候輩寓直知宗・為綱・高頼任兵衛佐・長氏云ゝ、
来月朔之比、脩明門院令渡岡前給此御所可令立給之由、有夢等云ゝ、言家
憂悩下名、今夕之由聞之、四品何為乎、子息叙爵、重可
申仙院・法親王、推挙已空、非愚老之所及、叙爵事、叙
位申之、無其沙汰、除目重申、最小事已以無恩之上、不
及責申之由、返答了、父五位侍従、□□[小児]三歳叙爵、更不
可忿歟、
宜秋門院、今夜渡御冷泉殿御方違、明日令参詣広隆寺給
云ゝ、腰苦痛雖不尋常、不似昨日、入夜之後雨降、』(17)
付寝之後、夜半許宰相告送、自明日四ケ日、殿下依御物
忌、下名来月朔日云ゝ今夜延引、今夜定(補1)只今事訖、弓場御拜、

扈従之人、左右大将、中納言二人高実・定高、参議二人伊平・為家、定着座、此外▨〔通〕方・頼資・家光卿加、明日和歌、午時許歟云々、此間甚雨、

補1勅使頭中将、殿下自令取禄給、

廿七日庚寅、　朝雨止、天猶陰、

未時許、令伺相門、備後只今参、無他人云々、

小時、宰相送使者、即参向、宰相来告、予・三位知・備後・但馬家長等、相共参着西出居、主人横座・幕下奥兼被座、予着端長押上、知家卿相並、宰相依気色着奥、信実朝臣居北横座、家長朝臣・光行入道・長政・兼友・永光等、在長押下、先可有連歌之由被命、長政取硯、着信実朝臣東奥、欲執筆之間、家隆卿相具侍従、被加予座下、隆祐着座後、次第重之、予取之置文台、講師読上、信実朝臣等信実下、各置歌、家長朝臣進講師、予依命取歌、永光来詠吟、兼友・長政・永光・隆祐・頼氏少将・家長・信実・知家卿・三位中将・家隆卿・為家卿・予・幕下・主人御歌読了、僧歌頗無便歟由、予申之、依命、光行寂因也・信忠・覚寛歌読之、次女房下野読了、霞歌、先読僧歌女歌、次又自五位読、梅又同前、事了復本座、次連歌、御何々所、甚固、予閉口、臨末僅両三加之、百句了、亥時許、各退出之後、禁裏女房退出宰相車也、』(18)

廿八日辛卯、　天晴、

伝聞、昨日、深草前斎宮入道長房卿養君出家給云々戒師明恵房、後聞廿六云々、年歯忘、先年、誕生時記之、今姫、自南京参会其所、同出家云々、穏便事歟四十一、姉奉喪春華門院剃頭年廿五、弟奉仕斎宮供奉、又是有機縁事歟、件姉妹存命五人、皆為尼了、

臨昏宰相来、昨日霞歌、退出以後、主人有感言云々、除目間事、無聞及事、柱下競望、経範不便之由、自他雖有出詞者、不知　勅許之趣、亥時許帰了、

廿九日壬辰、　天晴、

一昨日、覚法印申出、令一見北院御室詩御集、昨今染老筆、即返上了、三巻、如切紙、一行書一句、早速之由、有御気色云々、

(補1)日入之程、女房帰参内、先入宰相許、可相具共侍、禅尼・小童等同行、戌終許帰来、

依方違、宿東小屋、聞暁鐘帰来、

補1於近習者、実無新参之儀、無内外奉仕、衣装之破損、貧者有恥、

卅日癸巳、　天晴、
忠弘法師書札到来、国検注、依忠綱朝臣之妨〔　〕知行、称造営妨諸郷不遂、惣以水駅、更無下向之要、後悔百千、雪深及三月、路難達云々、
六十九年衰暮翁　孟春一月去如夢
何時何日老身極　西没斜陽今日終』(19)

◇時雨亭文庫蔵（第四十五）本 (437)

潤正月小、
一日甲午、　天顔快霽、春気和暖、入夜雨降、』(2)

◇『日本歴史』二五五掲載写真 (438)

宰相書状之次、下名来四日云々、内裏二品、依所労昨日退出云々、依朔日、明日欲訪、
終日無提携事、春日徐永、而催睡眠、
二日乙未、　終夜今朝雨降、終日甚雨、及晩鐘雲徐□〔分〕、雨濛々、心慵不出行、
三日丙申、　天晴、霞聳、
巳時詣相門、来三月八日、殿下御春日詣、御厩舎□〔入〕已下当色、併可調進之由有命、其間事等、聊可伺申由蒙命、参殿下、申此由之次、予申云、八日一定候者、御斎之中、為御遠忌日、不可被憚候歟、依此微言、忽被引入道殿御文書之内、御忌月、不可有御物詣之由、已分明也、御願延引者、依無心、忩思食者、二月下旬宜歟由申、廿八日御入内之外、無尋常日云々、於御入内者、三月更不可憚、行啓延引、何事候乎由申、但廿八日庚寅、々日神事無例歟由被仰、被引□〔先〕例、大入道殿初度春日詣、庚寅日云々、最前不□〔外〕求歟由申之、為被尋仰、遣召在〔　　〕〔継〕、遅参之間、中納言参、仍立御前訖、不知〔　〕〔其後〕事、三月之由有沙汰、御忌月事、于今無其沙汰、甚不得心事歟、尤為奇、下名之間、可及可然事沙汰歟、貫首昇進有疑、耳外事聞而無益、
日入退出、於宰相門、召具忠康、向二品亭（二条町）、訪其病、女房出逢、昨今頗宜、安堵之由有返事、両三度問答之後退出、繊月未

◇慶長本 (439)

入、

四日丁酉、　天晴、
午始参殿下、已御参内御乗車之間云々、即退出、詣向右幕下亭、少々散不審、
貫首昇進一人参議、一人三位　未聞、定頭親房・資頼歟、他事今日被定歟、
参議頼隆停任歟、
前大弐来謁、予自南門出了、如伝聞者、春日詣二月廿八日定了云々、毎事存外、昨日所聞及事、泰時・々房、任官事、不可口入之由、自最初各称之、彼両人之妻、各挙中将泰時実清、太政大臣殿子也、非実俊子云々、時房頼氏、定通卿、懇望顕定中将弁（并ノ誤）加階（カ）、可超具教之由申、具実卿、又以具教称我嫡子、頻推挙、遂加階、定通卿忿怨無極、述懐状送二品云々、
一寝之後、自殿下預奉書兼康、驚起見之、言家四位可募［所歟］申、何事乎、心中甚冷然、故光能卿寿永元年大嘗会主基国司賞、光俊卿譲之由、承之由申了、雖夜中、告送侍従許了、

◇時雨亭文庫蔵（第四十五）本 (440)

五日戊戌、　朝天陰、未後雨降、入夜大風猛烈、
早旦、宰相送聞書、

参議実世兼　侍従藤公隆　藤為氏　内舎人二人
大内記光兼　大監物菅野長重　式部大丞一　少丞二
音博士中原師邦　民部大丞一　少丞一　刑部丞中原有光
宮内少輔藤信光　大膳進　大炊権助藤常連頼資二合、遠江鬼子
典薬允和気氏成　少属連奏　主殿助源家宗
主水正清原良尚父譲　修理権亮安部昌言　摂津権守丹波康長　近江守藤顕成　下野守橘公業　出羽守藤宣茂　陸奥権守賀茂在仲　安芸守源資綱　讃岐守藤親氏　筑前守藤信茂　左中将具教兼　将監大神宮功
　薩摩守　此聞書々落、』(3)
右中将顕定　将監一人　左門尉藤康幸已下四人
右門三人　左兵三人　右兵二人　左馬允一人　右馬一人
従三位平親長　従四位下言家件賞　安部晴継
正五下同資俊　藤実文臨時　従五上大中臣隆重
賀茂在定　藤親教臨時　従五下清原友昌式部　礒部行継民部
外従五下大中宗吉此姓不得心　蔵人頭親房　資頼
侍従言家・治部親長如元、　防鴨河使中原行兼
掌侍藤信子　辞退参議頼隆

聞書送言家許、侍従新任九歳、尤為面目、但子孫悉侍従、且是宿報有故事歟、非下劣官、又何事在哉、意端不思此事、一言不出詞、人定存老翁所申由歟、

巳時許言家来、参女院畏申、早参殿下御内裏云々、又向二品許、可参宮之由示含之、拝賀潤月不可憚、袍申親昵公卿大臣・大納言、当時、被申権中納言、有便歟由示之、

午終許参殿下、小時出御、入見参、非弁官近将貫首、二人相並、其例希由、有成不審人云々、為存知、可注出其例由被仰、被引蔵人補任、嵯峨、仁明貞観歟、寛平菅家、保元顕長木工頭中宮亮・惟方辞右中弁、前院御時定経・高能、此等之外頗希也、羽林・蘭台之人、自然有其器之故歟、於此両人者、今尤可然事歟、資頼朝臣、当時参籠春日、未聞歟云々、親長叙散位、深有天憐、仍依彼懇望、給薩摩国、成長雖無指過、雖成重任功、被推替下野、親長指国懇望云々此外国皆本人、国司名替云々、

明法博士――、夜前死去、明政子也去年秋任之、非器由、傍輩競望之時申之、其家已絶歟、』(4)

頼尚真人参、付維長、譲任子息事、殊畏申之次、内々仰云、雖非〔可〕披露事、於汝異他之由、被仰之、助教可有闕歟、而業綱申之云々、汝為直講、世之所推、転任為例事、若可訴申乎、又若優一門、不可競乎者、申云、為直講者、助教闕、転任為恒例事、然而頼尚年少候、必不可限今度、一門者已如滅亡、業綱所残遺老、有稽古之勤、沈淪尤可有哀憐候、於彼拝任者、偏可為身上之慶、中家逐日繁昌、清家已如亡、於被任他人者、尤可為愁訴由申之、予聞此事、老後之頑愚、忽落涙、於今世者、無存此心人歟、感歎而有余之由申之、如今度大府卿競望、雖有師弟之好、甚忘仁義事歟、今世人、老少貴賤、更無此心、尤可貴事也、久候御前、臨昏、入御了退出、先是雨降、帰家之後、忽大風発屋、

春日詣廿八日、御入内行啓、可為三月定日未聞云々、二月八日御退出、十六日立后、廿二日両社平野・北野行幸、連々相続歟、今月十三日、内裏昼咒師、

秉燭以後、大風殊烈、終夜不休、

六日己亥、　天猶陰、風猶烈、未後微雨降、

未時許、新兵衛佐高頼来臨、厳父入道消息、存外任衛府、昔事皆忘却、毎事示合可憑之由、所申含也、当府事、雖不知始末、於事無隔心可申承之由、約束訖、容儀進退優

美人也、禅門出仕之時、多年相馴之好歟、遺老之身、相互不忘旧好、保教朝臣存生之時、又有芳心、』(5)

七日庚子、　朝天猶陰、間晴、

午時許参殿、明後日、於春日御社、被修御神楽之間事等被仰、家司親氏可参、暫入御之間、出中門方、▨（成）長卿参、不慮相謁、薩磨被召重任功、已被宣下重任由了、去比巷説不審事承之、忽束帯参内、付少将内侍申入之処、不可相違由承之、安堵不存知之間、忽相博給替国、是即朝恩也、此由且為申入参由云々、当時所称穏便歟、又参御出居之間、▨（法）務御房御坐、暫見参之間又出御、平等院修正導師、穆千勤了、自進路退帰、修正導師之習、必不帰進路、自他方退、今違例之由、被尋仰之処、不申失錯由、申必不帰本路由、依此事、有奇恠沙汰之間、又代始之外、被改導師不吉、後京極殿御時被改、其年有不吉御事由、遮申之、事尤奇恠之故、召執行・公文男・預等、委被問先例等、供僧、自内院被出外、更被下之例、被改導師之例等、慥無矯餝可申由被仰、引勘可申由、公文申之、此沙汰之間、退出訖、

浄妙寺陵鳴動、多武峯又鳴動、所々恠異等多、被始御祈等、泰山府君祭、七座被修云々、

帰家之後、宰相蒔絵弓・箙、随有借送新兵衛佐許、

八日辛丑、　終日晴陰、

念誦不出行、

入夜、言家朝臣来、十三日欲拝賀、昼咒師之由承之、若無便宜歟、事未訖者、如蔵人、見物指合不見来歟、又有日次者、延引何事在哉由答之、又昇殿之望事、猶懇切、為示慶事、向頭右京大夫許、其次、昇殿・后宮職事等所望可示付由、教訓、』(6)

九日壬寅、　天晴、

午時許参殿、前大弐参会、暫言談、

退出之後、殿下出御、雖入見参、不及御安坐入御、即退出、参法務御房、得便宜心閑見参、頗及心事、日入以後帰廬、

十日癸卯、　天晴、

巳時許、覚法印来談、依十三日昼咒師、被充小二人装束、件大、松王丸、自後高倉御時、依被仰付可訪食事由、廻向金剛心院年貢卅課教成卿備前庄、於衣服者、基保卿承之、至于今度、被充此装束、調出依事煩、又依松王所望、只

沙汰給鵝眼八十貫了、此事年来無之、自貞応、被充金剛心院也、伽藍被寄人領、更又被充人物於仏家、末代之法也、今年十月、宮可有御灌頂、御室卅五、北院一度之御例也、為其事修理北院、一向被押懸、毎度御灌頂之前、称壇払、先有灌頂之人、実喩来三月下旬可遂、其前修理可終功云々、信繁法師、又為女院御使、下向関東云々、積習前事歟、

十一日甲辰、　霜凝、天晴、巳後沍陰、入夜微雨、即晴、

詣相門、只今被渡西園寺云々、即参右大臣殿、見参東御出居之後参殿、九条殿御出了云々、仍帰家、寒気如厳冬、明後日昼咒師、巷談、先例不吉之由云々、可何様乎、強無御覧御好由、有　天気、保元之例非不吉、何不被遂乎由、殿下令『(7)申給云々、無御好者、兼日停止可宜哉、又反脣之輩誰人哉、達　天聴、頗可奇事歟、三合之年不可然由云々、為少年侍臣等之説者、頗過分之口入歟抑非叡慮之御好者、不及、被申行事歟、

御春日詣廿七日云々、変々之条、外聞如何、

十二日乙巳、　夜月明、朝霜凝、

巳時許詣相門、咒師事、非可然如公事、々雖久絶非可闕事、無殊御好者、不可令申行給、而又已可被行由、被催儲之上、今更不吉之沙汰、甚異様事歟、保元高倉院御時、全非不吉、建久又、依承久、偏不可被処不吉、建久被行事為不吉者、毎事可被忌歟、又如此事、吉不吉之沙汰、誰人之所称出哉、雑人所申、甚無便事也、已被催儲之上、依雑人之難被止者、尤可見苦、於今者、早可被行候歟、凡ハ強て不被奉申勧とも、候ひぬへかりけりと可申、又気比社沙汰問注、無其故懈怠、無術事由、朝時之所申、使者歎申之由承之、如此事、尤可被成敗候歟由、可申由蒙命、参殿申此由、咒師事全非申行、法勝寺者国家所可重也、咒師装束、貞応以後無沙汰、各訴申、依不便、有其沙汰之次、賜装束年、先々有御覧之例、如何由申之、尤可然之由有勅定、仍所申沙汰也、保元三年全無凶事、高倉院又度々有此事、至于建久、下衆猿楽被召事先々無此、仍只可召侍猿楽由、所申也、此上無識之雑人之傍難、極不可然事歟、但今日参内之次、有傍難者不可候由、可申也、気比社事、両方互逃問注、彼是参差之間、自然遅引也、重可仰遣平宰相許由、有長朝臣承之、以相公請文、遣長

衡許了、』(8)

(補1)今日内と可御覧鞠由、有沙汰云と、為家卿承之、予不触耳、及申時、各参由申之、渡御泉屋、予雖〔欲〕伺見、頗無便宜歟、寒風依無由退出、於門外、有長朝臣送使、可参由示之、可申退出由之旨答之、帰家、

讃州弘田郷事、地頭可請(彼郷公文男左衛門尉信綱)由申、何事在哉由、有相門之命、左右只可随厳旨之由、答申了、

殿下今夜御参内、可御と直廬云と、

今夕、右幕下之室平産、女子云と、

補1 鞠、為家卿、資雅朝臣、申頓病由、宗平朝臣、宗長卿弟侍従、資季朝臣、僧山から、頼岑、

十三日丙午、　朝天晴、沍寒、

午時許、参大納言殿(四条坊門大宮)、見参之間、頼資卿参会(参長講堂)御月、忌次暫言談、退出之後、猶申承、(補1)月出之後、帰廬之間、青侍等云、只今地震甚(荒)云と、於車中不覚悟、此辺二三町之内来着之間歟云と、地震、近年甚不快事歟、尤可怖事也、昼咒師之日、人定有所思歟、後伝聞、秉燭之後、無程事訖、人と退出之後、地震云と、咒師之儀不聞及、

補1 清定云、淡路守護并国司中のまと云男、去比遊法金剛院西馬場、伊時入道・敦経等供奉、敦経打鼓、入道腹鼓、乱舞云と、是皆時儀也、誰反脣乎、

十四日丁未、　自朝陰沍、

侍従来、今夕拝賀云と、兵衛佐又来臨、

詣相門、讃州弘田事、可令請公文男信綱之由、依有其命、本沙汰者訴申役夫工使、引付事、可被仰含〔可〕停止由之趣申之、件文、今日相計令書可給之由、有約諾、即退出、

夕宰相来云、明暁相門御坐水田、幕下・前相公・新中将等供奉由語之、存外今夜無成敗沙汰歟、無故遊放給事、人定傾思歟、歓娯之外更無他、行幸・春日詣、忩出立、毎事難叶云と、』(9)

夜宿東小屋(二月節)、侍従(四位)来云と、答他行由、暁鐘遅而鶏先唱、即帰、

十五日戊申、　天晴、巳後南風吹雲、陽景陰晴、

朝浴、念誦、自晩風殊烈、

十六日己酉、　暁月清明、朝天遠霽、

依閑居徒然、聊招請人と、巳時許備州来臨、以其車迎例禅尼、次法印、次三位、右少弁、会合之後連歌、賦五色

廻転、青赤黄白黒、秉燭之程、聊羞酒饌、戌終許百句訖、
各被赴帰路、余興多残、互約後会、
今日人と物語云、少将頼氏朝臣、参熊野、於湯和左宿、
与其侍後見左衛門尉　　合枕臥之間、灯消眠覚、忽聞奇
音驚起、秉灯見之、件男顔加手被斬、唱念仏二声即死、
少将雖悲歎、猶遂参詣云と、甚不可然事歟、昨今已下向
云と、聞事躰、只共人之中所為歟、
昨日、三位参与大弐明恵房之戒、貴種二位中将、着浄衣蔽其面、
交聴聞雑人、坐礼堂、小随身下野某、又着浄衣上六寸、
在其共云と、昨日両納言定盛・不見云と、
十七日庚戌、　自去夜、天陰風吹、
弘田事、自相門、有被示之旨、参向申子細帰、成私家下
文奉之、又給信綱請文、次参殿下之間、今明固御物忌由
聞之、帰家、
巳時許、言家朝臣来、去十四日拝賀、両社行幸舞人』(10)
領状訖、昇殿懇切無他云と、
秉燭之程雨降、漸甚雨、風相交、雷鳴両三声之後、漸遠
聞、風雨猶猛、至于深更、雷声頻聞、
十八日辛亥、　暁月明、朝天晴、辰後沍陰、雪飛、
寒風飛雪、念誦不出行、
十九日壬子、　霜結沍陰、入夜雨雪降、終夜不止雪止、
寒気如厳冬、午時許参殿、相国・幕下御対面云と、未時
許、被退出之間、於御出居入見参、即入御、退出、春日
祭使、少将教信領状云と、
廿日癸丑、　天陰、微雨降、或晴或雨、夕大風、
風雨沍寒、不出戸外、
廿一日甲寅、　天晴、夜雪宿不及寸、沍寒、
依寒気不出行、讃岐弘田役夫工未済、自相門、昨日所召
預之信綱請文、十三斛、依神部来、仰含其由了、沍寒殊
甚、
一寝後、南方有火云と、二条南、京極西、殿下南町云と、
已経程由聞之、驚起之間漸滅了、夜依不能行歩不出、
廿二日乙卯、　霜凝天晴、夜又陰、
午時参殿、与前大弐暫言談、去夜火之間、前宰相・宗房
朝臣、殿上人等多参、南町大略一町焼由、惟長朝臣語之、
昨日、内裏有御鞠御覧、殿下戌時許還御云と、鞠、為家
卿・宗平・資雅・有資、自余近習等雖立加、称不堪由云
と、退出、参大谷前斎宮、』(11)

未時許退出帰家、伯卿妹故入道落胤、言家先年為妻、離後候
此宮、自去冬籠居、義村子在京二人之中、弟歟、自愛同宿云々、
又通具卿老後愛物師季中将妹、同為武士愛物、在白河云
々、能直子歟、
廿三日丙辰、　自夜雨降、終日不止、
詣相門、以忠広朝臣、依風病不逢由有命、即退帰、依雨
不他行、聊依有申事也、帰後以書状申達、有許容、極密
々事也、
廿四日丁巳、　自夜天晴、午後又大風、
早旦、沐浴念誦、
此四五日、単紅梅雖開訖、雨洗風摧、即有衰色、垂柳漸
緑、
廿五日戊午、　朝天晴、辰後又沍陰、雪飛、
言家朝臣来、即参殿下云々、心寂房来談、問療治之間事
等、
入夜宰相来、此間偏寓直幕府、今夜適帰家門云々、是只
酔郷歟、只今幕下被参殿之間云々、
昨日、又於右大臣殿鞠、又法務御房頻有招請云々、廿一
日内裏御鞠、東屏中門壺、賀茂祠官等立切立、沙厚枝滋、
其数不揚云々、
廿六日己未、　天晴、雪飛、寒風猛烈如刀、
風寒、耄及不能出行、返牛僕了、
頭右京又有腫物云々、行兼又腫物、及火針、但其後無増
云々、
廿七日庚申、　天晴、』(12)

◇慶長本(441)

殿下御物忌云々、不出門戸、東風猶寒、如厳冬、
入夜女房退出、
今日内裏又鞠云々為家・資雅之外、親氏・公有・繁茂等被立云々、
廿八日辛酉、　天晴、適風不吹、昼陰、夜深雨、
明夕行幸云々、
申時許、右兵衛督来臨、欲謁之間、新源三位会合、同時
言談、共是子息兵衛佐・侍従、行幸舞人間事、為示合云々、自
然臨昏、三位先被帰、及暗武衛被帰了、明日行幸共不参
云々、
廿九日壬戌、晦、　自夜甚雨、終日不止、入夜雨休、
依十五日満、宿東小屋、

暁鐘之後帰、

◇時雨亭文庫蔵（第四十六）本（442）

寛喜二年、

二月大、

一日癸亥、　陽景漸晴、午後忽陰、未時雨又降、

午時参殿、前大弐暫言談、大弐立去之後、右大臣殿見参、仰云、夜前参行幸、還御天明、両大将・大納言雅親・中納言経通不騎馬参会・別当・侍従宰相・左兵衛督供奉、自内所参来也、殿下又出御、仰云、春日詣、不可待人々参、不可渡舞人、暁鐘之程出京、可馳下也、廿八日暁以前、為遂訖神事也、供奉公卿未聞定、右大将以下歟、暁参事吉例多、如此院有御見物之時、及巳午時也、即入御之後退出、乗車之後雨降、入夜猶不止、

二日甲子、　夜雨止、朝天晴、午後風烈、

官人秦兼峯来、即相逢、毎便宜、有芳心之詞之由、伝聞、本意之由相示、非指微言、依存道理、自然口入歟、態来臨、過分之由答之、久不合眼、已戴白髪、年歯之最弟也、足驚歎、為人不好凶悪、雖自然口入、聞人不多、事披露誰人乎、存外事也、故殿并殿下、多年被召仕、依存外事、当時在本府、子息猶奉公家之家嫡、其身不卑、所申道理歟、

夕侍従来、行幸舞人雖領状、被催実直、称不審由、若公有之嫌歟、尤可問奉行職事歟、

三日乙丑、　天顔適晴、』(1)

長延入道、送柑子下枝之次云、空躰房正月下旬逝去云々、于今不聞及、甚以悲慟、

四日丙寅、　朝天陰、雨漸降、未後又甚雨、

午時許宰相来雨止、一昨日、於殿下鞠、三百六十之数再揚、右大臣殿・右幕下立加給云々、宗平・資雅朝臣参、昨日、又此輩、於法務御房鞠之後、盃酒入興、

西北紅梅昨今開、南京梅、浅深皆開敷云々、

五日丁卯、　朝雲分、辰後晴、又大風、

午時許参殿、大蔵卿同時見参、

被立大原野祭神馬、陪膳有長朝臣、職事信説、忠高、付以良申云、今日職事一人、可参大原野、日来催家国、依使者懈怠、不知申障之由之間、今日右大臣殿御奉幣、奉行不参社之由承之、可催誰人哉、仰、一日比家国参之様

聞食、何様事哉、早遣召、可構参由可仰聞事躰、不足言歟、不見請文存参由、奉行懈怠之至歟、只今雖被召仰、遠路事更不可合期、奉行家司少年之上、非器父卿酩酊、殿中大小事、皆如此歟、両社行幸舞人、五人闕如云々、春日詣供奉人、未申散状、縦雖有御経営、無供奉人者、甚可見苦事歟、付視聴驚奇、人々云、八日直物、御退出之日、事又指合歟、直物以後、右大臣殿可令寄御車給云々、申時許退出、』(2)

六日戊辰、　天晴、

午時許参殿、前大弐言談之後、推参御前、明後日白昼、早速被行直物、可有御退出云々、諸大夫散状、其人数甚少、定見苦歟、御退出之路大宮、御春日詣、二条東洞院、九条富小路云々、

早旦言家来、地下供奉、極無面目之由歎之、今朝参之次、無地下替目、位次可供奉由承之由、盛長伊豆前司、重長改名語之、権御随身・近衛舎人等、辞退歟云々、申時許退出了、

入夜、右兵衛佐来臨、舞人事等示合、以青侍等令立並、如形示駿河舞・求子之躰了、只作』(3)大輪、踏昇渡返事等許也、近代舞不過之歟、

七日己巳、　天陰晴、入夜半月朗明、

巳時許、頭沃菊湯、誂宗平中将、伝借兼輔少将平文移、送兵衛佐許、為本様也、北政所、今日御入内云々、直物為明日、競望厚縁群集日、非人不出仕、入夜、見南簷之月、悲残涯、

夜深、忠弘法師、無為帰洛之由告送、適以為悦、

八日庚午、　天晴、未後陰、

侍従来、繁雅入道女院御後見、此暁終命、左兵衛佐光成・舞人一﨟蔵人繁茂、同軽服止了云々、忠弘法師来、能州吏務、更以不可乗居、地頭守護之張行、国務之滅亡、不足言事云々、但於其分限者、如形行之了、存命帰洛、以之為冥加云々、主従再合眼、不存事也、今日此次聞、右幕下又日来有被示事修理職相博乎云々、事躰尤大切事歟、但職磨滅之故、本所厭却歟、其事尤不便、

薄暮之程、閭巷有奔者云々、六波羅物忩之由、相互成不審、相尋忠弘、遣尋河東方、使者未帰、但無殊事歟由答之、

戌終許、宗弘帰来云、陣辺同夕間、頗有馳走者、皆称無為由、落居了、雑仕等先相具、参室町殿所来也、於出車者未寄云々、夜半許車又帰、自室町殿帰来云々、腹病不

宜、不見物、
九日辛未、　天陰晴、
巳時許見聞書、権少外記　中務丞　少内記　式部権大輔大輔辞替
長倫　治部大輔範房儒　明法博士中原章行　宮内丞
大膳権亮　主殿権助　左京権大夫菅公良　和泉守政景
下総守高資俊　淡路守藤宗政武士、還任』(4)
左将監二人　右少将親季　将監二人　左門尉四人　少志
　右門五人　左兵尉三人　右兵二人　左馬・右馬允一人
正三位良実　従四上宗綱去治部歟、　正五下藤知経　高為
宗　従五上藤宗成　左馬頭不任歟、
午時参一条町殿、参右大臣殿御出居之間、殿下自東殿入
御、暫見参之間、親氏少将、内ゝ為御使参入由、女房被
告申之間、又令渡給、御共参門外帰、小時又還御、為被
立春日神馬也、此間中納言参、又大蔵卿参之間、予退出、
(補1)夜部扈従、右大将、大納言実親・家嗣、中納言経通・高
実・定高・頼資、参議伊平・隆親・経高・為家・ゝ光、
夜部出車女房　一別当殿按察殿　二帥実快僧都僧娘、殿下按察云ゝ、不知、衛門督
三民部卿新宰相喧嘩云ゝ、　四刑部卿大弐　五少将信実弁光時　六左衛門佐播磨
七仲房女一条殿局成範卿孫左衛門督殿親姪　八家長朝臣讃岐実清女　九甲斐いつぬき　十よろつよすむつる

一条殿・冷泉殿・大納言殿雅親・中納言殿・宰相殿御車
寄供奉、馳参一条殿、
春日供奉人、猶無人、被催沙汰等不叶歟、
昨夕事、河東者、只全無事由披露云ゝ、推之、酔狂之闘
諍、非別事歟由、各称之、
平文移、禅門返之、即返中将許了、
申時許定修来、
　補1後聞、親房朝臣、欲騎馬之間、馬驚落冠、不乗、乗車参
　会云ゝ、
十日壬申、　天晴、和暖、入夜大雨、
今朝徹却火炉、
巳時許参町殿、ゝ下還御訖云ゝ、右大臣殿見参、直物之
躰甚未練、大略散ゝ云ゝ、出車寄了後、宗房侍男等、俄
引其車、寄打橋之間、令加制止侍従宰相・能忠・ゝ実経朝臣等、更不聞
而引寄之、其女房新宰相下車、事甚奇恠也、急可乗之由
示之、殿下又出御、被仰奇恠之由、如』(5)抱乗而押乗
了、是只称所労由云ゝ、其意趣非嫌対揚、御入内夜、乗
親房女右、今□□〔度可〕乗返其左、而乗他人、欝忿云ゝ、
退出参殿下、与前大弐久言談、大府卿頻往□〔反〕、吉田神主

兼直申事、弟宮主、依其労申四位□〔事〕、但宮主有四品例歟、然者叙了可譲其弟等歟、又一代改宮主、有吉例哉、寛治吉例有之由等申云々、自身又申三位行幸賞、末代之人所望、皆是無例新儀、過分濫望歟、有例理運事、余命旦暮者之心中如何、

(補1)依召参御前之次、仰云、如中将侍従参議、兼修理大夫、有例乎、申云、一昨日聊有承及事、其身未申此事、只如基定・公兼、挙其代乎由、右幕下被申由承之、参議給其職、更不可及代官之沙汰由、注遣了由申之入道法師所告也、非其身示合、資平侍従・経任侍従、良頼中将、忠文・経成・資仲・頼盛・定輔衛府督、□〔諳〕所覚悟如斯、猶其例多歟、左府、平辞修理、被申国如被責申、大将聞此事、被申能登事、仍今日示送了左府御許、返事未到云々、退出向二品許春日祭御神事、被坐里亭歟、被出障子許、謁申、又被出孫侍従、我只一子三位、孫又只一人、鍾愛由被示、故亜相自少年見申、今又見没後遺孤、増老悲、亜相母儀、不堪悲歎終命已過中陰云々、不聞及、可悲事歟、日入以前帰家、

補1大弐云、一日、頭、於障子上、勘発経光、如謗言、無披陳詞云々、

十一日癸酉、　朝雲漸晴、巳時陽景鮮、

巳時参殿、一昨日被仰和歌、如形書付進上、不可過之由被仰、春日舞人、猶有未定事等、久清重有申旨等、於将監者、可任給也、』(6)行幸日、猶依可為御随身官人、還御之後可被任、密々可存其旨之由被仰、兼岑、□〔旧〕老家嫡之上、已為召継長府年預、仍可被任右将監、兼廉、不可為兄下臈由、頻雖申、如旧可為将曹、而下毛野武平、□〔日〕来依府将曹、可為一舞、而為将監二人下臈者、定有訴訟歟、若辞退者、其替無可然者云々、

久清　兼岑　武平府将曹　兼廉同　兼友殿下府生
久員右大臣殿府生　広澄府官人、当時人長　頼種殿下左番長
頼岑右大臣殿番長　武信訴申弟下臈之上、大将有被召具之志云々、
近光日来不申左右、今日依召参入、被申子細、　此外無事改催者、武澄為侍祇候相国第、無所従一人、尫弱云々・種武兼岑弟、此両人之外、実事宜物無之歟、

行幸舞人、資頼朝臣催之、
(補1)実任朝臣　公有朝臣　親季右少将　教定侍従
宗教侍従　高頼兵衛佐　顕平卿子侍従

立后四位侍従、経光催之、御点、中将家定　雅継　宗平
少将実任　丨丨　丨丨　弁有親　為経

五位光俊　兼宣少納言　実文侍従、已上領状　頼俊　忠俊

明後日十四日御書使具教朝臣、冊命勅使同人、立后以後御書使基氏朝臣、此輩今日被仰下、

賀茂祭使、中将家定□教〔具〕・少将教房之間、随　勅定可催由被仰、

補1後聞、非実任、[　](将カ)実□勤之云々、

十二日甲戌、　天晴、

依窮屈不出仕、漏刻博士泰俊朝臣来、昨日、陰陽頭泰忠、自去月廿三日、受病不食、責伏之間、辞陰陽頭・権天文』(7)博士、猶去年祈雨御祓賞譲之、以泰俊、可任権天文之由、申請付有長朝臣之時、聊加微言之由、有長朝臣語之、此事為相示也、聞及事、争不存軽微之忠、不可馮之由答之、国道有上臈正助、在俊、今度可任長官之由懇望、両職過分、仍存日去両官、申請此一事云々、

庭梅漸開若木之初花、去年僅両三、開、今年及小々枝、明日忌日事、猶示付嵯峨僧、不変改旧好也、

十三日乙亥、　天晴、

依忌日、終日構扶念誦、午時許、刑部権少輔経範来談、権大輔超越、重失面目愁訴等也、本自察申、近日更雖難得隙、此趣等、懸心可伺之由示之、依仮借即謝遣、未時許言家来、腑持病不快云々、長途供奉、不便事歟、遅口老病、秉燭以後、終経一部、老後如読経、口意気出入之故、腹中被引張、気揚辛苦難堪也、是毎度事也、仏前居壇供、供灯明、以注記、令唱卅二相夕訖、

自相門有恩言此女房、自去年、衣色無可着物、萌木匂欲着非藍時、難染得由、先日申之、去年染藍衣一具送給、依身不具、預小事、芳心、　夜深宰相来談、

十四日丙子、　天晴、風吹、夜深大雨降、

巳時許参殿、春日詣之由被申、(氏)三社奉幣立之間也、於庭上御祓、資高朝臣陪膳、春日使大内記光兼、大原野前兵部定俊、吉田不見知、三人取御幣列立、陰陽権助国道御祓了、光兼持参御幣進之退居西方、御拝前後両段之後、給幣之次給告文、光兼先出中門了、使次第進参歟不見、後□〔事〕、入御之後、見参之間、前大弐参、惟長等伝奏、頭右京親房朝臣、参〔申〕□立后間事、頭資頼朝臣参伝奏人、不参、大弐承仰出□〔逢〕、』(8)入御、予退出、今日、法務、御慶之後、初参内給、師季中将申継云々、宰相可参御出立所之由、夜前雖聞之、吉田例会合沈酔云々、夜半許南有火、白川、

十五日丁丑、　自夜甚雨、又大風、

念誦、有教中将消息、明日、冊命勅使俄被催云々、具教
中将辞替歟、
入夜侍従来、西紅梅・北白梅盛開、
十六日戊寅、　天晴、風静、立后日也、
依今日事不審、早旦参町殿、々下、自夜々半許御東殿、付
惟長朝臣、一昨日被仰舞人事、一紙注出(補1)進入、右大臣殿
見参之次、伺承事、
大夫右大将　権大夫通方　亮親房　権亮右中将源通忠
大進忠高　権大進親氏　宗房朝臣子不知名、
大夫進左大弁家光弟　六位進又宗房朝臣子云々、
(補2)今日出仕公卿　右大臣殿内弁除目執筆　右大将　大納言家嗣　中納言
通方　経通　高実　定高　頼資　参議伊平　経高　為家
々光　範輔　実世朝臣後聞不参、後聞不参、宗平・有資供奉云々
御遊所作　拍子実基卿　付歌資雅、々　笙実有卿　笛(補3)経通卿
篳篥盛兼卿　和琴家嗣卿　琵琶光俊卿　箏師季朝臣
四位侍従親房、々、資季、々、　師季、々、具教、々、　有教、々、実任、々、　有親、々、頼氏、々、　五位光俊　経　光　実文
兼宣　能　定　実隆
冊命使有教朝臣　啓将左近定平　右近兼輔隆盛勤之　実直未定、衛門信盛　範頼　兵衛公員　定具
弁有親朝臣　少納言兼宣

左将師季　具教　定平　実任　氏通　右有教頼氏　基氏、々実直
即令参東殿給巳時、予退出、
静俊書状云、一昨日十四日、若宮別当法印教賢、於十禅
師宝前、修八講、童四人儛二人・伶人二人・僧五人猨楽四人・舞一人、四人之内、春恩弟子春仏、已上南京
其外楽人済々、遊宴舞』(9)猨楽、山門又饗応
入興云々両方和合、珍事歟、
申時許、依仮日、参大納言殿、見参移漏、夜深帰廬、
夜深、宿丑寅角小屋、暁鐘帰、夜月陰、

補1少将親季之料歟、
補2後聞、大納言二人不被参内、
補3本所事、頭右京奉行、惣以無音、中納言又不加詞、只如
無行事人云々、

十七日己卯、　天晴、
自殿下給御書、今日、勅使御書御歌事、被仰合之次、皇
后之父、大臣之父、非宿老之身、可恐可悦由被仰、実思
前蹤、御先祖之例雖各存、御年歯幷計会之条、又希代事
歟、天晴風静、無為被遂行之条、抃悦有余之由申之、自
相門又有音信、同申此御』(10)慶事、今日儀後聞、殿上
人座、徹四位侍従座、長押下敷之、殿下御着座、右大臣

殿、大夫、三条大納言、権大夫、中納言経通・定高早出、参議伊平・為家・ゝ光・実世、亮、左大弁、中納言経通三献、殿上人亮・資季二人着不催殿上人云ゝ、不儲次五位、少進二人取瓶子、御書使基氏朝臣取御書時、誤取柳筥、相公昇沓脱之間示告弃之、寝殿東弘庇南端北面座、大納言実親卿・権大夫・参議三人、各勧坏垣下座敷同弘庇、西面南上、各着之、伝盞、実世不着、

十八日庚辰、　天晴陰、

所栽之梅下枝、南庭紅五・白一・木紅一、北庭木紅一・白二□、桜南庭三、各開□〔始〕、以之養眼、言家来、

後聞、今日、殿下・右大臣殿・権大□〔夫〕・経高・家光・範輔、殿下御坏、依参□〔議〕不可給、参議経高・範輔勧坏、権大夫給之、依不催公卿不参云ゝ、

申時許、密見毘沙門堂花、過半未開、

十九日辛巳、　天晴、

巳一点、詣相門奉謁、殿中事、惣無行事人、立后日、万事懈怠闕如、極不便之由、歎息給、次参殿下見参、親季朝臣舞人間事、可加詞之由被仰、資家卿毎事口入、定存知歟、示小ゝ事等了、未時許退出、後聞、今夜啓将還禄、不催将佐不知今日由、不参、隆親盛ゝ於大将亭聞及参・両蔵人佐許参、宮司勧坏権亮参、殿上人取禄、次八社奉幣定、殿下、右大臣殿、大納言実親・家嗣・、中納言通方・経通・、参議伊平・為家、亮書之、不儲切灯台・硯、公卿着座之後、初馳走、及暁、次氏院参賀、勧坏、大納言二人、中納言二人、参議二人、亮四献・有親、五献権亮・実経云ゝ、』(11)

廿日壬午、　天陰、巳後微雨間降、風烈、

今朝、為翫八重桜、欲参御室、自朝天陰風烈、仍止了、

申時許、大宮三位・大弐直衣同車被過、乍驚相逢、望見毘沙門堂花之次云ゝ、夕被帰、

入夜宰相来、語日来事、立后節会、定高卿、自二位中納言後、立後列如三位、頼資又立其後云ゝ、事訖退出時、内弁右廻、通方左廻、下臈後経、経通右廻、高実左廻、頼資左廻、伊平左、経高・為家右廻、家光左廻、

教雅少将所労、已獲麟、面謁乎由示、今□〔朝〕□□(行向カ)間、七歳童可首服由誂之、忽取寄直衣、如形理髪、元服、烏帽子也、始終可扶持之由、示付云ゝ、病躰□〔更難存云ゝ〕□、悲而有余、去十四日、前中納言範朝卿出家、聊有雑熱事、非大事、以此次遂本意云ゝ、

廿一日癸未、　天晴、風静、

巳時出蓬門、京中野外桜花盛開、如雲如雪、参西郊大聖
院遠望、宮樹開敷未散、就中、門内両株・階前八重、濃
艶映水、芬芳満庭、実兪僧都・覚寛法印相謁、小時出御、
予候簀子之間、覚法印申宰相参由、又召御前、信実朝臣
相具云々、即召出之後入御、法印催連歌、孝継執筆、信
実朝臣賦物、花何水何、甚堅各停滞、不尋常、尊遍僧
都・実兪僧都、在西座隔階間、予・覚寛・宰相・信実、在
東、相構八十句、賦物大略尽歟、仍止之、次読和歌一首、
春日翫庭前八重桜、和歌、孝継読上了不被出御歌、日漸傾、
予先退出、於一条大路日入、帰廬、
可謂数奇狂気、

廿二日甲申、　天晴、風烈、』(12)
巳後風頗宜、参殿下、参御前、少将親季、日来随身舞人勤仕、
萌木袴、壺脛巾、指鞭之由、資家卿申、存其儀之間、三
位父卿先年勤仕之時、令負胡籙之由申、仍俄相求弓箭、
抑帯胡録者、又可着染分袴歟之由、申不審由、令着二藍
萌木、負胡録之儀、髄不覚悟候之間、答此□[由]候了、但治
承三年秋八幡行幸、右少将資時、令着青□[緑]染袴、令帯胡録
之様ニ、側覚悟候之由申之、取寄中山内府記可見之由被
仰、召侍下知之、明日御馬副已下装束調進、人々進之、
自然日臈、良久内府記持参、予引見之、件日見物云々辞別当之後也
舞人右少将顕家随身、胡録、同資時随身、胡録、
萌木結染袴、侍従隆保・左衛門佐業房随身、胡録、童萌
木、雑色二藍、皆紅衣白生単衣、右馬頭定輔随身四人、
壺脛巾、侍従信清・右兵衛権佐盛定随身、胡籙、侍従定
家童赤色女郎生衣、右兵衛尉為成童女郎雑色萩、左将監信政雑色、
朽葉貫布花蒲萄引ヘキ、童女郎、如此被記、往事如見、
猶可令帯胡録之由、依仰送書状、
右大将、為一員楽人之中、可令転将曹之由被申、召好氏
被尋仰、為上臈之輩被越者、可切本鳥之由、嗷々訴申、
仍転任難被行、以府生可為代歟、其例多由、又以愚状達
之、府生又無其仁、明日已後可申沙汰由被申、明日、中
宮女房見物出車権亮通忠・中将雅継、前駈等可催由、被仰親氏権大進、
殿下・右大臣殿、令参中宮給了、夕退出、以使又問
新少将、答云、事卒爾、弓箭更難求出之間、猶可令鞭由、
只今申々重候了者、』(13)
明日御騎馬前後行列、依仰書図授兼教了、殿下今夜御参
内、於御直廬、可被催具云々、

廿三日乙酉、　日出之後、陽景快晴、
暁更雲暗雨降、驚見之間、漸有雲間、天明忽霽、日出之
程、参一条西亭、右大臣殿御装束之間也以康法師奉仕、資
季朝臣在御前、令着裏山吹下襲給御袴例、縮線綾、紫緂平緒、御
装束訖令入給之間、退出、乗車立一条面、大臣殿、令参
中宮給、即自室町面令出給、前駈随参会三人兼康・兼仲・官人久員下﨟
一人、中将在御共、即向桟敷近衛北大宮面、融有便宜云々、自近衛面辻子、、此歟、忠弘法師儲之
間人未来云々、相国御桟敷、鷹司北七間新造塗白壁、、此如例屋
桟敷北鷹司南、有二桟敷、北端教成卿、此隣武士ヲカサ
原云々、返車迎女房等、冷泉女房来、侍従小児二人、
巳時以後、車漸来集、皆在大路西、不立路東、以下人令
窺見、巳一点、御輿已出御、殿下御騎馬之由云々、其後
時刻推移、適神宝漸過、頻立留、奉舁居神宝不可然、事歟、此
間、中宮女房車二両、立相門御桟敷之西、雅継朝臣車前駈行兼子左
萌木匂、紫匂衛門尉云々、通忠、、車うすもえき、前駈左衛門尉俊親紅匂、、神宝渡了、神祇衣冠二
人・束帯二人橿童、黄香舎人、、二藍童、萌木舎人
次御琴持
舞人　非蔵人左近将監懐国紅打衣　馬葦毛駮
童二人紅梅唐紙青衣　雑色四人花田唐紙山吹衣出衣

皆押色紙形、障子風流歟、
右兵衛尉仲泰紅打衣　黄川原毛　御倉小舎人』(14)
童萌木山吹衣付梅花、雑色二藍同衣、同花
侍従資平濃打衣鋳たみ　馬葦毛私馬云々、
童二人萌木不出衣山吹衣　雑色六人出衣、垂尻赤色、同衣
皆以同色絹、押亀甲文、皆付梅花、
私侍二人付馬左右布衣男也、
八歳云々、稚少、
侍従宗教紅打衣　黒葦毛
童二藍　山吹袙山吹花付　雑色朽葉裏形木、尾長鳥
右兵衛佐隆〔高〕頼紅打　黒馬
童二藍山吹袙付山吹花、
随身朽葉袴付藤、帯胡籙、
雑色萌木　山吹衣出衣　山吹花
侍従教定紅打　黒
童桜萌木山吹袙　銅鋳尾長鳥
雑色桜皆貫布　同鳥
侍従雅継紅打　土葦毛
童二藍　紅衣　紙鋳蝶ヲ透す、

雑色萌木　濃山吹袙　同蝶透、
右少将親季紅打　黒鹿毛
童朽葉　萌木袙　藤付
随身萌木袴　付薔薇、
雑色二藍　濃山吹衣　付山吹、
右少将実直紅打　鴾毛
武澄相副兼日、公有申請武澄、行向、身幷所従衣装等事、頗過分示之間、』(15)公有忽変改、申不可給由、実直又所望、武澄又和合云々、褐返、上下、黄地錦衣、付唐瓶子
童萌木　濃山吹衣
随身朽葉袴　胡録
雑色二藍　濃山吹衣
皆以紙鏄霞地ヲ透、其上付金銅、寛の文ヲ付、
左少将公有紅打　白葦毛
童朽葉打絹　萌木衣
随身同袴　桜付
雑色花田打　山吹衣童・雑色ノホリ・ハ□〔タ〕ソテ、以錦替之、付桜花、乗驄馬、
次諸司如例、式部丞少年
隼人正老翁
武士衛府、多供奉其所従ニ令問テ聞名、

天野五郎兵衛□〔と〕云、但在左衛門先陣、如何、
朽葉舎人　二藍童　青丹末濃袴黄衣四人
小川三郎左衛門
朽葉舎人　同色茜　絹四人
鎌田次郎左衛門
萌木童　黄舎人　寛文紺狩衣　末濃袴山吹衣四人
淡路四郎左衛門
朽葉童　黄小舎人　虫襖ニ末濃袴四人
遠江次郎左衛門
赤色童　青舎人　大鞭摺紺　末濃袴四人』(16)
駿河四郎左衛門
虫襖舎人　二藍童　青丹末濃袴茜衣
曽我太郎兵衛
岩原三郎兵衛
青童　黄舎人　貲袴四人
紀七郎兵衛
青童　▨▨〔黄香〕舎人　轡紺狩衣　末濃袴四人
おこせの馬允老者
黄舎人　虫襖　末濃袴　黄衣

木工兵衛木工入道ト云相州専一者次男云々、
青舎人　朽葉童　紺青ニ　纐纈衣四人
折烏帽子直垂男廿人
其鞦其羽、皆古今未見之躰也、但無衛門兵衛之分別、皆
渡了、
検非違使友景
槿童　看督二人　火長二人　雑色四人
鹿子ゆひ狩衣下部四人　赤革腰
殿上検非違使衛府
黄表袴　桜萌木半臂欄付裏、縫鰭、
二藍山吹衣童　雑色四人
左兵衛佐公員
左衛門権佐信盛　槿舎人
随身二人　看督四人　火長二人
雑色五人
右馬助光衡』(17)
青舎人　二藍童　襖袴随身
雑色三人
権頭有長
萌木舎人　今一人引柿水干
雑色七人之内持弓、
左兵衛佐公員　朽葉舎人　二藍童　随身蘇芳袴
少納言宗明　萌木舎人　雑色五人
公卿
治部卿親長馬副四人　雑色五人
左兵衛督基保赤色　萌木舎人
随身　雑色三人
右大弁
舎人花田　薄青　雑色四人其衣錦繍歟、
侍従宰相
舎人萌木　二藍濃山吹袙　雑色四人
平宰相
舎人薄青檜皮　雑色五人
別当
舎人槿　にかいろ　看督・火長・雑色四人
中納言盛兼　馬副六人
舎人青ニ　きちんの水干　雑色五人
三条大納言実親　馬副八人

薄色　黄香　白袴　付左右、
萌木舎人一人　居飼　雑色三人
源大納言雅親　馬副八人
舎人赤色　花田　雑色四人
左右近将監不見、威儀御馬等如例、』(18)
右大将番長武信　乗狛牸、
於相国御桟敷前、兄弟如飛、
右大将　紅梅下襲
左大将殿番長頼岑　乗栗毛、
府生久員　左大将殿
(補1)御綱次将、近年若人不見知之上、拝　龍顔端厳之間、愚
眼忘他、不分別而過了、其数多歟、在後陣之輩不打並、
少将教房　童二人　随身二人　皆経爛之文、裏形木　宰
相中将実世萌木袴下襲薄色歟さくら、うら也
三位中将実有黄袴桜萌木下襲
殿下移馬居飼四人　御厩舎人四人二行
番長左右二行右ハ権　官人二行左右
御馬　御馬副滝口上臈二人張口、
不着下袴舎人二人　付御馬口、

御厩舎人、持御鞭在右方、居飼在御馬左、次滝口十人二
行各五人
次下臈御随身六人　二行　染分袴
左　末武　武時　貞直
右　弘方　敦任　助久昨日初参
次滝口調度懸十人　二行各五人
　權上下　負調度、
雑色一人
次頭資頼朝臣　童薄青　薄色袙
　黄香舎人』(19)
蔵人経光　萌木袴　黄下襲
二藍童二人　萌木舎人　雑色三人
無六位蔵人、
御後殿上人　経賢朝臣子萌木舎人雑色四人
右衛門権佐範頼
うさひの右衛門尉と云、黄舎人　二藍童　虫襖ニ末濃袴四
人
くらの丶兵衛　黄舎人　二藍童
同色四人　兵衛と云、在衛門後、

次殿下御車　〻副　平礼　垂尻
　御笠袋在此後、
見物輩各帰、出車向北之後、出桟敷、自辻子東行、於南
北辻子乗車、出近衛帰家、于時未時歟、窮屈平臥、
後聞、正四位下有親行事、大夫史・大外記、各譲子息、
叙従五位上、宰相経高、頻雖申二位盛兼・実有・基保卿等不可超、上卿
已下追可申請云〻、
補1後聞、左中将宗平・資季・家定・実経、少将実任・教
　房・氏通、右中将基氏・実蔭・隆盛・頼氏・兼輔・親氏、
廿四日丙戌、九坎、　天晴、
早旦詣相門、武士引馬参云〻、仍暫参町殿、殿下、夜前
還御冷泉殿云〻、小時謁相門、慈賢法印暫言談、来朔日
下向湯山給、依招引兼日下向、可始護摩云〻、次謁主人、
昨日光華自愛耳、今日可向北山由有命、次参殿下見参、
昨日毎事無為、但騎馬之後、已経数刻、足極難堪之由被
仰、』(20)以良朝臣、中春日供奉人〻中御馬事等、毎人申
請云〻、入御之後、大蔵卿・三位入道・前大弐参会、予
早出、久清・兼岑、今日任将監之由、可被仰云〻、下毛
野武平、聞将監二人任由、逐電逃去云〻、

舞人大略
左近将監秦久清新補　右近将監同兼岑新補
左近将曹同頼員　右近将曹同兼廉還補
右近将曹同武澄還補　左近府生同久員
右近府生同兼友　右近府生同広澄
右近府生中臣近光還補　左近番長秦頼岑
廿五日丁亥、　天晴、南風頻扇、夜深大雨、
四位侍従来談、自昨日咳病、今日殊悩、雖精進念誦、不
幾、心神辛苦、依宗雲法印消息、送小〻前栽、進持明院
殿云〻、
未時許、窃行毘沙門堂、於車中▨(見)花、過半散了、車雑人
多、聞心寂房来由、即帰相逢、為見泰忠朝臣病、出京、
其病尤危由語之、紅白梅栽一株、其樹各不可安、必可有
将来之煩之由示之、即堀取紅梅、別栽之、草樹事、只随
此僧之進止、
伝聞、有除目云〻後聞、不見聞書、左馬頭信時通任卿所歴歟、四位泰敏・兼教、将監久清・兼岑、左兵衛尉藤頼季、衛府二三人諸司允一人云〻少監物藤氏久、図書少属藤井久家、
入夜宰相来、幕下、依行啓供奉、追下向有馬間、伴之由、
有相門命、毎事難叶、雖申領状、心中不定、帰後雨降、

廿六日(戊子)、　朝天晴、午時許参殿下、舞人幷移馬以下、人ゝ中料欲被分充、事未定、諸方出来馬等、且』(21)御覧、自相門、被進平文移十具、例移十四具被進、鞦皆新調、如此過差雖驚目、殿上人供奉、本領状十二三人之内、被告刻限之時、多申触穢頓病由(云ゝ)、諸大夫又不足、廿人歟、公卿只祇候之輩許歟、右大将被参、明暁刻限、為真実夜中者、還有上下之煩歟、猶天明出御可宜哉由、雖被申院、不御覧時、吉例皆取松明、出御猶可為夜之由被仰、北政所露顕之御見物(庇御車、公達前駈)、又依夜儀止了、不可被渡舞人之由、被仰定訖、中納言・大蔵卿・前大弐等在御前、職事以良・所司等、奉仕御装束之間、南面簀子不敷弘莚之由、黄門忿怒勘発、敷弘莚之時、不敷簀子事、実不見事歟、辞退触穢之輩、小ゝ可被除籍由、為被申、被召頭大夫、申時許参、又重催之、散状可進由、被仰頭資頼朝臣、未進之、自内、寮御□[馬]十疋、少将親氏、為御使被進、自北方、右衛門尉成季、相具御厩飼口等、密ゝ請取之、御厩舎人出立之間、皆退□[出]、不見之故也、信定朝臣、逢親氏朝臣、申御馬名、申終許、久清申慶由、人ゝ申□[之]、仍自北対方、出西中門廊▨[方]見之、久清束帯、立蔵人所屛西方、府官人広澄・子息久員(上﨟冠之装束、不帯弓箭)、其外四五人歟、布衣(子息等)云ゝ、職事家盛[以良](衣冠)出逢、帰入又出(如逢殿上人等之儀)、帰昇、久清二拜訖退立之間、惟長又下中門廊沓脱、召之、久清入中門渡御前、扈従者皆渡(渡了居東唐垣下)、渡了又久清已下帰出(今度副南築垣)、出門了後、不経程、』(22)兼岑参入立、職事□[出]家盛出逢、兼岑二拜了、雖退立、無召人歟、已出門退出之間、人ゝ召返(今度無下逢者)、兼岑又渡御前、相従者、種武[弟](布衣、帯劔)・兼友(同、中臣近光聟也)・少年者等、八九人許歟、還□[出]儀同前、中門廊内壁間三間、懸舞人装束、舞人等未参歟、毎事遅ゝ、咳病窮屈無術間、退出帰家、戌終許、已付寝之間、新少将来臨、驚出相逢、非殊事、供奉之間事、小ゝ示合退帰、

廿七日(己丑)、　天晴、風静、鶏鳴以後、参殿之間、繊月出山、頗遅ゝ訖、仍不参入、於二条富小路辺伺見、右大将已下公卿五六人、已参入(云ゝ)、以下人令伺、御釁成之間□□[云ゝ]、小時先陣殿□[上]人等騎馬、二条向東、仍立押小路京極、先祓等進行、行烈不尋常、舞人九人打融了、各不令取松明、

暗然、御厩舎人等又不見若遅参歟、諸大夫布袴、人歟四□〔五〕、殿
上人信盛（範頼）已上不及十人、其面不見分、実経朝臣（補1）・資季朝
臣・親季皆束帯、随身冠、此内前大弐子、朽葉童二人、頗刷歟、
一員以下御随身下﨟、皆騎馬、御前朱紱過、左中弁有親
朝臣、御車唐車、ゝ副白唐紙紫繡、検非違使、
次右大将、一員已下随身騎馬、馬允已下又同云ゝ前駈六人、坊城中納言此
後漸天明弁色、二条中納言、新藤中納言、別当看督・火長・随身、皆取松
明前、平宰相、侍従宰相、左大弁、三位中将、随身二人
行
松明前行、二人松明在後、』(23)次前駈二人衣冠、三位中将
殿御車簾上、御随身二人騎馬依少年、令騎歟所従等、此間不取松明、
見了帰廬、
無人之条、雖為珍事、天気甚以相応、陽景晴、風声静、
永日遅ゝ、徒睡眠、
（補2）
中時許南方有火、東風頻扇、久不滅、行願寺之辺、八坂
塔焼了云ゝ、乗車、出近衛川原眺望、煙雖赴坤、不幾而
滅了帰、後聞、非八坂、只行願寺之内塔焼、六波羅地蔵
堂新立八足門焼了云ゝ、

補1後聞、中将家定供奉云ゝ、
補2後聞、行願寺門内本堂一・阿弥陀丈六鋳仏堂一・仏師新
堂一・五重新塔・藤田衛門同門西堂一・□〔同〕門向能茂入道
堂・六波羅向堂一・同西堂一・多宝塔一・六波羅二階楼
門、

廿八日庚寅、　天晴、風静、
巳時許詣相門、昨日、自夜宿法性寺、暁猶遅出、見物車
充満九条川原、依無所、遠南行立其末、綾小路宮御車、
又自車後猶令立南給、武士行粧尽美云ゝ、来朔日出京、
二日可宿始湯屋、十（補1）一日又宿始水田新造屋、十二日可帰、
中宮御入内十三日云ゝ、退出之次、逢行寛法印、参右大
臣殿、見参之次、申一昨日除籍人候歟由、八人被削云ゝ、
家季朝臣越後前司・家定朝臣左少将・伊成朝臣右少将・顕嗣
兼高子、宇佐殿上・時高範輔弟・親高治部卿子、後聞不除・光氏光親卿三男・氏通右少
将等也九十九人之内、八人被除、於四人者、実非仙籍之仁歟、
今日暑気忽生、甚辛苦、即退出、西風漸扇、浮雲漸陰、
補1湯山、幕下・前相公・拾遺相公・実経中将供奉云ゝ、
廿九日辛卯、土用、　及暁雨降、朝間微雨巳後間止、北風、吹雲
風雨之間不出仕、以下人令伺、酉時許、還御已成之由云
ゝ、秉燭之程、言家朝臣示送、自途中脚気更発、無術平
臥、南京供奉人不幾、資季朝臣御履御下襲・実経朝臣・信
後□（聞カ）三位中将殿也、取継歟

時朝臣・言家・』(24)信盛・忠高・範頼・親季・宗氏・
教信・経俊等歟、為経朝臣不騎馬、能忠朝臣又雖参、不
出晴云〻乍参不供奉、甚無由事歟、、脚病事、甚不便之由答之、
卅日壬辰、　終日甚雨、雲奔西、
酉時許宰相来、明暁、一定供奉湯山、今朝参内入見参、
奏春日事等、昼参中宮・右大臣殿、只今退出云〻、春日
詣之間事問之、
廿七日暁参、右大将、不帯剱不被持笏、両納言国定・、
(補1)持笏下立中門外、殿下出中門揖御衣冠、笏、令出給、次〻公
卿次第出、如恒、治部卿、儲三条坊門京極供奉、自五条
辺、別当・平宰相止、国通卿八条止、定高卿馳融、□〔三〕位
中将殿、又令馳参給、其後、大将・三位中将三人、長途
伴申、不参佐保殿、直入南京宿所、其夜戌時許、束帯参
佐保殿大将・別当之外、皆参、殿下出御〻座、三位中将殿、令赴端座
給之間、先起訖人〻皆着端、後、経高・家光、依仰移奥、一献
泰敏朝臣持参、奥座遠、瓶子取基邦取伝盃云〻、次公卿
下立、三位中将殿御履資季伝奉、於社頭着祓殿定高卿以下、
経高卿、雖異姓猶着座、令居饋物云〻、一棚、殿下・両
納言・為家、二棚、家光・実有、三棚、三位中将殿・資
季殿下仰止親房、依行歩不輙也、四棚実経・為経、此後早□〔出〕了、
次日、早参着到殿、於簾中、奉刷三位中将殿之間、幕下
参入給、武信騎驂馬名咲栗、如飛天、衆徒競見賞翫、着
□〔座〕、端、幕下・定高・隆親・経高・家光・親長、奥、頼
資・為家・実有、』(25)殿下出御(補2)、公卿下立幔外東上南面、
出御之儀如例、黒木屋昇着座之路、幕下、昇南階、経已
講座上幷前公卿末、着奥座、
定高卿、昇西階、自簀子、又経已講上、着端、頼資卿、
昇西階、自簀子南行、入奥末間着奥、隆親、、自簀子、
経已講座末幷前、着端、経高、入西面中間、着奥、為家
同別当、家光着端、実有卿同経高、三位中将殿、殿下被
仰可着奥由、親長着端、
別当僧正、依殿下御気色、勧坏已講持参坏、取之給、進退甚宜、署預粥親
長払底、
取僧綱禄之儀、頼資、出西簀子、向南跪搢笏、取禄入西
中央間、経公卿已講之中、僧□〔正〕御座東庇北一座也、西面、
隆親、経我前路、於頼資同所搢笏為家同之、経高同頼資、
家光、跪長押上三位中将同頼資、親長同家光、、僧綱今一人親房取之、
已講禄、能忠・資季・有親取之、

僧綱馬、別当二疋、次五位衛府各一人引之、自余各一疋、
役人同、事了自下﨟下立、殿下々御、次第乗車、参佐保
殿家光・親長不見、参議依催一人着座、泰敏又持参坏、一献訖
被引御馬幕下、即各退出、
昨日廿九日、暁更着直垂、密々出乗船、遅明殿下□〔還〕御、
令過給了後、幕下又微行浄衣、乗船、実有卿・実経朝臣
等相乗、晩頭帰京』(26)之由語之、不及黄昏帰了、
補1 □〔路〕、二条京極、五条高倉、信乃小路富小路、川原、
補2 殿下御沓、毎度三位中将殿、資季奉伝、

三月小、
一日癸巳、　終日甚雨、
早旦、心寂房来談、昨夕見侍従足病、極大事歟、雖加灸
点、其験難知云々、
相門・幕下・前相公已下、今暁已下向了由、忠弘入道来
談、今夜雖十五日満、依土用中、不宿他所、依雨煩難堪
也、
二日甲午、三月中、　終夜今朝猶雨降、巳後雨止、雲猶暗、
中後又雨、
桃梨花落尽、款冬盛開、

三日乙未、　終夜雨降、暁天漸晴、風払雲、
午時許、惟長朝臣書状、借召輿、申破損由、令差替畳、
未時許参冷泉殿、大府・前都督如例列座、出御之次見参、
去夜、盗穿法成寺宝蔵代之廊塗籠、奉取銀仏、雖搦嫌疑
者、未知一定由被仰、明慧房、去十九日為戒被来一条西
殿、自十五日不食病、其日不被語其由長日斎食只一度食事人也、此
七八日、飯類不入口、只飲粥、此粥又絶之時、可知存亡、
心神当時無違乱之由、有其消息由被仰、今年五十二云々、
濁世之仏日、又欲隠歟、無物之貧老、依無施物、遂不能
詣向、前世之罪報而已、両卿退出之後、及日入帰廬、初
月高懸、
四日丙申、　朝霜如雪、蒼天清明、
未時、欲出仕之間、大炊御門中将過談、暫対面、漸臨昏、
仍返牛僕、偃臥、筋力逐日有若亡、晩天遠晴、繊月已明、
五日丁酉、　朝間陰、微雨灑、未後晴、
午時参殿、座主参給、御対面之間也、大蔵卿・』(27)兼
高近日被加伝奏人、参会、座主出給之後見参、兼高往反、頭資
頼、宮権大進、顕朝、申行啓之間事、範頼申事等也、頭
亮参入、直申臨事祭事等、使経賢朝臣領状、舞人五人領

状云々、殿下聞食訖、密々御出宜秋門院之後退出、腰病甚難堪、兼康語云、明慧房病、気力甚弱被坐云々、本自被断塩梅之上、飯類又不通云々、

夕、教雅少将母儀、以侍為使、身上歎事被示合、少将之躰、逐日無馮之間事等也、故相公旧好難忘、毎聞拭涙、自相逢問答心事、

六日戊戌、坎日、　天晴、

午時許参殿、山階寺僧正参給、御対面之間云々、

大府卿・兼高朝臣言談、臨時祭《北》使無其人云々、当世事、惣無出仕之人歟、

今朝、此殿大番舎人兼教往雑色、男、突殺三条僧正之寵童白河河橋辺、件童犯、其妻云々、逃入京極面御門、於庭上被搦、賜検非違使章ー云々、法成寺盗嫌疑者、猶被召出、各未承伏云々、

今日、最勝金剛院御八講、右大臣殿令参給有教朝臣、御共、

明日殿下渡御、老骨無計略、不参、

東一条院、此間御不例之気、令腫御長成入道、大伏水腫之疑由申、他医不申云々、

有長朝臣、廿七日、打融武士随兵之中之間、為馬被踏脐、大腫苦痛難堪、帰京之後聊落居、去三日、次男蔵人正月補初参、立出見之間、又増気、苦痛無術云々、乍驚退出之後、送愚状、

八幡近年有珍事、周防国小僧、参籠祈請、大般若書写之願之間、忽死、同行等弃郊原、経四ケ日、《蘇生》蚑帰語琰魔宮事、遂勧知識終書写、去月八日、請求仏房供養訖云々、

久清、如本《可》為御随身由、今日、以惟長、被仰含了、久清可忩帰参由、先所望云々』(28)

中《祭》宮使権亮clearly、依先例可被遣云々、臨昏《母堂》示送、言家弟法師猷円法印弟子、籠那智之由聞之間、有中風病気退出、於播磨国死去云々、如此物死亡、穏便事歟、連枝皆如此、尤為奇、

七日己亥、　朝天遠晴、

早旦、重以宗弘、問有長朝臣自一昨日、苦痛難堪、及足、温気出来之由、答之

両株八重桜一条殿枝、続木、花漸開、永日徒然、令分栽菊苗草不憚、土用、

八日庚子、　天快晴、

午時許、興心房被過談、自殿下退出、今日渡御一条殿、至于十四日行啓、可御彼御所云々、

未斜、信実朝臣来、中宮氏寺参賀無人由、依被催可参、昨日参御八講、右大臣殿、按察、源大納言雅、宰相中将伊平、平宰相、三位知家・範宗・宗宣・長清・基定、十人云々、於其座人々云、前参議宗房朝臣、未《午》時頓(補1)死、昨

日酒会云〻、驚而有余、窃以、年来飽満神供珍味、尤有
恐事歟、往年棟範弁又以頓死重保聟也、其妻羽衣所生範資、
又不幸短命、後輩可慎事歟、事躰依不審、問家長朝臣在其家向、返事云、昨日午時許、俄絶入之由騒動、遂不蘇生、
前日酒宴云〻、今夜葬送之由聞云〻、土用如何、後聞、大宮北行云〻 入夜急雨
降、
補1 □[年]四十二、
九日辛丑、　朝天遠晴、
以使者宗弘、問有長朝臣、又問教雅少将、各危急之躰、
尊遍律師、取定納言消息、触季頭之訪、近年此事連〻、
貧家極難堪、
入夜、兵衛佐臨門前音信、心神違例、已付『(29)寝、答
所労更発之由、
十日壬寅、　遥漢無雲、
午時許、参右大臣殿一条西殿、見参、明日御方違行幸、
可供奉、於臨時祭者、不可参内府可被参云〻、祭使、猶雖
被責催、未領状、宗房朝臣非頓死、自廿九日病悩、疑風
病由、不存熱気之間、其日、如赤斑瘡物、小〻出現、即
終命云〻、在世之間、不信仏神云〻、小時入御、今日心
閑入見参、依無人、小〻有伺承事等、及未斜入御之後、
出南方、知家卿・長朝前大進、暫言談之後退出、窮屈無
極、
十一日癸卯、　朝天陰、未時許雨漸降、臨昏密、
午時許、八条三位長清卿過談、臨時祭日事示合、
未時許、新少将又過談、今夕参行幸、近将事、尤可被随
入道三位之説之由、雖相示、未相謁云〻、雑談之後謝遣
之、雨降、
十二日甲辰、　朝天晴、
暁更女房退出、依風病発、沐浴云〻、
昨今、書朗詠上巻、又点之、為小童読書也、凌老眼終功、
入夜、宰相今夜帰京之由聞之、
十三日乙巳、　朝天晴、
午時許参殿、即見参、明日臨時祭早速終、行啓早速之由
被仰、行啓供奉公卿、大納言雅親卿、中納言実基・具実、
参議伊平・為家・範輔、三位実有・光俊・資宗卿、行啓
大臣乗車、尋常之例也、而待賢門院行啓、花山左府衰老
之時、騎馬有例、仍右大臣殿御騎馬、今度尤可然由、菩
提院入道殿有御命云〻、□[定]高・頼資・隆親卿等、重可催

由被仰云々、』(30)相門、夜前深更罷帰、可参宮御方之由被申、即還御東殿之後、職事経光参入、重申散状、両納言猶申障云々、即退出、酉時許宰相来参内・中宮、頭亮臨時祭奉行、六位舞人一人闕如、無可勤者之由、只今称云々、此後誰人勤之乎、不足言事歟、仙籍有障者、尤可催地下者、懈怠之至甚不便、公卿、家嗣・実基・定高・隆親・経高・長清・宗宣・親長等卿参云々、舞人、朝輔侍従・能定・範継・長信中務・家盛将監・定具兵衛佐・忠兼侍従、忠行卿子、　加陪従、泰敏・仲国、使経賢朝臣云々、左近少将教雅朝臣、依所労待時、昨日已出家云々、悲而有余、月出之後、兵衛佐来謝舞人間事、等之由歟、即帰、夜深、新少将又来臨、清談移漏帰、

十四日丙午、夜行日、　雲膚収尽、天顔快晴、午時参相門、法印――親実卿弟対面之間、依招請加其座、法印退出之後、不経程退出、行寛代奉謁、即参西殿、右大臣殿見参、仰云、行啓不供奉、遅怠事等為催行也、臨時祭、殿下御出遅々、刻限下由、可申之旨被仰、令参宮給、殿下渡御、御鬢御装束以康法師奉仕訖、出御之間、陰陽師・御共人・御随身不参、驚催之後、▨番長下﨟二人参在一条面、云々、依無人、褰御車簾侍従頼俊可参云々、四位殿上人、依遁重坏、一人不出仕、奇異事歟、面々辞退、無其人云々、

六位舞人、仲親遂領状、御出之後、兼高朝臣暫清談、退出、』(31)

秉燭以後令伺見、殿下還御訖云々、戌時許、女房令参内、着物具、張袴、萌木匂花山吹表襲、高諦光家女也乗車後、上童二人、乗別車相具、桜萌木袙二人同、光兼・伊員在共、小時乗車、伺見室町辻辺、出車三四両、立一条南室町西、且随乗訖漸加立自下、寄歟、出車寄北対、糸毛金作、寄御厩東妻戸云々依無所便、也、雖無打橋、轅ヲ内へ引入て寄云々、法務御車後車七歟、過西給以下人、令見、立西洞院西云々、此間室町ヲ西行、自油小路出一条、立油小路東半許、其後良久、而松明之光多出、騎馬歟、但打立云々、又良久而適渡、五位四位侍従歟、不分別、左衛門佐不見、左兵衛佐公員、次公卿、宰相中将実世、伯、右兵衛督、三位中将実世、左兵衛督、右大弁、侍従、平宰相、別当、左衛門督、権中納言実基、源大納言雅、右大臣殿人々装束、同行幸、皆、次権亮、権大夫、大夫、御輿、次将、左実任・右頼氏、大進忠(補1)

高・親氏、少進光国、属等不見分、次殿上□〔人〕甚多、大略
近衛将歟、不見知人多、廿余人歟、次右兵衛高頼、右衛
門範頼、次出車、糸毛金作毛車十両、各前駈一人衛府也、
次殿下、居飼・舎人、前駈十人、御随身、御車、下臈御
随身、過了帰、
女房退出、天明訖、北政所還御云々、
補1 采女八人騎馬、
十五日丁未、　天晴陰、
早旦沐浴念誦、夜前勧賞従三位親房、正四下通忠、従二位瑜子、従五下二人御匣・内侍
十六日戊申、　天晴、
巳時許、参冷泉殿、兼高朝臣云、自一昨日御内裏、明日
可有小除目、貫首未補云々、只今参内之由示、即退出、』
(32)
頭被補通忠歟、有親馳走御気色宜云々、即退出、行啓御後、
実直泥障唐尾云々、
少将教雅、十四日夜半許逝去云々、
戌時許、行吉田宿、夏節為本所也、暁鐘帰、
十七日己酉、四月節、　天晴、
右中将基氏朝臣、昨日補頭於右幕下亭、習其間事云々、尤可然事歟、

殿下夜前還御云々、
午時許、参冷泉殿、門前無人、令問下人、猶御内裏云々、
不参而参大納言殿、見参、仰云、来廿三日、仁王会可出
仕脚病適宜、仍先可着陣、被問日次、即申之、廿二日云々、
如此着陣、無申文、只着陣、職事下吉書、召弁下之許也、
申時許退出之後、小雨降、夜猶間降、
十八日庚戌、　朝微雨漸止、天晴、大風、
除目延引、明後日可被行云々、若及重事歟、
殿下、夜前御退出云々、有可達相門事、先□〔御〕書状、今夕
可来之由有命、黄昏参門前、侍来云、渡給吉田了、即退
帰、
宰相、明後日参籠日吉七ヶ日云々、公事繁多□〔之〕比、自由事
▨也、信盛之対揚歟、
臨昏、宰相自吉田来云、祭使新少将□□〔親季〕可勤、車相門調
給、中宮□〔使〕雑色十二人装□〔束〕被調送、其車右幕下被訪、近
衛使舎人・居飼装束、同被調云々、中宮亮不叙留、宮中
事依無行者、資頼朝臣可任云々、毎事弁置□〔也〕、不便也、
宰相、昨日為逢時氏、向河東、□□〔廿八日〕』(33) 一定下向由
称之云々、

十九日辛巳亥、　天晴、
巳時参相門、又被出了云々、自門外帰、参殿下、兼高朝臣云、親房朝臣上階之後、年預華厩挙申親氏事、頗不許歟、厩忠高又父卿懇望万事余人所不見歟、年預懇望之由也、尤不便、即出御見参、近衛使已闕如、新任専不可有由、有勅定、人又皆悉固辞、事已闕如、所申任、依有事恐、仰可勤由了、出立所、三条坊門故左府御跡可借用歟、舗中宮使久清・兼友、引馬久員・頼種、已被仰了、大蔵卿・前大弐参、今日、尊勝陀羅尼供養、御導師真恵僧正、僧徒大略参入云々、未時許、奉行職事以良、中奉行家司闕如由尋忠高之処、昨日仰親氏由答之、問親氏、不承及由申之、例事歟、猶可遣召親氏由被仰、万事懈怠、太不便、(補1)公卿未参、定高・経高・家光卿・三位等参「[云々]」、
未斜退出、入夜、女房帰参宮御方共人有弘、

補1後聞、三人之外、為家・長清・基定参云々、奉行親氏懦弱、

廿日壬午子、　天快晴、
巳時詣相門、適奉謁、貞雲・親尊両法印・前大弐(補1)殿下御使、在中門廊、即退出参殿□[下]、公性法印宮御使面謁之後、参御前、天王寺・住吉之相論、又及闘諍、仍可被召神主云々、大蔵卿・前大弐又参会、高三位申神宮文書事等、小時入御、兼高、雖申職事□[等]奏事候由、以資親伝申三重伝奏、不可然事歟、両卿』(34)(補2)暫言談、予退出、
除目、経通・家光卿参云々、此除目、猶非祭除目云々、有重畳之煩、尤可被加此次歟、

補1前丹後守光氏、一昨日出家、故光親卿三男、母成清法印女、脩明門□[院]大弐、

補2駿河守重時、為在京今日入洛云々、□[修]理亮□[時]氏、廿八日可下向云々、

廿一日癸未丑、　自暁更雨降、巳時休、又降、未時天晴、
聞書到来、中宮権少進藤光基儒正光子云々、非宜物歟、
陰陽頭賀茂在俊雖籠居病者、此道不超次由申云々、
助安倍国通　権助賀茂在継兼　権天文博士国通
左将監藤定宗　左門尉藤氏久両社行幸功　藤季信元右
左兵尉藤政泰両社行幸行事所　左馬允藤業広八幡功
右少将親季可遷左、左馬允吉永、右馬允義永、可削召名、
先度除目、自両方申之、任左右、其身同人、成功不成終云々、

権僧正実信、可為興福寺別当本僧正辞退云〻、
臨昏又雨降風烈、宛如暮秋初冬之天、雲飛東南、昨今款
冬落尽、
廿二日甲申〔寅〕、　天晴、
居所北廂西一間、令指継、
未一点参殿、陰明門院、唐鞍被借進、御覧、役夫工弁有
親、称軽服辞之姑云〻、右少弁光俊領状了云〻、祭主能隆、
依病獲麟、献辞書云〻、其子隆通当腹末子、正上四位造宮司、・隆雅
二男、長男現存之、競望其替、隆継申、所労已獲麟、以辞退、
不可有其隠、重服者争居其職乎、暫不被任者、即可終命、
其後可拝任云〻頗有理歟、摂津守兼宣少納言、造住吉社依難勤
仕、辞』(35)退国今年冬山口祭、五年終功云〻、兼高等、又給国可造営由申
之云〻、祭使事、依殿中之権、大略成寄歟、尤有其謂、
申時許退出、手振半臂下襲、依軽微事、可相構哉由示了、
廿三日乙酉〔卯〕、　天晴、
宰相中将入道雅清卿、近日在京、腫物所労、及灸之由聞
之、仍以書状訪之、
経範朝臣来談、厳父雲路事等也、午時許、覚法印又来談、
廿四日丙戌〔辰〕、　天晴、

巳時許、詣相門奉謁、真壁庄事、以宗保入道、欲示達、
日来有所労、夜前出来、仍今日欲□[示]之由有命、即参殿下、
不見参即退出、□[依]念誦早出了、来月三日、殿下水田御方
違□[之]間、又被儲事等多云〻、御装束已下殿下・大臣殿御料、御剱、各被置之、
御共人料水干装束廿具、御馬十疋、牛二□、公卿定高・
為家卿参云〻、予雖被仰可参□[由]、行歩不叶、於事見苦、
不堪旅宿、不能参、
廿五日丁亥〔巳〕、　天陰、午後雨漸降、
早旦、興心房音信、去夜半許、殿下御不例気、(補1)馳参之後、
無殊御事、無其披露者、漸及午時、忠弘法師、又侍重佐
之説、同前由云送、仍参、大蔵卿・前大弐・三位入道加
其座、菅卿退出之後、出御入見参無違例御気色、又入御之後、
右大将被参、又出御令謁給、御覧御馬駿河守重時所進川原毛、又栗毛御馬、
又同人奉大将馬川原毛、足有虎文、遣召御覧之』(36)後入御、大将
被参御前、即退出、大番武士、相替列居門□[前]、甚厳重也、
補1後聞、坐而令憑人給、御気色甚尫弱、護身之後、度〻御
反令復例給云〻、是只邪気□[呪]咀之故□□[惣]可有□慎事也、
□旅行甚有恐□[事]也、
廿六日戊子〔午〕、　朝小雨、巳後晴、

窮屈偃臥、静俊注記読孝経、
廿七日己丑（未）、天晴、申時許、艮方小雷数声、
午時参殿、大弐参会、中春日社司等事、暫見参、入御之
後退出、給源氏物語料紙草子、老筆更不可叶事也、桐壺
可書由被仰、甚見苦事歟、祭使出立（可）三条坊門故左大臣殿御亭也、
一昨日大府卿消息、来月二日、子息伝法灌頂□有相違事
営之云々、近日殊雖無計略、平絹下品被物一重送之、本
意之由有返事、
廿八日庚寅（申）、朝天陰、巳後晴、
早旦、以忠康、又問入道相公、猶無術由返答、
書源氏桐壺巻、老眼悪筆、（為）料紙不便、
夕宰相来自吉田、今朝密々見時氏朝□[臣]下向云々、単葛直垂、
夏毛縢、負征箭末白本黒羽、令持黒作剱、乗黒鞍云々、可然郎従三
百騎□[許]、自暁前陣進発、自身曙後出、七歳小□[児]、乗小馬
扈従、馬傍令持手戟云々、
廿九日晦、辛酉、遥漢晴明、
巳時参殿、前大弐・大蔵卿相共見参、
今日祭主事仗議云々、能隆卿依病辞退、中替輩、頭資頼朝臣奉行隆通
正上四位、父所挙、年廿四、若年無例云々・隆雅兄、父弃置・隆｜同・隆継父病已獲麟、其子可有憚之

由、（訴）申云々・』(37)宣経二人ハ非親姪歟、参公卿、内府・按察・土
亜相定通・大将・三条実親・大炊家嗣・中宮権通方・権中
実基・定高・頼資・経高・両大弁被催云々、
右大将被参、法務御房参給、御覧御馬、予参其所華厩御
馬也、四疋各被馳了、殿下入御、予謁幕下於此風炉、可被治風云々、、
頗及心事退出、殿下御参内、御鬢之間云々、両卿在御前、
住吉・天王寺事、又有沙汰云々、
久清・兼廉被召、被仰祭使䙚事、雖申子細各領状云々、
北政所、（密々）令参賀茂給、
去年桂供御人・（西）七条神人等闘諍、弃松尾神輿事、其訴訟
可被対□之由、雖有沙汰、各訴其所官、蔵人所、職□信盛、
称父入道病、隠居仁和寺「　」不致沙汰、已欲及祭期、横
謀不忠、甚不便事也、如此者、依厚縁更無其誡、為神事
極有恐、』(38)

◇売立目録（一六八八）(443)

（旧表紙）
三月晦
祭主事仗議定文書写
殿下若君童殿上伝聞

四月十五（廿カ）日□（簾カ）中□（座カ）
祭見物使出立之儀伝聞
季御読経不委聞

寛喜二年四月

◇慶長本（444）

寛喜二年、

四月大、

一日壬戌、日蝕十五分之三、虧初午八刻加時未一刻、後末（復）未三刻、

雲膚忽起、雨脚纔降、辰時雨止、依陰気、朝間開北面遣戸、巳後暗雲覆、大雨降、蝕不可現歟、仍上蔀、及申時雨止雲飛、太陽適見、不虧云々、不及須臾雲又隔、自相門、送預三尺机帳之帷、甚以美麗青地石畳文、浮線綾丸上倍、紫濃薄文、皆青、自彼亭、被調進宮御机帳之次、兼申之云々、先是更衣被送之云々、瞿麦衣、青朽葉表襲、二藍唐衣、上童二人藤、雑仕若鶏冠木、如形構出云々、此後定術尽歟、女房昨日多退出、無人云々左信能・右金吾親輔・宣旨、公雅等歟今日、所々更衣御装束・平座等、不可有之云々、甚雨尤可謂験徳歟、一長者・四長者覚教承之云々、寺法務御房又修給之由、昨日聞之、後聞、無此事云々、

後聞、依蝕不現諸道一同申、夕有更衣御装束・平座等、頼資・経高・家光卿、左少弁時兼朝臣・小納言為綱参、奉行職事範頼云々、弁・小納言不参、如何由被尋仰、有親所労・親俊重服・為経灸治、光俊、役夫工奉行之間、所労更発之由申、光俊馳参、申奉行催朔日平座由、日蝕若現平座不作[候]歟、一定可被行歟、重可承由申之後、不重相触、夕平座被行由、伝々承之馳参之間、遅参有恐之由、陳了云々、

二日癸亥、天晴、

午時参殿、一昨日仗議、内府・大納言・九条大納言殿・中宮権大夫・定高・頼資・家光卿参入云々、多挙隆通、或挙隆雅、又挙隆継、事未切、定文大弁当座書上了云々、松尾神人訴、信盛奉行緩怠、被仰　持病発、不能申沙汰由申云々、

明日御方違、暁鐘可出御由被仰、行宰相家示此由、即帰家、御供人、右大臣殿同令参給、定高・為家卿、資季・実経朝臣・忠高・能定・兼教朝臣・盛長・惟長・家盛・

教行・以良・兼康・基邦弟、八人参云々、
夜宿南栈敷四月中、忠弘従者云、入道宰相中将、今朝逝去云々、雖遊界有狂気、連七言書漢字、本性好奉公、不恥仲由之縕袍、建保、憐其勤召加近臣、後高倉依在藩旧労、已執奏者之権、浴吏務之恩、恐日前之造営、辞其国之後、逢晏駕之時、失厚縁之威、遂称無出仕之計、遁世住于多武峯太子御墓［等］、今度白地出京、見付腫物、不拘療治而終命、年齢五十歟、四十九歟、
暁鐘帰、
三日甲子、　天顔快霽、
牛童之説云、殿下暁更御出、御乗船猶不及曙、他人遅参歟、宰相在御共云々、
午時許、大学頭朝臣来謁、所望不許之由述懐、甚以不便、昨日伺招容（松ノ誤カ）、猶無勅許云々、
右京大夫送出［書歟］、来八日下向湯山云々、近日此事連々、宜秋門院備前房（局ノ誤カ）当時在彼湯、譴責不絶者也、今日又書源氏紅葉賀、不能書終、

◇冷泉為弘氏蔵（445）

○底本の欠落部分を〔　〕内に慶長本にて補った。

四日乙丑、　朝陽透雲、巳後天晴、
月輪殿八講、先々為四五両日、今年為五六両日兼高奉行、書源氏之間、口熱発歯痛、朽歯極弱、付苧、如少年嬰児引落了、
五日丙寅、　自夜陰、朝後雨降、未時天晴酉時又甚雨、
巳時許、詣幕下亭冷泉、心閑謁申、官仕女房、毎時節廻転、無其計之由、可被申北政所之由等也、即帰盧、東風雖頻扇、雨間止、
明日又、太相、為方違被向水田、右幕下、被伴宰相幷実経朝臣、同往来河上云々下人等之煩、甚不便事歟、
申時許、心寂房来臨、示合老病事等、
六日丁卯、　天晴、風寒、
午時許参殿、祭主事猶未定云々大蔵卿・前大弐列座、高三位、申職事経光申事等、遷宮之時、祭主若為重服者、可有神事違例乎、有先例歟之由被問、季継・惟任、各申例不詳之由云々、
人々云、水田御方違之間、去四日御覧住吉方云々、此事、外聞頗不可然事歟、〔如何、此宰相落馬云々三日事也、馳馬之間、入松中、懸枝落、云々〕

仗議定文、左大弁当座清書上之云〻、今日見之、書宿紙日供異様小紙也、〔以懐紙書取之、〕

◇慶長本（446）

祭主能隆卿辞退替、以何輩可被補哉事、

内大臣定申云、官職之道、被登庸上臈者、承前〻例也、隆通朝臣、為上首受譜第、加以 明君知士、明父知子、能隆卿多年内挙、定有有（衍カ）所拠歟、下臈無殊功者、隆通朝臣被抽補、何事之有乎、於年齢事者、近代尊卑不謂老少、極高官昇尊位、何至此職、可有其沙汰哉、其上不知神慮、宜在 聖断、

大納言源朝臣定申云、競望之輩、各抱道理、款状之趣、非無所拠、但抽年労、被優譜第者、隆雅朝臣旁似帯理、若又能隆卿子息補任、有猶与之儀者、隆継朝臣当其仁歟、於隆通朝臣者、為位階之上臈、登庸雖似無憚、去年群儀以同前、許不［否］日定在 聖断歟、抑亀兆之条、雖同于人〻儀、神慮難測、猶可被捜淵理歟、

権大納言藤原朝臣定申而（云ノ誤カ）、隆通朝臣、雖為位次上臈、有弱齢之難歟、隆雅朝臣、雖為位次下臈、年齢徐闌、校量彼是、被優長光（兄ノ誤カ）何事之有乎、父義絶事、如卜無父之文者、於祭主者、其父不能口入歟、抑隆通・隆雅等朝臣用捨、暫可被閣歟、能隆卿子息之中、若被補任者、堅［豊］受宮遷宮在近、其父病危急歟、新補之祭主、其憚若出来者、令従遷宮事之条如何、撰可被行哉、被尋此例之有無、可被定其人之用捨歟、其外之輩拝任之条、此事定畢之上、可有沙汰歟、此上可在 聖断、

中宮権大夫源朝臣・左大弁藤原朝臣等定申云、如申状者、競望之詞、雖尽子細、吹毛之難、不足証拠歟、但壮齢幷父義絶事、尤憚沙汰可被落居歟、其外之輩、或称宿老、或号譜第、許否之間可在 聖断、凡祠官者、択六十已上堪祭事之者、可補之由、載在式条、守其状跡、且簡器量、且依年歯、可被計補歟、若尚及猶預者、可被決卜者、於御卜者、不可依例之吉否、只可決其疑之故也、権中納言藤原朝臣定申云、所望之輩、所申雖区、隆通朝臣位次為第一、而弱齢之条、背式条、隆雅朝臣、位為第二、年齢已闌、而不義之条有疑、被尋経家、可被決両人之間、可在 勅定、招［抑歟］能隆卿、依老病遁申官職、如付官言上之趣者、挙隆通朝臣、似塞他人之望、同于去年議定之旨、頗

可有沙汰歟、
権中納言藤原朝臣定申云、隆通朝臣、年雖為壮、就位次
上﨟、可被補歟、且依上首被補之例、寛平以来十余代、
聖代者多、乱代者少、尤就多例、可有沙汰歟、能隆卿義
絶輩事、雖有疑、殆背父命之条如何、如孝経者、父雖不
父、子不可以不子、此文難弃歟、隆兼・隆継等朝臣者、
縦有其理、忽難超上﨟歟、神慮難測、宜被決　聖断、
　　寛喜二年三月廿九日
隆通内〻勘申、遷宮之時、祭主不供奉事、
弘仁三年九月十五日外宮御遷宮、祭主諸人、有障不供奉、
宮司清持一人勤之、
長保二年九月十六日太神宮御遷宮永頼朝臣所労、前美作守輔親為代、又今度内宮時、被下其由御教書、
予所書源氏桐壺・紅葉賀一帖、今日進之、小時退出、
夜宰相来、三ケ日之間、近習咫尺、殊以快状〔然〕、於御前盃
酒之興、已以及酔郷、今日猶参右大臣殿、忽給御牛、落
馬事、所騎之馬老馬唐絶也、依沙厚不留得、入松中之間、
依恐枝放鐙、而落之間不立得、馬雖落無殊事、耳辺被松（脱アルカ）
枝云〻、（翌ノ誤カ）習日依旅之次、可見海辺之由被仰、納言、大

物・尼崎等名字異様也、住吉可宜由申之間、微臣不及申
止、其時着可〔所〕被置之水干、已出御之間、馳入宿〔所〕可着猟衣
納言本自着猟衣、殿上人以下、不能改着、乍水干供奉、自江口
之下、赴渡部方三里許、歴覧住江殿、即還御、其夜、猶
盃酒之興、申行乱舞、昨日於舟中、納言申若君童殿上之
間事、自水無瀬殿前、御輿〔輿〕納言、止了、宰相以下騎馬、自鳥羽
北殿北、於（出ノ誤カ）東路、入御月輪殿、猶御共、第四座之間也、
公卿六人参、行香了各退出、修理一人在座之間云〻、入
夜、入御冷泉殿之後退出、今日相門雖有譴責、僕従疲、
無舟而隠居了、月入之間帰了、
七日戊辰、凶会、　朝天陰、巳後晴、
午時許、頭沃菊湯、此間、家中雑人等瘧病多云〻、甚以
怖畏、
八日己巳、　天晴、
早旦、興心房被来、一昨日又参殿下護身、昨今猶依仰伺
候云〻、
清定朝臣来談、隆雅朝臣歎事等語之、
至于今年二月、無義絶云〻、如此説者、偏驪姫立奚斉、
重耳・夷吾無其過歟、

未時許、四位侍従来、肦灸雖咸〔成〕爛、為逢信定朝臣行向云々、山神人来責事、欲申入殿下云々、
是志深庄前預所行光所為也、何理何非、両不知、夜月明、
九日庚午、　天晴、
巳時許参殿、両卿在座、至于未時、無出御、日藹水駅退出、
去五日月輪殿八講、九条大納言殿、中納言頼資、参議伊平・家光、三位範宗・基定、殿上人四人、同六日、按察・中納言経通・頼資以下、如昨日七人、殿上人四五人参、左府直衣乗輿、五日白地参入、即帰醍醐給云々、
今日二社奉幣伊勢・石清水、上卿大納言定通卿、使八幡中納言盛兼卿、次官信実朝臣云々、祭主未任云々猶被可（問ノ誤カ）人々歟、若君御昇殿十三日、扈従、右大臣殿・九条大納言殿・中納言定高卿・参議為家・三位実有被催云々、同日仁和寺灌頂、公卿以下、自御室被申、仍被催人々兼高奉行云々、公卿殿上人・堂童子蔵人五位二人、前日公卿一人・四位一人、同可被催奉云々、
近日群盗殊蜂起、故隆円弟子僧都公継公子白川房乱入、
又近衛仏所少語（路ノ誤カ）法橋と云僧妻、被殺害云々、清貧無従者、将奈何為、
十日辛未、　朝天陰、巳後霽、申時雷電猛烈、雨不湿地、雲漸晴黄昏、雨降、窮居〔屈〕不出門、
十一日壬申、　天晴、
病侵心情、不能出行、真壁庄下野請文事、達于相門、可沙汰之由有命、巳時許、経範朝臣来、厳父欲譲任所帯之由也、雖不得隙、可伺之由答了、稽古旧労、無事之　甚不便、
十二日癸酉、　天晴、
辰時許、清定朝臣、持来八重躑躅自根生出之枝也、三寸許、
巳時許参殿下、昨今、依御風気不出御云々例両卿之説也、伝奏之人、不参御前、以資親達事、極不得心、不散不審、即退出、向右幕下亭、称念誦由不被出、以縫殿頭業綱達之、殿下御心地何事哉、極不重〔審〕之由伝申、非殊事、夜前雖欲参、不可驚由被仰云々、即参右大臣殿、被仰旨又同、心閑見参、明日、殿下雖無御参、若君猶可被昇殿、相具可参由被仰、予進孝範朝臣折紙、密々可進給由、申之時儀傍輩喧嘩嗷々之故也、小時退出、依老屈偃臥、

今日、破此屋坤簷、依立二間小廊也皆七尺間、合三間加作、擬中門廊不立中門、其南頭為車寄、妻戸西、依略儀不塗壁、皆欲立杉遣戸唐棟、夕立柱、打足固了、申時許式賢来、相逢言談移漏、入夜退帰、

十三日甲戌、　自朝微雨降、巳後滂沱、

夢想紛紜、聊念誦、昨日聞御風由、今日尤可参、甚雨風交、車之昇降不堪老者、不能出仕、

午時、如形上廊棟、坤角二間車宿、上仮棟、依雨止他事了、

或人語云、昔、如大業年中、尽海内財力之日、銭神尊崇之余、態被鋳金銀之新銭、及数万、是若為分賜銅台之宮妓歟、然間国家忽滅、大軍入陳、後重（主ノ誤カ）失計之時、以件銭奉納于神社、祝師豈備于神宝哉、飽収于私倉、近日買愛子之官、欲分件金銀云〻、可憐宝玉帰人間、後王不知鑑前王哉、又云、隆通贖労尼二品、鵝眼千五百貫云〻、隆継付兼教、隆通付有長、隆兼申北白河院、又云、承久之比、関東之海上引網、鮎魚頸切無身之頭、不知数被引、人成奇之間、其後軍乗勝、斬公卿以下頭之時、以之為吉祥、而近日又引網、同魚無頭之身多被引、懲前事怖此事云〻、

源中将、童殿上扈従有所役歟由、有消息、建仁之儀、大略注送之、雨終日不止、

申酉時之間、風雨殊盛、入夜雑人云、未及暗之間、令参内給了冷泉西行、扈従公卿四人、殿上人八人云〻、前駈十人、雨入夜止、終夜大風、

十四日乙亥、　東風猶猛烈、雲赴西、朝陽漸霽、

宰相注送之、

昨日人〻参集、右大臣殿・二条中納言・二位宰相中将去年冬初参云〻・為家・左大弁、殿上人九人、師季朝臣・賢季朝臣・定平朝臣・雅継朝臣・実持朝臣改名実経也・実経、〻・頼行・能定、次御装束仲家奉仕之、殿下出御、被召其所、可奉扶持之由被仰、其後公卿着座、殿下簾中召忠高、召御名字大蔵卿撰進了、被下公卿座、次第披見、実経・嗣通各端御名字普通、歟由申之、次以良置円座弘庇、為仲置硯・檀紙一帖取重、次召頭資頼朝臣、〻〻〻〻着円座、右大臣殿、召給御名字、帰着円座書之、蔭（孫ノ誤カ）経藤原朝臣長徳書位之由、在小右記、然而代〻不書位、本式可書歟、皆不書来、仍不可書由被仰、書了進簾中、退召二位宰相、賜名簿可付職事云〻、次維長敷円座、此間為家起座、進対代東妻戸、若君出給、奉扶持着円座

南面、次置雑具泔器・打乱筥、次召総角人、家季朝臣依此事、還昇着衣冠、参御総角了、公卿起座、列立中門外、右大臣殿先若君、自中門内出給、若君御笠、定平朝臣嘉承甚雨也、殿上人指笠由被仰、右大臣殿、御同車参内、令立弓場殿給、右大臣殿、令着殿上給、頭出無名門外、二位宰相授名簿、若君経無名門神仙門、立殿上口給下侍西妻戸前、依雨也、頭申可令着殿上給由、即令着殿上西間給、

頭範頼着横敷、蔵人直（置ノ誤カ）灯、頭取簡伝範頼、範頼奉書入、次右大臣殿奉具、自下戸、令参鬼間給、次経上戸南殿御後、令参宮御方給、良久被出御贈物御本、裏、薄様、資家朝臣取次、退出入御富小路殿、

御装束之次、見御堂御帯、

御装束、浮文赤色織物闕腋文小葵、赤色下襲、縮線綾表袴、濃打、同単衣糸鞋、御帯、御堂丸鞆有文玉　御裾懸左肩、　陣中御沓、於御後令脱沓給、

今日、若君、着布袴可有御参内云々、宰相猶参御共、云々、頓常小熱、其勢加増、仍付鹿角、所労不参由、示送維長朝臣許了、

及申時、心寂房来談、一日嵯峨念仏、請聖覚法印、供養善道像、公棟・敦通以下入道、成群縮坐狭小之座之中、常覚（成覚カ）弟子教脱（教達カ）一念宗之長云々、入其中、座狭而不安坐之間、超公棟肩入道場、人雖属目、説法了、件教脱（教達カ）礼讃、無指事、法印退帰云々、泰忠入道、于今存命、病躰頗似付減、但七十四之齢、衰損之身、定難存歟、

松尾神人、雖遂問注、一昨日祠官・巫女雖参会、七条神人不奉送御輿、宮不遂祭、昨日僅出御輿、如形遂祭云々、如此事、猶可被致其沙汰歟、甚不便、入夜女房退出、依〔憚〕御神事云々、

十五日丙子、　天晴、巳後陰、月蝕自亥及丑云々、

甲斐前司資親朝臣、示送叙爵成就之由、侍従言家朝臣子五歳云々、清家、可令叙之由、自叙位之比懇望、全雖不可忘事、依本性之火急、毎度譴責、雖不甘心、者（去ノ誤カ）比示付甲州、丁寧芳志之由答之、告送侍従許、又欣感無極、其後見聞書、雑任頗多、諸事成功云々、中宮亮資頼・大学頭経範・民部権少輔親嗣・刑部少輔藤知輔・美濃守源道尚・左近少将源通嗣不知、誰人、正五下祝部成季成茂子、此五六月父、奔走、如救頭火、従五下清家父志、同、不及委注之、

日徐暮雲弥重、近日仏法之霊験炳焉歟、小廊敷板敷、小
ゝ打長押、
三位知家卿、被示刑部少輔慶便宜可申入由、度ゝ示付、再三申之、又自
宜秋門院、所被申也、年已三十、無一官、又雖重代、事
已及衰老、無衛[府]之好、只以八省輔、為本望之由也、
入夜雲暗云ゝ、但付寝者、終夜不見之、
十六日丁丑、　暁微雨、朝後止、巳時天晴、
今日、小廊妻戸遣戸装束、大略如終功、又車宿料材木等、
小ゝ到来、
夜月殊明、
十七日戊寅、　天晴、
午時参殿之次、以使、訪連歌禅尼子息病之処、前兵部定
俊送書状云、禅尼一昨日他界、自六日受病云ゝ、浮生雖
不可驚、悲而有余、暫伺候入見参、自昨日、咳病復尋常
之由被仰、松尾・西七条神人、桂供御人等訴、自去年于
今相論、遂於記録所遂問注、供御人可進下手由、被仰下、
御厨子[所]可供御人沙汰者、刑部丞と云者、不進下手、仍被
付使庁使之間、件刑部妻、語悪遠江守朝臣子武士、令退
散庁下部之間、自公家被仰重時、又以武士、被追件武士、
武士、搦刑部妻賜下部、令責出下手人云ゝ、今日、北政
所密ゝ御入内、師季中将御共、可御九条殿、新姫君令奉
具給云ゝ、今夜、御方違行幸別当家云ゝ、相国、又明暁
水田方違、宰相・実持中将等、又被召具云ゝ、
予退出、今夕立車宿二間、柱上棟、
今夜宿南桟敷、聞暁鐘、雨又落、乗輿帰入之後、漸以滂
沱、
十八日己卯、　自暁雨降、終日不止、
依恐小雑熱、不行水、
夜前行幸、大納言雅親・家嗣、中納言実、参議為家、三
位光俊・顕平・親長・成実、参議実世、左将師季・資
季・実経・資俊・家定・実任・教房・氏通、右有教・実
蔭・兼輔・伊成・隆盛・親氏・頼氏、衛門信盛・範頼、
右兵衛高頼、少納言兼宣、入御之[後]宰相退出、即幕下相
共夜中[乗船]相儲鳥羽云ゝ、
及秉燭、女房帰参有弘在共、
十九日庚辰、　朝天清明、
辰時許、資親朝臣、可早参内之由示送、巳時参入、依咳
病不出、可参東面之由被仰、仍参入、抑[無]指仰、経高卿

消息給、見之挙中経氏年預三枚、委細状仰云、父子共非其器量、於事分明歟、但又自讃毀他之詞、視聴事披露所々、其心操頗不穏事多歟、去春逢伊平卿云、左府已辞退、右幕下昇進近明歟、九条大納言、又依難超哉、殿下御禅譲、右大臣可令辞給、納言闕数多歟云々、事已重事也、開口甚不便、如此事稟本性歟、於愚意者、被召出之上、不可依官之有無、老者所望不便思給由、申了右幕下又被申、此由於華既者、一昨日被仰親氏了、祭主、同一昨日、隆通被仰下了、能隆卿存日挙申、位階第一者、当時之道理異他歟、此条、実於今者力不及事歟、宮中毎事起弱（庭ノ誤カ）、風情已尽由被仰、新制可[有]候歟由申之、次予申云、代々新制宣下事、多不吉候、只内々可被止之趣、雖非上卿宣下、上不可好思食、乖御意之由、被洩仰者、楚王細腰、自然靡然歟、雖被下制、内々御気色、権門之存知、不一同之、披露還劣于無制歟之起[趣]、申之、

治承三年八月新制、十一月天下不吉事、

建久二年冬新制、三年春又以有事、

建暦雖無其事、被下制自翌日被破、全無詮候歟由也、入御之後即退出、

夕、源中将被枉駕、清談、入夜被帰、

廿日辛巳、　天晴、

未時参殿、右将軍御対面、右大臣殿令参給、龍蹄等御覧云々、事訖入見参、大蔵卿・大弐共日蔭、幕下猶被坐之間、予窮屈退出、宰相自昼来云々、水田座（往ノ誤カ）還無殊事、蒔絵壺、依三位入道消息、借取之、祭間、近衛舎人等小要事等多云々、

久清鞦、兼廉袴風流、広澄馬鞍、

廿一日壬午、　朝天陰、巳後間晴、午後又陰、

右武衛消息次云、治部卿、着冬袍連日参内、近衛司之中、着冬直衣参内云々、上下無其咎、陵遅不足定[言]事歟、予以愚状、申殿下了、

　承久之比、範基、四月冬衣冠参、勅定即被着改、

建久七年、宗経、着冬直衣参内上皇被仰出、更無御忘却親能見追出之、遂失前途、

実時、承元之比四月冬束帯勤陪膳、被除籍、

如此事、尤可被禁遏歟、

甚奇怪、以事次、可被申之由被仰、

壺送三位入道許、

祭使、手振半臂下襲十二具青朽葉半臂、有忘緒、下襲、有引帯、裏生

絹裏一裏也、入長櫃敷筵、忠弘法師調送今年用宜絹、先〻、下品絹、非国絹也、即送使少将許、若難用者、為調改可有人煩、仍兼日送之、他行之間、家人注時（付ノ誤カ）慥請取由、左兵衛尉藤親説云〻、其後雨徐降、不湿地止、小時送返事、殊美麗云〻、

廿二日癸亥、　朝雨止、天猶陰、

連歌尼他界之無常、年来数奇之執心、尤有追善之志、於彼中陰之際者、人頗有所思歟、勧進依無心可猶予、極熱又於事煩多、八月彼岸十四日〻次宜、或列連歌之座、或有好道之志之輩之中、勧進結縁経、於年〻翫花道場、可遂供養之由、昨今示合覚法印、石火之身、雖不待其期、所示置猶可被勧進由、今朝誂付了、

未時許、新少将、以使者示云、手振下襲、左近猶用青朽葉歟云〻、此事領状、極以後悔、去上旬之比、参殿下、以良朝臣、祭注文、件注文、自殿遣按察許、令検知之処、件注文ニ、半臂下襲二藍と書事る（たノ誤カ）傍ニ、青朽葉歟と被注付、此事示合、予云、左近用青色事、見及之様思給之上、時之有識之説、定有所被存心、因茲下知可染青色由、調送了、而今此問慥（無脱カ）所見、甚無由、示送此子細了、以書状尋申按察、返事云、歎息心労之外無他、如此事皆以忘却、文書又紛失、被尋問之条、甚無由、但右近中将忠季、雖宮使、猶為右将令着二藍、右近少将成経、又令着二藍、成親卿雖非権卿、如此事、定致沙汰歟、但青朽葉由申とも、不覚悟云〻、甚不分明返事歟、忠明朝臣云、此事甚不穏、所被申不謂（得ノ誤カ）心、先年公俊左、令着二藍、我又左二藍也、到［被］注付之旨如何云〻、如此違乱事、雖彼卿説、已以為身上事、不運之余也、

○国書刊行会本によれば、「祭注文」の前に「持来」とある。

◇時雨亭文庫蔵（第四十七）本 (447)

仍雖入夜、此子細、示送以良朝臣許、

廿三日甲申、　終夜今朝猶雨降、

朝猶示合以良朝臣、返事云、昨日不知案内、青侍不申亭主他行之間、所申案内也、按察被申旨顕然、不可及不審、所被調之躰、老尼等見及、殊致信候也者、如返事者、無違乱歟、

陽景間見、急雨或降或止、車宿葺上打（欲）長押、頤雑熱腫、心嬾不出門、

夜雨降、

廿四日乙酉、　朝天清明、
入道賢寂、東洞院東如形儲桟敷云〻、心神甚雖嬾、依無外人欲偃臥、
午時以前向桟敷、人〻多来坐之由告之、愍行向、一条北、高倉西非角、依大路晴、入高倉面小屋融之、以同車、迎冷泉女房、相具侍従・小児等来、此向、有両源亜相桟敷東定・西雅、向正方、有使少将縁者云〻、法務御房、御坐忠行卿桟敷高倉東角、午時許渡給車六、七両
今日使共人、催遣殿下近習侍五人云〻、右衛門尉成季近習無双、故光季養子、基成・清成等一腹弟・俊清左門後白河院近習俊ー子・俊親故親康甥、駿河権守康久子・親直不知其人、妙音院侍子云〻・兵衛宗澄宗久子、
午終、雲俄起、雷鳴急雨、仮屋漏湿、不及一時雨止、雲晴、雨以前、以雑人令見、新藤中納言頼[資]□・此宰相・殿上人両三、在出立所云〻、
雨止之後、小時未斜看督渡左十六人・右十五人、、府生為国老翁渡下部付牡丹、頗中絶、志安部信安下部風流苅草、鎌▨▨、
次山城介渡螺鈿釼、紺地平緒、馬副四人、無他従、
此間、女使出車三両、自北、東洞院ヲ南ニ過、不知其由、
次標外居、蘇芳狩衣男二人・巻纓六位』(1)三人渡若内蔵寮歟、次尉一人不見知、下部装束、咒師物具、散杖鈴等也、
次一人明法博士章行云〻、童白張、雑色橿、下部鞭色革切、不知其由、
次知重童橿、雑色白、下部矢はく具足云〻、膠小刀[等]□、
次五位基綱蒔絵野釼、革緒、童白、雑色橿、下部検非違使車具簾黒鞦之類也、次行兼童橿、雑色白、下部様〻竿懸衣女房装束巳下也、
次蔵助、馬副四人、雑色三人平礼、白張、無他従、
次使車、黒牛、〻童、赤色、紅打、黄単衣、薔薇、袖大蝶交、胸ニ薔薇、袖大蝶
簾、竹林有虎此風流頗不得心、似薩埵王子、如何、
(補1)次中絶、久而又車来、馬助車云〻、長物見透、童、赤色、山吹打、白生単、牡丹付、打交指縄、件車、袖浮線綾丸、上千鳥霞、物見卯花、簾松藤、次馬助渡、大面肥満、舎人虫襖、童萌木薔薇二人上結如尋常時、雑色二藍山吹袙、(補2)付卯花、笠上有牡丹、皆着よせ布、美麗歟、
経時刻、御琴持琴柱裏紅薄様、退紅仕丁持之、舞人十一人上臈一人ハ蘇芳狩衣、恒例也、、今年尋常、移馬、鞦美麗、平鞦也、
次近衛使、

襬、兼廉、唐綾袴、付筋粽鵄、宰相調云々武澄付劔袋錦、舎人虫襖、
毎物付薔薇大蝶、馬副八人袖有村濃、紲、薄平、蛮絵二人、袴付同
物、手振十二人、青半臂、手振皆懸裾依雨地、湿歟、引馬、広
澄、』(2)白襖、付手鞠、武信子衣帽子、虫襖、付扇、童浮
線綾萌木、紅打、雑色布二藍、笠同風流、上薔薇紅打、
中宮使車、其文例其車文也、簾州浜交鶴立只透許也、標、白妙御幣二
棒、退紅二人、六位二人騎馬、
使、襬、下手兼友韝、上手久清扇、
舎人花田、蛮絵随身鞭、馬副、
奔童一人、紫巻［染］□狩衣、紺末濃袴水角持之、手振二藍半
臂下襲、引馬、久員、付薄様不見分何物、頼種、付旅手筥
小巻絵物也、練童萌木紅打、雑色赤色同衣、布歟、
此使大路南ヲ渡依一門桟敷歟、典侍車馳来、副北融之間、
狼籍相競、不委見、
日入了、見物車競馳、初取松明之程、帰廬、雖偃臥、猶
窮屈難堪、

補1称仲盛子、此馬助源仲親、建保非蔵人、故実宣卿家人云々、有居飼、
補2二品家人也、仍施華美歟、

廿五日丙戌、　天晴、
宰相、注送昨日出立事三条坊門北、西洞院西、坊門面家也、

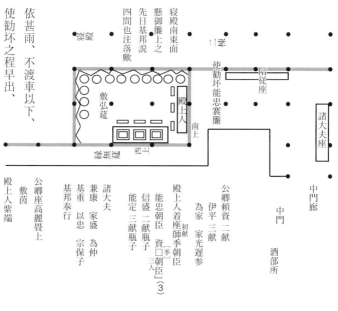

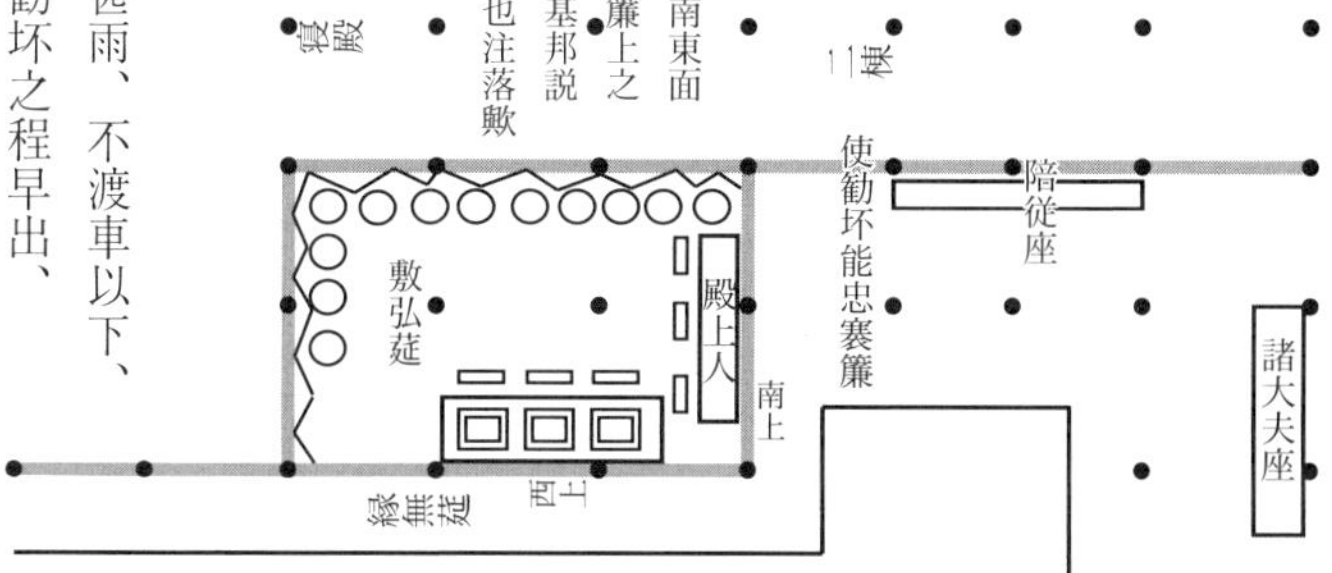

依甚雨、不渡車以下、
使勧坏之程早出、
不参内、典侍、出立按察入道家云々、若其姑歟、非源氏
歟、内裏之儀不聞及、後聞、其息女也、新補云々、

抑使出立所庇端御簾有無、年（見及）ゝ不同、旧記等、忘不勘見後日可見、

近代、以花山院、為第一出立所、建久（兼宗卿）、承元忠明朝臣・雅経朝臣、庇徹簾、建久七年親能卿（大宮亭）時、徹之、建保六年盛兼朝臣、又不懸之已上、（其人頗尋存歟）、建保二年家兼、懸之、不限此一事散ゝ、不足言儀也、同三年範茂、又徹之、但以二棟儀、用寝殿、不可馮之儀歟、文治五年、六条堀河亭（成家卿）、端懸御簾上之、故左府自被見行之、彼家説、多懸之歟、

此外雖見不注付、又忘却、

今日、依檜皮適持来、令葺云ゝ（五月節、世間不忌、北白川殿当時葺云ゝ）、只随時儀耳、

廿六日（丁亥）、　朝陽晴、昼間陰、夕漸晴、

午時許、扶病参冷泉殿、重房・兼康・（菅）長重・高長等、取置雑文書、明後日（廿八日）、還御室町殿云ゝ、無出御之気、付重房、進入源』(4)氏一帖（夕顔）、忠明中将所書也、暫雖安坐、無見参之便歟、心神甚苦、即退出了、

廿七日（戊子）、　遥漢晴明、

宰相、明日季御読経定、参之由示送、

近日、法師兵具禁制、悪僧多搦取、為河東沙汰、遣関東云ゝ、雖一旦可謂大切、但悪徒之富者、定帯兵具而安堵、貧法師当遠行仁歟、

未時、蛭飼歯頤手（振痛、示合心寂房、猶可飼由称之）、

廿八日（己丑）、　朝天陰、辰後雨降、

季御読経定、延引当日云ゝ（近代、万事当日定、無、供奉諸司之故歟）、

小廊今日裹棟、以雨隙終功、

夕、以下人令伺、殿下、還御一条室町殿云ゝ、

廿九日（庚寅）、　朝天晴、

午時許、覚法印来談、去十二日灌頂、公氏卿（受者養父）・師季朝臣・経賢、、・時綱、、参（師季一人取布施、二人空退出）、十三日、家良卿（自此春参御室、被仰歟、不知其子細）、若内ゝ・経高卿・殿上人七八人参云ゝ、祭使、去廿一日参入、申随身禄、□(近カ)日寺中殊催尽之間、錦被物・御綾各一重、綾五重結、被遣之云ゝ、

未時、如一昨日□[蛭]飼、今日、小廊立妻戸、削板敷、車宿立車、依明日欠日也、

卅日（辛卯、欠日）、　天快晴、

昨日、季御読経初（当日定云ゝ）、

真壁庄政所女御代下文（中宮権大進親氏、一人、別当加判）、自相門賜之、即送宰

相許了、明日、西園寺故亡室千日追善、一日経六部、幷
弟姫君被出家云〻、』(5)
後聞、御読経定右大弁参、仍書定文、右大臣殿・権中納言実基・富
小路中納言盛兼・新藤中納言頼資・侍従宰相・右大弁、
頼資・範輔卿在南殿、四人在殿上之間、実基卿、持病発
由称之、不着御前、三人着座、南殿事了大弁早出、頼資
卿加行香、両頭・師季・有教朝臣列之云〻、此納言、常
目眩転、心迷持病発、依揖此事発、仍不深揖云〻、少年
之人有持病、末世之令然歟、
仁王会季御読経供米、年来被切付越前国、至去〻年不懈
怠、今御時、被立替其所荒野、已以断絶云〻後日、行事弁時兼申聞之、』
(6)
(旧表紙)寛喜二年五六月』(7)
寛喜二年、
五月小、
一日壬辰、　天晴、夕雨灑、
午終許参室町殿、高三位参会、資親云、殿下・北政所昨
日御参内、今日還御之由承之、中宮聊御風気云〻、不聞
及、至愚歟、与三位暫言談、去廿七日、山階寺別当参給
依仰参儲申継、殿下御対面、扈従僧綱公縁、無他人云〻
明日、北政所春日御参詣三位御共云〻、此事、頗似無間断歟〻前御時、無此儀歟、自然有人煩歟、住吉・天王寺相論事、今日可有沙汰由、
粗雖有其聞、殿中寂〻、三位退出、即帰廬、
二日癸巳、　天晴、
午時許、三井寺法印来談自一昨日在京、明後日帰入、弟子小僧、通大
峯籠那智之由、相触之後、委不知其所行之間、融峯之間、
其所行非例人之儀、殆不随同行先達、又於那智無行法事、
只以遊戯為事之間、三百日許之後、腰損有腫物、受病之
後、尋聞播磨船便、行志深庄、数月病悩終命、偏是冥罰
歟、死後聞此子細云〻、彼入道之子、名号皆以如此、極
奇事也、依門徒之勧励、欲申僧正、如何之由示之僧徒之習、以器量立身、已為法印之上﨟、』(8)満七十、於所望有何難乎、今日、於殿下、住吉・天王
寺訴被召問云〻、普賢寺禅閤、出京給云〻不知何事、
初月有光、
三日甲午、　天晴、
午時許参殿、即見参大蔵卿候、昨日、住吉・天王寺之文
書、已委了見、仰含其理之処、各無弁申之旨、大略巻舌

退出了、重究文書之道理、可宣下之由被仰、事躰、於延
久者、被沙汰此由訖歟、長寛、仗議已下不被見分也云々、
其大意、四至之習、東限某山、西限某郷と書ハ、某郷ヲ
隣にて其堺まてと云也、而各限と云郷ヲ、称自領之故、
此論出来也、両方ニ有此郷、即一郷為公領、在社寺之中
也此由也、理之所当、可然歟且又住吉所持神代記渋而不、進可経御覧
由被仰云々、
有長朝臣、雖未平愈、出仕已二度云々語自初之子細、移時刻、各
候御前、予頻示猶可慎由、令退出、
北政所昨日御参詣今度可還御、最勝講、来十六日云々、
酉時許退出、昏黒宰相来自吉田帰、昨日依召参殿、社寺之
沙汰訖之後、於西殿之泉屋、有坏酒事、殿下渡御、右大
臣殿・右将軍・太相参加給、此間連々、各聞快然入興之
由、於被召加者、面目本意也、定納言之家中之儀、漸及
貴所者、定招傍難、妨公務歟、旧例皆有之、然而古与今
異也、高祖蕭相未定漢律、曹参尤可被励徳政、付視聴催
歎息耳、
自相門、送給昌蒲捻重織袴等、』(9)
及丑時、乗車出西小路、聞暁鐘帰入五月中、

四日乙未、　天晴、
今日、殿下御覧法成寺云々、午時許尋寺辺、下人云、延
引来七日云々、或睡或起、永日空暮、
日入之後、大炊御門三位範宗卿枉駕、清談自然移漏、去
々年十月、遭母喪之後、飲水病毎冬発、此間有其隙云々、
過夜半帰、久安坐、老屈難堪、
五日丙申、　朝天陰、巳後雨降、終夜甚雨、
自宮、賜雑仕装束云々、盧橘、毎物非私力、貧家之恥也、
身屈心慵不出、沐浴偃臥、雨夜心神殊悩、昨今不食殊甚、
六日丁酉、　自夜甚雨、未時漸休、
心神猶違例、不食無力、云雨云病、無出行心、
七日戊戌、　自暁雨又降、未後漸晴、又陰、夜雨降、
心神聊宜、腹中猶苦、
八日己亥、　自夜雨降、午後間止、陽景不見、
(補1)今日、依所労不出仕之由、示送惟長朝臣、
念誦窮屈、頻睡眠、宰相又参右大臣殿云々、例事歟、及
夜景不出云々、後聞、翌日退出、
補1 青木香花開、今年甚速、
九日庚子、　自夜雨降、未時天晴、又急雨、夜月明、

法務御房母儀、日来参籠賀茂、今朝被借車、仍奉之覆雨皮、令持榻、参月輪殿、及日入帰来、

十日辛丑、　朝天晴、

昨日猶有熱気、仍歯飼蛭、早旦高倉殿被借牛、今日、入嵯峨被始例経云々、入夜宰相来、左右幕下之近習、世事不聞及云々、是只酔郷歟、非愚老之所欣、

十一日壬寅、　朝天晴、午時雨降、終夜不止、』(10)

(補1)宰相示送云、去月所預三首題相門、明後日之由、被注題奥、延引、其期不候歟云々、病中甚為悦、今年、至于今日涼気、未着帷、頗為奇、自今日服薤、心神又違乱、大宮三位音信、有損手事、女房又有病云々、

補1後聞、入道□〔泰〕忠朝臣、□〔遂〕逝去云々、

十二日癸卯、　朝天猶陰、陽景間見、午後雨降、

申時許宰相来、参持明院殿八講云々、連枝納言二人(補1)・経高卿参、昨日、公頼・範輔・光俊卿云々、前参議一和尚存外事歟、脱束帯着直垂、参吉田、日々夜々只酩酊歟、殫極之綆断幹、索非木之鋸、漸靡之使之然也、耽酒完之人、其身不全、歎而有余、時儀又不可逃、斉桓好紫、誰知鮑肆之臭、悲矣、

補1□〔七〕ケ日参□由、以頭中将殊預御感云々、大納言一人不参、

十三日甲辰、　終夜今朝雨降、午後天晴、夜月見、

終日偃臥、入夜、以宗弘、訪後高倉院四条局中風病、近日俄中風之由、狂巫丸一昨日語之、今年七十九云々、昔、八条准后家称南御方執権、知盛卿愛而為妻、後参七条院治部卿局、奉養後高倉院自西海帰之後、為御乳母、上西門院宣旨、承久三年之後、又執権、近年手疼、近日片身忽不動云々、息女黄門示返事但家中管絃之遊云々、大理歟、

十四日乙巳、　朝天晴、

未時許又蛭飼日来歯有障、過之、申時許、大宮三位枉(補1)駕、称病雖蟄居、已来臨、不能遁避、憖面謁、参殿下退出殿下、令参持明院殿御八講給、宗平・定平・頼俊御共云々、近日、東一条院侍所有落書、九条辺凶党衆会、相議可入両女院御所・基定卿・兼教朝臣等家之由、甚不便由云々、殿下雖聞』(11)食、当時無殊沙汰歟万事懈緩、歟、是旧悪逆物国朝、当時居住父宅国行、跡、又業清入道宅、如然物集会云々、於落書者、定高卿尋取了云々、国朝群盗之条、年来世以所識也、依忠信卿家人、往年無其沙汰、今為雅親卿前駈云々、入夜謝遣、

女房、今夜退出、

補1後聞、御八講結願、殿下御着座・雅親・大将・家嗣・公
氏・定高・盛兼・経高・家光・□(光カ)俊・範宗・長清、殿下
入御、□〔雅〕親早出、□　□方ゝ加布施等、被物裹物各□
交、経高□〔被〕物取了、□有裹物由、精好、忿怒、親高又腹
立云ゝ、

十五日丙午、　　漢天遠晴、申時雷電猛烈、急雨、
(補1)明日最勝講、可被行僧事、剃頭者馳走、大僧都・少僧
都・法眼悉望法印歟無例事猶申之、況有蹤事乎、云除目云僧事、絶
望者只貧翁父子歟、誰人加詞哉、沐浴之間、不運法師来、
不逢、
未斜宰相来明日出仕云ゝ、空躰房真弟子、以任尊法眼書来、
予依所労着帯、宰相令謁予在簾中、先師遺跡事、故入道殿御
時、寄進御祈願所、仍重申入殿下之処、被下御教書親房卿、即依不当論人、又被下変改御教書、剰被召返前御教
書、不聞食彼両方理非、難治之由陳之、早以法眼書、可
触二条中納言由、相示了、反掌御沙汰、甚軽ゝ事歟、万
事如斯、法眼、以予可申入由教訓云ゝ、存近習由歟、甚
僻案也、宰相行吉田云ゝ、病翁蟄居、尤有便宜、愁交衆、
於事無益歟、

入夜月清明、女房帰参内、最勝講之間、殿下・北政所・
若君、皆可令候内裏給云ゝ、
令参昇上御壺禰給、御共女房、色掌五人、上郎二人御匣殿・冷泉殿、
宣旨・宰相指几帳、権大夫中郎捻重非日来着、物具張
袴、此外近習之輩、』(12)只着生袴、参否随便且是貧者、又非公用之故也、
(補2)殿宣旨、近日称病不参云ゝ、
夜前令昇御、ゝ共之後退出、明日殊早速可参之由、有両
方仰事、仍忩参、
当時聖代儀、御膳毎日二度之外、惣無此事、不供御酒、
侍読之輩参時、必召御前頗及時刻、秉燭刻限之程、暫有御書
事疑是御記歟、此等之外、偏御此御方、親疎遠近之女形、
況下劣者不被召寄、於被召仕事者、　天気極快然平均、
如蹴鞠事、時ゝ雖有御覧、凡不淫万事、喜怒不形色、但
又知食人之本性歟、臨老病蟄居之期、初聞　聖明之徳化、
先拭感涙、

補1萱草花開、
補2今日、太相府被参内云ゝ、

十六日丁未、　　朝天遠晴、夜月又明、
最勝講始云ゝ、黄昏之程、正親町東洞院辺、有闘諍事(補1)云

〻、一条相門侍廿許冠者、欲搦逃亡従者之間、当時在所之主従等、出逢奪留之、剰欲凌礫其身之処、突殺従者男、刃傷主男、突三人、自身負手、無為逃去了云〻、

補1後聞、相門被追放之男云〻、

十七日戊申、　天顔快霽、未時忽陰微雨灑、即晴、

午時許、右兵衛督被過、依心神殊悩、不能謁、乍立被帰、左右手腫、逐日増、是只中風之故歟、行歩又近日殊違例、如不踏立、

夜月暗、夜深雨降、

十八日己酉、　自夜雨降、或止或降、未後風猛烈、相交、

及昏黒之間、大雨如注、間雖休止、雨脚不異飛礫、已及深更、方違雖満、不能『(13)出室、黙止了、更可宿本所、

十九日庚戌、　簷溜未乾、朝陽初見及巳時又雨降、

桔梗花初開今年甚速、

終日雨降或止陽景見、夕雷電、終夜雨如沃、

廿日辛亥、　自夜甚雨、申後雨休、入夜又降、

雨止之後、宰相来、最勝講之間、三ケ日参、

初日、殿下、右大臣殿二藍下襲、大納言定通・右将軍、中納言通方・実基・具実・盛兼、参議隆親・経高・為家・〻光、出居師季・宗平・資季・顕定青淡平緒唐装束、例色下襲、堂童子忠高・宗氏・範頼・能定、夕座小〻退出、経高加着之間、右府即起座、令行賑給定給、平相公不得速立、乍座蹲居、過給了追下嘲諸人之失人、又振舞損由人〻咲云〻、家礼者於事如此、其時可早出由示、仍着其替、其日、殿下・右殿、長押突膝右、令着給、定亜相・右将軍、乍立昇長押坐自余又如此、此女房望見、上郎ハ突膝事歟と申、勅云、さなき人も吉《よき》ハ突膝、申云、さらハ大将ハなとたけハ高くてと申、令咲給之後、為家着《参》之時突膝、いかなようゐさまそと申、又令咲給之由、後語云〻、此事、年来様〻奇思之処、今仰聞之、自簀子昇長押之時、予乍立不昇仏名弘庇又同、殿上又同、可然之人師経公等、皆乍立昇也説〻歟、定有習様歟、

第二日、大納言雅親・基家・〻嗣、中納言公氏・経通・定高、基良・経高・家光・範輔・親長不来殿上、其日、基良、上﨟着之間、進上戸之内、頗望見還坐恒事也、経高、七人ハ安《ヤスク》坐候、昨日も、坐可令着給之由、頻勧之、中将心愚、又尋常之人也、馮其説又起、無左右出上戸、上﨟不動之間、又帰来、被詐《于》腹黒、失錯之由、人〻咲云〻、太無由

事也、』(14)初日行香不足、資頼立小板敷之下、称行香不足由、経高密語云、催行香不足事、貫首・五位職事、有替目歟、今無之云々、是於小板敷可触由歟、於如此事者、強不可然、随便歟、資頼又何不習伝哉、只依吐人短也、
第三日、右内府・定通・大将・通方・高実・具実・為家・家光、出居宗平・資▨(季)・有教・通忠(二藍下襲、青淡平緒、縫卯花)・実清、夕座中将(下郎)退出時、資俊・家定・実清・伊忠着、左光資・宗氏、右定具・経俊、
其日不着座、右大臣殿令退下給、見之追推参、殿上人諸大夫、一人不候、独身御坐之間、参入召求人、毎事奉仕、殊以快然、事了改直衣、令参上給之後、退出、
第四日、雅親・公氏・経通・国通・頼資・基良・経高・為家(早出)・親長(不着殿上)、経高、以主殿司請親長、又云、着殿上も大事也、可見其作法云々、此人為万人腹黒、為子孫如何、如此事、可慎事也、
殿下、一昨日御風気御退出、今日頗可無人由、頭亮称之云々、無凡僧講師、可弾指之世也、房々禅師、給講師請、皆任僧綱之故也、
今日又如此歟、

廿一日壬子、　朝雨止、天猶陰、午時許大風(雨灑)、
夜前、鴨水溢、人難渡、今朝、脱衣下人等渡云々、(補1)昨夕、渡水下人、勘解小路川原辺、融藍中、裁藍物(前殿大番舎人)、路人(花山院家人、衛府従者)、闘諍、件衛府、甲冑雖出向、村老等出逢、不及大事而散云々、
入夜、僧事僅見及、
大僧正良快　権僧正円玄　大僧都三人』(15)
少僧都七人之内、全兼(見知者也)、律師八人
法印四人(快雅・宗源・宗全知之)、法眼五
法橋六　威儀師(其字不分別)、東寺灌頂行清
(補2)除目任人、去年雖減員数、僧事容躰、不異去々年歟、源内府申行僧事、故入道殿下披聞書、律師之色掌八人一度任、勝事由被仰之、今度又同、

補1法成寺所司法師・殿下居飼、取御堂池尻魚、飲酒酔郷、突殺法師云々、冥罰歟、

補2黄梅頻落、

廿二日癸丑、　終夜猶微雨、朝天如土、未時暫晴、
未時許、四位侍従来、自十四日(御八講結願)出仕由云々、語云、今日参殿下、無殊事、頭亮、足大指有損事、不着襪猶出

仕云々、足事頗有恐事歟、最勝講之間、無勤堂童子者、
馬長一人不領状云々、
中宮権大夫消息、五十首和歌十巻、可合点由、被誂示、
奉養皇子十三歳、令好歌給云々、如此事、頗進退谷、定有
無心事歟、
陽景不快晴、日暮了、
[廿三]□□日甲寅、　朝天漸晴、有霧非時歟、
朝間、灸左手頸依手腫也、右手同可灸、依足不立、非扣物者不得立、仍不灸右手、、陰雲初霽、
暑熱忽催、今年之夏未煩熱、今日已難堪、今夜始簾外掌
灯、
廿四日乙卯、　暁月晴、朝霧聳、
鶏鳴、依身躰之痛、眠早覚、坤方有火光、隣里寂而無音、
扶起望見、火已経程歟、雖遠、方角依不審、以下人令見、
自一条大宮帰云、大宮以西火也、雑人説、嘉陽門院焼亡
云々、末代適作透渡殿之家、已断絶(16)歟、是京中之運
尽之故歟、定無可遷御之所歟、僅以彼亭、為御住所、年
始不改御簾敷設之由、年々伝聞、忠信卿入道、又自春在
京、居住彼御所北故左大臣殿薨給屋之由、一日聞之、栄華之遺跡
滅亡之時歟、見火之間天漸曙、烏鳴、此間頻雹、小雷、

朝陽晴、
巳時許洗頭、頗潔斎、未時許、宰相使者云、殿下・北政
所渡御泉殿吉田、女房黄門、可奉招引由被仰、八葉車可
借給、即送之、
承明門院黄門来臨、彼御所雑人等夢想重畳、頻可令避給
雖有沙汰、依無其所、亜相不受、被行随分御祈等、当時、
不令移他所給云々、
殿下昏黒還御之由、伝聞、
廿五日丙辰、　天晴、午終急雨三度晴陰、
午時許、行寛法印来談之間、雨忽降、小時休止之後帰、
侍従来、是只雲路吹挙之譴責也、入夜宰相来自吉田、相門以下騎馬還御
云々、昨日午始許、俄有召、仍直参泉令洒掃、小時殿下大臣殿渡御、次若君女房御車、次北政所御車親季車、被迎黄
門参入大臣殿令寄車給、北政所御簾中、与権大夫資親妹局二人参入、実持中将・親
季・兼教・惟長・侍成季之外、惣無他人、納涼快然、昏
黒先被送女房、次又女房還御、次殿下・大臣殿、依召、
与実持参御車、自一条殿退出、両人共近習快然、尤為本
意、但非愚父之旧好、相門所縁之上、若無多言披露之心
之故歟、或老女房、近日於事不穏之由、大臣殿被仰云々、

法成寺事、知宣朝臣忽奉行、不日寄材木、且致修理云々、
忽殿中之』(17)徳政也、欣感々々、
夜深宿吉田本所、聞暁鐘帰、
廿六日丁巳、凶会　天晴、
脚病聊雖似宜、自此上旬、衰損加増、肵如折不得立、雖
不可驚、又足悲、暑熱盛、
廿七日戊午、凶会　遥漢清明、
黄梅漸落尽、云花云実、只見盛衰、
永日空暮、
廿八日己未、凶会　天顔快晴、
午時許宰相来自右大臣殿退出、参吉田泉、為改装束也、不聞世事、
廿九日晦、庚申、　天晴、
大谷斎宮、御春日京極之由、心地房告依金花開、令立給、
六月小、
一日辛酉、　天晴、
午時許、但馬前司朝臣来談、良久清談、又借拾遺集右少弁取籠之間、以女子本借之、不食之心神、猶不宜、
二日壬戌、土用　天晴、
雖土用、依非犯土、葺車宿檜皮、依非重復日、雖有出門之志、心神猶不尋常之上、足病猶不能行歩、仍徒消永日、
三日癸亥、　天晴、未時許大雨小雷電、即晴、
為祇園神輿、毎年行幸、今年右大将亭云々、又被尽海内財力云々、当今之叡慮、未〔雖〕』(18)知其可否、人心、習前事先経営之、権勢之（衍カ）之輩、吐握翫之詞、何日休民力之費哉、
近日幸清久在京、宗清恐祭主之傍例云々、
四日甲子、　天晴、未斜又大雨雷鳴、
午時許、覚法印来談、仁和寺中雑人伝々説、可有任大臣云々、未時謝遣行幸之間、被申西郊、沈麝之類已下、無其実而馳走、
昨今宰相送官氷、心神違例之余、氷又不似年来、頗無其望、昨今車宿葺檜皮了、依土用不裏棟、
[五]日乙丑、　天晴、未斜雷鳴大雨、中終天晴、
賀茂祝保孝頻来、惣管先例、有限社領、不充付祝役、莫大神事難勤之由、流涕云々、天下第一不運者歟、可訴厚縁人、病者聞而無益之由答之、厚縁之人、只耽賄賂、不知貧者之歎云々、
酉時許、八幡権別当法印宗清、俄来談、幸清濫望及仗議之由、一昨日聞荒説、今日逢定高卿之処、極虚言之説云々、
女子年十六被召中宮事示合、夕退帰、一昨日有条事定云々、

六日丙寅、　朝天晴陰、巳後雲暗、未時雨降、
入夜、宮女房退出憚御神事云〻、
七日丁卯、　朝天晴、
未時許、右馬権頭来談、移時刻夕帰、
修理亮時氏、於関東受病、大略如待時、京畿馳走云〻、
此家猶可有事歟、尤不便、
黄昏又雑人云、相模四郎時房朝臣嫡男、有事終命之由、巷説物忩云〻、』(19)
八日戊辰、　天晴陰、午後小雨間降、不湿地、
昨日事問宰相、修理事有其聞、相州事虚言歟、昨夕河東従等聊闘諍、依此事、有走者歟云〻、今日聞、非時房子、義村子号駿河次郎年来在京、泰時聟、去月〻比下向、着鎌倉、不経幾程、今度自京初参歟相具従者、天曙、夜警者悉退出之時刻相窺、殺害、自身即於其傍自害云〻、専諸・荊卿之勇、誰人所語哉、時氏又死去之由、夜前閭巷遍披露云〻、
大谷斎宮尼戸部来、彼斎宮女房伯卿妹言家旧妻、年来有濫吹之聞、自去冬、為件駿河次郎従高《タカ》江次郎之愛物、去月相具其夫、下於越後国云〻、
九日己巳、　天顔快晴、
巳時許宰相来、駿河事、去比狂説雖流布、相門辺已有為虚言説云〻、武蔵又雖聞獲麟之由、未聞事切由云〻、近日無指事、
一昨日、可有百首歌之由、有殿下仰云〻、題如治承、一題五首、毎月十首可講、
作者大略、女房・右大臣殿・九条大納言殿・右大将・高倉中経通・二位宰伊平・侍従宰相・知家・範宗両三位・行能・信実・家長・有長朝臣・光俊・兼高・親季・隆祐・中宮少将信実女・同但馬家長女、題治承之内、止鶯、加暮春、秋、止草花、加早秋、恋止初遇、加怨恋、雑止神祇尺教、加山家眺望、老者恩免』(20)可謂幸、前宮内定所望歟、傍苦事也、
備後前司来談幸清在京、依懇望也、伊平和歌未得其心、即是宰相所挙歟、堪能重代好士共闕、被撰英華者、将相之子満朝、
十日庚午、　朝天陰、巳時晴、
[掃]□部助時盛、為訪時氏馳下云〻、時氏四月比重病、得減之後宥瘍病、難存命云〻、
此間惣暑気宜、夜着袷衣、今日涼風颯然、似秋天、未斜、
四位侍従来、東方事所陳相同、雖参殿、無人寂寞、御西

殿、外人不参云々、如聞者、已無夕見之儀歟、甚以不便、侍従之説、今日始聞、時房朝臣妻之母、能恵得業自琰魔宮蘇生絵之娘也、因茲、宗平朝臣成所縁之儀、宗朝侍従法師居住件尼宅、為右筆之人云々、

申時許、下野家長朝臣室、為逢女子来臨、依招請、予又謁之坐弘庇簾外、言談移漏、明月之前帰、宰相自吉田来、改着狩衣、参右大臣殿云々、不相逢、及丑時、乗車出門満十五日、聞暁鐘帰入、裌衣忽寒冷、取出綿衣着之、六月之冷気、未聞見之、不知其吉凶事歟、

十一日辛未、　遥漢朗明、夜月適晴、

今日、中宮女房、被請吉田泉、雖在里、必可参会之由、昨日再三有其命云々、但泉辺定寒冷歟、午時宰相来薄青狩衣、薄色指貫、相共参青筋白単重、日入之後、依人々招引、直参内裏了之由示送、仍局女房等令参、

十二日壬申、　天晴、未後間陰、小雨或灑、不湿地、』

(21)

申時許、右馬権頭来臨、一日示付事、昨日於泉、適得無人隙、申達委旨、具承仰由伝示、今生之本意満足者也、重猶申所存訖、身病逐日加増、行歩進退已谷、雖沫泡之世、見任如松柏、而無其闕、向後雖無憑、只承披無御忘却由許也、此条猶足抃悦、不経程帰、

十三日癸酉、　朝天陰、小雨不湿地、雲厚月暗、

暑熱忽成、心神弥悩、臨幸之所結垺云々、下人等云、殿上人近衛舎人、可有競馬云々、如此事、自下不可被申行、甚無由事歟、

入夜心神悩乱、

十四日甲戌、　雲膚弥重、暑熱尤甚、曙後雨降、即休、終日陰、入夜甚雨、

自女房局示送、北政所御気色之趣、又同有長朝臣詞、畏申之由答了、早速示告有其恐、当時不可披露、承由之趣重示送、父子之親有限事歟、被洩仰、是為令聞歟、所答甚存外、

忠弘法師粗示送、殿下・左右大将、至于此宰相宿候、自早旦出御、以泉屋積色々珍宝、作山・落滝・泉銀・唐垣・屏風・半帖・棚・脇息、皆作物、錦・唐物・村濃・沈麝・丁子之類・金銀珠玉之外、無他、今朝被献龍蹄七疋、追被進殿下一疋、景気快然云々、隋朝之貴臣、執貞観之政者、大宗・文皇帝豈塞嗜欲之源哉、窃以悲矣々

と々」』(22)
(及カ)□晩景、聞神輿鼓音、夜休浴之後、甚雨、
十五日乙亥、　終夜今朝甚雨、臨昏西天僅晴、
念誦窮屈、
今夜又涼気存外、臨暁着綿衣、
十六日丙子、欠日、　朝陽快晴、未後風吹、猶有涼風、
朝間涼気如秋、今年槐花皆落尽、早速可奇、
午終許、心寂房来談、洞殿尼上毒腫之病、自五月十五日
極以重、日夜療治、已付減給由語之、今日初出京、向白
川方云々、今日又依涼気、昼着裌小袖、雖脱苦患、猶足
奇、
初月早出、片雲遠収、偏如涼秋、
十七日丁丑、　天晴、入夜不経程月出、天晴、
早朝涼気、薄霧如秋、
但馬前司来臨午時許、清談移時刻、借草子等、蜻蛉日
記・更級日記・隆房卿日記仮名、安元御賀・治承右大臣家百
首・卅六人伝、依同心人、不存隔心、
夜涼着綿衣、
十八日戊寅、　遥漢無雲、
涼気如昨日、巳後有暑、未後天漸陰、無力窮屈、念誦頻
怠、
十九日己卯、　天顔快晴、
辰時許、清定朝臣入来、自一昨日、任大臣沙汰出来之由、
密々有申人、聞及乎由、大納言殿御尋云々、宰相音信不
通之間、世事不承之由申了、即乗車、行忠弘嵯峨、為違
[秋]□節、以此所為本所、未時許、心寂房来談、夜月明、念
仏房往生院住僧也、不食病』(23)獲麟云々、
廿日庚辰、　朝陽晴、巳後陰申時雨降、不及溜、
(補1)未明出嵯峨、日出入蓬門、夜前又行幸右大将亭御方違云々、
任槐事、雖未聞一定、頗有其疑之由、有長朝臣返事、昨日今
朝見之、重示送返事、昨日申旨申入之処、任槐事、努力
々々僻事之由被仰云々、此由、密々中大納言殿訖、臨昏、
中宮権大夫、被送南天竺前栽、植之、
補1後聞、如先々、行幸持明院殿云々、皆虚言歟、
廿一日辛巳、　朝天陰、陽景漸晴、未斜俄大雨、雷鳴、
午時許、光家入道来、去年秋下向鎮西相具保綱朝臣、此四五
日帰洛云々、未斜、備後前司来之間、大雨如車軸、雷電
猛烈、不及一時、雨脚漸休、予所招請也、依数奇之源、

来八月、供養結縁経有其志、愚札頗憚思、人〻言談之次、
被相触哉之由、示付也、前大弐、近日腫物之病非軽之由、
今日始聞之、
酉時許宰相来、陳日来無寸仮之由、此間殊参内裏之上、
右大臣殿頻召、相門、又無其隙供奉還御自臨幸終夜、終日祗候、帰家
之時不及休息、暁更可来由、有相門之責、即馳出、相具
覧円明寺寛済法印奉議、未時許、直被帰吉田、及夕帰入家之
間、自殿下有召馳参、北政所御内裏、右大臣殿、終［夜］御
雑談、朝退出、窮屈失度云〻、
十三日行幸、左右大将・具実・隆親・為家・基保・光
俊・実有・公長・親長卿・実世朝臣、
次将、左師季・実持・教房・氏通、右宗平・実蔭・隆盛・
親氏、内侍所家定故被充此役・教信、』(24)
被置物、屏風四帖六枚二、四枚二、皆以染物作之、一以護袋為色
紙形、一押扇紙、作泉形滝落かねつくる筆の尻ヲ為滝水、村濃染物為
山、銀瓶又小瓶薫物沈麝、以錦作席、茶垸・枕・脇足軟
錦、黄金廿両為金物、
(補1)其日密〻有御鞠、敷猫掻、左右大将・隆親・為家・成
実・基氏・親氏、被引龍蹄七疋、又一疋被奉殿下、久清
父子、密〻召渡御前、三遅打ちかふ之間、作法経御覧、
還御、公卿已下如夜前、三位四人不参、公長如夜部・基定、
内侍所、氏通被改右将不聞、
一昨日行幸持明院殿、左右大将、大納言実親、中納言経
通不騎馬、中次・具実、参議隆親・為家、三位基保・顕平・親
長、参議実世、左将師季・宗平・実持・実任源家定・実清・実
光・教房・氏通・公有・通行・基長、右有教・雅継・伊
成・兼輔・頼氏・隆盛、少納言宗明、職事両頭・範頼奉
行・経光、還御、右将六人皆悉退出(補2)、範頼不差人、公卿
列立之後、左将［　］可渡右由示送、次将嘲弄、実持出詞、
引率家定・教房・氏通、自立明之後、更行西方渡帰、老
者公平之由、有沙汰、
殿下百首御会、今月中十首先可被講、日次追可被仰云〻、
当時十八人、女房・右大臣殿・大納言殿以御書可被申由、殿仰、又御懈怠歟
云〻・右大将・経通・為家・知家・範宗・行能・信実・光
俊・家長・』(25)有長・隆祐・兼高・嵯峨禅尼・中宮少
将・但馬、伊平、予先日出不審、未接可然事、不知堪否、
非重代如何由也、親季穏便之性、不出領状云〻、一日所
聞之任槐事、惣蔵曽不触視聴、公私又無其沙汰、勿論事

云々、
補1昼、為家・光俊・成実等卿上結、左右衛門督着下袴、公
卿衛府巻緌、殿上人上結懸緌、能忠・実持又上結、候御
直廬云々、
補2［　　］□〔人〕可召問歟由有仰、殿下、可召忌状由、令申
給、

廿二日壬午、　天晴、暑至、及日入、西天陰雨灑、小雷、
百首之間、早旦、此子細申大納言殿了、
家隆卿、昨日送書状之次、所労重之由、有返事、仍今朝
又問安否、猶有増者、可向東山方之由返事、若被称重由
歟、一日比、在信成前相公宅、翫鵯鳥云々、
大宮三位音信、室家当月妊者、病気不快云々、備後書状、
申一条少将頼氏・八幡法印、各領状、大弐出仕之間、重
可申、人数漸満歟、

廿三日癸未、　天晴、巳後天漸陰、
(補1)自冷泉告送、去十八日、修理亮時氏逝亡□〔之〕由聞之云々、
一家之磨滅、定有側耳之輩、［　　］終許、四位侍従来、参
殿下、無人逢有長朝臣一人由語之、即帰、入夜宰相示送、行兼
明暁下向、駿河欲馳下、自相門、再三被示子細、止了、
殿下御会、可為九月十三夜由、被仰云々、
雲陰風不吹、暑熱如例、夏殊難堪、
補1［　　］

廿四日甲申、　天晴、申後漸陰、
雖下食、依念誦沐浴、昨今暑気、
東小壺有蛇、以友村令取弃、腹中飲物、出庭中之間、漸
吐出之、蛙也、未死漸動揺、令入水中、無事存命云々、
於蛇者弃川原、蛙』(26)已生、非悪事哉、車宿昨日塗壁、
今日塗石灰裏棟、未時許、能登前司長政朝臣来談、凌暑
相逢、称無心、不経程退帰、駿河守重時、不拘抑留之詞、
明暁欲馳下云々、河東無一人者、天下定為夜討之場歟、
夷吾之余党、挿凶之心更不止、所期一旦之魚肉耳、甚不
便事也、
暑熱悩乱、一寝之後、大雨如沃、

廿五日乙酉、　天晴、午後陰、雨雖灑不湿地、
重時既門出、今暁欲馳下、昨日、中使蔵人頭中宮亮資頼
朝臣、含　綸言、仰不可下向由、即申罷留之由云々、京
中之安堵、何事過之哉、
未時許宰相来、参右大臣殿云々、殿下百首、無被講十首

之儀、九月十三夜一度可□□（講カ）百首云〻、此両三日、具実
卿給飛騨国（因幡造興福寺、国力不可叶之由、日来愁欝、平所望之間、雅親卿生剝歟、無不便沙汰者、無騎馬之詮歟、手足之奉公、猶不支身、事歟）、不経程又来、改着直垂騎馬、参吉田泉之由聞之、
廿六日丙戌、　天晴、
覚法印来談、
廿七日丁亥、　自夜雨降、午後天晴陰（雨猶灑）、
夏天連〻之雨、百穀豊饒有年之由、民戸已誇云〻、
相門五月会三首、於今者、不及披講、可取重之由、有御
消息、即書腰折、献覧了、於今者、詠歌惣以不堪、太見
苦、』(27)
前宮内卿返事、病猶不宜、不食之上、種〻事計会、無所
憑之由云〻、聞驚不少、
夜猶雨降、
廿八日戊子、　朝天晴、
午時許、大炊御門中将被過談、去度行幸還御、不供奉次
将、被召怠状事、不知子細由被談、其書様未見由答之、
只（被）示合大外記可宜歟、
其状
右近権中将源朝臣有教
藤原朝臣雅継
権少将藤原朝臣隆盛
藤原朝臣伊成
藤原朝臣兼輔
藤原朝臣頼氏
従二位行権中納言兼左衛門督源朝臣具実宣、奉勅（件）｜｜｜
日行幸還御不供奉、弁申之旨甚自由、宜進怠状者、
年　月　日　大外記｜｜｜｜
大略此躰歟、忘了、
（補1）此次聞、頼氏少将妻、在定平朝臣許之由、本夫訴申殿下、
被問定平之処、節会夜、不知女来、可行汝家由相語、期
日入来、経両三日、可帰由申帰去了、不知其人其行方由、
陳申、事已披露、行幸夜、彼人▨（供）奉、人頗属目、未帰来、
子息等、可付父可付母事等、当時喧嘩之由、有其聞云〻、
如此事、向後極不便、誰人遁之哉、可悲之世也、
飛騨・因幡相博云〻、金吾之愬望也、』(28)
其夜、傍将不触可退出由、依所労、最前退出由陳之、入
夜宰相来（自吉田帰）、伝相門恩言、

補1 本夫訴逃去由、新夫申不知女来由、事已一定歟由、傍人

成嘲云〻、
廿九日己丑、晦　天晴、
今日結縁経、重触人〻、
侍従言家来、一昨日花山院母堂十三年遠忌、光俊・宗
宣・親房卿・有教・言家已下云〻、
□□関東右府十三年、下向招請之気聞之由〔　〕、
宰相云、依小除目可参内借僮僕、
殿下御内裏云〻、丹波国司、殿分国守、可為可然人由、
雖被渋仰、知宣依申請、被任朝仲云〻、五ケ庄又知宣給
之、同作無量寿院云〻、此事尤可然、只以造畢可為大切、
親房卿子親氏、去今月勘気籠居云〻依半物之、盧胡也、来月四日、
又御方違行幸云〻、
昨日中将語云、家季朝臣参総角事、依其人闕如(補1)無習伝人、
自去春、被仰前右府父子、被申云、於天子御総角者、家
所習伝也、於凡人作法、故入道不知之、仍不及習云〻、
其後、左府称習得之由給、其説入道相国云〻、因茲、彼
家依吉例、家季令習之、勤之了、而家嗣卿云、於他説者
可信仰、亡祖不知此事之由、慥申含、左府坊亮之時、亡
祖為傅、常参会之時、此事可習之由、被相語、暗難申、
相具髪長童可令参給、其時可申由答申之後、無其沙汰由
承之、』(29)於凡人儀者、雅職等之家所存知乎、而今有此
事、伝聞極不審之由、彼卿事次奏聞、事頗有不審之沙汰
云〻、
昏、荒和祓存例、可憐六十九年夏　□□流年過半時　向
後定知無再会　晩雲景色独相思
夏はつるけふのみそきは程もなし
わか世いくかとしらぬ月日に
秉燭以後、侍従、送関東出家之輩夾名、已以数十人、古
今貴賤亡者、未聞此事、頗匪直也事歟、夜深之後、宰相
示送、　　陰陽師大中臣盛明　惟宗重久
中務丞大中臣景親　陰陽大属在成賀茂　少属大中臣盛景
木工允藤忠種　刑部丞二人平久盛・同時光　安房守源顕清
(補2)飛驒守藤高兼　佐渡守藤雅家伊平卿名替歟、
丹波守橘知仲　因幡守教信兼
(補3)豊前守源頼村　将監三人歟左藤為重・藤家幸、右平実保　衛門五人許
兵衛四人　馬二人　造東大寺次官従五上小槻
衛府之剰任、次第複去〻年之儀歟、可恥、
左門尉惟宗朝成　同保光源成広〻〻〻　小野重経

右門藤遠実　同保光

左兵中友景　藤家清　左馬橘資村

右馬藤義長

上卿左衛門督　職事頭亮　殿下御退出云ゝ、』(30)

○第31紙は異筆の折紙を貼り継いだもの。

関東依修理亮時氏事

［　］人数

［　］郎

［　］の又太郎

えひな太郎

藤さわの左衛門次郎

おきつの四郎左衛門尉

同六郎左衛門尉

きかはの左衛門次郎

かのゝ六郎左衛門尉

□［か］ん十郎左衛門尉

といの七郎兵衛

やわたの六郎兵衛

さからの六郎兵衛

すきの兵衛

いちかわ兵衛

やわら兵衛

ふたみ兵衛

しんの兵衛

［　　］

［　　］

［　　］郎」(紙端)

えとみの小三郎

おくしの六郎

かやまの平内

なかのこん三郎

いつみの八郎太郎

あきはの三郎

ぬまたの三郎太郎

やとやの太郎

とよたの五郎

大うちの十郎

たちまのおほへ五郎

さくまの二郎兵衛
かくこの人々
平三郎　平次郎
弥平次
さうしき
出納次郎　わう藤太
すん三郎
とねり二人
弥五郎　きやうた
女房
か丶殿　人丸』異名云々(31)
補1依思出注之、
補2孔子、壱岐守兄、本高実、
補3肥前権守源重実

◇東京大学史料編纂所写真帳（六一七三／三二〇）(448)
(旧表紙)「八月十四日簾中尼結縁経」
(別筆)寛喜二年秋』(1)
寛喜二年、

七月大、
一日庚寅、　天晴、
宗清法印消息云、女子出仕事参中宮、来廿七日可令初参、
教訓扶持事、所奉馮也、其夜装束事、同承存哉、依近辺、
尋承明門院女房、示送之、
蘇芳ぬき染単重、女郎表襲、濃引へキ、二藍薄物無文唐衣
裏遠単文、薄物　濃張袴、綾小袖、単重可懸形護、上童朽葉単重、紅袴、
雑仕濃蘇芳染ぬき単重、青結染格子布帷、例裳、ひすまし女郎花
単重、裳、
昼沐浴、秉燭之程、宰相来自吉田、昨日終日候内裏、無聞及事
云々、対馬前司能重親能法師子、為相国御使、為病訪馳下、十
七日下着、十八日夕終命、廿三日出国、今日着京、武州
歎息、義村頻諫言云々、
二日辛卯、　遅明甚雨、辰時止、巳時天晴、未時大雨、
雖漸微、入夜不止、
徒偃臥、
三日壬辰、　朝天晴、
兵部少輔入道禅印来談近日在清閑寺、可帰参大原、、去春逢時氏朝臣明暁下向日、
難再会之由、又問答得脱之因縁、太不得心、今思此事、

極奇由談□〔之〕、』(2)謝返之後、大学頭来臨、予頗所招請也、
依数奇盧胡之本性、結縁経勧進願文、可預芳心之由語之、
依暑熱無心、不経程、
西方雲暗、初月不見、
四日癸巳、　天晴、
終日無事、
五日甲午、　天晴、
按察消息、又進入殿下之次、聊有被尋仰事、重申所存之
間、渡御九条殿、持帰愚状了、
六日乙未、　天晴、
昨日事、申入殿下可有勅撰集乎之仰、其年限先例無定、事
遅速、可依時儀哉、抑撰者、尤可被撰其器量、定家、於
道者無其機縁、不能継家跡、況弃置謫居之後、悲涙掩眼、
憂火焦肝、和歌気味、隔境忘却之由也、仰云、去比聊伺
　天気、頗以快然、東方之悲歎、暫過其程、重可申出歟、
於今度者、撰者在誰乎、専一勿論者、於道雖可謂本意、
心中之望更無他、又近日若有其事者、事躰頗不似前と例、
進退可谷事歟、前代御製、尤以殊勝、撰之者、可充満集
之面、事□〔躰〕機間可然哉、
聖代之勅撰、前代之御製員数多者、当時之所見、有忌諱之疑、
略其数者、定又有世間之謗歟、前宮内・秀入道、弥可讒
言弾指、彼是極難測、窃以、暫可過此程哉、』(3)
大学頭重来談、且是五位長官之時、文章博士不着寮試之
由、先日有沙汰、所行来全不然、在茂・成信等朝臣五位
之時、上﨟敦周・光範・為長卿等、毎度参着之由、所注
出也、
夜深、乗車出大路満十五日、加没日、聞暁鐘帰入之後、雨降、
七日丙申、下食時巳、　自暁甚雨、巳後漸晴、
令払随分文書、及秉燭沐浴、暁有早涼、自朔比萩花已綻、
昨今漸盛、七月上旬未見事也、蘭又開、
河崎惣社、毎年今日祭之、今年称夢告、遍催近辺下人、
結構供奉云と、蓬屋在西地、下部等猶被駈出、後聞、十
村許面と、施狂風流、悉入前内府泉亭、渡庭路次、云と、歌舞
音満耳、武家悲歎之最前、頗可有所思歟、
八日丁酉、欠日、　天晴、
自御室給御書、午時許宰相来、参右大臣殿、御宿内裏之
間退出、今夕北政所御入内、可寄御車、仍暫休息又向吉田、
臨夕帰来、束帯帰参了、勅撰事、内と有可申行御気色云

〻、来四日御方違行幸、延引来十一日云〻、事次聞及、少将教房出仕、於事穏便、存可存事云〻、庭訓令然歟、人之器量、実不依其家事歟、氏通勤鈴奏、弓取副扇、甚悲事也、

月初明、』(4)

九日戊戌、　朝天陰晴、

帥殿御忌日、中付興心房、於本房、令修廿五《三》味味、暑熱之比来臨、依無心也、頻可来之由、雖被示、思人煩也、必不可好聴聞、

今朝、奉瓜粥料小分物、大宮禅尼書状、侍従日来咳病之由、存之処、疾已重、若是時行之疑歟者、聞驚不少、今年此事多之由、日来聞之、常興寺僧正三条宮子、伯父忠成女、母上西門院高倉局依此事被終命云〻、前宰相信成、去比危急、頗付減之由、昨日所聞也、今年雨沢順時、民戸有天云〻、夜涼非盛夏之景気、還成人疾云〻、

十日己亥、　朝天薄霧、天晴、

来十三日仗議云〻、宇佐別宮千栗《チクリ》宮大破、資経卿知行肥前、数年不致成功之沙汰、又焼失、及諸道勘文云〻、広田社先年焼亡、御躰焼給等事歟、按察音信之次、聞此事、入夜、女房自内退出、暑熱平臥不謁、月明、

十一日庚子、　天晴陰、小雨灑、

今朝謁見之次、初聞　朝廷之大慶、心中感悦、何事過之哉、未時許心寂房来、去八日、嵯峨称孫王之人世称還俗宮逝亡数月赤痢、年六十六、以仁皇子之一男云〻、治承宇治合戦之比、為遁時之急難、剃頭下向東国、為俗躰而入洛、建久正治之比、雖望源氏不許、老後住嵯峨、以宗家卿女為妻於心操者、落居之人歟、養中土御門院皇女、譲一所之領云〻、知家卿送書云、辰《タツ》御前、昨日申時入滅給、此四ケ日殊増気、来十三日可渡嵯峨一腹之姉被坐之由、日来被約束、一昨日殊』(5)物忩之間、昨朝俄被渡兼時之吉田、到着一時許終給、御所中悲哀云〻、高野太相国之女(補1)、母大納言隆季卿女、為皇后宮育子御猶子、預小〻所領給、為故入道殿猶子、永奉付宜秋門院、心操穏便、於事有誉無謗、文治御入内之時、被求上郎女房之時、或人、何事在哉由、有申出者、故禅閤仰、年来之猶子、兄弟之子也、争為官仕之人哉、遂号辰御前、永被坐院中、

補1 後聞、皇后宮御養子、姉事也云〻、是ハ皇嘉門院御所養、季長乳母云〻、

十二日辛丑、　天陰晴、夜月明、
前宮内卿消息、不食之病猶以遅留、猶欲移山家、又有可
修懺法之志、経之結縁事旁可察、極遺恨云〻、事躰、彼
岸之比、遁世之宿願歟、存知又定有其故歟、於経事者勿
論之由、答之、
十三日壬寅、　朝天陰、未後小雨漸密、
及秉燭、女房帰参内、昨日猶有召云〻、
籠居七十日、依非重復日、有出行之志、今日仗議云〻、
殿下定御　内裏歟、
午始許参殿下、右兵衛督束帯参、淡路役夫工事申入云〻高三
位申之、即参御前、法務参給、右大臣殿同御坐、仗議今日
延引云〻、役夫工已近〻、闕如事満耳、於中門方謁右少
弁、中納言参会、今日故御前御母儀御忌日、有御仏事、
僧等参入、依雨降退出、依涼気下蔀取入灯、一寝之後、大
雨如注、夜半之後漸微、
十四日癸卯、　雨止、朝雲分、巳後天晴、
早旦、頭沃菊湯、
自殿下、給部類万葉集二帖蓮花王院御物云〻、第一第二、季時入道書之、』(6)可書
写進者、自春手腫之後、弥不能執筆、但給置、可書試之
由申之、扶微力念誦、頻平臥、月出乗車、出〻雲路、礼
不軽帰入、近年、民家今夜立長竿、其鋒付如灯楼物張紙、
挙灯、遠近有之、逐年其数多、似流星人魂、夜着綿、
十五日甲辰、　朝霧、涼気如仲秋、
昨今萩花盛開、無力尫弱、念誦頻緩怠、申時許、興心房
被坐、惑聴聞、以之為得分、平臥、雑人毎年集会東北院
相撲、見物咲声騒動、近辺有怖畏、
十六日乙巳、　天晴、
午時許参殿下、頭亮参、付大蔵卿、申役夫工諸国御訪事
等、大略無領状人歟、顕平卿、安房雖新任、可進重任功
万疋由申云〻、土御門大納言、知石見以来、未進成功、
官庁粗雖有給功沙汰、不及損色功程之沙汰、而此御訪、当
時無計略、只可造官庁由申、自余国〻偏対捍歟、仰、安
房為重任功者、可進二万疋、石見猶可進此功由、可仰云
〻、其後出御、見参、東一条院一条殿参之間、不心閑、
平宰相存外参会、及言談、
申時許退出、入夜宰相来、明日、資雅中将、可初参右大
臣殿、此事引導口入、可進名簿歟、予初参故入道殿文治
二年之時、不進、先考相具参給、召御前之後、奉公已三

四代、雑役如疋夫、雖自身事、其作法不知可否、成定朝臣初参、自懐中取出、付奏者之由聞之、他人之所為、多不聞之、事躰、以進為本式歟之由、答了、』(7)

十七日丙午、　天陰、辰後雨降、

秋雨濛ゝ、有涼気、終日着小袖、取入灯見旧記、無暑気、暗雨打窓、乍臥不能睡、仗議定甚雨歟、

十八日丁未、　暁雨止、朝猶陰、不見陽景、夜雨降、

校止観、短晷暮、今日辻祭号火御子、鷹司高倉云ゝ、、又御霊今出河之上、八所御霊云ゝ、御輿迎云ゝ、

十九日戊申、　終夜今朝雨猶降、

秋雨終日不止、以疼手、慭書始部類万葉集、更不可叶事歟、

夜一寝之後、雨更如沃、閑人之窓、弥以寂寥、及暁纔以微雨、

廿日己酉、　朝雨猶降、巳始天晴、

未斜、三井寺法印過談、依本寺之喧嘩出京、公家、遣武士被仰含之後、僅落居、明日可帰入云ゝ、三別所之相論事云ゝ、

定修書状云、有売五部大乗経者、極以軽微之直也、仍取寄見之、料紙素紙、極雖薄、其字分明、無虫損等、

廿一日庚戌、　天晴陰、午後又小雨、

求鵝眼只一貫云ゝ、尤可哀憐、送定修許本主、在家隆卿家之向云ゝ、相博取了、

但此内大集経卅巻欠云ゝ、

朝校止観、食後書草子、

夜深出門外、聞暁鐘帰入、雲掩月雨不下、

廿二日辛亥、八月節、　朝天陰、巳後晴陰、

未時許、但馬前司来談、謁申右幕下之次、聞吉(宮)中吉事云ゝ、於今者已披露歟、』(8)

今夜頗暑、不下蔀、

廿三日壬子、　天晴、

知宗奉書到来、持明院殿西、可被立御所、西渡殿一間、細川庄可造、兼敷設御簾白砂充之、未聞事歟、不可申是非、申承由、十月事始云ゝ、忠弘法師来、早可存知、不可懈怠之由、示含了、時房朝臣妻、可入洛云ゝ若是執聟之故歟、左衛門尉景直、小野宿雑事、、示送忠弘之故、聞之、

臨昏、宰相来之次、語殿下仰趣、中宮可有和歌会哉、八月如何、時氏事、頗無骨之比歟、可為十月乎云ゝ、予所存者、此事更不可被忿、毎事只可被斟酌先例、初度和歌

会卜云事、先必被行事歟、於八月者、建久五年之例近ゝ、
雖可有御一門之執心、所存全非吉例、(補1)又和歌之次、必有
絃管歟、吉事之時、管絃多憚之云ゝ、旁存不穏之由、定
不叶時儀歟、家光妻、忠綱娘、参中宮御乳母云ゝ、后宮
入内立后之後、況廿有余御時、弱冠下女乳母初参、何代
之例乎、驚而可驚、可慟哭、可長大息、悲矣ゝゝ、
補1 一寝之後、南有火、春日南北、京極東、出朱雀云ゝ、
廿四日癸丑、　天晴、深更雨降、
午始許参殿、仰云、今日仮日也、密ゝ連歌如何、申可随
仰之由、夜前仗議及深更云ゝ、右大臣殿・内府・土御
門・九条大納言・右大将・中宮権大夫・定高・頼資両納
言・平相公、左大弁』(9) 書定文、右大弁読勘文云ゝ、即
渡御西殿、予乗車、自門外参入、午終許、於泉屋有此事、
右大臣殿・此宰相・有長朝臣・盛長・兼康・資親等也、
賦唐何ゝ目、甚停滞、極見苦、掌灯以後已及深更、左大
弁持参定文、以盛長、雖可有御対面、且依無内外、可取
進由被仰、定文二通也具書等大束、相具之、今夜、終夜可令書留之
由、被仰書生侍等、明日祈年穀奉幣、当日定辰時可参之
由、大臣殿被仰其次可被奏、定文、使定高卿・為家可候、定・基定・
顕平卿云ゝ、今年宇佐使、先被催殿上人、貞時・経俊・親
高・経賢子名忘、各固辞、可被除籍云ゝ、治部卿今夕参
入、使節不能経営、只可被除籍之由申云ゝ、子夜、百句
訖還御、即如蛙退出之後、雨降、
廿五日甲寅、　自夜雨降、午後休、申時天晴、
宰相、参賀茂之次、可来之由雖聞、已及秉燭以後、共侍
等日入以前来、先是参内之由語、遅怠甚不便、
戌終許来臨、夜前、依承辰時由、午始参内、雨止徒日繭、及
申時、大臣殿令参給、即着陣、不給土題、如式令読給、
稲荷家長朝臣、春日左馬信説朝臣云ゝ、定了先参官、中
納言、自如法未一点参云ゝ、次顕平卿参之、伊勢幣之時、
中納言・修理起座、立隠壁』(10) 西、顕平不動座、賀茂
使座依不見、不動、行事弁有親、職事亮、御剱役実清朝
臣云ゝ、此女房、両三日夜ゝ雖有病気、猶如例奉仕云ゝ、
自此家、乗網代車参社、光定相具帰来、已及暁鐘、社司
又遅参数刻云ゝ、
廿六日乙卯、　天晴、
巳時、参相門奉謁、若君御出家来月七日、受戒八日、北
白川造営以後、御渡廿日、彼是経営之由等也、

参殿、御西殿云〻、高長申入、帰来、可参之由被仰、仍参入、於泉屋見参、去月行幸被召怠状近将、於今者返給、可供奉行幸明後日歟由、可被仰乎由、可奏之由被仰頭亮、大蔵卿、為御使参八条云〻故左大臣殿、後家、気比社祠官、嫌為国法師品帙、不可令庄務由、申間事也、鎮西阿蘇宮、池水湧揚恠異事、依光家入道語、以事次申之、事実者、可尋聞之由、被仰頭亮、親房卿於御前語、権中納言実基、自夏依病籠居、此廿日許、手足なえて不能行歩、懸人僅立居、若終命者、家文書可焼失云〻、彼家已磨滅歟、尤可奇事也、申始許退出、今夜重纊衣、

廿七日丙辰、　天晴、

朝校止観、巳後、書部類万葉集第二帖、今日申時訖之、今暁、相門又被渡円明寺宰相扈従云〻、入夜雑』(11)人説、臨昏被帰、忠広朝臣従者令持袋、後群奔来之間、為盗引剝被抑留、被斬損、被奪袋云〻、況他人之所従乎、可怖之世也、

廿八日丁巳、　朝天陰、午時許暫晴、又陰、

朝校止観、午終参殿、見参、可見御歌之由被仰、給両御歌、未時許、中納言参、三井寺僧綱等、依召参入、三院喧嘩、可加制止之由、為被仰也、中納言一両度往反、頭中将参入、今夕行幸延引、八月二日五日之間、日次宜云〻、神祇官犯土事被尋仰、可随其有無者、頭亮又申諸社事等、納言語云、奉幣日、顕平卿着紅汗取、例赤帷ヲモ、本儀称汗取、非件帷、是ハ小帷也、此事貴賤未見、但父卿光長卿補蔵人時、父権弁、書装束色目仮名、送皇嘉門院御匣殿父卿養母許之中、小帷ソレモ紅と書、年来成不審之処、今度始見此事云〻、仰、又未御覧及事同私云〻、申終退出、

入夜宰相来、相門夜前宿給造作之後初度、如移徙歟、一身依今日始物詣精進、申仮馳帰云〻、此次、問顕平卿帷事、答云、全非故実口伝之躰、彼卿殊汗流、依痛此事、紅帷依汗湿事宜、年来所好着云〻、一日参殿之日、有不見知小男、浮線綾狩衣、二藍指貫、是光盛卿外孫公斉云〻、少将入道実重子也、令見百首歌、無指難、有宜歌等歟、

帰後雨降、夜深大風、野分歟、

廿九日戊午、　暁後風休、早旦地震非大動、終日雨降、

』(12)

朝校止観、終第七巻、

卅日己未、　自夜天晴、
去夜〻半許、自女房局示送云、少女謬打破鏡落板破、有禁
忌之由聞之、為之如何、予答云、往年文治之比、欲参六
月祓役送之間、自把鏡置台之間、落板上、欲取上之処、
自半破了、成恐申入道殿、仰云、忌憚又被衮《カツク》之由、雖有
俗説、本書無所見、只可鋳改其鏡、早可参勤其役、即束
帯参八条殿、翌日又女院御共、参安楽寿院宿侍、於自身
者、更無事祟、其鏡鋳改繋堺、奉日吉社了、況又於他人
破者、其人三ケ日許籠居、鏡同可鋳改也、如此事、強不
可驚奇、只依打落破許也、其女上童今暁来此家云〻、鏡
賜鋳師了、
朝間校止観、未時、口熱飼蛭之後、又校之、第八巻上巻
校了、

八月小、

一日庚申、　朝天陰、陽景不見及秉燭大雨、即休、
午時許参殿、太相国被参、諸人不達事、空日䕃、右少弁
役夫工大神宝・右中弁・蔵人左右佐・大宮三位宜秋門院御使、漸及暮
景、小〻申達、予付讃岐前司、大淀庄材木少分恩給事申
入、粗蒙恩許、両庄所課安嘉門院御造作事、依無計略也、
神宝事、用途更不済、一定事闕歟』(13)云〻、甚不便、法
務御房同御対面云〻、雖聞御参内、已及晩了、予退出自
西門、気比社司等、参集北門、甚以喧〻、
喚忠弘、示造作事、但知宗、依此事、為使節向関東云〻、
然者非当時事歟、
宜秋門又有可御造作云〻、被壊渡南御所于当時御所殿下御所、信乃小路
之西云〻、所〻土木、只為民力之費歟、放生会、左衛門
督・新宰相中将実世・親氏・家定・信盛左衛門、于今未役云〻・光成
左兵衛、▨領▨状云〻、
二日辛酉、　天晴、
終日着綿衣、薄穂多出、近日小鳥出山渡云〻、菊花已含、
朝校止観十七枚、未時蛭飼、兼康朝臣書状云、明日相国
参給、為連歌可参由者、申承由、於此事、雖不堪、尤有
聴聞之志、
三日壬戌、　天晴、
午終参殿、頭亮・右佐等参入、伝奏人不見、但馬権守以
良申之、小時出御、可参儲西殿之由被仰、仍先参、有右
幕下車、被坐内歟不見、一身在▨泉屋方、良久而右大臣
殿・大将出給、暫言談之間、殿下入御、大相又参給、為

家卿・兼康参、被始連歌、尊卑父子、各座遠而甚無興之間、光俊弁・有親朝臣参、依無人、兼康又閣筆伝奏、弥以無興、又二品親王綾被引献牛黄斑二頭、引入此前庭、御覧之間、日已暮了、依句数不出来、折紙破了、昏黒太相出給、自余被留之間、予退出、入蓬門之間、初月没、』(14)北野祭用途、蔵人方▨催諸国率分、年預重責其所済、切充神人等云々、而年預五位出納俊元、若狭国未加催、無是非付馬部之間、頭中将怒而昨日参内、召出引張下馬寮之間、年預不能催、事可闕之由申云々、仍召弁有親、慥可催沙汰由、被仰含、

嵯峨入道孫王、年来知行小所二、譲奉養育土御門院姫宮、而依臨時御恩拝領、無故、所労後、更任意相伝、無其謂之由、有　天気、被付後院云々、可然事歟、今夜寒気、

四日癸亥、　天晴、

午時許、僧正被入坐参殿下、退出、清談、謝遣之後、宗清法印来談、帰之後蛭飼無蛭而不幾、法務御房御消息、足白黒牛、有一見之志、即引進之、被召止、不経幾程、引賜斑牛、雖申不可給替由、又不返上、今日、頭亮、召具滝口所衆中宮侍、入勧修寺、上下成群見物云々、病老無其興、而不出門、

五日甲子、　天晴、申後陰、

申時許、右兵衛督被過談、子息兵衛佐、下向放生会、当時雖有発所労、猶出立之由也、具実卿更申所労由、家嗣卿領状云々、当時厚縁者、只為先遁避歟、』(15)過夜半、乗車出門、此間急雨降、又止、待暁鐘帰入、明日雖満日、明後日依帰忌日、今夜違之、

六日乙丑、　自暁甚雨濛々、終日不休、

今夕、殿下若君、為明日御出家、渡吉水給、宰相当日催、凌雨参云々、

七日丙寅、　終夜今朝雨猶降、終日不止、』(16)

校訖止観第九上巻始下巻、

後聞、若君夜前御共、宰相・実経朝臣、御共以康法師・経範等参儲、其外無人、僧綱一人不見、殆無掌灯云々、

今日御出家之儀、殿下、於門外御下車入御衣帽子、御、々随身布衣、負野矢、久清、黄香裏着染付、女郎生衣、紅帷、兼友・頼種、普通装束紅引ヘキ、右大臣殿冠御直衣、御随身上

郎冠、久員、生張白襖狩衣、
殿下御簾中、以南面為其所、其傍弘庇二間、為公卿座、
大臣殿・九条大納言殿・九条中納言束帯・二位宰相伊平、束帯・
侍従宰相直衣、成源僧都奉剃、先是氏神・父母方令拝給
進退神妙、家時朝臣・他門親尊等参入、在彼御方閑所、
以康法師、可行此御方之由、有相門命、逢時取権云々、
後日伝聞書付、
御共殿上人等可尋記、

入夜、宮女房退出了、』(17)
八日丁卯、　朝陽間晴、陰雲未散、
早旦、送書状前宮内卿許、依老病無術、此間不能詣向之
由也、今日向東山方、依不食無減、暫可経廻之由也、遁
世已今明歟、多年之交、聞此事甚悲痛、弥増不厭離之恥
者歟、未時許、又飼蛭之間、大宮三位来臨、暫以人問答
之間、宜秋門俄御不例由、只今有女房書、忩帰参之由示
之、即被退帰云々、被出門之後、不幾大風折木、小雨間
交、及秉燭頗宜、入夜止、
九日戊辰、　天晴、
朝、奉書金光明経第一巻、
巳時許、前匠作行能朝臣来臨、暫相謁、謝遣之後、即参
殿、二条中納言・大蔵卿相共見参、経範、付有長朝臣、
進昨日釈奠詩、序者子息云々、頼資・経高・家光卿参、
孝範朝臣』(18)参云々、淳高、、・周房、、・在頼・良
頼・公良・宗範・保範、多忘却了、
御参内云々、御装束之間、予退出、夕宰相来、
十日己巳、　天晴、
奉書昨日経第一巻又始第二、止観第九校了、
静俊注記来、示付令語舎兄闍梨、毘沙門堂坤、阿弥陀堂
之中、片時立入、有経供養宿願之由相触、帰来示和与返
事、連歌禅尼早世之後、依有好士憐愍之志、聊勧進同心
人、来十四日、欲供養結縁経、事雖似老狂、憐好士為示
後輩也、
此次語云、　僧都聖覚法印弟子、密宗、居住吉水、昨夕、
謁｜｜僧都宮内卿之間、心神違例、早可被帰之由、依相
示帰出之際、不経程、不及他言語終命云々、極以驚奇、
件小善啓白、欲語求仏房之処、此事若為障歟、書々状、
明旦可送由、示忠弘入道了、故請歌仙、所誂願文、経範

朝臣昨日送(草)之、為本意、
今日清定分別品、式賢転女成仏、光行父子三人、普賢・阿弥陀・心経到来、他人無音、若有忘却人、事定闕如歟、
十一日庚午、欠日、　天晴、
朝校止観、第十端廿枚、昼又写経、酉時許、信願房大原来談、入夜、土御門黄門被来、〻廿二日、彼女院密〻御有馬湯云〻、』⑲
自一昨日彼岸也、仍雖精進、無指所作、
御室、昨日自高野無為還御由、法印告送、
十二日辛未、　天晴、
午上、止観十巻校訖、返本於明喩阿闍梨了、弘決第一上下二帖又借請、申時許、金光明第二巻奉書訖、
有長朝臣示送、武蔵守泰時息女時房子息妻(補1)、依難産、去四日終命、今暁、園城寺南院、為中北両院衆徒、払地焼失、已為天下大事、今日可有殿上議定、御参内可候云〻、宇治御出延引、十四日事何様候哉、予答云、閑人幽居、密〻(於)仏経啓白者、不可依世上無常、悪徒逆罪之由、雖相存、人〻結縁有違乱者、力不及事歟、若被送遣者、欲果遂、臨昏、下辺武士、飜旌旗馳走云〻、三井寺方、又煙立由聞之、所願定有魔界之妨歟、前宮司範綱捧物如式・信願房供花指瓶・大炊三位錦横被・光兼如絵一巻桑孫歟送之、自余人不音信、大弐、示明日可送由、
戌時許、又仁和寺方火光見、不久而滅、此際猶山東又有煙気、

補1後聞、謬説也、義村子之妻云〻、更不歎之由、披(令)露云〻、

十三日壬申、　自朝雨降、
未時許、但馬守書状云、自去夕、御祇候内裏、園城寺事、不落居之間、還御可為明日候、当時僧綱被召集、被仰子』⑳細候、両院衆焼南院之後、南院衆又焼両院、此間合戦、両方(互)殺害、武士競向之間、悪徒退散、南院衆小〻相残、両院悉以退散、(但)余炎不及堂塔、僧房許焼亡云〻、武士留居猶守護云〻、
経結縁人〻、猶触縁相尋之処、明日可送由、小〻聞之、若非虚言者、猶破石欲果遂、入夜、明喩闍梨来謁、示此所願子細等了、今日送経人〻、覚法印両品、捧物、被物、水精念咒・大宮三位生被物・備後父子菩提子誦咒、扇筥・大弐御綾被[物]・長政朝臣硯筥、
十四日癸酉、三吉、　朝天晴、巳後快晴、

遅々経巻漸待具之、家長朝臣一家四、五人、及黄昏到来、

申始、法印覚来臨、相謁之間、前修理権大夫来臨、法印

暫出、休息近辺云々、備州〔能〕□登・前能登来会、秉燭以後、

予先密向毘沙門堂、入西門、入昇阿弥陀堂北階、入北壺禰、

両法印来会、求仏房被来、暫入簾中、言談之後、出道場

被始事、四人追加聴聞簾中、弁説如流、各感歎、事訖、(補1)

此四人取布施、雖数反、自後戸取之、請僧三人本堂僧在南

座、同置布施』(21) 訖、預徹之、次各退帰、

経躰、雖出倹約式、頗尋常料紙表紙等相交、捧物注別紙、

願文経範草、行能朝臣清書過分事歟、事偏雖為老狂、善事何

事在哉、匠作・備後束帯、存外威儀也、

補1 予出簾中置単重、

十五日甲戌、　天晴、

早旦、備州書状云、今夜連歌尼有夢見事、来此家、有折

紙仮名書物、尼所詠云々、有数首歌、中央程歌覚悟、

山たかみとふ人なしと思しに

ひとりすむ身そけふはうれしき

此夢、雖厳重過分、尤可馮事歟、

巳時許、備州又来臨束帯、西園寺布施取参勤之次云々、

言談之後、詣北山了、予参殿下、三井僧綱、依勅定、悉

可入寺之由、被仰下、又以頭亮等、為御使、被仰僧正達、

各固辞、有忽諸之気色云々、頭亮申此事、重奏聞、猶可

被仰遣歟由被仰、大神宝之成功事、猶適雖領状、無所済

之実間事也、已及未斜、放生会乗尻一人闕如、被求尋之

間、時刻已移、有限神事、刻限入夜参着者、甚不便之由

雖申、更事不行、御拝又遅々、御鬢之間、予退出了、自

八日断葷、老後甚無力難堪、明日禅師御房御受戒、依相

門被申、又延引、可為廿一日云々、両度延引、極不便之

由、自本所雖被申、一定延引云々、毎事存外事歟、殿下

御会百首、猶可為九月』(22) 十三夜之由、被仰、

放生会宰相、実世朝臣所労近代人皆虚病、経高卿又同、況伊平、

不出門外人也、別当、依有威儀不勤公事、左大弁、已役

人被駈出云々、仲秋三五夜雲陰月黒、

十六日乙亥、　天陰、巳後晴、夜月陰、

未時許、長政朝臣来臨、称右幕下御使、是一昨日小善、

随喜之由也、相逢之次、令申披月来事等、是官仕女房難

治之間事等也、臨昏帰、

十七日丙子、　自夜雨降、終日不止、

朝間書始弘決第一巻九枚許、有二帖、

十八日丁丑、　天陰、雨又降、

兵部少輔長成来、依所労療治間、不逢、

今日猶書弘決、枚数多而難終功、

十九日戊寅、　終日雨降、

朝間書写七八枚、依陰雲蟄居、

廿日己卯、　天晴、

朝書写、黄昏出門、参大納言殿三条南匣西、仲房宅、見参之間、

自然月昇、撤掌灯、聞暁鐘退出、方違満夜也、仍用之、

廿一日庚辰、　天快晴、

午時許、出中御門面富小路東、見物辰一点、吉水云と、定修参、

良久而前陣進来、無他供奉者、只前駈僧也、

平笠　織生指貫　舎人萌木朽葉　中童子二藍付菊・紅葉　下法師

六人

次萌木　朽葉引綿　大略具法師六人、

次虫襖　女郎　桔梗　萩同花ヲ互ニ付、

次薄色　朽葉　押紫洲浜、』(23)

次薄色　黄香二人　唐紙一人　次萌木　薄色二人　朽葉

押蝶、

次朽葉　青唐紙　次萌木　二藍　虫　亀甲　うらかたき

次萌木　二藍　虫襖　亀　うらかたき　次赤色　二藍

黄菱

次黄香　虫襖　唐紙　車輪　次檜皮薄青二人　花田蝶二人　虫

襖蝶二人

(補1)次黄香ひわた　花田四人　うす青四人　着綾指貫　肥満法師

次薄色二人　二藍三人菱紙鋳　ひわた　うすあを　とくさ

大童子三人

次萌木　朽葉　黄香　次赤色　朽葉うらかた木　大童一人

次結染舎人　朽葉ゆひそめ　きかう

(補2)次萌木　二藍三人　籬秋花　次萌木　朽葉二人うらかた木　大童女郎生衣

次萌木旧物、三尺許疋夫着之、　朽葉二人付龍胆、　白張大童　定修老

僧也、

御車半部　車副八人警蹕、牛童赤色　仕丁持雨皮、

上童二人　青地錦付三鞆絵、　皆具居飼、一人従、朽葉童

赤色男六人　置金銅亀甲、褐返三人菊閉

中童子六人二藍、紅打　黄鞆絵　二行立、沓

大童子二人　白張　萌木くちハ生衣　沓

次前駈四人如前、　例網代車小八葉長物見太政法印　牛童二人虫襖黄師口

上童　花田　紅打　赤色童　朽葉男四人亀甲
前駈二人如前、　表白車左府御車歟、　うす青牛童片口
渡了、即帰来、定修入此宅、改装束登山云々、撰預非人
之舎人、態為曝恥歟、
平笠法師毎度供奉、前途超越、惣無面目、一事以上不可
知之由、予示送、此事達其聴、被阿党歟、尤有興、
今夜、北白河殿造営之後、御渡御幸云々、公卿衣冠之由
被催云々、昼窮屈、不能見物、後聞、右大臣殿令着衣冠給、
御車寄』(24)依騎馬所労、令参会給、源大納言衣冠、許、路頭、不列立
右大将衣冠、中納言盛兼束帯、参議隆親衣冠・経高・為家、
三位不委聞、基保・実有 親長補年預、家時辞替云々・長清云々、不騎馬
殿上人束帯、検非違使、召次久清供奉、
殿上有饗、及暁更小雨、
補1 僧綱二人供奉云々、泰乗・泰ー、従父兄弟、此両僧子為
上童云々、
補2 顕家卿子尊家
廿二日辛巳、　自朝陰、巳午時暫晴、未後小雨、
午時許参殿、自然日﨟之間、両度見参、給右大臣殿御歌、
合点、尤令得骨給歟、
入夜、与右京兆共退出、
廿三日壬午、　天陰、小雨間降、
午時許宰相来、一昨日、依殊御命座主御書、早参直衣、毎事
遅怠、親房・公長束帯・家時参入、小々雖加詞甚遅、事
具之後、公卿等退出之間、可褰車簾之由、有御命、仍留、
被寄御車、褰了退出、馳帰家、改装束参京極太相坐、申
此由、即与尊実相乗、(補1)扈従見物、事訖、直被参北白河殿、
即扈従、殿下又自御見物所、為御覧彼御所、令渡給、又
以日﨟、大将被懸御衣等了、同車被帰、又束帯供奉、可
有殿上三献之由、有沙汰、大将被早出、一献可宜由被命、
仍隆範勧盃云々、
即早出了、別当、以為経朝臣、令申吉書、
家時卿、依年預役、去春調八葉御車、今度又可調庇御車
由、別当示之、庇執事所調之由申之、相論喧嘩之間、
辞』(25)年預了、御幸入御之間、光俊・長清曳尻列立云々、
長清更無謂事歟、頭中将立公卿列、不具滝口、依示驚、
後悔恥痛云々、
即参右大臣殿了、陰雲不晴、短晷早暮、
補1 □[出]御事、親高［　］経光可行彼御所事、依所労籠居、父卿

参行事、
廿四日癸未、　天猶陰、巳後雨間降、未後漸晴、
自昨日咳病之気、心神悩、
廿五日甲申、　天猶陰、雨間降、未時雷鳴猛烈、又甚雨、
昨今雖精進、心神悩、不能念誦、
書弘決草子十二枚、日暮了、
相門又円明寺、宰相供奉、暁更出京云々、
廿六日乙酉、　巳時天始晴、
光家入道示送云、八条殿一巻経、無量義経闕如、送其堺
寸法等、十三年御忌辰云々、依懐旧之志、憖領状了、可
書御手跡之裏云々、彼御消息多遺、頗有便宜、
咳病殊悩、夜忽寒而付寝不安、
廿七日丙戌、　朝霜如雪、
午時許宰相来、一昨日、依招引、供奉円明寺、登山臨水、
松茸千万但雨降、兼無其命、俄乗船、被下水田之間、無是
非供奉、昨日帰京、自路次、申御幸供奉由、騎馬馳帰、
秉燭已下入家、戴冠、参北白川殿之間、親高奉行云、』(26)
御幸只今延引候了、御車寄人右大将、俄被申所労、他人
又不参、問云、右大将領状候歟、当時依所労無出仕、親
高云、催申請文、有所労、若扶得者可参由被申、然者不
可被取領状事歟、但供奉公卿、別当・治部卿許云々、是
皆奉行尾籠歟、其後退出、依窮屈失度、自今日可服蒜由、
兼申仮了云々、尤可然由答之、
入夜付寝之後、夜半許、依例事、向陰所之間、痢忽下如
射矢、奇思之処、心神迷乱、前後不覚、召寄青女等之間、
不来以前絶入云々、両三人来扶之後、僅蘇生反吐、不能
帰来、平臥路板、心迷而失東西、如蚑帰寝所、聞及之輩
来訪、入道同来之後、漸付寝、更不得心、無指不治事、
奇而有余、只老身之衰損歟、可悲之身也、
廿八日丁亥、　天晴、
遅明夢覚之後、又無指事、巳時許朝飡、無別違例、右馬
権頭今朝、返上殿下御草子之次、示夜前事、依聞驚来訪、相逢陳夜前事之
間、興心房被過坐、即対面、受護身、被帰之後、心寂房
来、相逢語去夜事、脚気所為歟、所疑、近日蠅漸弱而落
入飲食、自然不知入腹中歟、是反吐痢極毒也、蠅入腹中
多頓死者云々、尤有其疑、
大宮三位又来臨、辰御前正日、依仰向至之便路、依有長
朝臣説、聞此事云々、同面謁謝返、

故宰相後家、教雅朝臣母、随持病之増、発厭離之心、侍従教定之逆心貪欲、随聞不及』(27)憂、只祈後世菩提、居住戸加之尾、去十六日午時、臨終正念而入滅云々、実是善人歟、明恵房、偏被沙汰没後事云々、少将遺孤、於今者、只馮拾遺相公云々、実無縁歟、

廿九日戊子、晦、　天晴、

巳時許、興心房入坐、仍受戒暁小浴、奉小袖一領、

未時許、右兵衛佐来臨、慦相逢之次、聞夜部御幸供奉事、家嗣大納言御車寄供奉、別当・左右兵衛・治部卿、殿上人六人、近将源家定許云々、還御持明院殿了云々、▨又備後前司来相替武衛出、訪昨日事歟於殿下聞云々、即謝遣之、

九月大、

一日己丑、　天晴、

静俊注記来訪、夕聞、山上悪僧等又喧嘩、切房々闘諍云々、僧徒、只為磨滅本寺、在世者歟、

庭上梨子今年結子、頗有気味、仍進殿下、入籠指花、菊已開、

二日庚寅、自今日凶会、　自朝陰、秉燭以後、大雨如沃、終夜、陽景不見、短晷空暮、

三日辛卯、　朝天漸晴、巳時陽景見、

右兵衛督母堂入滅之由、俄聞之、以忠康弔之、自北白川帰云、老病雖久、又無殊事、廿八日依頗減気、御幸供奉、昨日大略如俄事、仍所罷籠此草庵也者、北陸道之損亡寒気之故云々、近年無如此事、田畝乍立枯槁之由、面々飛脚来云々、忠弘入道来談、四国又損云々、於近国者、当時雖訴訟、非殊損、』(28)重陽日女房装束、今年一度欲調送課忠弘料六十課、

侍従言家、母堂相共今暁城外云々、三ケ月発心地之後疲極、称可伺有馬湯云々、是為遊放漁猟耳、

四日壬辰、　天晴、

右将軍、被送百首草、甚優美也、且申其由、

入夜、清定朝臣入来、称所労由、以人令答、是百首御会作者所望由云々、籠居之身、不能口入、許否早可被申入由、答之了、今夜女房退出、

五日癸巳、　天晴陰、夕陽晴、

今朝、書訖弘決第一巻上帖、草子百十枚、

六日甲午、　天晴、巳後陰、

今朝、書始弘決第一下、

自殿下給百首、合愚点、又注進存旨等、

静俊音信之次云、東塔常行堂衆闘諍、去廿九日夜、北谷善法房被切了上執事信祐大輔闍梨、青蓮院、即時、西谷経蔵房静超闍梨房、梨本切返之、其夜、又自梨本方、南谷井房青蓮院方房切返之、

其後闘諍未止、大底不異園城寺歟者、

覚寛法印、送百首歌為合点之次、令見職事御教書、

茲歳、有豊稔之聞之処、頃月以来連雨頻降、陰陽依不克調、稼穡秀而未実云々、下民其(ママ)憂、叡慮無聊、加之、二儀之変、諸社恠異、卜兆之趣、御慎不軽、自今以後、雲収風静、未然消衆難、西成可再熟之□〔由〕、」(29)殊可有御祈請之由、可令申入給者、依天気執達如件、

八月廿九日左衛門権佐信盛

謹上　大蔵卿法眼御房

儒士之文章甚異様歟、法眼書誤歟、為職事者、可弁人之官位歟、

未時許、冷泉女房具侍従来、女房等相共行吉田云々、

入夜、宿尾張北今小路蝸廬方違、雖凶会日、去月昼見了、仍宿、依無門乗輿、暁鐘之後帰、微雨間降、

七日乙未、　自暁雨降、

午時許、興心房被過坐之次、初聞此事、承明門院姫宮、一昨日五日子刻絶入給、夜中被仰可参由、依路頭怖畏不参、丑時重有中納言局書状、愁参間、於正親町富小路、石見守相遇、事〔令〕切給了由告之、仍自路帰、昨朝猶頻招請、不申仮於殿下者、不能参之由答之、聞此説始驚之、更非筆端之所及、黄門局即出家訖云々、不聞及之条、実以不可思議、月来、於事有令悩給之由、如御形貌、令損衰給歟由問之、更其気不御坐、実端厳美麗御坐云々、自誕生之始奉付、恋慕之思可察事歟、今年御年廿一歟、母宰相中将通宗女、承久三年八月逝亡 足悲、但今日衰日也、何為哉、

微雨間休、桜葉半紅、菊蘂盛開、閑庭養眼、

近日或秘説云、家嗣卿継祖跡、密々入或権門之後家是又有事故、可謂機縁熟、家風之所扇、可謂天之令然、即是前生之事而已、

後聞、彼姫宮、今夜々半許、奉渡東山、

女院、令渡督三位高橋給、只留守女房両三残留云々、」(30)

八日丙申、　自夜雨降、巳時雖見陽景、猶雨降、

早旦、以忠康吊黄門局、女房出逢纔問答云々、自誕生奉付心中察之、

申時許、明誉闍梨来談、有禅闍梨事也、
終日、入夜猶雨降、甚不便、漸及深更、雨猶如沃、夜大
風発屋、風雨連〻、諸国損亡之聞、逐日満耳、
九日丁酉、　朝陽晴、急雨間降、風猶不止、
重陽日、菊蘂盛開、未見如此之年、
自殿下、又給御歌百首、小〻撰改進之訖、
女房今夜帰参、萩経青、表蘇芳匂下二白綾衣文桐枝、黄青裏下平
絹捻合単衣老年付裏云〻、朽葉表襲、紅引ヘキ、二藍依今日一度事、物具用、本物
白菊面白浮織物、裏黄、文菊　唐衣織、絹紅袴、練緯小袖、雑仕
去月下旬遭母喪、仍今一人不結髪者、薄青二、白一袙、蘇芳単衣給之、
戌時許参訖、以青女為使、令参土御門殿門前、重問子細、
塩湯第六日四日、頗違例御気色、又温気御坐、加護身、
殊事不御、依医申猶御湯、入夜、又頗雖有奇御気色、無
事而天明、五日、心地事外宜由被仰、又御湯、臨昏、猶
被仰心地無事由先〻無如此事、頗足奇、秉燭以後、俄令振給、有御
言語邪気詞也、本性、惣御詞少云〻　驚奇奉抱、凡不及是非之時刻、即時
令終給、戌時御気早絶、喚嵯峨相信房、令剃御髪、又雖
自〔剃〕髪、御気絶之後也、女院即渡御高橋、次日雖〔猶〕』(31)

◇慶應義塾大学蔵（449）

奉守、御色次第変、七日夜半、奉渡吉田本墓堂土葬、籠
僧等在其堂、此院人跡絶、只女房六七人留候云〻、誕生
奉抱上之後、一日不奉放目、体貌閑麗、心操廉直、恋慕
之思、不可堪忍云〻、如籠僧上人事、大納言雖有沙汰之
名、等閑似無音信云〻、時儀又非可恨歟、
他腹弟姫宮一人、出家云〻奉馴慈悲之眼路、不堪恋慕云〻、
十日戊戌、　天晴、風寒、
毎朝書弘決七枚、
入道法師来、諸方損亡事等、雖一同事、狭小之分限、無
其計事等問答之、
覚寛法印、返送歌之次、鎮西滅亡之飛脚、今日到来云〻、
触視聴計会、
十一日己亥、凶会適過、　天晴、入夜雨、
朝書九枚、定修来、山僧悪徒、自使庁被召出云〻、不知
実説、
入夜、自右大臣殿給百首、
十二日庚子、没日、　天猶陰、微雨間降、

朝書写七枚、自殿下又給御歌、未時許、両御歌重加愚点、
各返上之、
明日有臨時奉幣云々、新三位顕平、其儀同祈年穀歟由、
音信聞之、信盛催之云々、依天変恠異歟、諸寺諸山狂乱、
尤有恐事歟、
夜半許出臥内、左膝忽如折、不能踏立、股胻苦痛難堪、
懸人帰寝所、如無片足、苦痛無極、令打付寝、

◇『古筆切研究　第一集』掲載写真(450)

十三日辛丑、　自夜甚雨、
左膝更不踏立、朝見之、股胻足大腫、昨□[日]、雖不思覚、
下庭行歩申時許、無殊事、是只夜間事歟、即大腹水腫之病
歟、聞人上、殊可悲之病也、雖有限之寿限、病躰尤痛思、
以書状問心寂房、凡此秋心神違例、於事不尋常、連枝十
余輩、六角尼上之外不満七十、依思無益之一事、不覚知
此事、

◇慶長本(451)

悲而有余、

◇徳川黎明会蔵(452)

興心房、不慮被入坐、雖対面、非医術人、心寂房、有急
事横災不来、弥無所馮、
終夜、聞暗雨打窓之声、
十四日壬寅、欠日　朝天晴、風寒、
辰時許、心寂房来云、無異儀、脚病之腫也、雖非安事、
不[可]存一定由、加灸点、鳩尾・胃管依今日憚此一所・風枝・
胻三・足二、興心房被坐、受

○国書刊行会本によれば「此一所」に続いて「明後日可灸」
とある。

◇慶長本(453)

護身、両人先帰、宰相来蒜後七日過、病未出行、依咳、即始灸八ケ所、
申時無為灸了、腫上頗不熱、入夜、聊行水依恐温気只沃懸、
今夜無殊事、家長朝臣再送書初度、不知病、
十五日癸卯、　天晴、
腫無術、中俊[後]偃臥、

◇個人蔵（454）

十六日甲辰、　天晴、霜凝、
巳時許心寂房来、当時無増、灸胃管卅一壮、称無殊事由、未始許帰了、宰相午時許来、此疾之後、心神極弱、毎事惘然、自殿下給御書、以宰相令申、
申時許、入道忠弘、自長者僧正許帰来、厳海法印吐難渋詞云々、此事、皆自本所推察也、甚無由、不可交事也、高野大塔庄広博所、背衆徒之心、任寄進立券・上人譲、可知行由、覚仁法橋所訴訟、申入殿下、可申宣旨由、有相語者云々、所既広博地也、与衆徒諍論事、有冥顕之恐、道不可行事也、只依一旦之貪欲、不弁是非懇望、是年来同宿之妻子之所好也、予自始不加詞、各奔営申付右大将、又不制□［止］、范蠡之長男、随母之所好□為楚使、人之所好、制而無益、
其事、宮女房依懇望、自殿下可被問長者、々々又内々可相語歟由、右大臣殿被仰侍従宰相云々、仍以忠弘法師、今日所示送也、
今夕心神殊損亡、甚尫弱、
夜漸深更、上南面之蔀、暫見月、頗慰心之後、付寝、

十七日乙巳、　天晴、雪凝、
朝間毎事同昨日、宰相夜部依俄召参殿由、伝聞是例事也、凶年下民之憂、悪徒闘諍之世、雖禁外聞此事無由、後聞、依明月被召例五人、参泉、至于夜半祗候蒜□［風］尤不便、退出之間、中将兼教、惟長伴来云々、此次進馬、極叶御意自春求尋修理亮泰綱、一日比

○国書刊行会本によれば「一日比」に続いて「引送云々、」とある。

◇慶長本（455）

自相門、以主殿歟某（允ノ誤カ）有御訪、面謁申病子細、令見腫、又帰来蒙具定（恩言ノ誤カ）、今日無殊事、静俊注記来談、諸国損亡、非視聴可及［所］云々、

十八日丙午、　天晴、霜凝、
去夜今朝殊寒、
午時許、宰相・備後来、備後令見病躰之後、隔物言談、申始許帰、
今年三月九月定分死由、良算可勘［所］送也、而迎今月有此事、恐而可恐、但貧者無可買命之術、又非可惜之身、阿弥陀護摩自廿一日七ケ日可被修由、今日示送別当法印在宇治云々、入夜、

前越前守朝臣来訪、今日聞及由也、
　明暁下向有馬云々、言談良久而帰、此両人、
於事有其好、是各心操落居之故歟、於予雖不可存親由、
父朝臣、自少年之昔、致丁寧之志、深有于(其ノ誤カ)好、此子息又
各穏便之心操也、仍存芳心事、互不異一門之好、故兵部
卿、自同宿之昔、内心不似予存、始終雖失本意、予如不
存不知、至于遁世以後、云付重家事、更有本懐之詞等歟、
至于今日、触彼縁有無由事、甚以遺恨、近日、又於志深
庄、為母不孝悪逆云々、惣不善之本性、云而無益事歟、
○国書刊行会本によれば「明暁下向」の前に「有小瘡疾」
とある。

十九日丁未、　天晴薄陰、巳後晴、入夜俄大風雨、
巳時許、心寂房来、無増気、於今者可待灸之爛、若有不
爛之気者、重両三可灸之由示之、又令取腹腹中無別事、
成茂宿禰来、社司年来之第一頼貞、去春死、惣管、此間
老病増而危急、頗依有秘気、不見其躰云々、親昵之中、
何及隔心哉、輔成所案歟、　菩提院禅閤姫君当時之亜相一腹、昨日辰時入滅云々、端厳長髪之聞、世所(マヽ)也、脩明
門院坊門局範光卿女、按察典侍、依腫病籠居云々、法印公暁被来訪、
以人答申、
入夜聞、禅閤姫君二人被坐、是姉云々、自春長病、或増
或減、去十三日、清明恵(請ノ誤カ)[房出家年卅]其後無為、禅閤・母
儀、皆帰菩提院給、[独留]木綿、女房・侍纔小々相遺、十
六日夕、此所有憚、可向無常所由、自出立、乗輿一町許
被渡他所母儀本自被占此云々、自其夜、高声念仏音不絶、十七日辰
時終往生無疑云々
○国書刊行会本によれば「所也(マヽ)」は「所称也」とある。

廿日戊申、　雲惨、雨灑、間晴、
巳時許、宰相来間、自相門被召、参向了蒜後初、備州又来
談、令見百首歌、今度宜由答之、夜前今朝、腫躰雖同、
踏立足聊似宜、不披露之、夜猶時雨頻、

廿一日己酉、　朝天晴、
腫猶雖同昨日、踏立足、頗似無煩、見南庭菊花、短晷空
暮花[已]移、

廿二日庚戌、　天晴、
午時許、覚法印来談、七条院御忌日、一日八講、於歓喜
寿院、可被修由、自脩明、以定俊被申御室、彼院寺領皆
無実、無力于修理荒廢、被修中陰御仏事、柳殿何事御示(候乎ノ)

由(誤カ)、被申之後、無音、十四日入夜、弘(頭ノ誤カ)亮奉書、御八講、乍置歓喜寿院、於他所被行、何様事乎由、被尋申、今夜及深更、明後日事、如掃地、猶不可叶、何様可(候ノ誤カ)御乎由、俊(後ノ誤カ)朝申之、猶於彼寺可行由被仰下、定俊、又自柳殿更運渡、一日八講、於彼寺深更始之、御室、依御咳病無御渡云々、

自昨日、禁裏五壇御修法、信盛奉行書御教書、園城寺長吏僧正ヲ、長者僧正御房と書之、[使付表書]行親厳僧正許、即領状、第二仁和寺尊隆法印勤之、可仰事茶(候軍ノ誤カ)利由仰之、領状退問傍外賢海云々、驚奇祈[訴歟]申、信盛不知僧之位次、只於定高宅尊賢海事、如重君(主ノ誤カ)、存万人上郎由歟、更改請、親厳蒙請之後、改定無謂由給(ママ)申、為慰其憂、厳海参大威徳、金剛夜叉快雅云々、自然移時刻、酉時帰之後、宰相来参右大臣殿、退出次、定高、山衆徒狼籍事、為不被仰[可]合、中参春日由、殿下在南京由御存知、此間事不被仰之間、参長吏・法務御房之次、定高、被処梨本男山事、不被仰合由申、法務申殿下給、如例無御咎云々、凡世上事、更以不足言歟、今日殿下無人寂寞、無参入人云々、

◇天理大学附属天理図書館蔵（嘉禄三年七月他）本

(456) 注3

廿三日辛亥、　天快晴、
備州未時来訪内陪膳之次云々、
今夜行啓一条殿室町、暁還御云々、
静俊示送云、二宮之後山、杉木多生之由、宮籠夢見之後、人々行其所見之、杉木不知数生長此事無社頭先例、不知吉凶、云々、今案定吉想歟、又猨犺生二子、此事先々[凶]事云々、
戌時許、宿今小路小屋北小路北、富小路西、以此所為本所、
後聞、行啓、右大臣殿御車寄、大納言雅親・家嗣、中納言高実・具実、参議経高・為家、三位基保・実有・公長・親長、啓陣実任・実直、兵衛公員・定具、衛門、両職事、殿上人七人、宮司間有長朝臣又来、大夫進、還御、大納言二人不参、

○為久本によれば「間有長朝臣又来」の代わりに「亮・大進親氏」とある。底本は改変されている。

廿四日壬子、[十]□月節、　朝天陰、午後雨降、申時許微雨、
鶏鳴之後帰、半月東昇、不取松明往還用手輿、
廿五日癸丑、　自暁更甚雨、

昨今精進、雖有念誦之志、起居極難堪、
自殿下再給御書、御歌事也、其次、延暦・園城両寺不静、
凶年不熟、下民之憂旁聞、此間百首御会尤被延、暫可被
過此間乎由申之、本自有御存知由被仰、
廿六日甲寅、　朝天晴、
午時許心寂房来、灸之爛如存、漸ゝ付減歟由示之、但風
枝之灸不爛、今七壮可灸、仍八壮灸之四十五、本卅七、入
夜、大膳大夫、一昨日所労事』(9)聞及由来弔、以人謝
之、
廿七日乙卯、　天晴陰、
此間頭熱眼昏、仍沃菊湯、
讃岐前司、今日被書送度衆生等之額、予軽微宿願、吉富
庄之旅人往反大道之辺、令立萱葺小堂、奉安千躰地蔵、
故定置此名、無仏世界ーーー、今世後、能引導云ゝ、冥
途之伴侶、只奉唱此誓願、
(補1)午時許宰相来、夜前被行僧事、権大僧都行超不知誰人、権少
僧都慈源受戒禅師御房也、
夜前、太相・幕下参殿給云ゝ、明日相門又円明
臨相替被出、清談自然及夜景、世間事等相互示合、病者
安坐、雖経時刻、依元久之旧好、有時議歎息之心、夜深
女房退出、

補1 行超、後聞、前院御子、一品親王［　］子［　］、大宮殿腹
也、

○為久本によれば「又円明」に続いて「寺、紅葉之盛云ゝ、
大将・宰相・尊実・ゝ持中将(等ノ誤カ)於供奉云ゝ、未時興心房被来
談、参殿下退出之間、有長朝臣又来」とある。

廿八日丙辰、　天晴、
殿下給御書、百首又ゝ出来、御歌可撰合由也、即取捨返
上之、前修理又音信、歌事也、

○慶長本・為久本によれば「歌事也、」に続いて「病中不能分
別之由答之、桜梨櫨梅等、紅葉浅深、満望漸欲落、」とある。

廿九日丁巳、　霜□〔凝〕、天晴、
去比、或槐門、依世途之倹難、御領一所可給之由、懇望
安嘉門院依家領之隣、安楽寿院領、被申、依有鳥羽院御遺誡等不許、忿
怨、事更無』(10)道理由緒、嗚乎之由有沙汰云ゝ宰相一日所語也、以勅語承之、云ゝ
一日覚寛法印言談之次、此事又以書状、切ゝ被
申御室、仍欲被求充其所之由語之、予此次語相公、ゝゝ
奉語右幕下、ゝゝ被聞驚、忽被申西郊、此事更不穏便、
奉為本所、還可有外聞之誹謗、沙汰不可候之由也、所被

申本意、此両三年被責伏之由、御返事、以相公書状、昨朝可一見由被命、偏是百里奚歟、悲而有余、

秉燭之程、女房帰参、

卅日戊午、　天晴、

料理飲酒高会去年事、今年不可□向云々、仍被仰右少弁光俊、依清貧無従辞退、昨日内裏召、以内侍殊被仰、猶固辞、雖何様被仰下、不能参由申、勅定何様と申、即解官歟由被仰、仍信盛又所望馳走云々、今日殿下召光俊、猶廻秘計可下向、及解官者依不便、有御教訓由被仰、猶雖不承伏、依内と仰恐承諾云々、維摩会探題、又別当被称障毎度事也、仍権別当僧正、殊以有出仕之志、而定玄有勤仕探題之志、本下﨟僧正双而勤仕、無面目、枉被止彼、与円経可勤由、今日参仕懇望云々、甚無謂自由之望歟、殊様事也、』(11)

慈賢補法性寺座主云々、実驚耳目事歟、即是□〔得〕時也、明日欲参平座、射場始早速之由□〔有〕聞、除目、来月可被行云々、今日、秋季御読経可被始行、上卿闕如延引云々、

一昨日、相門、自円明寺、歴覧松尾・法輪・嵯峨等了、　於嵯峨入夜云々、大将・宰相・頭中将・実持□□〔中将〕・尊実法印等供奉、』(12)

○為久本によれば日付直下「天晴、」に続いて「無霜、申時許宰相来自右大臣殿退出、権弁為経、自去比有南都之訴、於勅使訪、魚鳥」とある。また、「嵯峨等」に続いて「紅葉」とある。底本の「了」は修理の時に補筆されたと考えられる。さらに末尾の「供奉、」に続いて「暮天遠晴、秋景空過、依思病身、重悲再会之難、」とある。

◇時雨亭文庫蔵（第四十八）本（457）

（旧表紙）寛喜二年冬』(1)

寛喜二年、

□〔十〕月小、

一日己未、　朝天陰、未後微雨漸降、

午時許心寂房来、風枝・脐中央灸二所、猶無爛気、各重灸風枝八壮、脐六壮、示無殊事之由、帰了、静俊来、山上事只如日来云々、

黄昏、雨中有長朝臣来臨、伝仰、雖可謂本意、於重病身弥不堪、本望事、可書進委細慣状之由也、於偏被窺　天気者、定難達三漏歟、

後聞、平座、中宮権大夫・新藤中納言・侍従宰相・右大

弁、弁時兼朝臣一人、只一献、光俊遅参不着座、少納言
兼綱、上卿奏見参了後着座、仍給目録云〻、
二日庚申、　朝天晴、
日吉禰宜親成、一昨日死去、月来老病、有若亡云〻、今
年八十九、好九十之賀算、惜其命云〻、成茂丁壮、惣管
社務、定得時歟、
中時許備州来臨、依二品親王仰、向嵯峨、写善道影之次、
入心寂住房、樹木前栽之幽趣、驚目、此病、已施験由自
讃云〻、秉燭之程帰、
三日辛酉、　朝霜如雪、陽景遠晴、
富小路中納言、送書札、献舞姫櫛事也、所労雖獲麟、存
命者可挿心由、返報、右大臣殿又給御歌、以宗弘為使、
依頓病之危急、日来懈怠由、示送右武衛許、有委細返事、
四日壬戌、　天晴、
閑居病者、無音信人、短晷空暮、』(2)
五日癸亥、欠、凶会、血忌、下食、　自朝天陰、入夜雨降、
未斜心寂房来、灸躰只同先〻云〻、
及秉燭宰相来、北政所御参内、参御車寄、右大臣殿、可
帰参由依被仰、欲参云〻、五節、盛兼卿一人之外、惣無
領状、宰相中将宣経、可去職由申云〻、梨本下手可出之
由、頗有被申旨云〻、是内〻綸言之趣、二品親王承之、
伝彼法親王給之故云〻、日来梨本門徒、　天気快然、武
士引我方之由、名称云〻、相門湯山下向事、幕下被申止
云〻、
六日甲子、　朝雲分、陽景見、巳後晴、
(補1)無音信之人、艾跡之爛難堪、
補1宜秋門院結願、定高・頼資・家光・知家布衣・基定・親
長卿参云〻、殿上人無人、
七日乙丑、　霜凝、天晴、
前修理権大夫来、以人謝之、百首草可撰定由也、病席無
術之由答之、証寂房来臨、扶病相逢、大学頭来、昨日所
草之状、雖有恥憚、令一見、枉可直付由誂之、偏吐褒誉
之詞、更無所言、尤腹黒、非本意由示之、
入夜宰相来談、帰後沐浴、
八日丙寅、　天晴陰、未後小雨漸密、
興心房来坐、言談頗移漏、被帰之後、但馬前司来臨、自
然移漏、酉時許、雨後退帰、雖満十五日、甚雨、不宿他
所、

九日丁卯、　天晴、
病中書出一通状、送典廐許、他行云々、臨昏又送之、於殿下尋逢、進入訖、有御感之由示送、秉燭宰相来、昨日、新僧都御房参所々給、有可参会命相門、辰時云々、巳時参殿下束帯、徒日藹及申、雨後、』(3) 令参給御共、隆承・公―実宣卿子、可被用一人歟・成真・家時子闍梨扈従、有上童云々、次女院、又参会引導、両女院御方、次参内又参会、参弘御所、令入見参給、次宮御方、湿雨入夜退出、今日北政所御退出、御車寄又早参、日藹、申時許参殿下、只今退出、世事不聞、例事也、五節、美作大納言家嗣卿・尾張病者中納言、今一人被責、三条大納言・中宮権大夫・別当・大弁、労各久、可昇進由、雖無闕馳走、実有卿申参議、内々仰、不仕之人、暫可休息哉由、粗雖聞之、不知其闕有無云々、
亥時許、乗手輿、宿今小路小屋、聞暁鐘一声帰廬、此近辺、猶以欲剃独□□（往之カ）女衣云々、況京中之南方・白河之方、盗賊公行云々、兵衛佐送使者、禅門病又待時、
十日戊辰、　天陰、未後雨降、終夜如沃、
伯三位、送使者問病、
十一日己巳、　朝天陰、微雨降、未時雲漸分、陽景見、
自殿下賜御書、挿懐中、待入眼、於無闕無［其］術者、於御志者、所存已足、
申終又甚雨、日没之間又晴、夜猶雨降、
秉燭之後、宰相示送、明日北政所八幡御参詣日来参御共由聞之、延引、来十五日云々、除目又延引、来廿日、只今自殿下退出由者、
十二日庚午、　朝陽漸晴、漢雲猶暗、
巳時許、備州来談之間、心寂房来、重示療治事等、宰相又来、備州云、山門猶狂乱、』(4) 今明欲及大事云々猶不出下手之由也、於綾宮聞之、三井寺三別所、付南院、讃岐庄承久以後没官歟、付北中院之由、関東成敗、仍無為出居云々、
宰相云、欲弃能州、此事僻案無極之由答之、甚不便事也、
十三日辛未、　天顔快晴、午後陰、入夜大雨如沃、
静俊来談、山上猶嗷々云々、
今日、使家僕堀弃前栽北庭、為麦壠、雖少分、為支凶年之飢也、莫嘲、貧老有他計哉、入夜宰相来、参殿日藹、不聞世事、
(補1)明後日八幡御共、公卿一人、殿上人師季・能忠・実経・

時綱・家《源》定朝臣可参云々、
侍従公光、祖母禁色懇望、殿下仰、於非拠□者奏聞先了、
其上於有　勅許者、不可難渋申、尤可然事也、七代絶了、
非相将子、但乳母子之幸、成範中将・脩範少将可比之歟、
補1諸大夫前駈六人、兼教・□長・兼康・□□・家盛・為仲、
　後聞、実経不参云々、
十四日壬申、　天明雲分、陽景晴、風又寒、
讃岐弘田一村、可被免国検之由、信綱懇望云々、昨今申
相門、仰遣行兼許了由、有御返事、仍其旨示含章行了、
検非違使、為信綱母代、頻取申、此事、去年申請相門事、
同此男所為也、
夕、九条大納言殿、引給栗毛馬、依心寂房失馬、所申請
也、付使給之、尤感悦、入夜沐浴、
十五日癸酉、　霜凝、天晴、水初氷、
昨日馬、暁更引送心寂許、今暁北政所御物詣、天晴風静、
尤以神妙、馬無用之由、示之返送、甚存外、
十六日甲戌、　朝天陰、終日雲暗、夜月漸晴云々、
万邦之飢饉、関東権勢已下、減常膳之由、閭巷之説満耳
云々、原憲之枢、雖非病難存命歟、』(5)
長病無期、短晷早暮、臨昏、参社青女等帰云、衆徒、昨
日於梶井、兵庫・久良倍・山上、今明可滅亡之由披露云
々、
十七日乙亥、　朝陽晴、
宮女房告送、昨日、右大臣殿令参給、山門事等、多有令
奏給事等之次、聊令申出給、　天気強無御難渋之由、被
語仰云々、不運之身、懲前事、雖兼不可憑、不思切之間、
還擢心肝者也、
申時許、有教中将被来訪、依宰相来、令謝之、只病訪也、
両三度問答、宰相、雖参右大臣殿、無聞及事由、只例事
也、殿下、人々済々参云々、世事甚不審、或云、通方卿
昇進云々、不仕之輩若去官歟、不聞及、
十八日丙子、　朝天晴、間陰、時雨灑、
未時許、住吉神主国平来、於簾中相逢、今年山口祭、国
司申延、七月如形遂之、今度造営、惣不可叶事歟、境論
事、又沙汰縦横、無聞分事云々、
十九日丁丑、　霜凝、天晴、
橘樹作竹屋、
午時許、興心房被来、相謁、心寂房来臨、随灸愈、腫漸

々減歟、但三所許又可灸歟由示之、重畳之灸、殊難堪之
由答之、又自然可見事躰由示之、宰相来間、心寂帰後、
問世間事、参右大臣殿、只今退出、左大弁参入、納言懇
望事申之、侍読九年、大弁参議六年、無如此沈淪例、見
任公卿、一年一度参内人多歟、勤否玄隔、雖無闕可有恩
由云々、又一旦之理歟、別当又馳走云々、但除目不可任、
下名廿三四日歟之次、有人々昇進歟云々、』(6) 大中納言之第
一、依不仕、若可被罷歟、定高卿止納言、以小男任弁云
々、近代之弁、偏嬰児之任官歟、両頭中参議、有親、罷
弁中頭、儒弁依無其仁、信盛又懇切雖無才非器、一旦之理也、於両職
者、不可兼云々、蔵人兼高当仁歟、於資頼朝臣者、今度
猶不可昇進歟、実有卿本自被挙之、如聞者、新任参議、
皆以不中用歟、雖有無偏之□(廉カ)、於　朝廷、猶可被思慮事
歟、愚老事、世間又已謳歌云々、題如前者、弥可増身恥、
末代人口太不穏便、是近臣之洩事之故而已、通方卿景気
似宜、国通卿、無病可奔伏由申云々、本自非実病歟、伊
平参殿之本意、在此事由、馳走今度若無沙汰歟、』(7)

廿日戊寅、　天晴、風静、

巳時許、禅尼令参詣社頭当社不択日次、老屈微運之身、神道
仏堺、倦于今生之祈請、然而依年来之余執、今日令参許
也、

山法師之下法師四人、奪路人之剱、依叫喚、雑人追捕、
搦二人、射殺二人云々、悪徒謀反横行洛中、太不便事歟、
捕得者向河東云々、

家仲、月来城外之由来示、若是、伊相公之令伺見家中之
形勢歟、答重病籠居由、』(8) 事趣猶依不審、問宮女房、
答無聞及事之由、入夜又有書状、中右大臣殿、於重事者、
下名可被行、但不可有闕云々、若是御変改之故歟、

廿一日己卯、　天晴、午後大風、

巳時物詣帰来之後、聞書到来、復任参議伊平侍従基平
民部権大輔平親衡　刑部権少輔藤俊季
中宮権大進藤高嗣　光国　少進惟長後聞、元権大進宗房子複任、外記書入大間、依被止、執筆令塗墨給、　左将監四　右三　左門三　右三　左兵四　右
五　左馬三　右馬二　正四下平業光　正五下藤朝輔　従
五上高階基重　藤為清父長清止民部申之、

秉燭以後宰相来、夜前、聞無人数由参内、内府始終候給以下
済々、大納言家良・実親・家嗣、中納言公氏・高実、参
議六人伊平・宣経之外、執筆右大臣殿、依人多即退出院宮御申文、別当下勘文左

大弁、右大弁清書云々、公卿事下名可被行、其上存外可有重事、聞驚不少、所謂言語道断歟、右大臣殿、俄令上大将辞退表給、一上兵仗之望懇切、依無例、為憐愍有此事、只如夢、夜前公氏出仕、天気不快云々、

廿二日庚辰、　天晴、

大学頭来訪、扶病相逢、

秉燭以後、宰相書状、下名可為廿五日云々、

御表廿四日、御拝賀兵仗来月三日云々、

下名遅引如承久三年冬歟、』(9)

廿三日辛巳、　霜埋庭草、朝陽快晴、

飯室入道殿、一昨日令下山給之由、有御消息、御坐九条僧坊云々、秉燭以後、宰相又来、昨日、右大臣殿、終日御坐内裏之間、同候、今日又参御里亭、予所存委細雖申、無承分旨云々、明日御上表已露顕、定高・経高・家光等卿可参、為経奉行、来月三日兵仗御拝賀、九条納言・為家二人可扈従云々、推之、競望之妨等、又申破歟、於予者、本自老病之最中也、自昔不運沈淪者雖多、再可昇進由、為人之口遊、而空漏恩者、未聞事也、在世甚無益、急以此病終命、第一事歟、

廿四日壬午、　自夜天陰、朝間微雨、巳後止、

宮女房書状、一昨日申右大臣殿、々下懸御意、但其闕不定之由被仰、又日夜候龍顔非此事、無不快之　天気、只仰彼蒼云々、

昏有長朝臣来、称御使由、驚出逢、所望事、更無御披露、誰人所聞哉、深雖挿御意、全無其闕、定高卿、大弁可任者、可去官由申、弁官不闕者不可辞、其外雖競望多、無闕官由也、於不被任者、実非此限事歟、如巷説者、弱冠皆被任云々、七旬病者、更難待後栄之由申了、大将御辞退事、殊承驚、迷是非由示了、今夜帰参、可取進兵仗宣旨云々、両卿可罷官之由、誰人所云出哉、已以無実云々、

廿五日癸未、　天晴、風寒、

午時許、女房書状、夜前殿下御参之次、仰、当時無闕、先日申旨未奏、挿心中、相待事次』(10)之間、忽僻案遺成恨之由聞之、当時全無所闕、又無可任人之由被仰云々、ゝ於無闕者、実雖力不及、依聞競望拝任之由、所増恥也、於無其人者、又可期無期事歟、申時許、宰相、自右大臣殿示送云、今日状、重被進御直廬了、御返事未被仰、善悪事未切云々、同刻、有長朝臣書状到来、自今朝、種々

御秘計候、事未切、可有御祈念歟者、只今無為術、送書状輿心房許、入夜、右大臣殿仰、只今猶奏聞、更無疎略之由、殿下仰云ゝ、宰相使也、候一条殿云ゝ、又置使者于　禁裏局、可告吉凶由、示付之、鐘漏漸移、書信未通、亥時許、女房書状、殿下仰、闕已沙汰出了、今夜可任之処、其次ゝ事繁多、只今不沙汰訖、仍来月二日可有除目也、更不可成遺恨、可相待也者、次第延引、魔界之恐雖難堪、仰趣已以莫大之深恩也、心神迷惑、周章之外無他、小時、有長朝臣来臨、言談良久、雖密事、大略、忠房卿、已被仰可辞由領状、定高卿、於大弁任者、辞退勿論、大弁昇進者、大理不可被超、仍今一闕、已被定了云ゝ、此事猶無披露、当時只三位中将殿之由、令申請給云ゝ、通方卿・隆親・家光・実有・基氏、事大略一定歟、弁信盛・忠高、蔵人兼高等歟、於今者、不可成不審由、頻雖相示、事之障㝵、尤難知事歟、両日光臨、日来伝奏、芳心之至、不可云尽、退帰之間、宰相来、今日ゝ藹、殿下只今御退出、依召参御前、不可怨之由、能ゝ可伝由仰事云ゝ、此御秘計、更以不可申尽、』(11)
今夜任人、左近大将良平兼、中将有資、右少将頼行、主税頭在▨(親)長衡辞、従三位通忠、中将如元、中宮権亮顕定、漸及暁鐘宰相帰、猶不能付寝、及鶏鳴、

廿六日甲申、　霜如雪、天快晴、午後陰、
静俊来談、依此事、日来参籠社頭、聞一昨日由、昨日成怨下山、示含子細、今日又帰参云ゝ、只恐青蝿耳、午時許心寂房来、腫当時無減之条、是猶存内也、又漸有付減之気、此腫病之躰物、于療治有験最上之様也、自斯早速之減、本自不存由示之、
秉燭以後、忠弘入道帰京之由来告、依無聞分事馳上云ゝ、宰相又来、於吉田例事、不聞世事云ゝ、雖夜深、自是参右大臣殿、

廿七日乙酉、　天沍陰、未後雨降、臨昏甚雨、
自殿下賜御書、能ゝ扶病可致療養、愚意之所存不可空、或不仕、或有事故、罷官職人、公卿補任之所見、可注出、為心中存知也、仍所見事大略注進、入夜雨、国平来問、一寝之後夜半歟、東有火、(補1)驚見、川崎之東小屋堤小路東云ゝ、四五家壊止云ゝ、其後病苦、不眠而達曙、漫ゝ而鐘漏遅、

補1此間星見、

廿八日丙戌、　朝天漸晴、

未時許宰相来、自暁詣吉田、奥州馬五十疋入洛、被撰見云々、昏参右大臣殿了、昨今無聞及事云々、日来依寒風甚雨、不宿本所、今夜宿北辺小屋、聞暁鐘帰、

廿九日丁亥、晦、　遅明俄雨降、辰時陽景晴、』(12)

女子香参詣社頭、明後日殊可抽信心由示付、今日無音信人、不聞世事、

入夜宰相来参右大臣殿、殿下御方太相参給、不入見参、資経卿、自八月之比、称不諧由、止姫君右大臣殿御方之奉仕、此間、又可奉扶持之由申之、変改送旬月、又申旨不可然、於今者、不可奉仕由、以有長朝臣被仰云々、彼卿、本自其性不落居、無思定事歟、尤可被追却歟、為経朝臣為年預、定無始終事歟、

十一月大、

一日戊子、凶会　天晴陰不定、

不聞世事、入夜宰相又来、明日、本自非被定日云々、但明日参内可申定由、殿下被仰、当時無変改御気色云々、

廿八日、西方客星出、甚不吉事云々、徒送日数、定諸方之障导出来歟、歎而有余、小時帰参訖、

二日己丑、　霜凝、天晴、

申始許宰相来、候殿下御前、今日可有御参内、無被仰事云々、右大将、依御消息被参、即令謁給有被仰合事云々、宰相可伺大将気色由示付、又聞事躰、非今日歟、何為哉、

入夜良久、女房書状、又非今夜云々、猶必可被行事也、可憑思由、北政所仰云々、今夜御入内云々、已渉旬月、可期何日乎、亥時許宰相又来、雖参右大臣殿、々下・北政所未還御、幕下今日被参、不被任少年之競望、只今申請、中将殿御分給、被任老翁一人、可宜由、計申々被命云々、此事、於朝議者、雖可為尋常、末代之儀、不可叶其馳走之』(13)衆心、家光・隆親互昇進、基氏忩思之故、自然可有無偏之化、不被行上御大切事、被抽無縁旧老一人事、可固於石、似被申止狂事、実是被遏絶無縁者也、甚無由、

終夜甚雨、

三日庚寅、　曙後雨漸休、天猶陰、陽景間見、

午時許、興心房入坐、冥顕魔姓之障難、悲而有余由陳之、不可思切之由、頻被答、

臨昏大風忽起、初月晴、奇星見云々、

四日辛卯、　天晴、

(補1)伝聞、夜前、右大臣殿兵仗御拝賀、扈従、中納言定高先被催九
条中納言、故障云々、不逢祓之烏歟、参議為家、殿上人師季、、・宗平、、・
有教、、・実持、、・親季云々、
有長朝臣送書、除書延引歎入候、然而種々御秘計子細等
候、暫可令待給、尚々申入候也、不可有御不審者、事躰
無異儀御変改歟、依有中破人、令恐憚世間給歟、於今者、
更非可馮事、
朝臣示送、
夜天晴、見奇星、此星朧々光薄、其勢非小、去二日泰俊
自一昨日夜晦日、奇星現辛方、在織女東、天津艮、奚仲
傍、其躰客彗之疑候、未及光芒、如当時者、客星之条無
不審、客与彗大略雖同躰、占文各別、共重変候、依事恐
候、不注進本文、未蒙密奏宣旨、雖不及披露、如此時不
出詞、近来被処不伺見候、依無術事、内々言上、若事次
候者、可得御心候、答依病籠居由訖、
補1後聞、前駈、有長、、・兼教、、・為仲・盛長・基邦・
以忠・以良・康長・兼康・兼仲・基重・家国・家盛・仲
雅・忠広・知資、不知名二人、六位時光子、又衛府、
五日壬辰、　霜凝、天晴、
伝聞、近江小野社、依本主死去、内裏二品、依宣旨知行、
下遣使者之処、基忠入道称寄』(14)山門、所司前当宮仕
法師下向、追出二品使者云々、山僧偏謀反歟、御乳母猶
如此、況余人乎、
未時許備州来、客星事、上下殊驚恐由、粗語之、不及子
細、小時帰了、
入夜宰相来、今日参内、参御前具実・成実卿候、無指事、無聞出事云
々、奇星事、先例、寛平九年・延長八年(補1)・寛弘三年・永
万・治承三年、有此事、甚不吉云々、但寛弘三年全無事、
最吉聖代歟、皇子降誕之嘉瑞耳、其後除目無音、又云々
説、十二月歳内、公卿昇進可有大除目云々、彼是縦横、
此事無沙汰、実力不及事歟、
一昨日御拝賀定高卿・有長遅参、、不待而出御西殿、令参殿下給、忠
高申継、北政所御方、実持中将申之、次北白河院、有教
御共之中申之、安嘉門同人申、御送物、毎度宗平取之、師季
御車簾、実持御沓、次内、宗平申之云々、
左大将随身武直衛府長也、武守不孝之子、殿下近衛一座季武、被遣補番長
云々、一旦之幸歟、

補1此年々謬説也、

六日癸巳、　天晴、風寒、夜西天陰、星不見云〻、
無音信之人、宰相手有瘡、依苦痛不出行云〻、
七日甲午、　天晴、風寒、
寛治大納言殿御忌日也、宮女房書状之次、昨日、殿下猶
有可待之仰云〻、是何日事哉、
二条中納言執聟（廿七日）之由、上童一人装束色目、有消息、近日
之躰、有若亡勿論之由、返答了、定忿怨歟、不可痛、
入夜之後、興心房、引率門弟五人、被修廿五三昧、如形
布施一昨日送之、暁鐘以前終事、被帰了富小路宿所也、』(15)
八日乙未、　霜凝、天晴、北山雪白、
客星事、依不審、問泰俊朝臣、返事如此、暁夕東西之条、
驚而有余、』(16)

○第17・18紙は、一紙（第16紙と19紙）を切って異筆の二紙を挿入したもの。

客星、一昨日夜前令現候了、出現以後、去二日陰雲不見
候、其外者天快晴、連日見候也、此一両日ハ、被引運天、
暁見艮方候、暁夕東西出現候之条、以外、』(17)
客星出現例
皇極天皇元年秋七月、甲寅、客星入月、
陽成院貞観十九年正月廿五日、丁酉、戌時、客星在辟、
見西方、
宇多天皇寛平三年三月廿九日、己卯、亥時、客星在東
咸星東方相去一寸所、
醍醐天皇延長八年五月以後七月以前、客星入羽林中、
一条院寛弘三年四月二日、癸酉、夜以降、騎官中有大
客星、如熒惑、光明動耀、連夜正見南方、或云、騎
陣将軍星、変本体増光歟、
後冷泉院天喜二年四月中旬以後、丑時、客星出觜参度、
見東方、孛天関星、大如歳星、
二条院永万二年四月廿二日、乙丑、亥時、客彗見太微
宮中、
高倉院（安徳天皇）治承五年（崩御之後事歟）六月廿五日、庚午、戌時、客星見北方、
近王良星、守伝舎星、』(18)
午終許心寂房来、事外付減之由加詞、但悪血之充満、非
飼蛭時、極難治云〻、
常随給侍之小婢、依母病危急、行南京、老病之最中、失
手臂之便、
九日丙申、欠日　朝天晴、

(補1)春日祭日也、康平御忌日、有限之日也、仍入夜可被修由、
申付輿心房、未時許、大宮禅尼来談、去五日入夜帰洛、侍従同来着、云々、入夜戌終許、始廿五三昧、宮女房適退出、明後日
十一日、御着帯云々、除目事、殿下、仰猶遂可被行之由云々、五節以後云々、次第延引、只依申妨人多歟、更無其
馮、右大臣殿、又不可懈怠、猶々責申之由、今夜被仰云々、暁鐘以前事訖、

補1近衛府使、右中将実蔭云々、

十日丁酉、　自暁初雪降、雖隠庭草、不及寸、
明日、故左大臣殿十三年御忌、一巻経之捧物・綾被物一重、奉八条後家御坐、旧宅云々、烏丸、無量義経一巻、先日進飯室了、
入道大納言殿近日御坐、九条、座主明日会合、経営給云々、
午時許、長者僧正被過談参賀茂、帰路、寺領等損亡、又以不便云々、此間被修事等、一品親王薬師、座主仏眼、円満院
僧正八字文殊、覚朝北斗、覚教――、長者、於東寺講堂、
可修仁王経法之由、被仰件堂、被安仁王経法曼陀羅、大師御建立也、久絶不』(19)行、今承此事、但依無用途延引云々、定高卿辞官、非挙
子息一事、惣厭世事、好籠居之志、逐日加増、剃除之志、
不可過両三年歟云々、此事、所詮只倣陶潜之体、而非道心歟、去夏、辞退殿下御領佐夜庄・讃岐一村、被充中宮御相折、
不堪勤仕、可辞此所由申、即被納受又成怨歟、大理・大丞昇進、世以謳歌云々、師檀雖年久、依外聞無由、予身
上事不出詞、三位中将殿御昇進、尤被忩歟由、相示了、
聊羞盃酒・粥等謝返(遣)、
左大将御営等、無物散々云々、
夜深宰相来、右大臣殿、正月御産可為九条殿、而有今年之疑、於節分以前者、九条有憚、当時之西殿、又如此之
時、不被用、仍被尋他所之間、又冷泉小屋可借進由云々、
尤可然事也、但家中雑人、定不請事歟、九条殿、又左府
無行方由周章、依此事、定至于春被収公歟、五節以後可
有除目歟由、雖有髣髴之説、定日不聞云々、定是無性躰
事歟、

十一日戊戌、　天晴陰、甚冱寒、
暁鐘以後、女房帰参内、北政所今日御入内宰相参御車』(20)寄参、云々、
後聞、頭中将、自北白川院、持参御帯・衣筥・平裹等、
如恒居台、自取之付女房、
次大進忠高給之、持参二品親王、護身訖帰参進入、次権
大夫問時忠高問之、申歟、次宮主御禊、亮陪膳、忠高役送、次

在親奉仕御□〔褉〕、役人同之云々、御帯、女房権大夫資親妹取
之、御匣殿被取進、主上令奉結給北政所又令候給、役女房
二人、白衣重物具濃打、濃袴、
後聞、八条御忌日、昨日南京竪義暲円律師、竪者云々、今日天台竪
義、定高・為長・々清・基定卿・信実朝臣・能定、諸大
夫家盛・忠資、昨日為長・々清卿、長成奉行云々、
十二日己亥、　朝天陰、小雨灑、午後風雪霏々、
未時許、四位侍従来、帰京之後、今日参女院、安嘉門院、
白地渡御北白川殿云々、
風雪降止、臨昏小婢帰来母病雖重、非危急、
十三日庚子、　宿雪在屋上、朝陽晴、
昏越前々司来、左府御拝賀、安嘉門院々司申継、問其作
法、粗答之、
宰相来束帯、北政所又御入内御車寄、
五節之間、殿下・右大臣殿、皆可御々直廬、帳台参入、
殿下・右大臣殿・家嗣卿、
寅日淵酔、殿下可出御、左右府・大夫・大納言家嗣・権
大夫・経通・国通両卿申所労・盛兼・隆親云々、左府、隔日風
病発由被申、
新嘗祭卜合、国通・具実所労・宣経所労、慥可参、由被仰、領状
園韓神盛兼卿、鎮魂宰相分配、
大原野祭公氏卿参勤、』(21)
五節参入大納言、御覧中納言、勤仕云々、
昼出仕、中将実俊《資雅》・実持・有資以下、廿余人領状云々、
経高卿給大隅国元周房、知之、又給東北院庄、近日悦喜馳走云々、
日来清貧由、謳五噫之間、有此事歟、按察弥忿怨歟、不
便、
戌終許、宿北辺小屋、聞暁鐘帰、
十四日辛丑、　霜凝、天晴、夜月清明、
未時許心寂房来、胻足灸治之辺、雖立針血幾(補1)不出、仍不
立、於今者、連日可懸湯由、相示帰了、臨昏、櫛風流一、
送富小路中納言許、先年所作同風情、栽枯蘆、造小屋、
居小児、地幷屋皆置裹櫛、以護緒花田幷小緒等各三許、遣
水、其上以鉄付筆、為水浪、以水入・金《カナ》壺・油壺・へに
さら等、為立石又有麝香、以錦為水引此事新制云々、非制限小事歟、如此事、強病者不聞及由也、
雖長病間、不黙止由示之、病中殊表其志、珍重之由
有返事、月明、思往事、

補1女房衣、柳上白唐綾衣、紅単、雑仕、自上給、紅梅匂、二藍

帷、上童、梅重、
十五日壬寅、　朝天陰、霧深、辰後快晴、
朝沐浴、念誦日暮、夜月清明、
十六日癸卯、　朝陽晴、小雨灑、雲飛風寒、
五節間事問宰相、返事、帳台公卿、如前日聞、昨日祖、
依人ゝ遅参、取松明、両頭・資雅・実俊・重長・有資・
実持・親氏・隆綱・公有・実直・通行・頼行・職事三
人・忠兼・親季・忠高・経俊・実隆・資信・実尚・経▨〔賢〕
子、
宮御方殿下無、御着座、　左右丞相・両大夫・家嗣・経通・高実・
国通・盛兼・隆親・両頭着座、一献大進、』(22)
二献実持蹲居勧坏云ゝ、甚不便、　三献亮、四献別当、五献権大夫、
新嘗祭頼資宣経云ゝ、ゝゝ国通卿領状云ゝ、　昨日候御直廬、自午時、至于今朝
卯時見物云ゝ、
未斜陽景晴、賢寂、昨日吉富聾牙十課、雖軽微、随到来、
送心寂房許、於今年莫大之由、示送云ゝ、此病漸無為歟、
尤雖可欣感、依無其力尤恥思、
十七日甲辰、　霜凝、天晴、
宗清法印来臨、女房芳心之由感悦、依夜鶴心歟、

伝聞、昨日祖、未及晩景、童御覧入夜、公卿、左右相
府・右大将・家嗣卿、付童人少将親氏、
夜月殊明、
十八日乙巳、　自遅明忽甚雨、終日雲暗雨降、
宰相示送、昨日酉時参内、左大将着陣、依中将(補1)不参、被
催人ゝ、皆対捍移時刻、過夜半氏通一人、被終事之後、
節会始、内弁左府、外弁、家嗣・公氏・通方・経通・高
実・定高不出外弁、退出・頼資・宰相七人宣経、小忌、取空盞、
御酒勅使経高、召大歌家光、宣命使為家、禄所範輔、大
歌代頼資、小忌国通卿今夜、不参、
一献之間入御、内弁退出、被押懸公氏卿、
節会夜中事了、御前召之間天明、其後参宮御方、興遊殊
甚、北政所猶御坐于内云ゝ、
未時許、雨中心寂房来談、毎度漸ゝ可減之由陳之、似無
其期、菩提院禅閤、不食御病遅留、雖非危急、存今度一
定之由、渡坐木綿給、御子息皆参、又被営仏事云ゝ、』(23)
夜深月明、払雲風又烈、

補1 ［　］事遂［　］着陣［　］将所［　］着也、［　］不相語［　］被触
［　］［　］無領［　］□〔尤〕有［　］□〔理〕歟、

十九日丙午、　朝陽快霽、
浄照房来、入道大納言殿、日来御坐八条、一昨日令帰飯室給、不食御病、猶雖不尋常、令忩登給、彼祇候之輩、不堪山気、多受病云ゝ、
夜深宰相来、五節之間日夜寓直、頻参御前昼束帯、淵酔日、連枝両納言不出衣、其衣遠而不委見白色歟、例衣歟、不見分、一献盃、左府被奉譲右府之間、忽参彼御座辺間、失度蹲居云ゝ、参入夜乱舞、依貫首賞翫、資雅朝臣出白薄様云ゝ此事、実俊頗不同心、只可歌由示合、有何事乎由答了、頭中将・頭亮・資雅・実俊・有資等、偏示合諸事之間、蒙衣狂女等、称弟子多由、云ゝ、奇恠也　卯日、三方御随身、殊折花列居、左大将御随身装束、甚以不法云ゝ、
節会、訪五節所帰着之間、内弁被催一献之間、通方卿立揖退出、見之公氏欲競立、内弁咳止給、家例不吉由、微音雖申、不聞入、退出給之間、恣行其後事不似年来之躰、勤此事、彼人身之高名、也　但不下小忌大盤、不移大歌座云ゝ、宣命使、依夜深、略曲折揖、早速歩、
内弁不略舞妓拝、ゝ了見宣命是初度之儀存歟、(補1)資雅出仕殊叶　叡慮、於事有其誉云ゝ、寅日持夏扇赤扇也、此事頗抜群事歟、予有所聞、今年頻示合宰相之由聞之、彼中将只可持由、一日密ゝ所相計也、今日猶参内、殊候御前賜櫛云ゝ、殿下・北政所若君、今夜御退出云ゝ、親長依俀櫛、好交衆昇殿、入東階間、経台盤末着奥座、惣不及進』(24)退之沙汰、只如田夫野人、任意之通路也、如此者、為公卿名字、不便事歟、因茲、実世朝臣不昇殿、公長又在御後辺、伴五節所云ゝ、今年露台不敷仮板、檻欄之内簀子、殿上人二行相対、立而舞、依宮御方御簾之前、雑人不立而太厳重云ゝ、
隆綱朝臣調進御服、打御衣之躰、異様奇恠之由、被咎仰、俄調改云ゝ、参入夜、紫御指貫御出衣、浅御沓、寅日、於二条小門内妻戸、御覧祖殿下令候給、宰相候、近辺云ゝ　実俊、相具力者法師三人、実持之下人令指腰竹筒、
殿上淵酔、乱舞時、重長去今年、自下侍踊昇、施其芸云ゝ、
香女子、今夜自内裏帰来、此女房、無寸仮被召仕由、頻以名称内外近習、於老身無其益、

補1具随身一人、二藍着之、

廿日丁未、　天快晴、
宰相参詣日吉云ゝ、一宿、有教中将、子息侍従、勤舞人之由、昨今音信、雑色令着当色云ゝ、

廿一日戊申、　天晴、風静、
近日、諸国所ゝ麦多熟、或食用之由、有巷説、不信受之
処、今日見其在松崎辺云ゝ穂出、如三月許、此事定不就之令然歟、尤
不快事也、草木之躰、今年多有非常違例事、尤可怖事歟、
桜木多花開白河辺在所ゝ云ゝ、筍生、人食之云ゝ、
廿二日己酉、　朝陽晴、風寒、
殿下仰、今日欲着柳下襲、故殿不令着給、入道殿何年令
着給乎、若覚悟歟、至于建久七年、御出仕之間、御下襲
被張事、不覚悟候之由申』(25)之、若忘却歟、毎度取御
下襲、例打下襲也、
賀茂臨時祭　使家定朝臣持明院中将
舞人　朝輔二条侍従　光衡中務大輔　兼宣新少納言　為綱藤少納言
実隆梅小路侍従　範継高倉侍従　氏通高倉少将　行通大炊御門侍従　藤光
成蔵人左近将監　源兼綱同上
(補1)歌人　家長朝臣　兼教朝臣前民部少輔　業継高蔵人大夫　仲資藤兵
衛大夫　重清同上　範昌肥前権守
所作　親継越中権守　経尚淡路前司　藤範綱左近将監
同家尚木工権助　笛親良大膳権亮　篳篥親季上野前司
人長秦弘澄

昨日ゝ吉臨時祭使　江文章博士周房朝臣』(26)
未時許、徒然之余乗車自病以前、八十余日、不乗、車、今日始蚑昇　行二条町
辺、欲見参内人、小時、宣経卿参毛車、随身蘇芳袴、其
前後寂而無人、移時刻、殿下御参能忠・頼行、在御共　前駈六七人
歟、官人二人、柳御下襲、知宗・範頼・家長陪従・信実、
通方卿毛車、公氏卿八葉破車、差綱、仕丁装束、不可思議、破損　盛兼卿網代車、差綱、白
張仕丁、持雨皮　顕平卿同車、家嗣卿、自二品家町面出網代車、差綱、前駈一人歩行、
頭中将出東家於門外乗新車、滝口二人歩行、舞人行通、乗父車、衛府二
人、童一人二藍唐紙、雑色六人白青色唐紙、黄衣、蔵人兼綱紅打衣、雑色四
人柳衣薄色、童、随身二人襖袴、
此宰相、及日入参毛車、公事雖遅怠、参入不可待日没、
内蔵頭隆綱先是参、及暗無興帰家、依懐旧之数奇、不治
股灸痛、甚後悔、

補1 小舎人康継書送云ゝ、

廿三日庚戌、没、　遅明小雪霏ゝ、沍陰、未時陽景見、
伝聞、昨日ゝ入以前御禊、陪膳頭中将、庭座立明、召頭亮
経壁下座、之中央、公卿家良二献勧盃、陪従隆範、瓶子知宗、・家嗣三献、瓶子忠高、陪従信実・
公氏・通方・盛兼・隆親・経高自後着・為家自前着・宣経・
実世二人不着、顕平卿、雖参内不着殿上、但取花云ゝ、初献

隆綱・範頼、重坏宗明・信時、春冬定役、不足言事歟、於事不被直立、陵遅之世、一事無其沙汰、悲痛而有余、舞召中将、帰立、両宰相中将可候云ゝ、

終日寂寞、入夜沐浴、

廿四日辛亥、　朝陽晴、宿雪薄、天沍陰、』(27)

入夜宰相来、参殿下云ゝ、不聞一事、来廿八日、右大臣殿、可令渡冷泉宅給、自身可居二条万里小路故宰相家、其所悪所云ゝ、無由事歟、

来月八日、仁和寺灌頂、女院御幸、依内御点、経光院司催之云ゝ、

廿五日壬子、凶会、　天晴、

昨今小念誦、未時許定修来月来灸治、籠居之由称之、、貧乏不運、言談之間、侍従言家来、灌頂御幸馬鞍為借、向権中納言許、依▨〔病〕隔物言談、手足損而不行歩由被示云ゝ、少将実光、兼尾張守中昇殿、ゝ下内ゝ可然由被仰、丑日依人数多、不許由、職事示送、存外云ゝ、心寂房来、乗車尤不治之由、誡之間、大宮三位来臨、仍先相謁、言談之次、新大将御営之間、女院御領可借賜之由被申、殿下又御許、所ゝ有其沙汰、又被撰嫌之間、事不切、忠定卿相伝参川、可被収公、為人不便、非幾事歟、損亡庄ゝ沙汰嗷ゝ、院中惣不便云ゝ、凡殿下御辺、内外所被行細ゝ沙汰等、人口極嗷ゝ不穏、遐邇側耳之由、定修同語之、座主御辺、又以無物、闕如之中、少年御弟子之放遊等多、諸僧営造物造日吉祭木像、毎人充之、、面ゝ愁欝云ゝ、客星暁廻南方、公家御慎不軽云ゝ、関東筍如夏、人食之、郭公頻鳴、惣以天下人口不安由、毎人陳之、悲矣痛矣、三位帰後、心寂又帰了、

廿六日癸丑、凶会、　朝天快晴、有和暖之気、

明日中宮行啓又延引、来月八日云ゝ昼女院御幸、夜行啓歟、彼日、宇佐使御精進始云ゝ、右大臣殿、明後日暁、令渡冷泉給云ゝ、

一寝之後、宰相来参右大臣殿、』(28)太相自昼参殿、令謁給之間、不入見参云ゝ、又是自由任意之徳政、被申行歟、明後日御渡一定云ゝ、午時許之由被仰、二条家又借得之、他事不及視聴、是例事也、中宮行啓来九日云ゝ、

廿七日甲寅、　天快晴、

臨黄昏、三井寺別当法印来談、在宇治白川別所、為聞病子細、故出京、明旦帰入云ゝ、自童稚相見一人独存、後会又難知、今夜宿白河云ゝ、

今日、宰相渡坐二条万里小路之由、聞之、

殿下御風気之由、伝〻説、

廿八日乙卯、　天晴、

巳時許、興心房被来坐、去廿四日、殿下例御心地不快、参護身、漸〻令復例給、一昨日猶令発給、自日来、候右大臣殿、今日御共〔可〕渡坐冷泉、太相府、近日、又歓喜光院北、実保狂女宅之近辺、東西南北二町、俄被追立在家、可被立堂之由、居住者等哭泣云〻、為忠広奉行、悉占定云〻、人憂之外無他歟、又密〻北政所御懐妊、正月御着帯云〻、御一家御産相続、無間断事歟、此内若有聊事者、定相互有違乱事歟、尤不便、黄昏、新三位（顕平卿）被過▨〔訪〕、扶病相逢、自今日大乗会、来月三日臨時奉幣、八日御幸、毎蒙催領状云〻、謝遣之後、大谷斎宮戸部又来（近日、御坐春日京極）、夜深宿北辺小屋、到着之後雨降、暁鐘以後暫止之間、帰来（手輿）之後又降、

廿九日丙辰、　雲暗雨降、巳後雨止、天猶陰、申時陽景見、』(29)

卅日丁巳、　天晴陰、沍寒、

故入道殿御忌日、如例沙汰送嵯峨僧了、

扶病念誦、老病已及八十日、灸跡猶不愈、実是重厄令然歟、

懺法、阿弥陀経・法花経、日暮眼暗、不終一部、

十二月大、

一日戊午、　天晴、

朝奉読七八巻訖、申時許、大宮三位来臨、大弐卿、北野歌合可加愚判之由、有宿願、可構遂之由、依彼卿懇切、来触之由也、凡老耄前後不覚之上、当時病中不及是非、於病者送旬月、若雖有減愈之時、無分別之魂魄、猶難申領状之由答了、心寂房来、此長病已無其期、何為乎由雖示合、腫猶不尋常之間、以膿汁之出、可為本意、灸愈事不可忩思之由、猶答之、今日腹灸又痛、昨今読経、極以不治也、依気動灸又破也、止諸所作、徒可偃息云〻、極難堪也、

女房依有憚御神事、今夜退出云〻、

二日己未、復　朝天陰、沍寒、巳後天晴、

賢寂来語、廿八日、右大臣殿申時許渡御（資雅朝臣、御共）、秉燭以後、女房御輿令入給、又御車（実持朝臣、御共）、懸御簾敷畳敷砂等、皆儲之（無被渡之儀、）宰相又居二条（渡旧簾已下、）

秉燭以後宰相来（束帯）、一昨日（晦）参大乗会（五巻）、』(30)頼資卿只一

人、日入以前参着、相待弁親俊仮奉行、依夜深、納言召史仰
鐘、又仰夕座鐘之後、弁参、如形行道、無袈裟云々、諸
公事刻限又無人、世間陵遅、毎聞長大息、今夜参法成寺、
一昨日、右大臣殿令参給云々、左府今夕歟、殿下結願御
参云々、竪義、無貴人御聴聞歟、来八日御幸領状之人、
高実・盛兼両納言、隆親・為家両相公、基保・顕平・親
長、七人云々、不足言事歟、雖被催御車寄人、大納言不
参、具実卿、乍出仕申不諧由、或有中肥満由之人、実不
中用事歟、明日奉幣、領状延引来九日、辞退了、毎事馳走、
頗過身分限、欲相触騎馬所労出来由云々、

三日庚申、　天晴、
北門之向民家、失火燃揚早旦、打滅云々、一寝之後、西
方有火北小路北、室町東云々、不経程滅得歟行兼之家之西隣小屋
云々、

四日辛酉、　天晴、
未時許備州来、又為示大弐同事云々、此事極難堪、公事
神事已下有限事、病者皆申所労由被免、私歌判、更不可
責病者、甚無心事也、答当時無術由了、

五日壬戌、　天晴、
不聞世事、短晷空暮、

六日癸亥、　霜凝、天晴、
静俊来、山門此間適落居梨本下手二人、遂出、不経日数赦免、侍従又来明後日供
奉云々、三日火事、人々多参女院云々、御傍親少年、直垂参御所、』(31)少将親氏直衣、為中使参入、御幸御車、
中将家定可付勅定、尤可然事歟先日内心成其望歟、甚不可然歟、帰了後
宰相来、御幸猶欲参、舎人欲令着櫨柳云々、無其謂色歟、
櫨秋色、柳春色也、五節女房片身替之衣歟、尤不可然有先
例云々、是例、大将教訓歟、不甘心、実親大納言・通方中納言可供奉、
公卿馬三疋可被借由、相門被命幕下云々当時馬、殿下御厩已下諸人所飼、皆被切
髪之故、無其物、云々、極為奇、申請右大臣殿秘蔵御馬云々、中宮行啓来
九日又有不定之説、法成寺▨▨第三日参、家良卿・親長只三人云々、
結願日、殿下・左府参給由伝聞、定修来、明暁為登山参
社、宿此家云々、秉燭以後、未方有微火、宰相忩帰了、
女房帰参内、依一日仰欲参、北政所、御風気違例由被仰、
仍直参内、火即滅了後也、半月明、

七日甲子、　自暁雨降、巳午時滂沱、未時天晴、
依甚雨、定修不登山、徒偃臥、眠覚陽景見、

八日乙丑、　暁又雨降、日出之後、或晴或雨、
定修暁出了云々、巳時雲雨猶暗、午後間晴、雨脚猶不止、

未時令伺女院御所、頼資卿奉行院司父之外、人猶不参云々、
相次令見、公卿両三人、殿上人小々参云々、構乗車、立
一条左近馬場巽方、宗保入道門柳前、此間雨猶降、雪相
交、陽景間見、時刻推移、已及斜陽、二品車過一条東行、町北行、
被相待彼参歟、
着奴袴者二人忠時云々、半靴、在車後、侍等又在其後、』(32)少将
親氏相従新車、随身蘇芳袴、相具滝口、後見非供奉人、随身厳重歟、其後不経幾程、前陣
進来、路雖深泥、此間不取笠、内一臈繁茂青色袍、廷尉威儀、次
帯剱追前人不見知、後聞、家経卿子侍従、後高倉近習童云々、右兵衛佐高頼随身萌木袴、童二藍、
少納言為綱、蔵人少輔経光奉行、少将親季随身二藍袴、四
位侍従言家不具童、前兵衛顕氏、左馬信時、少将源家定、
中将藤家定随身蘇芳袴、中将宗平同、頭中将随身萌木袴、治部
卿、左兵衛、宰相中将宣経随身蘇芳袴、侍従宰相、中納言
盛兼、通方、大納言実親具居飼、近代之儀歟、御車後被出三色衣、
別当在御後、検非違使知章、召継長久清白髪如雪、出車
三両、中将実持・少将家定・中将具教車云々、見訖帰、
二品車又(補1)西行、親氏如前相従、兼数月被催厳重御幸、殿
上人、加六位十三人内殿上人六人、公卿七人、世間之儀、不
足言事歟、後聞、左府参御車寄給、衣冠随身褐具一人、兵衛佐定打梨御共

云々、言家後云、入御之時、院司信時・顕氏・言家・経光、
取松明進参、左府頻召院司、中将家定不進、信時在近、
進参昇、左府追▨返、召付御車院司令昇板、
宰相、今夜宿西園寺云々、定修夜帰来云々、
補1後聞、二品即参仁和寺、親氏上車簾、自騎馬公卿之中、
馳融、在共滝口見、頭中将不負矢、上下之礼、不足言歟、
九日丙寅、自朝沍陰、午時雨雪交降、
臨昏下人等云、御幸還御延引、宰相在西園寺、
入夜、右衛門尉景保卜云老者入来、家在近辺、可為家人
由、月来以女房示之、昔在後徳大寺』(33)左府家、後在
範茂卿家云々、来非人宅、僻案人歟、
十日丁卯、夜雪埋草樹、積庭不及寸、
朝陽出、地雪消、昨日事依不審、問言家、返事云、昨日
午時参仏母院、御灌頂延引、空退出、参西園寺之間、御
誦経布施可取由、親高示送、仍馳帰参、又事訖之間退出、
帰西園寺、数反取布施退出、大納言実親、中納言通方不取
布施退出、宰相為家、三位実有・時賢・長清・宗宣・親房、
殿上人実持・兼輔・信時・言家・知宗・実尚、御灌頂昨
日云々、御布施、御幸還御、只今欲参者昨日西園寺、実有・

公長・宗宣・親房卿、
午時許心寂房来、於腑者頗付減、悪血色漸散、只以暖気、
漸ゝ可待由、相示帰了、
寒風烈而浮雲飛、未後雪又降、入〔夜〕風大風惨烈、
十一日戊辰、　雪積三寸許、朝陽快晴、
後聞、灌頂御布施、大納言家嗣、中納言公氏・国通・頼
資、参議隆親・経高・為家・ゝ光・範輔、殿上人師季朝
臣已下、御幸供奉人云ゝ、
一昨日当日、中納言定高・頼資・親長卿等参親高申事由、嘆徳
布施庭儀、先□〔ゝ〕第一公卿取之、親高三四度来催大納言、
事卒爾、兼不承之由固辞、次ゝ又辞退、別当取之云ゝ、
布施取訖之間、実親卿参取御送物大師御筆心経、僧綱授之、不経程
還御、大納言寄御車、供奉如一日通方・盛兼・ゝ宣経不参、宰相入西
園寺又新造屋移徙、公雅卿・実持等在云ゝ、仁和寺内ゝ御贈物、相門被調献、
錦埋火桶銀鉢砂金以紅薄様裹之、麝香二十為火、』(34)
雪猶間飛、
十二日己巳、欠日　朝雲猶沍陰、不見陽景、未時寒雨降、
夜雨打窓、病身弥辛苦、
十三日庚午、　暁雨止、朝陽鮮、

日吉恒例八講、昨日送俊範僧都許、返事到来、可請定由
領状、
未時許、言家朝臣来、語仁和寺事等当日堂童子、為綱・高頼勤之、
入夜宰相来、今日十三社奉幣客星御祈、使、具実・経
高・親長・親房卿、殿上人、四位・五位、隆範・信時朝
臣以下、上卿内府俄申所労給、信盛、(補1)使中納言可行乎由
申之、厳重御願、殿上人〔為〕使事、更不可然、可催出大納言
由、昨日被仰云ゝ、
昨日参殿下、密ゝ御覧北山方云ゝ帰路、甚雨、宰相帰、
夜宿北辺小屋、暁鐘以後帰、』(35)
補1後聞、遂以具実奉行云ゝ、王事如靡、可弾指世也、□人
大納言不中用歟、
十四日辛未、　天晴、風寒、午後風猛烈、雪飛、
晩頭侍従来、伝右武衛消息、淡路国、殿下蔵人所元三饗
催、今年無術由申入哉由也、示右京大夫、可被付可然人
由答云ゝ、夙夜近習、御乳母子、殿中事権勢第一女房宣
旨兄弟、猶不申事、百ケ日長病籠居、弃置物可口入哉、
勿論之由答之、其外被示事等、皆是可申殿事等云ゝ、逐
日疎遠、於殿中非人数、上下皆忘名字歟由、示含了、播

州小所越部損亡事等、土民雑掌等訴訟牢籠事、女房等沙汰散ゝ、予本自不知事也、奇恠不便、招請宰相・賢寂等、且令示含、横謀至愚尼、去春請取庄務、万事皆闕如云ゝ、

十五日壬申、　天晴、暁雪屋上白日出消、

今日令払炲煤、風寒雪飛、

十六日癸酉、　朝陽陰、巳時晴、後猶沍陰、

今朝、右大臣殿令詣日野給、宰相御共云ゝ、

巷説、大夫尉惟信惟義嫡男、承久合戦之後逃隠、為法師、隠居日吉八王子庵室、武士聞此事、可被搦出由、申座主、以門徒悪僧、一昨日被搦取、武士向粟田塔前、其夕請取訖云ゝ、逃戦場十年隠居、可謂奇謀、被搦之時、雖其力強、不及抜刀云ゝ、

巳時許定修来、向顕誉法印許云ゝ、他門僧也、甚無由事歟、為師匠山僧遺跡聖教之間事云ゝ、相謁帰来、申時許退帰、

今日ゝ野、北政所』(36)御車歟自一条殿出御、右大臣殿自冷泉、宰相・実持・親季各乗車、皆相具馬御共之由、賢寂語之、

中宮行啓一定廿日云ゝ、大弐親輔女右金吾、殿下御子誕生、男子云ゝ、

十七日甲戌、　朝天陰暗、辰後▨[陽]景晴、

宰相音信之次、昨日三方御物詣之次、朝東一条帰路、宜秋門法性寺御共参廻云ゝ、午時許賢寂告送、右大臣殿御産之気、公私引神馬、自今朝有此事云ゝ、以愚状相尋宰相、自夜御気色、非取頻之躰、殿下渡御、即還御訖者、

入夜之後、賢寂告送、御産成訖、殿下又渡御、右大臣殿御同車、令還一条殿給、小時、興心房又被告、御産成了、姫君云ゝ、

十八日乙亥、　霜凝、天晴、

日出之程、賢寂告云、御産成了、夜前、殿下還御之由承之後、今一事遅引、御祈等終夜周章、殿下・大臣殿又令入給、太相同坐給、至于侍等乗馬下鞍、被引諸方、仏供養・御祭不可勝計、只今無為令下給、賜験者・陰陽師等禄、参入人、雖有被下立之由、終夜奔営之間、大略皆混合歟云ゝ、御難産毎年両三度、甚有恐事歟、午時許又云、殿下入御僻事也、大臣殿令産穢給、宰相又参籠了、所ゝ仏名・荷前・行啓等、不可参之由、触職事云ゝ、浄照房来談、参八□[条]之次自賀茂来、即帰了、仍憚御産、

申時許、有長朝臣来臨、日来忩忙無寸仮、自昨夜至于今朝、御産之間立地上、窮屈難堪之由、言談之次、世事等

適散不』(37)審、更非御変改、当時無其闕之上、今年無
此沙汰、若有事故歟、明年殿下旁御重厄非一、恐思食之
故、最密ゝ之議、新春不被待、御産可有重事、其後、諸人之
望、悉可有其沙汰歟云ゝ、身上之歎、只変改黙止之条、
可増其恥、於有其沙汰者、即是本意満足而已、猶被挿御
意之由、頻答之、黄昏帰了、如密語者、天下重事、諸人
競望、一時計会歟、甚可恐危者歟、都合之員数、頗可為
未曽有事歟、
太相・右幕下、皆御産被混合了、殿下、依宇佐御神事、
固被忌七ケ日云ゝ、
今日、於南殿有御読経客星御祈、
十九日丙子、　自暁雨降、終日滂沱、夜猶不休、
今夜御仏名云ゝ、午時許、頭沃菊湯、
及夜半月明、
廿日丁丑、　天晴、風寒、
午時許、覚寛法印書状弟子小僧手跡、自十四日喉腫、自十六
日飲食不通、又度ゝ絶入、已五ケ日、如待時云ゝ、甚不
便、近年無繊芥有其好、極以歎思、
中宮行啓一定云ゝ、
秉燭以後、送女房料車共人兵衛尉忠康・一日来右衛門尉景保、上童料車、雑仕
料車賢寂令沙汰、宗弘、為雑仕扶持令参、戌時許資親奉書、
上郎女房料被召車、依女房私料、進内裏了由申之、所被
仰、甚不得其心、暁鐘以前行啓』(38)成了、車帰来、
廿一日戊寅、　朝天陰暗、終日不見蒼天、未時雨降、
以忠康為使、問覚法印疾、帰来云、日来如待時、自夜前
聊似宜云ゝ、右大臣殿女房、昨朝又令絶入給、殿下・太
相・幕下、各馳走給、又無為云ゝ、但今朝、相門・幕下
宰相供奉、北山之遊云ゝ、
廿二日己卯、　朝天漸晴、
早旦心寂房来、向六波羅方之次云ゝ、惟信法師被搦取之
後、年来同意之輩露顕、被召取三人、山僧律師梨本、大原僧正、夜前
被出、仁和寺僧一人、掃部助時盛近習者之中相馮之内、如後見、号江
中務男一人、在其内本惟義郎等云ゝ、又告此事法師、猶不被処
忠、猶被召籠、今朝、発遣関東飛脚、
木綿禅閤御病、此両三日又危急坐給、嵯峨執行号遠江死
去時行歟、如形小仏事、之時、相加僧也
午時許、三井寺法印来臨、一昨日参勤尊勝寺灌頂、如讃
衆語出有事煩、翌日可被行最勝寺之由、兼相触職事信盛、

弁親俊懈怠、寺家卒爾申不叶由延引、夜前由催、讃衆等
違乱、今夜欲行、上卿宰相尊勝寺不□〔参〕、弁一人参云々、年
中神事仏事、只聞陵遅事、甚遺恨歟、以宗弘問覚法印、
帰来云、十七八日之間、六度絶入、不能飲水、十九日夕、
膿血頗出之後、聊弁是非、今度若存命歟、親成自始療治
云々、
廿三日庚辰、　霜如雪、天遠晴、中後微霰零、』(39)
廿四日辛巳、欠日　朝天陰、辰後晴、
未時許、越前々司来臨、去年給播州本所領之後、元三料
半物雑仕装束四具調進、重厄無術、父子共元三不出仕、
知行両庄損亡殊甚、為綱常為病者、尋常之時稀也云々、
飯室賜御消息、自本住所、猶移住奥山之由、被告仰義懐
中納言跡云々、
廿五日壬午、　天晴、
暁鐘以後、南方有火、甚□〔遠〕、又西方有遠火、仁和寺方云
々、南火後聞、七条堀川方云々、
此日来、牢籠女房局雑事越部・讃岐等事、自始非予所好、依不
当横謀等、已及其所滅亡、当時之闕如、向後依不便、喚
寄賢寂、猶押懸了、貧者交衆、惣以不可叶事也、云時儀
云所行、旁不穏、
戌終許、宿北辺小屋、今年遊年当東、為自然用意、東山
方雖大切、依無其所、只宿例本所、宰相吉田、太相被渡、
伝聞、依此事、又馳走経営云々、今夜、予乗車、入宿所
後小雨、不経程止、青侍等云、行幸持明院殿、輦路、一
条町北行、中宮御所北路東行、室町北云々、中宮女房車歟
非出衣露顕之躰、立御所艮角、少将公有乗狛桙騎馬云々、暁
鐘之後帰、星躔晴明、』(40)
廿六日癸未、立春　天晴、霞聳、
黄鶯已囀、白梅纔開、和暖之気凞々、
宰相書状云、昨日観音院灌頂、先々為御代官略儀也、今
年御出之間、嘆徳布施、先例参議役也、及闕如構参乎由、
有御室仰法眼隆寛書、産穢混合不被憚者、随重仰可参由申、
其後無音、今朝不可参歟之由、重尋申之処、可構参由被
仰、頗雖存外、欲馳参者、
(補1)宗平中将書状、左府若君元服理髪事、有彼御語、正治勤
仕之由聞之、其作法注送哉、其事兼不習先達、更不知子
細、当日依入道殿下仰、如形注給次第勤之、所書付甚雖
見苦、如此事、本自為人不存隔心、仍書出送之、首服事

甚以不得心、只依相将之勇歟、末子之繁昌、必為御一門
放埒之源歟、定又越階之望歟、入夜僮僕之説、宰相馳参
仁和寺、随役云〻、

補1後聞、加冠亭主、公卿定高・基定、脂燭氏通・定具、理
髪宗平、信盛含綸言、仰従五位下、

廿七日甲申、　霜結、天晴、
午時許心寂房来、此両三日腑腫、又□〔頬〕有発増之疑、依奇
思問之、灸治漸愈、膿汁猶不出得之故、悪血無行方、如
此不定歟、蛭出来之後、可有平減、只以塩湯可洗由陳之、
嵯峨禅左相府、依禅閤御病危急、昨日参住木綿給之由、
語之、』(41)
典薬寮昨日、施薬院今日、送恒例白散、至于如此事、前
官之身、頗存外事也、賜例禄紙一帖、横ヲ縦ニ巻天、以一枚裹之、
入夜、宮女房退出、去夜、依兼仰、参内裏内〻殿下令承給、召少将家定車、与相公局相乗、少将親季相伴、、帥典侍、引導参御前、此際事、委有尋仰事依仰、於殿下御座間、聴聞、殿下、兼可参由令申給、臨期御風発、不令
参給、頭中将御裾、所作、本拍子隆範、末定平、笛経行、
箏忠兼、和琴隆綱内蔵頭、無能実俊、事訖、又召御前、有
仰事等、宰相来、語日来事等之中皆伝聞事也、御仏名前日、
二﨟蔵人仲遠、以書状与脱指継兼綱、当日事可奉行称所労、
二﨟分配、有限之上、事又卒爾、三﨟当時候、尤可勤歟
由示之、其後無音、当日夕範頼参入、於所行大盤之間、
来其所、仏名行事闕如、可勤由誂之、昨日申障由之後無
音、只今召成、不可叶由答之、又催光成三﨟、無所存領
状、範頼帰去後、更云合人〻散状、皆故障返事也、無参
人歟、御装束已下不便之由答□間、更変改辞退、範頼申
事由、称別仰、［　］兼綱、依卒爾、乍衣冠且見廻、令敷
座、未立屏風之間、範頼来見、即奏事具由、已告已出御
由、兼綱逐電着束帯之間、不仰御導師以前、催出居可昇
之由、次将一人不参、先是、依納言一人不参、内〻被仰
家嗣大納言、纔参入云〻、地下』(42)家定朝臣、雖無催、
為用意推参、求出其人令着座、公卿隆親・経高・家光・
実世五人、依無殿上将、無申栢梨者、殿上出居不行之、
少将親氏、別仰雖俄参、遅〻不勤仕、六位只二人、殿上
人不参、頭資頼・五位蔵人信盛、列行香云〻、凡此職事
之躰、不足言、父卿猶不委沙汰、只有親妻父扶持之、如此
云〻、
中宮行啓供奉人、公氏・通方宮司・隆親・宣経・親長卿、

廿日宮御仏名、兼〔依〕可有御産定、人々多参、臨刻限定延引、
定通・々方・経通・定高・頼資・隆親・経高・家光・宣
経・実有・公長卿・実世朝臣、節分行幸、盛兼・隆親・
宣経・顕平・親長卿、少将親氏、為御使参入、只今融由
仰事云々、其夜俄見物、左衛門督、依私方違、不供奉行
啓、参宮之間借車、冷泉殿妹・但馬家長女三人乗之、後
日、雖簾中、皆見知之由、有仰事、去十六日日野日、実
持朝臣俄馳車、落御車前、其日、宰相以下、自川原皆騎
馬、実持・親季・兼教・以良・家盛・兼康・兼仲・教
行・基重、

廿八日乙酉、　霜凝、天晴、
四位侍従来談之間、興心房被坐、右大臣□〔殿〕、自廿五日無
為、今日令参殿給、可令渡一条殿給由、有沙汰、日来日
夜馳走、窮屈無術由被示、各帰後、但馬前司来、言談移
漏、申時許帰、
今日、仁和寺舎利会云々、以宗弘又問法印、於今者付滅
云々、宰相一昨日参、殊被悦仰之由伝之、周防前司盛親
来、世途険難事、』(43) 其詞極不便、坊城相門近習者也、
天下吉幸、富有之家、無一分之恩顧云々、入夜女房帰参、

廿九日丙戌、　天晴、霞聳、
昨日申時、木綿禅閤遂入滅給云々、法性寺殿二男、仁安
元年七月摂政廿二、三年二月如旧、二代、承安元年関白、
治承三年十一月、有事遁世給卅五、(補1)五十二年、春秋八十
六、周防・筑前両国、為彼御分、子息、前摂政入道・前
左大臣隆・大納言忠房・興福寺前別当大僧正実尊・前天
台座主僧正乗円、其外法印又両三人歟非名誉人、
宰相書状、右大臣殿、元三猶可御坐冷泉、今日、殿下・
大臣殿御参内之由、承之云々、

補1 周防国、東大寺悪徒、待闕、吐咒咀之詞云々、

卅日丁亥、　天晴、霞隔山、午後雨降、
追儺之次、有小除目云々、又摧心肝、宿運可悲、重付女
房申入、雖懸心、事妨等多、雖春、猶可計略之由被仰、
事及外聞不被行、是招障礙之道理而已、即是、面々厚縁、
有引挙人之故也、事妨更非他方事歟、被任納言之上、不
被許一身者、専可思切之度也、悲而有余、
申時許解除陰陽師定継云々、今日初来、老後年始、雖無送迎之勇、今
年故改南面簾畳、去春小々雖儲不改、長病遂無身上吉事、
随又簾、依破損甚改之也、年始之間、称遠所物詣由、不

可逢客人、宰相不可来之由、兼示含了、去春右司郎光臨、
甚存外之故也、』(44)
抑白氏文集之中、多有此句、人生七十稀、於先祖、多不
過六十給、先考独、雖余九旬給、遁世之後也、戴白髪及
此齢之人、氏公卿之中、▨▨〔始祖〕以来四十▨〔六〕人、尤可謂稀、

右大臣中衛大将継縄　延暦十五年　七十
左大臣緒嗣　承和十年　七十
大納言冬緒　仁和三年致仕　八十
左大臣良世　寛平八年左大臣　十二月致仕七十六　七十任右大臣
中納言民部卿春宮大夫有穂　延喜七年　七十
大納言按察使国経　同八年　八十一
参議右衛門督清経　同十五年　七十
　大弼近江守興範　十七年　七十四
　修理大夫枝良　同年　七十二
　刑部卿玄上　承平二年　七十八
大納言按察使扶幹　天慶元年　七十五　七十任中納言
参議治部卿当幹　同四年　七十八
（枇杷）左大臣仲平　天慶八年　七十一
参議民部卿忠文　天暦元年　七十五　贈中納言
貞信公　天暦三年　七十
参議宮内卿元名　康保元年　八十一　七十五任之、
清慎公　天禄元　七十一
（粟田）左大臣在衡　同年　七十九
中納言民部卿文範　永延二年辞　八十　長徳二年　八十八
参議修理権大夫安親　長徳二年　七十五
（堀川）左大臣顕光　治安元　七十八
仁義公　長元二年　七十三
（小野宮）右大臣実資　永承元　九十
前中納言実成　寛徳元年　七十一
中納言治部卿経通　永承六年　七十』(45)
（堀川）右大臣頼宗　治暦元年　七十三
大納言能信　同年　七十一
　資平　同三年　八十二　七十六任
宇治関白　承保元年　八十三
二条関白　同二年　八十
参議師成　承暦四年　八十三
前中納言民部卿泰憲　永保元年　七十一
中納言経季　永保二年辞　七十三

参議左大弁実政　応徳元年　七十四
長房　康和元年　七十一
前参議左京大夫公房　同四年　七十三
右《中御門》大臣宗忠　保延元年　七《出家》十七　年八十
中納言実光　康治元年　七十六
中納言兵部卿資信　保元三年辞　七十七
太《八条》政大臣実行　永暦元年出家　八十一
宗《京極》輔　応保二年　八十六
伊通　長寛三年　七十三
内大臣宗能　仁安三年　八十三
参議俊経　文治元年辞　七十二
前中納言光隆　建久九年出家　七十二
基家　建仁元年八月出家　七十

況亦百年以来唯十人、貧道微運、前生之罪報、已知無物、不具今生之作善、又闕縁底、纔為寿考之人、於官途者、雖為沈憂之身、又不及予之輩非無之、只以清貧之無比類、若為延齢之冥助歟、且奇且恐之故、注此事、
北野僧、送巻数之次、称備神供、乞菓子、』(46)家中本自無如然物、賢寂菓子十合遣之、
入夜後雨止、』(47)

寛喜三年（一二三一）
貞永元年（寛喜四　一二三二）

定家70・71歳　正二位・権中納言
為家34・35歳　後堀河天皇（上皇）20・21歳　四条天皇2歳
後鳥羽上皇52・53歳　土御門上皇37歳　順徳上皇35・36歳

寛喜三年正月、除目あるも、所望していた任中納言叶わず。二月、西園寺公経より、障子絵に書かせるため物語歌を書き出すよう命あり、『源氏物語』の歌を書き出し見せる。中宮竴子のお産により参り、皇子（秀仁親王＝四条天皇）降誕と聞き感涙を催す。三月、北条泰時、伊豆・駿河の出挙米を出して餓民を潤す。灸治跡の爛れに苦しむ。七月、藤原成実の百首歌に加点。八月、『伊勢物語』『大和物語』書写。春日社に参詣、和歌三首を詠む。九月、『拾遺集』の書写を終え、女子に授ける。十月、土御門上皇、阿波にて崩御。十一月、朝廷、寛喜の新制四十二箇条を制定。この年、諸国大飢饉、京に餓死者多数。

貞永元年正月、明恵没。権中納言に任じられる。六月、勅撰集撰集の下命をうける。八月、貞永式目成立。十月、『新勅撰集』の序及び目録を奏覧。後堀河天皇譲位、四条天皇即位。十二月、権中納言を辞す。

●寛喜三年（一二三一）

◇時雨亭文庫蔵（第四十九）本（458）

（旧表紙）二月十二日　中宮御産皇子降誕

寛喜三年春』(1)

寛喜三年、歳次辛卯、

正月大、

一日戊子、　暁雨降、朝雲分、辰時陽景晴、

朝間念誦、奉拝不動尊、今年既満七旬、不図寿考、尤依恐思、称物詣由、不可逢客人、兼示宰相訖、但開門如例、

巳時許、女房装束出来送之、紫匂衣表唐綾、紅単衣、紅打、山吹表襲、萌木唐衣去年新制、元三可着一具云々、

巳時許、見歯固鏡、未時許、有弘持来聞書、宰相参殿下訖云々、左将監藤資綱元右　右源兼氏　安部国吉南円堂修理功　左門尉藤清義外宮神宝　藤光能仁寿殿修理功　中原為季朝覲行幸　右藤盛重中宮御祈　左兵尉紀久継宇佐神宝　小野朝重中宮御祈　藤高元御祈　右藤祐章中宮別納所　藤盛正法隆寺

削召名右将監中原家綱、

漸及日入、殿下拝礼始之由聞之遅怠甚不可然歟、

黄昏以後、大風猛烈、

二日己丑、　朝天晴、春雪飛、

宰相書状云、殿下拝礼、九条・二条納言・別当可参之由申、被相待之間、移時刻、坊城納言参入、仍被始、右大臣殿令練給之間、九条参会、坊城・平宰相・右大弁・治部卿・両頭・弁官時兼之外・有長・兼教・上官等、右大将、拝礼刻限以前参殿、早出、被参中宮二条遅参、北白河院拝礼、殿下不令参給右大将実持・実任・実清扈従・三条・大炊・』(2)公氏・国通・定高・隆親・経高・為家・範輔・宣経・実有・親長一列・頭中将以下七八人、親高不持笏諸人咲壷、

小朝拝、頭亮申之殿下師季・雅継・親季・能定御共・右内宗平・能忠・頼行御共・右大将・両亜相・公氏・通方・高実・国通・定高・具実・隆親・経高・為家立弓場、定高・具実不列御前、隆親立、

節会内弁右、外弁内、公氏・高実・国通・定高・具実・隆親・経高已下始終・為家・範輔・宣経、公氏自軒廊退出、御膳之際、内弁令退出給、自余皆出、国通卿内弁、昆屯不下箸之外、無違失、一献之程入御、御酒為家、宣命宣経、夜半許退出、節会頭亮奉行神妙、

今日、白河至于法性寺、可参廻、明日可参御室者、

未時許、右少弁門前扣軒、依告物詣由帰云々、依好士之
数奇、毎年枉駕、過分之芳志也、
暮天晴、初月細、殿下、今日令参女院給云々、
三日庚寅、復　朝天遠晴、
賢寂来語、宰相出了、為此元三、冷泉家門被塗腋壁云々、
彼地尤為吉所歟、賢寂家被立半蔀御車云々、
仕以後、又可参北政所御車寄云々、繊月無光、五位蔵人
三人・忠高・博輔、参中宮推参、殿上人、両頭・重長・
有教・実持・顕定・有資・々信・親氏云々、
四日辛卯、凶会　朝天陰暗、巳後雨降、終夜滂沱、
宰相、昨日参右大臣殿・嘉陽門三条坊門・内裏・花山院女御
代・御室・持明院殿・長吏僧正実清法師宅、御坐壇所、殿下、秉燭
御車寄、聞食日蘺由、無程還御、不御覧殿上淵酔推参云
々、今夕修正、定高・範輔・公長・親房卿領状、殿下無
御参云々、
脩明門院、不被改翠簾云々、可然、敷設改之、
申時許、自女房局示送、御産頗有早速之』(3)疑、褻装
束料、唐衣生袴白平絹、可忩用意、今明不思寄之間、極
以驚奇、示含賢寂、若為此間事者、尤歳内可存事也、装
束定及闕如歟、
五日壬辰、欠日　朝雲漸散、巳時雨又降、日午天晴、
依欠日、叙位明日被行云々、或晴或陰、云風云雨雲、不
定、閑人徒臥、昼猶眠、入夜又大風発屋、沍寒終夜達、
且霰零氷結、
六日癸巳、　朝陽霽、寒風烈、
巳時許宰相来布衣、一昨日修正、領状之人不参依雨歟、可
有御出、無人之由、忠高示送、馳参之処、御堂無人無灯
明忠高不申沙汰、今日執行、始被催之、仍御出止了、参殿申入之間、々及深更之間、退出
訖、弱冠之懈緩、不足言事歟、左大弁労階、載勘文之由、
有殿下仰若恩許歟、今年労階人甚多、況諸院御給人数、定
多歟、基定卿子二人、給陰明・安喜門御給云々、
叙位、右大臣殿令参給、明日一上軽服之後着陣、節会早
速云々、
送書心寂房許、返事云、自廿八日夜、中風病加灸云々、
存外不便、覚寛法印送自筆書付減、
午後大風弥猛烈、寒気殊甚、万物氷閉、
入夜、四位侍従来、今年初参女院云々、終夜大風、
七日甲午、　天晴、風静、午後又風、

在簾中棙水、猶以氷、巳時許宰相書状、叙位、右大臣殿、
筥文、定通・実親・公氏卿、其外通方・定高・隆親・経
高・為家・範輔・宣経卿・実世朝臣、入眼、具実卿・実
世朝臣云〻、叙人、
正三位為家臨時　家光大弁労　正四位下時綱臨時』(4)
従四位上安倍忠光止漏刻博士叙、　藤隆盛臨時　従四位下
平季繁　藤光兼策　経範同　正光同　藤教房府　公基同
教信同　正五下能定陰明門　菅公良策　藤伊忠府　藤光成
北白川院当年　範継同去年未給　為綱労　藤氏通　同実躬　源顕親
臨時　同通成中宮当年　従五位上橘成広従下一　藤家雅
同隆嗣　善光衡　藤通嗣　惟宗文元斎宮群行行事所　大中臣隆
尚大神宮功　藤高行嘉陽門　藤博輔簡一　藤教房臨時　同範
氏策　従五位下重季王　源仲遠蔵人　源信行式部　安部成
朝民部　大江景頼外記　紀信兼史　源雅世氏　藤季実氏
橘家繁同　大中臣隆(弘)継粛子　安部長氏淵子　平親朝斎宮
中茂平内記　惟有尚大中臣能兼女御琮子、　大江康信諸司　藤貞光同　源国基同
同季資　中親俊　藤家方　源基宗　大中臣基景　中原
忠景　大▨(江)▨(光)資　卜部兼躬諸司助　同兼遠同　藤定行左近
同範定右近　同知経使　同行康同　同惟頼外衛　中原重(平尚俊)
房同　大江知重同　平友高　大江知重同(藤)貞茂　藤基盛
藤宗弘　平家政　藤資定　源重定　同景良　外従五下勝
宿(禰)基綱外衛
中務為継加階事、去年予申入、重可申由、示付宰相、昨
日伺之、加叙、可有御計由被仰云〻、
右武衛子息佐、参叙列之由被示、尤可然之由答之、一門
叙人二人、尤可謂年始光華、
寒風又起後、冷気入骨、極以難堪、
八日乙未、　天晴、夜雪埋庭草、不積、
宰相書状、昨日節会、雖被忩、内弁左・右大臣殿・大将
之外無人、左府可着陣給、弁遅参、書加叙参議不参、被
相待之間暮了、外弁令練給之間、謝座、秉燭、外弁大臣
殿、大将、大納言家嗣、中納言公氏・通方・高実・具実
叙位宣命使・頼資、参議隆親・経高・範輔・実有自軒廊退出・
実世、左仗宗平・源家定・実任・実清、右実蔭・雅
継・』(5)有教・兼輔、叙列、式部為家・能定・為綱・
博輔、兵部伊成・光成左兵衛佐・氏通・光衡馬助、長衡子、
加叙、従四上実光　伊成鷹司院当年
従四下基長　親季　正五位下為継白河院大治二年　兼宣　実雄臨

時　従五位上大江信房　公基朝臣少将如元、
巳後又大風、沍寒如昨日、備州来談、中書加階慶也、
九日丙申、　天晴、
右武衛書状云、光成一階事、昇進之条、猶雖不可驚、御沙汰之趣殊忝、向後有馮歟、下臈多超越、歎(雖)承之由申入、女院御給、頭中将懇切申給、不及競申之処、基氏当時無其用、可返上由勅定、以二品書状、件御給可賜光成之由、令申給、忽被叙了、抑叙列作法、所教訓無相違由承之、其中、伊成二拝光衡同之云〻、氏通二拝、置弓立左右左、坐不左右左、乍坐一拝、立二拝、三人相替、若其故候歟、答云、御給事、実以厳重承悦、彼二人作法、帯弓箭不舞踏、只二拝之由、称大炊御門左府説、入道左府(実)・入道相国頼縁者、皆以(用)其説、近代之儀也、普通之説、皆以舞踏、坐左右左許略之儀、惣不聞事也、只至愚之故歟、其少将之躰、不足言之由承之以此旨答了、不舞踏之説、本文介者不拝云〻、以介者不拝之本文、帯弓箭、拝而不舞之儀、無性躰事歟、両公之不知史書之間、妄推量之儀歟依無益不及疑、
午時許、乗車行賢寂之宅、依生気方、今年初出行、見孫子之小女帰、
今夜適風不吹、御堂修正、右大臣殿令参給、宰相同参云〻、夜前法勝寺、雖領状、北山』(6)招引、不参云〻、例事也、後聞、殿下御参宜秋・東一条院、
十日丁酉、　天晴、霞聳、
或人消息之次云、今年十ケ日之間、勝事多、小朝熊神鏡自去年秋聞此事、十二月晦日、御下着本宮、禰宜等、参集御裳濯河評定、一禰宜成定、其実無不審之由発言、他人同申、為奉校今一(衍カ)一面、奉返海中巌腹之処、自然令付本跡給了之由、昨日以次第解　奏聞、未曽有之嘉瑞歟、大外季(ママ)師季、白馬節、内弁召付軾、被問馬頭代之間、言語不詳、驚出腋陣、被扶雑色、纔乗車帰宅、不能下車、中風云〻、陰陽博士貞光、一昨日赴他界、今明自関東入洛、欲任外史之者有之云〻、嘉瑞事可悦、又可恐、毎聞摧肝、
秉燭之程、宮女房初退出、
亥時許、宿北辺小屋、暁鐘以後帰、
十一日戊戌、　天晴陰、終日雪霏〻、
午時女房帰参、殊依被忩召、早参有弘・景保在共、
外官除目、十九日可始之由、伝聞、賢寂相具小女等来、
伝聞、歳暮以後、天王寺僧徒、依住吉堺相論、金堂以下

閉戸滅灯云ゝ、云朝議云申旨、不聞及、僧徒之反逆、毎寺事歟、

十二日己亥、　夜雪僅白、朝天快晴、』(7)

興心房書状云、右大臣殿、来十五日、令渡一条殿給、昨日、右幕下相共、令参殿下給、除目事評定之由、有其聞、令還給之後、侍従宰相、数刻在御前云ゝ、近習雖聞密事、更不可洩愚老、況幕下、又定障㝵歟、尤可秘之、

定高卿、去年冬延引婚姻、来十五日、如入内経営、可行花山院、女房童女装束、毎人調送之云ゝ、重尋不審事、於宮女房許、得便宜、申北政所、又令申殿下給、無左右仰、但快然之由、入夜示送、昨日定事、又不然云ゝ、今夜又依召参内裏云ゝ、戌時許南方有火、徒然之余、乗車行向、花山院南町、高倉西、平門宅一宇、不移他所、滅了帰、

十三日庚子、　朝天陰、巳後晴、申時又陰、

夜前参内、退出之時、寄車長橋辺、猶備　叡覧、極以忝、况於尭年舜日哉、本所御懇切之余歟、　御書毎日不闕、或及度ゝ、近代更不聞習事歟、似承保之往事、与宰相局共参、以宗弘為使、問大外記師季朝臣病、帰来云、加灸治廿余所之後、無増減、若得減愈者、可来謝由也、

申時許、四位侍従来参殿下退出云ゝ、

戌終許、宰相適見来、参御堂、今夜依中宮御産定、修正可遅云ゝ、世事不聞及由、毎度事也、幕下被立門之由、日来伝聞、問之、破唐門被立棟門檜皮、寝殿南庙被直弘間云ゝ、即是大饗料歟四月云ゝ、然者又定被忩弱冠、而被弃老翁歟、毎聞増悲、

白馬内弁、忘代官問《仰》詞給、外記伺気色之間、諸卿申驚、更不被出詞、外記頻伺、』(8)僅被動唇、外記猶不聞之間、さのみはいかにと被命、通方卿、代官事被仰訖歟と仰之間、称唯退、奏宣▨《命》奏退帰之時、右廻未曽有云ゝ、取奏之後早出、公氏卿受取散ゝ御膳以前受取、

左大弁、夜前焼亡之時、乗毛車、過花山院前由、成実卿語云ゝ、若拝賀歟、

御斎会始欲参、被駈北山年始之遊、不参、其後又弓会可有勝負事云ゝ、接其事者、公雅・実有・実持・尊実、承久以後之仙洞、一事不違歟、可謂国土之宿報、中宮御所事猶不始、修正乱声音聞云ゝ、仍参了、

十四日辛丑、　自夜天陰、巳時漸晴、寒風惨烈、
巳時許、興心房来坐、自旧年、寓直右大臣殿、無寸仮、明日令渡一条殿給、猶可候之由、被仰之上、殿下、又自十八日、可候護身由被仰云〻、
雑人説云、夜前殿下、雖可有修正御出、御堂依無灯明、御出止了、寺家使、依先例催責油、使、定高卿令追立之間、無弁済庄云〻、薬師堂修正、借川崎観音堂油、燃之、丹波五ケ庄、知信検注之間、百姓逃隠、壇供闕如、只居十四枚云〻、本望事、被挿殿下御心、可被行之由、門〻戸〻悉以謳歌、是又定高卿之披露也、
十五日壬寅、　天晴、大風夕休、
日入之後、初着布衣、参殿下、有長朝臣入見参、依召参御出居、右大臣殿、自今日御坐、来十八日、俄有　行啓廿日還御、毎事依指合、除目延引之由被仰今月中、可被問日次、行啓御車之儀也、御車副装束、卒爾之間難調出云〻』(9)蘇芳、褐也、十九日、於内裏大般若供養、堂童子、先例殿上五位云〻、月来雑事等粗申承、退出、月明風静、依今夜仰、公卿補任聊有注出事、不付寝之間、月過停午、南方有火、煙炎熾盛、久不滅、以下人令見、暁鐘以後滅了、帰来云、自四条町出、南綾小路、北六角町、四条坊門以南、西洞院室町、商賈之輩悉焼云〻、倩思身上事、不眠而及鶏鳴、
十六日癸卯、　天晴、未後陰、夜雨降、
午時許、小童為定、令参女房局、被召出御簾前云〻、申始許帰来、定修来談、夕帰、今日、北山弓負態之興遊、天下遍聞云〻、近年之歓娯、不異大業之江都云〻、今日奉迎貴人、如此事甚不穏、所歎思也、御重厄之年、雖有謹慎之題目、全無祈禱之実事、貴賤之公人、定忘踏歌日歟、
十七日甲辰、　暁雨止、朝天晴、
秉燭之後、有長朝臣来談、今年稠人無隙、未伺得御気色、去年推事躰、於御懇志者、勿論更無変改、隆親、聞此事、為職不可遺恥、被任他人者、只可辞大理之由、及悲泣、家光、帝侍読、后乳母、一日不可後群、伊平、一宰相、初参御家人、只依此事也、三人懇切依難扣、任槐之次、四人可任有沙汰云〻、於三位中将殿者、非此限、今度可被行歟之由云〻、予云、三位殿令任給之上、四闕先不可有之、本望、先余命難知旦暮之上、御産之間籠居、承伝〻説、心中之不審無為方、多年奉公之志已空、御入内』

(10)御春日詣、毎事隔視聴、至于今度、蟄居之愁摧肝、七旬之浮生、更不可待向後、天下之披露無其実、而弥蒙嘲弄、旁雖難慰心、中将殿今度御昇進、任槐日令任大納言給、尤道理令然事歟、随無可任大納言人、遂無変改可被任者、雖不知余命、又可期其時、但於彼御昇進以後者、不存一日之朝恩、只居職欲終命如何、答云、其条不及不審、更不可有辞退、本自僻案之身、思此事頗有耽心、今度遂一日之望、御産之間出仕、第一之望也、彼御昇進之後被任、而以命為限、是第二之望也、他少年等、雖一人先被任、而被弃老翁者、二世之恨、在此事之由、重示了、抑殿下内ゝ御気色、今度重事可被行之由承之、不審無極之由、雖問之、不知之由答之、又世事人本性等、粗言談之間、過夜半退帰、度ゝ来臨、不可謝尽之由陳之、抑所存雖如此、浮生之習、有非分事者如何、悲矣ゝゝ、重事御譲事、改年可被忩由、去年聞之処、当時其事不聞、極不審云ゝ、今年御重厄、謹慎八ケ事計会、未曽有事云ゝ、恐而可恐、

十八日乙巳、　朝天陰、未後雪忽降、

申時許、宰相来自一条殿退出、布衣、、為行啓供奉、為改装束也、明日、大般若御読経内裏儀、明後日行啓還御、廿二日、八条朱雀故関東右大臣後家堂供養、自東方、布施取、被申相国、人ゝ被催遣、廿四日御産御祈、十三社奉幣勤使、今夜行啓被忩云ゝ、

女房車忠康・景保、上童車、雑仕車、付宗弘遣之、留守御所、又局女房留云ゝ、』(11)

夜小雨交雪、溜声聞、

十九日丙午、　雪積二寸許、辰後天晴、

午時許、出南方見庭上、堂前有小人頭、乍驚立五躰不具穢簡、令取弃之、

問心寂房返事云、不食逐日増、腹張如待日云ゝ、近年、於予偏相馮之、聞此事失東西者也、医術者雖多、以符合為大切、若終命者、老病之余命何為哉、

入夜、賢寂来門前、依寒夜不能相逢、宰相勤奉幣使、彼日以前不可入由示含、讃州公文左衛門尉信綱、称身病由、子息男令参之由申、相具来云ゝ、有名簿、信綱子息広綱云ゝ、佐ゝ木兄弟同名歟、初参之志神妙之由、答之了、此男、自相門被命之後、弘田事無虚言未済、於田舎者存外事歟、

宮女房、明後日可参詣日吉之由、日来出立云々、而有此事、不叶神慮歟、依無可出之所止了云々、於予者、依本社禰宜親成依称注置社頭之由、産穢七十日、死穢三十日、産日数雖甚久、不可破社家之説、只随其説、而過卅日、好参詣人又多、社司等又不嫌之、申祝之由聞之、付其説欲参詣歟、本自不同心事也、

廿日丁未、　霜凝、天晴、巳時寒雲沍陰、

以宗弘為使、問心寂房病、送微志之雑物等、巳時帰来、相逢語、病躰、腹張食事不通、雖加灸更不得減、難存之由陳之云々、療治事偏相憑、極以悲歎、今夜、女房車、可送宰相車之由示付、臨昏定修入来、礼拝講用途、依損亡未下、▨《有》結衆訴、富永庄被収公云々、』(12)是本自存知事也、又不可来触、不運之至極、聞而無益之由答訖、宿報拙、而心操又僻案、尤可謂道理、

廿一日戊申、　朝天晴、雪霏々、巳後大風沍寒、

夜前行啓深更云々、寒風難堪、不出簾外、

廿二日己酉、　天晴、風寒、

以知村問心寂房、於今者水漿不通、無力有若亡、(補1)不可過四五日之由、以信弟子小僧伝示云々、病火急、不可思議事歟、歳末廿七日来此宅、廿八日送書、有返事、自其夜受病云々、

定修書状云、富永事、非勘気之躰、可給替之由被仰、前途事、又見参之次被尋仰、於今者只僧綱所望、但被叙法眼者、可休沈憂之由、申入了者、非不快御気色者、本意之由答了、

補1 右府後家八条堂供養、御室導師、武士成群云々、

廿三日庚戌、　霜如雪、天快晴、

備州来臨門外、聞穢由帰云々、以下人問心寂房、大略待時云々、

廿四日辛亥、　天晴、

心寂房従者来門外、昨日申時遂終命之由、告之、無常雖不可驚、此病後偏憑彼療治、未復尋常聞此事、悲歎計会者也、於今者、無内外相憑者、不可有之、老病危急之身、以何扶余命哉、

今日奉幣、依太神宮有穢延引云々、可怖事歟、今日、自内裏、被渡御産御調度云々、只伝聞許也、除目事、巷説縦横云々、賢寂来、適談巷説等、戌時許、宿北辺小屋、暁鐘帰、

廿五日壬子、　天晴、和暖、自昏雨降、終夜如沃、』(13)
(補1)堀弁南庭西柳柳三本、夏陰暗之故、弁一本、其跡栽西庭八重桜、閑人只
以之支徒然、
申時許、家長朝臣来談、巷説月来一定由、成悦相待之処、
承相違由、甚遺恨之故来訪、今日詣幕下亭、被憚関東之
聴歟由、被命云々、彼是説実足驚奇、只弁士舌端歟、
補1東白梅盛開、
廿六日癸丑、　暁雨止、朝雲分、昨今無寒気中後雨、間降、
午時許、興心房被来坐、月来所期、已変改歟之由示合、
不退転祈念之由被答、先是定修来、富永庄相博乎由、芳
心御訶也、雖無物本師之領也、仍辞退了云々、
廿七日甲寅、　天晴陰、
(補1)早旦、有長朝臣来臨御使由、委有被仰含之旨、昨日付此
朝臣、被憚遠所之聴之説出来、殊承歎之由申之、其条、
先不及是非、不思食寄事云々、次被挿御意、必可被遂行
之由、更不可疑思、於今度者、先所被収公、第一亜相之
間事、雖為近代之流例、是皆仙洞之新儀、権女之所行也、
更非理運事、而為母儀仙院御沙汰、付所縁被仰了、件闕
為我得分之条、本所々存、尤可痛憚、随基氏朝臣昇進、
如水火申之、　叡慮又懇切之余、可叙三位之▨議出来、其
事又以不穏、仍難抑留参議昇進、但所闘両虎、共以嗷々、
両人相並可任由、又上御本意也、且猶可相待之由、被仰
含了、非此両人第一参議、』(14)得此時被推上歟、只可随
勅定由、所存也、定高卿又忠高三事之望、殊為本意之故、
先有侍中金吾之望、不忩弁官相博、依此等子細、猶任槐
之次、可被出御力、可相待其時之由也、今承披之旨、云
道理云御志、事已至極、不能申左右、畏存之由申了、所
痛者、只七旬之余命、難待旦暮、縦無変改、不異徐君之
剱歟、度々光臨芳志、不可謝尽之由、相示了、
午終許、大炊御門中将来臨束帯、御禊番、中宮、今年公事等小々言
談、元日節会傍将、如行幸陣列、校書殿前取榫、経橋木
北、就胡床、一身在月花門下、被出籠、更用遅参之儀、
白馬節会、雅継朝臣、遅参不令立榫直進、傍将不置胡床、進
寄之後、更令催立榫、胡床就之間、猶正笏向榫、久而思
出懐中之云々、
御産之間事等、粗問答、先年注付反古等取出、依年来約
束、不存隔心、謝遣之後、帰入之間、宰相適来、日来事
等小々聞之、去廿二日、八条堂供養只以本寝殿為堂、武士陣列其門、公卿

到向人、大納言雅親、中納言公氏・定高・盛兼・頼資、参議隆親・経高・為家、三位公長・〻清・親長・親房雅親・盛兼・隆親、本所、自余皆相門三条前太政大臣、被作式遠兼召仕、之好中将師季、称奉行、自始立中門廊行事、殿上人、師季弟三人家定・〻具・能忠・藤家定・実清・頼氏・兼輔・宗氏・宣実・貞時・知宗已上相門、催』(15)諸大夫本所、仲能・仲房・遠兼・仲業・仲泰仲能子・仲遠、六位等十二人、錦被物二重雅公・、次錦裏物、依錦公卿可取歟由、師季示之、宰相不取能忠取之、依錦裏物在被物之中、不得其心、二重織物二・御綾六・唐綾十・綾十・法服鈍色・童装六之後、懸子物各二、又有透裏物、早出不見、讃衆被物二・懸子等云〻、御室令進給之間、公卿可起座由、作次第云〻、御着座之後、公卿着堂前大納言入道出現、簾外、

中宮被渡御調度日廿四日、殿下出御、大臣殿・両大夫・経通・定高・具実・隆親・経高・為家・家光一人座狭、不着

今年人多中風、宗宣卿、自元二日中風、十一日出家、忠行卿又中風、廿四日出家、毎聞摧肝、残涯何為乎、

補1仁和寺紅梅開、

廿八日乙卯、　天晴、巳後寒風猛烈、蓬屋西小路、自昨夕、流水忽漲、失通路云〻、右大将家小池、被入京極河、其水絶、水鳥失便之故、仰鴨禰宜、被上河水、仍俄堀流云〻、若遇霖雨者、定如晋陽三畔歟、

廿九日丙辰、　天晴、

宰相書状、除目初夜、左右相府、筥文、大将・実親・家嗣・公氏、参議経高院宮・家光下勘文、去夜進之・実世、去夜、左府、筥文、家嗣・通方・具実・盛兼、参議為家・〻光・範輔、追加高実・国通・定高・、』(16)顕官挙、家嗣・高実・盛兼・為家・範輔、

明日、十三社奉幣御神事、執筆軽服不被参、定通卿称病、大将領状被勤云〻、宰相、今夜又出仕着陣云〻、

申時許下人説、清水寺闘乱、参詣人自大門外帰云〻、自去秋、懺法衆と云僧徒、与惣寺僧不和、切房被払之輩、日来隠居延年寺辺、日夜勒兵、欲報仇之由、有其聞、入夜聞、件徒七十人許、遅明襲来作時、本寺僧合戦之間、進寄輩不利而退、疵傷者多、十余人被殺害、塔本為戦場流血云〻、近日諸寺悉闘乱、尤可奇事歟、

卅日丁巳、　天晴、寒風烈、微霰零、

巳時許、聞書適到来、任人雖甚多、重事已不被行、甚為

奇権勢厚縁之輩、面々申破歟、

大外記中原師兼兼、依非分超越出来、師季譲、日来所聞也、　同師員兼関東挙

侍従藤兼教少将教雅子云々　大膳権亮三善直衡

山城守中原秀朝　大和守三善為俊　近江守源信綱

介藤頼行兼　美乃権仲遠　出羽権介信盛兼　能登範頼

播磨権守介実▨持　備前権守親房　周防介源通成

長門権介藤伊頼　紀伊守光俊兼　阿波権守実世

左中将定雅　権少将公親　右少将公光

左将監五　右四之中、高階資兼大将請　左門六　右門四　左兵五

右兵督光俊複任　尉六　左馬頭源義氏泰時聟也

少允三人滝口　右允二人』(17)

正四下隆綱　従四上信時去左馬、国司之替歟　正五下邦成　藤雅継

藤実尚　従五上仲房去筑後、　従五下藤冬忠

穀倉院別当直講中原師朝

従五下中原友景使如元、　使宣旨左門少志安部親直

世事、日来雖聞一定之由、秋風敗叢蘭、以道理被遏絶事、又依権勢之力反掌、触視聴無向後馮、少年諸大夫之忿怨、為朝家之重事歟、自由任意之詞、成朝議妨、

入眼筥文、大将執筆無違失、早速事終云々・家良・公氏・高実、其外経通・定高・為家・範輔・実世、清書、盛兼・範輔・実世、

今日奉幣、当日定右大臣殿、為家書定文、

八幡頼資　賀為家　松長清　平顕平　稲隆範　春経賢　大原信実　住吉時綱　日吉周房　吉宗氏　祇兼宣　北経俊

二月小、

一日戊午、　天晴、大風毎日、

下名、今夕被行云々、忿怒之強力、勝負如何、

午時許、漏刻博士泰俊朝臣来談之次、見故泰忠朝臣自筆処分遺言状、分与所領于三人養子貞光・忠光・泰俊、各可懸養後家、違其状者、為悪魔可取殺由載之、貞光、去年不与其物、又破取堂廊文車宿等之間、十二月朔、成怨勘発之由有人夢、去正月八日俄死去、彼文書、泰俊可管領之由、書置之状也、事尤厳重、可怖事也貞光・忠光、同意背養母、泰俊、守遺誡、致水菽志云々、』(18)

陰陽博士闕、国道以下競望、以最末物兼宣玄蕃頭被任、当今在藩之時旧臣、非器非道云々、

典薬権助和気貞行来談、依無医道知音、依賢寂年来相知、所招引也、良久言談、足腫、属暖気者、自然平減歟由、相示之、

夜深付寝之後、宰相来参殿次中宮之後、参相門、入夜、昇進人事、如入眼夜之聞者、公氏・伊平卿歟即是幕下辺所被申改歟、通方、不超者不可出仕之由、忿怨、隆親、三位中将殿之外、被任他人者、可辞別当、不可執聟、家光又可辞大弁、各其憤如水火、上下令惶懼給、而不被行歟、甲斐前司資親挙伊平、依黄門懇望、聟任中将、花山院男女、感舅威嘲朝議去年固於石之故歟、信盛申三事、下名来五日云〻、但廿九日執聟訖冷泉亭東方、経高卿日参其所推之、又新乳母歟、信定又同参云〻、本乳母、除目執筆、不敷加円座、先跪長押上端、蒙殿下御目、着執筆円座、毎事早速、被終事之処、信盛不留荒出、納言不催儲清書上卿、被催受領挙之後、遣召在家盛兼卿、因茲徒経時刻云〻、家嗣卿、所望入眼執筆云〻、是表父之不勤遺恨之由歟、九条中納言筥文、不聞板音放列是左府被奉破殿下之説也、乍立昇青璅門自身之失錯歟、膝行甚少又荒云〻、公氏卿第三筥、膝行之時、突右膝自左膝行、不鳴板、進退甚荒、

二日己未、　霜凝、天晴、

申時許備州来、左京権任柱下闕出来之由、』(19)昨日聞及所告送也、参内・殿中入、共御気色宜云〻、中務為継、被催御産鳴弦、領状了云〻、

三日庚申、没、　天晴、山霞適有春気、巳後陰、

木工允宗弘、依母死去籠居、蓬屋弥無人、

初月高懸、昨日西天雲掩、

入夜之間、雖未及披露、聊有事疑之由、自女房局告送、白装束等小〻送之云〻、重尋之、無指御事云〻、

四日辛酉、凶会、　天晴、沍寒、

朝令伺局辺、暁鐘之程、参御所之後、御寝無音、鶏鳴之程、内御使被参、雖申入、無為之由答之、

申始許、源中将師被過談束帯、之次、参中宮、宮中当時無指事、但昨日馳参外人別不見之後、及鶏鳴候、陰陽等小〻雖参、未被始御祓云〻、御産当日夜〻儀等、小〻問答、謝遣、親尊法印、堀紅梅一株送、予、一昨日付備州之便、所請取也、不経日数、芳志之至也、殊以欣感、当時盛開、単梅也、色濃香勝、日入以後、参殿下西殿、有長朝臣申入、参御前暫見参、入御以後、暫謁有長朝臣、退出、繊月有光、未入山、

今夜、宮有千度御祓、二品宮、令参護身御加持給、南面依御祓無路、右大臣殿奉引導、融日御座可有御参由、被仰、七仏薬師此宮・普賢延命座主、自来十』(20)二日、御

室孔雀経法南大納言家其御所未定、陰陽師在親・国道・在継三人自初被召・
惟範・季久・在朝・忠光・兼宣被召加八人可候云々、
助教師行、中風逝去、源中将乳母頼基朝臣妻中風云々、毎聞摧
肝、何為乎、
五日壬戌、　天晴、霞聳、
去夜、一条堤群盗入、斬殺家主前大蔵大輔賀茂在季老耄非人、但在宣朝臣舎弟、不交衆者云々、
定修来、富永事、俊範、猶催衆徒令訴訟、平有知行之志、
仍被召了、替可給法成寺領云々、臨昏帰了、
下名事、殊不触耳、又無音信之人、
御産事、又無聞事、
六日癸亥、　天晴、
去夜、北辺毘沙門堂南、群盗入云々近隣殊、頻也、
巳時許、聞書到来、雑任甚多、
侍従藤教房　藤冬忠家嗣卿子　宮内少輔藤資定左大弁嫡男云々
式部少輔藤光朝範朝卿子　大内記菅公良
木工権頭源盛長　左京権大夫藤信実　伊賀守平保房
本所被改任歟上総介藤教季　壱岐中原行兼　左少将教房　親季将監五人
右少将基長　教信将監四人

左門尉光成蔵人　尉六人　右門四　左兵八　右兵十二
左馬二　右馬三　正三位経時　従四上忠尚（安）
越階従四上頼経少将如元、　正五下為永止木工、　源惟長
藤業教止壱岐、　従五下祐時使如元、
兵庫頭知経人云、父已死去、為譲此官、称存生之由、自女院被申任、
(補1)巳時許参殿、経時卿直衣参会、叙位之時聊申入、今度不
存朝恩、自愛之由相示、即参御前、有長朝臣申、平宰相
参入、九夜御養産』(21)之間、北白川院御沙汰事之中、
治部卿虚言狂乱、禁裏被驚仰之間事等申之、沈懸盤難被
調出之故、欲借渡七夜懸盤之間事也、依彼卿勤仕、為省
事煩、所構出也、為勘発被遣召之、本自虚言横謀失身者、
被召仕、被補年預、非今始事歟、除目御申文、別当執事、
任例令書上之処、更破之書改、其封字、書北字一字之間、
有奇異沙汰、別当痛此事云々、
予事次窺申、建久、為咒咀御祓、出御川原候き、其事件
度許候歟、又依先々吉例、被行候歟、仰云、旧例、河原
之儀常事也、今度尤可令修、入御之後退出、彼御祓之儀、
粗注進之了、
臨昏、依今朝御消息、詣相門、有僧都御房御車、仍自門

外帰了、戌終許、左京権大夫、来告拝賀之由、已付寝了、不能起出、以人謝遣之、

補1宰相三男臨時叙爵云〻、母堂最愛之余、悪次男、不過事歟、名字為基云〻、

七日甲子、　天晴、

依徒然、又堀庭樹替其所、賀茂祝保孝来、喚寄言談、自少年相見、今年六十六云〻、四位侍従来参殿之次、日入以後、詣相門奉謁、不及時刻帰廬、病後之身、進退失度、行歩有若亡、

八日乙丑欠日、　天晴、未後陰、夜雲暗、

朝沐浴偃臥之間、別当法印来臨、隔物乍臥言談、金剛童子法法務御房護摩壇勤仕之故、被召出老僧、尤可承自分御祈之由申、可修八字文殊法之由、被仰了、此次問諸壇、』(22)所聞及、孔雀経御室・仏眼仁和寺宮、自十二日・七仏薬師二品親王、御験者・普賢延命座主・尊星王覚朝、自十二日・北斗賢海・六字河臨慈賢・如意輪道禅、醍醐座主・千手道慶法印、殿御弟・不空羂索良輪法印、八条左府御子・烏蒭沙摩成源・五壇中壇法務、降三快雅、軍厳海、大威行性大僧都、▨金剛行賢同、金剛童子伴僧、〻綱、猷円・実真大僧都、公継公子・公縁前・忠尊僧都忠頼卿子・経舜法眼資経弟・房能法眼実因僧都子・実仙〻〻公雅子・円命律師本寺・猷智律師・穆千已講、

前刑部大輔家方死去云〻年来沈淪不運、実有卿為笙師、去今年、相門頗憐愍之詞等聞之間死、実不運人歟、

覚経僧都交伴僧、依軽服被止云〻、

九日丙寅、　朝天晴、

自夜腹病苦痛、未時許頗落居、

巳時宰相来、去六日、中宮万巻心経供養、聖覚又説法殊勝云〻、経通・定高・経高・為家・〻光・親房着座、導師被物経高、布施殿上人取、其後泥塔供養云〻、

親長虚言被召問、全無陳状、承伏退出云〻、

相門、以物語歌、可令書障子絵之由、一昨日被命、可忩書出之由、今日頻被命、不堪右筆難治、

十日丁卯、　天快晴、

源氏物語歌書出、先奉覧、

早旦、以知村、令堀賀茂栢杜辺紅梅保孝沙汰、』(23)民家之木、雖無其姿、栽南簷前、

月前宿北辺小屋、暁鐘帰、月未入、

十一日戊辰、　天晴、

午時許参殿、参御前、諸御修法等、明後日可延引、用途

詮分闕如事等、有沙汰、今夜御方違行幸〈持明院殿〉、可有御参云々、暫逢有長朝臣、臨昏退出、

十二日己巳、　天晴、風静、

暁鐘之程、聞御産御気色、不堪不審、参西殿〈無人寂寞〉、実持朝臣、着闕腋出来云、只今行幸還御訖直参云々、入泉殿方、改直衣〈上結〉参宮〈今日殿上人尤可束帯〉、一身睡眠、天漸曙了、重房・資親等纔見来、興心房又被来〈依召参由、小時之間、行兼子引導参了〉、前大弐来加、暫言談、父禅門中風病、不食（如カ）□待時〈於予四年兄〉、此輩皆雖布衣、入東殿小門、徘徊打橋辺云々、予不堪行歩、不窺参、又分散之後、三位入道〈能季卿〉来加、良久言談之間、雑人等称御産已成由〈巳二刻歟〉、侍等走来云、皇子降誕、両人重問一定、甑已落南面、無疑之由毎人称之、▨〈聞〉之感涙忽催、毎来人重問之、猶々称一定之由、漸及巳終、依老屈退出、興心房又被来、参入之後、於風炉殿可祈念之由、被仰、依内裏二品候、不参御所、経小時程、太相、高声』(24)告皇子由給、宮中欣感、御験者二品宮禄、右大臣殿令取給、法務御禄右大将云々、是又未曽有之儀歟、心神還周章、不能委記、

未一点、猶依不審、帰参西殿、又以無人、時光〈蔵人大夫〉出来、問御験者禄間事、親王御馬二疋、右少将頼行・左武生久清・左少将伊忠・右武生兼友、法務御馬、諸大夫為仲〈高階〉・左番長頼種・高階基邦・右番長兼利引之、勧賞事今日不聞及、大法結願、只今可被行由聞之、謁新少将之次、陳所存、今度御吉慶、倩案旧例、已無比類、承暦吉例、尤雖規模、所養猶難比実事、寛弘五六年、又雖符合、窃以、偏是宮中殿中之御吉慶也、　天子最愛儲皇坐給、家嫡猶幼少浅位〈五年三位、六年左衛門督〉、、自余之例勿論、今日之儀、誠以非口所宣、非心所測歟、少将即参彼御所、具申入所申、帰来伝仰旨、此慶実以無比類、東一条院御時、雖一旦眼前見此旧儀、猶以超過先祖之由存之、而以不肖之身、已追寛弘之佳例、自愛更不可云尽、抑玉躰殊大にたのもしく拝見、早速に令拝見はやと御存知之由、被仰出、感涙忽下、申恐悦由退出、

御湯殿明日云々、自余事不聞及、

十三日庚午、　朝雲飛、午後風雨、』(25)

巳時許、猷円法印被過、問昨日事、験者賞、於其座被仰、宮挙権僧正実毫給〈八十余老僧云々、其身凡人、近江額田庄と云所の物也、富有云々、公性法印之師也、仍申請之〉、法務御分法印公縁〈元前少僧都、有家卿子、年来者也〉、七仏薬師結願、遅

〻及昏、其賞、公賢任大僧都公衡卿子、金剛童子法賞譲
給、仍本寺本房寄〔進〕中宮御願、申請阿闍梨二口、是為永代
事、過身上官途、殊自愛云〻、厳重賞譲給、尤為面目深
恩、今度護摩壇勤仕、殊有快然之気、普賢延命賞、成源
又法印是又雖年少、有浄行知法之聞、尤宜、但法印逐年充満天下、今度僧
正又剰加之条、為　朝頗不便歟、
遠忌事、如例示送嵯峨僧、
扶〔腹〕病念誦、心神殊不快、頻発出之間、休息懈緩、
申終許宰相来直衣上括、自朝候、適談昨日事、
供奉行幸、　源大納言雅　右大将　大炊大納言
左衛門　別当　為家　顕平　親長　実世　職事基氏　信
盛　範頼　兵衛光成　高頼
左将師季　宗平　有資　公有　右将左実持渡、隆盛　親氏
伊成　少納言兼宣
還御源大・〻将、退出列立之間、〔出御〻所〕聞御産御気色之由、即参宮、
于時人未参、験者二人已御加持、両人御坐之上、御弟子
各二人副候、』(26)
陰陽師在南簀子、御祓陪膳、始能忠一人、師季・宗平・
有親・為経・隆綱等、相替勤仕、大麻、自西面進入、定
高夜明参・為長同・親房等四人、祗候寝殿乾方縁、内御
使相続馳参、令取頻給之後、頻又御落居、御邪気甚強、
上下極以恐痛之間、法務御房、褰御簾放詞加持給之間、
遂以被駈渡、不及御腹痛、平安降誕、此間、頭中将為御
使参入、頗経程欲帰参、暫可相待之由、招留之間、太相
御声、被称　皇子之由、基氏聞之馳参了、其後、付御使
之便奏聞、猶有恐、重参入可奏由、依殿下仰馳参車、乍
直衣入立蔀戸、於弘御所北御壺庭、申此由、師典侍伝奏、
仰聞食由、帰参乗車之間、頭中将又騎馬馳参、其後着束
帯帰参、〔両〕験者出給之間、公卿皆悉奉送、親王、右大将以
下扈従、立中門妻戸内給之間、各先出下立下臈兼出、北妻戸了、親
王下給之間、皆跪地、各至御車下帰昇、又法務、同大将
以下猶被奉送大納言以上留中門廊、公氏卿以下奉送、参入公卿、左大臣御産以後早出、
両大夫、大納言実親・家嗣、中納言公氏・経通・高実・
具実・盛兼早出・頼資、参議隆親束帯・経高・家光・範
輔〔束〕・宣経〔束〕、三位基定直衣・親長、大法結願宮遅令参給、及晩景、公
卿束帯、着座、右大臣殿・右大将・実親・通方・定高・
具実・頼資・経高・為家・宣経、諸大夫引御馬、』(27)其
後、権亮持参御剱赤地錦袋、白生絹袋、又入、(補1)亮啓事由、令敷座〔茵〕之儀

如例、勅使持参御剱、殿下御束帯自令取給、持参令置御
枕給、帰（令）出給、大夫取禄、被進殿下、ゝゝ令取給、賜勅
使云ゝ、御臍緒、殿下令奉切給、
入夜参人ゝ、源大納言雅・九条大納言殿・中納言国通云
ゝ、改装束猶直衣、着下袴帰参、御湯殿今夜云ゝ、読書博士、淳
高朝臣・長倫朝臣侍読・師兼、
秉燭以後、興心房、凌雨被行廿五三昧、定修・静俊来会
聴聞、夜深雨止、天漸晴、暁又雨降、先是僧達帰了、
補1 □（昨カ）今、閑庭西北紅梅盛開、
十四日辛未、　朝雲分、寒風烈、
自昨日経一部、今日終功、仏前居餅供灯明、以静俊聊啓
白、如去年、
臨昏、南面縁端、如形作檻欄、中央間作三級階、蝸廬雖
不可然、見庭花望山月、凴之有便、又不堪行歩、老身為
昇降也、人定嘲歟、
今夕氏院参賀云ゝ、夜月明、
十五日壬申、　天晴、風又猛烈、終日不休、
念誦窮屈、不聞世事、
入夜宰相来、依　御読経結願有催、巳時束帯参、殿下聞
食、公卿不可取布施之由被仰、仍日臈、御湯殿、大納言
三位別当母勤仕、昨一昨日、共待夜景被始、今日白昼之
由、』(28)被催鳴弦、為継・範保之外、皆悉遅参、又入夜、
明日辰時之由被仰、今夜之儀、右大臣殿・九条大納言殿、
三夜、殿下、左右府、大納言定通・雅親・大夫五献・実
親、中納言公氏・権大夫・経通・実基・高実・具実四
献・盛兼・頼資、参議隆親・為家三献、已上着座・経高・
家光・宣経不着、
先大臣前物、殿下陪膳有長、役送諸大夫四人、左府兼教、右大臣殿光
兼、
初献有長朝臣持参、
(補1)二献頭中将瓶子蔵人兼綱、汁物為家申上、三献以前氏院参賀、
次三献瓶子親高、朗詠経通・実基・盛兼令月、徳是、次四献瓶子
知宗、次五献瓶子大夫進、
攤抜笏人、経通・盛兼定能卿之故歟、
御乳母、按察三位歟家嗣卿妻、二品娘、二品・按察三位・大納言
三位、皆祗候後聞、毎日自家参云ゝ、』(29)
舁机人、宗平・実蔭引裾・実持・顕定取裾、皆下臈為先、
(補2)廻粥問人不聞、

着殿上人座人、師季・宗平・実蔭・実持・顕定・忠高、
今夜御湯之間着座、右大殿・九条大納言殿・通方・定高・経高・為家・〻光卿、
昨日、右大殿・源大納言・両大夫・三条大納言、
一昨日、始右大殿・大夫・実親・家嗣・通方・定高・具実卿、

補1入道定経卿、一昨日逝去、七十四、為経、不憚列氏院参賀云〻、如何、

補2問人、隆綱朝臣云〻、

十六日癸酉、　天晴、巳後風又猛烈、
終日寂寥、只対紅梅与翠柳、
日入之程、宰相来直衣、御湯殿訖云〻、
(補1)右大臣殿・九条大納言殿・権大夫・定高・具実・為家・三位中将殿紫浮文指貫、紅下袴・家光卿不着、改着束帯帰参、今夜、公卿参二十六人云〻、推之不参人、内府・基嗣祖父喪・国通時〻出仕、猶所労歟・伊平身憚・宣経殊被催求失云〻、其外見任皆悉歟、公頼卿笛、実有卿笙、拍子実基、琵琶家良、箏経通、篳篥盛兼、和琴家嗣、付歌資雅、

補1毎日御湯殿時、法務御参、被召具綱所追前、丸唐草香染衣着給云〻、

十七日甲戌、　天晴、風寒、
早旦参西殿、夜前事、鶏鳴以後事訖、皆御寝云〻、殿下御東殿、依無人、請出旧女房参河故北政所女房也、候此殿、渡御之時、可被披露之由』(30)示付、談往事退出、
宰相返事、夜前、殿下・左右府・源大・九条・大夫・家良・家嗣・正中納言三人・実基・定高・具実・盛兼・経高・為家・家光・実世・公頼・実有卿、実基・盛兼・為家・実世・公頼・実有六人不攤、　昇机為家・資頼・実世・基氏、皆下臈為先、二献・三献両頭瓶子蔵人、　四献左大弁、瓶子宗氏、、五献権大夫、瓶子知宗、　穏座右大将、瓶子権大進親氏、、殿上人資雅・実持・有教、不参人内府・定通・基嗣喪家・実親・高実・国通・頼資・隆親・範輔・宣経・伊平重服、、
終日寒風偃臥、南面対垂柳、
入夜、宰相書状、如此吉事御遊、大中納言以上前官参勤事、若覚悟乎由、被尋仰、糸竹事不堪之余、不及勘見候之由申了、但近代事、定有其例歟、今日御湯殿、右大臣殿・九条大納言・大夫・権大夫・定高・具実・経高・為家・〻光云〻、
十八日乙亥、　天快晴、風適静、
源中将師季俄被過、今夜所作、中将家定箏、下臈勤仕、

頗有欝訴、二人勤仕之例、間有之歟、欲申入云々、其詞云、保安三年七夜、和琴新宰相伊通・参川有賢相並由、有所見、予引見中右記、五夜伊通卿七夜有賢也、二人勤仕由不見、如何由答之、猶有其所見之由、有気色、無程被退帰、覚法印来、談月来事、及時刻謝遣之、

宰相来、今日御湯殿、殿下・左府自閑所出給、無随身云々・右大臣殿・定高・具実・経高・為家・三位中将殿・』(31)家光不着、改着束帯、帰参了、

今夜、経通卿笛、家定中将箏、宗平付歌、自余如前歟、皆　内裏御点云々、

今度鳴弦五位、為継・盛長・定俊・範保・宗望宗宣二男・兼康・親嗣親房子・教行馬助・時長兼教子・┃望経高猶子云々、

一昨日、具実卿置紙帰之間、落笏取懐中、実持朝臣取公卿禄、不拔笏帰、

十九日丙子、　朝天陰、巳後晴、

去夜不参人内府・定通・基嗣・国通・伊平、五人之外、皆参云々、勅使範頼、一献亮瓶子蔵人、二献宣経瓶貞時、三献隆親瓶子不見、禄権大夫、範頼降対代南階二拝、昇案、中将家定・下臈実任為先、公卿座二献基氏、三献資頼、(補1)穏座権大夫、定高・頼資・経高・為家・範輔・実世不着座云々、宰相注送之、

今日風不吹、頭沃菊湯、

未一点許、兼康朝臣奉書、有可参之仰、即馳参、中納言在御前、非指事、此御自愛事等被仰、入御之後、酉初許退出、夜前御遊、笛・箏・和琴之外、大略散々、琵琶絃切云々、

補1今日、令〔奉〕垂皇子御髪給、后宮御自云々、御臍緒、昨日令落御、

廿日丁丑、欠日、　天顔快晴、自未時陰、

尊実法印、被送早梅下枝先日所請也、紅梅頗重薄、栽南築垣辺、已時許参殿、御東殿云々、昨日定修所送之申文、付新少将進入、仰云、沙汰之時』(32)可奏聞、只今渡御云々、即入御、参御前、心閑見参、(補1)七瀬御祓七ケ日連日、事云々、自公家被行皇子、御祈、使承暦諸大夫毎日七人、康和殿上五位、用承暦者、治承又諸大夫也、用康和者、元永又殿上人也、雖然猶可用殿上人之由、被定仰、仁王講五大力新奉図云々、二鋪仏、氏寺参賀廿三日云々、御乳母内々沙汰、右大将、自内殊被仰、家嗣大納言歟、雖競望多、当時一人歟、御入内三

月廿日歟、御五十日四月十二日、内裏儀、
定乗法眼参会、語云、常楽会十五日、於本寺中門外、頼房卿子三位と云僧都御房、近習、夙夜僧也、無故被殺害、未曽有不可思議、覚遍法印弟子法師突之、酔郷之故歟云々、本自於南京独孤者也、且依上仰、年来為弟子、事卒爾、依無其住所、舁入我房人宅、不及半時、死去了云々、実可驚事歟、
補1親王宣旨、御五十日以後吉例云々、
廿一日戊寅、　天曙雨漸降、終日濛々月出以前、天晴
閑居雨中、巻南面簾、只対紅梅翠柳、或睡或寤、吟詠尤甚、専動感情、
宰相示送、去夜九夜、殿下、左右、大納言雅親・基ー・大将・実親、中納言通方・高実・国通・定高・盛兼・経高・三位中将殿着座具実・頼資・隆親・為家・範輔・宣経・実世不着、一献資頼、三献経高、四献国通、五献通方、穏座大将、北白河院御使中将家定公卿着座之後、最初召之、三献後朗詠云々、
廿二日己卯、凶会、　朝天無片雲、
巳時参西殿、兼康入見参東殿、可有渡御由被仰、頭亮暫言談参東殿、高三位・少将定平朝臣暫言談之間、渡御、参御前、小時、於南庭、久清末子』(33)右大臣殿近衛乗驥馬云々、此間退出、
仰云、東宮不坐給之時、不立坊而直践祚親王、崇徳院・六条院・土御門院、皆不吉、於堀川院者、実仁東宮依坐給、無御立坊、不似当時歟、一歳立坊之内、清和・鳥羽院春誕生、秋冬立給、吉例也、雖一歳、不過五十日百日立給冷泉・安徳・先帝、又不吉歟、仍今年秋冬、猶可有立坊歟由存也、申云、此条尤可然候歟、但窃案、猶国家之煩歟、
又一昨日仰云、重厄旁計会、依恐思、可去弃大名之由、思慮之処、忽有此事、栄華之最初辞遁之条、頗不叶時儀、更思煩、為之如何、申云、御慎之条、実怖歎思給、御辞退尤雖可為攘災、所承置、木星入命位、不満足之人、有其年吉慶、満足之人、慎尤重云々、付之案之、当時従一位太政大臣累代之御所期也、何謂至極之御官途哉、御譲以後、奉号大殿御出仕兵仗如元、御子息御摂籙、是豈非至極之御運哉、殆似令増栄華給、彼是極難測候、返々御案可候事歟、云御祈請、云卜筮、輙難被決候歟、愚意案之、御辞遁猶背事理歟、
廿三日庚辰、　霜如雪、天遠晴、未後陰、
昨日、法務任大僧正給之由、帰家之後聞之、今朝問有長

朝臣、答云、近日可有僧事、其次可令任給、未被仰下、
座主可辞大僧正給是又僧事、之次歟其次、定有転任等歟云ゝ、除
目又有巷説、勧賞成功之輩、可任之由云ゝ、定日不聞云
ゝ、』(34)
(補1)午終許、少輔入道来談、近日在清閑寺云ゝ、申終帰、今
日氏寺参賀、山階寺権別当円玄以下云ゝ、
今日徹橘木覆屋、西北薄紅梅盛開、
入夜、入道又帰来被宿、

補1西北薄紅梅開

廿四日辛巳、　天晴、
少輔入道、日出以前帰羞強飯粥、午時許参殿、自東殿還(補1)
御、七瀬御祓、自昨日始、昨日七人催出、知宗・親高・
定具兵衛佐・宗氏・忠兼侍従・経氏・ーー、隔日可参之由
雖催、或三度或二度、当時領状猶被催云ゝ、今日、兵衛
佐公員・侍従実尚等領状云ゝ、
北白川院、為令奉見皇子給、可有御幸云ゝ、明日歟、殿仰
云、贈物只可用古儀琵琶、予申、近代之儀、(補2)内ゝ物可被
相副候哉、時儀若無興歟、何為乎之由被仰、先例之降誕、
悉帝母后不御坐、仍今度偏新儀歟、実是為御幸運之最、
又仰云、我可参詣石山依有御堂御願書、去年立願、已以成就、寛弘又被奉御鞍、去年同被奉、彼時、被置阿闍梨三口云ゝ、其比、石山人遍参詣、近年頗希歟

補1北白八重梅開、

補2文徳・清和・陽成之外、祖母后不御坐、

廿五日壬午、　自遅明雨降、未後雨漸止、申時陽景晴、
(補1)朝間融風猛烈雨止、巳後甚雨、
昨日、甲斐前司資親云、前大臣、相具侍一人、過鷹司河
原之間、為盗被剝取主従衣装、裸形而帰家云ゝ、縦雖虚
言、甚難堪之世也、況洛外行路男女、更難遂前途云ゝ、
是偏身上事歟、去月、於鳥羽造路、大納言又有此聞共侍
三人、皆被取馬鞍云ゝ、雨中対花柳、悲残涯、雨漸止、陽景
晴、而花色鮮、及秉燭又大風、』(35)

補1堂前東梅、中門廊西紅梅等、盛開、西庭八重桜開始、遠
近桃悉開、

廿六日癸未、　蒼天遠晴、白日尤鮮、
夜前及夜半、被下僧事・小除目云ゝ任人三人、刑部丞・紀伊守資継、定俊辞、光資子・左兵衛尉藤時光
僧事、勧賞他事多交済ゝ云ゝ、不見聞書、大僧正良ー　僧
正親厳　権僧正実毫世間云、開闢以来、顕密一能皆闕如凡人、任僧正之始云ゝ、只富有一得云ゝ、　法
印五人

大僧都五人　　　　　少僧都
法眼　　律師　　　　法橋
巳時参殿、御東殿、資親・兼康等見来、高三位良久言談、（補1）
移時刻、退出之次、逢有長朝臣、
三位中将殿令参給、言家・基邦在御共、
外祖入道黄門忌日八講、今年於綾小路宮被行、卿相以下
群参言家参云々、明後日、北白河院、御幸　中宮御所経光奉行、被
刷云々、
退出之間、逢七瀬御祓使、退紅仕丁捧標、相副御撫物、
予扣車、御撫物過了、使又扣車、早可被融由、辞謝而過
了、
夜宿本所小屋、暁鐘帰、
補1去十九日、三位頼房卿出家、年五十五、
廿七日甲申、　蒼天遠晴、
今暁、太相円明寺方違宰相・実持中将等供奉云々、非方違、夕被帰云々、
巳時許、参大納言殿四条坊門大宮、見参移漏、日入以前帰家、
秉燭之後、有叩門者、扣車云々、吉田春日殿依有可云事、
所来也、（補1）事躰存外、依無由、以青侍等、年来依不奉知、
難申達由令答、度々問答之後、悉帰了云々、所伝聞之狂
人也、可恐可奇、
一寝之後、南方有火、春日京極商賈、去年焼所歟、』(36)
補1南庭八重桜今年栽、僅開、
廿八日乙酉、　天晴、未後陰、
巳時許、興心房被来坐、依次受戒、窮屈偃臥、
去夜京極火後、又綾小路堀川頼房卿家、寝殿一宇焼、放
火者搦得云々、夜半許、鷹司白川焼亡云々、
廿九日丙戌、晦、　自朝天陰晴、風吹、
早旦、貞行朝臣来、脇足、此間猶有腫増気、令見之、加
灸点了、雖難堪即加灸、腹二所巨闕・胃管、卅一壮、膝下、徳鼻・
三里・上連・絶骨卅一、足大衝今日憚、左手頸又其上廿五、
左指本三所十一壮、依手損、左許先灸之、
未後宰相来、殿下今日又御小灸云々、
一昨日御幸、公卿直衣催、通方束帯・盛兼・隆親・為
家・親長束、中将家定付御車、院司四人取松明能忠・言家・経光・知宗、
殿上人催衣冠、皆束帯、知宗之外、右大将御車寄不騎馬、
（補1）皇子御乳母三人、已被定了云々、大将・大炊大納言・別
当云々、一昨日、殿下御西園寺、宮女房車一両参、此女
房不参、其日聊御風気、不参、御気色宜云々、

補1桜悉開、

三月大、

一日丁亥、　天陰、風烈、昼後如揚沙石、

早旦、宮女房、依御神事退出、御邪気、猶時〻御違例云〻、

巳時許、灸足大衛卅一壮訖、秉燭之程、女房帰参、内裏二品、補典侍可渡祭之由、頻有芳言云〻、雖奉公本意、今年祭、非微力可及事、仍不能経営、不可有此事之由、密〻付有長朝臣、欲申殿下、』(37)

二日戊子、帰忌、　通夜大風、雨降、荒屋破壊、

早旦、送書有長朝臣許、可申之由有返事、甚無由也、被嫌凡卑、被止禁色御陪膳、夙夜官仕、依失便宜、愁欲被補典侍、為貧者極以難堪、連日大風、摧折花樹、破壊墻垣、未後大風弥猛烈、匪直也事、極以怖畏、纔開始八重桜、乍茎吹剪了、

三日己丑、　風適休、朝間小雨、巳後止、未時天晴、

(補1)今日聞、貞暁法印鎌倉右大将息、年四十六、去月廿八日逝去、及廿年、籠居高野山云〻、不食病、臨終正念、母禅尼、依彼悲歎、又待時行寛扶持件禅尼、共在摂州云〻、

相門、明後日下向湯山之由、日来被出立之由聞之、今日適延引之由、有其聞云〻、非病、只依旅行之好也、宰相預催、所従皆入首陽山云〻、来十七日、御室高野御物詣云〻、是又同前事歟、

鴨禰宜宅、従者酔闘諍殺害云〻、今日・端午・七夕・重陽等日、家中盃酌声高、殊為恥、可制之由、昔聞庭訓、即如此事歟、

補1躑躅・鴈皮等開、

四日庚寅、三吉、　天晴、

自今日、申付興心房、修不動供、依殊宿願也、

申時許静俊来談、

有長朝臣示送云、昨日事申入了、前駈出車等事、皆可為上御沙汰、自余事可遣注文、且人〻訪等、且尚可有御沙汰、更不可及私煩由、被仰云〻、其上及対捍者、依有事恐、不及重辞申、竊案之、定又後干、闕如事被押懸歟、殿中事、皆懲前事、無所憑、

入夜、女房又示送、殿仰云、或人聞此事、周章(補1)不可知之由答了、車、蔵人方所調也、出車衣、二品二人也、北政所御事、内二品可沙汰、童女装束、相国・大将』(38)可令調、屐子・糸鞋、近年兵衛尉功也、被物小〻・禄絹等盍出来哉云〻、

事実者甚神妙、畏申由答了、

補1 毘沙門堂花盛云々、

五日辛卯、　蒼天遠晴、

今夕、御方違可為持明院殿、而俄有　行幸中宮、自一昨日、有其沙汰歟、無事煩先例等之沙汰、御入内依可為四月、俄有此仰云々、

言家朝臣書状云、祭近衛府使、若闕如者、可新任之由、所申也、北白河院灌頂御幸供奉、依不諧、無術失計略之由、母堂歎之、使節所望、甚不便事也、其本性、只今不及答子細、只聞之許也、

夜、以雑人、令伺見行幸、深更帰来、已及暁鐘云々、殿下御参遅と云々、

六日壬辰、滅　天快晴、入夜小雨、

伝聞、還御忽延引、今日御室町殿云々、頗希代事歟、委事無告語人、午時許聞、還御明暁云々、未時許、依暖気、始着裌小袖、

言家云、明日最勝金剛院、殿下御共被催借牛、

私笠置微少事、今暁賢寂沙汰送了、

病者一寝之後、宰相来、乍臥問答、行幸、先被催恒例御方違持明院由、追可為　中宮御所、頗被刷之由、有重催、仍召具馬副、早参、后宮御邪気猶不快之間、殿下御遅参、夜深行幸、故可有勧賞北政所御叙位歟、殿下、可有御拝之由等、被召仰御随身等、人々相待還御之間、鶏鳴以後、俄承延引由、各退出、供奉人、大納言雅親・家嗣、中納言通方馬副・具実、参議隆親馬副・為家・宣経、』(39)三位基保・成実・公長・親長、右大将、依騎馬所労、被参儲、右大臣殿令列立給、左将師季・宗平・資季・有資・実持・家定・実任・公有・家定・実清・教房、右将有教・実蔭・親氏・伊成・兼輔・隆盛・実直・頼行、両頭、五位蔵人三人、高頼兵衛、検非違使志二人、

日出之程、着衣冠早参、其後、右大臣殿令参給、成実卿参、出御中門方御覧、昼後近習輩群参、右府御随身二人、騎驕馬、頗臨昏、被進貢馬五疋、近将等引之二人引之、資雅・公有・親氏・実清各乗云々、其後、於寝殿西壺蹴鞠、為家・資雅・有資・公有・親氏・実清、入御と所之儀如恒、寝殿南面差席御輿寄、以西面、為若宮御在所、北面后宮御所、以二棟方、為内女房候所、例公卿座、畳二行敷之、猶(補1)為公卿座、以此所、供朝夕日御膳、如季御

読経等時、朝餉之儀不居台、淳高朝臣陪膳、近臣等多上
結直衣、公有着下袴、負弓箭、鞠次将等懸緌、頭亮束帯
参、祭使猶闕、臨時祭使未出来、今日時兼参入之次、猶
可勤由、以親房卿被伝仰、不及子細、不可勤仕之由申、
荒出了云〻、私案之、数多若年近将不勤、七旬四位少弁、
所被仰無其理、』(40)但不申子細荒出、実又過分歟、
南階西簀子、安大刀契之儀、如恒、

補1太相俄被造蓬萊、以錦三段為亀、御綾十、唐綾十、色〻
染物等、不可勝計、以銀為足、又造銀突重・銀坏・小土
器等、金橘・薫物等、為肴、皆召集細工等、今日造出云
〻、

七日癸巳、　天陰、小雨間灑、夜月猶陰、
鶏鳴之後、宰相着束帯、参行幸云〻、(補1)天明了、日出日不見
之程、還御成了云〻、辰時許伝聞、勧賞、従一位藤掄子、
従二位藤良実、従四位下藤公相大夫譲、侍従如元、是又可任中将之料歟、後聞、超公親・
公光、叡慮深欲被付公光、実親卿馳走、訴訟雖甚、固、大将之威、遂被申破了、相国不被口入云〻
終日無聞事、

補1玉帯・金帯盛開、

八日甲午、　朝陽漸霽、午後陰小雨、夜雨間降、
(補1)分栽庭菊、伝聞、昨日最勝金剛院、殿下右大臣殿、御同
車令渡給、両女院渡御、殿下御着座云〻、大納言殿、中
納言定高、参議経高・為家・家光云〻、
(補2)太相有馬湯、来十七日云〻、来廿二日、殿下石山御参詣
庇御車、供奉人布衣公卿車、四月八日、中宮御入内、来十一
日直物云〻、毎聞増悲歎、
午時許、中務為継来談、鳴弦本五位十人之外、以良・家
盛加、六番各二人勤仕云〻、信実朝臣、有中風疑、灸治
籠居云〻、
閑居雨中、心神殊悩、

補1梨花已落、
補2御五十日過了、殿下水田御方違云〻、羇旅御遊、凶年人
民定有苦歎、

九日乙未、　朝雲漸晴、巳後天晴、
言家朝臣来、即参二位中将殿了此間頻近習云〻、長者僧正被入
坐参賀茂之次、清談之後被帰、今年八十二、猶起居軽利云〻、
(補1)十日丙申、　朝天陰、午時雨降、夕止、』(41)

補1山吹盛開、

十一日丁酉、　天晴、

四位侍従来、臨時祭使闕如、被聴昇殿勤哉之由、二位中将殿内ゝ被仰云ゝ、勤仕之条、猶定其力不可叶歟、尋常出立、期日已近、最略儀、卒爾之催、不及当色等之儀、両三日以後道理歟、今日領状、可為中間之程哉、申可勤之由、不及当色者、可有恐歟由答之、禅尼同来臨、
興心房被来問、良久清談、及時刻被帰、侍従又云、臨時祭、定平朝臣領状了云ゝ、甚穏便事歟、賀茂祭、近衛使又闕如云ゝ、世間儀可驚奇、典侍事、已以一定之由示送、此事猶不便、極以不可叶事也、上御訪、定漸ゝ後干、如予身上事歟、宰相給注文云ゝ、不告不知、
入夜宿北小屋、朧月催懐旧之思、治承三年(補1)三月十一日、始通青雲之籍、遠歩朧月之前、于時十八、寛喜三年三月十一日、猶戴頭上之雪、僅望路間之月、于時七十、大谷(補2)前斎宮少将局実有卿祖母、在此屋之向棟門、去八日終命云ゝ、重聞故人之帰泉、弥悲老翁之残涯、暁鐘帰、月已近山、

補1八重躑躅開、
補2覚朝僧正妹也、年七十七、

十二日戊戌、　朝陽陰漸晴、午時西北雷鳴、雨灑、
日入之後、前左馬長綱来談、来十六日、始南山精進云ゝ、

十三日己亥、　遥漢霽、太陽明、』(42)
後白河院御忌日、賀茂一切経云ゝ、
宰相適来、典侍事、可申沙汰由雖被仰、毎事当時無足歟、今日参殿、重欲申此事、物不可叶事歟、私力更不可及由、猶可申由示了、有馬猶可被駈具之由、有其命、毎事聞之如夢、太不便事也、

十四日庚子、　天快晴、
(補1)申時許中書来、中宮御所、夜部依俄召、僧侶参入、大般若御読経被始、若有御違例事歟由、各成不審云ゝ、女房不音信、秘蔵之故歟、中書今夜宿、入夜聞、宮中無為云ゝ、

補1後聞、祈年穀奉幣、上卿内府、使闕如、範輔八幡・範宗賀茂・顕平兼二社、里亭内覧及夕云ゝ、毎事懈怠、似前殿奉幣、範頼奉行、四位仲国不参、外記給、有長稲荷、

十五日辛丑望、　蒼天遠晴、
巳時許、伊勢清定来、近日巷説又嗷ゝ、任槐之間一定云ゝ、聞及歟頼資卿一定由、雖聞巷説、又不知実否由、只今申云ゝ、冷泉亭正月造改門、土用以前、立南面庇柱、当時造作之由承之、身重病灸治、出仕子息故不来問、世事不触耳由、答之訖、若非二人者、

実可悲事歟、貞観忠仁公以来、為執柄弟、為他門人被超之人、未聞及事歟、況元服正五位下、不歴参議、任中納言中将之人、為大納言之時、雖上臈大将、無任大臣之例歟、幸運任意之世、更不及先例之沙汰歟、令逢此時給、為御先祖、為朝議、実足悲痛者歟、左府、自御産九夜鼻血出起座、其御病于今不止、色損、及絶入之気色給時多云々、是又魔姓之所為、有事故歟、』(43)

日入以後、出小廊待新月、蒼天無片雲、晩鐘之後、及暗遅出、

十六日壬寅、　天快晴、

此三ケ日、痢結甚辛苦、臨暮景適写、心神極悩乱、入夜宰相適来、

(補1)殿尊勝陀羅尼遅参不着座、定高・経高卿・両大弁・基定・長清卿云々、

典侍事触廻、人々多以領状、扆子六人料禄布右少弁・蔵人左佐等出来了、童女幕下、相門、不伴湯山者、不可訪、若来者、闕如事皆可沙汰之由、有命、明暁遂供奉云々、大将・せとの法眼・公審法眼等云々、本性実以難治歟、任槐事、全無聞及事云々、

補1臨時祭使、定平朝臣、依祭使闕、任右中将可勤仕、仍臨時祭、又無勤人云々、有限巡役、非売官者、無勤仕之人、

十七日癸卯、　朝陽快晴、

悲七旬之白髪、対八重之紅桜、未時許東北煙見、大原辻之辺小屋四五宇、依放火焼亡、近辺雑人打滅、

賢寂来次云、宰相、若有恩免者、自水田帰洛、可参詣殿下石山御共、云彼云是、不定経営、行旅之雑事、極以有煩云々、

十八日甲戌〔辰〕、　自朝天陰、南風吹、及申時晴、夕雨漸降、

朝沐浴之間、心神殊苦悩、念誦不幾、偏平臥、

未時許、受智院得業ニ〔と〕云僧来、大納言僧都と云人之子云々、始末不知之示季』(44)頭之訪事、示身病幷存外経営等事、定含遺恨歟、

今日伝聞、一昨日物狂之由、持成童十七、八許、昇御殿、取昼御座御剱、抜之、自鬼間奔融、兼綱聞此事、告繁茂在御前、繁茂奔出之間、童立月花門下、抜剱奔廻、繁茂奔懸抱之、従者等遂反接、称物狂之躰、其日又入右大将家云々、永久千手丸之躰物歟、尤可被考問事也、被放免者、向後不便事歟、

後聞、此四ケ年、於日吉社頭、人皆見知物狂童、先入右

大将家、次参内云々、定放免歟、
言家朝臣云、昨日、中将殿御共、参一条殿、祭使猶闕如、
頼俊・能定競望、猶可勤仕之由、中入之間、三位入道参、
申能忠平可被任由云々、今年使、更不可叶事也、任本心
不調所望、其力不及者、及世間大事歟、甚不便、
十九日乙亥巳、　自夜雨降、午後休、天未晴、
祭使、侍従雅継可出立之由、内々勅許云々、所聞競望
之中、可然事歟、灸治已爛、苦痛難堪、
廿日丙午、　天晴、
臨時祭云々、蒼天無雲、紅桜・款冬未零、
艾跡痛而徒偃臥、
廿一日丁未、国忌、　蒼天遠晴、』(45)
有教中将書状之次云、昨日事、
御禊陪膳頭中将　役信盛　御笏頭亮
使早速取御幣、暫之由有　天気、舞人朝輔一・行通六、五忠
兼遅参・兼綱、宮主兼直、退出之間落笏取之、更揖於仙花門下
又落、
参公卿　殿下柳御下襲　左府同下重　大納言家良家嗣　中納言
公氏定高　高実　参議隆親実世　宣経　定高・隆親之外皆着座、召使
頭亮
使左少将定平蛮絵随身二人馬不渡北陣、　白雑色三人
舞人　朝輔侍従　為継　能定　貞時　忠兼一献之後参、
行通　隆嗣左門佐、二献之後参、新舞不具雑色、
平繁茂　源兼綱行事　四位陪従家長中国々々
初献頭亮　陪信盛　二献左府陪隆範
垣下衝重知宗兼宣　三献家良卿
重坏　師季々々　隆綱々々
挿頭花　公卿九人之外、基氏・隆範、
舞召基氏、殿下御下襲被懸欄自余不然、
今度灸殊痛、終日如病者、
賢寂来、有馬事不聞及云々、帰後云、殿下石山御参延引
了、東一条院、春日御参籠云々、此事連々、先々后宮無
如此事、於今無由事也、況前斎宮、又非氏頻参籠、只長
房入道夫妻、所勧申也、不顧外聞之不穏歟、』(46)
廿二日戊申、凶会、　曙後雨降、午後休、
未時許、有長朝臣来臨、適有被仰事、其趣、只言語道断
而已、非心所測、先直物廿五日之次、可有公卿剰任、基
氏参議事、身望　勅許、御志如水火、因茲求参議之闕、

経高任修理者、可去官、左府、非淡路者、不可去（替）修理之由、和与懇望（仍不被行）、参議之鼎峙三人、有片時之遅速者、可切本鳥、事為　朝家大事（大理、御乳母子、女院執事、内近習、二位中将殿兄公）、大弁（御侍読、近習、后御乳母）、中将（一参議、始参殿下進名薄、此料也、労十年、下臈中将超）、故止忠房・定高官、又（可）被加十大納言、汝為前官之身、当時不交衆、不成此恨、今廿日枉可相待、有任槐其闕出来歟、必可令任、二位中将殿鼎奉免、雖有勅許、為基氏、被召忠房官、依子息事、不可妨申、雖可為将来之例、不可令任者、此次密語、巷説任槐已以一定歟、四月云々、予先私云、如此天下之勝事、謬挙虚受剰加之上、無縁老翁、争申是非乎、況今廿日可相待由仰、是過分之厚恩也、畏悦承之外、無可申詞、但世上事、自他之望、松容之次伺承事、昨是今非、皆以如夢、有申妨人之時、如霜露消滅、更無其馮、又雖過廿日、他少年有忿怒之人者、御恐惶又同前歟、実可悲、答云、殿中事、実儀只如此、更雖無所馮、如当時者、似無其人、実有卿、又経廿日者、納言懇望出来之条、是臨時処分歟、更非臨時処分、第一参議、兼中将、権門之二男、已余二十、昇進無疑事歟、身上事、近日』(47)閭巷雑人皆、依有申止人、不可被行由、遍称之云々、当時無御忘却之仰、殊畏申由示付了、執柄連枝、元服正五位下、経中納言中将、任大納言之人、漏大将大臣之闕、何時何人之例乎、此事、先日皆有御存知、今即如夢、更非御意之理非、唯一両人之所申行歟、可悲可痛、定通卿、熊（以使者）申左府云、御上表一定歟、若其事候者、必兼可承之、乍坐超越依有恥、早速為剃除也云々、毎人頭剃、適弁黒白之人、無其沙汰、素飡非器下劣□（弱）冠、事為朝家大事、被行剰任、時儀実不足言事歟、（又）石山非延引、已停止歟云々、是又如何、答云、有申止人歟、一凶年飢饉之中、尋常行粧之御出、為世煩、一上古霊験群集之道場也、末代偏被処天狗之棲、今御参詣如何云々、此両条、本自児女子之遍所存也、何因被立御願、依諫言停止乎、只如老翁任官、驚而有余、可慟哭可長大息事、満耳目、』(48)無間断、又或説之、疑尭譲被忿歟、非蒭蕘之狂言云々、三歳之例甚不快、二歳又永万一度也、況一歳、争被行昇壇之儀哉、

一歴中納言中将人、為凡人被超越、一執柄之息、為二位中将、卑賤参議三人登用、一左相府、一旦雖被授非分大将、不異圏牢、即被止其両職、御父祖御自身幷家之伯父

一家師匠子息、無故解却四人、恥辱一時計会、今度御摂籙光
華、椒房寵愛降誕、只為御一門之恥、太相一人之任意、
超過福原平禅門歟、於賤老身上事者、更非世間之道理、
又非当時之謬挙、只依無冥助、毎度有障難歟、可悲之運
也、
灸爛病侵、憂切魂消、不眠而聞暁鐘、
廿三日己酉、　朝天陰、申後微雨、
午時許、長政朝臣来談、未時貞幸朝臣来、灸治之爛躰、
叶本意之所存、当時無恨之由陳之、
廿四日庚戌、　自夜雨降、
下人云、侍従相公、昨日一日馳上、自山崎、』(49) 一身入
京云々、盗賊公行之世、甚不便事歟、勅喚之趣、不知何
事、
右武衛書状云、左府被艶淡州、仍匠作相博事、申入之処、
剰可被収公武衛之由、有沙汰、存外周章、雖中女院、已
不許歟、申子息次将、猶以不許云々、匠作佞心、本自甚
無益事也、予年来戒其事、今如此、実是運拙歟、　法皇
近臣、於今者弃置訖、
廿五日辛亥、　終夜雨降、曙後止、午後大風、夕又雨、
親疎無音信之人、
巳時許相公適来、昨日参内殿下御と直盧、帰京事、来廿八日行
幸中宮、彼御所西面、可被立鞠懸、其間事云々、武衛収
公、誰人申乎由雖問、任人不承及、如昨日承者、修理好
歟由聞食、無其望者、不可有其沙汰由、被仰云々、有闕
者懇望由、雖本自知食、重申入了、日向、又有闕者相博
事、同申入云々、除目御前之儀、左府参勤給、右府令申
行給、直物被延了云々、湯山無指事、途中又無為、今日
申時許、猶参御直盧之由、示之帰了、右兵衛佐高頼送使
者、入道老病、逐日増之間、久不音信云々、
廿六日壬子、　終夜甚雨、朝止、午後天晴、
巳時許聞除目、又以存外、　神祇権少隆兼』(50)
権大納言公氏　通方兼　権中納言隆親兼　良実兼
参議基氏兼　左中弁親俊　以下次第昇、
右少弁信盛　右小史小槻朝治兼　侍従藤経成
同師継　源顕良　内舎人少監物　図書
内蔵頭有親補蔵人頭、　漏刻博士安親職
助教頼尚　直講中師光兼　民部大輔藤俊兼
主税頭雅衡兼　兵部卿成実兼　刑部丞二

宮内卿隆綱　権大輔兼高、補蔵人、　丞一
修理進二　勘次官知宗　河内業賢　下野藤業俊
権守若狭藤基光　丹後掾　出雲権守淳高兼
左中将頼経　将監三　右少将雅継　将監三
左門権佐忠高兼　尉五　右尉五　左兵尉六
右兵六　左馬三　右馬二
正四下隆経罷少将、　従四上賀在氏父在親譲
従四下大中臣隆弘　知経　正五下経成安喜門院
従五上橘以良止式部巡、　源教行止馬助、
和気伊成　賀在直在親止主税、　宣茂父宣俊御祈
藤資忠止宮内権大輔、　平季繁左馬権頭如元、
権少外記清信秀給大学助兼字、
辞退　大納言忠房
除目之躰勿論、去ゝ年春一旦之沙汰、甚見苦事歟、自
始可被摸之、
一日内ゝ被仰之趣、又相違、極以不審、内ゝ令窺宮女房、
申右大臣殿、於今度、争有相違哉之由、被仰云ゝ、宰相
衛府事、又雖叡慮有御憐愍、其闕不出来由、一品被語云
ゝ、事若有実者、為本意、』(51)

廿七日癸丑、　朝天陰、微雨間灑、夕後甚雨、又止、
昼侍従来、昨日、参中納言中将殿、四月六日御拝賀、八
日行啓御供奉、九日御五十日、毎度御共事被仰、地下旁
失便宜、雖頻令申給、不許、為之如何、先ゝ地下者御共
候歟、答云、地下侍従御共事、先ゝ不見及、又無其人歟、
自身少将叙留之後、還昇以前、依入道殿仰、参御共、又故
殿左大臣御時、為地下身、毎度御共、一身供奉、是次将
猶参内之便異他、但如拝賀事、多庭上役也、至御五十日
者、人定属目歟、奉為上如何由、可申歟、大理、同六日
拝賀云ゝ、
伝聞、今夜、内裏御宿殿下御直廬、(補1)明日行幸中宮、被裁
懸木云ゝ、
為夏節本所、雖借請西方小屋、依雨降、今夜不宿、
補1桐花開、
廿八日甲寅、　朝天陰、雨間降、巳時蒼天忽霽、白日殊
鮮、
夜深宿西小屋転法輪辻子南、富小路東、少輔入道密ゝ寄宿屋請受、　待鶏鐘之間、聞前
声、令見一条面、行幸松明見云ゝ、遅ゝ如何、不経幾程、
鐘声忽報、即帰宅、付寝之後、宰相来宿云ゝ、

廿九日乙卯、　天顔遠霽、雲膚収尽、

曙後宰相来談、

去廿六日仁王会日、依無催、直衣参中宮、殿仰、此御方仁王会無人、可参、中承由退出之間、範頼参云、聞下向有馬由不申、内裏無人可参、又領状、殿下散状有御尋、申云、侍従宰相・』(52)治部卿之外、不候、宰相只今領状、見任公卿一人不催儲、不便由被仰、右大臣殿、俄令参給申時、被召御随身、即退出、改装束参内、依内〻別仰、公卿卒爾参会、大臣殿・家嗣・具実・経高・宣経卿・実世朝臣、

検校定高・範輔、自官参、定高早出、

秉燭以後、隆承表白掌灯滅、暗然、、行香公卿八人親長、余、次参中宮、大臣殿・具実・経高・為家・宣経・長清・基定・中将雅継、行香、親氏奉行、忘火蛇取、俄遣召兼綱蔵人、公金長説、経数刻、次参北白川院、宗氏奉行具実・経高・為家・宣経・親長・長清・基定、昼安嘉門院被行了宣経・長清云〻、両御方、早晩各別、旁不得心、宣経所〻両度参云〻、実世参安喜門、帰路自然参内云〻、

(補1)夜前行幸、左大将依遅参行幸遅〻、右将渡後、被立陣座、入御〻所、於中門内故被引裾、随身蘇芳袴・具実・経高・為家・宣経・実有・顕平・親長・実世・基氏相具、馬副、左将師季・有資・家定二人・教房・親季・伊忠、右将実蔭・親氏・伊成、

少納言兼綱、職事経光、左衛門隆継、兵衛光成左・高頼・定具右、業時非蔵人、今度、任将監供奉、夜部被行女官除目、典侍（藤）因子参中宮時、貞字也、今度用因香朝臣字、予以宰相申入、、上卿具実、宰相為家、忠高使宣旨、此次下云〻、昨日参内、主上有御鞠、退出』(53)之間、自殿被召日入之程、又参御鞠、退出参行幸、今▨（朝）又可有御鞠云〻、

主上始御鞠、殿下・右大臣殿・家嗣・為家・成実・基氏云〻、

巳刻一点歟帰参訖、戌時許送使云、窮屈之余、不可供奉還御、所退出也、今日有御鞠、此夕又、殿上人又鞠云〻、資雅・有資・宗平・親氏少将・公、有等歟、不委聞、宰相猶交云〻、重長又被召乱舞云〻、還御深更云〻、

補1後伝聞、殿下仰云、大将随身、上﨟二藍、下﨟朽葉、何様事乎、若是被嫌染色之不法御誡歟、又実事歟、不得心、

卅日丙辰、　朝天陰、巳時晴、

早旦、殿下右大臣殿・、北政所、令参日野給、宰相又供奉云〻、今

夜典侍可退出（自明日、於里亭神事、可過灌仏云々）、依無事便、予移居北屋、以此屋為神事所、祝光兼来、祭供奉可無障由、可祈念之旨誂之、
老病遂無減、而春景空尽、
昨日事粗伝聞、殿上人先鞠、為家・成実・資雅・有資（衣冠）・親氏・公有、
其後御鞠、御所・殿下・家嗣卿・具実卿（雖不堪被立）・為家・成実・資頼・資雅（被召加）、
其後、又殿上人、宗平遅参々会、重長舞、
深更還御、殊無人、具実・経高・顕平・基輔・実有歟云々、
深更典侍退出、付寝了不知之、』(54)

◇時雨亭文庫蔵（第五十）本 (459)

（旧表紙）□□三年秋』(1)

寛喜□〔三〕年、（寛喜）

七月、

一日乙酉、　天晴、未時雲雨雷鳴（不湿地）、
秉燭以後、乗車、之北小屋宿、

二日丙戌、七月節、　天晴、
(補1)東方明而帰廬、飢人且顛仆、死骸満道、逐日加増、東北院之内、不知其数云々、
薄暮、興心房仮名状云、御譲事已以一定、明□〔後日許〕□若及外聞歟云々、於被忩者、□〔以成就可為本〕□意歟、夜深賢寂又告送、已及披露歟、暗夜叮門、武□〔衛来〕□臨云、昨日供奉行幸、□〔左〕大将已下十人（兼隆奉行、励催出）、扶腹病参之間□〔還〕御、於持明院門前、忽更発、依無術、馳帰病臥、今日雖有召、不参之間、実持朝臣、今夜、来五日御拝賀、資雅朝臣可供奉之由、殊可示送之旨、被仰之趣示送、御拝賀何事哉由答之、又云、関白御慶也、乍驚馳参、仰云、今日此事定訖、来五日殿下御上表、即日詔書拝賀也、扈従可催人、新大納言高実・中納言中将・定高・隆親・頼資・家光・実有・経高・為□〔家〕、此外経通・国通可相触由被仰、御運之早速、無□□〔物取〕喩歟、一日延引奉幣、明後日□〔四日発遣平野七日、穢〕□、賀茂使殊被催参議、経高触□〔穢〕、宣□〔経〕脚病、不催□□〔四位〕、今二人公長・』(2) 基定、自陣可立諸社殿上人云々、
実基卿□〔雑〕色長（尾張前使第一長）、已入飢、可拝先公墓由称之、向徳大寺愁歎之中、不及此沙汰由返答、其男帰路顛倒、

一両日死訖、聞之相驚、送鏖牙於其宅云々、況予家僕従、
皆称腫損由、此際聞暁鐘、即帰了騎馬云々、夜有涼気、
補1 一宮御方荒和祓、右少弁忠高、忘却不致沙汰、夜半勅定、
被不審仰□□〔之後〕、催□〔其事云々〕、父子尾籠之至歟、全無其沙
汰、供奉人、大将・隆親・盛兼・家光・実有・為家・基
保・成実・親長・基氏、左将師季・宗平・実持・資俊・
実任・実清・親季・氏通・少将家定、右実蔭・□□〔隆盛〕・伊
成・□〔親氏〕・実直・光成・雅継少将、少納言長成、

三日丁亥、　天晴、
午時許、言家朝臣来談之次、聞中将雅継先□〔日闘諍事〕、武
□〔士〕咎申追捕、隣家刃傷之上、取雑物、□□〔進下〕手人之上、可
造預破壊屋由申、中□〔将申無実由、不遣〕下手、仍不可参殿下
御辺由、被仰下云々、中将通時・前備後守頼俊親俊弟弁除籍
雖在関東、於其前途者、不可依昇殿、当時不出仕人、仙籍無要由云々
草廬西小路縦小路、号転法輪、死骸逐日加増、臭香徐及家中、凡
不論日夜、挹死人過融者、不可勝計云々、
四日戊子、　朝天陰、終日有陰気、
去夜、三条坊門猪隈、有炎上云々、付寝之間、（補1）雑人称遠
由、不知之、群盗乗車欲入、距戦之間付火、一町許焼、
殿下・左大臣殿以下、参内之人済々云々、遠所非人、不
問女子安否、
未時許、興心房□□〔過坐〕、此間、殿下御邪気殊令発□〔給、日夜候〕
御前、或夕、或夜、有異事等、親季□〔奉打御脚〕、若睡眠歟、
二人□〔女〕房奉取付、為追出立奔之間、無其物、又黒手、取
御背之由御覚□〔悟〕、令驚給、忩召護身、令吐給之後、令復
例給、□〔時〕々刻々有如此事、中宮又御違例、是皆現形生霊
之邪気云々、清談移漏、臨昏被帰参、』(3)
補1 後聞、未時許殿下御出、庇御車、御随身上□□〔薦冠〕、前駈六
人□〔師季・家平〕・有教御共、令参持明院殿・内裏給、
五日己丑、　朝天陰晴、午後快晴、
（補1）未時許定修来、座主恩給摂州小所、殿下大番舎人嗷々事
等愁歎、更事不可行事也、世事不触耳、
補1 昨日十社奉幣、又延引、来十日云々、
六日庚寅、　天晴、
未時許、武衛□〔注〕送、夜前御拝賀供奉人、
御参所　□〔内裏〕資頼朝臣申、　中宮忠高申、　大殿中将雅□〔継申、被〕引御馬、川原毛寛仁例
北政所実持申之、
公卿　中納言中将殿前駈以忠仲雅　基邦為宣甲斐蔵人大夫　時光　資憲左近大夫

(補1)二条中納言定高　四条中納言隆親　別当　右兵衛督
殿上人　有親、、頭　師季、、　資雅、、御下襲　宗平
有教　能忠、、侍従　資季　定平　雅継　隆綱宮内卿
為経　実持御沓　実任　頼氏　実清　親季
光俊、、　信盛　兼高　頼行　忠高　範頼　頼俊侍従
能定　忠俊　藤光成　源兼綱　平繁俊蔵人
(補2)前駈有長、、　兼教、、　正光、、　＼永光　惟長
高嗣中宮権大□[進]　＼以□[邦]　＼忠広　＼知仲　＼知家知仲兄、加賀前司
盛長　定俊□[紀]伊前司　家盛大夫将監　家国馬助　＼重光
兼康　「　」[以良・教行]　親嗣民部権少　兼仲　＼知資
＼忠泰大夫将監、宗保子　時長和泉前司　藤頼季左近蔵人
藤宗基右近蔵人　＼源忠光兵衛判官代　合点者相国家人、被催進歟、
御随身左府生久員本　右庁頭被召具府生頼種服、
左番長兼利　右久則久清末子
又依問送答事、新大納言忌日憚云々、此事如何・頼資・家
光・経高卿不被催、
殿下御上表座定高　頼資　家光　定高経　為長卿束帯　已上直衣、
使少将家定　作者為長卿　清書高嗣
新殿下吉書御覧座　中将殿　定高　家光　経高』(4)

為家座狭早出、　官方為経　蔵人有親　氏院為経
執事忠高　年預資頼　上御厩経俊　下御厩教行
氏「　」[院弁為経]云々、

補1 隆親・実有、不家礼、
補2 高嗣等輩、蒙百千度責、猶以□□[対捍]、被召仰資頼・親房等、
適出来、不足言事歟、

七日辛卯、　天晴、
小所名字□[等]、如此日、先々音信事、称飢饉無物之由、多
□[以]黙止、或小分有若亡云々、
令払文書、是饑閑人之所携也、
申時許武衛来直衣、参北政所御車寄御参内、
今日、月次神今食被行、修理職、於北庁神祇官前構仮屋、被行
之、神今食上卿家光卿、
大殿、一昨日、令叙従一位給、御同位御座次、無便宜之
故云々、但兵仗猶御嫌退、無其沙汰、来廿一日、可有御
□[拝]賀云々、
祇園御霊□[会]十二日、前日有例行幸殿下御、騎馬、
浮雲雖□□[来往]、片月猶清明、
八日壬辰、　天晴、午時許雲雷、雨降不湿地、

大宮禅尼□〔来〕臨、侍従下向播州、有其好之由歎之、本性所存、全不及加詞事也、其上又欲赴関東云〻、皆是賢慮而已、昨夜、大谷前斎宮群盗入、剝女房衣云〻、

武衛消息云、奉幣使延引之度、毎度勤仕不便、可催替経高由、被仰訖、仍不神事云〻、

九日癸巳、　朝天陰晴、雲雷雖有声、雨不降、

師殿御忌日、於嵯峨聊修之、又誂申興心房、修廿五三昧、於此宅可修由、被約束、昨日、自殿〔下適退出〕本房之由被告、予頽齢已』(5) 七十之非人、纔独残、往年内外子孫、雖無知恩之心、数十人在世、次第逝亡、付事催悲痛之□〔思〕、入夜雲膚霽尽、月色清明、初夜以前被始、読式中央之程、南方喧〻、放火云〻、出雲路面牛童不知其主小屋、打上火燃揚、路人告之打滅云〻、両殿下御所相替、大殿西、新殿東御、適令復尋常給、昨日暫可休之由被仰、退出云〻、

在高卿、去月以後病渉旬、甚弱云〻、

月入之後、事訖被帰富小路虚空蔵堂、

十日甲午、　朝天快晴、昏黒忽陰、大雨降、不経程止、

伝聞、去六日長賢法眼母終命、自去月比、喉有痛〔事、食〕事不輒之上、痢病日久云〻、一昨日八日葬云〻、以下人説聞之、去月中旬、其息女等尼在京之輩、皆下向由、聞之、今年七十□〔七〕云〻、

大殿給御書、行幸委次第有者、可進中納言中将殿明日御供奉、非身上事、本自一紙不注置由申、公卿将事、本自非身所期、所不沙汰也、

明日行幸、依太白方、搥鐘之後出御云〻、

十一日乙未、　朝天遠晴、未時俄雲雷、大雨即止、臨昏猶雨降、夜深雲晴、

鶏鳴以後行幸云〻、関白殿、内大臣、中納言中将殿、中納言隆親、参議実有・為家、三位基保、四位宰相〔二人〕供奉云〻、

十二日丙申、　朝天晴、未時許雷鳴、不雨、

自昨夕、北車宿西妻、令破弃、雖非幾事、』(6) 雖聊事、為不近西路頭也、申時切弃了、

今日可有競馬・蹴鞠興由、自去月被議云〻、定又有七珍万宝之儲歟、

夜月清明、

十三日丁酉、欠日、　天晴、未時許、黒雲起自乾雨灑雷鳴、

去晦、荒和祓時刻、郭公数声之後、無其声、鶯舌又、至

此晦朔、高声如叫、此四五日又罷其音猶在竹樹之中、随時
節之[廻転]「　」、依催其興注之、
伝聞、昨日競馬、一番隆親卿　久清儲勝
二番基氏朝臣　武信　勝負及数刻、武信追負、
三番為家卿 頼種　三遅之後、再寄[進]、乍遠追勝、
四番親氏朝臣　久則儲勝　非興勝負、
五番又基氏 兼俊　儲勝　是又非殊興云々[久]其程、渡御前時五人、此外資季無結不乗、
鞠二度、還御、中納言中将殿・盛兼卿・実有・為家・基
氏、殿下御騎馬云々、
泉辺渡綾橋、敷紺簀子、向厩立御倚子珍宝也等類云々、不
委、
仁和寺[宮自]□□九日御発心地、一昨日令発給由聞、昨今送患
状於法印、今日、無余気令平減御由、有返事、於大聖院、
一昨日今日同御祈念、[無]□他事云々、尤可貴、
夜月明、
十四日戊戌、　天晴、入夜之間俄急雨、無程止、
扶老病読経、小阿射賀飢而無音、』(7)弥闕乏云々、
十五日[己]亥、　天晴、
日出之程地震、室宿、火神動云々、又不吉、旱颰災殃云
々、昨今所作、随堪終之、
午時許武衛来、一昨日祇園臨時祭使、右少将[頼行]□□随身蛮絵、闕腋袍、
舞人、関白殿番長久則・近衛[種]□武子・左右大将随身
各二人・本府四人、久則乗騰馬アサ太郎、天治始被立年
之儀歟、家光奏宣命、兼高奉行云々、舞人被渡御前、自
是又詣吉田了、昨日北山大納言入道会合云々、京中道路、
死骸更不止、此西小路連日加増、東北院内不知数云々、
小阿射賀庄民、自六月廿日比、至于近日、六十二人死去、
依触穢身憚等、無上洛者云々、
夕陽漸陰、雲暗月黒、明後日雖為秋節、依為帰[忌日]「　」、今
夜宿北小屋、月適見之後、更陰雨間降、聞暁鐘之後、雨
隙帰、
十六日[庚]子、　天猶陰、雨間降、巳時許、如沃而暫休、
近日不食病殊無力、今日服薤、又以汗穢、午未時許、雨
又如沃、又暫休止、
夕陽忽晴、入山之後雲又暗、終夜大雨、
十七日[辛]丑、　遅明雨如飛滝、雷電一声猛烈二声微、
朝雨猶如建瓶水、巳一点許雖纔止、雲猶奔北、又如沃、
鴨水大溢云々、午時青天忽晴、白日尤鮮、四望雲収、終

夜月明、
十八日▨〔壬〕寅、　朝天晴、』(8)
午時許、□□□〔大炊御〕門中将来臨、扶病言談、不経程、賢寂伝
〻説、世間有事、東風有乱政誹謗之聞、如然事、欲差青
鳥、聞新所御慶、暫止其事云〻、因茲又憶病、弥可被過
絶無縁望、太相、自一昨日瘧病云〻、夜月照南端、深更、
典侍適退出云〻、言家明暁赴播州称有馬歟、
十九日癸卯、　天晴、
暑気昨今殊盛、日入之後謁典侍、似父不知世事本性歟、
今夜、大殿一位御拝賀云〻、関白殿御拝賀日、宣旨褰御
簾、相公取進琵琶、左大□□〔将殿〕拝賀時、又相公御簾、同取
琵琶、大殿御直廬、可為五節所、仍宮御方下台盤所、被
移北対妻、女房局弥狭少云〻、
廿日甲辰、　朝天遠晴、
巳時許、興心房被来談、又殿下日参無間断云〻、又金蓮
房来、面〻、雑病者等令見、暑熱甚、不聞世事、月出清
明、
廿一日乙巳、　漢雲遠晴、
午時許武衛来、一昨日御拝賀、蒔絵螺鈿御剱、公卿三
人扈従、新大納言高・中納言中将殿・別当、殿上人七人騎馬、
師季・雅継・実持・家定・信盛・忠□〔俊〕・□〔忠〕高乗車、不知其由参、
殿下御見物、御車、相門発心地之疑、非其事、耳腫給之
故小温気、付減云〻、他事殊無聞事、具実・基氏、各給
新恩之庄仏厳房、普成仏院』(9)仏聖訴訟、美福・八条・後白川、三度庁下文分明云〻、基氏分、自安嘉門院、二品召給云〻、一昨日又参陣、
書尊勝寺八講僧名具実上卿、親長卿・宗明朝臣、相引参寺、
暑気如昨日、近日盛歟、
廿二日丙午、　天晴、雲収、巳後間陰、
午時許、能登前司長政来問、晦比、下向勝間田湯云〻、
□□〔賢寂〕来云、兼教朝臣次男勾当、称参清水寺、歩行出門、
於弘誓院丑寅角、被斬殺、人不知之間、乳母男漸〻聞付、
尋取捨川原屍、葬送云〻、不□〔知〕何人所為、又落胤之童勾当兄成
人、有不善物、雖疑、当時秘而不披露云〻、
廿三日丁未、　天晴、
早旦小浴、今日止薤、興心房被過、依被忩不謁、暑熱猶
盛、
廿四日戊申、　天晴、
武衛書状、去夜氏院参賀
一献二位大納言基嗣、中宮大夫、出仕厳重歟、瓶子範頼経光

二献中[納言中]将左衛門督　瓶子頼行今一人不見、
三献経高卿為家卿　瓶子経氏宣実
四献長倫信盛、、　瓶子為仲　盛長
五献雅継実持、、、、　瓶子兼康　教行
此外、九条新大納言・新中納言家光参、
先是、以左大弁、被申一上事於右府云々、』(10)
日入以後、典侍帰参内、
廿五日己酉、　天晴、陰雲間起、未後更晴、
萩花漸開、暑気猶盛、雖不念誦、不魚食、
廿六日庚戌、　天晴、雲収、
兵部卿送百首歌草、雖忘歌興、一見合点、
廿七日辛亥、　天晴、
午時許、左京権大夫来談、扶暑熱相逢、参殿下云々、依
近隣聞及歟、忠房大納言母、去冬所譲賜之禅閤庄々、皆
嫡家被取返殿下御沙汰、又有執聟之約束云々、童殿上若君、惣以
天下之習俗、[父之]□□遺誡、先祖本願之追善、不懸人之[意端]□□、
即是時儀也、彼禅尼、又非尋常之本性、年来任意張行、
高声謗言、不恥憚外人云々、
入夜、宿直雑人等云、兵衛督夜前参殿(大)殿、御方違御共其所北山、称妙見堂霊所之近辺也、可為御山庄之地云々、愛宕護山脚、天狗之所集歟、甚無由之所也、明日祇(ママ)年穀、
中納言中将殿、上卿参勤給云々、蔵人右佐範頼之所従之
衛府、又書謀書宣旨、任僧綱、範頼私賜検非違使之処、
其男逃去了、近日有沙汰云々、蔵人若被解却者、新(斯)範頼
又兼三[事]□歟、尾籠人幸甚之秋也、
廿八日壬子、　朝天遠晴、
明後日朔日、中宮行啓里亭非指故、只不諧之宮中歟、
賢寂来云、九月十六日、公卿勅使発遣、』(11)権中納言隆
親云々、予心中、今年有物詣之志、時已計会、江州喧嘩、
又定成事煩歟、尤為歎、今日兵衛不参陣云々他人参歟、奉幣延歟、不知、
廿九日癸丑、晦、帰忌　去夜風雨声間聞、朝雲赴西北、
巳時陽景見、雖風烈雲起、雨僅灑、不湿地、
八月大、
一日甲寅、　風雲赴西北、陽景猶晴、
洗頭念誦、東風終日吹払、猶無涼気、
秉燭以後、宿北小屋、即送典侍車行啓于一条西殿云々、此所、年来頗有不吉之聞、亭主猶不
被坐、今再被渡長者印、有博□(陸カ)御慶、被用吉所歟、暁鐘以後、車未来之間、南方寄東
有微火、驚見之間車来、仍帰廬此間火光髣髴、不幾、白河云々、
夜半許行啓、女房車寄西南小門云々、

火光忽興盛、熾如雪飛、又如雷動有声、雑人説、尊勝寺所残之塔云〻此間雨降、自承暦之比、至于承安予成人之始、天下公私満耳造堂塔、及老後、只聞其焼失、不聞造営、双甍満眼伽藍宝塔、悉為灰燼、其跡為荒癈郊原、空割置万戸之庄園、悉為悪人之衣食、一分不充寺用、付視聴有悲、

二日乙卯、　朝微雨、辰後青天見、

暁火件塔焼了、適非銅盗之所為、二条之南有小〻在家、其敵放火之間、熾付塔云〻、

巳後更陰、午時許西天晴、雨脚降、

入夜武衛来、去廿八日、依俄召参大殿、御方違隆清卿女サヽキ家、翌日還御、参殿御方、又参太相、退出』(12)之後、腹病俄痛、終夜病悩、昨日祈年穀定、平相公病、大弁穢、右筆闕如由被催、仍又欲扶参之間、定又延引、猶可参行啓由被催、仍供奉、両大夫寄御車・具実・家光・経高・為家・基保・公長、啓将隆盛・家定、若宮御内裏、宮為被渡御邪気、御退出、廿日比可有御入内云〻、腹病籠居之日、勝事出来、兼教朝臣伝奏之間、記録所弁光俊に、大殿仰〻任意之無実四人論御厨、三人文書御覧披了、周房、一人カ本文書の紕繆ヲ可見出之由云〻光俊参殿之次、申此仰趣、殿仰、四人文書、可見一方由、不可然、重申事由、皆悉可評定由、承之帰参、以〻良申此由、尤可然、本自不可見一方由承之、翌日参内、欲議定此事之間、惟任又大殿仰有承旨、不可見三方由難渋、不遂議定退出、弁此由申殿下之間、以有長被申大殿、〻〻令驚給、以誰人申乎由、被仰之間、弁失色、取寄件日家記、切出進覧、具書此事、忽逆鱗、兼教籠居、御領二ケ所被召之、事趣驚可驚、付有勘当、殿下御恥歟、重代被召仕事異他、殿中執権、可謂無双者也、慟哭而有余歟、不限此一事、記録所無実仰重畳、寄人等歎息云〻、

明日、侍従為氏可申拝賀、持明院殿・両殿下・中宮・相国・内裏有存旨、更〻不可来蓬門之由、示含了、今日祈年穀』(13)当日定、八幡盛兼、賀茂範輔書定文、松尾範宗、平野顕平、上卿通方卿、早旦催具、北野使大内記、自社頭帰、日入以前参殿云〻、

放生会、中宮大夫通方領状、宰相未催出云〻、右筆三人之外、四人未役云〻、

三日丙辰、　朝陽雖晴、漢雲旁凝、

権弁、返年来所借之拾遺集、此弁、一昨日入勧修寺、老僧等垂涙云〻、明日長者、為経・忠高扈従、頭大夫等入東洞院大路、為見頭儲桟敷云〻、五位蔵人兼隆又入、

侍従拝賀事、夜前聞之、車偏宰相少年総角、糸用世間之
人所用之組、牛童花田、小舎人童二人、萩上下、白生単
衣（下着白帷）、共侍有弘、今一人頼重子男云々、日入可参内之
由出立、
四日丁巳、　朝陽晴、
静俊注記来談、山上社頭飢饉又狼籍、未尋常云々、日夜
暑熱、甚於夏、
入夜武衛来、夜前拝賀、於殿上口一﨟相逢、自北可参弘
御所方由、有仰事、拝舞了、経西対西、参弘御所御縁、
御所露顕、女房達参会、蒙種々仰、令刷衣袖御、退出参
中宮、所示惟長、御使他行、殿下・典侍相共、出御中門、
早拝可昇由有仰、即参上、又蒙種々仰、自東庭、参大殿
御方、以良申、又出御（北政所御）、又被召御前、次殿下御所
殿、（御中宮御方、々々故可参由許也）』(14)
次参持明門院殿、為継扶持之、被召御前、女房皆被出簾
外、賞翫過分、両院御覧、已無其故者也、甚忝、仍今日
参上、故畏申、
十日之比、入道（外祖）可出京、仍欲向吉田、其次可来由諾
之、来七日行幸供奉、八日参日吉、九日可始蒜、腹病此
間殊更発云々、
夜前、兼教朝臣来示、讒言無実、無陳方之由示語云々、
五日戊午、　天晴陰、自夜大風頻扇、夜猛烈、
朝間依徒然、以盲目書小草子、暑気殊甚、賢寂来、談物
詣之間事、
六日己未、　朝間猶大風、小雨▨（漸）止、巳後晴、
典侍示送、内裏聊御咳気、殿下令早参給云々、入夜、又
無殊御事之由告之、
七日庚申、　天晴、未後俄大雨、暫而休、
徒然之余、自一昨日、染盲目之筆、書伊勢物語了、其字
如鬼、
未時許、但馬前司来談、世事等少々聞之、申終帰之後、
小浴之間、右京大夫俄枉駕、流汗構出面謁、旧労空而有
恨之由述懐、尤可謂道理、相互示所存了、入夜謝遣之、
微月適明、
八日辛酉、　天晴、
念誦、暑熱甚難堪、
未初刻、興心房被過談、自然移時刻、又被召護身、只今
退出之次云々、此事於身極難堪、身苦窮屈、筋力疲極、

無一分恩顧、』⒂乗輿出仕、法師原、飢饉無計略之上、法務御房、深処奇怪給、可讒言失之由、逢諸人吐詞給、奉見逢時、下地蹲居、全以無礼、逢我、含長楊子吐唾之由、称給、始終必有此祟歟、内外無由云々、毎聞事驚耳、被仰付御祈供料以下大小事、無実無物云々、新殿下伝奏、近習被仰為経・信盛、又弁官無例由、更有沙汰被止、被入公良云々（吉水近習之昔、殊有虚言之聞、怒関東縁者、必然有凶事歟）、未時雷電、大雨再降、自然移時刻、及日入被帰了、天晴月明、

大殿下、依知息院殿例、可乗檳榔庇車之由、内々被仰由、先日聞之、思此事、不可然、御堂・京極殿、不令乗給、知息殿、以今案、始令造出給之由、故殿面所被仰也、法性寺殿又大殿之時、不令乗給、今被追彼御例、於事有冥恐之由、可被申由、予誂之、予如此申由、被申入、然者可止其事歟、抑袍文又雲鶴、彼殿御文也、欲着其文、同可憚歟由被仰云々、予私云、御車厳重、路人緇素必可見驚、冥慮又可恐、於御袍者、綾文雖異、其色皆同、遠見不可異、冥又強無分別明歟、何事候乎由、今日所答申也、雖弃置之身、猶申披所存許也、直言正論、不可心阿順旨而已、雖御不請之』⒃御詞、又不可乗由、被仰出、事不思食定歟、今日言談之次、親季御恩、其禄漸々及千余斛五六百歟、又衣装雑具、日夜賜之、壮年之身、更不可為貧者、而所従一人無事宜者、其身衣装以下、無尋常時、遂為成茂聟、是自身所好云々、今聞此事、其性不可立身歟、甚悲事也、

九日壬戌、血忌、　天晴、

残暑雖難堪、朝霧似秋天、

午後乍晴雷鳴、雖非猛烈、経時刻、

校伊勢物語了、不聞世事、入来客人、雖称男女近習之由、一人無音信、

及日入、俄陰大雨降、無程止、月雖晴、黒雲頻掩、

十日癸亥、　朝陽晴、午時許聊陰、雨灑即止、

萩花盛開、毎朝槿花養眼、

午時賢寂来告、侍従来告、為見外祖母、向吉田之次云々、無程来、拝賀束帯装束也（童二人、侍二人、如其夜）、進退有度、容躰本自尋常、令舞踏見之、練習頗超于当時出仕之輩、依有雨気、令忩出、賢寂云、神祇官造作之料、入道五十貫已送之、仰付右兵衛年預資一、令造（眼代同、付之）、又同員数、自吉田女房許、可沙汰云々、此事尤可然、又有材木等云々、

若宮侍始清撰御点、被加有弘云々、此等皆過分、▨専不存事也、只被優一身之恥者、若年之』(17)幸人栄華、上下甚無益歟、

入夜雲陰、月黒、雨又間灑、

十一日甲子、　朝雲暗、雨間降、雲不定、

未時許武衛来、放生会、別当昨日領状、可相具検非違使催廻、称無領状、又以辞退、宣経卿依申所労、先被止出仕了、経高軽服、事闕由、兼高催之、仍申領状了、於闕如者、争申子細哉、但沙汰之趣、不尋常事歟、大理領状者、入月催廻、盍出来哉、為申身障、臨期領状歟、雖外戚人、放生会下向、強不可（有）煩、是只天下新儀也、江周房尺奐詩、依斉光卿跡、可補貫首之由書注、被召怠状云々、凡近代儒中尺奐詩、皆白痴任意之注、極見苦事歟、此男御産御祈奉幣、依大内記障、書宣命之草、清書之時、依不内覧、私改歓字書歎字、伊勢祠官、其宣命進殿下、賀茂使為家、於社頭披見、摺改其字、持参覧殿下訖云々、本性奇恠者歟、以言、依宣命奇恠、被止大内記、尤可被誡事歟、不忠不善者、尤可被弃、予云、先度已参勤之上、卒爾下向、略前駈何事在哉、参議不具一説也、両度卒爾、不可有難歟、今夕御方違行幸（持明院殿）、又可供奉云々、

夜月又暗、

十二日乙丑、　朝陽晴、

賢寂告云、放生会被止了、実世朝臣被』(18)責出云々、

十三日丙寅、　自夜雨間降、雲或晴、

無音信之人、不聞世事、入夜月不見、雨間降、

十四日丁卯、　朝天猶陰、陽景僅見、又陰、

徒睡眠之間、平宰相消息、近代駒牽事次第、被借失了、仍如形書之送之、此公事、適為取足折駑駘、上﨟宰相年来出仕之間、此卿未参勤云々、

入夜之後、慮外雲晴月明、

十五日戊辰、　朝天陰、巳後陽景晴、

去夜臨暁、始着入綿物、今朝暑気、猶宜遣懐、放生会供奉之景気、已矣々々、

賢寂云、昨日吉田泉、大殿・関白殿・太政大臣・内大臣・為家・親季参、随身侍（信季・成季・為家私侍光兼）、競馬云々、

今日暑気、又如日来、臨昏武衛来、

秉燭以後、雲南奔、月東昇、良夜属晴、近年難遇歟、参行幸夜、放生会領状、猶快然之由、二品頻被感、後朝実

世朝臣責出由、兼高告送、上卿通方卿、弁信盛、忠高申
(補1)瘧病由間、催儲、臨期雖病落得、左衛門兼行、猶依為略
儀、不被止信盛、右衛門代、兵衛定具・教氏云ゝ、行幸
供奉、右大将・公氏・隆親・為家・基保・長清・顕平・
基氏公氏之外、皆還御供奉、
昨日、大殿・ゝ下・相国・内府・法務、会合給、俄競馬、
一番成季左衛門・久員勝負甚久、成季追、久員搔頸之間、馬進弃頸、取水付、突退融了、成季被任意、而不得日歟、二
番頼岑・久則、頼岑』(19)雖無過失、又久而追籠了、三
番信季左衛門・武信、又甚久、武信追負了、武信一人下ゝヲ着踏鐙、有存旨
歟、以藁組疋夫着物也、四番広澄・頼種勝、五番又成季、私相具光兼
被召出、三遅之内、光兼伺見成季馬進寄、三遅訖、只二
度折入打ちかふ之間、光兼折入馬ヲ引返て、前伺見所ヲ
追、成季不存而負了、其後坏杓入興□(故カ)酔、
今日又殿下日臈、今夜猶参内、在俊辞陰陽頭、国道・在
継競望、主計頭宣俊死去、競望無不望申者云ゝ、
明日可参詣日吉、衛府之後初参束帯、可具前駈、但不乗車、為氏又相具、明後
日帰、即不服蒜申廻仮、云ゝ
月明而思往事無手無足、無官無禄、

補1 近衛通氏・源家定、

十六日壬(己)巳、　天晴、
去夜着綿衣、今日終日着裌小袖、日来、自日出程至于夜
半、着帷流汗、
賢寂来云、武衛、及巳時参社了、以成茂宿禰、可令申祝、
年来親成申之、子息可相継、惣管其忠難去之上、任官拝
賀日、輔成、雖祠官不出仕、猶父一周之内、有憚乎之由
也、先於今度者、尤可然、
入夜宿北小屋、月明、漸及深雲満月暗、聞暁鐘帰、
十七日庚午、　暁小雨、朝猶陰、
朝沐浴、始精進、但老身依不食難堪、不断葷、辰時許武
衛帰洛云ゝ、終日着綿小袖、夜下蔀取入灯、俄涼』(20)気
存外着綿小袖、又着綿衣、
十八日辛未、　天陰、
午時許、西方有火、盛燃、送車於宮女房許、北小路室町、
別当家乾、隔小屋一両云ゝ、被壊止了云ゝ、徒然之余、
以盲目、日来時ゝ書大和物語、今日終功了、是又狂事也、
互可嘲耳、自九日書始
家中明日可相具者等、不令見火所、
終日着綿如昨日、草子如形校了、平生所書之物、以無落

字、為悪筆之一得、耄及心悦、落数行書入之、心中為恥、明日、有参詣春日之宿願、遠路之煩、貧家之不具、年来懈緩、近日官途事已絶望、在世之計已思切訖、最後為拝氏社也、

終日天陰、明日若雨気歟、

十九日壬申、　臨暁雨降、

未明祓了、乗輿、共人随在光定・知村・房任・資里無官、京極六条出川原、自法性寺路天曙、老病之後、久不見路頭、長途只思往事、七十懐旧之涙、付事難禁、治承四年春、五条亭焼、夏比、居住外祖母法性寺宅、遷都之比、自是出仕法勝寺以下御祈等、常往来此路、先妣凶事之時、明月之前愁生、非存非亡、又経此路、於稲荷鳥居前、奉礼南山御幸還御、雖非人数、度々参儲深草木綿山、薄・我毛加宇、穂色盛而如図画、宇治橋以西、建久元久之往事、如浮眼、奉礼八幡伏拝、過贄野池、立入所非丈六堂、儲奈志女堂、此堂、又安元治承之昔、度々来入、其時破壊、今度見之、新葺檜皮、内外如新造、仏壇立犬禦、前栽紫苑、不似老翁之旧骨、堂舎更新、身朽損、下人等食事』(21)之間、式賢存外来会一昨日令見歌之時、明後日参春日由、沐浴之間、云送之故也、相具酒肴、共侍・力者法師会釈、雖忿思、抑留雑談、及半時歟、自宇治雨止了、以舟渡木津、過般若路、芋・我毛加宇・刈萱・蘭・女郎花、色々開敷、情感非一、申始許、入東大寺南向小屋賢寂所借也、乗輿之窮屈、老骨摧而偃臥、脚病甚難堪、故待暗夜参社、自此門前東行、春日野南行、出二鳥居前、着裏無、取付男共、如蛙入慶賀門、昇西階参御前、故禅閤、毎度雖人多、必携手令懸給、雖非強力之身、一身供奉、今夜懸人猶以危急、紅栄黄落之悲、心中弥切、以故神主遠｜子、令申祝、奉幣、次参若宮奉幣了、帰参御前久祈念、此間月出有雲不見、

今も維月の都はよそなれと猶影かくす秋そ悲き

あけぬ夜のわか身のやみそはてもなき御笠の山ニ月は出れと　有へてはうきふしまちの月なれやふくるわか夜になけきそへつゝ　夜漸深、風入骨之間退下、臥宿所了、終夜聞鹿声、

廿日癸酉、　自暁雨降、

雑人等遅怠、天曙了出宿所、於東大寺前途鹿、舁居輿礼之、渡佐保河、雨漸滂沱、下簾不能眺望、風相交、衣頻湿、又入昨日堂、小食出路、於宇治雨適止、入平等院、只見廻

本堂、御所前栽花色、動心肝、此寺之破損、未見如此事、星霜之推移之故歟、寺務之懈怠之至也、毎見令痛思、依行歩不叶、不参阿弥陀堂、退帰了、於稲荷鳥居北乗車、馳帰、申時入北辺蓬門、骨髄如摧偃臥、典侍、為沐浴今朝退出云々、』(22)平臥無力、隔障子相謁、今日仁王会云々日来不聞及、、昨日左馬長綱来問云々、秉燭之程、典侍帰参、去夏聞及事、無変改之景気之由之外、無聞及事、入夜雨又降、窮屈前後不覚、

廿一日甲戌、　朝霧、辰終陽景晴、

筋力猶難起揚、終日偃臥、芋穂盛出、萩未落、

廿二日乙亥、　朝天遠晴、午後陰、秉燭雨降、

賢寂来、可有小除目由有聞、又延引歟陰陽・主計頭歟、讃岐信綱、最小分早米済之云々、雖不足、重陽之日一具、且可下行由示含了、

申時許、興心房来坐、去十八日、自一条殿退出云々、久言談、但無聞出事、伊平卿籠居閉門云々、臨昏被帰之後、雨降、

廿三日丙子、　終夜今朝甚雨、

賢寂伝聞事、関東給奥州、進備中国、已為中宮御分、行兼又目代、右京国務、経時承讃岐国務、依此等事、可有除目、法務御房、下向有馬湯、日来出立給之間、肩二禁見付給、親尊前陣下向、自武庫山、喚立医師等、非殊事、但可奉灸由申云々、天王寺訴、関東可被改別当由申、仍又座主可補給由、相国被計申云々、是非座主補、後院左馬寮之兼帯歟、寺僧之愁訴、又以万倍歟、吉水御遺跡、不可有其詮哉、年来車副秋久、自去夏之飢饉、漸々衰損之由聞見、近日病(疾)已病也、依難存、一昨日出家之由、昨日申之云々、多年伴鶴』(23)髪、可悲今年六十九云々、一年之弟歟、挙次男年二十云々、猶欲召仕、長男、在兵衛督許、典侍車猶持揚、

午後雨如沃、及申時休、夕陽漸見、

廿四日丁丑、　天晴、

今夕、中宮御入内云々、隆親卿、来十月伊勢勅使、一疋可引送由消息、心中冷然、所労獲麟、難待期日之由答了、

入夜送典侍車、夜半許帰云々、

殿下去年(冬)誕生給姫宮(君)、月来不例御坐、籠于修学院給之時(際)夭亡、不被披露云々、於姫君者何事在哉、

廿五日戊寅、　天晴、未後陰、

昨今、構扶奉読経一部、又奉書金光明経第三巻了去年腫

病以前、書二巻、
廿六日己卯、　夜雨降、朝雲出、
賢寂来次聞、神祇官已壊、欲上棟、公卿勅使十月以前、
盍終功哉由、当時催勧云〻、尤可然事也、蒜無為服了、
近日薙食云〻、
廿七日庚辰、　朝天無片雲、
臨昏、南庭梨子、奉典侍局入三籠、各八十許、挿色〻花、入長櫃新物、桑同入
小籠相具、
浄照房来、賀茂祠官等、訴物管殺害人之由云〻、其替競
望馳走云〻、
廿八日辛巳、　天顔遠霽、
梨子進大殿付女房、一籠・北政所典侍書付女房黄門、二籠、佐〻木如法経所・』(24)安嘉
門院以禅尼書、付二条殿局、一籠、件木両株、今年依其子多也、
昨日籠、存外備于　叡覧云〻、花色之面目也、
昨今聞、証寂房自夏不食病、七月許聊付減、一両度出京
兼時入道忌日講師之後、近日又獲麟云〻、
廿九日壬午、欠日、　朝天陰、微雨降、不湿地、午後雨降、
濛〻雨裏無来客　只見林叢漸変衰
七十頽齢秋已暮　流年流水逝無帰

卅日癸未、　天陰晴、雨又間降、反照忽明、
巳時許、興心房被来坐、禅尼受戒、
今日、奉書終金光明経、
賢寂来云、兵衛督蒜後、今日七日満、
来四日太相湯山之儀止、而内府相共行水田、運有馬湯可
被浴、前相公・武衛・実持朝臣・尊実・公審・実禅等、
悉供奉、又経営出立歟、前生之宿報歟、為見任者、服薬
之後又城外、甚不便事歟、
典侍、日来称新制、所従等不営重陽日事、今日聞　内御
方皆如例、仍俄周章云〻、本自為女形者、此日不着衣装、
甚見苦事歟、万事只朝事夕変、不足言事歟、又示含賢寂、
付視聴、厭却之心深、后宮御匣殿祖母年来訴訟、自北政
所、被仰関東、適止没官、被返本人、依行寛当時知行、
太相被申止』(25)抑留云〻、彼祖母、雖有出家之名、多年
密通愛念人也、依行寛抑留、実不便事歟、時儀何為乎、
今日又暑気、昼着帷、証寂房病、依察思、今日表微志、
以自筆感悦、
九月小、
一日甲申、　天晴、夜雨降、

午後又有暑気、又着帷、荻花盛出、
二日乙酉、　朝雲分、陽景見、晴陰不定、
暑気猶残、自朝着帷、問証寂房、逐日尫弱、無其憑云々、
其居所東北房、最悪所云々、居住者、此五六年毎年逝亡
云々真弟子・母・件子母等、又後見、皆家中可然者云々、遂不去其所終命歟、
三日丙戌、　朝陽間晴、陰雲頻掩、
賢寂示送、吉富公卿勅使事、被免除了、大殿、来六日入
御宇治、武衛被召具、相門水田延、可為十一日云々、暑
気如昨日、辰時許小雨降、巳時天快晴、申時許雨又降、
右兵衛督来、自殿下退出、天王寺可沙汰鎮由、被仰関東、
遣武士被召取凶徒事、悪徒所行、已以至極、積儲藁、々
上放火之条、更非下向武士之進止、仏法最初之寺、若為
灰燼者、後悔可無其詮、親王暫有御辞退、閑有後日沙汰
宜歟之由、申之間、親王已難抑留給歟、其替又法務懇望、
只在此事、無勅許者、永不可被召仕之由、申内裏・殿下
給、山僧兼聞此事、急可焼園城寺、又欲振神輿云々、大
殿仰、此事、』(26)座主・法務共有所縁、可止親王寺務由、
示関東之由、親王被成疑云々、惣不可加詞由、内々被仰
云々、被補座主者、其成敗又全不可追前師之跡、必定可
負傍難、法務又山門之訴実不便之由、被歎仰云々、大殿、
必定可令会維摩会之結願給、前日着佐保殿、当日公卿参
会、可扈従云々、其人七人基嗣・高実卿・中将殿・定高・頼資・家光・実有・為家卿等、可被触催云々、久
絶事、末代不知可否、大納言定通・雅親・家良・実親、中納言国通、
不出仕、子細如何之由、被尋仰云々、殿下御所之中、以
康入道新造厩牛屋、立御馬五疋御牛三頭、剰懸御所翠簾、
儲敷設、諸人褒誉云々、世上之儀、只被摸承久之仙洞歟、
万事云而無益、中終帰了相具両息、
方違明日満十五日、明後日雖為帰忌、依雨降、今夜不他
行、
四日丁亥、　自夜雨降、終日不止、入夜大風、
五日戊子、　雲暗風烈、
貞幸朝臣来、見脈、不可有不快事由称之、
六日己丑、　漢雲遠晴、朝霧始聳、
去夜寒気忽催、巳時許初鴈声聞、
宇治、暁更取松明御出云々、
定修来談、昏参座主御房云々、聊可伝申事示付了、巷説
云、信綱辞近江云々東方有存旨歟、可慙、今夜御方違行幸云々、
亥時許、宿北辺小屋、牛童帰来云、日没以前、出御宇治、

於木綿辺及暗、還御、中納言中将殿御同車・右兵衛御共、
於宇治、定高・経時卿等参会、歴覧之後御舟、網代辺御
覧云〻、』(27)
聞暁鐘帰、後夜猶長、
七日庚寅、　天晴、
武衛示送、宇治御共、定高・経時卿、資季・親季朝臣・
忠高・親氏・有長朝臣已下、七八人許、
中納言殿御同車、亥時許帰着、参行幸、
内府、大納言基嗣・実親、中納言具実・隆親、参議実
有・為家、三位公長、左将師季・有資・実持・氏通、右
実蔭・隆盛・伊成・雅継少将、少納言為綱、職事有親・経
光・範頼、
窮屈不参還御、
臨昏、大宮三位来臨、言談移漏、其子息刑部少輔知資親
経卿外孫、年廿八、不知其由、去月十六日、於嵯峨母在所辺出
家了、雖可驚、存神妙由云〻、又柿本影、譲与兵部卿了、
宜陽門(ママ)院、当時御一条殿西、御湯始渡御、御車寄、依他
人闕如、九条大納言殿基家参給夜陰事云〻、已出仕歟、至愚也、初夜鐘後
帰、

八日辛卯、　朝陽陰、
朝、典侍参佐〻木如法経所云〻、共人忠康、早旦送車、巳時雨
降、不湿地而止、陽景不見、
入夜車帰、自夕甚雨、夜雨打窓、
九日壬辰、　雨止天陰、雨猶間降、
午時許、送典侍装束、薄色生衣五文蝶、練貫小袖、織絹袴、紅単衣、女郎表
襲、赤色唐衣両物、古物、雑仕装束青紅葉青二・朽葉三、蘇芳、単衣、唐綾生小袖、今
一人菊、表白下蘇芳、青単衣、平絹小袖、〻』(28)
午後甚雨、夜雨滂沱、
入夜武衛来、参平座、大納言基嗣卿早参、中納言家光・
参議為家在仗座、上卿奥云、官人〻候一音、官人不聞、
又如前被尋、参議伝仰、官人参、上卿仰、奉行職事こな
たへ、兼高進奥座、蒙命詞如例歟、奏聞、仰聞食由、上
卿又如前被尋、官人〻候、官人参、召弁、時兼朝臣進奥
座、仰宜陽殿装束事、承退帰参、申装束訖由、此間、大納
言公氏卿・左大弁等参着、次移着、公氏卿昇着之間、大
納言家良卿、入宣仁門加其上、右中弁時兼・権右中光
俊・左少信盛・少納言長成着座、一献少納言、二献少弁、
次粉熟飯汁、次三献権弁、上卿仰左大弁、召侍従、大弁

仰之、少納言起座、帰参申不候由、次上卿召官人（二音如恒）、官人参、召外記、〻〻参、召見参等、以下事如恒、奏聞帰着（見参入通方卿、仍返給令除云〻）（遅参不見来、）、見参目六給少納言・右中弁、弁忠高・少納言為綱遅参、不見来云〻、
公卿勅使十月五日、神祇官北庁造出者、可有行幸之由、有　天気、於北庁者、盍出来乎由奏了、
天王寺、親王全不可辞退由被申、
陰陽頭国道被任者、不可用長官、不可随公事由、在継触諸人、書起請連署、
季久云、国道被任之条、至極理運也、季久可申権助天文博士之闕身也、連署了被任之時、申其替之条、尤不穏、仍難加由答之、然者各不同由、嗷〻之間、慭加之、在友又『(29)国道理運也、在継又至極之理也、但難加署之由、一旦雖相示、同被責落了、殿下召在継、書起請由聞食、極以奇恠、被任国道之上、不用長官、於不可出仕者、同（各）〻可進其相伝文書、皆可被焼失、只可被召仕国道一人之由、被仰之間、巻舌退出云〻、傚于諸寺悪徒、陰陽又謀反、奇恠不当事歟、
相門水田十一日一定云〻、内府・武衛・前宰相・実持中将・尊実・能性・実禅・公審供奉、
入夜聞、証寂房、夜前遂以他界云〻、自建暦之比、依西郊経廻、知音已年久、緇素相馴之輩、悉以帰泉、雖老後之習、付視聴難忍、貞覚僧都（右中弁貞憲朝臣子）真弟子、母澄憲法印長女、始為海慧僧都弟子、為密宗、師僧都逝去之後、弃出世之路、着墨染、与求仏房、共有能説之名、又預請用、近代之女尼、随逐彼両人如雲霞、至于終命之時、悪縁可悲事歟、信乗・円金両律師一腹弟也、共為出世者、

十日（癸巳）、　夜雨止、星躔明、朝雲出、薄霧聳、
終日偃臥、不聞世事、入夜月明、』(30)

十一日（甲午）、　雲往来、霧紛紜、
暁夢驚攲枕聞隣、村声忙東西呼人、
長衡朝臣赴水田之間、僕夫催駕歟、出去之後、夜未曙、悄然無音、

閑窓灯尽悄然思　単寝先催懐旧情
旅客待明群動劇　愁人残夜老眠驚
只憐秋鴈繋書信　不識晨鶏告別声
節物未忘涼澳（ママ）変　故人悉去在他生

未時許、興心房被来談、両殿下、令渡佐ゝ木給、後高倉院四条局黄門母、年八十、老病獲麟待時、件黄門今年四十九、重厄物悪、為少将頼行、被取筑紫庄、隆親卿其娘離別、今遭母喪云ゝ、
賢寂来、内府今日行例幣事、追被向水田云ゝ、雖有湯治之名、其本意只為遊放云ゝ、和泉境本自有山庄、又可被見葦屋・布引・陬麻・明石、云賢寂、以房任、令吊四条局病、執権之時、雖如怨敵、自壮年、知其名人也、失時沈病、不忘旧好也、

十二日乙未、　朝天遠晴、夜月陰、
朝書終拾遺集、授女子、依権弁借籠本、不終其功、依適返、以盲目染筆、
及昏黒、詣向二品二条亭、依御神事訖、只今参内之由、留守男答之、非指事、可謁女房由示之、故三位中将維盛卿女子禅尼二品姪相謁、暫言談、綾小路宮令参給之間、被馳参云ゝ、俄而宮退出給後車三両、天王寺磨滅之本意歟、此昼、宗清法印、以宗友』(31)有云送事、女子所労加灸治、久不出仕之間事等也、仍此女子香同車、行典侍局、可示達由含之、即帰来帰蓬、雲満月暗、夜深雨降、』(32)

十三日丙申、　自夜雨降、辰時許休、
終日天陰、日入之後雲僅分、月及巳忽属晴、
涼秋九月ゝ方幽　况亦閑人憶旧遊
良夜清光晴未忘　当初僚友往無留
不眠不臥謫居思　誰問誰知沈老愁
白露金風爰計会　満衫吹袖涙湫ゝ』(33)

十四日丁酉、　天晴、
浄照房来談、下旬於播州欲湯治云ゝ、
夜月無片雲、

十五日戊戌、　天陰晴、月昇初陰暗、夜深明、
覚法印音信、弟子僧、勤仕来廿七日寺家重役、大御室御忌日、来月五日、宮又高野御参詣、扶病参御共、公卿勅使御訪経営、御室還御無其期云ゝ、尤可然事歟、
賢寂云、明後日両殿下御円明寺、武衛自水田馳参会、又可帰水田之間、舟以下事奔営云ゝ、水田偏遊行風水為卿之儀云ゝ、天下只遊放歟、被到向所ゝ、各尽海内財力云ゝ、

十六日己亥、長凶会、過了、土用始、　朝天晴、
武衛去夜帰京、今朝在京云ゝ、日入以後来、夜前与中将

乗船帰京、為明日御共也、今日参殿、只今罷出、御出可
（為）明暁、参人〻』(34)(補1)大略如宇治、定高・経時卿参会・実
持・資季・親季朝臣以下云〻、神祇官行幸止了、諸門焼、
所残待賢門、不断穢云〻、内府又白地帰京、仲能在重時傍者也、十
九日下関東下向之間、言談要事云〻、以信繁入道、先日被仰遣
法親王、可止天王寺者、着藁履可逐電、仙院愁悶　主上
御憂悩之由也、此仰上不及是非、御辞退、不可候、但天
王寺不顧放火、可搦悪徒者、可随仰、若焼失可有御痛者、
可随重御計由申云〻、彼寺又弥興盛、渇絶親王云〻、
相門、十四日歴覧葺屋之後、被宿行寛房、供奉人両相
公・中将、実禅遅字云〻引馬、両法印・公審引牛、其後帰水田、
昨日被始湯、不可有他出行云〻、以桶二百、毎日運有馬
湯云〻、

補1 □雅朝臣依召参□　　□教行・家盛・時長・公
良・大内記、

○刊行会本によれば補書の□に「資」、□　　□に
「有長・兼康・盛長・以良」とある。

十七日庚子、　遥漢清明、
未時許、兵部卿枉駕、好士之余歟、拾謁移漏、及日入謝
遣、聊雖有出行之志、心神已屈平臥了、天王寺事、被問
公卿云〻、十二人歟、(補1)不慥聞、右内府、按察、四大納言
定通・実親・家嗣・通方、中納言定高・頼資・家光、参議経
高・範輔歟、雖弁士舌端、於此事何為乎、

補1 基家・実基・具実卿、都合十五人云〻、

十八日辛丑、　自去夜雲陰天暗、巳後漸晴、
興心房来坐未時許、戒聴聞、訖被帰、
一宮聊御咳気、北政所令入内給云〻、大殿又御咳病、予
自去夜頭痛支節痛、今』(35)朝猶行水、心神甚悩、
桜井僧正、去朔比、為湯治、被向摂州山庄、頓滅、法親
王与円満院僧正、遺跡相論、有喧嘩事云〻、前左府法眼
又被相交云〻、僧正不被触穢、大小内外僧徒之訴訟、千
万歟、所謂諸苦所因、貪欲為本而□〔已〕、
入夜咳病甚、辛苦難堪、
十九日壬寅、凶会、欠、　夜月陰、朝天晴、
終日病悩、夜有温気、
廿日癸卯、　自夜雨降、天大陰、
猷円法印書状之次、成賢僧正早世、天下之富人也、範円
僧正、又其病火急云〻、覚朝又老病云〻、□□（良カ）忠阿闍梨と

云者死去云々、予外舅之子也、昔□外祖母家恒見、不論尊卑、皆以亡没、
廿一日甲辰、　終夜今朝雨降、巳午時間休、未後甚雨、心神辛苦、
巳時許、興心房来坐、聊被語夢、護身之後被帰、辛苦不能眠、月及巳天晴、
廿二日乙巳、　朝天遠晴、
典侍更衣事、経営重畳、愁人受重病、旁難堪之故、晦比可退出由、頻示送、毎時節無人、不便之由問答之間、賢寂猶可構沙汰由領状、仍入夜告其由、
夜辛苦如例、
廿三日丙午、　朝天晴、菊始開、
未時許、右少弁忠高奉書、下家司相具長櫃来、指入細櫃、其状、維摩会御下向料講堂幡、被新調候、其内二旒令『(36)縫進給哉之由、大殿御消息所候也、仍上啓如件、
九月廿一日、右少弁忠高、謹上前民部卿殿、逐上啓礼紙、先例候之間、被充氏人ゝ候也、家中無右筆者、雇向僧令書、講堂幡二旒、可令縫進之由、謹承候了、但自去十九日、受重病候、月来所労、老身重沈、火急病難存命候、卒爾不慮事候者、不便候、仍不能給置、可然之様、可令披露給候、恐ゝ謹言、
自筆不書、七旬無官老翁、先例誰人乎、細櫃不解封、本幡等返使者了、
廿四日丁未、　暁月明、朝天無雲、
大宮禅尼之弟尼在言家朝臣姉、不運女房家、昨日来、当時居所佐ゝ木小屋西地、沽却之由語之、今朝遣賢寂令見、令持小価直、未時許帰来云、地検知、閑寂無人地也、但本主女券置京、明日可持来由申、仍不賜価直帰云々、幽僻立錐、典侍之弟女子、善悪無所馮之故、雖方丈之地、為充彼料、所令買取也、
月未出、眠覚辛苦、月昇鐘鳴之後、又聊睡眠、
廿五日戊申、　遥漢清明、
菊花已開、昨今雖不行水精進、不能念誦、
良算法印送日蝕勘文十月一日卯刻、可慎病厄云々、已有病、雖可怖、貧者何為乎、
入夜、典侍適退出、依宮中人不候、雖被処不当、訪重病之由奏聞、明夕可忩参、御匣殿蒜、相公同、適不被出冷泉殿、此咳病重悩、幼稚大納言殿許候云々、備中為中宮

御分、相国撰三ケ郷被申請、蒙御恩由悦喜云々、』(37)
廿六日己酉、　夜霜白、朝日鮮、巳後陰、
喚金蓮房、令見女房疾、小々加灸点云々、典侍五所背三・胸二、弟二所、高諦五所、秉燭以前灸訖云々、賢寂来、
買取佐々木地券、賜直物了、但隣地有尺寸之違乱等、土用以後可尋沙汰云々、戌終許典侍帰参、灸治小浴、雖可労風病、今夜必可帰参由、夜前　綸言、有恐之故也、
夜深雨間降、
廿七日庚戌、　微雨、天陰、未後甚雨、
兵衛督夜前帰洛、今朝、殿下御共参佐々木、帰路可来由示送、大炊御門中将来臨蓬門、所労不能謁之由、乍車問答、
申後雨如沃、
廿八日辛亥、　終夜今朝雨猶降、
心寂遺跡禅尼許、昨日送最小分物、示抃悦之由、非木石、不忘旧好之志也、雖軽微、事非当世之時儀、至愚之僻案而已、
巳時許武衛来、昨日参佐々木、明日十種供養、伶人、笛公頼・宗平経通・伊平中障、笙実有、
琵琶公審法眼娘相門女房堪能、孝時法師、
箏師季・孝道娘、家定中障、
篳篥定季卿、孝道可参打物料云々、
可聴聞由雖被仰、依着座無心、不可参、依可参内、即帰了云々、終日雨猶降、夜深雲晴云々、
廿九日壬子、晦　朝天猶陰、朝陽間見、乾方虹、
病雖無減、無温気、身垢穢依難堪、今日沐浴巳時歟之後、当時無増減、
三位顕平卿書状、可献五節舞姫云々、安房国歟、』(38)
内裏大納言局兼良大納言女、母信定入□[道]女、日来聞産気□[由]、奉誕生皇女云々、
秋日早没、暮雲催聳、菊蘂初開、蛬声猶残、』(39)
十種供養儀　家長朝臣注送之、
先吹盤渉調々子、
次伝供　鳥向楽　々間天童十六人供花
天童左右重装束也、件童十六人、定豪僧正沙汰進云々、
頗無其故事歟、
次惣礼　宗明楽
一段花秋風楽　二段香採桑老

三段瓔珞蘇合三帖　四段抹香同四帖
五段塗香同五帖　六段焼香同破急
七段幡蓋蘇莫者破　八段衣服白柱
九段伎楽輪台青海波　十段合掌竹林楽
昇楽　万秋楽破　下楽　千秋楽

伶人

笙　大理　楽人豊原近秋
笛　五条二位　宗平朝臣　家清　楽人大神景基
篳篥　実俊朝臣　楽人安倍季茂
琵琶　女房讃岐　孝時入道
箏　女房公審娘　師季朝臣
大鼓　家長朝臣
羯鼓　舞人狛近真
鉦鼓　舞人多好氏
□〔伶〕人着座之後、諸大夫置楽器、
　為仲　家盛　以良　教行　時長
御導師聖覚法印　説法殊勝云〻、
他公卿以下不参、殿下御〻簾中、
殿上人、在公卿末長押上、家長・孝時入道在簀子、松殿七ケ日舎利講、殿上人諸大夫同座、院中後高倉御時、又同今□〔度〕相異、』(40)

●貞永元年（寛喜四　一二三二）

◇【参考】東京大学史料編纂所柳原家旧蔵本膽写本

○『新勅撰和歌集』定家識語にほぼ同文があるが、参考までに掲出する。詳しくは解題を参照されたい。

六月、

十三日壬戌、

依昨日承旨、先参関白殿、今日不参内、職事早参由、所来触也、早可参之由被仰、仍参内毛車、経明義・無名・神仙門、着殿上外座西第二間、頭中将資雅朝臣、出上戸相触気色、帰参付内侍奏候由、承勅帰出、仰云、古へ今乃歌撰比進良之女与、正笏承之、称唯微音、貫首退帰、揖退出、今故染筆、書廿巻之草案之端、

十月、

二日、

雖撰歌未調、仮名序代幷二十巻部目録、注一紙色紙加礼紙、

先内覧即奏聞、仰者(作ノ誤カ)位署已下、可用今日奏覧之儀由、同
奏之、

天福元年（貞永二　一二三三）

定家72歳　正二位・前権中納言
為家36歳　四条天皇3歳　後堀河上皇22歳　後鳥羽上皇54歳
順徳上皇37歳

正月、撰集のため『千五百番歌合』を見る。京の各所で猿楽が演じられる。二月、延暦寺の東塔南谷衆徒と無動寺衆徒争う。撰集作業のため目腫れ、和気貞幸の診察を受ける。三月、宜秋門院按察より三十四年前の詠草の書き継ぎを求められ、書き送る。撰集作業で中古の歌に改めて感歎する。昨年以来の相継ぐ病は呪詛のためかと疑う。四月、藻壁門院竴子院号宣下。藤原知家と撰歌の件等を相談。六月、『新勅撰集』の撰歌三十余首を切り捨てる。為家、『新勅撰集』の荒目録を取る。七月、藤原家隆、後鳥羽上皇の命により三十六人和歌を撰進、八月、『千載集』『拾遺集』書写。九月、為家を通じて後堀河上皇御製を請う。藻壁門院竴子、早産のため死去。葬儀・仏事に参仕。長女因子・次女香出家。為家女（為子）誕生。十月、興心房を戒師として出家、法名明静。出家を見舞う人々来訪するも会わず。『拾遺愚草』完成。この年、勅撰集入集を願う来訪者多数。

◇時雨亭文庫蔵（第五十二）本（460）

（旧表紙）『貞永二年春』(1)

貞永二年癸巳、

正月大、

一日丙午、三吉、神吉、歳下食　屋上雪白、山頂雲晴、
日出以前、拝神社本尊、念誦訖、巳後解斎、着冠直衣、
見歯固鏡、午終許、大炊御門中将来臨存外、過分、芳心歟、随身萌
木袴逐年此事多、参院北面、自是参女院、参殿之由云々、及未
斜、下人説、殿下、於門外御乗車、令参大殿給云々、此
間、内府書札、被尋魚袋参議之時所用、在金吾許、今度不及其沙汰由申之、酉時許、
有弘・孝弘等来次聞之、金吾不参御薬、但早参、可見千
寿万歳之由、有仰事、束帯忩参、其後可参所々云々、追
儺之次小除目、侍従一人任、藤教基云々、

二日丁未、　蒼天快霽、白日尤鮮、
早梅盛開、黄鶯高歌、
午終金吾来新車、牛童薄青白裏、蒔絵螺鈿剱、有文帯、昨日早参、御薬訖之間、
四条納言・別当三人候御前、御薬参、内府・大将・左金
吾・此二人・匠作奉行、六人云々、』(2) 次参殿、無拝礼、大殿拝
礼権弁光俊、申之、殿下令練給・九条新大納言高・中納言中将殿・
伊平・実有・頼資・家光・経高・為家・範輔・基氏
外人一人歟・資頼卿・有親朝臣、殿上人、頭弁・親季・光俊、
職事三人、高嗣歟、次北政所拝礼、宗平朝臣職事歟、申之、人
数同前、次大殿・々下已下、連車令参院給、新大納言・
中納言殿・伊平・為家四人、殿上人、中将殿・宗平・有
教・資季・親季・頼行・能定歟、
院拝礼、左衛門督申之、大殿令練給餝剱代、木地伏輪螺鈿御剱、殿下以下頗令退
立給、父子例儀也、右内府・大将・中宮大夫・新大納言・中納言
正欠、権八人・参議七人宣経欠、納言以上一列、参議一列、殿上人
一列頭不立、宗平・資季・実蔭・中将殿・為経・通氏・親氏・光俊、職事等歟、、下﨟競出、中納言
中将殿以上留、大殿令練還給殿下・新大納言・中納言殿家礼、次中宮拝
礼大殿令参御簾中給了、此間已及昏、亮申之、殿下不令練給、土御門大納
言参加、次参内、無小朝拝、節会懸御簾、内弁一上、土・
新両大納言、雖着陣早出、外弁実有・盛兼内弁同時早出・為家
宣命使・範輔早出・実世御酒勅使・有親朝臣候、外弁昇殿之後、
内弁退出、権大夫行事、毎事下殿無指失、三位、長倫卿
不立拝礼、参所々之外不出仕、昨日、参禅門・内相府了、今日先
参女院、可参臨時客云々、夜前節会退出之後、聞無』(3)
人由、又直衣参院、名謁、

已及酉時、以下人令伺、内府猶不被出、権大夫・別当・
実持・実光・頼氏・実清朝臣車、立門前云〻、臨時客、
夜陰事歟、可奇、終日有和暖之気、
日入以後微行、織月如弓、高懸宿賢寂宅、依近〻便宜、典侍時程退出、
宮女房、御匣殿・冷泉殿之外無人云〻、打出、紫匂、柳
表襲、蒲萄染唐衣、身装束、同衣、山吹表襲、青色唐衣、
御服、紅梅匂十、赤色御唐衣地文梅散花梅折枝、青匂白文、寝殿南面階間、
同東間二間之外五間、西面三間、有打出、猶有忩忙事等、
不経程帰参、
亥時許、又名謁訖、金吾直衣一身名謁来臨、人〻大略参入之後、
被待土御門大納言、春日徒暮、
彼卿参入蒔絵螺鈿剱、有文帯、両息相随皆螺鈿剱、
公卿列西上南面如大饗時歟、右大将、独被立中門南方北面定有存旨
歟、不知其故、内府、向土御門大納言揖、大納言答揖、中宮大
夫以下不揖不知其由、殿下御沓、中将殿取給大納言顕定、大将基平、大夫通氏、新大
納言定具云〻、中納言已下昇中門切妻、公卿座狭、納言皆悉着
了、参議之中、別当三献盃・大弁可申上・匠作行事、三位資
雅所作、依無其座、此間逐電退出、
参公卿、内府螺鈿剱・両源蒔絵螺鈿・新螺鈿・経通蒔螺・中将
殿螺鈿・左金同上・権大夫同・新中納言有文帯・富小路蒔絵・
両藤無文、参議人数如昨日、』(4)
中門外、両頭立公卿末、列拝之時、殿上人、両頭中将螺鈿剱・
宗平・有教・資季・実蔭・実持・実任・頼氏・光俊・五
位蔵人等、通成歟、
歳末之比、唯蓮房実時入道、自関東帰洛、数多中持納道理
歟、龍蹄数十疋、放光無極云〻、在此北辺、忠綱朝臣之
向云〻、尊実法印兼成恐、
三日戊申、遅明微雨降、巳時雨脚止、陽景晴、
天明帰家、夜前、権弁被臨蓬門之由聞之、毎年之恩問、
過分之芳心也、
漢雲東往、陽景間陰、坐寐臥眠、春日空暮、織月晴、夜
陰星不見、
四日己酉、朝天陰、微雨灑、巳時陽景見、
午後又陰暗、頭沃菊湯、乾了偃臥、未後雨降、路人、折
八重紅梅花枝持之年始未見事也、
雲奔東、雨終日降、遂通夜不止、
五日庚戌、凶会、朝間雨猶降、終日不止、中後殊滂沱、
南簷紅梅単纔開、

未時許、兼直宿禰来臨、閑居清談、自然及時刻之次、行
幸還御、ゝ麻次将伝進事、近代若有其説哉由問之、往古
大略為毎度事、近代物存知之人不候歟、不承及由答之、
同輿之時、殊可有此儀之由、所存也、
夜天忽晴、星躔照耀、
六日辛亥、　天晴、風寒、』(5)
前典侍参内云〻、巳時送新車孝弘在共、牛童薄色、今日見旧歌、
日暮入夜車帰参内・一条殿、
七日壬子、　天晴、
巳時見叙位、正三位通忠臨時　基氏院御給　従三位実俊臨時
正四下頼基陰明門　時兼鷹司院　顕定中宮
公基安嘉門　従四上公有府　親氏臨時　頼氏　実清
従四下為継臨時　伊忠府　為綱労　光成北白河　氏通労
実躬　顕親従一位藤原朝臣当年　通成臨時　実雄　藤経成東一条
正五下藤資親　菅長成策　藤宗範同
源遠兼安喜門　従五上藤永継一　藤宗教簡一　源輔通
同雅家　藤伊長　懐遠王　高階資憲白河院未給
和気能成　五位定宗蔵人　源雅元氏　藤光忠氏
爵卅六人　外階一人

興心房被来談之間、左京権来、依中書慶参院、臨時叙留
尤面目歟、自是参大殿云〻、
不立叙列、来十日、北政所御慶申以前、可参廻云〻、
晩月清明、始着直衣、参安嘉門院、謁女房内侍歟之間、左
少弁束帯来、女院御方女房被待由、引導、仍参、黄門被
出逢之次、子侍従参院北面、金吾可芳心由、可伝之云〻、
定存忠歟、可申由領状、不経程退出、籠居廿日許、骨髄
更休息、故腰損足痛、弥不能行歩、半月照軒、動幽襟、
追儺夜昇殿、又加資俊朝臣・実直朝臣・侍従宗教中納言
中将殿夙夜供奉料云〻、
八日癸丑、　朝陽晴、微雨降、巳後快霽、
金吾注送、』(6)
白馬節会、内弁一上、外弁内府練・大将・中宮大夫・中
納言中将・左衛門・新中納言伊・中宮権叙位宣命・藤中頼・
新藤中家光・為家御酒・左大弁書加叙、禄所・別当叙列・左宰相中将
実世、宣命使、
加叙、従四下道嗣・教房侍従、従五上藤清輔嘉陽門当年・顕
親・通成・実雄、道嗣、少将如元為継不被仰、若、除目可被許歟、
叙列、別当・時兼、兵部顕定・頼氏・実清・通成、皆舞

踏、白馬奏以後、両大将退出、中宮大夫内弁、左馬頭代頼行、右有長、奏取継宗平朝臣、両大夫・参議三人祗候他皆早出、

中将殿令引陣給、外弁昇殿掌灯、

明後日十日、北政所、准后之後、始令参内・中宮給、扈従、殿下・内府・九条新大納言・中納言中将殿・新中納言・権大夫・為家、殿上人、自内・院被催、献出車毛車五両云々、

念誦、日入以後休息、夜月明、遠近堂舎、鼓音聞、近日、尊卑家々、猨楽握翫、積山岳湛淮泗云々、独醒叟、不視舞、不聴歌、又無琴詩酒之友、只対早梅之花樹、聊慰壱欝之懐、

九日甲寅、凶会、　天晴、未後陰、

去夜暁鐘後、乾方向小屋、群盗五六人自後地入云々、腹取尼宅云々、

未時許、但馬前司、相具日向国司親継来談、南簷紅梅漸開、』(7)

十日乙卯、　天晴、

巳時許、迎禅尼依吉日、自今日、居住北屋、

夜前、金吾家女房等、法勝寺咒師見物云々、権弁芳心云々、一昨日御斎会始、九条新大納言・新中納言・中宮権大夫・二位宰相・右衛門督・左宰相中将・修理大夫・有親朝臣富・藤中遅参、夜前法勝寺、金吾・経時・親長卿・有親朝臣云々、

今夕、北政所御入内、女叙位、

入夜月明風静、戌終許、出一条伺見、出車、已乗了立一条面向物門立之、東上北面、源卿一門四人・修理車云々、前駈衛府各二人、半物車冒額上﨟不知誰人、、小時、内府被参之後、殿上人已騎馬之由聞之、於正親町東洞院見之、先地下前駈云々、年少六位二人、在前人顔不分別、次内・院殿上人云々、但不常見之人、通氏・通行・親氏朝臣之外、不見歟、範頼供奉、頭弁無中将、

次御車唐車、　次出車、次殿下、居飼・舎人、前駈六人、毛車不参随身、御車後引之、移馬、次内府、　次中納言中将殿御随身騎馬、新中納言、中宮権大夫、右衛門督随身二人取松明、二人在車後、見了帰入、後聞、於院御所、御車寄西二棟中央間有弘庇、当時為公卿座之所也、、公卿列居南庭当寝殿坤、北上西面、新大納言腫物所労云々、

十一日丙辰、欠日、　天晴、

今日院御所小弓云々是実之小弓也、近代往年雖有小弓名、其物躰、新物』(8)新作物也、非大弓、非小弓、中

央物也、今復旧、尤可謂尋常之儀、政始十四日、除目廿二日始由、金吾示送、

十二日丁巳、　天晴陰、午後大風発屋、

紅梅漸開、

夜深金吾適来、今年日夜無身仮云々、今朝維長奉書、北政所、只今御参中宮、御車寄闕如、可馳参由頻催、仍打梨馳参、頗被刷御出也、前駈只二人、重被催求之間、両殿御衣帽子、同車令参給了、及日入寄御車忽令差綱、遣召、騎馬雑色只今還御之後、所来也、聞日来事、一昨日供奉殿上人、皆取松明、列居中門外、本所職事入中門内、内裏同在東中門外御車寄例行啓時妻戸、公卿又入中門内、供奉人、親俊朝臣・宗平朝臣・資季、、・有資、、・実持、、・通氏、、・親氏、、・頼氏、、・親季、、・通行、、・兼高・信盛・忠高・範頼・経光・顕朝・能定・季頼・経俊・信光・宗教・少将能忠両方地下歟、取松明、入中門内、職事歟、顕氏朝臣・信盛朝臣、付御車、諸大夫、有長、、・兼教、、・泰敏、、・維長・盛長・教行・兼仲・兼綱等歟、又資親地下公達歟、供奉云々、殿前駈、以良・家盛・知資知信子・時長・資憲泰敏子・家国、中納言殿前駈、基邦・時光毎度此二人供奉、

昨日小弓東馬場殿庭、内府・大将見証、以孔子賦分左右、

勝方左、隆親卿・基氏卿・基保卿御譲位以後入番、常参・資季、、・家定、、・家任、、・実清、、・行綱北面・業時、負方、具実卿・為家卿・光俊卿・成実卿・有資、、・隆盛朝臣・親氏、、・博輔・繁茂、

明日、御幸・行啓、公卿可被催分由、兼日有沙汰、其儀改、可為御連車之儀、出車殿上人車、』(9) 公光、、・顕親、、・通成、、云々、

御堂修正始、殿御参、公卿闕如由、兼高催之、仍又参、治部只一人上座加其上之間、近御座、失便宜、

今年、御方々女房見物不聞云々、

二月廿二日初入御宇治、為氏被催、

臨時祭舞人、殿中将殿令勤給、法性寺殿御子族以後、於舞人者久絶事歟、頗不叶時儀歟、無朱雀院、而毎事新儀歟、舞無其沙汰者、還失旧例歟、

十三日戊午、　夜雪積庭、朝後猶降、

雪埋紅梅、閑庭催興、未一点雲晴、風烈、雪消尽、

祠官忠成来、今日座主宮緇素拝礼、毎年々々始有此事其日不定、以吉日貫首被仰、御座南面簾中、先僧等、次祠官禰宜已下、二行立、房官僧申継云々、

夕風猶烈、雪又飛、雖有御幸見物之志、寒気難堪、返遣
牛僕了、
後朝伝聞、殿下紅打出衣、綾例御指貫・右大将無出衣、浅履剱笏、・中宮大
夫・左衛門織物薄色指貫、無随身・四条・新・中宮権・新藤・二
位宰相・右衛門・別当已上直衣、無剱、・左宰相中将・修理・大
弐已上束帯・治部・顕平卿・資雅卿織物薄色指貫・有親朝臣已上直衣・
宗平朝臣束帯、野剱・有資、、・実蔭、、・家定、、・顕定、
、細剱、随身・公光、、・隆盛、、・兼高・顕親細、随身・通氏、
、同・忠高・経光・信光・光国已上束帯・信実・実持・親
氏・実清・親季・範頼・顕朝已上衣冠、』(10)

十四日己未、　天晴、
両殿菩提院御覧、新殿今夕御方違禅林寺、金吾又被召具
云々、近習追放、重役勤仕、前後相違、
今日持明院御月忌、昨日問人数、頼資・親長・光俊卿参
云々、依座次厳重、不能参、
臨黄昏、四位侍従言家来、除夜入洛、未参公所由称之、
官途挙状等、付権勢之由云々、付前中納言訖自河東副状、持向
又申入道相国、又自河東、有申座主事、志深庄民卅人許、
為神人、不随庄家事云々、喧々不絶歟、但来月、依堂供
養布施取、又可下向云々、只答尤可然由而已、
月不明、
十五日庚申、　朝陽快晴、
両殿、今夕猶御宿禅林寺云々、不知其由、御共人々皆不
帰云々、両方之近習、極可失便宜事歟、昨日遅参之由、
頻被仰、中納言中将殿同車、令駈参給先菩提院、夕禅林寺
之由、賢寂来談、政始、御斎会竟日被召具、無詮事歟、
明月無片雲、
十六日辛酉、　天晴、風静、未後陰、夕雨降、
今朝典侍書状、昨日聊御風気、護身之後無為云々、』(11)
不聞世事、
十七日壬戌、　終夜雨降、朝天晴、風烈、
十八日癸亥、　雪埋庭草、朝陽晴、
晴雪間飛、念誦日暮、
蓮花王院御幸、但行啓之有無不定云々、夕聞行啓止由、
寒風老病不能見物、
十九日甲子、　朝天快晴、

金吾適注送日来事、
御斎会竟、土御門大納言・中宮権・藤中・新藤中・有親
朝臣、
踏歌、内弁内府・左衛門・中宮権・藤中・新藤・経高・
実世・資頼卿・有親朝臣為家雖参、依人多不出外弁、早出、
射礼、新藤・新宰相有親、
夜前御幸、殿下・大将浅沓・中宮大夫・九条新・高倉中
納言参会上卿・左衛門督・四条・中宮権・新藤中束帯・経
高・為家・基氏・実世束・資頼・親長・顕平・師季・資
雅・有親、殿上人、親俊朝臣・隆範十四日昇殿・資季・信
実・有資・実蔭・家定中将・顕定御剱役・通氏・隆盛・宗
明・信時・親氏・光俊・通成・経光・忠高・博輔・季頼
小と忘却、六位家清・仲時、
初夜導師・咒師三手・後夜導師布施資季博輔・、(補1)寺大僧正以下
布施、大将已下大将、大▨自中尊南、出後戸、』(12)新大納言已下大廻、
布施以後、経通以▨上四人経御前、具実・隆親已下大廻、
次龍伝、毘沙門、次杖、次鬼、次還御、　最勝光院八講
家光卿上卿、親長・有親等参云と、、小弓之妬勝云と、
夜前、少将内侍送書状、今夕随躰可参由、示送了、

未時許、大炊御門中将来臨、言談、自然移時刻、及黄昏
参殿下云と、
御斎会竟、本陣勧坏、有教・実蔭・家定少将□朝臣、出居有資
朝臣・親氏朝臣参、
秉燭以後、先入賢寂宅、逢金吾、暫言談之後、参御所、
尋内侍、已以御寝、無路便由、金吾伝之名謁已訖、不参会云と、、仍向
局口久言談、散日来不審、夜半許宿賢寂宅、
月陰雲暗、

補1 中宮大夫、自仏前東行云と、

廿日乙丑、欠日、　自暁雨降、巳後休、天猶陰、
暁鐘之後帰家、未時許、行寛法印来談之間、金吾又来、
法印帰後、金吾、依内府招引、又参大殿不知其由、
廿一日丙寅、　朝天漸晴、
昨今只見和歌千五百番歌合、自金吾許小と求出、近代歌、面と雖称雄、更
非尋常歟、可謂自他之恥、
廿二日丁卯、　天晴、
式賢来、称病不逢、久不出蓬門、常称所労由、此男、依
多言本性、示病臥由、』(13)
廿三日戊辰、　天晴、

金吾来談、夜前除目始、権大納言・中宮大夫、高倉中納
言経・新中納言伊平、参議経高・為家・範輔・実世・有
親、筥文時兼・為経・光俊・忠高、頭弁奉行、当時無外
人聞及事、参議宣経官、頭中将可任名替歟之由披露、貫
首競望、実俊、可任参議之由、出所望云〻、
大宮三位来臨之間、又以相謁、及黄昏、
金吾入夜帰、
廿四日己巳、　朝陽陰、午後微雨降、申時甚雨、
今日、大北政所、令参春日給云〻、
禅尼詣祇園・吉田・賀茂未時帰、川合社有穢、立簡、人不参云〻、
明日中宮御入内中一日云〻、
今日、院尊勝陀羅尼供養、導師長者大僧正、自賢寂宅、
被具威儀云〻、
夜雨、金吾示送、今日院参公卿、殿下、両相府、四大納
言権・大将・中宮大・新、七中納言高倉・中将殿・四条・新・富小路・藤・新藤、六参議経
高・為家・基氏・実世・資頼・有親、三位三人、親長・顕平・
長清、新大納言・中将殿・藤中・治部、束帯、
殿上人、隆〻範・宗平・資季・実蔭・信〻実・実任・実清・
通氏・宗明・通〻氏・兼高・忠高・経光・光〻資・宗〻氏・知
宗・資定・光国・博〻輔合点衣冠、
尊勝陀羅尼、殿上人往年無不参人歟、自建永承元以来、
密〻他所御幸、近習人不着冠、疎遠又不参、自爾以来陵
遅歟、
廿五日庚午、　朝天猶陰、巳時又雨降、即晴、』(14)
及午時不聞除目、行啓延引廿八日云〻、
午終、助里持来聞書参内裏、伺聞、巳時許清書訖、上経通卿、
有親朝臣右筆云〻、雑任之外無指事、
少納言重房　宮内少輔藤俊国　権医博士丹波季□(康ヵ)
針博士同忠成　山城中原盛氏史　大和藤盛家
美濃隆盛兼、院分歟、　越後権守宣経兼
播磨藤家定兼、院分歟、　美作権守資頼兼　備中権有親兼
土左源教行　壱岐中原師胤　筑後藤親賢代始一﨟任国也
将監左右各五人　左右衛門又五人左将監・右衛門、有督請大将　左兵衛四人助里任了、
右兵同　左右馬各六人
従五上藤基綱　藤家方止宮内輔、　藤重綱止守、
使宣旨兼氏
金蓮房、今年始来此次聞、前侍従信継、去年、十一月廿八日卒去入道信定猶子、孫也
廿六日辛未、　夜雪埋草木、朝陽猶沍陰、

先年千五百番歌合、尋出欠巻、尋兵部卿之次、折簷前紅
梅之雪、送之、
今波世爾簷波乃梅の花遠佐倍
埋波弖鶴春乃雪矣
返歌、雪消天晴之後来、
今は世に簷波乃梅も雪消て
猶ゆくすゑの春そさかへむ祝言存外、
未斜、兵部卿忽来臨、及日入謝遣、
斎宮御帰京之後、奉行経営、又参向、於岡屋津御乗船、
難波実於渡部修之云と御祓之間、可供奉云と、
廿七日壬申、　霜凝、天陰、巳時晴、』(15)
未斜権弁来臨、心閑面謁、及昏黒、
大嘗会可奉行由、承之云と、明日下名云と、
夜雨降、昨日、普賢寺禅閤入京給寵人武蔵、着柳衣六、乗御車、上簾、路人皆見云と、
廿八日癸酉、　自夜雨降、巳時天晴、
今夕行啓御入内云と、明夕行幸料、
午時許、興心房被来坐参大殿退出、
昏黒大風雨、不経程休、行啓延引明夕云と、
廿九日甲戌、　朝天快晴、

巳時見聞書、権中納言藤頼経　右中弁光俊兼
権右中信盛　左少忠高兼　右少弁経光父辞中納言、
侍従源雅光　同資基伯三位子歟　大膳権亮藤長政中宮権大夫、五節二合
弾正少弼藤重隆　若狭守藤隆氏　土左守藤家教兼
薩摩守橘重国治部卿国也、名替歟、不知、　左中将公相
少将氏通　右少将雅継　光成三人還任
従三位時兼叙位、正四位下、超蔵人頭・右大弁・左中弁、於老身可謂慶歟、盛経・成長大弁又同、
正四下通氏　正五位下隆祐止侍従、　忠俊　従五位上藤
公茂
雑任叙爵其数多、不注之、資基賜源姓云と、
中納言十人、勤公務者、只家光卿一人歟、
去夜、南隣一条西小路角之小屋、山法師宅群盗入、斬其従者法師童、雖未
死不及療治、負痛手叫喚、路人成市云と、
金吾又示送云、若狭北白河院御分、美濃替　薩摩卿基氏、若狭替　土左院分、
美濃大殿、備後又可為院分云と、
今夕行啓、行幸明暁還御、行啓又還御云と、送典侍車、
助里在共、又後聞、備中已被辞申、[可]□為播磨之替、而本
所不被挙任人、仍不任云と、』(16)被辞申之上、更不可被
請取歟、

卅日乙亥、　霜凝、天晴、
行啓、女房車天曙日未出帰来、金吾示送、行啓、両大夫・中納言中将殿・四条・富小路・為家・実世・公長・師季卿・有親朝臣、行幸、右大将・中将殿・四条・新中納言伊・権大夫・為家・実世・公長・有親、行幸及深更、出御南殿之後、忽御六刈、無御乗輿之間、及延引之沙汰、御寝之間、御乗輿、過夜半了、不経程還御、次行啓還御天曙云々、未時許、少輔入道唯円房来談、今夜聞、住心房中風病、歴年已遂以入滅、今夜葬送、

二月小、

一日丙子、　朝天快晴、去夜微雨云々、
兵部卿、明暁参斎宮御迎、明日摂津国御祓云々、
今夕御方違御幸、

二日丁丑、　天晴、
蔵人大進送書状、下名後朝、姉老尼長方卿嫡女、寡居貞女也、父没後為尼、其鴻才有識、超于兄弟、長于詩句云々逝去、于今不出仕、可除服出仕由被仰、厚顔而可出仕哉、父子相継超越、可悲可恥云々、当時所存、雖有其理、適堪奉公之人、忽隠居、為世為身、無詮事歟、又本自為父之末子、無私領人也、自然依公人可扶身歟、予所答、坊官賞得境之上、適堪公務上卿去職、申請之、所募已重畳、是即超越之尤固之故歟、還可謂御本意哉、』(17)忍怨欝出仕、可為上計由也、予去官之後、宣下事無請取人、家光卿入日野之時、上宣事物而黙止之由、所示送也、伊平卿、十二月廿七日、適示可着陣由、催具諸司之処、臨期称障、空延引云々、
金吾示送、夜前御幸供奉、中納言隆香狩衣・盛花田・為家柳・大理直衣・資季花田・有資白・家定赤色、取御剱・隆盛・親氏二藍・実清柳・光俊奉行、花田・家清白、
繊月高懸、

三日戊寅、　朝陽快晴、
鴨光兼来、喚出之間、前左馬長綱来談、左京権又来会、中務為継、除目叙留被仰了云々、未被仰之人、少将伊忠・実躬・侍従経成、各懇望云々、
近日群盗毎夜騒動、其響遠近互聞、急難之至、雖末世、視聴不及事歟、余命待何日、以寿難終歟、悲哉々々、
未斜、大宮三位、相伴舎弟前兵衛佐来臨、即相謁、武衛先帰、三位九条宿所之隣、群盗又乱入、流矢及家中云々、
及昏謝遣、

初月又明、

四日己卯、　自朝天陰、未後微雨、小時天晴、薄紅梅八重盛開、垂柳漸翠、天明翫花柳之丹青、夜来悲盗賊之急難、

言家朝臣書状、依関東堂供養事、明日又下向、三月可帰洛、依忩ゝ不参者、

日入之間行冷泉金吾自昼御鞠、候御所云ゝ、』(18)向中納言、一日有書札、以房任、近辺参来之由示送同祇候之間云ゝ、秉燭以後、共退出之由聞、欲向彼亭之間、即被来臨、仍面謁、金吾雖同出、無程又帰参以後、戌終許被帰之後、宿賢寂宅、金吾名謁了又来談、及深更、明日、近習公卿殿上人、可参斎宮御迎之由被仰、中納言四条・富・参議金吾・左兵衛(三位)・大弐所労不参、已上直衣、資季ゝゝ・有資ゝゝ・家定ゝゝ・家任ゝゝ・実清ゝゝ家(歟)ゝ、教ゝ▨▨(可早参)之由、雖被仰下、此中納言、(御車寄)白昼京中可見苦、午時許可出京之由、相議、可参向赤江兵部卿、自一昨日参云ゝ、明後日、又頗可有尋常御鞠其事承催人ゝ、学問料事未被仰下、大府卿成怨、偏流涕、無殊競望之人、家光卿雖頗当其仁、不可競之由和解、大儒始挙四人、依無例難渋歟、在氏故為俊子、寓直殿中将殿之故、有憐愍歟由、大儒成怨云ゝ、右中弁申率分之間事、左中弁率分、尋常恒例也、尤当其仁、右又、父為右中弁、行其事由申、両人事、早任各申旨、可奏由、殿下被仰頭弁、而不申左、申右事之間(殿下令申給)、任殿下令申給、可被補歟由、被仰下歟(間)ゝ、殿聞食此事、被咎仰、頭弁頗不穏由、有沙汰歟、居職不幾、此沙汰出来由、人又有所云歟、時兼置左中弁補之、被止日向国之時、依有申旨、為別儀之故、今度、左頗当其仁歟由、上下存之云ゝ、

左衛門督、正月熊野詣、中旬可還向云ゝ、』(19)

五日庚辰、　天晴、

未明帰廬、巳時許、左京権大夫来談、

申時許、斎宮已令入持明院殿給之由、雑人等称之、甚早速云ゝ、安嘉門院、御御堂御所云ゝ、

六日辛巳、彼岸始、　天晴、風烈、

朝念誦之間、腰病忽発動、左足又不被踏立、苦痛無術之間、午時許平臥、

長政朝臣来、予去年有所遺恨、久不音信、年来好士依不可弃、昨日付京兆、有示送事、聞之所来也、隔物相逢、

言談経程、退帰之後、左大弁、於門外、被示可謁由、所労失東西之間、不及相扶由答之、後可来由示之、即被還了、

金吾来臨、暫言談之間、又依召、酉時許馳参了、能州言談之程、腰病又宜、極奇思、於朝間者、殆前後不覚也、

昨日午初刻、参赤江辺、京中見物〔有〕人等、人数如前所聞云ゝ、右大将室三品、又生女子云ゝ、

七日壬午、　天晴、

関東禅尼（往年知音、隆保朝臣妹）送書状、旧好問答、

未時許、東°の中務丞と云武士、来門前、付家長朝臣書状、自昨日腰損不動身、不能対面之由示之、自門外帰、着直垂云ゝ、乗車、其衣与乗物不相応歟、或説云、其手跡歌風躰、奉似九条大納言殿云ゝ（当世、好士）』(20)耄及而猶在世、珍重之知音、多出来歟、可従漁父之誨哉否、

八日癸未、　朝天晴、

早旦念誦之間、小地震（井宿、吉云ゝ）帝尺動歟、

今年八重紅梅花、乍含乾落、開数不幾、寒気之故歟、不得心、

午終許、大外記師兼朝臣来問、於簾中方相謁、師季朝臣事伝、和歌事相交、外記庁造営不日之功、予為上卿之日、殊加感言之時、誇其詞、可蒙道芳心由伝之、其日領状之上、重有此音信、依思社稷事、無是非承諾了、言談訖退立之間、見朱紱之揖、又聞称唯之音、動旧意、更拭涙、嗟乎、早衙之執心、何日休、

伊勢権禰宜永元（老翁）来、又隔簾相逢、即又好歌之故也、

九日甲申、　朝天陰晴、巳時雨降、

大弐消息云、被補安嘉門院年預、雖辞申、座主宮殊被計仰云ゝ、来十三日、中宮姫宮、為御猶子、始渡御之間事等、申沙汰云ゝ、是依八条院庄ゝ歟、寺領等又定有事煩歟、

臨昏金吾来、候院之間、自殿有頻召馳参、有小弓事（両殿・資季・実持・親季・兼康・教行・盛長・惟長）、一昨日院御覧鞠、大殿・大将・隆親・基氏・成実卿参入〔候〕ゝ、鞠、時賢・資雅卿・宗平・有資・頼教・宗教・家方（隆重子）・行景・』(21)長誓（皮堂子）・寧王法師（義乗孫）、三百六十再揚、十三日姫宮御渡、有可供奉催云ゝ、

春日祭弁忠高、三事之後結構、近衛氏通、

十日乙酉、　朝天快晴、

賢寂夜部帰洛、午時許、前修理大夫（基定卿）書札到来、迎蓮上人、近隣知音也、依有面謁本意、伝示由也、雖不知誰

人、扶病開障子相逢、武士入道云々、近年住旧里法性寺円法院予外祖所作堂跡由語之、又是好士之一分云々、先考先妣墓所聞伝、読例時由語之、尤本意由相答、賢寂来、

夜月明、一寝之後西方有火、雑人等云、大殿御所也云々一条西殿、弃置之、腰折不能寸歩、出門絶思、不移他所滅了云々、此間聞暁鐘、火滅月入、雑人説、令渡東殿給云々、

彼地已三度焼亡、不吉事又繁多、

当初板屋小屋、相国居住之時焼了、其時被作居住之時、有建保籠居事、忽被入安居院了其事、雖為汗湯宿所、女房等住此所之間也、其時殆荒廢、復尋常之後、更造作、以西為晴華亭也、秀康馳来、有召籠事承久乱逆、又無為之後、於彼亭、』(22)被聞殿下御籠居事、不経程忽焼失、其後改作南立惣門、為東晴、故院俄渡御即崩、有中陰事、其後又改寝殿、被渡最愛姫君、長病夭亡、次室家又長病、臨終被渡北山之後、久被弃之間、東殿有恠異、殿下渡御此所、忽有今度御慶之後、被処吉、今又如此、案之、又不可被造歟、

十一日丙戌、　天晴、

不聞世事、両殿御坐東殿、軒騎参集云々、

申時許、興心房被来坐、自殿退出、放火去御寝所二三間之内云々、御覧燃火、令驚出給、当時雖無披露、御文書等、大略不被取出歟云々、放火者已搦取承伏了云々、此事難信、定高卿侍之従者男云、御物具等、又不取出歟云々、

自正月、被始不動供、慈賢正月勤仕、二月可勤由被仰、依腰病無術、辞申之故、慈賢猶延修之間、有此事、彼僧正逐電隠居了、更不可然、早可参之由、被仰之間、今日件供、成増僧都承修之極可謂冥加歟、上下諸人、大略只以存命為事歟、不便云々、西并北御門不焼、乾角侍屋残云々、

入夜金吾書状、今日参院、内府奉仰、賜播磨之一村云々、院分最初国之最前、入御恩之人数、当時之時儀、面目余身歟、答心中感悦由、御成敗之早速、極以忝、

十二日丁亥、　自朝雨降、巳時許雪交降、』(23)

梅花盛開敷、賢寂告送、件所、雖小所、細川庄占隣、又非荒廢之地、旁悦思云々、

十三日戊子、　朝天漸晴、

朝出臥内之間、腰又違損、苦痛難堪、雖参仏前、不能礼拝、終日辛苦、

未時許、兵部卿来臨、扶出相謁、大府卿申挙四人事、被

問両中納言、共申何事在哉由云〻、淳高卿、(補1)彼卿背父祖
所存、不審由称云〻今日参院、頼資卿、前殿所賜之播州、中
納言典侍給之、歎憂無極云〻、当時預此事之輩不幾、不
委聞云〻、二品・件典侍・帥典侍・淳高如元・行綱・繁
茂等云〻、列此人数、猶〻忝事歟、不経時刻被帰了、
忌日事、賢寂送嵯峨地蔵供養幷非時一具・湯帷・湯薪等也、興心房、於此仏
前、被修廿五三昧、建久四年長病之中、遭此喪、悲歎之
志、勝于連枝之中、不図存命、迎四十年遠忌、懇志雖切、
貧家之無力、所営不幾、悲哉、
入夜、典侍初退出、参内、又参室町殿、火事危急不足言
事云〻、於文書者、大略被取出、於如御物具者、当時御
装束以下無一物云〻、

補1父祖所存ト云ハ、兼光卿挙三人之後、以頼資為光範卿子、
中学問料事也、

十四日己丑、欠日、　天晴、霜凝、
年来在此家四竈、送興心房許施入湯屋也、夜前被見了、仍
不論日次、典侍帰参、
未時許、右中弁来臨、言談臨昏、
率分事未被仰下云〻、

十五日庚寅、　雨降、終日陰暗、』(24)
入夜之間、雲暗之上、非月比之天、偏如暗夜、雖不見月
輪、皆既之蝕歟、亥時漸如月夜云〻、
十六日辛卯、　朝天晴、巳後陰、夜深雨降、
不聞世事、
十七日壬辰、　自夜雨降、未時許止、天猶陰、
申始許金吾来、近日又可有公卿昇進、依大理使庁厭却、
懇切可被取闕云〻、仁安・承元・建暦・承久、依軽忽之
乱政、被求非分之闕官、極不穏事歟、
近日咳病、世俗称夷病、去比夷狄入京、万人翫見云〻、
是又極不吉之徴也、何為哉、不可以乱侵華、
慈賢其夜逐電、居住近江国百済寺自本所占之勝地、栽花樹翫水石云〻、惟長
為御使馳下了、自年来深厭世事、以事次逐電云〻、
十八日癸巳、　朝天晴、
長門守兼友来、相逢之間、又兼直宿禰来談、扶病謁之、
申始許、真昭入道来、言談及昏黒、
入夜宿賢寂宅、
十九日甲午、　天快晴、
暁月無片雲、鐘報之後帰廬、

長政朝臣来談、帰之後、迎蓮房来不謁、

廿日乙未、　天晴、

静俊書状、去十七日子刻、無動寺之門徒、切東塔南谷房二宇大善房・等覚房、』㉕ 十八日未刻、自南谷襲無動寺、数刻合戦、自三方進寄、二方被追返、今一手、自存外谷底打入、切房二宇宝積房・仙寿房、うれしや水之曲はやして、帰入南谷、両方死人多、負手者有其数、其後、無動寺又可寄南谷由、評定結構、所詮、両門跡之闘乱、滅亡時至歟、事起、南谷下法師、剪無動寺境内之木、無動寺法師刃傷之、南谷之下人、殺其法師之故、此事出来云々、親王座主之時、山門破滅之由、世之所称也、彼親王又偏好兵給、参入僧徒、皆相具甲冑弓箭之所従云々、不知其由、

信実朝臣、書状之次云、資隆朝臣前右衛門佐死去云々、雖無常之習、殊以存外、心操穏便之人歟、天之与善不信事歟、去十日事云々、

廿一日丙申、　天晴、

左目大腫、是依見歌也、招典薬権助貞幸令見、非眼病、雑熱之所為也、不可及大事由答之、

桃花盛開、八重桜継木開始、毘沙門堂花半開云々、

廿二日丁酉、　自夜雨降、未斜陽景晴、

晴陰猶不定、夜雨間降、

長政朝臣来、』㉖

廿三日戊戌、欠日、　朝猶雨降、雹交、巳時蒼天晴、

天午晴雨雪交降、大風間発、桜花之後雪霰、非恒事歟、

明日祈年穀奉幣、金吾勤使云々、

家長朝臣、明暁下向湯山之由示送、

南京常楽会之間、又有闘乱云々、

廿四日己亥、　宿雪棟宇白、天晴、

午時許、徒然之余、扶目病行毘沙門堂、乍車伺見、花半開歟、雑人之外無殊人、小時帰来之間、兼直宿禰相逢長政同車云々、不見而帰来、申時許、兵部卿・大宮三位同車、音信而過了、入夜金吾来奉幣使、

当日定、上卿右府、勤右筆、八幡使家光卿職事忠高・弁経光、使顕平卿・有親朝臣・四位季宗・為継、不及昏黒、自上御社退出云々、

即着狩衣、参名謁了、明日参綾小路殿八講、明夕持明院殿御幸、翌日可有御鞠云々、明日又殿下氏院参賀、廿八

日御即位由、山陵使云〻、上卿中宮大夫、使伊平卿・有親
朝臣・三位等領状、被催経高等、臨時祭十四日、使未催
出云〻、宰相三位中将被催、
廿五日庚子、　朝天快晴、未後陰、夕雨降、
去夜、姪女独立毘沙門堂、及深更称待人、今暁雑人等見
之、於惣門外被殺害云〻、
午時許、長政朝臣、為内府御使来臨、相逢、且令見目病
之躰了、』(27)
一寝之後、金吾来宿、御幸供奉明日可早参、
大将御車寄烏帽子直衣、不騎馬、隆親・盛兼直衣・為家・資頼卿、殿上(補1)
人只四人、公有・親氏・公光御劔・光俊朝臣、
昨日八講始、与別当早参、始事之後、隆親卿参、又早出、
左大弁追参、相替退出、今日家光卿・有親卿朝臣参云〻、

補1 実任参摂政氏院参賀、無四位、被申請、改装束可向由、
大将被仰云〻、無人不得心、

廿六日辛丑、　終夜今朝甚雨、大風、
及巳時雨猶不止、金吾帰参了紗白襖、浅黄指貫、風雨之日、
定無興歟、
雨頗休後、八幡権別当超清歟来、依目病以人問答、柳可
移植之由約束、退帰了、午時天忽晴、風又頗休、今日御
鞠御覧被遂者、今夕還御云〻、夜聞還御之由、
廿七日壬寅、　朝天快晴、
目腫、自昨日付薬車前草、去夜汁弥流、腫猶有増、又貞
幸朝臣来、雖血忌日、令加灸点頭二、目料、左手五所年来中風、
中将入道唯蓮房忽来臨、目付薬之間、以人謝之歌草事也、
両納言隆・盛・金吾・大理、見毘沙門堂花、又参持明院
殿云〻、伝聞、
廿八日癸卯、　天晴、
左衛門尉行範、自大殿来、堀八重桜、此間小灸治、目腫
不能指出、自巳始及未時、下人等不昇出得、行範先是帰
参了、
早旦、超清法印、又堀取柳木了、』(28)
灸早旦頭二所、巳時手臂上等五所、雖非多甚窮屈、
未時又帰来、舁入車出了、
申時許唯円房来、見毘沙門堂花、今夜可宿、臨昏岐出、
暫言談、今日殊無力、又平臥了、
廿九日甲辰晦、　朝天快晴、

唯円房早旦帰、
目熱気同昨日、朝出庭上聊行歩、無殊煩、帰入之後、腰病又発出、欲立不能、極以奇、
行寛法印来、隔障子言談之間、永光朝臣壱岐来会、同乍隔相逢、帰後、左京権大夫来、又乍臥内、隔物言談之間、大宮三位又被過、於同所清談之次、去十八日賢寂語出勝事、猶一定事云々、男一人来左大弁宅、貴下并富小路中納言、成殺害之計、度々伺之間、猶有憚思事不遂、案此事、若冥加被坐歟、依漸後悔、来告由陳之、大弁、乍置其男、馳向中納言許、告此由相議、只搦件男送河東、所陳同前、其男詞、顕平卿語云々、更難信事歟、此事披露之後、彼三位出仕又如元云々、三位又向兵部卿許由云々、
今日毎月事会也、
左京云、公猷律師、於狛僧正許、当日連歌、起座称心神違例由、頓死云々、雖歌不得骨、多年見馴者也、可悲、
今朝御所朝鞠訖、参大殿、西園寺花御覧了、入夜帰由金吾示送、
昨日山陵使、上卿中宮大夫、使、中納言伊平、参議経高・為家・有親、三位顕平・師季、』(29)

終日々隔、亥時出陣云々、
入夜、典侍適退出、』(30)

三月大、

一日乙巳、　天晴、
巳時許、隆承法印、相具小童来臨、隔障子相謁、即留童帰了、
典侍、今日適逗留憚御灯之斎、臨昏黒送迎車、童帰了、

二日丙午、没　天晴、
金吾参詣日吉云々、明暁大殿開之故歟、
巳時許沐浴目腫之後、午時許左京来臨、隔物言談、撰歌事等示合、
夕、女房下野来、謁典侍之次聞及、隠岐国守護武士等、私闘乱、不静由聞云々、秉燭以前帰、即典侍又帰参頻有召、

三日丁未、土用　天晴、
迎蓮房来訪、以人問答、大宮三位、被伝折紙一枚宜秋門院按察殿、往年、予与故三位中将、詠当座腰折、不足言不及書留、不慮在彼人許、依書落有歌、可書継之由也、仍書付返送了、殷富門院大弐と云女房他界之由聞時、於彼院、染筆書付歌也、忘却経卅余年見之、旧遊零落、灑老後之

涙、
四日戊申、　天快晴、
前斎宮戸部夜前来、今朝帰参、
伯三位妻盛実朝臣入道女、取夫之宿衣、入厭物、三位即見
付取弃之、追却妻之所従等之後、又欲飲酒、浮黒散、成
奇、捕陪膳小女問之、重又依妻室之語、此散交』(31)於
飲食之由承伏、三位服写薬反吐、其妻閉籠障子内、永不
可行他所由吐詞、三位出其屋、坐向宅云々、相具二十年、
数子之母、挿此害心、世上可恐事歟、
昼、賢寂来之次云、巷説、隠岐之守護佐々木左衛門、以
八島冠者先年、於今熊野辺、被追討者子、為隠岐守護代雖謀反者子、已成父子之儀多年、又以
出雲守護代男為使、遣隠岐国之間、無是非、撃殺出雲守
護代、一島勒精兵構城郭、出雲又発兵、雖欲渡、彼島之
船津為嶮岨、渡者難方舟、当時只発精兵廻籌策云々、若
及重事者、弥為天下之煩歟六波羅使、往反出雲無隙云々、
五日己酉、　朝陽間陰、午時許雨灑、又止、
静俊来談、父入道病又頗宜、存命歟者、東塔・無動寺両
方城郭、猶不拘制止、嗷々云々、
未後甚雨、梨花昨今盛開、
六日庚戌、欠　終夜大雨、曙後止、朝天陰、
未時陽景見、
承明門院黄門被来謁、
典侍、今夜宿金吾家、明暁、与女房等参日吉、明日可帰
参云々、
七日辛亥、　朝天陰、
金吾適音信、昨日参最勝金剛院、早参、家光・経高・範
輔・師季卿・有親朝臣』(32)参、至于酉時、奉行有長不
参、無仏具、只今借用歓喜光院、不渡敷設、
仍早出、中納言中将殿、未令出門給云□[々]、参院御鞠、名
謁、今日列見無人、午時催無人由、依無僮僕、不能参、
所々鞠輿、被裁切立、日々馳走云々、
八日壬子、　朝雨降、終日不晴、
念誦之間、永光朝臣来問、又良算法印来謁依目病隔物、典
侍帰京、即参宮之由聞之、款冬盛開、
九日癸丑、　巳時天晴、未時又微雨、
巳時許金吾来、今日参長講堂云々、又院召御鞠、馳参了、
左京権来臨、一昨日参御八講、両殿入御、公卿、九条新
大、中納言経通・中将殿・家光、参議資頼、三位顕平・

長清、殿上人、隆範・重長・信実・宗平御共・実任已下、
不委聞、
昨日、北政所春日御参、奉具今〔令〕姫宮給、御車寄伊平卿、
殿上人四人騎馬、能忠・定平等歟、不委聞引替牛、依以良、僅、自前進了
臨時祭使、三位中将通忠、舞人兼有清撰之間、只兼日之
催許也、領状、通氏、、・実直、、・実任、、・侍従公
忠実忠子・公斉光盛外孫・実光弟実有卿猶子、自年始出仕・資平顕平子、四位舞
一人闕如云々、陪従為綱・為継、一昨日領状云々、明日
中宮御入内、十日許可御云々、昏黒、春日引替童帰来、』
(33)自九条口前行云々、
十日甲寅、　雨間降、未後甚雨、
午時許金吾来、昨日参長講堂、右府・権大納言・右大
将・盛兼卿・為家・範輔卿・有親朝臣、弁信盛、事訖参
院、名謁以後、四条中納言・兵部卿同車、伴大理行左金
吾門、招引帰来、無指事、及深更各分散、舞人実蔭朝臣
領状云々、左京権大夫来隔物謁、
中宮御入内云々、送典侍車之次、黄門帰参承明門院、不
及深更車帰来、
十一日乙卯、　朝陰、昼晴、

下人等云、法成寺執行法橋隆経、自去年有病気、去月中
旬入精進屋、参詣熊野、両三日之間病加増、難遂前途由
思煩、前達強相勧、将参之間又落馬、更求輿始不具、扶
乗、僅雖参本宮、如目盲、不能奉見雖企三御山、自是退帰、於和
泉国、一昨日於路頭終命云々、其齢三十、為人、愛廻雪
之傾城、微力之所及、旦暮経営、病根之源、発自過度之
由、雑人等称之云々、雖無識非器者、寺務依相伝、随分
房人等於事知子細歟、縦雖有々力奇計者、於故実練習之
一得者、断絶、弥増本寺之荒廃歟、又蓬門之近辺、僅居
住者、追旬月死去、村里之滅亡、尤可恐事歟、況耄及病
翁哉、
兼直宿禰来、以人謝、中務権大輔来、』(34)隔物言談、八
重桜一条殿枝継木已開、款冬未落、養閑庭眼、
十二日丙辰、　朝天猶陰、雨不降、
民戸又憂雨妨麦秋云々、今日殿尊勝陀羅尼供養、家光・為家・知家・長清・有親参云々
今夜、行幸室町殿、秉燭以後不経時刻、行幸了云々、右
大将中納言中将殿・四条中納言・右衛門督・▨▨▨実世卿・有親朝臣云々、
十三日丁巳、　天猶陰、巳時陽景見、
天曙鶯啼後、典侍車帰来、

金吾、夜前腹病更発、雖扶参、自路退出、病臥之由示送、日来不休息之所致歟、

十四日戊午、　天猶陰、陽景間見、夜大風、

臨時祭刻限以前、大殿初令駕牛車給、御共又被催由示送、

今夕、又中宮還御冷泉殿之由、午時許有其告、

初夜鐘以前、行啓成了、車帰来、

十五日己未、　朝天晴、

金吾示送、牛車、伊平・為家・資頼卿扈従、先令参院給、次内裏、入北門、経五節所東屏戸、敷政門、又令昇御後給、此間御禊已訖出御御拝如例云〻、

庭座、殿下二献後、令加垣下給・右内両府・中宮大夫・左金吾已上勧坏・中納言中将殿遅参、挿頭花之後・隆親・伊平重坏・瓶子信光・為家重坏・瓶子資定基氏・資宗・顕平・有親、陪従重坏頭中将、』(35)

使三位中将馬副六人・雑色八人、柳狩衣、纐纈衣、無取物、

舞人　実蔭随身四人　通氏二色六人、単狩衣、童一人　実任蘇芳単衣六人、童一人

実直萌木単狩衣、童一人　公斉紫淡平緒、赤色四人、童二人　実春同平緒打物四人、童二人打二藍、取物四人

資平萌木単狩衣四人、童一人　師成蘇芳単(ママ)四人、童人　兼氏検非違使　非蔵人

重資朽葉二人

加陪従　家清朝臣　信時朝臣　為継、、　為綱、、　光時　教行

所労之間、猶依責、終日出仕云〻、甚不便事歟、予又念誦之間、申時許心神違乱、有悶絶之気、一寝之後、入夜又起、明月如秋、漸深有陰気、

十六日庚申、　朝天陰、巳後雨降、

十七日辛酉、　天陰、雨間降、

賢寂来云、入道宇津宮、以義村書状、来冷泉、其状云、堀川二位父子不和事、右衛門督・京極中納言可令和平云〻、尤迷是非、以其状、先送按察許了、無返事、入夜、以法師為使、被示返事無書状、於予者、三ケ月之病已獲麟、世事耳外之由、可令返答之由答了、悪逆者受末代之生、不祥及外人、甚無由事也、

前匠作被過、乍障子之内謁之、』(36)

十八日壬戌、欠　雨止、雲漸散、午後天晴、

金吾、依腹病難治、申身仮、今日始服薬云〻、蒜根雖生為薬由、貞幸之説云〻、

仍今夜宿本所、

風烈、八重桜四散、廿一日夏節前日件日、両日帰忌日也、

金吾、服薬之間在此宅、物語絵月次事評定、闕月〻且求

出之間、及暁鐘不寝、帰廬、天陰月暗、
十九日癸亥、凶会　朝天晴、
未時許、左京権来談、又依絵事、参大殿之次云々、
賀茂社司季保来、以人示所労由、
廿日甲子、　天晴、
下人等説云、長清卿次男、依侲子之闘諍、捕近辺地蔵堂
法師之子、面縛、其小童、依為山僧弟子、山僧成怒乱入
家内、欲取下手人、依其事、三位逐電隠居、家中無人云
々、
未時許、典侍退出、沐浴、入夜帰参、
濃州庁宣二枚、今日以女房状、給典侍云々、尋常之所廿
余所、賢寂尋聞注出、雖令申其所、皆給人々訖、仍難召
返之由、被載件状云々、是只被撰最下之故也、二所名号、
即是不足言之故歟、但国務右京兆奉行、眼代同挙私家人
云々、若不似行兼之猛悪歟、美作経時卿又行之云々、』(37)
日来撰出物語月次十二月、各五所、不入源氏幷狭衣於歌者抜群、他事雖不可然、源氏、当時中宮被新図、狭衣、又院御方別被書、此所撰、夜寝覚・御津浜松・心高東宮
宣旨・左右袖湿・朝倉・御河爾開留・取替波也・末葉
露・海人刈藻・玉藻爾遊、以十物語、撰毎月五、金吾清
書訖、又加一見返之、付繁茂進入云々、以取交為興、
又蜻蛉日記十所許撰出、同送金吾許、紫日記宜秋門院被書・更級日記中宮大夫書進之、自承明門院、被撰其所、已書出進入了云々、其外蜻蛉所残歟、仍令書出之、
近日此画図、又世間之経営歟、
更級墨画、隆信朝臣娘右京大夫承明門尼書之、殷富門院号姫宮
之人、被書詞云々、為能書云々、源氏絵詞、内府被書、一
昨日二三巻書出被送、手跡尤宜歟、
飯室固辞給云々、尤可然事也、
大殿被仰手振由、不令書給、頻被申宜秋門院、老眼不可
叶之由被仰云々、
此絵、如聞者、可為末代之珍歟、典侍往年幼少之時、令
参故斎院之時、所賜之月次絵二巻年来所持也、今度進入宮、
詞同彼御筆也、垂露殊勝珍重之由、上皇有仰事云々、件
絵、被書十二人之歌被充月々、
正月敏行云々、　二月清少納言・斉信卿、参梅壺之所、但無歌』(38)
三月天暦、藤壺御製　四月実方朝臣、祭使神館歌
五月紫式部日記、暁景気　六月業平朝臣、秋風吹告鴈
七月後冷泉院御製　八月道信朝臣、虫声
九月和泉式部、帥宮叮門　十月馬内侍、時雨

十一月宗貞少将、未通女之姿　十二月四条大納言、北山之景気二巻絵也、表紙青紗鋳有絵、軸水精、来月二日、中宮院号云ゝ末代只被忩此事、

廿一日乙丑、　霜結、天晴、夜甚寒、巳時許、清定朝臣来近日在正親町、富小路辺、言談之次聞及事、藤中納言家光卿、和泉国春日社修造功固辞、前左府、聞及被懇望、仍相博伯耆件国、可為新大納言出仕之計、之由、先日被申請、家光卿、申不可堪之由之上、申請造営、世以成不審云ゝ、甘棠之奇計軼人歟、弃恥貪欲、不顧傍難歟是又在世之、上計也、以泰乗、被補法成寺寺務了云ゝ、治山幷門跡堂ゝ仏聖灯油断絶、不治之聞、世之所知也、被加陵遅之寺務、只以氏寺仏物、被充兼康・家盛衣食歟、足驚奇、隔物言談之間、加賀前司泰光朝臣来臨、猶不能謁、以人謝之、英華之余流、無礼非所存、

昨日物語之抄出、已以進入付繁茂、事躰尤叶』(39)御意之由、有内ゝ御気色云ゝ、極以忝、

今日取出撰歌、見現存歌等今年未、見古歌雖極尽、当時所載、猶以非凡俗、恨現存雑人交于先達之中、足恥痛事歟、未時許、典侍密ゝ送更級日記新図、即返上、

廿二日丙寅、　天晴、未後陰雨降、但馬前司三条宮御使、持御歌・長門守兼友禅相門御使持彼草大巻来会、隔物各相謁同時、但馬、弟法橋又相具皆是、只勅撰之、作者之加増也、又南京実縁得業使来、見有客人由帰去云ゝ、

廿三日丁卯、滅、　夜雨晴、風烈、午後晴、去年十一月之比、造作散ゝ之比、此家橘樹、懸生絹小袋、其内有梵字、至愚之心不驚、蓬屋破散之間、女房方如護物歟之由存之、可持向女房許之由、示含助里、愚者忘却置片角、此十余日、以之授女房、物躰不普通、裹不動絵像、今日、奉見興心房之間、被驚奇、偏是咒咀之梵字、施秘事等、如此事、尤早速可見付事也、已及数月、尤厭術之得力歟云ゝ、即忩被送本房、早帰構咒術等、可流河水由、被示之、

此次聞、大北政所、自去月御不例、漸ゝ』(40)御増、是世之所称之痩病、彼両御弟不吉之病只同躰、尤可怖事云ゝ、彼御辺、適賢慮仁義御坐之人也、極以不便、予自去冬物悪、病悩非一、今聞厭術、極以恐思、身非人数、誰人有意趣哉、恐奇而有余、入夜又雨降、

廿四日戊辰、　朝雨止、漸晴、
入夜、左近大夫親賢入来(和泉国者、故殿祇候後、在信清公之家、今在禅相門家)、以人問
答、
廿五日己巳、　天晴、
午時金吾来(昨日蒜終)、不経程帰、
長清卿、云家中、云路頭、有狼籍者、可行其刑罰之由、
公家被仰武士了、居住本宅云〻(大宮三位、書状之次)、
飯室入道殿御消息、日来依治病出京、来月、〻輪殿追善、
可交之由雖被仰、重申仮、明暁帰山之由示給、尤可然之
由令申了、
昨今念誦、猶甚苦、徒休息、
廿六日庚午、　天晴、
未時許、兵部卿来臨、〔僅〕開障子相謁、湯治之後、今日初参
院、又参北白河院路次云〻、斎宮御立后事、依毎事不叶、
可為六月、但中宮御院号四月三日、御同輿依可被忩、』(41)
来月可有御入内事等、且申沙汰云〻、老病閑人、恩問殊
恐悦由謝之、秉燭之程金吾来、大殿、来廿九日御春日詣、
参尊勝陀羅尼之次、承此事、若御共可参者、兼承、抛万
事可致用意、若人数不可闕者、給治病之仮、可服薬由、
付惟長申入、後朝云、今度九条新大・中納言中将・修理
大夫奉行二人可参、仍不被申由示之、成悦、服薬籠居之
間、昨日俄構参哉由被仰、随分行粧威儀、雖非晴、争構
出哉、服薬之後、病等発勿論由申了、家光卿俄参云〻、
彼両卿各不諧、如例、更被申障歟、不顧貧乏無恩、励出
仕者、故弃置、任官分憂両方馳走之輩、無出門随事之心、
遠路卒爾之催、可謂奇特哉、此御物詣何故哉、家長朝臣
云、巷説、為御出家之由称之云〻、世上事終之人、自他
御好歟、来月五日、又関白〔摂政〕殿御拝賀、扈従被催云〻、吉
事扈従毎日事歟、推之、内舎人随身歟、定又無内舎人之
器歟、侍小男、随誕生、皆為左衛門尉、何物当其仁哉、
不及深更帰了、
廿七日辛未、　天晴、
未斜、大宮三位被過(直衣、之次)〔参院〕之次、聞月輪殿御忌日一品
経事、有延引之聞、中宮御院号三日、関白〔摂政〕殿御拝賀五日、
大嘗会国郡卜定六日、如此之間、恒例八講之外善事等、』
(42)可為後日歟云〻(月輪殿念仏僧夢幷大殿御夢、入道殿御追善事、月来聞之)、大殿明日
御九条殿、暁令参春日給云〻、
夕、雷鳴一両声、雨灑、

廿八日壬申、　天晴、
牡丹盛開、
早旦金吾来、夜前、資雅卿・隆乗法印来、吉田今朝帰云ゝ、
賀茂重実重政子・迎蓮房・僧円家大夫房、円盛能書僧子来、皆以人令答所労由、
廿九日癸酉、　朝天陰、巳後大風甚雨、
早旦、吉水御使住学生僧来又是歌仙云ゝ、以人問答、巳時許金吾来、女房与禅尼等、参賀茂帰之間也、
侍従、勤七瀬御祓使云ゝ、大殿令参春日給云ゝ、夜前九条殿、風雨定為人煩歟、
申時以後、風弥猛烈、入夜之後、舎屋悉動揺、其響如雷、雨脚又甚、怖畏尤切、築垣仮葺皆吹散云ゝ、
卅日甲戌、　自暁風聊休、天猶陰、
門内八重白梅、有根折伏云ゝ其根朽云ゝ、月来不知之、所馮之花樹也、瑠璃之脆之故歟、惜而有余、桜桃梅梨所結之子、乍青落敷、
法成寺之内北御堂金堂之北、顛倒云ゝ、寺務頓死、堂宇顛仆、滅亡可奇恐、』(43)

昨夜群盗六ケ所之内、入殿下御厩舎人宅、逃隠於隣屋之間放火、御馬一疋私馬一疋焼死云ゝ、
行寛法印来談開障子、仁和寺宮、来十四日、自高野令帰洛給云ゝ、
未後又雨降、風猶雖烈、不似昨日、
典侍、臨昏黒参一条殿、夜深帰参云ゝ、風雨之景気、無春尽之色、損枝緑樹之中、牡丹独盛開、』(44)

◇東京大学史料編纂所レクチグラフ（六八〇〇／五〇）

(461) 注5

貞永二年、
四月、
一日乙亥、　天陰、風猶不止、夕後雨間降、
午時許金吾来、世事不聞及、一昨日社頭之儀、路次供奉、進退失度云ゝ、資季朝臣一人、揚鞭先馳帰之由、夜前告送云ゝ、直物又延引、静俊書状云、無動寺悪徒、又寄南谷、切房三宇、即時、南谷衆又寄無動寺、数刻合戦蒙疵者廿余人、死者両三人、無動寺六人疵、仏法破滅之期歟、
二日丙子、　朝天陰、青天間見、

三日丁丑、　天快晴、
去夜、群盗入能季卿家、〻主南京物詣之間、破隣垣入云〻、今夜中宮御院号定云〻、後聞、一上・両大夫・定高・具実・伊平・平相公三人参云〻、
四日戊寅、　天晴、
院号藻辟門云〻、殊以存外、故入道殿下有被仰旨、(補1)今被用之、驚而可驚、
未時許、金吾、左京・侍従相具来、又小僧『(1)禅胤来自関東帰洛云〻、持来武士歌、称厚縁由歟
左大将、去廿九日已辞退給経光書、辞状兵仗并一位事、自上頻被仰、固辞云〻被仰旨、無例、事歟

補1後日、女房相公参宜秋門院、仰云、藻壁禁忌之由、昔聞、世之末□□(ニハカ)門モ吉成歟云〻、猶庭訓御覚悟、尤可貴、彼仰、此御院号之時也、故殿・八条左府・微臣等、於御前承仰、

五日己卯、　天晴、
未時清定朝臣来、扶病面謁、所語事、大将事、去月廿日比、禅閤奉請前殿給、帰洛給之後無音、廿四日、俄有辞状之沙汰、廿九日被奉了、自上両事頻被仰、近代八省輔辞退、加階之例、見苦之由、有御痛、兵仗又及五度辞退給云〻、平座初出仕給云〻、大納言殿懇切被申、廿八日御物詣忩忙由、無御返事、今月重被申御返事云、於社頭取孔子賦、五度黄門吉之由被仰、相将之任、為孔子賦者、向後軽〻不便之由、重雖被申、遂以不許、於今者、永以閉門、総州辞退云〻、但不可剃除之由、有御命云〻、不知其由事歟、来七日、任大将一定云〻、去廿九日、柱下公良参吉水、入夜帰家、所従四十人許、路頭動揺、大風最中、途中雑人称車強盗叫喚、勇幹之輩放矢、大風之最中、不能披陳、流矢中車、所従蒙疵、不慮不祥云〻、』(2)
入夜宿賢寂宅、夜半許、名謁了金吾来之次云、富小路納言雑談之次、老臣本座事、宣下之由被告云〻、極以存外、
六日庚辰、　朝天陰、
遅明乾方有火、帰蓬戸間、一条北大宮西、
夜前事依不審、以書状尋黄門、返事云、於無御所望者、偏僻案歟、頭弁口宣如此、

貞永二年三月卅日　宣旨

前権中納言藤原朝臣定

宜令列本座、

蔵人頭右大弁藤原朝臣親俊奉

定高卿参仗議、為挙藻辟也、不及不審、但貫首可書高字
歟、不知故実、
二位宰相書状云、俄可勤直物下名、加任国司書違国次第
事、在勘文、可書入歟、可切継歟、有所見乎云〻、此事
全不聞其説、但於愚案者、切続之条有何難哉、尤可被尋
先例、外記存知分明歟由答之、
七日辛巳、　朝天陰、巳後雨降、
雑人云、昨日午時許、泰乗御堂拝堂、有長父子已下、俗
形群集、又相具武士云〻、
今夜御方違御幸右大将御車寄、不騎馬云〻、』(3)
八日壬午、　天快晴、
午時許金吾来、参殿、只今令参院給云〻、直物延引、今
日有臨時除目、十五日改元云〻、公良今日伝奏、布衣、
〻一領、重生単衣、其下着帷、着生薄色指貫云〻、如此
者、非一身之勝事、不被御覧咎、如何、
今度於春日、令取孔子賦給、中将雖存理運之由、若背神
慮者、只一向可致信心、大納言基歎申、可被任歟、実親
卿、又失生涯之計、当時参籠社頭云〻、被書此三人之処、
三度毎度被取羽林之由、内府被語云〻、雖似任官之軽〻、
被祈請申之趣、実可謂無表裏哉、但此事、尤理運之令然
事也、競望不可然歟、寛仁之例已符合、何有人愁哉、
未時許蛭飼頤下、年来頻好之、去〻年以後二年、付金蓮
説止之、面熱興盛難堪、示合貞幸朝臣、相待蛭出来之間、
今日〻次宜云〻、但依彼説三十飼之、
九日癸未、凶会、欠、　天晴、
未時許、大宮三位被来問参大殿、退出、示合撰歌之雑事等、大
祀歌未被仰云〻、
先是見聞書、参議基保無兼字、不知其闕、後聞有兼官云〻、
左近大将良実兼　治部権少輔平高兼
河内藤基綱具実卿給、本人被収公歟、　和泉藤顕方前左府』(4)
甲斐平康友　備中平時高右府御分　伯耆藤業茂家光卿
阿波橘以良左大将殿名替　周防源教行東大寺国名替
右中将公基祭使得分　雑任充満紙三枚、
四位信盛　飛驒推給、経通卿、替不挙任人云〻、件国当
時不中用、如信濃云〻、
寂身入道来、依窮屈不逢、
今朝又長政朝臣来、
日来巷説、宣経譲職于貫首云〻、

昨日、定高申賀参議之由歟・教成卿参院云々、
少将教房、去年、祭使申明年可勤由、今年対捍、重被催、勤者可任中将由申、依超数輩不許、猶被責、申可辞官由、次第奇恠之由、有沙汰之由、日来聞之、本自軽朝威之人也、万事只称聖霊之告、又与定高会飲、而存世間任意由、昨日流涕云々、定又被重其涙歟、宣経又不用帝命、只以定高申議事、殿辺已快然、今不被任、若無勅許歟、相門父子、被挙実持夕郎、殿許又快然、天気不許之故、不被任参議歟、尤可然事也、

十日甲申、　天晴、申時暫雨降、

未時許又蛭飼、

十一日乙酉、　朝天快晴、

中務来談、内舎人随身之間、有請印事参内云々、今夕、殿下随身御拝賀云々、

申始許、兼朝為禅門御使来、且令見目腫、歌之間事等申子細、又帰来、有子細等、

光定権守、有事故賜仮、今夕他行了、於今』(5)非人之身、勿論、雖聊事、無可顧之力、自去年、密々処不善者之輩喧々、無指証拠、為人不便事、雖不聞入、呪咀厭術等事、又有所疑等、雖不知真偽、依向後無益、不能惜留、

十二日丙戌、　自暁雨降、辰後如沃、未後間晴、

酉時許金吾来参殿云々、夜前内舎人随身、検非違使康清子・老兵衛尉盛季孫被召云々、公卿、伊平・実有・家光・経高・為家・有親匠作痔又発、不出仕、殿上人騎馬八人、宗平・有教・資季・実持・親季・光俊・忠高・経光、院申継為経奉行、女院申継光俊、院号之時宮司之外、隆盛・光俊加院司云々、

明後日女院殿上始、姫宮渡御指合、御月忌無人由、親高示送、所労四ケ月籠居、不能出仕由申了、十五日改元云々、

十三日丁亥、　天晴、

午時許、長政朝臣、伝内府命之内、密語云、老臣本座事、不申大殿、付盛兼卿奏聞、無謂之由、有御咎之気云々、答申云、依病者之身、不及申出々仕事之間、盛兼卿、本座宣旨下了由、示金吾、々々語此由、依不審、宣下之状有実歟、何職事奉行哉、将傍輩同被仰歟、依不審尋申由示送、返事云、口宣状如此、愚意無疑存知、申其由、今案之、定高卿事歟云々、此問答、何付彼卿、所望之疑可

在哉、宣下之由依告、問子細許也、一ゝ存外、又是可謂
不運之令然、』(6)
未時許、兵部卿枉駕、言談之次、物悪至極之故、及此沙
汰之由語之、比興事歟、
夜深典侍退出、予付寝之後也、
十四日戊子、　天晴、
典侍、自今日、於賢寂宅始蒜適賜仮、憔悴不便之故也、
日吉忠成持来歌、其歌躰無狂気、仍加感言、
伝聞、今夜姫宮渡御安嘉門院、十七日、前斎宮御入内、
明日改元云ゝ、
十五日己丑、　陽景晴陰、午後天晴、
念誦窮屈、夜月朗明、付寝不見之、
十六日庚寅、　朝陽陰、
伝聞、年号天福、後晋高祖七年年号也、其祚不幾而絶式部大輔所撰申云ゝ、福字、始唐昭宗
景福歟、朱全忠陥諸州、其音似同代天複、討乱復位年号
也、訓読似同代天祐歟、四月全忠遷唐都于洛陽、全忠来朝、
享大廟改元之号也、八月、兵犯宮門、以昭宗年号三、為
代始之年号、朝議之趣不触耳、所被用如何、只如向暗夜
漢武帝建元以来一千三十一年、魏呉蜀、南朝北朝雖並、不用福字、有所思歟

金吾適示送事、極不委、
一昨日十四日殿上始、公卿、大納言通方、中納言伊平・
隆▨親・実有・家光、参議経高・為□・資頼、
一献隆盛朝臣、二献修理、瓶子為氏、三献実有卿、瓶子
経光、殿上人十一人、実持・通氏・中将殿・定雅朝臣・
為経・親氏・親季・忠高・経光・為氏・博輔、追加院司
家光卿・忠高、
今夜、二品被渡新造近衛富小路家云ゝ、』(7)
姫宮渡御安嘉門院、騎馬実有・為家・有親、新大納言高
参会、隆親・為家、取御贈物、御本・琵琶、俄被補院司、
去十一日被任馬助源盛朝盛親一門、公雅卿後見、衛門兵衛尉任、不見
聞書云ゝ、明日斎宮御入内公卿毛車、扈従、
○慶長本・為久本によれば、次の「十七日辛卯、　天晴、」
の一行はなく、代わりに「十九日女院御幸始、為氏供奉云
ゝ、」の一行がある。
十七日辛卯、　天晴、
永光朝臣来次云、雖入北面人数、有存旨遅参、此間初参、
明日、斎宮前駈即被催、仍可供奉云ゝ、
申時、永光朝臣又来、今朝言談事、達申由也、相逢之間、

金吾来、世事無聞及事、
小五月御幸可然之由、有云々輩云々、無神社御幸以前、
新日吉如何、又御忌月惣可憚歟云々、御忌月事、被問人
々、但先是奉行両将、左資季・右家定、競馬事大略催具
云々、
件日御幸有御点、大納言通方卿、中納言具実・隆親・盛
兼、参議為家・基氏・資頼、大臣二人・大将参会云々、
旧例大臣・大将皆参御幸、此御時無此事、為遁騎馬、各
被称出事歟、甚無其謂、
書札之次、右中弁示送、去夜国郡卜定近坂田、丹氷上、一上参陣
給、公卿家良・通方検校・隆親・伊平検・経前〔高〕・実世、
経卿右筆遅筆、内覧御物忌、忠高徘徊門外、徒聞鶏鳴分
散、
(補1)改元夜伺名謁、終頭参陣、不聞其詞、
福字、漢土不快、我朝未聞、第一聞悪之由、一同被申天
復無其沙汰云々、上仰福宜歟、一同可定申、此上勿論云々、
大応仏号・嘉恵或仏名、又菓子、、前藤・▨《左》大弁喧嘩、忘仗座礼云々
両人同心□(而ヵ)、土亜相罵合
永光朝臣又来、伝命、事躰、其歌四五十首』(8)雖書載、
無飽満之宿意歟、如諸国之田園・仏寺・神社之領、不可
痛、不可惜、帝之曽祖《父》、博陸之舅、母后之祖、尭母門之
甥、将軍之祖、過于魏武・晋宣・周隋之草創、任意独歩、
誰人論是非哉、況又一人不弁物由、只従漁父之誨而已、
夕浄照房来、将来女子賀茂弥平妻、養之、最愛、宜秋門按察局吹挙、令
参一位殿、一日来借老車、公卿車無前駈事、雖不相応、
只随尋出借車、令持榻、助里・房任在共、今夜始令着濃
袴、老翁結腰、不経程帰来、即乗社司車帰了、授手本一
枚裏薄様、
此間雨降又止、雲不定、

補1 改元定、一上・定通・定高・頼資・家光・経高・範輔・
有親、

○国書刊行会本によれば、「書札之次」の前に「十七日辛卯、」の一行がある。

十八日壬辰、　朝天晴、風烈、
金吾注送、左大将殿夜前御出立所、伊平・家光・経高・
為家卿、前駈十六人四位二人・六位二人、、殿上人五人車、定平・家
定少将・頼行・能定・宗教、番長弘澄、
御出立遅々、参斎宮了、源大納言雅・右大将・大宮中納

言実有・富小路盛兼・為家・別当・実世・有親、隆親卿
領状不参、殿上人、宗平・実蔭・実持已下十四五人歟、
親氏・顕氏付御車、御後官人繁茂、出車三両殿上人車、
左京権来談、兵衛佐高頼、問小五月念人事、
十九日癸巳、　天晴、
及日入之程、行賢寂宅、入道痔発危急、』(9)不出臥内平
臥、妻母助里母又病臥云々、大略難存命歟、蒜典侍幷弟二人・
金吾・侍従弟童・其母堂・此禅尼、皆進会〔集〕此蝸廬云々、存外及秉
燭、一事以上、雖咫尺無加催者、兼高軽服其夜不交、昨日、加院司不行之、
〔光〕□国奉行之故無音云々、及秉燭、侍従先令装束劔借実基卿、平緒
青、淡、次金吾装束了、乗出車参了、即又侍従令参帰来於此宅、可騎馬
予先出、依路頭怖畏忩出路、富小路、大炊御門、町、二条云々、立高倉西
之間、不久而、大殿密儀、女房御同車歟令立高倉東給後車漸来集、先是、
右大将自此大路被過了、左大将殿洞院南行給自一条殿令出立給云々、
依御車近、立洞院之西之間、大僧正御車本在烏丸西、立高倉立給、又、
不久而殿上人進行、暗夜全不見其面、小男有一人不分別、
若六位歟、其次為氏童赤色青衣、舎人萌木、乗駮馬寮御馬云々、其後四五人
雖過不知、次具随身之輩多過了、平宰相有親、宰相中将
実世、別当無看督、金吾、中納言盛兼・実有・隆親、此間、
殿下御車立洞院辻給、次左大将殿、次大夫大納言、次右
大将、御車之前、院司取松明、過殿御車前、皆弃松明、
大進光国・顕朝已上歟、不見分・維長放光・忠高・親季・隆盛、
中将又多、惣不見分、顕定朝臣有之歟、次御車、御
後修理大夫、五位尉繁茂、出車十両車副之躰、皆如乞者、前駈各二
人束帯、
次帰入、殿上人渡之間、月出山、天晴風静、
一寝以後、前駈有弘等、有帰入之音、已鶏鳴云々、即乗
車帰廬、兼聞殿上人、』(10)
有教、、・実蔭・親俊・実持・隆盛・通氏・実任・親氏
、、・実清、、・親季、、・光俊、、・兼高・知宗・忠
高・忠俊・経光・惟長・為氏・博輔・顕朝・光国、昨日
追加殿上人、此外資季・通成・能定等十二人、交名、自
殿、随仰可被加之由、被奏院云々、
廿日甲午、　朝天快晴、
夜前勧賞、正二位伊平　従四位上親季超親保・通行・実直・基長・教房、
正五位下顕朝
午時許、興心房被来坐、聞賢寂病被到訪、少輔入道来談、
廿一日乙未、　天晴、

未斜、三郎入道真昭来、其身得歌骨、言談之詞甚以優也、
自然移漏、秉燭以後帰、就相示之趣、得其心之躰、不似
相馴人、尤有問答詮、
廿二日丙申、　自朝天晴陰、申後微雨、夜景漸滂沱、
昨今、上下社司送葵之輩多保孝毎年・重実今年・弥平一日女子之故歟・光兼、、
廿三日丁酉、　終夜今朝甚雨、雲奔西北、
及未時雨脚休、見物定入興歟、伝聞、使出立土御門堀川
前殿立去給跡也、他事不聞及、申終之後、細雨又降、此間検非
違使已渡了、過富小路、各乗車分散云ゝ、酉時許又甚雨、
先是使渡、晴了、透車帰了、乗例車諸大夫四人束帯、侍
小ゝ相具、過此辺了、未参着社頭之程、甚雨降云ゝ、』(11)

◇慶長本(462)

廿四日戊戌、　朝陽晴、
念誦如例、
金吾音信、廿日於馬場殿、内ゝ被結競馬、終日伺候最中、
依康房誂、着下袴参禅亭、相具住吉大童、参吉水、御行
法数刻、及日没退出、依非受戒之期、不遂出家云ゝ、
右中弁軽服、大嘗会不奉行、万事違乱歟、祭御見物、揖[摂]政殿網代御車、　上皇御同車、被上前後簾、牛童殿遣御
車、殿御随身久員・兼世、下北面五人久政・久重・季兼・行親・宣季、、
次殿上人車二両資季・家定、、親氏・季頼扈従、検非違使十人、
永親・章久・光村茂村次男、三人五位・康仲・俊親・行範・親直・
章秀已上尉・大志季氏・府生国直、
禅相御桟敷内府・公雅・尊実・公審・実時入道・実清・実雄・別当・為家、、
出立所、実有・為家・基氏卿、殿上人実蔭・実持初献・
頼氏二献、穏座瓶子三献、近代四位久絶事歟、実春再取瓶子、櫳兼廉・武
延、
廿一日参禅亭、終日酔郷、廿二日、依無人終日伺候、依
無仮不来由也、
廿五日己亥、　天晴、入夜雨降、
念誦之間、兼直宿禰来談、本性聡敏、依知音多、聞世事
歟、雑談之中、院号定間事等之語也、藻壁門、定高・具
実等同心内ゝ聞被定事歟、左大弁殊難之、壁字、玉土両作、事
未切之由、大弁・一上存給、具実、為玉字由出詞、一上、
所見何説字由[乎]、問給之時、閉口云ゝ、時輩聞此事、法性
寺殿御存知、嫡家存給之由、近日反唇歟、宜秋門院ゝ号
之比兼日事也、予候御前之時其時、故殿令候簾中給、予・八条左大臣殿候弘庇、仰云、藻壁

門不可用門也、先璧壁之作、未分別之由、故殿法性寺殿御事也
被仰、額不書其作給、其上藻字不吉也、門号已尽了歟、
於此門者不可用、承明雖内門、当紫宸殿南庭、可為母后
之名、是又無心也、宜秋門尤宜歟由被仰、言猶在耳、今
世人、依被用之、入道殿不知食由存歟、尤可恥事也、於
口伝故実者、依鴻儒不可知、被弃古老、誰人申出哉、
国平宿禰、又相具老童来、相逢、十月以前不可剃頭云々、
大童子白髪極欠昔（見苦ノ誤カ）事歟、
今日新日吉御馬馳、奉行将、左資季朝臣、右家定朝臣、
前修理親忠朝臣、依鼓昇殿云々、
廿六日庚子、　朝雨間降、巳時止、天不晴、雨猶降、
午時許、覚法印病後初来臨、言談之間、金吾来、小時法
印帰後、日向守親継来、金吾対面、
去夜、兵部卿家二条猪隈群盗入、任意取物云々、誰人遁此殃
乎、悲而有余、近日一条橋破壊、少将一人落車、其身打
損云々、不知誰人、
新日吉競馬乗尻、左武澄・兼利二人院・久員殿・広澄大将
殿・武直・武茂・武任久武子・武利渡右歟、右武信・久則
院・頼種殿・広直・国文・下野兼武種武子、

◇美保神社蔵（463）

廿七日辛丑、　自昨雨、或降或止、
去夜、治部卿家、又坊城辺富有下郎宅、二ケ所乱入、富
家雖射留二人、即時終命云々、訪兵部返事云、方違他行
之間乱入、散々云々、
廿八日壬寅、　天晴、
巳時許、少輔入道来談、祭見物事等、
府生検非違使、不抜桙、不懸肩令持、不聞

◇慶長本（464）

事歟、雨日桙抜之、令持鞘指、説依人相替、雨日、使令
持取物と云ハ、雨衣騰等也、於笠者猶有之、雑色長一人、
立其笠下、持深沓、秘説云々、
未時許、大宮三位被過談、及晩鐘、
此間、典侍・禅尼等渡此宅、明夕又依頻仰可参云々、
廿九日癸卯、欠日、　天晴、
三位入道能季卿被来向〔問〕、少将不申転任、有遷任蔵部之志、
如何之由被示合、殊叶愚意之由答之、末代之羽林、只為

蒙超越之官歟、自他無益之故也、
相次、但馬前司雑談、及申終、
典侍今夕可参之由、頻譴責、久籠居、坎日有憚由、加詞
止之、
卅日甲辰、　辰後雨降、午後如沃、
未明典侍参了云々、未出臥内、不知之、
昨日典侍語云、女房参宜秋門院之次、仰云、藻壁門可忌
憚之由、往年聞之、今世ニハ門モ善ク成事歟と被仰云々、
賢貞之御本性、不令忘庭訓御、極忝事歟、何不被申合哉、
件門、院号以前、両三日之間忽顚倒、当時有憚之由、範
輔卿申之云々、
沐浴僵〔偃〕臥之間大雨、荒屋漏湿、未斜雨脚休、及日入漢雲
忽晴、
五月小、
一日乙巳、夜行　朝陽漸晴、
金吾書状、昨日大雨、両殿日野御共、御同車湿損、微牛馳損云
々、大将殿令騎馬給已下御馬仆、立不令湿給、
二日丙午、　天晴、
金吾来、昨日参法勝寺卅講、今日適無指来（事ノ誤カ）、小五月御幸、
曙後早速之由、有沙汰、安楽光院御八講十二日、如例布
衣御幸云々、
三日丁未、　朝天薄陰、陽景間晴、申時微雨入夜滂沱、
頭沃菊湯、
金吾来、賜大殿御歌集、草子一帖籠居以後、絶不蒙仰、今有此恩
賜、
金蓮来、令見小婢衰損、加灸点、五ケ所灸了、
四日戊申、　自昨甚雨、終日如沃、
秉燭以前、為方違行冷泉、近日、賢寂宅連夜群盗窺来、
乗車馬襲来由称之云々、依怖畏不宿、亥終許、金吾自御
所退出名謁訖、四条・富・大弐四人候御前、自然及深更
云々、夜半許、付寝之後、南方有火云々、不知之、遅明凌
甚雨帰廬、
五日己酉、　朝雨猶如沃、巳時陽景晴、
去夜、陣口坊門南、洞院西新宰相有親朝臣家群盗入、宿直者打合
追返云々、帝闕之陣口、猶以如此、急難何為哉、今朝鴨
水一条末溢、人不渡云々、及巳時、簷溜雖猶落、陽景間出
雲、
巳時下人等云、夜火、塩小路高倉、群盗襲来、打合不入

之故、又放火定手[事]也、
午後又甚雨、及日没有隙、左近真手結、依雨延引云々、
終夜猶聞溜声、
六日庚戌、　陽景雖見、雨脚猶不止、
伝聞、嵯峨禅尼嫡女具定卿姉、密難産終命云々或云、此事及度々、菩提院禅閤子息法印、数子母云々
其年四十、本性、末代之賢者之一分、自厳父存生之時、
有産業之奇計云々、連枝未称軽服之由云々、若謬説歟、
又秘蔵歟、
未時許、兵部卿被過談、夜前密々被召例和歌云々、五月
五日歌五首、両納言隆・盛・金吾・大弐・兵部卿・親氏
朝臣・繁茂云々、
近日又熒惑犯三星、無先例之変之由云々、凡東方幷朝家
事、巷説衆口嗷、
七月可有大事之由、自月来謳歌、不限連夜之盗賊、急難
非一、長命之貧者、何存哉、
立后六月一定云々、中終院参云々、入夜兵衛佐来臨、病
者、依暗夜之煩、不能謁、
七日辛亥、　陽景間見、漢雲充満、

未時許金吾来、参殿、俄為御院参、被召車之間、為乗替
所来也、御幸女院出車、本二両、依可為三両、被召為氏
車夜前右中弁仰之、前御時、脩明門院出車、毎度勤仕、今世、
被処卑賤無此催、今二丈(交ノ誤カ)人数者、可謂面目歟、牛童卒爾
異様云々、仍薬師丸、賜装束可出立由、示之了、
土御門源大納言通、七ケ日軽服、検校障之由、触職事、
左金吾不披露軽服由云々、夕又甚雨、漏湿難堪、
去夜、冷泉門前又有奇物、夜半過程東過行之間、為伺見、青侍二
人登車宿之間、一二人共見奇物、有火光非松明之躰、大脂燭之姿歟、物躰
其色頗青、万手小路南行、冷泉向西、其長、過人事三四
尺許、面如鞠大顔、法師之姿、捧脂燭、有眷属長不高、
小路辻夜行、屋ヲ昇天扈従之由見之間、於左大将殿南平
門程云如人音、下《シモ》ヘ可行歟二音、言了忽失了、非幾行歩之
程、二条面有火光、同法師高倉ヲ西ヘ過、眷属猶在、不
昇屋、雅相公之跡、柳桜梢ニ透天、大頭猶見天西融了、
二人共見之、更不得心云々、
冥顕之怖、毎聞動肝、末代猶有物歟、
八日壬子、　朝陽晴、

◇東京大学史料編纂所レクチグラフ（六八〇〇／五〇）

(465) 注5

以助里、嵯峨承不審事、又非慥説、驚申之由、示送三位侍従許、返事云、未承及、只今可遣尋云々、聞此事若秘歟、如聞者火葬訖後、不知之由返事、非普通事歟、年来聞心操尋常之由、若伝家風歟、念誦日暮、

[九日癸丑]廿四日戊戌、　天晴、

日出之程行冷泉、令伺御所、奉行右中弁之外無人云々、辰時許、女房・侍従・小童等、行桟敷外祖桟敷也、有馬場北云々、及巳一点、金吾参了乗出車、牛童、萌木浅黄帷、装束、白綾単狩衣水文、紺村濃、よりくり、、濃香帷、浅黄練指貫、立烏帽子、舎人薄青白裏、馬七黒、出六角東洞院立車、見物車不幾、此間人々多参歟、御幸御路、富小路南、三条西、洞院南、六条東、不経時刻前陣進来、人数如兼聞歟、有六位一人、壮年之輩、多着色々生衣、頗称老之輩、着単衣許歟、奉行弁、香帷織襖、少将公光、浮線綾白狩衣、匠作以上大略直衣、四条納言一人布衣、香織襖、平礼、御随身上﨟二人、御同車御車後、不被出、衣、女房不参歟、移馬四疋、検非違使布衣、下﨟御随身騎馬、次北面、出車、顕親朝臣・通成朝臣同大顔二両也・為氏、』(12)

◇慶長本 (466)

女房衣、不重物具、非捻重、普通平重、甚懦弱、其綾皆有筋文、或如格子二筋、或如鞭摺、皆是今様物歟、今日、近習上臘[﨟]御匣殿已下、皆乗之云々、非式法之由歟、各有布衣前駈、無半物車、見了帰廬、猶巳刻也、終日僵[偃]臥、競馬経時刻、還御、秉燭以後寄御車云々、他事不聞及、

十日甲寅、　自夜微雨降、巳時又甚雨、

金吾送折紙一枚、

一番武澄追武延　持　武延先参頼清口禄二人　実持　隆盛

武澄禄二　隆範　宗平

二番頼種追兼利　持　頼種先参　隆嗣口　禄二人実蔭

兼利　頼行朝臣口　禄二中将家定　親氏

三番久則儲弘澄　勝　久則師口禄三　資季　伊成顕定　実清実任

四番弘直国文　国文乍勝不宜、先落馬、嫌馬弘直乗替之、被処異様　禄一宗
五番武直追弘員持　弘員先参　禄二光資　資光
武直禄二　知宗　顕氏朝臣
六番兼安勝武任追　兼安禄一　基平
先是下人説云、七番、依経程被追入云ゝ、
今日供奉御幸由、示送安楽光院御八講事歟、
雨殊甚、酉時許如沃、終夜不止、
十一日乙卯、　雨猶降、

◇東京大学史料編纂所レクチグラフ（六八〇〇／五〇）

(467)　注5
昨日未時甚雨、御幸、右大将御車寄束帯、具実・隆親・盛兼・為家・有資・隆盛・公光・実任束帯・実清・博輔供奉、
御八講、土御門大納言・有親朝臣之外無人、隆親卿束帯、仍為家俄束帯、具実卿又同、始朝座、待人参、別当参、行香不足、弁信盛立、夕座始之間、経通卿、帯剱笏着座、又立徹之還着、此間又改着装束、供奉還御之由、金吾示送、

此御八講、今年不始事也、年来不参歟、本性散ゝ人歟、此事猶過分、』(16)

◇慶長本 (468)
十二日丙辰、　朝天晴、夜月適明、
早旦長政朝臣来、伝内府御消息被送歌也、暫面謁之後、及午時食事、近日不食之気、殊不快、今日服薤、成茂宿禰又来談、夜忠成
気（来ノ誤カ）
十三日丁巳、　天晴、
巳時占之、（云ノ誤カ）
依神事違例不浄不信、所致之歟、公家、可慎御ゝ薬事歟、
維範朝臣　忠尚朝臣
定昌朝臣　季尚朝臣
業経朝臣　兼宣朝臣
有盛朝臣　忠俊
神祇官
卜恠異事
石清水八幡宮所司等言上去十二日注文偁、去七日巳時、

高良社御正躰鏡鳴動、今日卯時、同社御正躰鏡二面、重
鳴動光耀事者、是依何咎祟、所致哉、
推之、依神事違例穢気不信、所致之候、可有公家御
及天下幷恠所口舌驚恐事歟、
卯時占之（云ノ誤カ）、依神事穢気不信、所致之歟、従震巽方、奏口
舌兵革事歟、
天福元年五月廿一日宮主大膳亮従五位下卜部宿禰兼躬
従五位上行権少副大中臣朝臣知業
従四位下行権少副卜部宿禰兼健（継ノ誤カ）
上卿土御門大納言定　従四位下行権少副卜部宿禰兼氏
蔵人宮内大輔兼高　正四位上行権少副卜部宿禰兼直

◇東京国立博物館蔵（天福元年六月）本（469）注6

十四日［戊午］、　天晴、
大宮三位書状、去五日、御一家一品経供養月輪殿、導師聖
覚、自其日四ケ日八講、山法印前左府・大殿法印南・尊勝
院法眼前左・勧修寺法眼八条左、証義吉水自七日腫物、但別事不御坐不参給、、
此間天変重畳云々、八幡高良御正躰、去七日巳時鳴動、
一昨日又鳴動、永暦中御前鳴動、其前後無此事、又春日
若宮巫女御託宣、来七月有怖云々、
申時許金吾来東帯、参安楽光院結願、土御門定通・四条
中納言隆親・藤中納言家光、早出・二位公頼・別当・大弐・治
部・新宰相有親、行香僅満、
小五月事小々聞之、西座、両土御門大臣二人・左大将殿・資頼卿、
東、右大将・左衛門・四条・富・右衛門、
殿上人鼓、隆範兄弟・知宗・宗明・親高、平礼、壮年多
着生衣云々、又時儀歟、行事将資季、青張衣、弁存歟、
夜月清明、
十五日［己未］辰時地震、　朝天快晴、
雖服薤、沐浴念仏、左京来談、夜月晴明、
十六日［庚申］、　雲不遍、而微雨間降、夜又同、
前宮内卿書状、病適有隙、此間、有面謁之志之由也、所
労猶無術、只以書状可承由示之、又有内府御消息、
十七日［辛酉］、　天陰、雨間降如昨日、深更甚雨、
経乗阿闍梨仁和寺僧、八年以来、隠居勝尾寺云々、来臨、扶病面謁、是又依勅
撰懇望也、竹園五十首作者也、不可黙之由示含了、
円経法印、送其身幷二親歌、雖非優美、各又不可弃人也、
何為哉、』（9）

◇慶長本（470）

十八日壬戌、　朝雨濛〻、未時陽景見、夜月陰、
或人云、自四月廿八日、至于五月三日、〻吉社頭蝶雨降云〻、治承七宮治山、〻上滅亡之時、有此事歟、毎聞動肝、
又聞、金吾縁者妻母、於天王寺、為入道前摂政妻之由、態告送女子幷本夫許云〻、自称之条、言語道断事歟禅門六十二、女四十七、
十九日癸亥、　朝天陰、巳後天晴、
秉燭以前、行賢寂宅宿、山月照夜、
有弘被聴内北面、主統（従ノ誤カ）光華逐日照耀、出仕之計次第衰弊、無其方術、賢寂岐出語之、小五月供奉経営、失計略最中、単重十領兼送用途令織、遅沙汰由、怨欝勘発、女子周章、経営送之云〻、為備威儀也、末世之儀、雖勝事多、猶未曾有事歟、侍所居饗儲衣装、日夜営之云〻、
廿日甲子、　鶏鳴之間、月無片雲、帰廬、
巳時漸陰、金吾来、禅門方違之間、腹病発給云〻、
午始許法印覚来談、未始許帰後、不経程、右中弁又被過問、清談自然移漏、入夜帰、普賢寺殿発心地、此七八日毎日発給、危急云〻、天下古老、弥無其人歟、客人面謁、窮屈失度、
廿一日乙丑、　天晴陰、

◇静嘉堂文庫蔵（471）

牛童丸云、普賢寺、昨夕事切給了云〻、前殿、当時若御坐近衛殿歟、車馬競立云〻、中将入道音信之次云、禅門、一昨日』（1）例方違河陽、腹病被発、事外被煩、自帰路、直被渡西園寺了云〻、聞驚者也、近日世間、凡無安穏之計歟、為之如何、金吾返事云、禅門、如日来、被坐今出川北亭、腹病落居給歟、今日参季御読経結願云〻、後聞、初日也
秉燭之程、給摂政殿御書、被副折紙一紙、
無指事之間、久不申案内、何事侍乎、
抑大嘗会歌人、誰人当其仁乎、可令計給、儒者二人例、白川・堀川・鳥羽、頗以吉歟、又一人可為四位歟、公卿二人例、先例不分明、一度例不快之由覚悟、如何、委細可注給之状如件、
五月廿一日　　御判

折紙

大嘗会絵所風俗所預和歌人例

白河院

絵所　悠紀　左中弁文章博士実政
　　　主基　右中弁文章博士正家

風俗所　悠紀　民部大輔政長
　　　　主基　散位源兼俊

和歌　、、　左中弁実政
　　　　　　美作守匡房

堀川院

絵、　、、　若狭守正家
　　　　　　右少弁文章博▒士敦宗

風俗　、、　刑部卿源行家
　　　　　　左京権大夫源俊頼』(2)

和歌　、、　左大弁式部大輔匡房
　　　　　　前阿波守行家

鳥羽院

絵所　、、　式部大輔正家
　　　　　　文章博士菅在良

風俗所　、、　木工頭俊頼
　　　　　　　右京権大夫家俊

和歌　、、　大宰権帥匡房
　　　　　　式部大輔正家

高倉院

絵所　、、　内蔵権頭長光
　　　　　　文章博士成光

風俗　、、　刑部卿重家
　　　　　　左近権少将定能

和歌　、、　式部大輔永範卿
　　　　　　散位清輔

跪請

大嘗会和歌作者事

右、所被副下候之例、炳焉候歟、於被用此例者候者、三度之例儒者二人候、尤可然候之処、往古例、或如元輔等、不限二人詠進、又輔親卿詠候之外、吉不吉之例、大略儒者二人候歟、即是、儒者堪詠歌之人、多候之故、且被用堪能候歟、顕輔卿、耽道懇望詠進以後、非成業連と勤仕候、儒者連卅一字者、次第陵遅、於今世者、』(3) 一門両卿之外、大略無其仁候歟、因茲、毎度被用彼家候、公卿昇進、極難遂候之時、一人猶希候、況二人勿論候歟、当時奉公出仕之人、皆叙上階之時、被求其外候者、少年嬰児候歟、如此斟酌候者、又随時儀、二人無其難候歟、於見任者、愚眼見及其歌候事、未及十首候之間、暗難弁堪否候、被撰和歌堪能候者、前納言頼・知家卿、尤当其仁候歟、被用儒者二人候者、一門両卿之外、無其人候歟、非儒相交吉例、仁安三年、貞応元年、又以神妙候、若被嫌公卿二人候者、非参議・四位已下、誰人可候乎、於大祀所作者、弁存歌趣之人、為事為道、尤可為公用候歟、至愚存知、如此候、以此趣、可令洩披露給候、定家誠惶誠恐謹言、

五月廿一日　　　定家奉

今可及此沙汰者、去年諸御産以前、予伺御気色之時、知家卿可然之由仰、至于昨今無相違、万事反掌、不足言事歟、』(4)

◇慶長本 (472)

廿二日丙寅、　朝天陰、巳時晴、

夜前事、密ゝ告送三品許、返事又如予案、変変尤可驚事歟、

自夜前巷説云、禅閤事未切給、有蘇生之聞、午時許已以定説云ゝ、

今日又披露、関東遠江守被誅云ゝ、

不拘制止京上、於途中被害、在京之時、悪事犯乱、非例人之故歟聟実任少将、出仕有無為気色、又、虚言歟云ゝ

兼直宿禰送書之次、八幡宮恠異事、昨日被行御分[占]、仍注申之、

神祇官

卜恠異事

問、石清水八幡宮所司等言上去十二日注文、去七日巳時、高良御正躰鳴動、今日卯時、同社御正躰鏡二面、重鳴動光耀事者、是依何咎祟、所致哉、

推之、依神事違例祇[穢歟]気不信、所致之上、可有公家御慎及天下幷恠所口舌驚恐事歟、

天福元年五月廿一日　宮主大膳亮　忠躬(兼ノ誤カ)

従五位上行権少副大中臣　知業

従四位下行権少副、、、　兼継

、、、、、　忠氏(兼ノ誤カ)

正四位上行権少副、、　兼直

卯時占、依神事穢気不浄不信、所致之上、公家御慎口舌兵革事、

維範　忠尚　定　季尚　業経　兼宣　有成(盛ノ誤カ)　忠俊

上卿一大納言　蔵人兼高

斎場所為御忌方、節分御方違無沙汰之由、沙汰出来云ゝ、每事聞驚者歟、

廿三日丁卯、　夜雨降、朝天猶陰、雨猶間降、

金吾来、世事又不知云ゝ、昨夜例御方違右中弁奉行、

廿四日戊辰、　夜雨止、猶陰雨又降、

金吾、又参季御読経之由示送、今日結願歟、

巳時許、興心房来坐、南方発心地平滅給、為令悦人、可
披露此事之由、示含祇候人〻給、是興言歟云〻、
兼直宿禰、又注送昨日御卜、
　四月一日亥時
　占云、依神事穢気不信、所致之上、怪所有口舌事歟、
　同三日寅時占云、依神事違例不浄、所致之上、公家
　可慎御〻薬事歟、又従艮震方、奏口舌闘諍事歟、
　　主計頭維範朝臣　漏刻博士業（有ノ誤カ）経朝臣
　　　博士定昌朝臣　主税助右盛朝臣
　　　大允忠俊
神祇官
　卜怪異等事
問、金峯山寺言上去四月四日注文偁、今月一日亥時、勝
手若宮宝殿内陣震動、其響如雷、所奉懸外陣之御正躰三
躰幷銅鏑箭、雖風不吹懸緒不切、令墜落大床上御、同三
日寅時、同御殿内陣震動、御正躰鏑箭墜落、同前事者、
是依何咎祟、所致哉、
　推之、奉為　公家無指咎、怪所可有闘諍病事歟、
問、同寺言上、同三日午時、小守御宝殿外陣之御正躰二
躰、又雖風不吹懸緒不切、令墜落大床上事者、是依何咎
祟、所致哉、
　推之、怪所可有驚恐病事歟、
　天福元年五月廿三日従五位上行権少副大中臣朝臣知
業
　従四位下行権少副卜部宿禰兼継
　従四位下行権少副卜部宿禰兼氏
　正四位上行権大副卜部宿禰兼直
占云、依神事違例穢気不浄、所致之上、従巽坤方、奏口
舌動揺事歟、
上卿藤中納言家光卿
　世俗之説、此怪未曽有云〻、
◇東京大学史料編纂所レクチグラフ（六八〇〇／五〇）
(473) 注5
大祀歌、頼納言・知三位可詠歟、公卿二人例、依不吉頗
未定云〻、
申時許、長政朝臣来問語云、近日変異、同安元二年、其後無此事云〻、
廿五日己亥[巳]、　去夜雨間降、辰後天晴、

昨日御読経結願、大納言雅・高、中納言具・盛・家南殿、参議為家・有親南殿、行香不足、資家仰度者・実蔭・親氏、御殿出居有教・通氏二人、早出、実清、南殿事遅ゝ不参加、出居頼行・氏通、
去夜、殿九条殿御方違、於大将殿、被改御衣、乗御私車、与資季御共、暁帰、
今日、依見楊梅、進貴所今年此物又不熟、世間未遍云ゝ、
昨日、興心房謁申之次、老翁衰損驚』(13)目、今来月又重可慎之由、被命、弥怖思、可被祈念之由申付、於頽齢之命者、非可惜、可恥冥慮、只逃群盗之殺害悪病之忽然、遂剃除之本意、臨終正念、以之為今生之望之由、令祈念之、昨今雖服薤、不魚食、
申時許、兵部卿臨門前音信、依無力無術、答所労由不謁、
廿六日庚子〔午〕、朝陽晴、
今日止服薤、暑熱已催汁流、心神弥不快、
廿七日辛丑〔未〕、天晴、
金吾示送、今夕、姫宮御行啓従直衣云ゝ、明日又日野詣、
暑熱重役、前世宿報歟、
村民説云、此近辺旧泉称禰宜泉、往年臨幸之地、近年前内府居住、今年為禅亭加修理、昨日始宴遊、廻雪飄颻、終日以夜継、山岳淮泗、暮有賜、武士固門禁雑人、夜深分散云ゝ、大業江都之歓娯、今在斯処、
前左馬権頭季宗朝臣来臨、〔建保〕已後之比、頻有芳約之好、近年甚疎遠、成奇示驚左京権、聞之来謝云ゝ、扶病面謁謝之去年寓直東、今一条云ゝ、
晴天南風忽扇、明日又甚雨歟、未後雷鳴、申時許金吾来、
今朝日野詣、日出之程、資季、、・能忠只三人、午時自法性寺一人退出、能忠留候一条殿可還御、又姫宮渡御院御所、乗車』(14)可参云ゝ、千載集正本廿巻孝行、於関東、自武士手買取、年来持云ゝ、於蓮花王院取歟、無所納之手筥云ゝ、雖旧損、不及不中用之程、可進御所云ゝ、
村民之説虚言也、禅亭近日無遊宴云ゝ、長衡、率子息等経営、儲饗禄招請光村、舞女十三人、仙楽歓娯之故、下人等披露、又有其故歟、明後日下向云ゝ、
廿八日壬寅〔申〕、天晴、夕雷鳴、雨暫降、
夜前本所催反閇、忘却陰陽道他行、求尋之間、及夜半云ゝ、御車寄九条新大納言、御共、伊平毛車、束帯・為家、殿上人、実蔭・実持・実任・頼氏・雅継・隆嗣・資光、地下五六諸大夫

人、出車二両、明日、大北政所御車寄可参云〻、立帰又
云、御車寄今朝事也去夜愚状也、借牛事也、
兼直宿禰来問、依炎暑無術不逢、
覚法印・興心房、依先日約束来臨、対面、法印暫留言談、
治部卿・親長卿、一日比、着束帯、向真恵僧正房、示出
家事、再三雖辞退、遂相共入経蔵、剃除受戒、相具法衣
着之、冠已下朝衣、置中門廊退出云〻、所為頗可然歟、
人心不同、雖奉公不怠、今又遂此事、不似不仕之白髪歟、
又以超越、可恥可悲、
廿九日辛卯［癸酉］、晦、　天晴、』(15)

◇慶長本 (474)

暑熱殊甚、僵［偃］臥之間、永光朝臣来問、隔物言談、近日不
食、無力有若亡、和歌沙汰懈怠之由示之、禅室腹病非平
減、尤可被慎事歟之由談之、実清入道、一日比、与客人
囲碁、臨夕、入褻居方之間、顚仆之後、閉口無言語中風歟、
経四五日死去、其身往年任将監非昇殿物、老任若狭国司、当
初以濃州所領、寄頼定卿、為彼家人、老後、為内府母儀
三品乳母号六条之夫、施光華、頼房卿幼稚之昔、依庶兄資
頼大横謀、欲失世途之時、実清自誕生養之、付入道納言之権
勢、遂全其身、不被奪父処分家領、即実清之奇計也、今
年満八十云〻、妻八十五、忌而不穢云〻、勝事歟、
入道伊時卿家供三［侍歟］人、群盗露顕、武士来責、盗逃去了云
〻、四位仲兼従者、又皆悉為群盗、武士雖責之、称八条
禅尼関東右府後家家警固者、不出之云〻仲兼、本自有虎狼之野心、養勇士、近日禅
室、吉田泉亭臨幸、経営無他、来九日之由、有兼日之聞、
聊被申延歟、如聞者、更極嗜欲之淵源、欲催驕奢之荒淫、
高台深池之望、金銀錦繡之翫、増雕琢剝（刻ノ誤カ）鏤之餝、添奇巌
恠石之勢歟、隋朝之歓娯、定忘後車之誡歟、件臨幸又可
為密儀云〻、不可有此事之由、前日被定了、又被申破歟、
炎暑之間、連〻依可有渡御、被省威儀之煩云〻、又有連
日之微行者、為亡国之前蹤歟、六邪之執権如旧、草創之
徳政何為哉、桔梗花初開、萱草自中旬開、

◇東京国立博物館蔵（天福元年六月）本 (475) 注6

（後筆）「建暦二年」
六月小、
一日［甲戌］□□、吉日、　朝陽快霽、

午時許、少将尹〔伊〕成朝臣来臨、称病重之▨由、不謁暑熱難堪、普賢寺殿、去夜遂事切給、定暫有事憚歟由、存而来由被示、先日態披露給之由、巷説又虚言歟、雖非当時之柄臣、国家之元老、貴人之喪家、世間之歓娯、暫可憚哉、

二日〔乙亥〕□□、　朝天晴、

典侍、早朝白地退出、近日、院中新近習加増、土亜相兄弟東方、弟、自春参、前中納言教成・定高、又参東方、昨日有出御大納言・中納言已上三人、非御眼路、公雅卿、又参当御前、有親朝臣入御厩方、入六番ゝ衆、御幸密儀、御随身・北面・御車副等、連ゝ供奉之煩、歎息之故、此事出来云ゝ、下郎之心、只見今熊野浄衣・河陽直垂、不知以往之事之故歟、』(1)

申時許金吾来、新女院馬長蘇芳、浅黄帷、引ヘキ、新制云ゝ、

臨昏黒、下人等、称二星取合由、望見西天、今日無繊月、太白之傍東南方歟一寸許、有小星、人云、取合之後、離去星也云ゝ、此間典侍帰参、金吾又帰、

三日〔丙子〕□□、　朝天遠晴、

伝聞、二星事、太白、歳星相去三寸、迫犯了、占文之趣、白衣之会兵飢之由云ゝ、

少輔入道来臨、普賢寺御事、五月三日、聊有御風気、四日戊申、如発心地悩給或毎日、或隔日、自十二日、食事不通給之後閉籠、聖護院僧正一人之外、不被寄人、晦夜巳時御気絶、御子息已下、修仏事、成人煩事、一切停止云ゝ、勝地被返奉本主、此所又只以破壊為期、不可修複云ゝ、其次云、去春、御硯目六、木作と書、何物乎由被仰、申云、蓋上伏赤木無文、無螺鈿、其裏蒔絵御硯也と申、果而有之、御感云ゝ、左大弁、於小五月桟敷、発心地付悩云ゝ、不経程帰了、五位殿上人平礼、甚不可然由示之、是又不知之、古人悉平礼歟、

夕、殿下賜御書、大祀歌事、公卿二人、建暦一度之例也、一人仍可為非公卿人、已無其仁、経光如何之趣也、申云、所存先度委申候了、不被用公卿二人者、経光之外、其人不候歟、不知歌趣之人、俄勤仕、不可然事歟、中納言』(2)不可見放之故候、申此趣了、今一人、又為若納言者、已無他人歟、於其歌者、未知是非之分限歟、繊月初見、二星頗去云ゝ、

四日〔丁丑〕□□、　朝天遠晴、

洗頭、始念誦、言家朝臣入洛之時、即下向志深庄之由、伝聞之処、近日瘧病発動、危急之由、韋提希尼歎之云ゝ、

天無片雲、炎暑殊甚、
督三品、伝承明門院女房、被請愚歌、僧房寵童受歌之料
云々、五首、甚雖軽々事、有所思納受、今朝送腰折、文治
之昔、列漢宮之綺羅之時、遥感春風百草之色、今折臂翁
之身、雖老後、禅尼之言、争黙止哉、非木石之故、忘傍
難嘲、
未時許、大宮三位被来問、両儒沙汰之後、無機縁事、不
可為愁由雖存、出仕之次、猶何様候哉由、示源少納言、
帰来、不被仰身上左右、四位儒詠和歌無之、当時未由被
仰、不得心而退出云々、縦雖為吉例、臨老不詠歌一首者、
俄勤仕大祀、極不穏事歟、依暑勢甚、日入以前謝之、入
夜、賢寂初送小分之氷、夜猶難堪、臥板及曙、
日未入之間、下人等、又称星取合由、可奇之世也、後聞、
此星自白昼見云々、又太白経天歟、

○慶長本・為久本によれば、「当時未」の下に「定」の一字を入れている。

五日□□〔戊寅〕、天晴、』(3)
去夜、群盗俳徊坤辻辺、北行又帰之由、小屋者告云々〔之〕、
釘抜下落打松、伺此宅歟、
未時許、蔵人大輔扣軒音信、答老病難起揚之由、依暑熱
無其術也、先是、巳時許浄照房来、金吾又来会、自春所
聞院(補1)御方絵、月来所被新図、今日可有御覧云々、大北政
所、今朝令入院給、不経程各帰了、

補1正三位家信卿、補北白河院年預、親長闕也、

六日□□〔己卯〕、朝天遠晴、
依筋力不堪、今朝、奉幣帛於日吉社、以老嫗、七ケ日令
参籠、今月可慎之告等、計会之故也、
未時許、金吾来、伝殿下仰、大祀歌猶不被決、公卿二人
□□〔建暦〕一度之例也、不可用歟、四位儒者無其人、経光、去
年中宮和歌之外、人不見其歌、行能朝臣頻所望、如何者、
申云、和歌堪其事、不可闕公事之人、前中納言頼・三位
知家之外、無之由、度々令申、公卿二人於被憚者、経光、
忘自身堪否、以其名詠進、父卿扶持者、事不闕候歟、貞
応吉例、悠紀正三位、主基儒弁、已相叶、是一、次行能
朝臣所望、若可被許者、如此人詠此歌、只始于顕輔卿、
彼一門、吉不吉継踵、其外亡父一人、相交此事、猶不穏
之由、頻有申旨、旧例中古以下、非儒詠之、皆文章生、
弁黒白者也、非偏白丁、仍彼家外、猶雖不可然、於彼朝

臣者、其家代〻、毎』(4)度書此御屛風、練習此歌、誰人比肩哉、又詠歌之躰非浮詞、事雖似新儀、於此事頗異他、用捨時儀候歟、雖事闕如、年来不連卅一字、而忽勤仕此事、為道不穏事歟、頼資卿子息猶不似他・知家卿・行能朝臣之外、不可被用他人歟之由申之、為朝為人、所申無私、先例事、於無人者、強不可有沙汰事歟、晩月明、

七日□□〔庚辰〕、　朝天晴、

早旦、中将入道唯蓮房被過、扶病相謁、不及須臾、今日不聞神輿鼓音、先〻雖遠聞、

晩月清明、此撰歌、其数自然多、今日切弃卅余首、

八日□□〔辛巳〕、　朝天遠晴、

金吾示送、大嘗会作者、猶未定云〻、

昨日、摂政殿初度御上表、巳時由被催、及秉燭、伊平・家光・経高・為家・有親、中使実有卿、為家出合、取本御表、「取禄給」（後筆）、

又姫宮還御、高実・伊平卿扈従、殿上人有教・実蔭・実任・雅継・隆嗣、

昨日、以書状、示合師季朝臣事、

志貴皇子、万葉集載数首、新古今、自他任彼集撰上之、又被入了、今案、此皇子、如国史、若無慥所見歟、将其読、若与施基可同歟、然者御諱可無便哉、答云、件皇子、』(5)如彼集者、歌人内、春日・榎井・海上三人王、志貴皇子之子云〻、如今示給、若施基之音可通歟、日本紀点セキ云〻、若有同人之疑者、追号天皇、継躰始祖也、不可被書名字、被載田原天皇、可宜歟、

重案之、有事疑、御諱可無便、未決疑、諡号又可憚、彼御歌二首、今日切除了、又所案、藤元真入新古今了、訓読有憚、兼房朝臣、已為太相国名字、非殊秀逸、此二人同除弃了、故者名、雖事旧、於時可存機問之故也、和泉道経、又今度不撰入、是皆今案所斟酌也、

半月清明、

○慶長本・為久本によれば、「取本御表、」の下に「左大将殿令取禄給、」とある。底本の「取禄給」は裏打ちの後に書かれたものである。

九日□□〔壬午〕、　朝天遠晴、未後陰、夜月漸晴、

但馬前司臨蓬門、暑熱難堪、兼他行之由、令答客人、

未時許、内府御消息、播州上岡越部下保隣郷庁宣、廻秘計、今日奉典侍了者、抃悦無物取喩由、令答申、賢寂感悦、

是月来懇望也、適聞吉事、可謂深恩、
十日[癸未]□□、　朝天陰、
近日之閭巷、買兵弩者充満、民口偏称敗亡兆之由云々、
京畿皆有其心、奇而有余、辰終許下人説云、去夜大弐家
焼云々、南面臥、而過夜半入寝所、令下蔀之後歟、以助
里令驚訪、帥殿大弐之時、度々逢火事給、旁可怖事也、
帰来云、大炊御門北、』(6)

◇『古典籍展観大入札会目録』掲載写真 (476)
猪隈西東、小屋廿許焼、群盗放火也、北風掩雖付所々、
打滅、希有逃了由、有返事、
行寛法印来臨、扶病相逢不及須臾、

◇慶長本 (477)
師季朝臣重勘送、国史所載、日本紀施基皇子誕生之時也、体
記云、師貴皇、類聚国史云、
広仁天皇宝亀元年十一月甲子、詔云、現神大八州所知倭
根子天皇詔旨止宣詔旨乎、親王・王・臣・百官人等、天
下公民、衆聞食宣、朕以劣弱身、忝鴻業云(氏ノ誤カ)、恐利畏、進
毛不知爾、退毛不知爾、所念波、貴久慶伎御命、自独能美夜
受給武止所念氏奈毛、法能麻爾麻爾追皇掛恐御春日宮皇子、奉称
天皇、又兄弟姉妹、諸王子等、患[悉]作親王氏、冠位上給治
給、又以井上内親王、定皇后止宣天皇御命、衆聞食宣、
続日本紀云、霊亀二年秋八月甲寅、二品志貴親王薨、遣
従四位下六人部王・正五位下県犬養宿禰筑紫等、監護喪
事、親王、天智天皇第七之皇子也、宝亀元年、追尊偁御
春日宮天皇、
今案、日本紀幷体記所載、施・芝・斯・師、其字雖不同、
其音已相同、施字異音、聊貽不審、不及指南、且五字一
音之上、続日本紀注、志貴同名之条、已顕然也、於今者、
可被用追号歟者、事已無不審者、今度尤可奉書載、愚意
所疑、頗有其興、仍注之、
朗[詠]永集書此御名、建仁撰進無之、時雖有所疑、一身不及
出疑、而過了、新古今被書皇

◇東京国立博物館蔵(天福元年六月)本 (478) 注6
子、不可然事歟、
十一日[甲申]□□、　朝天遠晴、

兼直宿禰、注送卜形、

◇慶長本（479）

神祇官

　卜恠異事

問、住吉社司等言上今月二日注文偁、去月十七日巳時、
第三神殿鳴動事者、是依何咎祟、所致哉、

推之、依神事違例穢気不信、所致之上、可有公家御慎
及恠所驚恐繋囚事歟、

　天福元年六月十日宮主大膳亮従五位下卜部宿禰忠躬（兼ノ誤カ）

上卿藤中納言家光卿　従五位下行権大祐大中臣朝臣定氏
蔵人右少弁経光不参　従四位下行権少副卜部宿禰兼継
　従四位下行権少副卜部宿禰兼氏
　正四位上行権大副卜部宿禰兼直

占云、依神事穢気不信、可〔所〕致之、　公家可慎御ゝ薬事歟、
又禁裏可被誡火事歟、

　漏刻博士業経朝臣　権暦博士定昌朝臣　権天文博士季
尚、、　玄番〔蕃〕頭兼宣、、　暦博士道茂、、　権漏刻博
士清基

◇東京国立博物館蔵（天福元年六月）本（480）注6

巳時許、親尊法印来臨、扶病相謁之次云、今年御八講、
臨幸難叶事歟、寺家破壊幷至于小事不具、無処于催促、
敷設御簾難調出、此修理事、已被仰合関東、寺家所司等
下向、于今不帰洛、已及期日、不便云ゝ、
申時許金吾来、大祀歌申趣、雖委申、猶以未定云ゝ、見
撰歌、月前帰、
風烈雲飛、遂雨不降、
立后来廿日、前日、御幸持明院殿云ゝ、
十二日〔乙酉〕□□、　朝天快晴、夜月明、
巳時許、明日行幸止由、自典侍辺伝聞、是尤重事歟、不
聞其子細、驚而可驚、
*1女院無御同輿、斎宮依無物無入内、仍当日白地可令入御
由、日来聞之、若被改神輿之路者、甚不吉事由、先年所
聞也、時儀如何ゝゝ、
中斜兵部卿音信、答所労無術由、不謁、
夕金吾示送、斎宮、一昨日御瘧病之故、一位殿、可令同
輿給由、雖有議、住吉鳴動、初度御物忌、行幸又可被憚、

仍有議定、少将井神輿、被用冷泉、自寛治元年、』(7)至
于七年、毎度如此、於御霊会路者、三条之外之例不吉也、
此条不可憚云々、然者、年来閑院皇后(ママ)以後、毎年行幸甚
無益歟、時輩、只以無煩為先歟、

＊1少将井神輿路事

十三日〔丙戌〕□□、　朝天遠晴、
＊1前修理権大夫来臨、扶起面謁大祀歌事、雖未定、其事被来触歟、
去夜、金吾霍乱、纔落居云々、
＊2左近大夫親賢馬、逢少将実任、咎無礼歟、以飛礫打、其
後、親賢自禅亭退出、(白昼)於大炊御門東洞院、実任朝臣侍等、
陵礫(補1)打破頭、及小刃傷、相門被聞驚、永不可来寄由追放、
奇恠之由被奏聞云々、此羽林、悪遠江聟也、習縁者歟、
未時許、大宮三位書状、今朝此御教書到来、悦思給、
可令勤仕大嘗会主基所和歌給者、依　摂政殿御消息、
且上啓如件、
　　六月十三日　左少弁忠高上
＊3謹上　大宮三位殿
度々被仰下之旨、毎度未定、不審之処、無▨▨(相違)之条、悦
申之由示之、此事、去年秋已申定了、今先例沙汰違乱、
甚無詮事也、於無其人者、何依官位可有沙汰哉、
例不吉之由、月来在人口、更被用無由事歟、』(8)

補1見者如堵、親賢頭破、馳参相門、見物伝子扈従、

＊1前修理権大夫来大祀歌事
＊2左近大夫親賢馬逢少将実任咎間事
＊3大祀歌大宮三位被催之由告送事

◇慶長本(481)

桂月清明、一寝之後、南方有火、当南不遠、遣於冷泉、
帰来云、六角南、烏丸西、火赴南、仍不驚云々、
十四日丁亥、　朝天遠晴、
禅尼以下参詣旅所、
去三月、所令伝便風愚状、両国司并師資(員ノ誤カ)朝臣返事到来、
勢州守護所使乱入停止、有下知之状、巳時許、良算法印
来、隔物謁、神輿鼓音及昏、下人等云、飛礫殊狂、神輿
奉打落云々、
十五日戊子、　天晴、未後間陰、
承明門院女房迎寄、示合調巻・紐組事、臨斜陽令帰参了、
月前一寝之後、南方有火不遠、近衛南、万里小路西、小

屋小ゝ焼云ゝ、即滅了、
十六日己丑、　朝天陰晴、
暁禅尼物詣、即帰、
巳時許、金吾、伴侍従幷外祖来依数奇、為見撰、歌也、霍乱以後、
窮屈未出仕、実任朝臣、内・院除籍之由聞云ゝ、小ゝ見
之、未斜帰了、
山月雲暗、而漸昇之後晴、
十七日庚寅、　天晴陰、
光家入道来之次云、宜秋門院按察殿、昨日他界、此七八
日、称風病由退出、漸増気、於九条辺事切了、息女先帝女房、三条殿、於此近辺遭喪云ゝ、自文治御入内、自然相馴、今聞
此事、足于悲痛、年六十九云ゝ、

◇東京国立博物館蔵（天福元年六月）本（482）注6

十八日[辛卯]□□、　天晴、
金吾来、為継朝臣来、典侍、片時送御所新画図*1、令悦目、
即返上諸物語相交、月次絵十二巻、当時能書之人ゝ書詞座主親王・前内府・九条大納言・行能朝臣・清範入道、
範宗三位、一禁俄及大事之由、以金吾説、依始聞*2、以助
里相訪之処、帰来云、今暁已他界之由、子息等示返事云
ゝ、雖生死之習、猶驚而有余、昨今無常、殊以悲痛、年
来所聞六十三云ゝ、
月出之後清明、今夜暑熱聊宜、

＊1典侍送新図事
＊2範宗三位他界事

十九日[壬辰]□□、　朝天遠晴、
*1真恵僧正、自一昨日、於神泉祈雨、自廿一日、法親王、
於法勝寺円堂、可修給愛染王法云ゝ、
*2知息院殿御忌日八講、二年厳重被修、今年於月輪殿被修
云ゝ、三年之内被改其所、已又陵遅歟、泰乗入法成寺之
後、年中恒例仏事、弥以如無云ゝ、悲而有余、山上諸堂、
泰乗之所交*3、皆閉戸滅灯、無人跡云ゝ、
金吾相具中務来、終日取歌目六纔過半、夕帰、
*4前左馬季宗朝臣来、称病不逢、光行入道・孝行等来、晦
比下向相触、同不能言談、
明日立后、明後日、新女院御幸室町殿布衣、中一日可御、
有御点被催高嗣奉行、雖申無力』（10）無術由、猶可構之由被仰、
極熱連日事、不休肩歟、

炎旱渉日、民戸已憂云〻、夜無露、草木枯槁、今日存外
有涼気、秉燭着小袖、

＊1真恵僧正於神泉祈雨法親王於法勝寺令修愛染王法事
＊2知息院殿御八講厳重被行三年中被移陵遅歟事
＊3泰乗法成寺務之後年中仏事如無
＊4撰歌目六事

廿日〔癸巳〕、　遥漢無片雲、
立后日云〻、無露而早涼生、還不得其心、
右中弁音信之次、今日依立后、密〻御幸持明院殿八葉御車、初度、隆盛・親氏朝臣供奉、御路次、可入御二品近衛亭、為申沙汰、只今参入云〻、
巳時許金吾来、御幸非早速事、大殿中将殿、令参御車寄給、出仕之人皆指合由、被仰云〻、
＊1長政朝臣来談、実任朝臣可被解官云〻、父卿、依披陳不知由、如旧参院云〻、今日未時許、金吾取荒目六了帰、三位資雅卿、以使借牛、引送黄牛了、
＊2長政朝臣云、康業大隅前司、改名忘却、去十四日他界、自去年、脩明門院中殊以祗候、知御領、行雑事云〻、年六十五、往年見馴人、已払底歟、

＊1実任朝臣事父卿不知由披陳事
＊2大隅康業他界事

廿一日〔甲午〕、　朝天無片雲、
＊1皇后宮大夫家嗣兼　権大夫具実兼　亮顕氏
権亮公光兼　大進知宗兼　権大進平惟忠
少進藤定兼　権少進藤成俊　大属安部成朝
少属同資高兼　権少属中原職仲兼

＊1昨日立后宮司等事

廿二日〔乙未〕、　天無雲、夜無露、
＊1去夜、新女院御幸室町殿、大殿網代御車、院御牛、御車副召次武延、出車二両、伊平・為家卿、光俊朝臣・能定・資光・高嗣・顕朝供奉云〻、
＊2忠成書状云、去夜、本社大宮宝殿振動今日奏聞云〻、使者下人説、亥時、御殿之内、有似取相撲之音、次又有銅器落破之音、又振動、本社全』(11)(補1)無一度如此之例、奇動云〻、
去十五日、諸司法師之訴、祭日、社司騎馬過其前事、被召決、被処社司不当、成茂代官社司解却、社司当時愁訴之最中云〻、左京権大夫来談、
依秋節、宿北辺小屋、鶏鳴帰、晨明月清、

補1後聞、如此事、不可奏之由、有制止、不達云々、若座主
之制歟、
*1去夜新女院御幸事
*2日吉大宮宝殿振動事御殿内

廿三日□□〔丙申〕、　天晴、終日風吹、
昨日、雖風雲頻飛、遂雨不降、長者僧正、又被修如意宝*1
珠法云々、
依或者所告、今明閉門物忌〔雖不可信、而無損歟〕慎、興心房被来、加
小護身、
*2午時許金吾来、依殿召、参菩提院之次、
昨日参皇后宮、公卿座敷南庇、殿上人在弘庇、両大夫・
隆親・盛兼・家光・為家・実世卿、殿上人有教・実蔭・
雅継・資定、初献〔亮〕、二献〔勤之〕、三献〔隆納言〕、一昨日、定
通・雅親卿・両大夫・経高・基保・基氏、二献経高、三
献権大夫、節会、内府内弁、右大将・通方・具実・隆
親・盛兼〔宣命使〕・家光・経高・基氏・実世・有親、左大
将殿・実有卿参加本所、一献内府・右大将、二献通方・
具実、三献隆親・盛兼、但内府・右大将・左大将、皆被
着端之間、右大将執坏、勧左大将殿、依為我本座、不立
去、此儀未見事也、可奇之由、大殿被仰云々、
旱天大風、弥損草木、四条京極辺』(12)
*1長者僧正修如意宝珠法事
*2金吾来昨日皇后宮公卿座事

◇慶長本（483）
颸不囲〔開〕目云々、夜無露、

◇東京国立博物館蔵（天福元年六月）本（484）注6
廿四日□□〔丁酉〕、　炎旱弥甚、
去冬所堀之井、浅而水早乾了〔令汲垣外本井〕、
式賢来門外、月来城外之由示之、答物忌之由、
明日、故入道戸部十三年忌日、息女姫君経営、』(13)聴聞*1
哉之由、雖被触、於今者、極熱出仕勿論之身也、今日雖
忩々無心、雇金吾、適領状、
終夜如焦、亥時許女院還御、私車帰、
*1故入道戸部十三年事
廿五日□□〔戊戌〕、　旱天如焦、日色赤、
*1午終許、大宮三位被来問、雑談之中、家衡卿、皇后宮亮

嫉妬之訴、尤甚云々家清当時位上郎也、年十五、親昵之喧々、無由事
歟、
流汗平臥之間、右中弁又来臨、芳心如刑罰、謁之間、法
印覚又加座弁相替帰、臨黄昏、帰白川了、昨今適断葷之間、
老後偏断食、無力、暑熱、如亡、
立后四位侍従、有教・家定・実蔭・為経・光俊着座、今
三人不知、五位、兼隆・経光・信光歟、是只戴冠出仕之
人歟、
*2真恵、雨不降而可結願、親厳、雨任意之由、放詞領状、
于今無験、天之令然歟云々、
*3中将家定朝臣宅、有売扇紙下女常事也、其絵、七月廿二
日天下可滅亡、面白き之由、書文字厳・草木、其紙賜人、
覚悟顕然之由、下女称之云々、件紙、進上　院御所了云
々、

*1大宮三位来家衡卿皇后宮亮嫉妬事
*2真恵親厳祈雨事
*3□(中カ)将家定朝臣売扇紙下女事

廿六日[己亥]□□、　天漢逐日晴明、
(補1)巳時許、備後権守有季入道浄意来、其歌、依為重代、不
存忽諸之由、日来音信之次答之、*1本意之由、来示之故也、
斎院長官有房孫父有仲也、
午時許、宗平中将、於門外音信、称所労無術由、不謁、
暑熱不可堪忍、

補1槿花開、

*1浄意有季入道来事

廿七日[庚子]□□、　遥漢遠霽、』(14)
午時許、法印覚来臨、宮、明日令帰本寺給、依心神猶違
例、賜仮、今日帰之次也、依数奇雑談、又以病者之身、
移時刻之間、東南之天、黒雲漸起、真恵僧正、昨日帰本
寺了、賢海、於醍醐修法、又雨不降而結願了云々、*2聞此
事、*1大僧正猶(法)験、猶待他人結願歟、法印帰後、漸及日入、
大雨忽降、簷溜漸流、猶有浮雲之気、日没以前、西天欲
晴之間、雷公頻発声、秉燭以後、雨猶如沃、及于深更不
止、極貴事歟、

*1祈雨間事
*2俄雨降事

廿八日[辛丑]□□、　遥漢晴明、片雲収尽、
夜雨、田夫欣感云々、

*1武士、於六条川原、行斬罪、雑人聚見云々、以鎧為質物、
借鵝眼、不返借物而打殺、取返鎧之犯人云々、
賢寂、疾適付減、始来、
明日、両殿例日野、今度令夜宿給、被通用両月分歟、金
吾又被召具云々、極熱騎馬、不便事歟、
所被経営泉臨幸、泉水不出之間、于今不被遂、被待雨水
云々、

*1武士鎧間事

廿九日〔壬寅〕□□、　天晴、雲収、
夜露満庭草云々、
*1昨日巷説、称可有除目之由、今日不聞有無、
夕、有二品書状、皇后宮半物已下名字、可撰申云々、先
々不知此事、可廻愚案』(15)之由申了、
日入以前、祓了、』(16)

*1夕有二品状皇后宮半物以下名事

◇個人蔵（天福元年七月八月）本（485）

（旧表紙）天福元年七八月』(1)
天福元年、

七月大、
一日癸卯、　天晴、未時東南陰、雷鳴、
*1早旦、突窕等名字、書載檀紙有裏紙、副書状籠立文之中、奉二品、
半物、久方・敷島・止古止葉、雑仕、玉松・笛竹・真賢
木・綾杉、比須末之、波津草・若水、即有返事、此名字
尤宜云々、日出以前、典侍退出洗髪、
長者僧正、依雨感悦、参所々自愛自讃云々、*2主上不令嫌
御、令坐膝上御、親奈宇とゝ、雨ふらしたる、めてたし、
又ふらせと有仰事云々、勧賞非身上事、東寺可被寄国之
由、被申之、巳時許金吾来、昨日日野御共之後、胻固根
更発付薬、不出仕、来五日御幸法勝寺、可供奉、被催人
数不幾、又無領状、両大将・衛府督四人・隆・盛両納
言・有親朝臣・資雅卿領状歟、未時許帰之後、巽方忽陰、
雷公頻発声、法印示送云、雨賞、大僧都隆快為法奝助叙
法眼三条大納言子、云々、真恵、神泉御読経二ケ日申延、猶可行孔
雀経法之由申、法親王、内々被遏絶申歟云々、先是水天
供之輩、皆含恨云々、座主宮・前』(2)座主、申所労不被
修云々、去廿五日、大殿令講最勝王経給、聖覚法印説法
両殿、各令書、一品給、聞者感歎、其事訖、向入道戸部忌日所能忠・能定之外無人、

夜前除目四条上卿、皆三分歟、中務三人　内舎人十人
少監物一人　図書一　縫殿一　大学助一　允二　治部一
雅楽一　玄蕃二　刑部八　宮内一　大膳権亮一　木工
二　主殿権助一　忠二　疏一　修理亮一　進一＊3　津権守
左将監十七　右十四　左門卌一人　右卅二　左兵四十九
右四十五　左馬十八　右馬十五　已上二百六十五人云
〻、為炎旱之徳政、被求尋成功者云〻、徳政之躰、誰人
意見哉、朝議已不足言歟、驚而有余、
申時陽景更照、無雲雷之気、
夕、典侍帰参、

＊1突寃名字注進事
＊2長者僧正雨自讃
＊3大除目徳政朝議不足言事

二日甲辰、　漢雲遠晴、巳後間陰、
明日臨時十社奉幣云〻、微雨雖灑不湿地、
三日乙巳、　曙後忽陰、雖雨降即止、青天見、
午時許、超清法印来臨、昨日示所労之由、強入、以人問
答、所詮只列勅撰懇切之志也、持来明恵房贈答歌、事躰
頗可謂幽玄、可相計由答之、未後天猶陰、初月不見、
＊1賢寂告云、入道成長卿、今朝遂逝去、月来不食病、依獲
麟出家云〻、依家人在隣聞之、眼前嬰児、戴霜雪帰泉、
毎聞悲慟、

＊1三位入道成長逝去事

四日丙午、　天晴陰、
繊月明、』(3)
五日丁未、　天曙雲暗、辰後快晴、
法勝寺御幸久絶、病者有見物之志、
＊1巳一点行賢寂宅、令問刻限、人〻小〻参云〻、左大将
殿・右金吾、四条自門前参（被）之後、又乗車、見二条富小路、
右大将・源大納言参入訖、一条東行、見尊勝寺東、車多
立了、仍立其北、良久而前陣進、六位二人家清為上﨟、殿上
人廿余人歟不知人多、隆嗣歟有随身、資光、博輔、又有随身
具人、頼清、知宗、光資、忠高、氏通、頼行、親氏、公
光、頼氏歟、家定少将、▨（為）経、実蔭、親忠歟久不見而忘、頭
弁、新宰相有親、兵部卿、新源三位資雅、右衛門、左兵
衛、富小路、大宮実有、舎人二藍、権伊平、四条隆、左衛
門舎人二人染装束、左大将殿、右大将、源大納言雅、御後検非
違使親清、北面十余人歟、今日雖赤日照、颯風頗涼、即

帰廬、時儀鞦、毎人用宝物、昔如此御幸、自*2他之躰、只
以総不切落、為公平、近代人之所存、一度之供奉、実以
大営歟、依之又無人歟、
雑色又着綾生衣、宣下人、去大理令着之、如何、
後聞、為経朝臣付御車、公光朝臣取御劔云々、
*1法勝寺御幸□（事ヵ）
*2供奉過差事
六日戊申、　朝雨灑、即天晴、
*1兼直宿禰注送、』(4)
○第5紙は一紙（第4紙と第6紙）を切断して異筆の一紙
を挿入したもの。
占云、依神事違例穢気不信、所致之上、従恠所幷
艮巽方、奏口舌闘諍事歟、
主計頭維範朝臣
権暦博士定昌朝臣
暦博士道茂朝臣
［神］□祇官
卜恠異事
［問］□日吉社司等言上去六月廿二日注文偁、今月廿一日亥時、
大［比］□叡社内陣、有大鳴音、其響高及門楼之外事者、是［依］□
何咎祟、所致哉、
推之、依神事違例不浄不信、所致之上、恠所可有口舌
動揺病事歟、
天福元年七月五日従五位上行権少副大中臣朝臣知業
上卿藤中納言　従四位下行権少副卜部宿禰兼継
権弁信盛朝臣不参　正四位上行権大副卜部宿禰兼直
職事蔵人大輔□不参』(5)
*2一昨日、前大納言兼基卿已下僧正三人法印母儀逝去、禅閤御
事以前重病獲麟、前後不覚之由、有其聞、依其事、彼御
事隠而不令聞、遂経卅余日入滅年七十五、一年奉長云々、寵
愛』(6)専房、数子誕生、老後出家、
暑熱客人甚難堪、称他行由、
*1日吉恠異事
*2前大納言兼基以下僧正三人母儀入滅事
七日己酉、欠　天晴、』(7)
令払雑文書、
金吾昨夕参社、可逢暁大殿開云々、女房着帯以後、*1全不
参神社、奉幣猶憚歟、昨日奇問之、当社之習、至当月参

詣之由、成茂説云〻、多年雖参詣、未聞此説、若社司之
不憚父母服之躰歟、背恒規之説也、
申時許沐浴、雖有一度之雨、赤日之照耀、猶如焦、井水
已乾云〻、川崎惣社祭、殊結構、歌舞叫喚、民戸景気似
豊年、
月前宿北辺、天曙帰、
＊1当社妊者夫当月許憚之由成茂説事
八日庚戌、　陽景照而涼風至、
招金蓮房、令見小瘡、面上雖為身癖、昨今殊有痛、尤可
為重事歟、只如例者也、可付山朝子之由示之、有所慎閉
門、夜大風、
九日辛亥、　黒雲満北、赤日出山、
井水悉乾、冷泉辺又同云〻、賢寂外孫春連、赤痢甚重之由、
昨日愁悶、今朝問安否、度数聊宜云〻、旱風吹塵、弥損
草樹、客人等来、称他行之由不逢、夜前、又俄有小除目
云〻、
申時許金吾来、昨日、又殿下御共日野騎馬、宗平朝臣参、今日、
＊1禅門・内府水田方違実持供奉云〻、
御幸還御、忠綱、見物車前板置細肵、無隠忍気色云〻、

堂童子、左方資光王・信光、右方博輔・高頼、十社奉幣
御卜方角、八幡家光・松尾長清、上卿』(8) 定通卿早参行事、幣
料遅〻、申時発遣云〻、
終夜大風、月陰、雨不降、
＊1忠綱御幸見物間事
十日壬子、　曙後雨降、不及地湿、雲漸散、
東風猶烈、雲赴西、午時陽景見、
＊1一昨日除目、受領三人、飛驒源資信・下野源雅宗当宗祭如何・豊後藤宗兼、兵衛尉紀久信寛喜二年御更衣功、従四上家清宣陽門当年、依此事除目歟、従五下光成重長子歟、
雲飛風烈、及晩陰、風雨相交、終夜不止、
＊1一昨日小除目事
十一日癸丑、　大風猶同、未後風止、雨快降、
＊1申時甚雨之中、大丞相公枉駕、驚謁、存外、依好歌之志、
来訪由被示、甚雨無心、不経程謝之、終夜甚雨、
＊1大丞相公来歌事
十二日甲寅、　朝雨猶降、巳後止、未時又甚雨、
金吾来、以尋常黄牛、替斑牛、引送幸清法印許云〻、例安居也、

入夜月清明也、
十三日乙卯、　朝天晴、夜月晴陰、暁小雨、
槿籬之露、頗有秋色、
巳時許、興心房被入坐、俄宿願、来十六日参詣太神宮、
即可帰京之由被示、
*1山僧闍梨二人、性昭法師子・覚盛子来、以人令答、少将
通氏朝臣、被送其草、凡競望千万、無尋常歌、
大殿又御菩提院殿、金吾被召具云々、今夕』(9)行啓、供
奉公卿、尤可被免徒事之日也、侲子之遊、難堪事歟、

*1人々歌競望事

十四日丙辰、　朝微雨、即晴、
黄門帰参土御門殿小御不例云々、
扶起終毎年所作、筋力逐年有若亡、至于黄昏、奉読一部、
居而不能起、々而不得居、老苦之令然、乍生如亡、
二代之御盆、存例送嵯峨、
*1月明、雇香女子、令礼不軽車令引出、出雲路、俗習、有父母者、今
日魚食云々、於予不忌憚、適好念誦者、斎日葷食、極無
其詮、訪世々父母事、不可依今生二親、

*1雇女子令礼不軽俗習有父母者魚食事一身不可然旨事

十五日丁巳、　朝薄霧、初見天陰、
早旦、奉礼仏奉読神咒、懺法例時等存例、午後依無力休
息、
*1今日聞、一昨日后宮御入内、両大夫・雅親・通方・隆
親・伊平・基保・為家・基氏・成実・有親朝臣、啓将氏
通・隆盛、御後十人許、
勧賞、両亮欲叙、例喧嘩可超公相、正独叙云々、
后宮御内本母后御方、
明後日、泉御幸可被遂云々、
未後微雨、申時風加、御堂盂蘭盆遅々云々、
左大弁・新宰相参云々、夜微雨降、

*1一昨日后宮御入内勧賞喧嘩事

十六日戊午、　朝雲分、天漸晴、巳時陽景晴、
朝金蓮房来、耳下有小雑熱、令見之、例風熱也、非別事
云々、午時許左京来臨、*1参院之次云々、九条大納言殿有
召、可参由、若此撰歌事有御尋者、彼御好風躰、惣非』
(10)愚意所存之間、不通達其心、力不及之由、只不憚可
被申由、示付了、好々様々相異也、相奉（ママ）不可有遺恨事也、
未斜、自賢寂宅、小児来今日、可為乳母者、自此宅可迎取、腹病無程得減、

気力復尋常了、申終許乳母*2来迎、賀茂若宮祝弥平妻依無子、欲養人、子云々、自是不付人、即令乗車例小児相具物等、皆具之、沃懸地劔入赤地錦袋、懸子一入油壺等、又懸子、入随分衣装細長、薄青二重織物、文色と、撫子、小袖三・帷云々、件物等、典侍申公物送之云々、呵梨帝十五童子旧物也、先是金吾来、明日泉、俄大北政所令参給、又被占御車寄、可早参、御共公卿可参会*3上結有恐由雖申、今日不参人、不可供奉、不憚由被仰云々、参公卿、殿下・右大将・具実・隆親・盛兼・為家・基氏・成実卿、女院、今日御着帯依此事、両殿・北政所、今日又令参給云々、明日御輿云々御車強不可被憚歟、輿如何、殿上人騎馬、被指分、家定・公光等参女院云々、公卿可被引鞍馬、殿上人不置鞍、殿下二疋一疋鞍、所々風流物、又自諸方集会云々、終夜月明、

*1左京来九条大納言殿歌事

*2賢寂許小児向弥平許間事

*3明日泉御幸事

十七日己未、　朝天晴、

巳時許金吾使来、大路見物車立由告之、雖無其志、出京極辺、召次来追車御輿御路、見苦云々、仍*1又、堤面土御門以南、縦牛暫立、猶頻追諸車、未始許、御輿令融給、殿上人三人、下北面三人許騎馬、別当乗車扈従、御幸未成云々、暑気如烝、難堪帰来、即御幸云々八葉御車、殿上両三人、』(11)北面少々、被下御簾云々、出車不見之由、下人等称、御輿以前、具実・盛兼・隆親卿車過了各具侍、全無、指事、秉燭以前程、還御之由、車馬音聞、秉燭以後金吾来、窮屈之余、不委問答、休息、

泉辺雖賞翫、上下不解劔、被引馬、中納言已下騎、具・盛両卿之外、各馳此外無、指事、殿上人七人、資季、、・有資、、・家定、、・隆盛、、・公光、、・親氏、、・博輔乗四条納言車、上北面行綱・繁茂・行兼不知其人・成時・忠時・季繁、下北面長親・助直・康景・友景参儲・久政・信季・俊清・行親・親方長親子、女院御共、御幸御共、信広・季兼・信茂・盛末・光重、

大僧正御房之風流、以赤錦為橋、被立鶴、以沈為橋柱、被渡女房之中水云々、公卿殿上人馬之外、無別事、上北面之中、被出風流物、以扇為籠、以色々村濃染物、作瓜積之云々、微妙風流雖千万、不弁見女房之中、事也、

今日、殿下第二度御表、使已参内了云々、

為禄取継、束帯帰参、窮屈不便之躰歟、

来月五日、宇治初度、為氏被催云々、人之経営不休肩、
雖有厚禄、猶不可堪事歟、
月陰小雨落、夜深天晴月明、

＊1吉田泉御幸見物事

十八日庚申、　天晴、
此間無殊事、廿七日祈年穀云々、
＊1今朝、不徹却昨日風流物以前、重時駿河可見物云々、嗜欲之源、風流華夷之聞、強非朝廷之要、皆是末世之恥而已、国主預過差之＊2饗応、依小男之官位、述懐傍言、辞退籠居之詞、即是先朝之儀式也、』(12) ＊3執事院司播州之国務、依公光勧賞辞退、実宣、依為人従者、放一家、極大非人云々、
鶺鴒庭叮小鳥始見来秋気之早歟、萩花一枝開、
＊4昨日、直衣御服一具、被懸衣架、被具赤色御帯之由聞之、向後存此由歟、即是朝之恥也、彼相門、即直衣用赤色帯之人也、右金吾又傚其体、口伝故実、経時代消滅、
永光朝臣注送昨日事、可謂芳心、
泉殿次第、先入御、後御歴覧、次出御馬場面、次引御馬先水干鞍御馬次移馬、殿上人牽之、
次引摂政殿御馬二疋上北面牽、殿上人請取、次引公卿馬、下北面役之、
或於御前自賜、或引出僕従取之、次引殿上人馬役人同、各賜之、
次供御膳、陪膳内府、役送殿上人先是、殿下・禅門退出給、
次公卿前居饌上北面役、事畢、殿上人、於馬場舎東面泉座、行膳本所侍役之、次上北面行膳＊5役人同前云々、』(13)

＊1泉御幸御儲風流重時見物事
＊2其間惣別事
＊3公光勧賞間事
＊4御服御直衣赤色帯事
＊5永光送式目

十九日辛酉欠、　自夜晴陰、曙後雲暗、雨間灑、
典侍為参内借車、未時許、金吾示送、
＊1公暁法印、夜前今朝之間他界六十三、月来中風之病、不能動身、有若亡之由聞之、其上如頓死、中風之習也、北政所御春日詣延引、於殿下聞及云々、不憚欠日、早可除服之由、答之明日典侍衰日也、随聞及、今日何事在哉、』(14) 遺跡無可音信之人、放埒之躰、不及問答、日不暮以前、車帰来、於賢寂門解除了云々、日入之程、大炊中将来臨、来月五日宇治供奉事等、被示合、依人依事歟、只平鞦例鞍可宜

哉由答之、今度不可有随身由、遮被仰云〻、秉燭以後謝
之、禅尼等令除服、
　＊1去夜公暁□〔他〕界事
　＊2典侍除服事
廿日壬戌、　天晴、午後雲暗小雷、雨不降、
一昨日窮屈殊甚、不及起揚、仍今日聊念誦、月不快晴、
廿一日癸亥、　朝天晴、
徒平臥、永日暮、賢寂来、
廿二日甲子、　天晴、
午時許法印来臨、清談之間、忽陰大雨降、不経時刻、天
又晴之間、小雷、金吾来、無告人、及申時法印帰後、暫
言談、不経程帰了、
来月宇治、殿上人多領状、人数不可闕、為氏欲申所労由、
出立不叶、少年者、不可参事也、今日暑熱殊甚、汗如滝
水、入夜猶難堪、月出之後付寝、方違雖満日、不能他行、
廿三日乙丑、没　天晴、午時許雨雷、不湿地、
巳時許迎蓮房来、隔物言談、
廿四日丙寅、　天晴、
＊1金吾示送、座主宮、昨日還補天王寺給、今朝所参賀也、
本人、依人勧辞退歟云〻、於病者之身者、寺務去来、只
耳外事歟、有長等之在俗、定支度相違歟、寺務雖誰人、
仏物為人物事、一同歟、
大宮三位、被尋古語拾遺、即借送之、』(15)
宿本所、
　＊1座主宮還補給事
廿五日丁卯、　朝天晴、巳時陰、
鶏鳴帰、巳時、長者僧正、賀茂詣之次被来談、式賢来、
称病不逢、夕心神違例、
廿六日戊辰、　朝天陰晴、未後雨濛〻、
興心房、昨日被帰洛由聞、仍奉書状、返事、昨日無為帰
由被示、入夜典侍退出、
廿七日己巳、　天晴陰、雨降止、
金吾来、明後日廿九日、左大将殿初度詩歌云〻、＊1此殿番長
弘澄、依異様又不当、追却、被召召仕頼岑云〻、泉亭、
又被申請臨幸、愁勅許云〻、
　＊1左大将番長弘澄追却頼岑被□〔召事〕
廿八日庚午、　天晴、
典侍朝帰参、金吾書状、明日又泉臨幸、＊1四条納言・大理

三人可参由、被仰下無人事、殊為面目、勅喚甚忝、又定有咒咀讒
言之殃歟、内外之参、且悦且恐、今度被申行競馬云々只被
恋慕往事之故歟、*2昨日聞及、家隆卿、撰卅六人云々、是遠所勅定
歟、尋金吾歌云々、南朝北朝之撰者、共在京、有勅撰之
沙汰、一老徒然、有御訪之由歟、建保之比、禁裏歌、猶
以有嫉妬、況於今世事哉、彼卿、当時無弐心忠臣也又若
雖卅六人、同撰集歟、
*3申終許、有長朝臣来臨、自去冬不音信、驚謁、種々病悩
無其隙、聊得減之時、被召出馳走、又更発、乍思懈怠之
由、言談、及夜景帰、
暑熱此間殊難堪、日夜偏着帷、

*1泉臨幸
*2家隆卿撰卅六人〔歌〕□間事
*3有長朝臣来臨事

廿九日辛未、　朝天陰、辰後晴、
暑熱殊甚、巳時許、永光朝臣来談、臨幸御所』(16)事見
了、参今出河之路次也、今日被進御牛也一頭被進、両殿、又被
置扇、女院御方有茵云々、競馬、*1近衛舎人・北面名誉輩、
被撰之、禅門不被参咳病之由云々、女院渡御、々々輿如先、秉
燭以前、下人等称還御之由此事、於今者、不、可被奉催歟昏、両禅尼、
自春日京極来臨大谷当時処、件所云々、今夜宿、明旦可帰、又今夕、
迎寄禅師姫賢寂城外之間、成人以後田舎下向、不便、仍所喚寄也、

*1吉田泉臨幸競馬事

卅日壬申、　朝天暗、日出刻限大雨忽降、
両禅尼、早旦帰参斎宮春日京極、
千載集、為仲章朝臣、被焼其上帖、被召禁裏之後、惣不
持、不散不審、適依逢証本、密染老筆、自廿六日至于今
日、書終上帖、書始下帖、此集、作者之位署・題之年月
等、*1甚無謂事多、昔雖諫申、惣不被信用、只任意被注付、
今見之、慙思事多、惣付万事、任当時之存知、不被勘見
先例准拠事之故也、弁物由之人、定成誹謗歟、於顕昭・
季経等者、又不可分別之、或人云、夜部作文、歌人不参、
無歌云々、

*1千載集書写其間事

八月小、
一日癸酉、滅　天晴、
未時許、頤下飼蛭卅余、
二日甲戌、　終日陰、西北方雨降云々、此辺不然、

夜前、自南京方来使者小童云、当時南都[*1]、云猫胯獣出来、
一夜噉人七八人、死者多、或又打殺件獣、目如猫、其躰
如犬長云々、二条院御時、京中此鬼来由、雑人称、又称
猫胯病、諸人病悩之由、少年之時人語之、若及京中者、
極可怖事歟、
[*2]金吾示送云、座主宮御病之由聞、欲馳参云々、』(17)
昨今暑熱聊宜、雖着帷汗聊休、
夕又云、宮御瘧病大事御由、公性法印相逢云々、

　*1云猫胯物間事
　*2□［座］主御瘧病事

三日乙亥、　朝陽晴、未後雨間降、
未時許蛭向飼卅許飼、厳増阿闍梨、依蛭飼不逢、不堪無
骨歌人、為人無由事也、
終夜微雨降、今夜又暑熱、
四日丙子、　雨間止、午後天晴、酉時又甚雨東天不陰、
自晦朔之比、萩花盛開、昨今終日書草子、不知疲、只老
狂歟、徒然之身、無携事之故也、
五日丁丑、　朝陽間晴、午時許微雨灑、
午時許、兼直宿禰音信、書写之間、示聊他行由不逢[*1]、昨
今、権大納言頻賜書札、好道之故也、
未時、書終千載集下帖、不顧老骨、遂終功、此[*2]集之躰、
猶以遺恨多、
毎夕陰、今夕初月見、夜猶熱而不脱帷、

　*1権大納言賜書札事
　*2千載集間事

六日戊寅、　朝天晴、
賢寂、今暁赴播州方由、夜前云送、
巳時許金吾来、両殿・両北政所・大将殿、皆一昨日夕渡
御九条殿、参御共宿候、供奉人等不参之間、毎事馳走、
臨刻限、前中納言参、大殿網代御車、兼友御共[*1]、露顕御
見物、北政所八葉御車、即御共参、見物了、俊親之出立、
諸人褒誉、家子五人、孝弘一・二俊親妹夫・三嫡子小
男・四猶子二条殿侍・五旧翁、郎等十人、伊東の判官と云武
士来、扶持出立云々、日出之後、不経程出御、秉燭以前、
令帰京給云々、』(18)

○第19～21紙は異筆の三紙を挿入したもの。

先前駈諸大夫
兵衛尉志水蔵人季宣子 藤原　二藍布狩衣　狩袴結花　縑文紗　女郎花　生衣
望範大隅守　櫨狩衣単　縑文紗薄色指貫

越中前司 高経 萌黄狩衣単 薄色指貫
左馬助 知資 青結染狩衣 紅結染衣 薄色指貫
周防守 教行 薄青狩衣単 薄色指貫
前藤馬助 家国 萌黄狩衣 薄色生衣 薄色指貫
前中宮大大進 惟長 薄青織襖帷 浅黄織指貫
右馬権頭 有長、、 青地香文織襖 白引倍木

地下公達

兵衛佐 教氏 萌黄狩衣単 二藍指貫 具随身、赤色皺

殿上人

束帯 親俊、、
有教、、 白縑文紗狩衣単 薄色指貫
資季、、 櫨狩衣 薄色指貫
為経、、 薄色織襖香帷 薄色指貫
頼行 薄青狩衣 薄色指貫
知宗 花田狩衣薄香帷 浅黄指貫
経光 薄色狩衣
季頼 花田単 薄色指貫
宗教 萌黄狩衣単 二藍指貫

和泉前司 時長 二藍狩衣単 薄色指貫
民部少輔 親嗣 薄青狩衣単 薄色指貫
美作守 兼康 仁加色狩衣 薄色指貫
前木工権頭 盛長 花田織襖香帷 浅黄織指貫
讃岐守 兼教、、 薄青織襖 薄香帷

中務少輔 長信 花田狩衣単 薄色指貫』(19)

宗平 檜皮狩衣単 薄色指貫
具随身 能忠、、 薄青狩衣単 薄色指貫
浮線綾白狩衣 雅継、、 薄色生衣 同色指貫
少将 家定 具随身四人 花田狩衣 薄色指貫
平礼 具随身 兼高 海松色狩衣香帷 浅黄指貫
衣冠 忠高
能定 二藍女郎花生衣 二藍指貫
忠俊 女郎花狩衣 薄色生衣 二藍指貫

御随身
久員 頼種 兼世 久利
御後官人
俊親家子五人 郎等十人
侍
民部大夫 宗尚 花田
同 宗継 花田
六位 ーー
修理進 紀宗茂』(20)
左衛門尉 源親直 花田
左衛門尉 藤俊清 蘇方香
同 平貞時 とくさ
同 中行親 虫襖
右衛門尉 同宣季 檜皮狩衣

左大将殿御方前駈 各参之後、依大殿仰被差別、
蔵人大夫 時光 花田香帷
左近大夫将監 家盛 薄色織襖 薄色生衣 薄色指貫
阿波守 以良 虫襖帷 薄色指貫
左近大夫将監 資憲 白襖帷 薄色指貫』(21)

金吾帰後、法印来談之次、自隠岐、歌卅首許可令書進給*2由、被仰、高野宮、当時歌御沙汰不得心之由、内ゝ雖有御不審、書出可進之由、被仰定恵闍梨、伝法院、旧年訴定毫、張本七人猶可召進之由、此両三月、自関東被申大殿・禅門、又奏聞等歟*3、文基陰陽師文義子、定毫愛寵男、月来在京奔走、頗無納受之処、献金漸ゝ相積、功能露顕歟、此間被仰下

仁和寺宮、件張本更不可参、依定毫欲心、定聖跡及磨滅歟、
極不便、又或説、天王寺猶塞路閉籠、*4又云、吉水僧正、
有籠居之聞自殿辺不快云々、惜天王寺而遁世、不知恥籠居歟、
本自不覚至愚之本性、雖長顕密、不便事歟、
此間、少輔入道来会、同時対面、相伴山僧法橋――、梨本之
張本僧云々、依数奇来、仍先対面、即謝遣之、此後大雨
降、又休止、法印帰、
夜猶熱、

*1殿下宇治御出
*2□[仁]和寺宮□[御]詠卅首可被書進遠所之由被仰事
*3□□[高野]伝法院張本等事
*4吉水僧正□[天]王寺別当悋惜歟間事

七日己卯、　朝天陰、即雨降、間止、
*1未時、大宮三位被来談、前宮内、歌卅首許可書送之由、
頻譴責、遂書送了、書題可書歌本意有之由云々、殊忩責
取之云々、
*2長者僧正書状、御修法了、可帰本房宇治、雨不降、自殿
預纏頭、仏徳物吉由自讃、可貴、

*1前宮内卿歌卅首□□[責取]事
*2長者僧正宇治入雨不降自殿預纏頭仏徳自讃可貴事

八日庚辰、　自夜甚雨、申時、蒼天白日間見、
巳時許、興心房来給、日来重悩、適小減、禅相門俄被悩
之際、頻招請、所扶起也、大殿又日来種々*1仰、被召尋、
仍両方欲参、近日人多病悩、有温気云々、今明日有所慎、
立物忌簡、簾』(22)付物忌、秋中庚辰・庚戌可慎由、昔
有庭訓、
金吾来、

*1面々人々小悩事

九日辛巳、　天晴陰、未後甚雨、
中務来談之間、兵部卿来臨、扶病言談、自然移漏、*1凌雨
被帰、中務云、宗行卿後家宗氏等□、所馮周防乃宇美庄、資
経卿忽申給、宗氏失世途云々、母尼、不廻時刻馳下関東、

*1宗行卿後家知行一所資経申給間事

十日壬午、　朝天快晴、
*1巳時許、経円僧都来談、一日比、舎兄朝臣伝送其草、加
褒誉之詞、来謝歟、
午時許、迎蓮房・成茂宿禰同時来、相並対面、
未時許金吾来、大殿・禅門皆無別御事、座主□[宮]平減給、

一昨日八日小除目、大監物一人、内蔵允一人、従三位藤
実経、無他事云々、
去八日万機旬、依雨延引、廿一日云々、十月両大臣軽服、*2
大納言定通卿、節下勤仕云々、
昨日、知宗催安嘉門令旨、十月御桟敷御幸、可調進女房表
襲・唐衣各一具、申領状了、
夜宿本所昨日甚雨、暁鐘以後帰、
*1経円僧都来歌間事
*2□〔大〕臣軽服大納言定通節下可勤仕事
十一日癸未、　自夜天猶陰、巳後雨又降、
午時許、浄昭房来之間、左京権又来臨、甚雨之後各帰、
十二日甲申、　天適晴、
依彼岸始、扶起念誦、午時許、但馬前司来談之次、漏聞
世間事等、自身未被触示若隔□〔心々〕中歟、
*1九条大納言殿、撰卅六人、令書其真影信実、被進隠岐歟、
其事又有取捨沙汰、被仰前宮内歟、以此次、撰歌本望忽
入興歟、是皆推之許也、』(23)
臨昏、家仲来談之次、自隠岐、召京人々歌、於北野、*2有
歌合之由、触縁伝聞去春事歟云々、毎事別儀歟、今夜行幸
云々、
*1九条大納言殿撰卅六人真影信実□〔朝〕臣進遠所事
*2□〔遠〕所北野歌合事
十三日乙酉、　天晴陰、
未時許金吾来、夜前行幸、右大将・四条中納言・左兵
衛・右衛門・別当・宰相・三位通中将、少納言重房、闈
司奏以前進出、々納告之令退云々、今日御逗留、内裏有
犯土、明暁還御云々、主上自乗御々輿云々、
*1此五六日之間、孝範朝臣入道帰泉云々、殿下三譲□〔表〕、経
範朝臣二度書之、第三度未被行云々、
文道大卿只一人歟、可惜可悲、
*1孝範入道逝去文道大卿一人事
十四日丙戌、　天晴、
今日又暑気流汗、然薄穂已出、萩花散了、
十五日丁亥、　自夜甚雨、終日不止、
朝間殊以甚雨、放生会供奉人不聞及、
未時許金吾来、参西園寺依例懺法被渡、今朝白地出京、空帰、
*1昨日、依中納言入道範朝卿招請、向岡前、故帥三位家光卿母
十三年忌日、聖覚法印説法、其次謁督典侍、佐渡聞食勅

撰由、若奉載彼御製者、相構可止計略、可示合由、有御気色云々、尤可然事也、知食物儀之仰歟、

行幸還御、三位中将之外同前、主上又自乗御、御成人如五六歳、放生会、伊平卿・有親朝臣・経光、*2聞及諸衛不知、源家定、毎年参勤云々、雅清卿以来、依私別願、毎年供奉之人出来、頗不似公事之法事歟、夕帰了、夜猶雨不止、

*1金吾向岡崎中納言入道招請其次督典侍伝北
*2放生会次将毎年勤仕人事

十六日戊子、　朝猶微雨、終日濛々、』(24)

午後、心神違例甚為奇、当時無指事、又甚不快、口味又違例、不遂此清書者、尤可為遺恨、

十七日己丑、　終夜今朝雨猶降、申後天漸晴、

典侍退出之次、加小灸、今日依吉日、予又損亡左手三所許灸之、

十八日庚寅、　朝陽適鮮、

*1河崎感応寺、破渡最勝四天王院之後、今日遂供養聖覚云々、駈催近辺、昨日奉送被物一重、御願寺之為躰、可悲者歟、柱絵扉絵等、皆如本渡之云々、

念誦之間、午時許、少輔入道来臨不経程、未時、興心房授戒給、其後狂出見辻祭号御霊云々、一条東行、今出河北行、入禅相門、又参入持明院殿云々、尽風流、用錦繍金銅、帰来後、興心房帰給、夜着綿衣、灯取入、

*1河崎供養間事

十九日辛卯、　朝陽晴、

早旦典侍帰参、家仲来次、問放生会事、上卿前駈二人家仲叙爵、今一人同躰物、入夜着社頭、宰相不具前駈、雨間毎事遅々、又有訴等、神輿入御、及未時、舞、取笠、相撲及深更、及後夜帰云々、

金蓮来、今日庭実梨子、依虫損落失、令取進上女院御方之外、今年加二籠、披露、由有返事、一籠献前大僧正御房、昨日、典侍進一位殿御方了、

今暁、禅門被下向有馬云々公雅卿・実持、、・尊実・、公審・唯蓮房供奉

廿日壬辰、　自夜陰暗、巳後甚雨、午後天晴、

未時許、迎蓮房来、如此輩不可入由、有沙汰、頻見来尤不便、芋穂色殊盛、』(25)

梨子、進安嘉門院付二条殿、

廿一日癸巳、　夜雨降、朝後或晴或降、

今日万機旬云々、出居、左中将宗平朝臣頭外上﨟将、旬以後事歟、女院御産定、御調度御覧、又今日云々、其後訖、両院渡御近衛二品新亭、明日可有還御云々、金吾来、不参旬、有仮云々不可然事也、

未時許、右中弁来臨束帯、旬出居、侍従・左中弁参不定、若不参者可勤、有催出仕之次、先来之由、金吾相共言談、御産定、為院司可奉行由、被仰云々、自然経程参内了、金吾夕帰、可参会近衛云々、典侍同参、

廿二日甲午、　天顔晴、雲膚収、

去夜有痢気、脚病者、依大切不療治、今日無余気、九条三位音信、称所労、自門外帰、

午時許還御云々、

廿三日乙未、　天晴、

良算法印、早旦来謁、浄照房来、

*1四位少将兼輔卒去云々、痢病、去十八九日事歟、是定輔大納言遺跡相継子也嫡男親定卿、二男兼信、当時乞食云々、不聞世事、少将入道具親朝臣可来由、有音信、答所労由、以書状両三度問答、

＊1四位少将兼輔卒去事

廿四日丙申、　天晴、

少将入道具親朝臣来臨、扶病相謁、両息各光華之由、今日委聞之、近日物吉無極歟、

*1少将教信、去比出家云々、於高野遂之、源大納言為聟吹挙、又違背等之間、発心歟、或云、違背以後、無渡世之計之故云々、又聞、兼輔備後庄寄桂宮相撲奉行得分、任意所立也、二品早被給、他領又競望云々、晡、右京大夫被来謁、』(26)自然清談、及夜漏、今夜初聞、親定卿豊後、兼高推替下野給云々、夕郎得分歟、可恐世也、大殿自今日御九条殿四五日文書沙汰云々、

兼直宿禰又送此草、』(27)

○第28紙は一紙（第27紙と29紙）を切断して異筆の一紙を挿入したもの。

占云、依神事違例穢気不浄、所致之上、　公家非

慎御ゝ薬事、従恠所并巽坤方、奏口舌動揺事歟、

主税助在盛朝臣

権少允在職

卜恠異事

[神祇]官

[問、鴨御]祖社司等言上去月廿三日注文偁、今月廿二日未剋、

東御宝殿［外殿］師子両方銀華見出事者、是依何咎祟、所致哉、
推之、依神事違例、所致之上、恠所可有驚恐事歟、
天福元年八月廿日従四位下行権少副卜部宿禰兼頼
占云、依神事違例不信、所致之上、恠所幷巽坤方、
口舌動揺事、

［神祇］官
卜恠異事
［問、北］野宮寺所司等言上去月七日注文偁、今月一日酉時、自顛倒之［一夜］松、立煙事者、是依何咎祟、所致哉、
推之、依本所神事違例、所致之上、恠所可有口舌事歟、
同日　署同

［上］卿権中納言伊平卿
弁職事不参』(28)

＊1少将教信出家事
廿五日丁酉、　朝天陰、微雨漸降、未時甚雨、昏止、
昨今念誦、臨昏金吾来、御産定、依不参不知其儀、事訖之後、渡御近衛、上皇御車、女院御輿、殿上人各二人参御共有資・親氏・家教・〻〻、四条・別当・兵部四人、依仰参会、渡御之後出御、大将陪膳、供御膳、各預膳、次名謁宿侍、後朝、大将被参西郊［大井河近辺］、建立山庄、儲馬場之由被申、忽今日可見由相議、還御以後、即向彼亭、四卿・有資・親氏・亭主已下巡見、相共向公棟入道家、又見之、又帰本所、小膳之後帰参云々、
御産御祈之間、当時御所、依可無便宜、可御近衛新所、仍又立副屋、経営事多云々、

＊1御幸近衛富小路亭
＊2金吾説大将大井河山荘儀人々行向事
廿六日戊戌、　雨終日不止、夜猶打窓、
方違昨日雖満、依雨夜之煩、不出門、
廿七日己亥、　朝雨猶不止、北方雲漸晴、巳後陽景見、
無見聞事、徒暮、
廿八日庚子、　朝天晴、
巳時許金吾来、湯山二七日之由、雖被企、悩気猶不快、依可被帰京、内府明日被向水田、依招引可伴申、今日又詣内府云々、所悩違例之間、遠所下向、本自不可然事歟、
南京僧［二位得業云々］来、示季頭訪、答尫弱不能助成之由、

廿九日辛丑、　朝天晴、』(29)
午時許、少輔入道来談、未時許、六条三位入道音信、依窮屈無術、答他行由、被送歌草、夕宿本所、甚雨之後、昨日帰忌之故也、
自夜雨降、暁鐘以後帰、』(30)

◇時雨亭文庫蔵（第五十二）本 (486)

(旧表紙)天福元年九十月』(1)

天福元年、
九月大、
一日壬寅、　自夜甚雨、午時休、未時天晴、
金吾家殊無人之由、女房示送、禅尼至宿、
二日癸卯、　朝天陰晴、
夕禅尼帰、金吾只今帰着、彼不例事無為云々、今夕皇后宮行啓之由、伝聞、不知其故、
三日甲辰、　朝雨降、辰後天晴、□[雲]雨不定、
有長朝臣隣、後見法師住所、群盗入、斬殺房主、盗又蒙疵死、雑人競見云々、誰人逃此難哉、
頭懸菊湯、未時許金吾来、湯山、依咳病被帰京、昨日、別当相共、自今津騎馬帰京、即参御所、
三条少将来臨、面謁、不経程、
金蓮来、去夜群盗、踏破金蓮小屋檜垣、為通路、又破中垣、入隣家、纔以存命云々、初月雲間纔見、
四日乙巳、　天曙時雨降、朝陽晴陰、
未時許金吾来、夜前無人之隙、伺御製事、頗依快然、資季朝臣令書題進入、明夕可進有仰、』(2)
五日丙午、　天晴、
夜前和歌延引云々、金蓮房来、伝聞、女院*1千度御祓一昨日歟、陪膳、宗平・能忠早参勤仕、有教・雅継中将相替、
雅継帯劔云々不知其由、

*1女院千度御祓陪膳雅継朝臣一人帯劔事

六日丁未、　天晴、
大宮三位被過談、大祀歌可見之由也、大概宜歟、得骨人、不可依事歟、及秉燭被帰、右衛門尉成季、依去夏事、□[不]□[好]出仕歟、可寓直女院宜秋門*1之由、申請大殿、祗候彼院之間、一日比、有放布障子之盗、侍追欲搦之間逃去、成季従者也云々、事重畳、成季恥痛云々、子息男先是出家了云々、依造営無沙汰伊与・尾張・幷御社和泉、南衆徒発訴云々、

＊1成季従者放布障子事
七日戊申、　天晴、
金吾来、五首歌、未被尋仰云々、夕帰、
八日己酉、土用、　自夜雨降、
為継朝臣来談勤番、候安嘉門院之間云々、［為］□綱・頼清兵衛・知宗・長氏・光成少将・公斉侍従・良頼・［周］□房子・長綱前左馬、今一両忘、十二人六番結之各五ケ日、一月祗候云々、金吾来会、申時許帰了、
九日庚戌、凶会、　天晴、雨降、
言家朝臣使者下人来云、母堂去六日他界、無＊1申限云々、答承驚由、去月招請下向志深庄、不経程、無常之習、雖不可驚、旅行之後、極以早速、今年六十四、今明閉門、付物忌、
女房装束、貧家営出云々賢寂沙汰也、裏菊面白、但其表織紫筋云々、近日筋繁昌、如此事、往年若齢着之、今老者好之、甚不甘心』(3)
秉燭以後、西方有火、一条北、万里小路東云々、此辺無小屋、非近之由思怠之間、西風利、而煙炎吹掩、如雪落、無人貧家、失東西之間、右馬権頭来訪、相共於廊妻見火之間、大弐少将来臨、人々使雖音信、無実救火者、良久而金吾来後、左中将被入坐之間、＊2適火滅了、中将暫言談、金吾相共参御所了、月清明、伯・中御門入道・中御門中将・京極中将持・兵部卿・但馬前司、送使者、

＊1言家朝臣使来母堂他界云々招請以後不幾事
＊2炎上近々人々来事

十日辛亥、　天晴、
物忌閉門、典侍参内云々助里在共、夜部、有弘母相共帰洛、
十一日壬子、　天晴、
浄照房来、永元来会、述懐数奇物徒事也、
未時許、六条三位入道被来坐、相謁、金吾来、
月前初乗車、参大殿、源少納言入見参、即出御、被仰月来事等、入御以後、暫与有長朝臣言談、退出、凄涼月前思往事、動幽襟、
十二日癸丑、　天晴、
金吾来談之間、左京権又来臨、雑談之後、各参御所、＊1月前参安嘉門院、以僮僕申女房之間、内府被参、存外及清談、散月来不審、病後初参之由、即被示女房、被参簾中、仍退出、
月陰晴、

＊1参安嘉門院内府参会事

十三日甲寅、欠　朝天晴、時雨灑、入夜間陰、亥後月明、遅明告来云、如　御産之気事御、所存来月也、然而不似他御不例云々、日出之後聞、人々已群参云々、昼弁臨昏伺聞、大略御落居云々、八幡別当法印音信、称他行由、

十四日乙卯、　朝天晴、夜月明、』(4)
＊1日出以後、着直衣平絹指貫、例直衣、参院、無人之間也、季頼在中門廊、行御祈事、昨日一日仏奉安中門五躰、雅継朝臣中将、布衣徘徊、暫居二棟弘庇、右中弁参、惟長適見、申参由、引導参馬場殿、御装束之間也、御気色之躰、＊2非偏御産、御腹時々令痛給、又御邪気頻令発給由、被仰、令昇給之後、依無路妨、於典侍局適謁、当時非殊御気色、只邪気之祟歟云々、小時自北門退出、金吾参、入賢寂宅、喚妻孥等、今日不還、依不審多也、興心房、被宿此宅東方、謁申、夕金吾来、月清明、頻雖伺聞、只同御有様歟、

＊1参院例直衣平絹指貫
＊2女院御腹気

十五日丙辰、　朝陽快霽、日出之程参上、摂政殿仰、大略如昨日、去夜又令発悩御、御物気渡御落居云々、高嗣又奔出、奉告大僧正御房、又令発御歟、殿下即＊1御参上左大将殿同、諸験者五人同時参上、御加持之後、又殊事不御歟、金吾・実持朝臣等参之後、巳時許退出、一長者僧正、可宿此宅之由、先日被示云々、＊2仍帰吾廬了、今度御有様、愚意甚怖思、心神無聊、臨昏聞、猶如昨日歟云々、

＊1今日又同
＊2［愚］□意今度御有様甚怖畏心神無聊事

十六日丁巳、　朝陽晴陰、
秋風嫋々、庭樹已黄落、
＊1典侍返事、只同昨日、御邪気殊露出、弥御違例多云々、依無殊聞事、今日不参、夜月陰、』(5)

＊1典侍返事只同御事

十七日戊午、　朝陽晴陰、夜月暗、
典侍有憚御神事、時程示可退出由、未終許退出、一昨日朝、邪気快渡後、頗宜様御、上皇御所、可為近衛殿之由、人々頻雖申、当時無其事云々、秉燭之程帰参、今夜不可参上云々、

十八日己未、　自遅明雨降、
＊1不弁色、告云、御産成了、感悦之処重尋申、使帰云、今一事遅〻御、又男女御事不聞云〻、推之皇女歟、不堪行歩老者、雨日煩多、不能馳参、極以不審、御産以後、上皇渡御近衛亭云〻、頻雖令伺、及巳時無聞事、殊以甚雨、
＊2午時許下人帰来、局者書状、典侍自暁未下、於後御事者成了歟、猶験者達雖奉加持、人〻気色極奇云〻、金吾、只今騎馬、不及取笠馳参院、又馳帰云〻、又〻来、雑人等、漸称御絶入之由、聞此事、已以無馮事歟、
未時許、猶不自書、以人可調送袈裟衣之由、示送、早速雖不取敢、不及加詞、今年卅九、不堪其悲、何事在哉、
申刻許参此間雨止、北政所、白地渡御一条殿云〻、御車寄此局、仍暫在本御厩西方、平宰相直衣依召参、以有長朝臣、被仰合此間事、大略申所存、家光卿同於此所聞之、三四度往反、先是、殿下不令穢給由、彼御共人着沓、此間又天下皆不可憚由云〻、各脱沓、心中呑悲、視聴事不入耳目、北政所御車出了由聞之、』(6)
仍於局令招出相逢、御産之後、猶有御言語等、只令苦御身御、興心房祗候、有御戒、合掌聞食御気色、大略其間漸〻御閉眼歟、心神迷惑、前後不覚云〻、御胞遂不令下給、御身、当時猶不令冷了御云〻、自簾隙聊見其面、即退出訖帰家、秉燭雨又降、

＊1御産成了云〻
＊2後御事遅〻

十九日庚申、　天晴、
自暁、金吾私家又有産気、非火急云〻、度〻雖相尋、当時無殊事、午時許、聞頗取頻由行向、侍男来云、産成了女子、今一事遅〻、但在朝〻臣密〻来、更不可有事、只今可成由称云〻、須臾之間成了、例律師・医家貞幸等引馬、各退出云〻、乍悦、参冷泉殿、逢局者、大殿只今入御、召平相公、被仰雑事云〻、夜上下無人、甚等閑、怖畏無極云〻、毎事存外、無路便而不来謁、退出了、不聞世間事、金吾籠居了、折節如何由雖示、可休息云〻、
廿日辛酉、　夜月朝天無片雲、
世間事依不審、以書状、問二位宰相、返事云、昨日参、深更退出、無日次之上、一事以上、未及定日沙汰云〻、如一昨日聞云〻、土用之上、無日次事、悲中之悲也、雖有出行之志、興心房可来之由被示、仍相待、午終許被入

坐、一昨日事等委語給、心神迷惑難注付、
十七日巳時許参入、御相貌違例多、御躰定有御苦痛歟由申、未及半時、忽令痛御、聞人頗有発信之気、御加持等騒動之後、又聊御落居、依召度ゝ往反、夜半許又有召、参後大略御危急、遅明御産欲成歟、大殿仰、片足令出給なる由、御周章、雖然、不久而令生給了（男皇子、已亡給了）、後御事遅ゝ之間、御気色已以如変、下御頂御髪、可奉授戒由、大殿被仰、仍奉授（験者達猶加持）タモツトモ無御詞、此典侍、聞食歟由申、有聞食』(7)御気色、至于第七戒、毎度令頷御（有御合掌）、其後大略令終御歟、如今聞者、如此急難之中、善人之御終歟、北政所女房奉引懸、奉出近辺、其後奉臥了、暫退下、又有召参、可有御出家之儀由、被仰、仍持参頭剃奉剃、刑部卿（親房卿女）・典侍、御髪ヲ分、又(補1)以水奉湿、無煩奉剃了、（奉）令着御衣袈裟、典侍、以念誦御手に奉令持、急可被徹御綿衣・畳等由申、又退下、此上大殿仰、猶准不混合人、可叶御用由被仰、無性躰事歟、依風病無術、帰本房、今朝又被□〔召〕、参一条殿、只今罷出也、覚印僧都候近辺、可念誦由蒙仰了云ゝ、私事、父母・自身・公家・上皇御衰日、皆悉有憚、重日之外無日、今日奉示合、猶於公家者、非殊祗候、廿三日可宜由、相定了、弟女子、年来有此本意、以此次可伴由、頻懇望、是又尋常之儀也、自一昨日許之了、年卅八、無所歴、所思取穏便事也、

悲歎心中、窮屈不能扶出之上、典侍招請母儀、仍密ゝ令参、自去夜、局在本西方云ゝ、

秉燭以前帰来、明後日（廿二日）、於賢寂宅洗髪、可帰参云ゝ、

廿四日御入棺、卅日御葬送之由、内ゝ有沙汰歟云ゝ、又云、院中無人、怖畏無極、宿直者大切云ゝ、此由、心中吉事家雖無心、依此家無人、示付金吾了、金吾参院云ゝ、

産事若不披露歟、夜深月清明也、

補1 依有異様之諫言等、大殿不令宿彼御所給云ゝ、更不可然事也、伝聞、上皇御歎過法、人ゝ恐歎云ゝ、

廿一日（壬戌）、朝雲繽紛、時雨俄降、巳（午）ゝ時雲晴、

静俊豎者、父喪五十日過了、来談、

去十五日夜丑時歟、於大原見及大星（熒惑歟）、』(8)追月（始三尺許）責寄、入月中了、出月西（見入、不見出、云ゝ）、今年、諸社諸寺恠異天変、惣不可勝計、全無驚慎御祈、且是無物之故歟、遂如此、向後猶不便事歟、

未時許参旧院西方、無人寂寞、惟長一人徘徊、於局聊言談、右京大夫・能忠朝臣在東方云ゝ、不廻而退出、参大殿、又以無人、近習者不見来、季継宿禰適参会、僅言談、即退出、入夜金吾来、此間私産穢、不及云出之由、人ゝ相示、出仕如例云ゝ、其後、男女房惣不入見参、朝間御念誦之外、偏籠御、供膳事如絶思、座主宮、為諫言、参帷帳前給、只聞御涕泣御音、流涕空退出、北白河院入御、無便由被仰、被召狩御衣之後、無御言語、而御落涙之間、又咽涙還御、事尤有危恐之由、上下歎息、御所向京極殿旧樹、極不快之由、人ゝ申行、欲令渡御持明院殿云ゝ、禅門悲歎、今度又無比類、如児子涕泣云ゝ、本所御有様、臨此事、猶以存外、被恐魔姓歟、先不令籠候給、凡自月来、次第之沙汰、悉有傍難、此後事又以同、右中弁奉行事、被召仰、無是非領状、可辞退寮務之由申之、諸人当時雖有感気、是又将来不可有其賞、毎事無其凴、時儀云而無益、

御産之時、刑部卿右京女奉抱、後御事遅ゝ之間、忽如絶入、のけさまに仆之間、大将殿替奉抱給、如此之間、御身自然動揺、弥有不快事等云ゝ、』(9)是又魔縁所為歟、在朝、御着帯日以後三ケ日、可参御反閇由被仰、初参日、御邪気強盛御、先被渡御物気、可有御反閇由申、更無其沙汰、仍初日以後不参云ゝ、座主宮、又御帯加持、必吉凶事覚悟、此御事必可有事歟由、被仰別当云ゝ、右大将室三位帯時、必一人可有事由被仰、親氏誕生之時、母子無為、二品有不奉信気之間、経十五六日、誕生女子夭云ゝ、

廿二日癸亥、　夜月晴、自遅明陰、微雨降辰後陽景見、

此両三日、有残暑之気、陽景暖而蜂多飛、又雨頻天陰、御入棺遅之間、最悪事歟、旁増悲歎、今年菊花極遅開、昨今纔綻、木葉已黄落、午時許、大宮三位被過談、参院今日始退出云ゝ、両大納言兄弟・衣笠、三人在公卿座云ゝ、此御葬所、月輪殿東面、印円僧都所造小堂被占云ゝ、御墓所参、牛車極難堪歟、京極川辺凶事、稲荷坂墓所詣、前世宿報也、

時雨或降、或晴、

廿三日甲子、非三宝吉、　西風吹、朝天晴、

辰時許、禅尼・香次女也行賢寂宅、典侍退出、沐浴、相具可向興心房菩提院云ゝ、公家御衰日、猶有披露之恐、

母哀日人不可知、明暁遂此事之由、可披露之旨、示送了、未一点、向菩提院房、謁申興心房、不経程女房等来、即始其作法、房主、紙二枚ニ、(補1)被書左右字各一字、次分左右髪、各結之、次懸水瓶湯先是、令拝父母・国王・氏神只作坐也、』

(10)戒師取頭剃、被剃始左髪三、右髪一歟、次静俊替剃、左髪了、共人取其髪、裹左字書紙髪甚多、次剃右、又如此、次其上又委剃、終懸湯洗、次着衣帯、次戒師取袈裟、誦文被授、尼取之戴返之、戒師又誦文被授、三度戴了、又取之結之、被着□〔笞〕了、起改座、次第又如此、二人着袈裟了、相共参持仏堂尺迦如来道場、戒師、昇礼盤被授戒了、各退出、如形布施物相具来云と、如手箱物歟、随之、不委見、予先帰了、女房先帰此宅、御葬以前、祗候人宿他所無憚由、房主被免、仍帰此宅之間、入夜金吾来、雖御葬以前、猶祗候人退出、可有日次沙汰由、二位宰相示之云と、仍夜中令帰参了、子日事、又強不及沙汰歟、金吾令伴参禅門、内府今夕被聞此由、存可存事、尤穏便之由被示云と、自殿大女房奉書、有長物見車歟由、被召旧車、とこ軸等甚弱、険阻路、有非分之破損者、違乱之謗、可無限事歟、甚不便之故、粗申其由、貧者惜車由、定為不快之基歟、其日五六日之間、百千之車盍被調哉、二親外祖、於今者奉忌諱被借車之間、被召破車、可弾指之世也、付視聴悲多、大殿永不参御前給、如嬰児奉懼給之故歟、況御兄弟、其後不奉見給、毎事聞驚者也、

補1金吾来加、

廿四日乙丑、　朝陽快晴、

未時許参院、於殿上障子上、与知宗言談之間、』(11)内府被参、被入寝殿東面簾中之後、以知宗、暫可候由被命、存外日薦、左大弁・頭弁来加、先是、両大納言兄弟在公卿座云と、内府被加其座、以知宗被召着、予・大弁・修理加其座、内府被示云、雖非態議定、当時御所之間事、各可申合由被仰下、此御所、旧木之向、於事無便宜由、有申人と、又可為御所と無之、内と被行御卜之処、此御所、雖始終無凶、当時口舌病事由卜申、土御門堀河、終始惣不吉由申之、持明院殿、雖御卜吉、女院御同宿、不可然由思食、仍右大将亭大炊御門・烏丸・其西方前右府・当時居住泉亭等如何者、各於御卜不吉者、尤雖暫、渡御他所可宜由一同、予申云、烏丸此中其作已尋常、雖尤可宜、隔築垣隣家範宗卿、去夏有事、其門前御路猶憚之、一町之内無骨

候歟、泉亭偏如山庄、雖無威儀、』⑿度〻已為公所、去年為御見物入御、暫為御所、何事候哉、於陣近辺者、白河院態召内裏近辺人家、連〻為御所、故可被庶幾候歟、上下大略被同心、内府被入簾中了、職事兼高進来、　主上御倚廬代之間事、密語、各被申所存歟、不委聞、右大将被加座、予此間退出、参旧院、謁女房相公、今日事、只伝聞許也、事〻又遅〻無音歟云〻、依及日入退出、永光朝臣、禅門御使来臨、帰了云〻、今夜御入棺云〻、

廿五日丙寅、　自暁雨降、終日不止、

午時許、永光朝臣来、女房出家事、世習不存可存事、為近習人、被思切之由、殊感申由等也、其次久言談、謝恩問由、未時許、大弐被来訪、御所、可為冷泉殿由定了、依禁中無人、皇后宮去廿日俄入御、〻車、左衛門督・兵部卿供奉云〻、

繁茂弟小男、夜見古木、成憶病歟、病悩云〻、縦雖非実事、如此所、尤不可為御所歟、興心房返事、去夜丑時無為被遂了、印円・覚印・円誉・惟長・宰相殿・権大夫殿、勤仕之、入夜、宿北辺、聞鐘帰、

廿六日丁卯、　朝天陰、午後天晴、

巳時許参禅門亭、於北面出居奉謁、咳病猶無減之由被命、述心事退出、参殿下、依召参西御出居、仰云、御錫紵・倚廬代事、猶未思得、内府、殊可為嘉承之例之由、被渋兄弟大納言等同歟、彼初践祚之日也、永万治承、無是非随彼歟、』⒀是已御即位訖永万治承又同、万機旬又了彼二代不然、何被憚之哉之由存也、只今被尋出橘広房記、御覧之処、嘉承江帥、可有此両事之由申云〻、彼時無此事、随江帥申由、人多称之、已以虚誕歟、実不審之由申之、退出、参旧院、藤中納言・二位宰相・修理・右中弁候、暫加其中、有長朝臣往反歟大殿、未時許御参、被召親季車、御葬送之儀、庇御車御車副二人、庁官四人、侍男六人取松明前行、次公卿殿上人已下云〻、当時可被催人、両大夫納言、新大納言高、権中納言伊、参議三人経高・為家・資頼、三位経時、殿上人十七八人云〻、装束、二位宰相云、常例衣冠歟下袴、不強、雑色二人非強装束、取松明、布衣又相交歟云〻、予退出、弁云、雖承奉行由、御前僧未被下近習等皆知歟、八人云〻、此員数、如此之時未聞之、准八条院御時云〻不得其心、凡毎事不定又遅〻、吉凶皆如此、高嗣、以指図、道場事等被仰合相公、昏黒帰家、

一昨日被奏遺令右中弁、為使、土大納言上卿無宰相、警固召仰、
右少将雅継・左門忠高之外尉等云々、垂御簾止警蹕、
相門命云、賢海申所労、不参此御祈、此間顚狂、穴面白、
我所祈請成就之由、自称云々、定高卿、頸腫物甚有怖、
似故院御事云々、是深恩者、心中挿逆心之輩也、蒙天罰
歟、
院御修法座主宮、内御修法上乗院僧正、可修給云々、
此局上童小女、立台盤所腋戸下之間、聞歌笛乱舞音、
成奇見之、北壺、折烏帽子男乱舞云々、其後心神違例、
不食而臥云々、極以可奇、
入夜金吾来談、渡御冷泉亭、来廿九日云々、
廿七日戊辰、　朝陽晴、天漸陰、』(14)
大蔵大輔親継、為富小路中納言使来由、示之、即相謁、
世間事、典侍身上察思之由、芳問也、殊恐悦由謝之、金
吾来、密々示合在朝朝臣日次事、来月九日庚辰、中吉、十一日
壬午、上吉、復日、此事、自身衰日之外、不憚他衰日、又不憚
重復日、是依為吉事如此云々、
但馬前司又来談、同事之訪也、清談移漏、及晩景帰、一
寝之後、夜半許地震、

廿八日己巳、　朝天陰暗、巳後雨濛々、終日通夜、
雖有出門之志、雨降心嬾而昼猶眠、
右兵衛佐来談、厳父之病危急云々今年七十七云々、諒闇装束事
等問答帰、
廿九日庚午、　夜雨止、朝雲分、陽景漸晴、
巳後天猶陰、巳時許参摂政殿、頼尚真人参会、御錫紵事、
於御直廬、雖有議定、其夜猶事不切、至于今日未定、極
不審云々、小時被召、参御前、帰出之間、以少納言長成
被仰、欲対面之間、依有召参西殿了者、其後参西殿、二
位公頼卿参会、月来所労、初出仕云々、暫言談、資親来、
入見参了由示、予即退出、参旧院、大弐参会、暫相逢、
高嗣、明夕出御以前、御仏事始、無着座人由示之、非人
不中用物、急可参着由領状、退出、暗天定顚仆歟、
御共公卿、大略如一日聞、殿上人無人数云々、御路、京
極出河原由、粗聞之、
今日、上皇渡御冷泉八葉御車、家定・親氏朝臣供奉云々、』(15)
卅日辛未、　天晴、
未時許来賢寂宅、及日入参旧院、御厩南庭方、大殿出御
由聞之、仍於北面謁女房之間、已日没之後、興心房可遣

召由、被仰女房云〻昨日申可参歟由、無左右、仰、只今定有事違乱歟、廻西中門方、寝殿御装束遅〻高嗣行、之黒御簾、大略只今塗之間、未晞云〻此事、近古以来、本御簾塗墨云〻、挙灯之後、漸敷畳了、公卿座障子鈍色布、同縁畳、此間藤中納言家光参布衣、一位宰相衣冠・高三位布衣在此座、他人皆雖参、上結在閑所、有長朝臣来、仰両卿之趣、今度事、偏以新儀被行、嘉承・永万・治承、御倚廬代、無御錫紵、無公卿已下素服、今度有沙汰、故不用彼例、又依七歳已前、不用例儀、以新儀可被行由、被定了、同御いろ代調進、御錫紵但無着御、着御帯許云〻、猶可有公卿已下素服云〻、而今日、於院御所参入人〻、又有成不審旨、不御いろ、無いろ殿上、公卿着素服、可着いろ殿上、無其所、進退如何者、然者不着殿上、直可着陣歟、将可着例殿上歟、又蔵人着素服、不着例殿上、日給簡封如何、蔵人一人、不着而可行歟、将雖給素服、又着吉服、可行簡封等歟、両卿已下不詳定申、依新儀、大略巻舌歟、度〻雖往反、無聞出事、非其仁者、不及委聞、但給素服、更着吉衣事、故入道殿、深被難仰事也、今被仰其由事、尤以不当、心中思而聞之許也、適御装束了、僧等已参入、源大納言通、衣冠又参入、此間妙香院参入、又御対面云〻、

時刻移後事始、弁触大納言申此由、帰来仰鐘、各着座、大納言・中納言家光・予・宰相・高三位、明弁法印』(16)講師、説法了、各起座、小蔵人手長、各取布施、被物三、裏物已下殿上人、宰相・三位、又取請僧被物、予即退出乗車、路頭見物車已塞、無寸分路、構乞受、二条東行、自大炊御門、廻入宿所、不経程聞出御由、』(17)

○第18～22紙は一紙（第17紙と23紙）を切って五紙を挿入したもの。

次第

当日暁、依吉時、差遣行事於山作所、致其沙汰、

陰陽師同参向、

早旦、召行事院司、下賜可給素服之人〻夾名安元、用、五位院司院司、召主典代、下給之、於庁、任吉時令裁縫、女房料唐衣或加裳、院宮着御之時、必加之、此時用麁絹、公卿料如直衣、殿上人已下料如狩衣、已上用商布、裁縫畢、任刻限、自庁各送之、

或又以使請之、

晩頭、行事院司、率侍等、令改奉仕御装束其儀在別、

御手水供膳之儀、如日来、

刻限先被行御仏事、

四位院司、申事由、触可始之由公卿上首、
次公卿着座、次御前僧着座、預兼可置花筥、
御導師着礼盤啓白、説法畢、導師復座、
次賜布施、御導師、被物三重、裏物一、布一結、
題名僧、被物一重、裏物一、
珍皇寺御誦経自今日、毎日、可被修之　温室今日以後、毎七日、可有此事
御仏事、率御前僧、可参会御堂、
廻御車於出御方庭上無榻、御簾懸簷半垂懸之、懸革可短、仍以紙捻結続之、
御下簾青末濃懸之、御車寄具、兼儲之御屏風・御几帳如例、出御之後、即送貴（ママ）御堂、又可儲候之、
次出御、
先輦御車庁官六人、付轅　御車寄人参進、立屏風・几帳、如尋常、
公卿已下列居庭上皆悉先於便所、着藁沓　殿上人取松明、北面下臈六人、又取松明祗候、先是、御棺役人一人、以』(18)脂燭、燃付御枕上灯、召彼下臈一人給之、令移付松明、可分残五人安元例如此、建久無此儀、
行事院司、取松明、進候御車辺、次本役人舁御棺、奉移御車、以御枕方、為鴟尾方、舁御跡之人、以滅緒末、結付前方榺立手方、舁御枕方之人、又以件緒、結付後方手方、皆引違結付之、舁御跡之人、自御車前、降立地上、以紙捻、結付前後簾於御車袖、役人各退去、於便所着藁沓治承儀、着藁沓昇宮上、然而平生之儀、度々例如此、
少引御車、懸御牛、出御自西面小門、其路、
行事一人候留守安元二人、河内守光遠・民部丞盛実、以竹箒自庁進之、払拭御在所件役、常例用蔵人、安元無所見、正寝板敷、召工令削之加奈久津納櫃一合、可流無憚方河流之由、下知之、安元以水洗之、又切放莚之下薦已下、遣同河可切流之、御竈神、仰庁、令送無憚方之深山、庁官一人相具之、女房乗車安元二両、参会山作所、
路頭行列、
先北面下臈六人、取松明前行二行相並、
次御車、
庁官六人付轅、御車副二人遣之、牛童持御榻、
北面下臈四人焼香加薫物、安元、此役各別歟、候左右召使四人持炭、役人各可相従、用喪儀之時、納盆於絹袋、懸頸、御棺役人等、近候御車辺、退以（ママ）仕丁持雨皮・張莚、
次公卿、次殿上人四位五位六位、次第、行列、次北面下臈等、次主典代、已上僮僕可依建久例、

到東山御堂近辺、於嶮岨所扣之、
先放御牛、庁官等付轅引之召加召次等、廻御車、立御堂前
庭立榻、以鴟尾方、向御堂方、
公卿已下、列居前庭、次導師・呪願参進敷草座、』(19)
御車後方奉仕所作預□[立]声、兼、可儲候之、所作畢、導師・呪願退去、
即賜布施各裹物、
次寄御車於御堂、御車寄人其具、兼又、儲候、参進寄之、
次本役人参進、奉舁下御棺、暫安置御堂庇、
此間、御前僧已下、列立便宜所、唱合鼓、
勅使参入門外、
四位院司相逢帰入、申公卿院司、ゝゝゝゝ、又出逢申
御返事、件勅使度ゝ参入、次第毎度如此、
次以御棺、奉安穴底北枕、金泥法花経一部、納御経筥、安置御枕上、建久以木加和構之、
本役人人数猶不堪者、召加之役之、各降自石階、安石辛櫃
内可奉懸布綱歟、次御棺四方入小石等本役人等之外、可召加侍等、侍等
運之、
次覆石盍、其上覆四寸半板、其上敷平石、加土築固之、
次塗石灰、
件事次第如此、然而依安元例、追可有仏壇、随事之便
宜、作所相計可進止久安、召置上、奉行又構轆轤奉、入御棺、
堂中、随便所、打灯械等、挙灯、又役人等差脂燭庁儲之、
此間、於便所、有挙物事行事、便可用山作所行事、
御車・屏風二帖・几帳二本便用御車・寄具・御座両三帖・御膳
具御台・御盤・御手洗桹等也件物員数、度ゝ例不同、但久安安元如此、
件挙物等、除御車之外、出御以前送之、可令儲候御膳具・御盤具等、納長櫃、退紅仕丁舁之、
御牛給導師安元例如此、但彼時、観智依為顕宗、為、導師、若呪願﨟次為上﨟者、可給呪願歟、
事訖、人ゝ帰参本所依世俗之忌、、可用他路、先於山作所辺、各以蒭
霊撫身弃之件蒭霊可弃流水、但無水之所、非、此限、
次被行毎日御仏経供養、本尊前立仏台、奉懸御仏、供仏
供灯明、
素紙法花経一部、分置題名僧座前経机ゝ錫杖等各可加置、之、為明暁也』
(20)
公卿着座、御前僧着座、預兼置花筥、
説法畢賜布施、御導師、被物一重、絹裹一、
題名僧、各紙裹一、護摩師料送壇所、
次例時、上下退出、
今夜始護摩二壇、一壇御在所、一壇御堂、

役人
御車寄　源大納言　権中納言
前火　景範　宣季　季有　衆三人
脂燭燃付御枕上灯令移松明人　光国
焼香役四人不知其名、　同料炭持四人庁召使
御棺役人如先、　印円　覚胤　惟長　高嗣　顕朝　光国
留守者　俊清　能親
山作所行事前周防守顕嗣、非院司也、
導師貞雲　咒願明弁　取御牛、
已上布施取　咒願能忠朝臣　導師顕嗣
挙物行事顕嗣　侍景範
雨皮・張莚仕丁抑留、追参之由聞候き、
御棺役人不足之間、印円門弟等寄加之、
帰参人ゝ　権中納言　藤中納言　二位宰相　修理大夫
高三位但早出、
殿上人、奉行之外、自他不見候ツ、
素服人
土御門源大納言　権中納言　藤中納言
右京大夫　能忠朝臣　惟長
高嗣　顕朝　光国
藤原範重』(21)
侍
宗尚　惟宗景範　中原宣季
同季有　上日衆四人
女房
御匣殿　冷泉殿　宣旨公雅卿女
民部卿典侍尼　左衛門督信能卿女　宰相尼　刑部卿
権大夫尼　常陸　和泉
供奉人
土御門源大納言　権中納言　大宮中納言
藤中納言　二位宰相　右衛門督
修理大夫　高三位　右京大夫
能忠朝臣　雅継朝臣　為経、、
経氏　能定　季頼
惟長　高嗣　顕朝
信光　光国　藤原範重
侍行兼已下、不知人数候ツ、被隔雑人云ゝ、
主典代親直』(22)

暁鐘之程、人々帰参之由聞之、下人等帰、金吾・奉行弁
長途歩行、他人皆前後入閑路云々、
十月、
一日壬申、　天晴、
朝懺法払暁了云々、毎日御仏供養、申時由弁示之、依其
告参入、謁女房問、已事始、藤中納言・金吾等着座云々、
依憚連座不出、大弐参、暫言談、入夜退出、』㉓
○第24紙は一紙（第23紙と25紙）を切って一紙を挿入したもの。
資季朝臣返事、金吾送之、
壺返進候、
内裏儀、
主上出御、殿下、着衣冠奉抱給自萩戸、中御門中、資季候剱璽、頭弁有延道一人脂
燭、入御倚廬代元の広御所北面、
其後、公卿已下、於二条面門東腋西上北面、着素服、四条中
別当
親俊朝臣　宗平、、　資季　有資、、　実清、、　兼高
忠高　六位蔵人等
粗推注進候、又御参候し事、替ニ可注預候、素服人数も

不審候、』㉔
二日癸酉、　天晴、
参着懺法座、昼聞無人由、未斜参入、修理・高三位二人
着座、隆承講師、説法甚妙也、
金吾不着座、同取布施修理之後取之、宗平朝臣束帯巻纓、参之
外、無外人、
三日甲戌、　自朝陰、夕雨降、
参懺法座、此次毎日供養、取布施退出、未時許衣冠帰参、
伊平卿衣冠雖参、給素服之人、可在其座由、示之隠居了、
仍非人之身随事、経高衣冠巻纓・為家同之・基定束帯巻纓・有親
直衣巻纓、、五人着座、貞雲講師、経氏束帯・蔵人堂童子、取布施
退出、雨已降、』㉕
四日乙亥、　朝天漸晴、
参着懺法座、例講了、取被物、入正面畳末座、僧前出自
座末、弁取裹物、予直退出、申時許、二七日儀始由聞之、
入夜金吾来、中始大殿入御例衣帽子直衣、御座東簾中、公性講師、
中納言具実・伊平・頼資、参議経高・為家・範輔已上衣冠、巻
纓・資頼巻・有親垂、二人直衣、殿上人、宗平・資季・
雅継・能定・信光二人堂童・経氏・範氏、布施如昨日、

夜前解陣、上隆親卿、御誦経使定、開関云々、
五日丙子、　天晴、
朝参上、懺法訖、例講訖、取被物退出之間、金吾参入、参院、今朝御身固出御之間、入見参退出毎朝可有此事云々、昨夜、法勝寺円堂、群盗乱入破壊、未及検知、今朝、仁和寺宮可令馳参給云々、本願御安置以後、未被開闔本尊也、世之濁乱、悲而有余、今日明旦不可参由、示之退出、帰一条宿所之間、有長朝臣奉書、有殿下召、未時許馳参、頼尚真人参会、（補1）暫言談、依召参御前、入道殿建久諒闇御直衣之色程、有御尋、只非濃色鈍色有色下見ル程平絹御直衣、御奴袴、無文御冠巻纓候由申之、宿老歟高貴歟之人、若諒闇垂纓人見及歟由、有御尋、親疎貴賤、惣不見之、貞応始此事候歟由申之、内府可垂纓由、聞之由被仰、近代之人』(26)存旨、惣非心所測歟、可令渡西殿給云々、退出偃臥、覚法印来談、此間思企事示告了、
補1内裏桜木花多開云々、建久二年有此事、寒暑相半而天気好時、雖有此事、又非□[吉]想、尤可奇事歟、旧院又如此花開、
六日丁丑、　天陰晴、
午終参殿、二位宰相候御前、退出之後有召、諒闇之間事等被仰、宗平朝臣参、於御前暫言談、入御之後参旧院、例時已了、僧俗退出云々、今日源大納言通・権中納言伊・右金吾・九条三位・基定・資季朝臣・素服院司等云々、人々退出之後、与右中弁暫言談、退出賢寂宅、維摩会弁為経、俄申所労、光俊朝臣奉行、信盛朝臣、上皇御錫紵事奉行、経光月来重病、昨日被責忠高、一人兼三事者、先例殊刷威儀、纔両三日之間、於事難経営由、父卿申此事道理歟、為経又宜由、内々有其聞、慥可下向由被仰了、夜雨間降、
七日戊寅、　朝陽快晴、
日出以前参、謁女房相公、弁参後暫言談、独在御懺法座、事訖退下、
午〔終〕時聞鐘声帰参、民部卿早参、暫言談、僧参着之後、弁示気色、予・民部卿着座、金吾依連座不着、修理大夫・高三位追加、公性説法優也、事了取布施予・修理・金吾已下、殿上人、有資朝臣束帯、参人不幾、
八日己卯、　朝陽快晴、
日出之程参上、弁参後懺法、高三位・金吾参会、毎日供

養、隆承法印説法如流、聞者』(27)抽感、可貴、師跡遂不絶、依脚病無術、不取布施退出之間、下人等云、大北政所御産、人〻馳参云〻、日来不聞及、乍驚問金吾、即来云、今朝大将殿侍走来、北政所御産由、聞欲馳参、若参者寄車哉由被仰、即馳参尋申、全非御産侍僻案也、俄例御絶入之気由、聞而欲参由被仰、即同車令参給、夜部御心地損由被仰、子丑時許、有御絶入之気、周章之間、漸令復例給、只今（無）別御事由聞之、退出所参此院也者、又驚人耳歟、甚以不便、此次云、於御墓所、欲修軽微仏事、若思企者、最前可宜歟、尤可然、人不修以前可宜由、答之、諷誦文無可誂人、為之如何、予云、近代之儒、実只名字許歟、経範等有身憚、前中納言之外無人歟、然者行向可触由示、即行向領状云〻、此次、今日欲出仕、予参者無骨乎由、相示云〻、近代人痛此事、於身運之通塞、雖不可顧、於前官者、今一重事歟、仍今日不可参由答了、最後出仕有妨、可謂遺恨、未時以後、人〻漸参云〻、高倉中納言経、直衣垂纓・左金吾衣冠・前納言頼資、同・二位宰相同・右衛門督同・左大弁同・修理直衣・民部卿束帯・源三位師、衣冠垂・新宰相有親、垂纓束帯、、隆承弥勒供養云〻、

侍殿下御参、已臨昏御参御直衣云〻、入西門、経道場前、令入簾中給、』(28)

堂童子光資・宣実、殿上人不委聞、

金吾又来、小善明日之由、俄思企云〻、

九日庚辰、　天快晴、

日出之程参上、藤中納言素服・右中弁暫言談、一身又在座、懺法了退下、

午終金吾来、例講訖、欲参御墓所云〻、仍為忩御仏事、早参、僧又参入着座、定言講師、説法了、予・弁・金吾・素服五位等取布施、無手長、預持来、即退出、参左大将殿、見参之後退出、向右大将亭、若得便宜者、籠居事為示申也、依犯土事他行由、侍男来示、後可被申由示付、帰家、

宿願事、金吾今朝得便宜、示付師典侍云〻、

入夜、金吾微少之善遂行了、惟長朝臣、拭感涙之由示送、雖有軽忽之謗、最前尤神妙、』(29)

○第30紙は一紙（第29紙と31紙）を切って一紙を挿入したもの。

敬白

請諷誦事

三宝衆僧御布施麻布　端

右

国母聖霊、当暮秋之微寒、先朝露而即世、中陰之御忌、漸向半、本覚之妙果、宜奉祈、是以、所彫刻者、西方教主弥陀仏、瑩黄金兮顕尊像、所模写者、中道実相最上乗、連玉軸兮加具経、方今吉曜也、良辰也、供養之、称揚之、仰願、諸天衆会、哀愍証明、花開合掌、何求籬根之残露、香従至心、不待海岸之暮煙、以此功徳、資御菩提、抑弟子久慣犬馬之心、遥仰鬣螽之徳、蕙路桝塗之露底、忠勤無懈、姒幄尭門之月前、恩憐非空、至于彼光沈響絶、出有入無、華帳灯消、望故宮而増悲、玄池波咽、含新土而添哭、常憶芝砌長静、竭忠誠於夙夜之中、豈図柳車忽去、営終制於陵墓之畔、不定之理何勝言焉、聊叩三下之響、遍驚十方之聴、言不尽心、任仏知見、乃至自界他界順縁逆縁、依此諷誦威力、悉耀相好光明、所修如件、敬白、

天福元年十月　日弟子参議正三位行右衛門督兼伊予

権守藤朝臣敬白

一搩手半皆金色阿弥陀如来像一躰、法花経二部開経阿弥・転女成仏、、

布施(補1)　導師　被物一重　絹裏一　絹十疋

請僧三人　被物一重預分兼給之　絹裏一　絹五疋』(30)

補1導師五石　請僧二石

十日辛巳、　朝陽快晴、

未時許、参安嘉門院之間、御持明院殿、仍参入、知宗云、自昨日、例御胸令発御、謁女房驚申、近年、此御事常令発御、今年已二度云々、参女院御方、黄門被出逢之間、二品又被出、私本意事、心中秘蔵、忽預露顕之感言、尤憚披露者也、不経程退出、

酉時許、権中納言伊忽枉駕、乍驚相謁、為示和歌事云々、好事之故歟、月前被帰、予下小廊西面、還対頻被謝、言談之次聞事、

貞応御中陰、前内府右、被尋申入道相国、答云、治承安元、故左府幷自身帯剱、建久依為長講堂、勿論、今度猶可帯歟、但可在』(31)意、後日不可帯由被示、命云、何不帯哉、答、依為御出家也今思此事、依後朱雀院土右記歟、右大将又同云々、伊平又尋申、猶可帯由被命、仍帯之、人以不審云々、但彼御正日、嘉承中右記、去年御中陰、人々帯剱、今日皆解、如何由注之、付之、今日許不可帯由被命云々、

十一日壬午、　　夜月明、自暁俄甚雨、巳後休、
辰時許洗頭、午時興心房来給、金吾・新禅尼来会、先是
着狩衣奉謁、依命拝父母墓・天地、又奉拝氏社・国主了、
取衣帽、分左右髪、先是被授要文、戒師剃頂給、次静俊
剃左頭了以湯且湿、次剃右、予先奉触戒師、寛弘八年行成卿
記、出家人先可剃鬢由、有所見、今用来之儀如何、雖有
其説、多只先剃髪、後剃鬢由被命、頭剃了、次剃鬢、次
入東面着衣、帰出南面、戒師取袈裟、誦文被授、戴之奉
返、三度如此、次着之参仏前、戒師着礼盤、被授戒了、
如形奉布施賢寂、入細櫃桑孫五疋、　小饌了帰給、
以金吾、令申禅閤・大殿・ゝ下、夕帰来、各示被感仰、
禅閤被送賜頭剃筥、夜る』(32)にしに火あり、かはたう
のみなみ、一条のきたときく、
十二日みつのとのひつし、　　てんはる、
まらうとのあつまるゝ《ら》うるさゝに、物まうてのよしをい
ひて、かとをあけす、いんゐんほういん・兵部卿・左京
権大夫、かとにきてとはる、みなあはす、
十三日きのえさる、　　てんはる、
ゆきよしのあそん・なかまさ・なかみつ、又きとふらふ、
かしらさむくてえあはす、ともむね、あかもんゐんの御
いのりのまつりのこと、きのふけふいひをこせらる、け
んしやくにさたすへきよしいふ、きうゐんのけちえん経
のこと、たかつき、よへみけうそあり、けん尺おなしく
さたす、
金光明経功徳天品也、三枚歟、
入夜、京極中将実持朝臣被来問、着袴相謁、
夜前深更、自伊呂代還御本殿、剱璽役如前、先有御禊云
ゝ、
(補1)金吾示送、昨日御仏供養大殿着素服令参給、御仏事以後、令参院給、雅継朝臣御共、内大
臣諒闇直衣、巻纓、如恒・経通・伊平・家光・基保・為家・公長・経
時卿、
今日、経高束帯、笏・為家・資頼束帯・師季、
院御沙汰五七日、七僧法会定両卿束帯云ゝ、
昨日、殿上人無人、今日、実蔭・家定中将・範氏、
御懺法、昨日一人参、今日、藤中納言・経時・有親、』
(33)
昨日、左大将殿始修諷誦給云ゝ、
中将帰後雨降、終夜不止、

補1例毎日供養也、
十四日乙酉、　朝雨止、陽景晴、
巳時許送車、尼典侍詣興心房、開眼不動小画像以御帯絹、奉書云ゝ、
両尼又同車、
今日又剃頭、長政朝臣、為内府御使来、相謁謝之、
金吾、今日ゝ仏、懺法之次被行、隆承、満座感涙、修理
大夫、於法花堂修仏事、明弁講師云ゝ、明日四七日、始
着諒闇、可着直衣云ゝ、夜風惨烈、
十五日丙戌、　朝陽出、巳時許時雨、
典侍辰時許帰参、申始許金吾来諒直衣、為大殿御使参院、
円堂盗露顕事云ゝ云ゝ、賢寂従者男、出市見売金銅者、搦
取、行俊親宅令問之、果而承伏、件盗送重時許、信綱、
不廻時刻、遣武士近江国搦之云ゝ、俊親別功由被申歟、
自是参旧院、
夜月明、風殊寒、密雪降歟、
十六日丁亥、　朝陽晴、簷溜落、雪解歟、
自剃頭、歯熱気殊増、日夜苦痛、金蓮云、頭熱之降也、
今暫難減歟云ゝ、
法印来臨、初相謁、忠遍、於法花堂、為盗被剝、被取仏
具等由、仁和寺披露云ゝ、発御墓之由有聞云ゝ、若付枝
葉歟、
十七日戊子、　自朝陰、申後寒雨烈風、』(34)
前宮内卿・前但州、送歌吊遁世事、大宮三位被臨蓬門、
答物詣由、不逢客人、
金吾書状、昨日懺法無人、日仏大弁・宣実、一昨日大殿
御参、富中納言・二位宰・左兵・民部・九条基定、忠高
辞蔵人佐十五日、父病獲麟云ゝ、
入夜寒嵐弥烈、
十八日己丑、　大風発屋、時小雨、
剃頭、沐浴之後偃臥、日暮了、
十九日庚寅、　朝陽晴、
今日、奉書始法花経去年儲料紙、序品奥偈、残、短晷暮、
大谷斎宮、以戸部、被訪仰此間事、
廿日辛卯、　天晴、
金吾示送、五七日御仏事、以吉日被縮行也、
昨日大殿御参遅ゝ、其後臨幸、酉時事始、
殿下　内府　源大吉、剱　右大将同　高倉中納言吉、無剱、
左大将殿　具実　隆親剱　実有　盛兼吉、無剱、

公頼吉、笏　経高同　基保同、無剱、　為家諒闇、無剱、　範輔
資頼已上着座　公長吉、笏　長清同上　基定同
有親同、無笏、　殿上人、隆範纓自下差已下十五六人、堂
童子、左方光資・宣実・範氏、右宗氏・経光・資定、七
僧講師、聖覚之外御前僧、聴衆六十口、実蔭纓下差本重也、
今日、経、及比丘偈、猶不終、
自賢寂宅、尼達帰来十五日行也、
今日、旧院女房参御墓所云々、惟長修御仏事、』(35)昨日、
尼女房達入見参云々、御聴聞所大殿・座主候給、一昨日大
風之日被問参人、金吾只一人云々、
大北政所、廿三日御出家之由云々、
廿一日壬辰、　天晴、
写経不幾、比丘偈以下、至于花光偈、
夕、前左府恩問、遁世事也、
廿二日癸巳、　天晴、
午時許金吾来御身固見参、日仏供養了、　旧院懺法、
関東、申止大殿北政所御遁世云々、
定高卿病付減、清成不覚歟、剃頭、
写経、及長者偈之半、日短筆遅、

廿三日甲午、　天晴、申時陰、入夜甚雨、
昨日五七日、隆親卿・実有・頼資吉衣冠、・経高吉、束帯・基保
直吉、・為家・公長、大殿御参、
今夕、冷泉小児行始、車引入資季中将家云々、今日書終
二巻、
廿四日乙未、　自夜甚雨、未時陽景見、
今日御月忌始、伊平卿黒直衣・経高吉、直・公長、(補1)殿下御
参簾中、殿上人資季・雅継、堂童子経氏・資定、金吾示
送、
今日始三巻、及化城之始、

補1 方違宿北辺、

廿五日丙申、　朝陽晴、
夕金吾来、御懺始之次、例講了公性参成実卿、相公局、於法花
堂仏事、講師、自上被充定言云々、尫弱小女房、依志所
修小仏事、被尋問、被切懸非器講師、至如此事、交衆難
堪之御辺歟、又雖名字、無修仏事者云々、是祇候者、不
知恥之故也、』(36)
今日、経、不書終化城奥偈、手遅日短、
侍従僧正真恵歟、被臨門前云々、令答物詣由、又家長朝臣

来、同答他行由、近日客人、極難堪事也、
廿六日丁酉、　天晴、
以助里為使、謝昨日僧正他行不謁事、
下人等云、金吾雑色長二人、闘諍、殺害一人、互被刃傷云〻、本自無雑色、又闘諍殺害度〻、甚不穏事歟、
今日北政所御仏事云〻、聖覚導師、
経、化城喩品、及人記品一枚、剃頭之間、弥不及枚数、
一品経予分、金光明功徳天品、相具綾白被物、房任調送、相具衛門督所進、可進由、示含了、皆悉金泥経也、但水精軸、
廿七日戊戌、　朝天陰、小雨降、即止、巳時晴、未後又陰、
季宗朝臣来問門外、令答他行由、
日吉忠成来門外、
今日、法勝(ママ)寺御斎会以前、本所結縁経供養云〻、
経、自人記品、及宝塔品四枚、日傾雲暗、夜沐浴、
廿八日己亥、　朝天漸晴、巳時陽景見、
金吾示送、昨日結縁経、大納言通方、中納言経通・大将〵殿・隆〵親・伊平・実〵有・盛〵兼、参議経〵高・為家・実〵世・公長・知家・経時・有〵親、法成寺御斎会、同時事始之由、依有告、合点人』(37) 競立参寺了、直参寺人、雅親卿・長清卿云〻、
今日、典侍、於御墓所修小善、如形作四種供養、置仏前講師分、請僧三人料、兼送僧許云〻、取入長櫃、自此宅送之夫着白狩衣袴、助里・光兼、在女房共、相具引替牛、巳時送之、未時当南有火、西風甚利、牛僕皆往之後、家中惣無人、構求令尋問、小冠等帰来云、冷泉北、富小路東、右中弁宿所已焼了、風烈而火赴東、御所之東方、雖危急、人多打滅、於今者過了歟云〻、追〻帰来者、称無為由、
申時助里来、車馳帰被帰参了、顕朝・惟長、参会法花堂云〻、
帰参之時、衛門督寄車、殿下出御褰簾、有被仰事、雑人群集、不追得之間、取立蔀、立車傍云〻、非分火災、雖劣無之、希有無事、凶之中吉歟、
経、自宝塔品之末、書終勧持品、
今日両座共聖覚
廿九日晦、庚子、　天晴、
夜伝聞、今日両座共聖覚、

参入、大納言通方・高実、中納言経通・伊平・実有、参議公頼・経高・為家・範輔・有親、為氏勤堂童子云〻、

禅室、導師布施五十、請僧十五云〻、

大殿、導師四十一、請僧十二是下人等説也、』(38)

経、安楽行品、涌出品三枚、

十一月大、

一日辛丑、　朝陽快霽、

朝間、経、及寿量品一枚、今日剃頭、暫休息、

(補1)今日旧院御法事云〻、堂童子光資・経氏・宗氏・範氏 公円僧正曼陀羅供、散衆三十人、大納言定通・家良、中納言大将殿・隆親・実有・盛兼、参議経高・為家・範輔・基氏・実世・資頼・長清吉服一人・有親、御願文家光卿、

補1後聞、故公修法印贈僧正事、盛兼卿今日宣下云〻、希代事歟、

二日壬寅、　自朝陰、未後雲暗、終日風烈、夕甚雨、今日臨幸、臨時御仏事云〻、

公卿定通・家良・両大将・通方・高実・経通・隆親・実有・盛兼・頼資・経高・為家・範輔・基氏束帯・実世同・資頼・公長・知家・経時・有親、先是行兼引物、付衣、童装束直垂・小袖、車牛、〻童装束、預法師馬、

導師隆承、事未訖、甚雨降云〻、

三日癸卯、　朝雲分、巳時晴、

午時許金吾来、焼亡日、依火御不審、出御東面、近習人〻候御前之間、知宗、中門廊妻戸懸尻、問答庁官、甚奇恠、可突頸之由有仰事、親氏闔妻戸、因幡内侍伝奏事、尾籠人申事不可申継、有仰事云〻、此男、月来物吉之由見及、逢顕官之闕、運之拙歟、可甚事也、』(39)

経、昨今不書得、昨日及分別品之半、今日及法師功徳之始、入夜、奈良老若両僧来謁、若僧、性恵房猶子也、師匠依籠僧在京云〻、

御法事夜、僧房之童、如女姿昇堂上、大番武士搦留後朝乞受、或云、導師僧正之童云〻、

四日甲辰、　朝陽晴、

御正日以後、女房不可留旧院云〻是又雖不似常習、無警衛、而急難非一之故、被相定歟、

禅尼、於今者可居住此宅、北舎殊狭小、失便宜之間、以年来住所相譲、愚僧移坐此屋東端一二間、

今日、御匣・宣旨両局、於法花堂修仏事、依前藤相公之語、金吾又参云〻、

経、及神力品端、
五日乙巳、　曙後時雨、朝陽即出、
巳時、性恵房自醍醐出京、午時許、成茂宿禰来、卅日以
後不憚云々、相逢（明暁帰参、社頭）、
金蓮云、中将清親朝臣妾、産胞不下而終命、
今朝、経、及薬王品初一枚、依客人不書、剃頭、
金吾相具老童来（白浮線綾狩衣、紫織物指貫）、
自禅室参吉水、今夕出家、六日受戒云々、
六日丙午、　天晴、
今日、右京大夫修仏事、隆承法印、布施卅五、請僧被物
二重、布二結、公卿経通卿已下、素服納言二人、経・
為・資・公長等、』(40) 不委聞、性恵房弟、相具子新発意
来、大原僧正御弟子、今日又登山云々、経、及妙音品、
七日丁未、　天晴、
日来、女房不可留候由、有其聞、雖不似常例、随時儀歟
由存之間、今日、又可祗候之由、有反掌之儀云々、只就
人申状、変々歟、何是何非、有関東引物云々、
蠹牙五十石、鵝眼卅貫、絹五十疋、
其外、興心房絹卅疋、眼廿貫云々、

入夜、助里帰来云、典侍白地退出、宿高倉（此家太白、方也）、明
暁、於此宅沐浴、可帰参旧院、他女房大略退出、冷泉殿
祗候歟云々、此事、必可遇放火群盗之恥、不便事歟、
興心房被修例廿五三昧、寛治御忌日也、
経、及陀羅尼品之末、寒月明、
後聞、源大納言雅、左大将殿、中納言隆親・盛兼、参議
経高・為家・公長・基定卿・有親朝臣、両殿令聴聞給、
明弁為講師、不暮以前事訖云々、金吾毎日二度参、遂不
闕云々、』(41)

◇日本大学総合学術情報センター蔵（天福元年十一月
十二月）本 (487)

（旧表紙）天福元年十一十二月』(1)
天福元年、
十一月大、
八日戊申、欠　朝陽快晴、
写経、申始許、奉書終勧発品、老後盲目遂此願、心中極
感悦、金吾来談之間見車、大宮三位来臨、依風病更発、
不能面談之由、以金吾令謝、（御所）去五日以後、有名謁云々、

今日春日祭使可立由、俄有沙汰、源少将家定・皇后宮亮
等勤之云〻、知宗被免出仕云〻、
午時許浄昭房来、
禅室、此七八日被痛耳、被加灸、四十八躰三尺阿弥陀像
被造立云〻、
去夜、群盗入家信卿法住寺旧宅、即放火焼了云〻、家主
居住、若不然歟、近日姉小路烏丸居住之由云〻、秉燭以
後、禅尼帰参旧院、冷泉殿之外、当時無参人云〻、
九日己酉、　天快晴、
性恵房帰醍醐去五日来、
言家朝臣、一昨日帰洛之由、触送、当時無仮、十五六日
之後可謁之由、答之、
今日、経、無量義経説法品、不終奥一枚、
十日庚戌、　朝陽快晴、
今日徹平敷政云〻、源大納言参仕、
経、終十功徳品、始普賢経、一枚、』(2)
夜方違宿北辺、聞鶏声帰、
十一日辛亥、　朝雨降、午時陽景見、又陰、
経、至偈三行、日暮、

賜大殿御書、或人夢有女院御歌、
まよひこしわか心からにこりけり
すめはすみける池の水かな
この世にてあひ見むことはしかすに
はかなきゆめをたのむはかりそ
御和
すきやすき日かすのほとを思にも
▨《か》▨《す》なきものはなみたなりけり
池水のすめはすむらんことはりは
もとの心のきよきなりけり
二首、非啻義理之相叶、可謂秀逸之殊勝、近日夢告多聞、
其心兜率之引接歟、此池水之心、又是八功徳池之心歟、
凡御在世之儀、倩案之、尤権化之御躰歟、只拭涙行者也、
夜金吾来、政、源大納言・参議有親、大少弁不参、左右
中弁・源少納言参、平野祭左大弁、梅宮実有卿分配左兵衛督
参、鎮魂祭十四日分配、可参云〻、依窮屈風病申仮、十八日御月忌
以後、欲下有馬、今度維摩会弁為経、四勝事、一、弁侍
追前別当僧正被答、一、坐眠寝事ニ山の阿闍梨と云、一、
講師向勅使房時、以青侍、令着衣冠令出逢、一、又坐眠

放疵（ママ）、此事世以謳、内蔵寮以御教書返給右中弁訖、近日
可有臨時除目云々、旧院女房、今日権大夫帰参只三人、祗候、
今夜御方違御幸、持明院殿、』(3)
十二日壬子、　朝天陰、巳時晴、
奉書終普賢経、書始無量寿経、及卌八願之始、日已入閣
筆、夜風烈、
今日、大外記師兼朝臣来問、令答物詣之由、不忘旧好、
動心緒、
十三日癸丑、　朝陽晴、寒風烈、
前左馬長綱来問、又称他行由、
経、十枚許、日没終之、
十四日甲寅、　天晴、風寒、
越前と司、相具子息少納言臨門前、猶令答他行由不逢、
経、終上巻、又下巻七枚許書之、
十五日乙卯、　天晴、風寒、
未時許金吾来間、式賢入来、答念誦無仮由、経、下巻二
枚残、
今日、前殿、修去年周忌内侍局仏事給云々、
夜月清明、

十六日丙辰、　朝陽晴、午後陰、未後雨降、
巳時許、長賢法眼来、相逢、不経程、
経、終双観経、書始観無量寿経、
十七日丁巳、　朝陽晴、
奉書終観無量寿経申時、老後願已遂、尤欣悦、入夜、尼
典侍参院重日雖不得心、有可参御気色云々、参入見参、有御哀憐之仰、不
似北辺云々、
十八日戊午、　朝陽清明、
早旦、尼達参法花堂助里在共、権大夫局修小善云々、巳時
帰参、御月忌、在里女房』(4)多参云々、未時許、金吾已
下向赴河陽云々、隆法印・右中弁・中務為継相具云々、
今朝、奉書心経・転女成仏・阿弥陀経、又借出他本、校
観無量寿経了云々、
唯蓮房中将入道、被臨門前、答他行由、
十九日己未、　朝天晴、午後薄陰、
未時許、左京権大夫来談、去十五日、於左大弁西京家、
前殿有御仏事、権大納言・四条中納言・富中納言・頼中
納言・経高・範輔卿、信実・伊成・光俊朝臣之外、無殿
上人云々、

及日没、言家朝臣来、今日初出仕、参座主宮、自是参殿・女院云〻、今朝剃頭、

廿日庚申、欠　朝陽快晴、入夜大風、寒雨、

此両三日、寒気殊甚、腹病更発、偃臥之間、西山入道兄弟来臨、扶病言談、不久而帰、

侍従闍梨と云僧来、隔物相逢、

新写経十四巻、令調巻、腹中痛之上、痢病又発、

廿一日辛酉、　朝陽晴、屋上雪白、

依病気之煩、不得已而今朝魚食、可恥可悲、依大谷斎宮召、進車敦通中将入道、安居院宅、

未時許、長者僧正、参賀茂之次之由、被過、羞湯漬、依種と天変多、於東寺修仁王経法、修大法事十余度、厳海毎度為護摩壇、以今度賞、可申加僧正之由申入、被仰無闕由、然者、可辞大僧正之由、申入之由、被談、被帰之後、保孝来、又相逢、』(5)

天変連と之上、彗星欲出之由、司天奏之、行此法之上、更不可出由、有自讃詞等、

廿二日壬戌、　天顔快晴、臨昏雨雪紛と、

近日、天王寺、又有堀出新記文之披露、今月之内可参詣之由、挙首群集云〻新記文毎年事歟、金蓮之所語也、

入夜、尼典侍参一条殿、宿此宅、

廿三日癸亥、　夜雪宿単、朝晴、風殊烈、

自湯山送書、無為下向、無指事云〻、典侍、依太白方不帰参、今朝剃頭、

法花堂護摩僧、三昧等可候由、只有其沙汰、去七日以後、当時無人跡、(依)無用途、(雖)有限事、不能被始行之由、夜前一条殿被仰云〻、万事只不足言歟、凡卑之輩、猶一周之間、不聞如此事、可悲之世也、旧院、惟長只一人日夜馳走、侍一人仲季法師子男之外、無人影云〻、

宰相局、籠于栖霞寺云〻、

廿四日甲子、　天晴、雨雪降、

早旦、典侍帰参、巳時許、小野宮少将入道来臨、近日在京云〻、天王寺、非記文、北白河院御夢想之由云〻、晦比可帰参、彼寺寺僧、又近日訴本執行僧、仍塞道路云〻、

廿五日乙丑、　朝陽快晴、

昨今点双観経、消日纔及下巻、

夜方違、宿北辺隣家、終夜高声念仏、聞暁鐘帰之間、纖月出山、

廿六日丙寅、　朝陽晴、
房任申云、吉富庄、寛賢律師可知行由、』(6)入使者禅相門賜之之由、庄民騒動、賢寂代官失東西云々、尋常之儀雖不可信、今世事、依成功之員数之時、不顧骨肉、又暗難成安堵之思、仍且以書状、奉尋内府、返事云、全不承及、定無実歟、只今罷向可尋申、即時又被示、全無其事、勿論々々云々、仍一旦以彼状、仰房任、令下知庄家、但謀書悪徒之習、書改庄号、不顕領家、雖無始終、乱入人領、常習也、此由又示送金吾許、
此宅幷所々早梅、其花多開、或又紅梅梅(衍カ)開始云々、
昨日悦忽之余、忘今日帰忌日、忽見暦驚之、深更行西宗弘宿所、聞暁鐘一声帰、
廿七日丁卯、　朝陽晴、
雪纔埋草木、未時許、深草斎宮尼黄門今姫、為見法師来臨、定納言、於今者平減云々、迎蓮房来、依寒風不逢、
高野御室賜御書、
廿八日戊辰、　夜雪積一寸許、朝陽晴、
廿九日己巳、　天晴陰、
朝間点訖双観経、沍寒殊甚、
卅日庚午、　朝庭雪白、巳時許紛飛、
忌日事送嵯峨云々、扶病、自日出及夕陽、』(7)奉読経一部・陀羅尼・阿弥陀経、如例、
金吾、昨日自陸地一日馳帰之由、今朝告送、
十二月小、
一日辛未、　朝天快晴、
尼典侍詣栖霞寺早旦、去夏之比、後聞、九月朔事云々女院御夢想、奉見嵯峨釈尊之由、有被仰事、仍近習女房達、殊被参詣云々、助里兵衛・宗弘木工・房任馬、着浄衣令参、
雪間飛、剃頭、
午終金吾来、夜前初参名謁、今日御身固参会、次参禅亭指事不御坐、又可参院、廿五日出山、行細川、廿七日着明石、廿八日宿西宮、廿九日帰洛、只遊放而已、
二日壬申、　天晴、
未時許、隆承法印来臨、面謁臨昏、
迎蓮来、明後日赴関東、明年秋可帰云々、仍相逢、
三日癸酉、　天快晴、初月高懸、夜雨降、
鍛孫姫髪、
未時許、隆栄律師、一昨日自関東来由、来示、隔障子言

談、臨昏帰、
四日甲戌、　朝天陰、巳後陽景見、
晴陰不定、入夜雨降、暁晴、
今日有除目之由、伝聞、
五日乙亥、　朝陽快晴、夕後寒雨、
無除目云〻、剃頭、』(8)
点観無量寿経了、両本返納興心房、大谷、
六日丙子、　朝陽晴、
巳時許、興心房来談給之次聞、左中将源通時、十一月廿
三日、於関東終命候安嘉門院女子、俄退出云〻、姉妹姫宮春日局、今度
除目、可被補頭之由、告送、使不到着死去云〻、運之拙、
非人力事歟、大臣孫、大納言三男、亡五十余、為義時聟、
而義村頻挙、遂不仮公卿之名、可悲事歟、
隆栄律師又来不経程、金吾来談、
去二日、季頼坊権大進補五位蔵人、経高卿、無所募而競
望、吐忿怨詞、其後不出仕云〻、
知宗籠居之後、非指勅許而出仕、已被許出仕了、分配公
事可奉行歟由、示送資頼卿許、出仕之上可然歟由、答之、
即其事、付伊与内侍奏聞、誰申事哉由、有御問、申知宗
申由、可奉行由誰人云哉由、被仰、修理大夫申由申、可
問資頼由、有仰事、即問之、出仕之由承、而申候之由申、
成恐退出、其後知宗又籠居、今度頗超過前事歟、出仕事
不知食云〻、
御堂御八講参人、初日、殿・左大将殿・権中納言・藤中
納言家光・経高・資頼卿、資季朝臣・忠高奉行、行香、朔日、
左大弁一人、五巻、殿・右大臣殿行道以前退出・左大将殿・
家光・為家卿、三日、家光卿一人、結願、伊平・頼資・
資頼・公長・長清卿、
忠高・堂童子二人行香、殿上人不参、』(9)
五日、宜秋門院御懺法結願、先皇嘉門院御忌日、覚経講
師、次結願、成源・実真寺、左大臣公継公子・成増、九条新大
納言・伊平・頼資・家光・為家・知家・基定・師季卿、
散花、有教・能忠・時綱・頼行・為継・信光取之、重
長・資季朝臣不取花、宣実参云〻、
院元三御薬可参人、内大臣・右大将・具実・隆親・基
氏・資頼卿、資季・家定・隆盛・公光・親氏・博輔、今
日依番可帰参院、
七日丁丑、　朝沍寒、雨間降、夜大風、

八日戊寅、　自夜天晴、朝陽殊晴、未時許白雪忽降、陽景雖間見、及日入沍陰、西風惨烈、入夜後、月明星見、雪止、後聞、西園寺八講、実有・頼資・家光・為家・資頼卿、行香、実持・実清朝臣、忠広加云々、

九日己卯、　昨雪積地三寸許、朝陽漸晴、陽景間見、草木雪消、庭雪猶白、巳後漸消尽、賢寂適帰洛、　剃頭、

新発小僧覚源来申時許、受戒之後、即始十八道加行云々、後聞、西園寺、実有・経高・為家・実世・公長・長清・基定卿、能忠・有資・実持・信時・実清・能定・宗氏・実春、

十日庚戌辰、　朝陽晴、不陰而寒雨時灑、

十一日辛巳、　霜如雪、朝天晴、鶏鳴以後、引替牛三頭、引献七条朱雀、承明門院、月来御経営金カ原御堂、纔被終功、』(10)依明日供養聖覚、今暁渡御、女房多参、車五両、引替多被尋由、依女房示、引献三頭、今夕御宿円明寺大納言領、依欠日歟、明日渡御々堂、件所、被奉安故院御骨、被立此堂、御遺誡云々、金吾音信、京官除目・大乗会、来十五日云々、巳時許、有禅闍梨来、隔紙障言談之次、問天台受戒事、

十二日壬午、　朝陽晴、後更沍陰、後聞、女院御堂供養、前内府兄弟三人、皆率子息列座、外人資雅卿一人相加云々、

十三日癸未、　天曙後、白雪紛々、忽積地、夜前伝聞、内府、当時居住土御門堀川之後、男女子息相替病悩、及危急之間、忽可被去其家、依無其所、可被渡金吾冷泉、源大納言旧妻家依牛童事出家、在嵯峨、被借之、女房局只三間、依無便宜被追遣、金吾女房等愁悶云々、上皇、年始可御近衛亭由、有其沙汰、世以不甘心之間、二品、為方違宿其亭之間、兵部卿女忽絶入、又狂言、如醒、可行烏丸由称之、同刻限、右大将室烏丸此家也、忽病悩、又壊胎猶不快云々、去月十一日、中将家定、騎馬万里小路南行、依月明、見近衛面、件亭巽方、随身所之後程、其長均于築垣者、十人許立並、心成怖畏、見彼歟由問従者、在馬西方物、』(11)只見南不見其物、在左方舎人男独見之、称怖畏之程、馬過近衛了、其間中将再見東、猶在其躰不分明、符合其人牛馬多引立、其前又、有大車、頗如物影、不分明云々、依他人不見、中将又引返、

其馬更近衛大路向東、無其物、仍又帰南行了、其後経七ケ日、舎人男病悩狂言、経七日死了云々、依衆口嗷々、元三事不定、廿日御仏名、一夜可渡御云々、京中、適作中門二棟家三ケ所、已有魔所之聞、在世之貴賤、又邪気之病、面々露顕、可驚奇事歟、

巳後雪止、陽景不見、辰時又引献牛、典侍・相公両尼、巳時剃頭今夕参院御所、送車、夜半帰云々、隆栄律師又来、言談、亥時許帰十五日下向云々、

十四日甲申、　朝陽陰、昨雪残、

入夜金吾来、参持明院殿御月忌、一昨日聞無人由、公卿六人参云々、昨日、始依召参内々御所本参人、隆親・盛兼・基氏・成実・光俊卿等歟、元三猶不可御他所云々、内府、来十七日可被渡冷泉、明日除目、当時公卿昇進不聞云々、神今食、依神宮穢延引、夜前被行、

十五日乙酉、　朝陽晴、寒風烈、

長賢法眼、依僧綱群参、出京之由、借車俄示送、牛童他行了、金吾牛飼来取車了、臨昏来、年来所愁欝之範円僧正黄園房領、寄菩提院新『(12)儀事、彼一院衆徒、聞披子細、書送去文、存外喜悦、申別当僧正之処、又加預判、本意満足之由語之、今日群参事、押取山階寺運上米、三井寺法師正尊闍梨配流、五郎冠者と云男禁獄事、九月十五日申、此事、依天下大事黙止、今日又群参、大殿仰、早経奏聞、可有御沙汰、成悦帰寺云々、今度参、過半不参云々、円経・覚遍・親縁・公縁・賢信・長賢・尭円律師・尊良円範律師子・円尊浄円僧都子・清信大納言律師、称公清卿子・信乗野田、五師得業四十人許参云々、

十六日丙戌、望、　朝陽殊晴、夜月又明、

未時許見聞書、侍従源資時具親朝臣次男、朝時猶子、去夏成功申少将由、入道語之、

藤兼継中将雅継子云々、　内匠頭丹波経長

治部卿隆綱　左中将道嗣　少将実躬還任

左門権佐範頼　右経光兼　正佐藤雅平家信卿次男

従二位基保　従三位有親　従四上光俊　四位資能止右衛門佐、

雑任雖多、少自先々、聞書々落歟、

十七日丁亥、　朝陽晴明、

剃頭、

十八日戊子、　天晴、雲収、

金吾、昨日独参大乗会云々、夜前安嘉門仏名、実有・為家・長清・基定卿、隆範・有教・為継・宗望行香云々、

未斜、大宮三位被到訪、剃除以後初相謁、一昨日、為訪
舎弟尊家当講、向講房』⒀其日兄弟二人之外無人、依久不逢、向兵
部許参院不逢、参大殿、於中御門町、奉逢前駈衣冠、御参内歟、猶参一
条殿北政所令入旧院給由、日来聞由問之、其事不聞、謁参川退出云々、所来也、宜秋門院、廿
二日還御九条云々、（寺）前大僧正御房熊野詣、明後日進発給、
三御山各七ケ日云々、自然移漏、及日入被帰、面謁之間、
孫次郎童来為見講房行向、法印参御月忌了帰次云□〔々〕、久不見之間成人、此
童、本自適有器量之気、依二親不愛、赴出家、七十年憂
労、所興得之家跡、至于孫、又無棘路之名字歟、可悲可
痛、保安以後九十一年、維月之名断絶、又以如斯歟、
秉燭之程、伝聞、御月忌講莚始云々、大殿忩御参、日暮
歟、早参寒天、僧俗甚不便、
過夜半南方有火、朝聞、四条西洞院云々、
十九日己丑、　天晴、寒風適休、入夜雨降、
令払蓬屋煤、
中時許典侍退出、沐浴留宿、昨日、大殿・内府御于聴聞
簾中、大納言通已下、公卿多参云々、具実・隆親・伊
平・家光・経高・為家・資頼卿、
廿日庚寅、　自夜微雨降、午時天晴、

昨日、両殿・大将殿、衛門督・宗平・資季（実持）朝臣御共、毎
月日野詣云々実持親季痛寒風歟、賢者也』⒁
下名、今夕可被下云々、
未斜、典侍参清涼寺七ケ日参籠、孝弘・房任・助里在共房任可参籠、
夜宿直事、召上細川庄民等、
今朝、金吾渡三条坊門之由、伝聞、
入夜助里来云、日入之程、参着儲東局、帰路、於法金剛
院及暗、今日車馬僧徒済々、公卿一人逢路、出京云々、
一切経（会日）事々々歟、
廿一日辛卯、　天晴、
昨今、左兵衛督頻音信、助教師朝挙、勢州実山寺預所事可々
補事、難去思之由云々、雖同在世、惣未送書状之人也、
忽吹挙之詞、雖迷是非、思之、今世事只如斯歟、仁和寺
宮御傍親、定又申本所歟、早可成送下文之由、示賢寂了、
入夜狂巫来之次云、内府、今朝被渡高倉了云々、
廿二日壬辰、　朝天陰、雪紛々、巳時晴、
巳時許、金吾来次聞、下名又今夜由云々、
十九日内御仏名、隆親・家光・為家・実世・有親卿、宗
平・雅継椽・実蔭・実清椽・雅継三人位袍』⒂

廿日、上皇有朝御近衛殿、其日、当時御所板屋等、葺檜皮、具実・盛兼・基氏・成実卿・親氏等、各一宇葺之云と、其夜御仏名、大納言家良・通方、中納言具実・隆親、盛兼・家光・経高・為家・実世・有親、事了還御了云と、

廿一日皇后宮御仏名、具実・実世・為家有親卿、事了退出、乗車之間、忽坤方見火帰参、押小路南、堀川東、吹懸御殿上、甚雖有恐、即滅□[了]、尊勝寺灌頂、弁不触分配人具実・為家、不知之間事闕、依院仰、家光卿参勤、弁参官奏、上卿一人行之、帰之間、見火参内、其夜官奏、殿下令候給、右大臣・宰相中将実世、書荷前定、

三位中将殿拝賀、宗平・資季・雅継扈従、前駈八人、為仲・盛長・兼康・家盛・資憲・家国・教行・時長、御車五緒青簾、久清称先例由、追前一声、

廿五日荷前、聞無人由領状可参東一条仏名、上卿未出来云と、

頼資卿三事と、於西園寺泣示付、雖非其仁、中旨委申殿下、其後委聞食由被仰、深恩之由兼悦送、兼帯以後、又自愛余身之由、抃悦無極云と、窃以、彼卿子息三事、過分之由、雖世不許、経光坊官労、道理至極歟、於今兼帯有何難乎、

実山寺家下文、付使送師朝朝臣許了、

廿三日癸巳、　天沍陰、雪間降、

師朝と臣悦送之次、送下名聞書、雑任百人許、

侍従宣継大弐次男、二品猶子殿上人、　式部権少輔良頼

大学頭光兼長倫辞権大輔、申任云と、　文章博士経範』(16)

少弼藤宗保　右少将通能前内府子云と、

従四位上藤良教　従四位下藤重隆止弼、

従五位上源康長　信盛辞文章博士、

今年中於今者無公卿任人歟、適無驚目事、

廿四日甲午、　朝寒雨降、巳時陽景見、午後又沍陰、

幽居寂寞、無視聴事、短晷早暮、

戌終許、南方有火、風烈而煙不昇、程又遠、而不弁其程云と、久而滅了、

廿五日乙未、　朝天陰、巳時晴、

下人説、夜火東寺由云と、乍驚以下人遣見、午時帰云、西寺之内下人宅失火、吹付塔焼了云と、本自荒癈之寺、何為乎、今日適天晴風静、

廿六日丙申、　天沍陰、陽景不見、

閑居殊寂寥、寒天又陰、
嵯峨参籠、已満七ヶ日了、
廿七日丁酉、　天晴陰、
未時許金吾来、一昨日勤荷前使、権中納□〔言〕伊平・三位顕
平卿、只三人、兼柏原・深草、夜深、参東一条院仏名、
九条新大納言、子時許被参、長清・基定卿云々、今度任
少弼、宗平朝臣挙子息任之云々、近代珍事歟、未及心事、家
長朝臣来臨、剃除以後始面謁、自然及昏、遠所、聞食出
家之由、頗被驚仰、雖有其志、忽被許之条、如何之由、
有密々仰云々、極以存外事歟、親季、成茂娘去月離別了、
関東女多入洛、聞之、月』(17)卿雲客、多与妻離別云々、
隆盛少将切八幡妻髪、凡近日壮年人々所存、皆同云々、
嵯峨人々帰来、今度参籠之間、禅左府室密々参御堂、相
謁給云々、存外為本意、又中院尼上三位侍従母儀、同被来
訪、詠歌多有贈答等云々、
廿八日戊戌、　朝陽快霽、
女院令当百日給、旧院三尺弥勒像供養云々、南京上人当時
名誉云々、未知名参由伝聞、北政所、又常令持女院御御手箱懸子、為
仏帳御鎔鋳、仏像供養、聖覚法印云々、

後伝聞女房局者説、北政所令入給、午終程事始、大殿・前
左府・内府、御座例簾中、着座公卿、九条新大納言・左
大将殿・権中納言・藤中納言家光・右衛門督・民部卿・
高三□〔位〕、殿上人甚少云々、兼聞、上人昨日申障不参、聖
法印両座共勤仕、弥勒喩伽論、御手箱仏、公審法印細工、
殊勝云々、
明日又有除目歟、貫首之競望、未馳走云々、京官下名、
各別任人之時、無此沙汰、又被行之歟、更不得心、
戌終許、宿北辺本所小屋、
廿九日己亥、晦、　天晴、
暁鐘之後帰廬、
未時許、覚法印来談、緇素遠近世事、』(18)所入耳、只貧
者之失道之外、無他歟、申時許帰了、
年来除夜解除、禅侶非此限、不行之、
恒例鬼気祭令修、』(19)

文暦元年（天福二　一二三四）

定家73歳
為家37歳　四条天皇４歳　後堀河上皇23歳　後鳥羽上皇55歳
順徳上皇38歳

正月、『伊勢物語』書写。三月、『後撰集』（冷泉家時雨亭文庫蔵・国宝）書写。五月、九条（仲恭）廃帝崩御。六月、『新勅撰集』草稿本を奏進。七月、後堀河上皇の不例を聞き驚く。将軍頼経室竹御所死去。八月、後堀河上皇崩御、為家より臨終に至るようすを聞き悲歎する。『新勅撰集』草稿本を焼却。八月頃、京に群盗横行。九月、八代集の歌各十首を書き出し、道助法親王に進上。十月、九条道家、後堀河上皇の許の『新勅撰集』草稿本を尋ね出し、撰集継続させる。十一月、道家・教実父子、『新勅撰集』草稿本から百余首を捨てさせる。道家、改訂された『新勅撰集』草稿本を清書のため藤原行能に下す。この年、源家長死去。

◇【参考】東京大学史料編纂所柳原家旧蔵本謄写本

○『新勅撰和歌集』定家識語にほぼ同文があるが、参考までに掲出する。詳しくは解題を参照されたい。

五月、

密ゝ下給御製五首付内外懇望三ケ年、欣感之間、廿巻草案片時可進入、御一見之後、即可被返下之由、被仰之、雖未定狼籍、蒼卒注出之、

六月、

三日庚午、

進入之料紙色紙、自筆鳥跡表紙青薄物裏唐綾、紐組、軸摺杏葉丸、当時所載歌一千四百九十八首、後拾遺佳例、加給御製今二首、可満五百首之由、令奏之、豈計、扶桑之影徒往、蒼梧之雲空断、於今者無所期、所残之草急焼弃之、及十月下旬、不慮之外旧院之草本自大殿被尋召云ゝ、

◇二条良基編『日次記』（癸四）(488)

天福二年、

七月小、

一日戊戌、　漢雲遠晴、

秉燭之程、宿北辺本所、来四日秋節、三四両日依帰忌、今夜帰宿、

二日己亥、　星躔清明、

聞暁鐘帰廬、早旦典侍退出、興心房来謁給、申時許金吾来、殿下仰、諒闇鞍、雖説ゝ多、沃懸地大夫尉所用宜由云ゝ、毎事御辺、不異尋常歟、暑熱殊甚、秉燭之程典侍参、

三日庚子、帰忌欠、、　朝天陰、辰後晴、

暑熱難堪、覚法印示送、明後日、御室高野入御高尾、

四日辛丑、七月節、　朝陽晴陰、雲赴東南、頻陰、

早旦家仲来、又兼朝音信、不相逢、

五日壬寅、　朝天快晴、巳後暫陰、

暑気頗宜、早旦、乗車出門之程可告之由、示送金吾、又以下［人］令伺御所、帰来云、雖公卿未参、有被忩之気色、巳始許出門、小時金吾已参八葉車、差綱、、舎人薄青、随身鈍色袴、濃打衣、如例、孝弘在共、相次少将参童薄青、白単衣、舎人黄香、随身同、、有弘・光兼在共不連車、其後出洞院西辺、四条納言参毛車、隆嗣左衛門佐扈従、良久二品車被過侍四人、諒闇、有扈従車、小時先陣進来、蔵人衛府仲時云ゝ、少将為氏、隆嗣、季頼奉行、高嗣橡袍、火長・随身鈍色袴、看督・雑色六人、経氏［下臈］不隔人、白袴随身、少将雅

継、氏通、光成、教房舎人二、藍歟、家清朝臣、顕氏朝臣、少将頼氏、家定、中将実持、実蔭、家季朝臣、頭中将、随身白狩袴紅単衣小随身也、三位中将通忠、随身非小随身白狩袴、右衛門督、左兵衛督橡袍、富小路中納言盛、大宮中納言実、四条中納言雖上郎、在左大将殿前、尤可然、左大将殿、右大将、居飼・御廐舎人装束色々、相替、御随身・御車副如例、警蹕、御簾上、下郎御随身歩行、別当橡袍、検非違使長親、赤衣鈍色袴、北面五位以下、皆諒闇、依暑気無術、不見訖帰入了、殿上人小々、公卿又小々、追前如例金吾父子、不追歟、教成卿、乗輿入此辺桟敷、俄懸簾、其外多有桟敷、愚眼不見及、青侍等云、鞍大略希（晞ノ誤カ）了螺鈿之由歟、黒鞍橋押紙鏄、鐙舌短多、手綱浅黄又有同、村濃、鞍覆若濃打歟、黒由称之、裏色不見云々、未時還御訖由聞之、御幸以後、雖陽景晴、涼風颯々之間、依見物懇切不借車、典侍乗少将車云々、夕、以繁茂、被御覧之由、被仰下云々、晩月纔見、

六日癸卯、　朝天陰、

金吾示送、昨日本上卿雅親卿列立、頭中将御剱、家季付御車、夕座訖還御、四条・別当相替候簾中、御前公卿皆悉着座、堂童子、高嗣・範氏・隆嗣・経俊、証義、頼恵・円経兼講師・聖基・長静・賢信・信承・公金、其外不見知、座主西大門北、常住院本房南、

鞍覆、左大将殿・経氏鈍色、他人如例歟、鞍、右大将・三位中将例鞍、左大将殿・左兵衛・別当沃懸地、人々前皆追之、一身不追、今日又参寺門云々、未時許、助教師朝重服装束来臨、去年所示立錐、非本望由、神祇辞退云々、返之、甚不得心、中媒和讒歟、足奇、母喪歟、晩月明、

七日甲辰、　朝天遠晴、

川崎物社祭、雑人飛礫之間、雑人狂者中矢、斬合死者六人云々、

八日乙巳、　天顔遠晴、

扶起念誦、夜月陰晴、南方有火、遠而不見、又不久、

九日丙午、　朝天快晴、

暁金吾来夜番勤了、休息、辰時許帰参之次云、御幸日、堂童子幷諸僧多対捍、及別沙汰、惟忠・宗氏・資光被召籠、智円申障之、参陰明門院八講、被止公請、即帰参、今日又参最勝光八講、其後、先帝御正日之由聞、欲推参云々、太子建成之改葬、魏徴送之、事理雖可然、夙夜之近臣、参凶事之座、時儀可計由示了、帥殿御忌日、

興心房、於虚空蔵堂、被修廿五三昧、依腹病不尋常、不詣向、禅尼等聴聞、後聞、金吾、南方出仕止了云〻、尤可然、

十日丁未、　天晴、雲収、

未明出門、行佐〻木、見唐梅木、其木如棹無枝、高七丈許、在樹中、不中用之木姿也、帰路、入中将入道宅、面謁、巳時帰来、

弥阿弥陀仏教雅入道、聞流罪由、忽隠居云〻、蔑王事歟、是又傾城等之所為歟、夜月明、

十一日戊申、　天漢遠晴、陽景尤鮮、

巳一点許、法印来臨、雑談之間及未斜、去八日参松尾高尾之内有別所、覚延闍梨之跡云〻　今朝奉謁禅亭之次云〻、夜月無片雲、

十二日己酉、　朝天快晴、

定修今月朔書状到来、将軍家産御祈、修法十三壇、五度延引、事煩多、在世（去廿ノ誤カ）六日朝、義時朝臣五郎男実有卿室一腹、誤突切腹、度〻絶入、或狂気自害之聞云〻、当時験者祈之、又有小恠異妖言等云〻、窃以、此一門、年〻毎六月有事、匪直也事歟、

十三日庚戌、　朝天遠晴、日入之程、乍晴小雨、

十四日辛亥、　天晴、

暑気殊甚、辰時許、承栄法橋為御使来云〻、答他行由、今明日客人殊難堪、拭汗扶病、奉読経一部、逐年衰損、窮屈有若亡、夜、香尼公為代官、令礼不軽車、盆供存例送嵯峨、

申終許金吾来、御幸日以後、御脚気御不快、無出御供御殊御違例云〻　驚歎不少、末世之儀、代〻偏以狂乱、至于今、朝廷無人、而雖徳政不被行、於叡慮、無一事之非拠、思之還可恐危事歟、　南京、自一昨日和解無為云〻当時憤鬱物三井寺許歟、今日参御月忌、左兵・長清二人云〻、即帰了云〻、今朝槿花初開、女郎巳盛、萩一両枝僅開、

十五日壬子、　遥漢快晴、

朝所作等如例、奉読一部、炎暑難堪、老身如亡、平臥之間、興心房被来、香尼宿願、奉讃嘆不動尊、扶起聴聞之次有戒、今日、東北院雑人相撲、過例年、終日叫喚、昏分散之時、又抜剣放矢、有死者云〻、夜月雲多而不明、

十六日癸丑、帰忌　没、　朝天遠晴、

昨日、旧院女房供花結願、明弁啓白云〻、金吾一人参、家光卿、早出参御堂云〻、御所只同御事云〻、聞此事、

桑門一身摧肝、在朝賢者、如去年酔郷歟、
澄恵法眼御導師云々、以聖覚法印書状、来臨、依所労不謁、
授歌帰了、北壺桃昨今熟、仍進所々旧院女房之中、安嘉二条殿、
未時許、都督被過入、扶暑熱清談、当時雖不参御前、伝
承御悩之様、御手足事外御違例、御行歩不快之上、供御
事殊不被聞食、御腹苦御頻結、基成等所進瀉薬、令服御
之時、頻有御反、若是御邪気歟、壮年近習達、只雖存無
為由、心中極恐思、明静、一昨日承此御事之後、驚歎忘
寝食、万事未兆可有御沙汰事也、安不忘危、御祈事、不
可有他事由、漸々雖（申脱カ）女院御方、可有披露由、悦此次申付
了、心神無聊、申時許被帰了、夜月清明、
十七日甲寅、　朝天快晴、
未時許、典侍参御所、世間伝々之説、御悩非一、御脚気、
御痢結、小御温気、大腹水腫之体、御手足腫御由、清成
語人云々、怱存命、遇斯時、運之極歟、慟哭而有余、不
知手足之所措、又伝聞、康光去比入洛驚五月事之故歟、下旬可
還下向云々、
金蓮云、粟田口前亜相忠後家手上腫物、基成兄弟如例
療治、次第増気及大事、於其所、清成、御悩事已為重事
由披露云々、非心所測四五ケ事令相並御云々、月前宿本所、暁鐘帰、
月陰、
十八日乙卯、　朝天又遠晴、
又送車、御月忌遠路参毎月事也云々、車帰後示送、昨夕参入、
無下ニ口惜く成了、不対面由被仰出、供御事、梅一之程
被聞召、十一日殊不出御前云々、御所中、如護身僧音声、
惣不聞、甚寂寞云々、聞之更不得心、耳（ママ）而有余、人皆如
酔歟、
承栄法橋、為宮御使来臨、仰云、有宿願、自廿一日、百
ケ日可参籠日吉社頭、若有参社之次者、可相逢者、委答
所労之体、申仰畏申由了、夜雨纔降、地不湿歟、
十九日丙辰、　朝天晴、巳時許小雨、地不湿、
昨日、冷泉新御所上棟還着殊勝由、閭巷謳歌、御祈御修法二壇僅始
云々、座主宮薬師大殿（法ノ誤カ）・長者僧正、午時許金吾来、御身固之
時、雖御常御所簾中、前々参輩、皆参御前縁、其外不入
見参、事体只邪気歟云々、去今年所々雑人説、聚洛院僧
正之霊、可有集（祟ノ誤カ）之由、多謳歌云々、
北野造営国司、力尽不可造中門廊月来工等不参、禅室、又被
送用途材木等、今日又造営云々、忩帰了、入夜示送、依

無人由相催、参尊勝寺、上卿左金・基定卿三人参、弁忠高
云と、
廿日丁巳、　朝天遠晴、
世間只同事云と、永日既（ママ）夜月明、
廿一日戊午、　天晴、又同、
巳時許、興心房被来談、大略有御増無減歟、只去年同御
悩之躰云と、承明門禅尼又来臨、兼朝と臣来、答所労由
不逢、未時許雷鳴数声、雖雲暗雨不降、金吾来、御悩大
略同御事、基成等、三所許御灸可候由申、被召貞事〔幸〕之間、
申云、此事、御脚気悪治身之上、大腹水之気令交御、若
御灸可催者、可及数十所、以三所御灸全難抑、後白川院
御時、只如此、頼基・時成等、又三所奉灸、已及大事了、
貞経一人、三所御灸不可候由申、今度又同前、御灸不可
候由申旨、頗叶御意之間、已御腫止了、御足猶不令踏立
御、貞幸申云、於御膚者已御減、入御体之内御風、猶不
審、相構可被出御汗由申、昨今御許〔汗歟〕多出御、被召在朝之
処、依所労不参、頻被召私又示送、一昨日参入、参御前御占、
又御身固、別御事不可御歟由申、終夜候御前、三ケ夜可
催由申、二ケ夜不眠而伺候云と、予聞此事、歓喜之涙且

難禁、又修御祭事領状旁六千神、宮令奉加持御、凡御阿久比
無之云と、昨日、経通卿・入道家衡卿等参云と、今日語
事等頗慰心、雷鳴微と之後、忩帰了、夜雨暫降、月出後
又清明、
廿二日己未、　朝天快晴、
朝、永光朝臣来談、御悩事、猶殆御増歟云と、禅室、昨
日申時許参給、夜深退出、故院後高倉、御足不令立御、と
身腫事、五六年有御悩自十七至于廿二御歳、奉見習之故、我不驚由、
夜前命（給ノ誤カ）終云と、巳時許金吾来、只同御事歟云と、在朝去
夜猶参入、終夜伺候云と、御祈数多被行云と、金蓮云、
右大将侍七八人酔郷、群出入造営之所、与番匠行事口論、
及謗言之間、自禅亭被示送其由、幕下尋問、件侍皆追却
云と、
廿三日庚申、　朝天遠晴、
巳時許、覚法印来談禅室之次云と、此次聞、関東聞披知宗違勅
之由、件所地頭補去亜相室、仍其庄被付庁、知宗五衰現
訖由、禅室被談云と、違勅之放光、頗是非之処、散不審
了、
廿四日辛酉欠、　朝天遠晴、

草木漸有枯槁之気、民戸有憂云〻、心神殊窮屈、不異病者、構扶奉読経一部、口熱発動、
自冷泉、姫君被渡此宅、扶持女房服蒜之間、無其人之故、被預尼中云〻、
申時許、典侍参御所、夜深車帰、内会景気不似先日、被召御前、喜悦余身、此昼御徒然由仰事、金吾等卜(申ノ誤カ)之云〻、推之、於事快然歟、感涙先催、
廿五日壬戌、　天晴、又同、
近辺井水乾云〻、午時許金吾又来、当時非殊御減、無御行歩、在朝初夜奉探御脈、右御手御足、有御違例、只左手無事、至于昨今、玉体無別御事由、内と申云〻、依無日次、廿八日可奉仕御祭、宮薬師法訖、可修法華法経大法、又五壇御修法上乗随(院ノ誤カ)已下、真恵僧正又可修大法、長者又承旱御祈云〻、昨日捕(浦ノ誤カ)の遊、参議衛府三人・家時・実清・光俊弁・資季・範継・信繁、十余人下御壺庭、宮殊令入興給、典侍示送云、於御心地者、事外宜思食、御手足更不叶由、有御事、供御事又最小、如無云〻、私心神昨今殊違例、極恐奇、今日念誦不扶得、忠成宿禰音信、来月癸酉六七日壬申癸酉・十四五日庚辰辛巳四ケ日、殊可祈念由示送、終日及夜深病悩、
廿六日癸亥、　陽景逐日熾盛、
槿花辰時萎、草木有燋色、金蓮云、三条京極引千僧供之所、任尊法眼融過之間、被咎被切破車、童法師被刃傷、法師死了云〻、終夜林風如雨声、星躔弥照曜、夜猶無露、
廿七日甲子、　朝天無雲、
巳時許金吾又来、昨日頗又御不快、今朝如日来、殊事不御、
山門好士[士士左]佐阿闍梨快明、以春日三位書、相具二字来、称病不逢、返二字了、明快座主名字、為山僧可憚哉、如何、
未後頤下飼蛭、血頗留之間、四条中納言忽枉駕、驚出相謁、御所辺医家等申旨、猶不審多云〻、被見詠歌、及昏被帰、
廿八日乙丑、　天晴、又同、夜無露、
未時許金吾来、昨日祈年穀奉幣、上卿内府被出立之間、忽病悩被発出、雖難治、已臨刻限、依他人不可参、強被扶参、雖心神迷乱、無為終事由示給云〻、使伊平・資頼・長清・顕平卿、四位使闕如、依院別仰、為継朝臣勤春日使、稲荷遂無其人、五位非人勤歟、自殿無被催出人、

有長、着例狩衣伺候云〻、或人云、昨日、山伏四五十人、参殿下門前、不知何物、依御物忌閉門、開門之時可参由称、帰去、其身在六角堂云〻、金吾不知此事云〻、左京権来臨参御所之次、興心房被来坐、予面事外腫之由、驚奇給、極雖驚思、飼蛭之故、若本之熱気等所見歟、他人殊不驚、凡近日心神殊悩、毎事違例、尤怖思、

廿九日丙寅、晦、　天晴、巳後雖陰、雨不降、

去夜〻半許、東方有火程久、可然宗[寺]歟、河東遠、而不知其程不見、下人等、畏乱世間而不行向、今朝尋申興心房、使不帰以前辰一点歟、乾有火、驚見不遠、進車於安嘉門院御所、帰来云、御所東隣云〻、地蔵堂〻一宇焼了、火滅云〻、使帰云、興心房北一町余、馬場と云辺下人小屋一村焼云〻、竹[件]中有堂等云〻、其北安嘉門院浄土寺云〻、近日、三位家信卿牛童、与陰陽師文平と云物牛童闘諍、依文平有理、大理、仰使庁令致沙汰、家信卿令奪取其車荷車之間、使庁重搦取牛童、有不穏事等云〻、

金蓮来、昨日面腫事雖告示、無其違例由陳、近日殊心神違例、雖恐思、無異事由頻称之、

終夜東風吹雲、雨不湿地、

八月大、

一日丁卯、　朝天晴陰、大風如昨日、夜又同、

未時許金吾来、景気同昨日、無殊事、法華法、自前殿被沙汰進、毎物華美、路人為壮観云〻、一日聞山伏、具兼大和国男女子息相論、文書、子童奉寄金峰山之間事云〻、山伏群参不可然由被仰、退帰了云〻、蛭向飼、未時終之、

申時許、桜井宮御使参川来、蛭狼籍之間、隔物申披存旨等了、

二日戊辰、　朝天遠晴、東風払木葉、

日出之程、永光朝王[臣]以使告送、関東貴人産、遂以他界、使四ケ日馳着云〻、故前幕下之孫子、於今無遺種歟、召取平家之遺経(種ノ誤カ)嬰児、悉失命、物皆有報、何為乎、午時許、大炊御門中将被過談東帯、院参之次、家信卿両息少将・右衛門供奉、放生会近日経営云〻、

中時許、興心房立入給、加護身被帰、入夜金吾来、関東使基清書状、京可為穢哉事、外記勘申、又今夕可被問公卿云〻、彼産事、生男子不吉、後事不成而逝去、偏如去年云〻、

重時朝臣馳下云〻、

三日乙(己ノ誤カ)巳、　天晴陰、風如昨日、

午時許、興心房又加護身給、未時猶飼蛭、金吾示送、大法結願御馬引、諸衛佐闕如、被催少将、可為吉服云々、粗示送、　近日装束染色有煩、浮線綾白狩衣、女郎綾単衣、二藍指貫、可宜歟、金吾十三而任少将、其年随此役、尤可勤事歟、

秉燭以後宿本所、暁鐘之程、南方有火、即帰廬之後、猶不滅、七条辺東西三町許焼由、不慥聞、商賈之百族、奢於許史者歟、

四日丙（庚ノ誤カ）午、　朝天遠晴、烈風猶不止、

午時許金吾来、無殊聞出事、東方被用穢了、大北斗法延引、長者大僧正、雖度々辞退、且依年始後七日勤仕、被懸祈雨孔雀経御読経勤仕者、可行法由雖被申、当時不被仰、自七日、円満院延命法被修、昨日七人御卜、一同申大吉由、自夜前、被渡御物忌定、山伏猶群参殿下、甚奇恠也、明日結願、御馬二疋、今一疋隆継左門可引、兵衛佐公員・教氏・定具、右門皆不昇殿云々、一日穢事定申公卿、内府・弟大納言・両儒・経高・資頼・範輔卿云々、

申時許、清定朝臣来向（問ノ誤カ）云々、小浴之間不謁、

五日丁（辛ノ誤カ）未、　朝天無雲、

暲尋朝来、暫言談、旱天逐日有焦燃之気、草木不堪、去月、南京度々有大雨、平地如河流、又雷鳴猛烈云々、今年京無高声雷鳴、申始許、典侍、自一条殿白地退出、御悩頗有御増之聞、非他事、御胸中極苦思食、御邪気之由、内々被思食云々、無験者之上、他験者難加、本意被遏絶験者之故、無御物気之由、頻称給云々、其不忠事歟、故聚洛院僧正之霊之由、自諸方、有一同之説云々、或夢、或巫覡等之詞歟、最後之恨、又非無其理、貧者絶望、富者被挙之故、有如此事歟、近日権勢之狂女、其名姫《キ》姥《ホ》宇隆清卿女、禅室綺羅之中、称三位中将殿御乳母侍等、与御厩舎人闘諍、打損御馬目切尾、依其事、召下手賜使庁之間、又准后・禅室・内府、親昵之御中有喧嘩云々、近習女房帥典侍、発心地退出之間、弥無人不便云々、一日比入夜之後、定高・忠高等辺騒動、御悩及大事之由、告廻云々、極以奇恠、

一昨日火事実説、烏丸西、油小路東、七条坊門南、八条坊門北、払地焼亡、土倉不知員数、商賈充満、海内之財貨、只在其所云々、黄金之中務為其最、自翌日皆造作云々、商賈富有之同類、相訪者、如山岳積置、先隔大路各引幔、居其中境（垸ノ誤カ）飯酒肴、不可勝計、繊月初明、

六日壬申、　遥漢無片雲、

自明日、七壇琰魔天供、又依無其足、一口分金吾勤仕、内相二壇、家光・経時等云々、巳時許、御身固之見参了来、御有様無殊聞出事、御邪気雖纔渡、甚微々歟、今朝以賢寂示合、在朝返事之旨来語、大略雖同前、猶心中不恐思、去夜同参候由、委示送云々、末世之神歟、心中極傾(欣ノ誤カ)感、左京・中務来、午終許金吾帰参吉、直、衣、已及刻限由、右中弁使、仍少将令参、白浮泉[線]綾狩衣張裏、平絹二藍指貫色不宜腹白結、女郎綾単衣文龍胆、相具半靴、野剣通亜相、少将、剱被借、紫革之緒、左京即相具、於御所西方、可扶持云々、今一人隆継、御随身将曹二人久清・兼廉云々、不経幾程、少将帰来、有弘云、一御馬栗毛、少将、久清、褐返白帷、次御馬白葦毛、隆継、赤色張裏狩衣、薄色指貫、女郎生衣単衣、兼廉、檜皮色白帷、参公卿遠而不見分云々、此間、又巷説往々不快、有馳走者云々、心神迷惑失東西、日入程金吾書状、公卿、権大納言・右大将・左衛門・両儒卿・大弁・修理・有親云々、家季院司召公卿、光俊仰賞追可申請、大納言重被申、又御胸セキアケテ御足冷由、小々馳走、只今令複例御、退出、又可帰参、在友馳参伺候、猶不傾動、

季尚又御卜、無為由申張、只験者闕如云々、聞此事聊慰心之間、秉燭以後小時、使又来云、如昼御事已経程、当時失東西云々、相副友村童[重]尋申、帰云、已及半時歟、人々群参、雑人充満云々、又以助里重令参、金吾不見逢、々右中弁、被示云、御気絶已経時刻、不能申左右云々、心中更不弁前後、又不散不審、不睡眠而摧心肝之間、金吾適退出于時聞暁鐘、結願之儀、不及出御、但無殊事、而事始了、引御馬、公卿取布施之間、内々周章、取自分布施了、忩廻北面方之間、行綱・繁茂等□(頗カ)重室(ママ)、不及問答之間、殿下依大法見物、両殿只御参、令出給、宮可忩参給由被仰、奔廻示其由、弁進申此間、最末布施資季置了、宮忩立参簾中給了、御気荒御足冷由有聞、漸及日入、御落居由披露、退出而示此由、不及片時、乍立参旧院、謁典侍、即騎馬猶弁色程、馳参之間、秉燭以後参着、上下已以周章、失東西、内府出、可奉告大殿・入道殿之由被命、即馳参申此由、帰参黄昏之程、慥不弁　刻限、別当奉抱之間、仰云、物の見えぬ、去年女院有此仰由聞置、乍驚忩催掌灯、持参掌灯簾外之間、不奉見御気色之程ニ、御頭令擲懸肩御、驚而欲奉見之間、御喉鳴テやかて御気絶、其後勿論、験者被尋、群参全無

詮、及亥時許、人ゝ労心様、日来奉公之陰徳、被召入二人為家・資季、被免拝見、宮［ま］もこち〳〵と被仰、聊無御違例御寝、御色すこし青させ給許也、其後退出、人ゝ雖分散、与右中弁伺候、只今所罷出也、他事議定等未触耳、悲歎不知手足所措、即帰家了、老身雖作（臥ノ誤カ）不能眠、鐘声鶏声相続而曙了、於今者、男女両息偏立道路歟、世間事如何、其器誰人哉、重時等可然武士馳下了、京中無人歟、凶徒又可得時、旁無存命渡世之計歟、

七日癸酉、　朝天無片雲、

閭巷又云、内裏、日来有御違例事、驚尋典侍、聊事不御云ゝ、人口猶可恐、興心房来給、参大殿退出云ゝ、辰時許、勅撰愚草廿巻、纔置南庭焼之、已為灰燼、奉勅未調巻軸以前、遭如此事、更無前蹤、無冥助、無機縁之条、已以露顕、徒可蒙誹謗罵辱、置而無詮者也、午終許金吾又来、自早旦雖参、未及事沙汰、只今内府・宮御対面、経高卿早参、又如然事歟、実基卿布衣又参入、両殿無御参、或説、少将公有朝臣出家不知一定、去今年不交殊近習云ゝ、及黄昏、有弘来云、依日次不宜、来十日可被定、今日奉返御枕、可放御座莚、此役隆盛朝臣・律師隆信隆宗子、二品猶子・繁茂父子惣四人、他事無沙汰云ゝ、夜月明、

八日甲戌、　遥漢弥晴［清］明也、

巳時許金吾来、行綱上北面、在蓄近習自御出家了云ゝ、大理頻有其気色、殿下聞食、故被仰子細、夜前伝示御返事旨、只今参欲申云ゝ、殊可示止、彼家又無其人、御外家已滅亡歟、不便由加微言了、粟田口後家、去五日遂逝去、医家所殺歟、尊長後家、又朔日逝去云ゝ、自春不食云ゝ、炎天逐日如焦照、申時許下人云、姫姥宇、昨日参詣七観音、此丑時許頓死、夜半許、念仏音十反許聞云ゝ、老少相競何日哉、上紘月清明、

九日乙亥、　遥漢無片雲、

及日入金吾来、昨日腹病俄発、早出加療治落居、今日早参、只今罷出、無聞出事、明日毎事可被定役、御入棺明日歟、其役人大略、隆盛・博輔・僧都隆信・ゝ繁入道・繁茂・行綱入道・忠時等歟、素服、内府・衛府督四人・盛兼・資於（頼ノ誤カ）・光俊大弐・成実・資季・家定・隆盛・家時・博輔、奉行、四位信盛・五位経氏等歟、山作所、方角皆塞、巳方一方無憚、仍被召能真不知其字僧都長厳僧正弟子也観音寺辺所領、御仏事、此御所、依賀茂社領、可憚之由、貞応同

申、猶不審之由、識者等申、仍於他所可被行云〻、抑雖非御葬礼、出御〻所、被修中陰仏事、有例歟、極以不所聞及、密〻奉盗出、奉渡其所、更御葬礼常例歟、極以不審、月又明、

十日丙子、　晴天、又同、

遅明剃次(頭ノ誤カ)、日出之程参禅室、即奉謁、快然、散月来之欝、世事等被示之趣、甚神妙、又叶愚意、此事然者、何雖小〻、此趣事不被行哉、心中驚思、退出之間、二位公頼卿被来会、暫安座言談之後、帰廬、亭主今日被参大殿云〻、帰廬休息之間、公審法印来臨、扶起謁談、経程之間、左京・中務来会法印替出、参院、今日有沙汰由雖聞、未及披露歟、内府参入、経高供奉、信盛執筆云〻、御仏事、於近衛富小路、可被修由聞云〻、覚源下山、今日帰吉水由、借車、午時帰了云〻、一日比補有職云〻、禅室吹挙給、康房芳心歟、申時許、長者僧正書状云、可修御修法、桂枝有罷入事、有件樹歟者、令使者折取不幾云〻、　自昼天陰、秉燭以後雨降、頗以甚雨、夜深雖漸〻、猶聞雨晴(ママ)、暁更止、

十一日丁丑、　天猶陰、辰後又雨灑、世間不審、問金吾、返事云、人数等事、同一昨日之聞、今夕出御一定也、件出御以前、始仏事例時事、今度無之、事訖帰参土御門、可被始云〻、御名、後堀川[河]院云〻、甚悦思、此御名、年来代〻無申人、而無此事、今如此、聖代之御名、可然事歟、奉為公家、尤可為吉例歟、又此両三日巷説、上皇姫宮夭亡給、未知定説、凡虚言凶事、不可勝計、毎人称重病由云〻、巳時許金吾来、姫宮事又無実云〻、今夕御路、出北面、自当時門前之樹東路、自南惣門前、室町ヲ南行、北小路ヲ南行、土御門ヲ東行、高倉ヲ南行、六条ヲ河原ニ出て、如去年御路、最勝光院南ヲ観音寺大路也、此堀川殿之怖畏事、昨日重有委説等、此由申両殿・入道殿等、各可示内府由、有御命、雖申其由、事已定、難被改云〻、聞此事、只依悪霊之引導、各不被顧身命歟、其事件裏(ママ)、

着素服事、問時兼卿、有父母者、切狩衣尻、狩衣指貫之面、生絹也、帷白、又日次事、戊巳寅日全不憚由在朝説明日吉日也云〻、有資・実清雖所望、常候内之輩也、人数不可多云〻、光俊又雖申、不許、僧円経・隆誉・尊親護摩不法歟・顕喩・経円・覚経・貞恵・智円・良盛信盛弟、奉行、得分得

境之日歟、此外忘却云々、十二人也、実賢・実真法印・聖覚・
宗源・快雅護摩辞退云々、未後又甚雨、申終許、行賢寂当
時宿所春日高倉西、高倉面、無門、寄車於外戸、指笠入、日徐暮、
車送典侍局、開檜垣懸簾一枚、戌終許、聞已出御由、出
簾下伺見、良久而先陣進云(ママ)、武士馬数多過了、武士渡、
相並令取松明、廿人許歟、次下北面六人取松明、左門尉
盛季・範列只聞其名、不知誰・長親・知景使・信広・資直五位皆亮、闇布衣也
又四人付御車云々、左門久行・兵衛近員・忠広二品忠光子云々・
今一人此辺者不見知、庇御車、上北面歟、僧俗雖群行、不分別、
従者二人取松明、僧若隆審歟、御随身等又供奉不見分、次
左門督雑色二人取松〔明〕、共人七八人歟、不見分、次富小路中納
言同前、次左兵、次右門、次別当、修理、大弐、兵部、次
資季朝臣、已下殿上人歟、有道州民等、次又武士如前歩行、
次引馬、此間又甚雨、車帰来帰廬、
朝聞御土葬儀、鶏鳴人々帰参、鬼殿御仏事、天曙退出云
々、万事礼法甚以等閑、定又無御墓所沙汰等歟、
裏書云、寛喜、良快僧正補座主之後、菅良頼居住彼堀川
殿、点書之間、在前小女召仕者、忽称仁快云々、良頼奇問、
答云、仁快とのし(ママ)聚洛院僧正不知歟、有可云事所来也、
良頼驚下長押、又云、範実カ参北野天融、可喚入、有可
申綾小路宮事、試ニ令見、範実乗車天過土御門面、示大
切事由招入、範実来参北野、参綾小路宮云々、座主事、前日御気色宜
由、内々被仰、仍差使申松殿、山階寺別当・天台座主、
相並御光華由也、有悦思由御返事、其夜、事変改、被補
他人、依此恨、九日と云々(ママ)、晞死了、於聖上御事者、猶
可奉守、行此政之輩、皆可滅亡也、範実云、然者座主ヲ
可令怨座主給歟、答云、存生相並時、行徳已劣了、仍雖
伺不得隙也、座主ニハ可還補給由、可申宮云々、此庭柳
二本、我待涼風、慰翅居所也、仍常此所云々、今奉守之
詞雖相違、在彼処由顕然也、尤可被悦歟、
十二日戊寅、　朝天陰、辰後又雨降、終日濛々、
朝、興心房音信、殿下、俄令渡親季朝臣宅給、親季、渡
坐惟長宅、件親季宿所同宿、仰修不動護魔(ママ)云々、此御渡
不聞其故、又或説云、関東之告時、殿中至于児女歎息、
止言咲之音、今度事、無悲歎之気云々、内府、依内御乳
母、夜前不被供奉云々、入夜猶小雨、不見月、
十三日己卯、　朝雲分、辰後陽景見、
金吾示送、去夜、以吉時着其衣装、次参本所、於門外着

素服自庁取出、又返送　脱、是皆時兼卿説、昨日未時許、衣冠参懺法始程、内府直衣・左衛門・富・四条已上衣冠・家光束帯、笏・経高衣冠・基保直衣・範輔束帯、無笏・基氏・資頼・有親・成実已上衣冠、懺法之後、毎日御仏、次初七日、両座隆誉、御誦経使被立堂童子宗氏・宣実、素服之人、有要時参所〻無憚云〻、今朝懺法之後、与左中将参御墓所、只今罷帰、例講内府・大将・隆親・家光・経高・基保・為家・基氏・資頼・資季、午時、覚法印・興心房被来会、殿下、依金花開、令立去給云〻、終夜雨降、

十四日庚辰、　自朝雨殊如沃、中時間休、

今明日、有所存閉門物忌、念誦、甲午歳秋節、癸酉月庚辰日、四金計会、木性者可慎恐由、昔受庭訓、八卦当年星、皆以重厄也、兼存寿限由、今貧者不能祈長命者、又期何歳乎、不立道路之前終命者、可隠身恥歟、

十五日辛巳、月蝕、　朝雲分、巳時陽景晴、

定修、付上夫之便、示送事七月廿六日、未時祓(ママ)、大法九七日延引上下、預(歎ノ誤カ)恩(息ノ誤カ)、車宿驚坐、大土公祭牛逃奔、庭上騒動、五壇之中壇仏供犬喰、雖取頻落居、日久五郎自害狂乱也、尊長霊付由、渡邪気云〻、京畿厳重之霊、露顕［之］盛歟、賢寂来、雖軽微、御仏事名字経営云〻、夜月明也、不慥見、

十六日壬午、欠日、　朝天晴、

早旦剃頭、巳時金吾来着直垂、毎日二度参入、他所事不聞及云〻、懺法、為家・基氏・光俊・資季・光俊、一昨日、実持朝臣、束帯〻細大刀平緒、無笏、参入、人〻告後解劔、可悲事也、

去十三日、隆承法印房僧、又俄天狗付、吐種〻詞云〻、吉水霊云〻、魔界得時歟、繁茂・成時高三、出家一昨日・女房兵衛督・別当典侍二人出家御葬日、

今日例講、内府・左門素服・四条・藤中・経高・基保・為家・範輔・資頼・光俊・成実・資季・為経・実任・光資、

十七日癸未、　暁漸雨、朝陽晴、

今朝御懺法之次、被引御念誦置殿云〻、左門・四条・富・経高・為家・資頼・光俊・成実・資季取之云〻、秉燭以後、急雨頻降、月出殊遅、例講、内府・基保素服・為家・資頼・有親・光俊・成実・家季・資季・信実・有資・実清・宣実、夕程門(禅ノ誤カ)被参、

十八日甲申、　朝陽晴、

日已入南簷、暑熱猶如盛夏、萩花盛開、午時許法印来談、

大殿、御消息被進宮、隆清卿女所領等、譲三位中将、可
有御存知由云〻、御返事、可申高野宮由、又同事被申高
野御方云〻、早速御消息、尤今世之符合歟、三位中将、
仁和寺宮御領預所、尤得分之至要也、故八条左府、歓喜
光院庄預所見苦之由、厭却給、不叶時儀事歟、
上乗院僧正、如発心地、毎日重悩危急云〻、金蓮云、依
公賢僧都招引、参府[座]主宮、今日発心地四度、可奉封由被
召入、退出云〻、被修御祈人〻如此、可奇事歟、月出宿
本所、聞暁鐘帰、月清明、
十九日乙酉、　朝陽晴、未後陰、申時雨降、
御懺法、漸[衛]府四人・修理・大弐・兵部・資雅、有引物皮子
手筥、入檀紙、及資季、此次有例講、次二七日御仏事、内府直衣・
大将同・通方衣・隆親同・頼資直・家光衣・経高同・範輔
束・有親直、殿上人有教・有資・為経・通氏・経俊、堂
童子信光・資定、左右金・富・大理黒直衣、着素服、在簾中、明日及
秉燭、参堀川殿、謁掌侍、無憚者、兼可被示其由之由
示送、金吾返事、何事在哉者、籠居法師参入、雖不弁可
否、二品辺未音信、依有事恐、所思企也、夜雨間降、
廿日丙戌、　朝天晴、未一点大雨、即止、陽景又晴、
今夕推参事、未置(届ノ誤カ)居内侍由、金吾告送、未始、言家朝臣
見来、去十日、出国馳上云〻、関東葬送廿九日云〻、依
服者、凶事後不出仕、其以前着平絹白狩衣、時〻参将軍
家云〻、
秉燭之程、参着堀川殿堀川北門、昇北対妻、示掌侍局、高三
入道来、可参南面道場之由告之、仍自西庭、更昇中門廊
参入高三又来会、于時無人、仏前有灯明、依招請、坐末座僧
座、掌侍於素服簾中相謁、又参二品局、達申旨等承返事、
小時退出、有弘扶持、於晴門乗車、帰廬之後、聞初夜鐘、
依夜行日、所忩帰也、夜雨降、
廿一日丁亥、　朝雲晴、巳時又雨、入夜大雨、雷電一
声、
巷説、御墓所事不法、如露顕之由、有世間之謗云〻、行
其事人、寧不存忠哉、弥増悲歎、
廿二日戊子、　朝天晴、
今日、藻壁門院周忌御法事、覚教僧正為導師、六十僧云
〻、未時許、右中弁来臨束帯、清談移時、参旧院冷泉、刻限
無其期之間、退出了、導師円玄僧正也、卅僧云〻、右佐
奉行云〻、御墓所事尋申、御葬翌日参、善悪無人跡、可

被用旧堂由事、即凶事、職者経高所計也、万事其外他人
不加詞云々、本自半作、無隔物堂也、坂（板ノ誤カ）敷下地、僅御棺
高堀之奉安、其上掩土也、一時許伺候之間、護摩僧出来、
聴（庁ノ誤カ）使所送壇等精好、欲返遣、如此事故不再造、雖不法、
可納受由頻加詞、慫令請取了、其日帰御所、令達二品等、
後日参拝見、端立明障子、御墓上置石倉、立犬禦云々、
護摩僧、其寝殿屋南面群立、見往還人云々、
御葬夜、奏遺詔使家季朝臣、其夜御倚廬両頭・実蔭・実持剱璽、給
素服人、隆親・伊平・実有・範輔・実世・有親卿、職事
等之外、実蔭・実持・光俊着之、今夕出御、仍可参内云
々、生涯之案、自他云而無益、只迷暗夜歟、
廿三日己丑、　天陰、巳後晴、
自今日彼岸也、只断葷平作（臥ノ誤カ）、心神殊違例、咳病歟、纔奉
読半部、昏金吾来、昨日、実基卿直衣参、着例講座、取布
施上首内病[府]、同日、大弐於御墓所供養仏経画像経一部、尊親、請
僧二具、皆一重一裹、講師鑒牙卅石、十一口籠僧、御儭
法之次、引被物一重、今日、故女院御斎会、於無量寿院
被修右中弁・右小弁、左右行事、昨日旧院大殿・准后、令入給、摂政殿・大納言通
方・左大将殿・家光・経高・範輔・有親・基定卿、甚無
人云々、為氏令参堀川殿、当時雖無殊事、按察三位大将室、
毎日自里参、所相具女房成実卿女、俄病気帰家之後、重悩狂
言、秘而不披露云々、夜初有涼気、
廿四日庚寅、滅、　朝天快晴、
昨今之間、奉読一部、心神殊悩、
廿五日辛卯、　天快晴、
巳時、興心房乍立被過、依腰所労無術、平中仮、只今帰
本房、一昨日、宇治三室戸山、依制樵夫喧嘩、殺害三人、
宇治住人等成怒、即成軍陣致合戦、焼三室戸在家二宇、
殺害十余人云々、近日天変又頻示執柄御慎云々、定豪辞東大寺別
当、其闕競望、金蓮云、聖護院僧正、不食病渉月、危急
之由云々、基成兄弟又被召付云々、
今夜尋出綿衣、
廿六日壬辰、　朝天陰、巳後微雨間降、
昨今之間又一部、咳気悩而久偃臥、昼不着帷、依涼気、
堀庭中草木、替其所依樹陰也、金蓮、持来関東出家輩夾名等
注裏、夜雨如沃、
裏書云、関東七月廿九日戌時葬送、時房・泰時・義村・民部権少輔
不知其人・駿河太郎・佐原三郎左衛門・ヲ、スカ左衛門・信

の民部入道、続松、伊賀馬助・三条民部大夫、火取役、
城太郎、輿舁、和泉新左衛門・小野寺四郎左衛門・三浦
太郎・内藤七郎左衛門・佐源〔原〕新左門・遠江五郎・伊豆左
門・川豆左門・川豆八郎左門、出家女房、シケヤ殿・越
後・越中・大進、大所人ゝ、民部殿・トイ殿・コ〔ユ〕ムロマ
チ、出家侍、備前左門大夫・川野九郎左門・同又太郎・
牧三郎左門・生野左門・ナメクタノ七郎・同次郎・足柄
七郎蔵人・豊田左門次郎、美の殿方、スノマタ刑部・同
三郎・ムサ太郎、中間二人、平次・コタイ次郎、籠僧八
人、憲性僧都範実改名也・弁律師寺、不知・弁已講信範寺・土
左闍梨二階堂供僧・宰相闍梨聖覚子・三位闍梨刑部僧都弟子・覚音房高野
護摩師・阿闍梨二階堂、同・逐電人、寺松殿法印金輪・安祥寺律師
如法愛染堂王〔主〕・中納言僧都宗能子、子験者・定毫弟、七日仏事□(悉カ)前ゝ被定
其式、導師被物五重・十物五・裏物一、請僧被物一・三
物五・裏物一、
廿七日癸巳、　朝雨止、天猶陰、未時陽景晴、
金吾注送、昨日三七日、殿下令参給、内府、大納言定
通・家良・大将・通方、中納言三人、隆親・実有・家光、
泰(参ノ誤カ)参議三人皆平、素服八人成実未着云ゝ、甚不得心、在簾中、堂童
子宗氏・経俊、殿上人信実・実蔭・実持・通氏、
御仏事ゝ存今月由、諷誦経範朝臣、今月忌月也、過今一
両日、猶可誂彼朝臣歟云ゝ、尤可然、他人無可書人由答
之、経又半部奉読、平臥、剃頭、
廿八日甲午、欠日、　朝天快晴、涼気忽生、
昨経奉終一部、咳病殊悩、腹病又不快、両事相兼殊辛苦、
今日昼着錦(綿ノ誤カ)衣、入夜、腹病殊増、如痢病、今日十余度、
服高良香聊落居、依寒気、群盜毎夜競発云ゝ、近辺聞其
響、
廿九日乙未、復、　朝陽無雲、
冷気俄如冬、已重纊、咳病殊悩、
卅日丙申、　朝天晴、
去夜、白波已門辺音信之由、下人等称之、余命已迫歟、
又云、毘沙門堂執当ゝ云法師、立飼大津群盗、伺此近辺
云ゝ、未時許金吾来、小善事明日欲遂、諷誦、経範朝臣
書送、清書右佐、三尺地蔵菩薩像、摺写法華六部、顕誉
法印導師、請僧惣一重一裏、導師裏物絹廿疋、請僧同七
疋、無他物云ゝ、不似近代事、雖可有人謗、只随所堪何
為乎、素服之外、出仕人惣不幾、殿上人惣不見云ゝ、時

儀実不足言事歟、信実隔日三日許・実任時々・光資等之外不見
云々、天下無弁知物由人之故也、

九月小、

一日丁酉、　朝陽晴、
賢寂、送御仏事目録、御仏三尺地蔵像、御経摺写六部、布施、導師、
浮線綾被物一重薄物一、文単、単・絹裏（裏ノ誤カ）一・絹廿・短冊一枚、題
名僧十一口、綾被物一重蝶文、シ、ラ・絹裏・絹七疋・短冊、
預三人、各絹一疋・短冊、賢寂只一人奔営、涓塵無合力
者云々、四条中納言・別当・大弐・兵部・源三位資雅・家
季・資季・有資・家定中将・実任・信実朝臣参会云々、右
中弁引綿各六十、八百両云々、例講、内府・左金・盛兼・
経高・為家・資頼卿、信実・資季朝臣、

二日戊戌、血忌、　朝天陰、巳時晴、
午時許、兼直宿禰来臨、雖神事身、天下充満、不可忌得、
八幡僧等、猶有混合之聞云々、去五月、大府卿、於北野
宮、今度造宮、可打瑺事令筮、随見示不吉由、寺僧等大
不請云々、他人又卜而打了、遷宮以後初度祭、被付宮寺
了、近日天変之聞、八月四日以後、熒惑犯鉞星云々、建
仁二年春有此事、冬通親公薨云々、

海水走[至]淀河、一筋融而為黒血色、其中魚酔死、食魚者皆
死、仍近日不可食鮮魚云々、夜前典侍退出、沐浴、夕帰
参、

三日己亥、　朝天遠晴、
武士多入洛、掃部助時盛、殊群盗可守護由、致沙汰云々時盛去月
晦比、重時昨日入洛、其外猶多入洛云々、剃頭、咳病辛苦、不沐浴、
暮雲多、而繊月不見之間、行北辺方違、入夜金吾来臨、小
善事、不見苦由、僧徒沙汰由伝聞、貞恵故送書状、円経
又称其由、今日四七日、殿下令参給宗平中納言後初御共能忠、内府被
取布施、五大納言・三中納言隆・伊・家・二参議皆平・一三位
基定参云々、内府第二姫、赤痢依危急、被渡安居院、昨日
夭亡五歳云々、無殊披露云々、今夜、梅忠社前武士群居、守
護云々、暁鐘以後帰、

四日庚子、　天陰、終日不晴、
巷説、重時朝臣今度入洛、郎従千騎云々両人之外、入洛武士十人、

五日辛丑、　朝天陰、辰後雨間降、未後甚雨、
承明門院女房、借車参故姫宮御墓、車即還、生死無常雖
世習、愚僧親昵、只往反御墓所、灑懐旧之涙、可謂運命、
終夜雨降、

六日壬寅、　雨猶降、
覚法印書状之次云、声明師尊遍僧都、昨日朝頓滅其病如霍乱、年五十八云々、無常如競馳、甚雨之内、大宮三位被来問、扶病相謁、去月廿日比、四位侍従教房公（ママ）出家云々、首服遁世何故哉、安祥寺法印逐電、在伊豆国、定毫僧正、付属変改之由、愁歎云々、恰給不穏事歟、人々在世、只以無子孫、可為本意歟、悲哉々々、終夜猶雨降、
七日癸卯、　雨猶降、
臨昏、反照聊有光、夜雨猶降、
八日甲辰、　西北天聊有雲間、辰後陽景快晴、
一昨日被仰八代集歌各十首、書出進上仁和寺宮、有子細云々、有恐惶事等、何為哉、所被召又為面目耳、未時許金吾来、自十二日、二度参、一身不闕云々、不聞世間事、兵部卿、一昨日着素服、昨日出仕毎日例講、公卿三四人自然参会云々、公頼卿常参、三位基定之外不見、
申時許次郎童来、
九日乙巳、　夜小雨、朝猶陰、午後雨又降、
午時許、次郎童帰了、金吾示送、今日、左金吾御仏事、導師顕瑜、布施三十、題名僧被物二・裹物・綿子懸・布一結、右大将、四条納言、見弃退出、富小路・日野二・経高・基保・範輔・資頼・光俊・成実・資季・隆盛・宗明、光資・実直之外無人云々、月明、夜深雨降、
十日丙午、　自夜雨降、巳後大風、午時天暫晴、
故女院御墓所御堂供養日云々、依五七日指合、早旦之由有聞、凌雨送女房車牛二、永光朝臣来問、近日在円明寺云々、即帰、初夜鐘以後車帰来、月陰雨不降、
十一日丁未、　終夜今朝猶雨降、入夜月陰雨降、
昨日、源大納言通・伊平・家光・有親・基定卿、有教・能忠・雅継御車寄・高嗣・顕嗣（ママ）朝・光国・維長参云々、御堂美麗云々、明弁長説々（ママ）時刻云々、午時許、長者大僧正被入坐賀茂詣之次、東大寺別当事、過御中陰、可被仰下由、有御約束云々、関東将軍家、俄被召厳海法印非日比事者、無断之由申云々、
今夜、典侍除素服云々、送車於東門外京極川辺、解除云々、深更月明、
十二日戊申、　朝陽快晴、未時乍晴雨降、
午時許法印来談、御室、来廿一日、可令帰入高野給云々、尊遍、去三日参当時御室、数刻言談、次参衣笠姫営〔宮〕、名号、入夜頓病退出、終夜悩、自四日朝、不及言語、五日暁、事切了云々、未時許、興心房来給、依殿下召、又参廻之次

北政所御方、護身、今夕、可宿富小路云々、即被帰、夜月透雲朧々、

金吾来、一昨日五七日、北白河院令修給、等身阿弥陀脇士、座主宮、御室、摂政殿簾中、右内両府、大納言定通・雅親・家良・家嗣、中納言隆親・頼資、参議経高・範輔、三位通忠、殿上人廿余人参云々、不委見、隆範・家季・信実・有資・実持・実任・教房・少将雅継、為家御誦経使、着位袍、堂童子惟忠・範氏・資定・宗氏、講師聖覚、七僧、六十僧、昨日十一日、太政入道殿臨時御仏事、等身阿弥陀、経金泥一部之外十二部、講師円経、布施卅七、被物錦一・色々御綾五同文・綾十大文亀、例布施、法眼横被・念誦・香炉筥・鈍色装束・童装束四具・染綾二懸子・絹同・綿糸・色革各一・布三結・銀剱一腰、題名僧被物三、錦横被・絹綿布二・剱十加例布施、内府・定通・右大将・隆親・家光・経高・範輔・有親、素服皆取布施布衣、実持不取、巡布施取、導師剱、如別禄置座傍、若是本所之命歟、人属目、盛兼卿、引絹十疋・綿百両、五七日々、殿下・右大臣殿逢路給、殿下西洞院ヲ南、相府土御門ヲ西、相門前駈過洞院辻之間、殿下舎人・居飼、出土御門西行、両方前駈競下馬、各令問給、御随身下馬被扣御車、以頼種、早可令過給由被申、相互問答、遂殿下令融給、御共殿上人、歩行引車過了乗車、実任・頼・資俊・伊成又下車云々、存外厳重之儀歟、雖不慮事非遠程、兼可被伺見歟、

十三日己酉、　朝天雲晴、

巳時許出門、参仁和寺宮本御所南僧坊也、法印兼参会、即申入出御、隔年序入見参、催涙行者也、入御之後、法印相共見小池鴛、暫言談退出、厳海法印来謁、関東下向事云々、良夜月雖間晴、夜深久陰、西傾又有雲隙、

十四日庚戌、　朝天快晴、

朝沐浴、始念誦、土御門殿黄門被来、女院又密令去御所給依人夢、無披露云々、夕帰参、月出山清明、夜深又雲多、

十五日辛亥、　朝陽快晴、

持仏堂仏壇、寄東壁奉渡、冷泉旧院御仏、為持仏申請、可奉渡由、典侍日来示送、不可合此小堂、雖非始終事、先奉渡、可求堂宇歟、微力定不及歟、堀川殿、今日二品御仏事、聖覚云々、入夜月清明、深更又陰、月出之間、聞初鴈、

十六日壬子、　　暁月晴陰、時雨間降、朝陽快晴、
暁月之前地震、雖不荒其程久、怖驚、畢宿、若非凶歟、
司天勘文一通見及、又不吉無極云と、
秉燭以後金吾来、今日、旧院、自去秋至于去春夏之比、
奉為故女院、御筆御経幷近臣結縁経、聖法印弁説云と、
素服之輩之外、内府・大将・隆親・経高卿、親忠・家
季・有資・宗平・宗明・実持・隆盛等、数反取布施捧物、被物、
講師七、請僧二、講師加御物御剱・御草子、筥・御汗筥、起座時自取御剱、昨日
二品、三尺阿弥陀、公卿今日人と外、家光・範輔・頼資
卿、隆範・信実・宗明・信時・有資・実任・惟忠・実
直・範氏、講師同布施卅八、綿色と、
十七日癸丑、　　天晴、
今日、法勝寺御祭（斎ノ誤カ）会云と、黄昏出門、参冷泉旧院、謁親
疎禅尼之間、別当参会、相共暫言談、月昇之間退出、于
時御斎会僧車多退出、
十八日甲寅、　　朝天晴、未後陰、夕雨降、
夜深典侍退出、朝参法花堂、巳時帰参、大殿・准后・殿
下令参給、隆承申云、一品経読誦千部事、人と進捧物、
金吾分愚僧進云と、資季朝臣又同促、不知猶金物沙汰女生衣云と、郎被物可宜、錦・二重織物・唐物・色と生衣等相交云と、
秉燭各還御之後、女房等皆退出、相門家人等、請取御所
云と、一周如夢馳過、無為退出、適可謂冥助、伝聞、前
大僧正常住院重悩給云と、覚実怨霊可有出示〔祟〕由、兼有雑人
之説、近日凶事、皆諸僧正之霊云と、飯室入道殿、又不
食病出京給云と、賢寂、御仏已奉運出、今夜、依雨奉安
金吾許云と、
十九日乙卯、　　自夜雨降、未後間止、不見陽景、
安嘉門院臨時御仏事、明日也、先日催被物、今日可奉由、
使者来示、即献之綾五〔九〕重、有三位返事、賢寂奉渡尺迦三尊、
暫微光奉安持仏堂、入夜金吾来、昨日懺法四人、別当・、大二・兵部
例講内府・大将・左金・、四条・左兵・修理、今日懺法別当・修理・大二・、兵部、五人、講内府・大将・隆親・具実・盛兼・頼資・家、光・為家・資頼・有親・成実、懺法次、大将被引宿衣色と同色二、
固文、織物、按察入道、例時之次又宿衣、明日臨時御仏事、安
嘉門、隆誉、懺法之次、土大納言可引宿衣、隆親卿、鈍
色装束・童二具、明後日公光朝臣、貞恵、昨日、久清於
御墓所御仏事、別当・資季朝臣相共参詣、聞大蔵卿書諷
誦、淳高卿、又於御墓修御仏事、両儒・覚経、雖不着御
服、卅日以後、恒参交素服座、御中陰以後、猶女房、

如当時、可候堀川殿普通事也、

廿日丙辰、　天晴、午後陰、

寂寥而日暮、金吾音信之次、懺法之次、大理御仏事、智円講師布施卅、題名被物三・裏物布二結、例講之後、安嘉門御仏事、隆大(誉ノ誤カ)言、布施二十・綾被物十、題名被物二、裏物内府被取、惟忠、伝経高裏物、其次隆中納言引物、鈍色装束・童二具、相府・土大・大将・土源大衣冠・隆親・家光束・経高・範輔束・実世・有親束・長清・隆範・信実・有資・通氏・実直・宗明・惟忠・範氏・資定二人堂童子、公光明日午時云々、

廿一日丁巳、　天晴、

廿二日戊午、　天晴、

廿三日己未、　天晴、

三ケ日不聞世間事、入夜聞、昨日中将家定引物生衣入綿、左衛門尉忠光被物、明日曼陀羅供以前、二品又御仏事、繁茂入道御仏事、昨日、経通卿初出仕日来所労云々、

廿四日庚申、　天晴、

興心房来給、聊被説戒、聴聞、

廿五日辛酉、　天陰、巳後間晴、

不聞世事、承明門禅尼退出、未時許金吾来、昨日、素服皆参、大殿御烏帽子、御灸盛欄、御早出云々、殿下束帯、簾中、右内府、大納言定通・雅親・家良・大将・通方、中納言隆親・実有・家光笏、参議経高笏・実世・有親両人帯剱、殿上人不委見、隆範・家季・信実・宗明・有資已下歟、堂童子親高・宗氏・宣実・資定、三十僧、慈賢曼陀羅供、其後参御墓、御誦経使家定、少将今朝又参、此次伝之説、女院御法事日冷泉殿、中将雅継度者使、其行歩振剱尻之間、打在座僧頭、満座解頤云々、夕尼黄門帰参、

廿六日壬戌、　自夜天陰、陽景僅見、

庭樹之梨子、依炎旱損失、僅所残、献前大僧正御房、親尊法印触穢、有他人返事名字不見分、此間両三日、聊小減之由、有御命、金蓮来云、昨日、入道納言範朝卿之室逝去、臨終作法無違乱、自誦要文往生之由、披露云々、往年廻雪奉行知重、月来在関東、去月廿一日損足、今月朔日死去云々、金吾来、今日閑居、不聞世事、又同前、

廿七日癸亥、　朝天陰、巳後晴、

微陽徒暮、不聞世事、

廿八日甲子、　朝天遠晴、寒霜忽結、

未時許、典侍参一条殿准后、可有南京御物詣、以前参哉由、被仰云〻、昏黒、兵衛大夫家清来談、来月上旬、付仁栄法眼下向之便、赴関東之由示之、暫言談之間、典侍退出、早可参由被伝仰、

廿九日乙丑、晦、

繊月如糸、出山丈余天曙、草木蕭条、漸陽空暮、

嘉禎元年（文暦二　一二三五）

定家74歳
為家38歳　四条天皇5歳　後鳥羽上皇56歳　順徳上皇39歳

正月、為家より、勅撰集入集を喜ぶ北条泰時書状が送られる。為家が除目執筆を勤めることを喜ぶ。為家、従二位に叙される。三月、藤原行能による『新勅撰集』全巻清書なり、九条道家に進上。天武・持統合葬陵が盗掘される。摂政九条教実死去、興心房より臨終の様子を聞く。道家、任摂政。五月、紀貫之自筆本『土佐日記』書写。後鳥羽・順徳両院の帰京を幕府が拒否したことを聞く。宇都宮頼綱の依頼により、中院山荘の障子色紙形に、古来の歌人の和歌一首ずつを染筆（小倉百人一首の原形）。六月、石清水八幡神人と興福寺衆徒、山城薪荘と大住荘の用水をめぐって争い、以後騒動続く。定修死去を伝聞。道家より大嘗会和歌作者のことを下問され、返答。十月、悠紀・主基の歌、各音信あり。この頃疱瘡流行、死者多数。定家身辺でも為氏・鍾愛の孫（為子）・定家邸の女子等罹病。十一月、大嘗会、為家、叙位執筆を務める。十二月、興福寺衆徒、蜂起し宇治に至る。

◇二条良基編『日次記』（癸六）（489）

文暦二年乙未、

正月小、

一日乙未、　　陽景快晴、

朝奉拝神社本尊、巳時計[許]、見夜前聞畢[書]、侍従藤雅世、雑任四十八人式部八人・兵部四十人、伊勢藤景祐・大隅藤盛景、可削召名云々、午時計[許]、金吾送武州仮名状勅（撰作ノ誤カ）権佐者感悦之由也、今年以後吉慶之先表、祝籠之、読経一部、阿弥陀経、酉時休息、早梅多開、有春気、

二日丙申、　　朝天晴、日出之後沍陰、未後雷[雪]、

従[徒]眠徒覚、無携事、

三日丁酉、　　朝天猶沍陰、夜雪宿草樹、従辰刻陽景晴、

午時雨降、即晴即陰、雨雪不定、

臨昏、繊月高晴、太白甚近、戌時計[許]南有火、春日北、烏丸西棟門、先是孝頭（弘ノ誤カ）来、今日修理亮泰綱来冷泉、引馬五疋二疋之外、子息、三人各一疋、金吾又与馬一疋（ママ）、朝日申時計[許]参陣、於左衛門陣、請取太番雑人覧見（競ノ誤カ）、以郎等分庄門云々、

門・殿下元日二日御出仕、大将殿・別当・皇后二宮権大夫・宗平朝臣・有教朝臣・雅綱（継ノ誤カ）朝臣・隆盛朝臣歟鸞車、家定朝臣少将・頼行（違ノ誤カ）朝臣二人召車連車云々、典侍晦朔無為、

昨今又望例、二人不同心、

四日戊戌、　　朝天晴、

典侍針跡膿、又快出云々、今度事殊存外由、金蓮雖成奇、又有減気、申時、兼直宿禰来臨、相謁、除目十一日可被忩行云々、但国多故歟云々、播州、不待一同被忩取歟、薩摩、雖被宥如、法師国務不可有由、解退（辞ノ誤カ）云々、適末世之賢士歟、十一日経高卿父忌日、執筆無其人云々、伊勢守景祐、行兼従者、殿近習所挙如何、長朝所行散々、被追籠、

自讃独歩人子息、可悲遺[世]也、及戌終、金吾来直衣、参大殿御直衣、令参北白河院・内裏歟、参殿入見参、次参禅室、預数盃之間、夜深了、除目廿日比被延訖、実基卿、辞納言尾張国等、全非偽申之詞、年来籠居、去秋出仕、所存已顕歟、其上持病相候、常如絶入、非出仕之身、帯職行吏務、依有其恐、無矯餝辞申之由申時、禅室、無故被止両事之条、非朝之道理之故、又可被艶家良卿職、本自被申一州、仍被求闕国、如此沙汰之間、被延云々、有納言之闕者、乎（平ノ誤カ）可申任、不可疑殆之由、預快然恩言若是専言寺務之躰歟、参議労十年、

大弁二人超越、帯頭(顕ノ誤カ)職、大理又超越、争不被許字[容]由、被命云々、極月廿七日諸人拝賀、前殿態召寄人々、兼令待給、一上御座借座、只二間也、頭左大弁、自前縁進、奉台(吉ノ誤カ)書之後、居長押了、返給不結申退出、雖頭左大弁可依人、甚実□[挆]由有沙汰之間、門前追きやい前各出、御覧、弁少将毎事神妙、跪座末中央称唯、昇長押進参奉文、敬居而候、返給経[結歟]申退出、忠広相候、取履進寄、不着履逗留、尋申繾[遣]人、吉書返給之時、不可帰参、後心可存知由、示付退出、穏便殊勝由各御感、其車、長物見袖扇文如元、物見上下小八葉、袖内不融文、押突雲白色紙云々、実持卿成受領功云々、実範朝臣籠居不越宗平之恨、元日、殿下令参宜[宣]陽門院給、扈従伊平・資頼・実持卿、雀車冬如墨、頼行・能定古車、二日陰(明ノ誤カ)陽門院云々、自是参無量寿院、伊平卿参内聞云々、

五日己亥、　天晴陰、

自朝経一部、阿弥陀経、以後休息、賢寂来、々十七日有参社之忩(志ノ誤カ)之由示合、除目、求官闕伺国隙沙汰、巷説又歌云々、一二三十日之内、公卿連々昇進、可謂末代之極、寧不悲哉、

六日庚子、　天晴、

金吾示送、今日参御月忌、無量寿院修正夜、伊平・範輔・為家・長倫卿、宗司[家]忠高、至夜半不参、以職事兼綱令始事、退出、僧参纔四日(口ノ誤カ)、近年後達無知及人歟、長朝追儺奉行、上卿宰相已下事不沙汰、元三中被追籠、元三間出仕人、殿下・一上・大納言高・中納言伊平・実有・範輔・宰相実世・資頼・三位実持已上七人、平座、平中納言、未着陣、依列位着宜陽殿、行之、実世夜半参・少将・両少弁・少納言重房以上三献、平納言所語云々、典侍今日又無為、入夜又送書、午時参堀川殿、信盛申時参、無堂童子、及日入以後事始、右大将・左金・四条・為家・有親・成実黒衣、殿上人実清・実直只二人、二位判官代一人、只今退出、窮屈之由也、事躰(足言ノ誤カ)世間儀、不立定事也、

七日辛丑、　朝雲紛結、陽裏[景]間晴、

経円大僧都来臨、撰入云々、本意之由示之、一首被遣之、涯分満足之由、尤以穏便、衆徒当時無音云々、前後相連(違ノ誤カ)歟、冷泉窃盗取女房衣云々、無警固者之所致歟、狭小家為貴人居所、無不見者、其中凶徒、知道出入耳、興心房来給、　謁之間、夕中務為継朝臣来談、入夜宿本所昨

日陽忌(帰ノ誤カ)、晩(暁ノ誤カ)鐘以後帰、
八日壬寅、　朝天快晴、
未時金吾適来束帯、御斎、会自是参殿、可参御斎会、又依頭中将語、可勤王禄、新任之輩、平納言之外、無出仕人、行幸無人之由、頭中将頻雖相触、進后宮出車、為氏令供奉、於身、有方角憚由度之、不給程[経]出後、大殿賜御書、五辻行幸之時、大将之比、供奉事不注置、若有所見歟之仰也、承元之比、老将疲旧労、不注付由申、建仁三年故殿初騎馬夜、大将留洛不参着、次将不立替、奏名謁不候之様、覚悟由申了、
九日癸卯、下食戊、　朝陽晴、巳後沍陰、未後雪紛〻、
長朝、自七日又出仕云〻、去年親季所離別之成茂女子、自歳暮廿九日、新宰相親俊居住其家云〻、暁更、禅室被下向河内新開座[庄]金吾供奉、内府被伴、知信営、明日帰路、可被留吹田右衛門尉忠光又営、明後日円明寺永光奔走、三ケ日歓娯之遊云〻、今夜行幸五辻旧宅、老桑門、猶為連[違]遊年方西、昏出蓬門、宿景房七条北小路坊城屋賢寂又来宿(マヽ)、雪霏〻、今夜、東一条院渡御定高卿宅、定高卿来、俊親卿、積飲食引牛馬云〻、伊賀可替大国、信盛又欲申伊賀、年来本意満足、万事任意歟、雨雪交而長途深泥、
十日甲辰、立春、欠日、　朝霞掩日、夜雪埋路、
弁色出宿所、日出之程帰蓬門、丑寅当養者方、吉慶之先表也、雑人説云、左衛門尉俊清大殿殊近習、着袴夜、可引馬仰、嫌行乎(平ノ誤カ)辞退今一人、不聞、蒙殿下勘当、子息四人相共被追却、知行二所他人已給、其身出家了云〻、後白川院北面近習子、参大殿、為無二之近習、得境逢時、今如斯、不尋定事歟、実否問賢寂、俊清子右衛門尉忠兼、与敦尚子有官別当民部大夫親茂、可引由被仰、申父嫌由聞解(辞ノ誤カ)大夫、従者由、被尋仰子細之日、女院后宮御時、大番物ニ被搦、贓物懸頸被付、纔称御所侍由、被引隠了、弟兵衛尉又中宮二□(臈カ)昨日、大番ニ被搦之由、親茂又申之、相互喧嘩之故、俊清父子皆追放由承及、出家事未知云〻、又与行親可引由被仰、俊清申旨、諸大夫宗公事無御沙汰歟、惣不可引給馬由申、又親茂被追却、重経対馬子時重民部大夫・行親引一疋、今一疋敦尚次男民部大夫・通成左衛門尉隆通子云〻、、夜行幸、左大将殿・伊平・実有・基経・資頼・公長卿・定雅朝臣云〻、具実卿、改在后宮御方、不供奉云〻、侍左四人右五人、両頭供奉云〻、左衛門高嗣、右兵衛尉頼清、左宗(家ノ誤カ)定・教房・能

定・為氏、右定平・実直・頼行渡左・氏通・雅継、

十一日乙巳、　朝陽快晴、宿望〔雪〕未消、終日沍寒、四望山皆白雪、庭上猶半不消、

十二日丙午、　天晴雪飛、酉時以後積地、右大丞音信、未拝賀云〻、禅尼等参祇園・吉田云〻、仁和寺宮、除夜籠高雄給、明日令帰給此事今度始云〻、師員入□（洛カ）、為徳政口入歟云〻、秉燭之程金吾帰由聞之、終夜雪降、月又明、

十三日丁未、　朝天晴、夜雪積地二丈（ママ）計、巳時許、金蓮来云、禅室、去夜被宿吉田、只今騎馬、見川原雪給、於一条乗車還給云〻、

十四日戊申、　宿雪白、朝天晴、辰後又沍陰、賢寂来次語世間事、一昨日、定高卿父子、在信盛宅、家主子加冠、欲飲食之間、教成卿常〔掌〕客使来招請、両弁相共行向、入道三位・家衡・経行等酔郷、白拍子三人、客主乱舞酩酊、引馬二疋、入夜月清明、禅尼参賀茂、金吾来直衣、昼泰綱所進馬両二疋放（殿ノ誤カ）各、相具参殿、〻下参御前、大殿、戸部入道参間也不見参、節分夜、両殿・両北政所已下、渡御今出川、自昼御坐後〔彼歟〕亭、五〔尽歟〕海内財力、行兼行事、実持称供奉給事、不参同輿行幸、資季又御共、依此輿以参内、及夜半雪、朝大殿・准后、出車二両、俄御西山、於中納言局大原野家供膳、宗平・資季等供奉、諒闇布衣、昨朝吉田非前夜宿見雪、被渡内府中将被具、金吾供奉云〻、夜部参法成寺、殿下御参、知家・親俊、御斎会始、通方・隆親卿未明参、講師勧修寺、八条左府御子称病遅参、具員（実ノ誤カ）・伊平・範輔・経高・為家・実世卿、及深更行香両方、各取輪俊（ママ）西行香人数不足由、弁隔机申之、両平家微咲云〻、其夜、定雅相公拝賀着陣、依憚其路頭、不催仰給由、範輔卿嘲弄云〻、法勝寺弁、〻少将承之、未随神事、信盛修行、少将可行春日祭云〻、王禄参内御斎会以前勤之、有親卿・経光勲仕、上官未参被退出云〻、明日、毎月日野可参宗平・資季、山野遠路供奉、為失於途（前ノ誤カ）歟、

十五日己酉、　朝陽快晴、沐浴潔斎、明後日有参社之志、御斎会事、依不重〔審〕向（問ノ誤カ）大炊中将、返事云、昨日参殿、御共九条・法性寺馳走、不参行云〻、小町（時ノ誤カ）、通氏中将返事送之、其状之趣、去夜雖非御物忌、依永万之例、於南殿被行被用例如何、新大納言高、中納言伊平・範輔、参議経高・定雅朝臣、着右仗、通

氏・伊成・氏通朝臣勤頭(仕ノ誤カ)、公卿於階前着座、通氏自本陣
着靴、於階前着出居座、少将宗(家ノ誤カ)定入日花門、於宜陽壇軒
廊着之已上皆靴、不着座次将猶着靴、取禄路一同、宰相中
将一人、於南廂、無行香云々、本自無行香事也、
元永(万=徳)高記、非次将殿上人、狂着靴取禄、就此等着歟、
長久元年、頭中将、帯剱着浅履取禄、是例也云々、猶
可用之説歟、
久不物詣、輿破損、覚法印、借送輿雨具等、
十六日庚戌、凶会、後望、　朝陽寒、白雪飛、
奉読経一部訖休息、夜月清明、
十七日辛亥、　天晴雪飛、巳後快晴、
巳時少将来、相具出門参詣、関山雪消、路無煩、路頭之
恐、有其聞故歟、至于下女等、往反者、皆相具弓箭兵士、
申時参着、禰宜来談此間雨、間降、少将令奉幣了禰宜申祝、月出
之間、出宿所如例墨染布衣袴也、奉幣忠成申、祝、雨止地湿、暫候御前、月昇
退下、少将通夜、老屈入宿所、今日、経時卿自雨止精進、
次参詣云々、
十八日壬子、　天快晴、
天明出宿所、於辛〔崎歟〕次日出、之(巳ノ誤カ)時入篷〔蓬〕門之後、典侍参法花

堂孝(弘ノ誤カ)頭在共(権ノ誤カ)、信大夫局相伴、及日入被帰、宰相局外男女
不参云々、宜秋御月輪殿、入夜金吾来、御堂修正結願、殿
下御参、在座者三人公長・親俊、殿御退出向(間ノ誤カ)、家光卿自御
斎会参、御参会(斎ノ誤カ)内論義、建暦依大祀以前、於南殿被行由
見之、去年粗申其由、殿下仰、毎度於御殿被行由被仰、
被行了、而今度高嗣奉行、勘先例、永万一度之外、皆於
南殿被行由申、仍又如此、結願又公卿八人催出云々、十
五日政始、長朝催之、家光・資頼卿・弁一人忠高、入夜
遂之云々、十七日参最勝光院、公卿五人、除目任人事、
其後公私無云々説、甚以無旨云々、
十九日癸丑、　朝天陰、小雨、即天晴風悪、
返輿、扶起奉読一部、阿弥陀経、申時以後又僵〔偃〕臥、戌時
許、金吾来云、二位宰相、此昼風病、不有出仕之由申、
大殿、内々仰右衛門督、難勘〔勤〕仕者、執筆定闕訖給由(歟ノ誤カ)、殿
下被仰、不顧身湛吉〔堪否〕、為不闕事、只随御教説之旨、可書
付由申、被仰公平由、已賜御硯筆墨・筥文土代等・去年
平納言所書大間等、退出、明日来可来合由告(示ノ誤カ)之、老僧、
雖不知始末事同之、如聞天之音楽、全奉伺習事也、只度
々見御一門習礼、諳推(知ノ誤カ)兵事趣許也、洩窺事等注付一巻、

一日比授之、依有便宜、経御覧之処、更不可進之、秘事等多被書了由、今日被仰云々、為恥為悦、多年雖有執心、身有退(限ノ誤カ)、更以不堪、不得其時而空兼(過ノ誤カ)了、今逢闕如時、勤仕此役等、以名字為面目、尽意所存、過昇進顕之栄、望寿考之後分、今生本意、一時満足、喜悦之外無他、即帰後、及子夜不付寝、只思此事、

廿日甲寅、　朝陽出雲、漸晴、

申始許、金吾聊向硯、如形雖習礼、中文無一通、只旧四所籍許、不可及練習其時者(吉ノ誤カ)服、束帯、即着狩衣、参殿下訖縿大間事、可伺御気色、外記還・兼国勧(勘ノ誤カ)文・闕官寄物・諸還(道ノ誤カ)挙等見合、兼国・闕官粗注付之兼国人二十人、不載闕官、甚多、領(秩ノ誤カ)満歟、

廿一日乙卯、　陽景快晴、天気和暖、

自朝奉読経一部、又剃頭、日入以前行冷泉、昨日参殿、参以前、縿大間事蒙仰、今日雖有習礼之志、無中文一通、不及取向、短晷已暮了、仰天之外無地[他]、昏黒、左中将被訪来、相共対面、有御中文等、有沙汰云々、無聞於(書ノ誤カ)事、戌時許帰了、且喜且恐、及子夜不付寝、

廿二日丙辰、　天快晴、

夜前覚悟自身失錯之有無不審、先向[問]之、凡心神失度之外、雖無他、兼存知分限、無殊違失事、月出之後、召(及ノ誤カ)鶏鳴之程、有終撰、中文之躰散々、公卿転任、御書信人有之、入硯筥了、中文、仮令大殿三通、殿下二、右内府各一、両大将・左金吾・伊平・実有二・宗(家ノ誤カ)光・範輔・実世卿歟、下勘文十余通云々、右大将、中納言経通所望叶歟、出仕不重[審]・具実・隆親・伊平・基良人々退出後、参入着座・実有・宗(家ノ誤カ)光・範輔・有親・親俊、筥文、左右中・左右少弁、々少将進退美麗也、殿下子息被仰含事等多、勧盃之後、公卿皆退出云々、奉読経半申之間、猶可来由示送、仍午時行向、又無沙汰出事、去夜下勘申文十四通、大外記書写送之其一畢、見合之、大略書儲尻付、兼国人又注別紙充定其任国、殿下勘文、去夜悉任了、外記返事定、早速事終、殊勝之由示送、職事之中、弁是非者、只右佐許歟、季頼取目六シ、不宿常(尋ノ誤カ)云々、夜前、師兼朝臣、文章生散[位]信近[年]平不被任云々、今夜又可早参云々、日入之程帰廬、如粗聞及、々勤仕之条、人皆驚思歟、如頼資卿人、経高卿ヲ弾指云々、前殿御不例重御由、有其聞人々多参集、為世尤可驚歎事、

廿三日丁巳、　天快晴、

又向[問]夜前事、返事云、後夜程事訖、権大納言・左門・伊

平・実有・宗(家ノ誤カ)光卿・有親・〻俊、筥文如初夜、去夜頗安
堵、無失錯歟、如当時者、大納言不被任歟、有行幸賞歟
由、密〻被尋外記由伝承、経高与大蔵卿相博歟、有疑云
〻、予所存、於鴻儒加任者、非訴有冥恐事歟、但正三位
之中、極無骨、上郎甚多、被叙二位事、第一良　之由所
存也、内府以書状有感言、自愛過顕官之望由参申、午時
許行向、抜出叙位事、惣不知其事、只可伺御気色由示、
又毎事細〻問参(答ノ誤カ)外記、殿下、未時許、御一条殿由問(聞ノ誤カ)之、
仍御参内後可参、秉燭以後帰廬、
廿四日戊午、　天晴、
暁更未明、使者持来折紙、披見之、参議為長兼　中務大
輔藤行家光衡解退替、(辞ノ誤カ)　侍従藤公朝　治部卿言家　木工権頭藤
仲能　山城中盛俊外記　大和中定平史　伊勢隆行蔵人　伊
賀藤光清　下野守源定兼　出羽藤光衡　因幡平範綱　薩
摩平成宗已上名替云〻、　美濃権親俊　讃岐権定経(雅ノ誤カ)　大蔵
卿親房兼　近江介資季兼　左少将輔通兼　右少将教定
左馬権頭兼教　右馬助資信　解(辞ノ誤カ)退経高　光衡　従二位公
雅　為家父両社行幸賞　従三位隆綱　正四下為経　実光　光俊
宗明正頭　従四三(上ノ誤カ)通行府　実直同　高泰敏　藤公親
和気貞幸　正五下公員安嘉未給　藤忠兼白川給　藤教氏府
資親　実春　範氏宜秋未給　藤親嗣　従五上季通　祐通　雅
平府
三ケ夜無為神妙由、蒙殿下仰、先叙位、次除目、於事雖
存外、早参入見参、多散不重〔審〕、着座以後、早速書終給、
頗異他由存候、於作法故実者、非所知、殿下令申大殿給
之由、密承之、大郎ハいかゝ候らん、次郎ニ訓程の事ハ、
皆知て候□□(らしカ)、存外事歟、盛長語之、顕官奉〔挙歟〕候座人、高
実・隆親・伊平・家光・範輔清書・有親卿・親俊朝臣云
〻、雅親卿可早出九条、経御後、隆親卿以下出敷政門云
〻、二品事猶〻感悦、此間事、以書状、付源少納言給、
此間御返事、今明無御神事者可参之由申、明日有御出仕
事由被仰、仍午時許参、以良朝臣入具(見ノ誤カ)参、暫逢有長朝臣
間、有召参上、快然見参、申所存等、儒卿加任、殊勝徳
政由、尽詞申了、二品事、面重畏申之間、殿下御参、除
目真実神妙由被仰、姫宮巡(給ノ誤カ)行御申文而下勘一事、不可然、
後思出由被仰、外記又勘上了不存失由歟、金吾又参被召出、
大殿入給之間退出、参禅室又奉謁、快然、日入之程帰廬、
天陰雪飛、経高可解退(辞ノ誤カ)、無所申請云〻、大略怨鬱歟、範

輔卿ニ不可被仕[任]云々、光衡、父入道不孝、隠居姑相公局
宅、辞官云々、除目之間事、云日来云今日、少々雖聞及、
忘却不能注付、
廿五日己未、　天晴、沍寒過于冬、
寒気入骨、鼻垂、疾忽悩、印円法印被来賀、扶病謝之、
昨朝二巻今日六面(巻ノ誤カ)、奉読一部、心神運例(違ノ誤カ)平臥、申時以後、
雪浮々霙々、入夜、雪止星見、
廿六日庚申、　雪積地六七寸許、朝陽漸晴、
読経一部之間、未斜金吾来、両殿御吉田有召、仍付左京
車来臨、自是馳参云々、左京父子暫言談、日入以前帰、
廿七日辛酉、　朝陽快霽、
今朝伝聞、金吾、昨日向西八条関東後家八講所(此事僻事歟)、夜前宿
八条頼重宅、今日猶可向云々、加階最初不得其心、自大
殿、催遣人々由、昨日伝聞、各依無人被指遣歟、又昨日
所召具下人々、於吉田有坏杓、定高・実持卿等、両殿御
馬、大僧正同騎馬供奉給、相崎(岡ノ誤カ)方御覧云々、窃以、雖無
外人、猶諒闇年如此事如何、似無人耳目、入道大納言殿
給書札大理事、頗立耳之間、除目儀懃仕、無、望(違ノ誤カ)失由聞之、二品又悦思召　入道按察又消息、
此両事幷撰歌一見之志示也、送未定草案了、経一部未時
訖、沐浴休息之間、浄照房来、
廿八日壬戌、　自夜微雨降、巳時陽景晴、
一昨日、定納言已下相引、参大僧正御房、又盃杓、入夜
分散、昨日、依大殿仰、向西八条八講、宗(家ノ誤カ)光・資頼・有
親・公長・知宗(家ノ誤カ)・師季卿、有教・能忠・宗(家ノ誤カ)定・実任朝臣
已下諸大夫等、明斎・貞雲・隆承・顕親、凡僧四口云々、
下名今夜由云々、経一部申時訖、右大丞被来向(問ノ誤カ)、言談頗
移漏入夜、
廿九日癸亥晦、　天晴雪飛、沍寒殊甚、
巳時許見聞云[書]、雑任六十四人歟、正三位実世臨時　従四
位上実雄　信盛　四位朝輔　正五下源通能　伊頼　冬忠
清良元　中師景　従上丹波康経　藤盛季　同朝房　同
兼縄[綱]　同宗基　五位源信宗　同範親　源定兼　右衛門尉
式賢可為左、　参川守隆朝　越前守藤長隆　経一部訖僵[偃]
臥、昨日大丞説、経高卿本意、為替大蔵卿、菅卿毎日行
向、訓釈蕩其心、不載相博詞、只令上解退(辞ノ誤カ)状、無故罷其
官、忿怨無極云々、儒卿弁説、不可有虚言歟、不便々々、
前後(殿ノ誤カ)御病似邪気云々、夜前弁少将候官奏、午時許、典侍
参一条殿、入夜帰、大殿御風不快云々、春月雖断葷、窮

屈不能措所候、

二月大、

一日甲子、　朝陽快晴、

送賀札菅相公、憚桑門之身、過日数之故也、未時許、興心房来望、連日参大殿、任官競望、猶如雲霞、来十日比又除目由云々、所謂末代之儀歟、公俊卿、殊憂公雅超越云々、臨昏金吾来、又於禅亭酔郷、有酩酊之気、不能心事、言家朝臣来、示昇殿望事、八省卿地下、頗非恒事歟、

二日乙丑、　朝天晴、宿雪薄、

兵衛佐頼清来臨、相謁之間、永光朝臣来相替退出、昨日白地出京、今日又帰円明寺云々、参議常出仕事等、次第送新相公許、為報門弟一分之深恩也、有本意返事、夕金吾来、伝孫子・呉起和歌好士事、是末世魔界之崇（祟ノ誤カ）歟、只早可申入大殿由示之、即参殿、入夜云、定可許所請歟者、御方違御共、参九条殿云々、言家朝臣、夕送書、昇殿被仰下之由、有女房消息、参（答ノ誤カ）感悦由了、

三日丙寅、　朝天快晴、

入夜、宿北辺本所、暁鐘帰、

四日丁卯、　自朝雨降、終日濛々、

今日、以金吾状、重返勅撰清書之人許、住吉遷宮称無心隙、所預置也、有可忩書返事、昨日姫宮准后宣下、差人数被催、内府・源大納言・九条新大納言・大将殿・権中伊平・大宮実有・右金吾・頭中将、勅使実有卿、給禄無比事、

五日戊辰、　朝猶小雨、巳後晴、未後風悪、

一日依被示送旨、直物秘蔵次第・愚記等書出、送菅相公許、年来本意由有返事、入夜、大殿仰、京極北政所御歌、有見出事、尤可加入歟、申尤可然之由、

六日己巳、　自朝快晴、

池上猶沍氷、早梅不開綻、入夜金吾音信、今朝参法花堂、昼参堀川殿、権大・左門・四条・藤中・左兵・別当・親俊、堂童子光資・光国、無他人、光資取裏物、

七日庚午、　朝天陰、未後雨漸密、

覚法印来臨、去冬病後初出行云々、典侍参内裏、憚年始之間、久不参由、人々被示、以御神事隙参云々、持参小車、入夜雨後帰、於内、二品足疾被坐由聞、即参堀川殿、謁申帰内裏、快然入見参、召寄蒙仰、元大僧正参給、又見参云々、臨深更雨脚如沃、雷電三声許、一座（声ノ誤カ）列（烈ノ誤カ）也、冥晦、

怖畏無極、終夜雨降、晩(暁ノ誤カ)天星見、

八日辛未、　朝天陰、小雨間灑、午時陽景晴、

昨今間、終経一部、申終許、公賢僧都来臨、扶起相謁、自然移時到(刻ノ誤カ)、月前被帰、金吾書状、柏巻木[夾歟]、兼日存知之時、用黒木由、有其説、何様存哉由、可被申之間、禅室御令[命]云々、如此事争習知哉、如仲家朝臣、定分明存歟、只木竹共皆用白由、所承也、可被申此旨由参(答ノ誤カ)之、

九日壬申、　朝天晴、

春日祭、弁少将、自内府亭出立下向禅室、自昨日御坐云々、、見物成[色]辞[群]、依寒気不能出門、未時許金吾来、弁少将十六日禁宮宣旨宗(家ノ誤カ)光卿下、巳時許出門、先前駈笠持如恒、次移馬舎人二人朽葉、萌木衣、、次弁侍騎馬追前、次随身例雑色随身也二人萌木上下、茜自(白ノ誤カ)張衣、狩胡籙毛沓、次前駆六人、大夫将監忠保唐綾柳狩衣、紫衣・知資青狩衣、唐紅衣・行光白織、裏練色衣・忠広狩衣、白衣、以邦薄色白裏、白衣・永光海松色、練貫、綾、次弁直衣、紫浮文指貫、萌木衣、紅単衣、半靴、野剱鹿皮細尻鞘、侍十人、久正・盛範・広経宗経子・重光紀・久宗・為経知景甥・行親・重継重光吉田衛門、今春任民部丞子・信季・検非遺[違]使宗継子、次衣櫃退紅仕丁舁、下宗(家ノ誤カ)司弾正忠相具、柏夾木用白、社頭縫腋蒔絵剱、前駆束帯、随身褐狩胡籙、大殿仰、中納言中将勤上卿時、如此云々、申終許、参堀川殿入油小路、北門、高三入道引導、入車寄妻戸内、二品被開障子、去三日、適退出里第之間、不慮下長押之時顚倒、損足大腫、両三日苦痛殊難堪、御月忌日、猶扶起蚑参、未立揚由、被令言談、及秉燭以後、退出之次大弐参、令聊述心事、退出、

十日癸酉、　自夜天陰、微雨降、

辰時許西有火、不遠、人々[云]、蔵人佐当時宿所也、乍驚送使者、火自隣権大夫局家出、一巻文書不取出、乗車在門前、無牛云々、使男、見付薬師丸、喚寄牛云々、権大夫又在向小屋由示、典侍又求　車之間、乗濃州車云々、失火云々、貧人甚不便、申時許忠成来、

十一日甲戌、　朝天陰晴、

臨昏治部卿来、々十七日可拝賀之間事等相示、秉燭以後沐浴之間、少将内侍子息信助来臨、依沐浴不面謁之由示之、又浄臨[照]房女子来由、同心此宗(家ノ誤カ)車参大殿云々、可官仕云々、但孫名号有恥、不令持榻、不具侍、

十二日乙亥、　朝陽鮮晴、

自朝奉読経一部、殊以無力、已及終日、簾際紅梅開始、

十三日丙子、　自夜天陰、巳後陽景見、未後又陰、
自朝経一部、未時訖、暫休息、申時許、興心房来給、戒聴聞訖、入夜後、廿五三昧如例了、正忌事等送嵯峨、兼(過ノ誤カ)夜半僧達帰後、助里云、於一条室町、見菅相公拝賀、前駈六人実聞之、給打長候、宮内少輔俊国俊親朝臣子、外孫・兵部少輔高成・少納言長成・大内記公良・修理権大夫在頼在高卿末、子平各舎人賜装束、雑人両三人、不具童、車新調、車副弘結平礼、乗尻牛童萌木歟、今夜先参北野、参一条殿由、下人等称之云々、
十四日丁丑、　天快晴、
経一部奉読了、例時間、大宮三位被兼(過ノ誤カ)、子息中書、先着布衣吉服、欲参殿之間事等、清談之間、僧都少将内侍子来加、三位被帰後、暫言談、又勅撰所望之、後葵歟、黄昏帰了、今日、於河冷泉馬場、修理亮泰綱遊放歟、笠懸白拍子酔郷歟、金吾午時許来、即向其所訖、公私忘国衷[哀]、非蒙服、本意雖存無外人由、人甚不便、三位語云、具親入道、以重時、云向前黄門許、訴作者事、柿本事不知由答、置歌帰云々、至極之僻人歟、駿州勅撰、北頭殊異他歟、
十九[五]日戊寅、　天快晴、
経一部奉読、午時、興心房授戒典侍給、聴聞、成茂宿禰申[許歟]始行来、入簾中言談明日帰坂本、自一昨日殊窮屈、
十六日己卯、　朝天晴、
午終経一部訖、典侍参一条殿、入夜退出、婚姻御営一定三月下旬、有其沙汰云々、一寝之後、南方有火、其勢猛也、下人説、自錦小路町、及四条坊門、令出西洞院室町等云々、明月無片雲、後聞[聞]、四条北、室町西、々洞院東、六角南、悉焼云々、
十七日庚辰、　天晴、
午終、経一部訖、偃[偃]臥之間、左京(権ノ誤カ)信未時許来談、今夜、治部卿拝賀付簡云々、戌時許、冷泉姫君俄病悩之由、下人来告、助里・尾張尼奔行、帰云、如霍乱危急、興心房来給、在友朝臣来占、無別事由示之間、即複倒[例]、大殿令兼(過ノ誤カ)給、有召、馳参御方違所訖云々、九条殿、
十八日辛巳、　朝天晴、陽景透雲、未後陰了、
聖覚法印不食病、今月以後殊無力、追日弱由、昨日雖聞及、今日可向訪由、示隆承法印、今明、自身毎日有指合事、廿一日来進由示之、仍止了、典侍、如例参法花堂権大

夫・新大夫局相伴、下人説云、宜〔宣〕陽門院又御雑熱事云と、申時許、
帰送女房達、今日不読経補他事闕、入夜金吾来、夜部前
大納言家御方違、又酒、但依私方違退出、宿頼重宅暁帰、
自明日暫向嵯峨、有可見事云と、昼陰月晴、
十九日壬午、没、　朝天陰、巳後甚雨、申時陽景見、
陶門跡絶睡眠、簷前梅過半開、
廿日癸未、　朝雲飛、微霰零、巳後晴、風悪、
入夜宿本所、一昨日満十五日、有雨気不出、鶏鳴帰、
廿一日甲申、　朝天陰、
卯刻、南隣竹中鵊高声鳴、十余声、忌避無其術、詠鵩鳥
賦、不奇驚耳、春天拝(群ノ誤カ)鳥発音竹村之間、尤来馴歟、巳時
許、向(問ノ誤カ)聖法印安居院房其病、隆承法印先面謁、雖狼藉無
便宜、可面謁由被云出、参(答ノ誤カ)本意由、入寝所前、追日無力
尫弱、不能起揚由言談、猶其詞多、依無心、不経程立出
間、寄女車、高倉殿来訪給云と、性恐(恵ノ誤カ)房相伴、付車役、
可来蓬屋由誂之、忽同車帰、昨日参九条殿一宿、今朝、
乗基定卿車所来也云と、
濁世富楼那、遂為遷化之期者、実是道之滅亡歟、悲而有
余、今年六十九云と、先師七十八由被陳、碩学能説、於
今断絶歟、
廿二日乙酉、　自朝天陰、未後小雨、酉後密、
巳時許、高倉殿来望(坐ノ誤カ)給、未時許、性恐(恵ノ誤カ)房相共、被渡京極
殿宅中御門、申時、興心房来給、殿下自昨日腹病、有御
悩、人と群参、大殿御渡、今朝猶不快御、依祈年穀奉幣
御神事、今日僧不参、准后御春日詣、已被寄御輿之間、
南衆徒蜂起、御榊奉出移殿之由、自奈良被申、令停給云
と、猶是大安寺別当事訴訟云と、
廿三日丙戌、　通夜今朝甚雨、
午始許、興心房使来云、依物忌事、自朝参殿下御所也、
不聞他人音信、不重〔審〕無極、以下人令見、帰云、興心房当
時物忌、依無紙筆、不委申由示給、殿中奔走、神馬被引
諸方云と、連と急事、非心之所及歟、及未刻、適興心房
書状、自一昨日御食事不通、不被開御目、腹御痛雖落居、
惣不及御言語、今朝参護身、聊被開御目、又参上、事外
御目軽由被仰、御粥聊被召寄、被始御祈、仏眼法法務大僧正、尊勝供快雅、薬師供成増、不動護摩円誉、承之、
廿四日丁亥、　朝陽晴、後陰、
尋申興心房、自昨夕、又殊不快候(御ノ誤カ)歟、御食事如絶思御、

無力尫弱殊甚、日数雖不幾、殊以令弱候(給ノ誤カ)歟、前大僧正雖護身給、当時無宜御気色、腹病又令苦痛給云々、午時許治部卿来、昨日、内裏、為御方違、渡御記録所、殿上人卅人許束帯、依催参取照(脂ノ誤カ)燭、大殿・左大将者(殿ノ誤カ)御参、今日、大殿尊勝陀羅尼供養、依催参、事遅々之程来由云々、此御病極不便事歟、世上之儀、只如風前燭、雖浮生之習、猶匪直也事歟、及午時、金吾来臨、所労不能安坐、昼不出来中、夜々参閑所、御有様不委知、近日男女皆驚歎云々、申時許帰、黄昏、有教中将被来向[問]、参尊勝陀羅尼之次、言談入夜、未時許、不重[審]余、典侍令参両所給由、後(彼ノ誤カ)殿只参姫君御方、但為尊勝陀羅尼、大殿白地渡給、入見参、年来無病之人、始如此、殊恐々由被仰、伝々説、此夕方、聊御食事令触給、日来無名字、又御邪気快渡、頗以為馮云々、尊勝着座公卿、伊平・経高頻出仕云々・有親・公長・親俊朝臣云々、又人々云、御経営事延引、無日次、可為十月云々、御祈数多被始云々、

廿五日戊子、　天陰、雨不降、

未出臥内、超清法印来臨、驚起相逢、訪安居院帰洛之次云々、雑談自然経程、已及午始陽景間見帰、昨今之間、終[経]一部各半部、酉時許窮屈僵[偃]臥、金吾音信之次、今日御食事、頗事宜御気色云々、如卜筮、今日有御小減者、有馮由、有申者等云々、

廿六日己丑、欠、　天陰、巳後微雨、申時陽景晴、

法印、此三四日食事一向留、已進[近終歟]給之由、今朝返答之、末世老身、付視聴空歎、殿下、昨日宜御之、邪気快渡由、有其聞、大殿還御、准后御後[彼]殿云々、簷前両株紅梅単盛聞[開]、南垣薄紅梅同開、金吾音信、南衆徒御榊奉渡、一定発向由相議、長者御祈停止、若宮御神楽制止云々、法印御房、密々子細等為示給招請、兼教揚鞭馳下云々、此狂事等、本自其源皆有事故、円経・覚遍・長房入道等、皆密々同心、欲乱南都、以其張本、為骨肉、所申悉許用、依可讒言、被悪定玄一人云々、八難六奇之心中、難測量云々、禅室又新開方違、

廿七日庚寅、物忌、　天晴、

治部卿又来、昨日参座主宮八講故入道中納言遠忌、女院殿上人参上、自大殿、被催遣人々云々、源少将宗定(家ノ誤カ)・六角少将氏通、牛童闘諍、抜刀奔入門内、宗定(家ノ誤カ)牛童猶結党伺由、氏通成忠(恐ノ誤カ)、不見後事退出由語之、

予、依諸病無術、不能出仕、替可被披露此旨之由、示典侍、令参旧院幷大殿御所、入夜未帰、昨日参人[入]公卿雅親・具実・基保・有親・公長・、基定・顕平・師季卿、殿上人隆範・有教・資季・有資・定平・家[宗]明・宗(家ノ誤カ)定・言家・氏通・教定・能定・実隆・長氏・奉行、夜深典侍退出、二品、足病漸被付減、旧院閑寂、少将内侍所給播州所領、停癈云々、芝焚蕙歎、殊有沙汰所給也、不異木石事歟、参室町殿、黄門局、姫君御共参彼御所、奉待之間及深更、御物気雖快渡御、憔悴無力、令衰損給、事過日数之程、不能御行歩御腹苦痛止、御食事名字被召寄、昨深更許称御減、准后不令立去様(給ノ誤カ)、大殿猶御後[彼]殿云々、

廿八日辛卯、　朝陽快晴、

匠作清書上帙終功、自金吾行[許]送之由、披見握翫之、下帙又送之了云々、今日殿下第三度御上表之次、大臣御解(辞ノ誤カ)退云々、覚法印午時許来談、言談及申刻、今日不聞世事、休息之間、六条三位入道、相具前武衛被来、驚謁、最愛之余、可見知老入道由云々、言談之間、昏被帰、

廿九日壬辰、　朝陽晴、

自朝経一部、阿弥陀経、如例奉読、休息、金吾来参殿退出、夜前、第三度御表、作者藤中納言宗(家ノ誤カ)光卿、清書行能朝臣、接[摂]政大臣内舎人随身事、天変幷御病皆被載之、大将殿・伊平・宗(家ノ誤カ)光・資頼・有親卿等参、勅参[答歟]可為後日天永例云々、使中将雅綱(継ノ誤カ)朝臣、山階寺猶可有寺務由、以頭弁被仰本人云々、昨今御有様、只同事歟、此事猶可怖歟、禅室不被恐思云々、

卅日癸巳、　自夜天陰、朝雨濛々、

午時許、興心房来給、戒聴聞之次、殿下御有様、自廿六日以来、非危急、御食事聊令取触給、御言語等尋常候(御ノ誤カ)云々、昨日、為御祈、可参籠鴨御社由蒙仰、適頗休息、自私(社ノ誤カ)頭来由語給、天変猶多云々、不委聞、法花一部・阿弥陀経講扶(構ノ誤カ)、又平臥、昨今纔似春気、仲春日来如厳冬、

三月小、

一日甲午、吉、　朝陽漸晴、和暖、

午終々一部、剃頭、簷前梅已落始、次紅梅二本盛開、蝶来飛、申時許金吾来自殿退出、御在様同日来、同入大殿見参之次、清書半出来、外題御筆所望由洩申、御気色似可許、草本且可進由被仰云々、来四日勅参(答ノ誤カ)大臣依請、自余如元由云々、臨黄昏地震、里宿[星]、龍神動歟、夜星晴、晩(暁ノ誤カ)天陰、

二日乙未、　天明雨降、午時陽景晴、

午終〻一部、雨止天晴、申時許、隆範朝臣来談、
三日丙申、　日出後漸晴、
寂延入道送柑子下枝、栽持仏堂前、今日不聞近(世ノ誤カ)事、
四日丁酉、　朝天快霽、寒風猛烈、
准后、白地入御室町殿昼宜、雖非御平減、宜躰披露歟由、女房有返事云
〻、
五日戊戌、　天快晴、
早旦、二品、於旧院、被供養普賢画像以旧御服、図之、典侍為
聴聞令参、午時帰、御懺法之次、貞恵為講師法印追日、弱由申、
大将・四条納言・衛門督・兵部卿・有資朝臣、左兵衛又
参会、被面絶(謁ノ誤カ)、其後参室町殿大殿御、大将召、殿下事外宜御有御筆御書等、云〻、笠置微少善如例、明暁令沙汰送、追年軽微事、猶
雖無其計、存令(命ノ誤カ)之間、不可黙止、午時終一部、申時、左
京権大夫来談、臨昏、北隣僧院聖法印遂事切給云〻、雖
日来聞無臨由、悲而有余、此間左中将音信、心神疲而称
他行由、秉燭以後孝弘来、為衛門督使、向隆法印行[許]、午
時許事已一定云〻、同伝予詞由示之、〻人使多来云〻、宿
本所、
六日己亥、滅、　朝陽鮮晴、巳後陰、

鶏鳴帰、終日僵[偃]臥、剃頭、後聞、殿下今日又御僧[増]、
七日庚子、　自夜雨降、終日濛〻、
有教中将音信之次、昨日参最勝金剛院、伊平・基定・師
季・実持卿、家定少将・光国奉行・基邦同、行幸云〻、今
日雨中長途、人煩多歟、
八日辛丑、欠、　朝陽晴、間陰、大風、
南北遠路参、金吾腰病又発、一昨日西園寺、実有・為
家・基定・実持卿、御月忌、大将・隆親・基保遅参・為
家・資頼・有親卿、殿上人光成一人参、昨日最勝金剛院、
左大将殿・行高(経ノ誤カ)本所・為家・有親・知宗(家ノ誤カ)・長清卿・親俊
朝臣云〻、終日寒風、時〻念誦、入夜金吾来自殿、退出、先日
御灸於長、医道僻案、依御邪気渡、御減由、女房偏存知、
諸医従祗候[関]薬殿、不参御前、実無御減之間、今日基成奉
見御腹、張増不便由申、又奉灸之間、諸人成恐、南京事、
召老之輩、称新別当寺務之始、停衆徒吹螺之音、本訴猶
不定歟〻、心中未知安否云〻、明日季御読経定、菅卿右
筆云〻、長講堂八講始、右府・権大納言・右大将・本上
卿隆・有親・公長、親俊朝臣不状(領脱カ)由、権弁語之、明後日
可参云〻、

九日壬寅、　夜霜如雪、朝陽快晴、
未時許、興心房来給、殿下、昨日三所、今日三所猶御灸、
医家存脚気、女房称邪気、御腹猶高張、又無御起居、昼
依仰候殿、夜賜暇、向大納言室町邪気又興盛之上、可参東一
条院由、大殿被仰、申無従遠路無計略由云々、
十日癸卯、　朝天快晴、
早梅未落、景気似正月之中旬程、午時許、法印来談之間、
京極之女不慮来、相示令対面、今年重厄事等示合、而欣
感各帰了、夜月明而映梅花、開紙障望閑庭、
十一日甲辰、　朝陽晴陰、午時雨降、未時大風、
興心房書状、大殿自昨日御風御西殿、殿下御有様、只同
事歟、大納言室又病重当時候殿下云々、京中商賈之輩、有飼善馬、
相門召寄、価直相論之間、有兼(過ノ誤カ)言由蒙讒言、杻械枷鎖、
被打調之、隣里之裨販等、悲泣歎息云々、申時風止雨密、
十二日乙巳、三月節、　朝天遠晴、
金吾［来］、一昨日参長講堂、実世・長清四(両ノ誤カ)三人仰鐘、
泰綱、自国所相具栗毛馬有名誉、入洛之後母乞取、禅室
又被聞及之間、厳父又勘発取返、今日就禅室云々、龍蹄
喧嘩之比歟、相具参了、祭使被催、輔通可申合、遠所一
身、難申領状由申云々、申時許、又帰来云、行能朝臣、
終勅撰清書、送遣之、仍清書廿巻入冠絵(蒔ノ誤カ)筥、草廿巻持参、
大殿進入之、此事已果遂、悦思食由被仰者、聞此事、心
中殊感悦、即帰了、
十三日丙午、　天快晴、
比丘尼三人乗車、参詣日吉、去今年、凶徒之怖畏、京中
之世間、雖旁思憚、不拘制止遂宿願、又以不及相諍、孝
弘・忠康・房任在共、巳時許、以金蓮令加灸点左肩已下至手頸六所、
左風枝等、要所是也、自巳時至未時灸訖、此間浄意備後権守有季入道来、依請
受、与草本廿巻、今日鴨社一切経舞楽如例云々、常楽会・宇
治一切経、無舞云々、
十四日丁未、　朝陽晴、夕雨降、
尋申興心房、大殿御風同様御不可驚、殿下又同事御、昨日
御気色頗宜、御腹モ少宜御、ゝ足腫、左ハ御減、今明休
息不出仕、夕方可向大納言許云々、午時又地震、立宿、
火神動給(歟ノ誤カ)、同里宿(星ノ誤カ)、
十五日戊申、　夜雨降、晩(暁ノ誤カ)雲晴、朝陽鮮晴、
奉読経一部、観無量寿経、不聞近間(世ノ誤カ)事、申時、興心房乍
立兼(過ノ誤カ)給、殿下昨日不参、今日奉見、御足、事外令腫増給、

御気色又重令見給、大殿又御温気也、旁不便云々、京極女、此御病始、三月三日、有御減者有臨、但五六日猶有御隙者、三月節後戊己日、重御慎由称之、今日御増極怖、入夜、以宗弘令伺殿御辺、於両殿間、逢金吾、与実持卿、参大殿示送云、殿御辺無承分事、大殿御邪気、又令発御、僧正御房護身云々、大将殿只今御退出云々、明月無行[片]雲、戌時許未方有火、令聞路人説、徳大寺中納言三条家焼亡云々、京中適一町家所残也、万事只為世滅亡也、不及他所云々、晩（暁ノ誤カ）鐘之程、又西方有火、甚遠、若仁和寺方歟、

十六日己酉、　朝陽快晴、巳後漸陰、夕雨降、

剃頭、小念誦、無力不読経、夜前火、非中納言家、六角南、油小路東、火至堀川面、失火付藁出来云々、未時許、長賢法眼来、自正月八日遁世、着黒衣、歩行南京由称之、大殿法印補別当給事、前大僧正、全不存可然由給、少齢本寺、京公請無所歴、与補此職、無一人之例云々、長房入道知行寺領相違、大怨讟、太政入道可拝寺領懇望、新寺務之始歟と云々、帰去後、又信弟子童五歳来、先是始今尼公先来儲、此子、可為金吾子由約束[云々]、

十七日庚戌、欠、　終夜雨降、朝風吹雲、辰後天晴、

今姫帰於冷泉昨日景[三品]可来云々、遠近桃花開、未時許、治部卿来談、申時許金吾来自殿下退出、今日御腹猶御灸、御手足腫、有御減気、御言語無違乱之由、教行語云々、大殿又御邪気歟、殊事不御、祭使教定領状、宮使亮被責領状、季御読経、廿二日可被行云々、

十八日辛亥、　暁月朝陽清明、午後天陰、

昨日又書草子、伝聞、大殿御風、雖無披露、実不軽御云々、

十九日壬子、　自夜微雨降、巳後間休、猶陰、

冷泉姫君被渡此宅、金吾引率、而今朝之嵯峨、依有犯土事、不相具小児云々、大宮三位音信、自十二日、於八幡沐浴、今日帰京云々、

廿日癸丑、　終夜今朝雨猶降、

南庭八重桜僅開、巳時物詣人帰来、[後歟]復陽景忽晴、未時許、興心房来給、三ケ日腰病籠居、今朝参殿、御足腫又減気、御腹張も宜御、但御起居久絶、御食事如無臨、大殿宜御云々、夜宿本所、聞暁鐘帰、

廿一日甲寅、　朝天晴、巳後陰、自夕雨降、

午後、典侍令参室町殿、休[依]身病不能出仕、為散不重[審]也、夕帰云、老病事令申大殿、於我病者頗付減歟、未及沐浴、

不梳頭之間、不対面、於殿者、猶似無其期、今日又昨日
ヨリモ不快云々、又以黄門公（令ノ誤カ）申准后、只同事也、心中可察
由被仰云々、
廿二日乙卯、　自夜雨降、午時雨止、未時陽景間見、
閑庭桜漸開、不聞近〔世〕事、
廿三日丙辰、　夜天陰、雨間灑、朝雲出、
庭花雖不幾、花各開、
廿四日丁巳、　天晴風静、未後天又陰、朧夜雲深、
午時許、典侍参法花堂、依御月忌不参也、無程帰、月輪
殿花盛云々、念誦経一部、心神殊悩、無力而平臥、姫君
帰冷泉、自嵯峨帰云々、夜深金吾来、参殿大殿同御、明日可有御参内并
禅室、殿御有様只同事、但随日数積弱候（給ノ誤カ）歟云々、明日季
御読経結願、可参、
廿五日戊午、　東風雖吹朝雲漸晴、辰時陽景晴、午後
天陰、
大風吹花、今日未落、念誦経窮屈不読、素俊入道号十念仏来、
賀（望ノ誤カ）作者事、扶病相逢、請取草子退帰一校可進云々、金蓮云、
前少将雅具、近年為師員聟、得境無極、而此春入洛其勢数百人、
欲企南山斗藪、入精進屋之間、妻室終命産由、飛脚来告、

而如憯云々、宿運不依人力事歟、可忠〔悲〕、昏黒金吾書状、
二条中納言、如此示送由、披見之、今日、摂政殿猶御上
表可候由、其沙汰候、忠高遣召候、定遅々候歟、御参事
御用意可候、接〔摂〕籙猶大殿御還補由、信盛説云々、季御読
経、雅親・宗（家ノ誤カ）良・具実・伊平南殿・基良・為家・資頼・
有親・定雅南殿、今朝仁王経結願、大殿御参、主上出御、
実持、着直衣扈従如帳台、職事之外無人云々、聞驚事非一、
併迷是非、万事希代未曽有事歟、夜深風雨猛烈、以宗弘
可被行事、帰云、今夜後（復ノ誤カ）日御衰日有憚、御表止了、只今
退出、左中将相具随身参、只今欲退出云々、不催人、不
披露以前、可有日次沙汰、黄間〔門〕存知甚奇恠、巷説、已公
事出来被　由、雑人称之云々、
廿六日己未、　雨休、天間晴、
晩（暁ノ誤カ）雲分纖月見、朝後更陰、大雨、巳時
未時金吾来、経範朝臣、卒爾御表草持参之後、高嗣、御
衰日如何由申出、即被延了、内々之聞已以云々、大殿又
可有御接〔摂〕籙、明後日御拝賀云々、殿御有様、又不及当時
危急、只追日尫弱、依無所臨、及此沙汰給云々、季御読
経、一大納言領状、俄不参、第二被参、早着殿上、下﨟

可奉行由示之、長朝触申其由、権大納言云、不参昨(時ノ誤カ)、猶
向(問ノ誤カ)上﨟参、乍[合]令眼奉行、未聞事歟、但於陣者可罷着云々、
於陣又南殿、二位中納言基可被勤給、未随神事由被答、
此事又於身難申左右、座中可有御計由被命、伊納言可懃
仕由、領状皆穏便歟、実持卿着直衣扈従、御修法出御、
前々惣不見及、人々聞驚云々、惟教子、非蜜[密]奏身而申客
星事、依他人不見、被処無異説、翌日加階、任天文博士、
傍官等奇驚、菅卿又見其客星由称之、又拝任参議、此等
事、為其徴由、有蜜[密]語之輩云々、一夜太白入五車星中、
未曽有変云々、非恒行度、遥横入云々、依此事、御上表事俄有其沙汰云々、
廿七日庚申、凶会、　朝天陰、陽間見、小雨又降、
庭花昨日落尽、梨花盛開、午終許、覚法印来談、未終、
興心房密々音信、事已近々給、悲思由被示、未聞他方説、
法印帰云々、須臾之後、雑人牛童等、御祈僧徒、只今競
出之由来告、金吾未参歟、不見由聞之、仍共送[告歟]之、今朝
参退出、又参内后帰、未知之、可馳参者、臨昏賢寂来、
臨頭諸僧退出馳走云々、典侍又馳参、暗夜漸深、星不見、
典侍先帰云、大殿・准后皆御坐彼殿、以我車、権大夫局
ヲ乗て令参之間、相公近日姫宮無人、被召祠[伺]候、自彼御所帰参、昼重

又三所令灸給之間、始熱き由被仰日来卅余所全不令痛歟、数十帖[壮]、若是
吉事給[歟]之由、医師等申之間、御絶入、其後、諸僧賜暇競
出之間、蘇生有御言語等、其後、女房等皆立去、立屛風、
其内証月房松尾・興心房・慈心房民部卿入道三人、臨終作法、
奉勧念仏、只やゝと令悩給自[身]苦歟、腹痛歟、人不分別、起揚又臥云な
と被仰、御小便等事又被仰、准后ハ屛風外ニ御、大殿・
禅相国ハ又他所ニ令相対給由語、権大夫局又帰来、所云
相同、事未切給、又無臨云々、愚僧又腹張身苦、付寝了、
亥終許有弘来云金吾使、入道殿退出給了、以金吾、早可
有還御由、被申大殿、々々還御、先是慈心房早出了、両
上人猶在御傍歟、大殿還御之後、猶帰参、念仏音殊高、
此間令終給歟由承之、可申此由者、御絶入仰退出之後、
盛長参、御没後事等執筆、進御筆、御判慥被加、被仰事
等分明云々、
廿八日辛酉、今日一日吉也、明日欠、朔日以後凶会、　朝天陰暗、
老身又殊辛苦、恐思、辰終、興心房被来、昨日申時許、
聞御灸由、依不重[審]申可参由、参御前奉見之、御目已不似
日来、驚恐思、御灸不可候由申、医家等不聞入之間、忽
御絶入之気、猶雖奉護身、止此事、御祈僧等可退出由、

有沙汰、其輩騒動之間、令復尋常給、有御言語等、盛長執筆、慈心房読上、具聞食、取之御覧、召筆、被加御判返給、須臾之間、猶可見由被仰、又令取給之間、御気色忽然変、種と雑言、大略如例喚、御躰不安、高声憚外聞、又読経念仏、与慈心房奉抱扣、奉念不動本誓之間、頗令鎮給、只や丶と被苦給之後、大略其躰、夜半許、忽令高声念仏給十五反、又中絶、又十反、其後猶同躰、已曙了、自大殿、今日猶無為御哉由、被尋仰、慈心・修(証ノ誤カ)月、不可有別御書(事ノ誤カ)由各申、円誉、只今危急之由、聞人有不請之気、彼御雑言等以後、御形貌已下皆違例、死相已令顕給、彼二人不見知、及辰昨[時]御唯[喉]嗚、已事令切給、慈心先早出、次円誉退出、大殿、於今者不可穢由被仰、只今罷帰本房也者、具聞此事、悲歎弥催、教行忩立訖、即遂出家了、被帰後、巷説縦横、申始許金吾来、参大殿、雅大納言参陣、大殿接[摂]政詔書兵仗氏長者事行之、詔書持参、雑人説、御拝賀無其事、只内覧事伝覧、此間不可有御出仕、尤可然歟、是又禅室被計申云と、北政所今日御出家、准后猶不可有其事云と、参蔵人、経時卿依姫君御乳母也・有長・盛長奉行・以良・宗(家ノ誤カ)盛・有長子共兼康之外、当時此等之外不聞及、御仏事、

於月輪殿可被修、御墓所又其近辺云と、平座無出仕宰相之由催、申領状了、於今者只参陣、参衡(マヽ)勤之、不可好近習由相存云と、此事、老父年来所好思也、殊喜悦由饗応、此間、禅室被計存事、大概甚神妙、已叶主[至]愚之心云と、予心中有所思、依恐人心、不出口外、賢慮已被案此事、被申出、過此間、心閑可案由被仰云と、雖此間、猶非攘災之計歟、自近衛殿、昨日以右少弁被訪申云と、尤可然事歟、昏黒令[金]吾帰、先是治部卿来談、昨日去夜今朝頻出仕由也、一日季御読経出居、少将宗(家ノ誤カ)定・氏通・頼行・実春子童・惟忠・親嗣・資定宗(家ノ誤カ)光卿子、大僧正、一昨日帰白川給、昨今事手振心迷、始末錯乱、不能注付、又一昨日、居住大谷辺日向前司宣親奉公(皇太ノ誤カ)権亮親長子也、為不善(衣笠ノ誤カ)姫宮後見、随分為備非常、令持劔楯之間、悪之者、成群盗嫌疑、大炊助入道不知実名、大輌之子云と筑紫欲搦取、入道在他所之間、所従等成此儀、先触六波羅、不聞返事之前、日向客人会飲之輩、逃散之由聞之、無是非襲寄之間、客人逃去、日向入切板求之、突殺了、斬頸、日向子、為座主宮童、又有山法師、其妻先[兄]弟又為武者、仍又為報仇、已欲企合戦、駿川制止、触此子細於関東、可随成敗之由示含云と、其宅洗面(血ノ誤カ)付物

等、有此嫌疑之後、称蛭飼由云々、
廿九日壬戌晦、欠日、　朝天快晴、
不聞近(世ノ誤カ)事、午時許、典侍参一条殿、不経程参内裏云々、
頗存外、秉燭之程帰、無指聞出事、准后御二棟北面姫君奉副
給、不見参、姫宮御方不指事、殿下、御接[摂]籙三ケ日、御神事、
又不聞食凶事、今出河殿辺事御申沙汰、経時卿一向奉行、
今夜察[密]奉渡法性寺、為中陰御仏事、被申請月輪殿于女院
云々、奈良別当法印御房、夜前馳参給、禅室昼被参、此
外事不聞及、内裏快然入見参、故院御事、不令奉忘給
御在臨時事、二歳臨時也、生而神霊歟、春景已尽、鐘漏漸闌、

◇為久本（490）
○二条良基編『日次記』に拠るのが適当と思われる箇所は、（＝日）の形で補った。詳しくは解題を参照されたい。

文暦二年、
四月大、
一日癸亥、　朝天快晴、
平座、権中納言伊・右衛門督・左少弁忠高二献・権弁兼高・少納言長成一献参、無他人、

二日甲子、　後聞晴、申時雨灑、
金吾凶事供奉参籠事、老父重病計会由、昨日申合禅室、父病難見放由申入、何事在乎由被命、仍参室町殿、相尋之処、前納言注人数、所計申云々、仍子細示(告＝日)忠了、時兼卿勘出例、定隆兵衛佐時、近　服供奉鳥羽院御葬云々、此事雖御　一周少年最末五位之例髣髴也、近代之人所忌来、強不可申破、遭喪籠灰(居＝日)之分限、依深恩又所縁歟、今度不可然、秉燭以後金吾来、素服之人兼参、近代多忌来、依父病不参、何事在哉由、禅室・内府無(共ノ誤カ)被命云々、廿八日辰時事　以下只今可参由被催、詔(書＝日)事氏長者兵　之後、如吉事(書事＝日)々、無其沙汰、職事不内覧云々、月輪殿可為喪家、恒例八講、於宜秋門院九条殿、可被修、光国奉行、南(兼ノ誤カ)日領状可参、
三日乙丑、　朝天如墨、自夜甚雨、申時雨止、
梨花帯雨散、戌終許、不及遅々、見物雑人帰、出東門、今出川南行、東洞院土御門東、高倉南、九条東之由聞之、
四日丙寅、　辰後陽景間見、申時小雨、
夜前供奉人、賢寂注進、有親・経時卿、資季去年素服・親忠・頼行・忠俊朝臣・能定云々、

五日丁卯、　朝陰、辰時晴、
治部卿書状、来九日、殿下渡御右大将亭云々、入夜金吾
来、宜秋門院八講、今日只一人　伊平・師季卿可参云々、
昨日参内、伊平・　平・通氏朝臣已下、多
参入見参、擬階奏・梅宮祭、実有卿勤仕云々、
六日戊辰、凶会至今日、　朝天陰晴、東風吹、
新樹八重桜開始、款冬以下、衆花色々満眼、近日巷説、
家々抃悦、三月十八日、師員、為両殿下御使、揚鞭馳下、
遠島両主御　事被仰遣、往還七日可馳帰、定納受歟之
由　事、毎家経営云々、
七日己巳、　朝後甚雨、臨昏雨止、夕陽見、
昨日旧主御月忌、内府・右大将・隆親・為家・実世・成
実卿、資季参葬送不触穢参、有親卿雖同、今日不見云々・通氏朝臣、堂童子光
資・範氏、事訖参宜秋門院、御南施（布ノ誤カ）遅参、新大納言・
平・師季卿、有教朝臣・兼高宗（参ノ誤カ）、典侍参室　今日、
以中風手、書終草子二帖三月廿六日始、及黄昏大風猛烈、典
侍帰来、明後日御渡一定、西亭前右府、東大将、両方借進、
姫宮之春日殿、密述懐、可奉渡安嘉門院由、平雖被申、
又無許容、少年玉躰袷恰厭却、悲歎云々、三条大納言室
又危急云々、
八日庚午、　快晴、
八重桜盛開、未時蛭飼、臨昏金吾来、参北白川院灌仏隆
納言宗（参＝㊐）、明日殿下、新所御渡以後、吉書御覧、吉服可参由、
兼康催云々、平野祭、依無人可参勤、
九日辛未、　朝天快晴、未後陰、
未時許、覚法印来談、道　一昨日逝去、年五十六、
当世能読也、申時　長清卿臨蓬門、答老病平臥由、不
逢、戌終南方有火、
十日壬申、凶会　朝陽遠晴、申後陰、月更明、
夜前火、四条坊門北京極、及六角北、未時蛭飼、美濃兵
衛佐来問、不謁、
十一日癸酉、　晴、
衆花漸落、雑人説、稲荷御輿迎日、田　師子舞闘諍、
互殺害、師子不舞、
十二日甲戌、　朝天遠晴、
未時金吾来、殿下御西亭室町、吉事儀（書ノ誤カ）、伊平・実有卿已
下三人候座、頭中将・左少弁・家司親嗣不坐眼路、平野祭、
同弁・兵衛内侍、姫宮御烏丸方、興心房来坐、明月前宿

賢　　夏節本所、
十三日乙亥、吉日　夏節、　朝陽漸晴、午後陰、
日出以前、出賢寂冷泉、来嵯峨賢寂宅也、午終、金吾相
具少将来、暫可在中院云々、自夕微雨、入夜如沃、終夜
不休、
十四日、　後微雨、巳後休、雨間降、
十五日丁　景晴、
十六日戊寅、　朝陽快晴、
午時許、印円法印被来訪先金吾、又典侍、称病重不謁、未時許
金吾来、永光朝臣、為禅室御使来臨、隔障子謝之、日来
世之所謳歌之重事、中務為継安(委＝日)聞正説云々、故高野相
女九条院孫、菅相(公＝日)而執行其家事、為後見其家女房為当時妻、長成母也、
朝家重事、存国忠、八度申大殿不珍(許＝日)、九度申頗許容、十
度申而遂被立使、又示定高卿、一度危思之、三度同心、
又示師員二度辞退、三度尽詞、領状揚鞭之由、於彼比丘
尼家自讃、聞者随　元来其志尤懇切之人歟、其謀老(危＝日)
目黒印
十七日己卯、　朝天快晴、未時許忽陰、申後甚雨、
日向守親継朝臣来訪、以賢寂令謝、又十念房基俊尋来、
以助里謝之、巳時許、聞書到来祭除目、侍従藤教経　大
監物紀文元　皇后宮少進橘以依氏長者不遭喪、出立女騎云々、　内
蔵助和気貞兼　中役康　長門守菅長成兼　此外雑任十
七人　右兵衛尉高階行季北白川院蔵人　典侍藤幸子　後聞、自
殿宣旨、補典侍者、先例如何、
十八日庚辰、　微風於(ママ)(猶＝日)降、西風猛烈、
安嘉門院二条殿退出、
○『日次記』によれば、「二条殿退出、」の下、四字分空白を置き「訪典侍」とある。
十九日辛巳、　天晴明、入夜甚雨、
准后寵人黄門、昨日出家去冬父喪不着服、在御臥内、未時許、兵部卿被
来訪、以助里謝之、尊実法印来臨中院云々、金吾来、明
日可出京、家光卿、久有所労辞職云々、予又深恐怖、不
可望其闕由誡之、金吾過分顕官也、以参議　於納言
者、実以過分、更不可念思(忩＝日)、
廿日壬午、　辰後又雨降、終日如沃、
金吾出京之次又来、蔵人佐催祭出車、領状了、当時之儀、
牛童不刷、車副如疋夫云々、
廿一日癸未、　朝雲出、巳後晴、

中将入道公棟朝臣音信、答所
廿二日、　朝陽晴、
浄意入道来訪、以助里令謝、秉燭以後、金吾帰入、夜前参殿、来廿八日、入夜可有御参内、殿上人可扈従、少将参哉由被仰、申領状了、今日聖法印法事中陰之間、不請顕宗、只慈賢曼陀羅供、所遺言也、公卿一身（両＝日）四条中納言、典侍不来依出立、、殿上人語輩、少将光成・為氏・権弁・兵衛清、（脱アルカ）本所語、資定・信光・隆仲卿子侍従　長、六位相具、俊職子検非違使右衛門年預相催、儒徒（僧ノ誤カ）感悦云々、訪藤中納言、依思子息事、去官云々、女使典侍、出立此冷泉家、左兵衛督、鷹狩入円明寺、儒徒（僧ノ誤カ）取鷹入皮子、付永光是取之、外戚素服人也、発御陵盗事、天武天皇大内山陵云々、只白骨相遺、又御白髪猶残云々、祭使儱、近衛使広澄・兼康久清凡革（ママ）、宮使季武頼子・（脱アルカ）頼景武澄子、
廿三日乙酉、　朝天陰、巳時陽景見、未後又陰雨、
申時許、密々乗輿行中院、見中島藤花、夜雨如沃、
廿四日丙戌、　猶甚雨、巳後間止、日入天晴、
国平宿禰住吉来訪、
廿五日丁亥、　天晴、
金吾来、廿八日殿御参内儀、改殿上人騎馬云々、
廿六日戊子、　朝天晴、中後雨降、
廿七日己丑、　夜雨止、朝天晴、
伝聞、主上聊御不例、或云疱瘡之疑、件事、春以後少々有其聞云々、
廿八日庚寅、　天晴、
巳時金吾出京、承源律師来訪、午時許、権大納言御使馬允盛重来、所労事蒙恩問、猶以人謝申、恩言尤感悦、
廿九日辛卯、　朝天陰、巳後間晴、
巳時許、郭公数声聞南方初声、已無間断、午時許金吾帰入、昨日参内、於鬼間、隔障子入見参疱瘡御気極軽、無御温気云々、晩頭退出、少将可早参由頻催、秉燭以後令参、不経程各騎馬、蔵人知茂、殿上人為氏・高嗣・忠高・実任・雅継・頭中将追前、前駈忠泰・兼仲・以良・兼康・家国・為仲・維長・兼教朝臣、御随身兼友・兼利院御随身・久安日来兼康也・末武、大将殿前駈基邦・以忠・時光・今一人、無程還御之後、吉服朱器御覧依無袍不参、左京・中務等来、中務見祭使、不取松明渡大路了、雑色檜皮白裏云々、使出立所二条高（旧ノ誤カ）宅、修理公卿闕如求出、兼季卿先来、家中求冠・束帯令着之、殿

上人雅継・頼行・宗教吉服・隆兼隆仲卿子、皇后宮使出立、
定輔卿二条光三（ママ）、三位兵部卿、頭中将来云

卅日壬辰、　巳後雨降、夜星見、
夕、真恵僧正、以使被訪、聊小減由謝之、

五月小、

一日癸巳、　朝天陰、未後雨降、
午終、自中院頻招請、雖怖壁耳、依難逃乗輿、入北土門、出逢入道、引率三人子弟、入道引率二人皆好士云々、列座東庇、予・金吾・左京、彼入道在南面、中務加東面、始連歌、過半之間、窮屈入障子西、乍臥聞之賦御何一之何、及六十句、黄昏各帰、修理実得骨、存外事歟、

二日甲午、　朝天晴、
午時許、金吾引率妻孥出京、依老病宜也、大炊御門中将来訪、相謁、去廿九日、殿下御直衣始、頭中将不帯剱、懸裾・有教・雅継朝臣二人帯剱、大将殿参会給、御拝賀不蒙催、申後雨降、入夜大雨、雷電猛烈、夜深休、

三日乙未、　朝天晴、初月朗明、如片月、
巳時、大僧正被来訪、参北野・平野・清涼寺・法輪由、更無窮屈之気今年八十六、大宮三位被来訪、面謁雑談、或人云、師員、可馳帰由成案、揚鞭無帰洛之日、更迎寄妻子云々、群賢之議定、不異嬰児歟、金吾有所悩由告送、

四日丙申、　朝天晴、巳時雹降、即晴、申後雷鳴、
依所悩不審、賢寂早旦令出京、返事云、去夜無殊事、明後日、御方違行幸欲供奉、此草房（廬＝㊐）、符合閑寂之病者、在山家之由披露、雖大切地形、南有少河、如敗塢鳴動、々流水自西垣入、潺湲自北方出、偏如船筏之浮水、春秋之土薄水浅、其悪易覯、年来所見、夏居水地、多有瘧病之難、又有水腫之怖、又水雨雷雹、板屋如擲石、仍有出京之志由、告送了、

五日丁酉、　朝天快晴、
早旦、乗輿参栖霞寺、孝弘・助里・房任相具（諒闇＝㊐）後国、参仏前、拝三転之霊像、当寺執行儒（僧ノ誤カ）越前申上灯明、小念誦之後、入禅屋局（尼ノ誤カ）也七ケ日籠、次拝阿弥陀堂河原大臣所安云々、退出、所着衣一領、送越前許、食訖出宿所出京、過左近馬場、有埒木、末（未＝㊐）（平脱カ）打張、廿二年本府旧房（労＝㊐）、有懐旧之思、午時帰入蓬門、向所栽之草樹養志、昨雹、此辺如飛礫、積地不消、拾入椋、今日猶不消、大猶（於＝㊐）柑子、稼穡已損由、民口不安云々、金吾不参行幸、少将供奉云々、

六日戊戌、　朝天遠晴、
巳時、三比丘尼、自嵯峨帰来、又浄照房来、天顔快晴、偃臥廬、非寒非暑、和且清、適休辛苦之思、是又依不聞世事也、自禅室預恩問、
七日己亥、凶会、　朝陽快晴、
延久聖主御国忌也、夜深金吾来、去夜、行幸冷泉中納言亭、殿下・両大将・左門・二位中基・皇権大夫・四位宰相二人、左将通氏・為氏・実春、右雅継・実蔭・定平・頼行・教定・雅継、頭二人、両靫負等、不委聞、還御、日出と御、明日、北白川御堂一切経供養、御誦経使闕如、被責少将云と、御誦経次(将ノ誤カ)為役歟、
八日庚子、　天快晴、
端午日賀茂競馬、四条納言・右大弁・資雅卿、会合見物云と、武士集会、今日、暑気始如例夏、念誦之間各帷(着=日)、去三月賢寂調出車、無事次未乗之、依吉日始乗、出鷹司川原、見北白川、退出人、早速事訖皆過了云と、僅十余両車見之、黄昏帰入、
九日辛丑、　朝天陰、辰後晴、
昨日儀、問有教中将、返事云、依殊催、左大将殿御共、七僧之外六十儒(僧ノ誤カ)、(童脱カ)堂子、左長氏・良頼・忠氏、右信光・惟忠・範氏、公卿、内府、大納言通方・左大将殿、中納言隆、参議基保・有親、三位光俊・長清・顕平・実持、殿上人隆範已下十人許、度者使通氏橡、御誦経顕氏朝臣昨日、非近将人可勤、領状神妙由被仰、少将不参由聞之、度者禄基保卿、御誦経禄有親卿、后宮御誦経惟忠、禄大弐、院司家清朝臣、申継三度、作法皆不同、七儒(僧ノ誤カ)安嘉門加布施云と、三人使、給禄皆不拝云と、
十日壬寅、滅、　自暁雨降、終日甚雨、
入夜金吾音信、凌雨参法勝寺、源大雅本上・二位中基・為家・有親・親俊、又参持明院御八講始、隆納言・為家・有親・光俊・親俊朝臣、行香家清・信盛行事弁・光成、堂童子親高・六位云と、
十一日癸卯、　朝天陰、
辰時巳時、居所前簾、見出微少銀花、今年連と恠異、雖恐思、去何之乎(為ノ誤カ)、以賢寂令問在友朝臣、口舌病事不軽由占、可修百性祭由誂之、明日吉由領状、
十二日甲辰、　自夜雨降、
女院御八講、度と可参由雖示含、依禅室命、又方違供奉、夜月明、在友朝臣、以次男令修祭、相逢謝之、屋四面打

簡、
十三日乙巳、　朝天陰、巳後晴、
未時許、兼直宿禰来臨、祭主隆通、去月父服過了、前左
府領御厨神人、為祭主被打殺、相門許訟（諾＝㊐）之上、事又顕然、
一門下臈、競望馳走云々、其中嫡孫隆宗子、其器足採用由、
世頗許云々、菅相公、春奉幣定日右筆、懸膝昇横座、更
立又坐揖、上卿一上、遮授風記折紙給、懐中復座染筆、
更尋申社次第、授訖由被仰付、驚而取出云々、
十四日丙午、凶会、　朝天陰、雨或降或止、
午時許、興心房来坐、未時兵部来臨、扶病相謁、謝遣之
後金吾来、十一日奉幣、上源大納言、八幡隆納言、賀茂為
家、松尾・平野顕平卿兼、当日定、菅兼日領状、前日辞、
安楽光院八講第二日基保・実世、第三基保・光保、菅俄障、第四経高・為家・親俊、
不始以前退出、参長講堂結願通方・隆親・基良・資頼・有親・公長卿、密々説、
東方書状、家人等一同申不可然由之趣、以泰時状申、無
将軍御消息、又別不申禅室由、密語給云々、賢者之所案、
向後尤不便、
十五日丁未、　朝雨猶降、午時如建、終日不止、
明日故摂政殿御法事、明後日正日、両日不参（可＝㊐）由、金吾示
送、去十一日、先帝周忌御法事、新大納言高、無他所出
仕、別当・知家・長清卿参、定高卿、近日病発不出仕、
十六日戊申、　夜雨止、巳時天晴、
十七日己酉、　自夜陰、朝雨降、巳時陽景見、
暑気已催、
十八日庚戌、　朝微雨降、辰時漸晴、
巳時許、典侍参法花堂、権大夫局相伴、孝弘在廡（共＝㊐）、未時
帰、肥前守家広来、相逢了、興心房来坐、聊説法、奉安
釈迦三尊、儲机・仏器等、始修供養法、及日入被帰、於
法花堂、惟長朝臣語云々、彼御中陰、毎事不便、禅室引
物絹十・綿百、菅卿鼜牙六課、前納言臨時御仏事之外、
無宜事、一周、北政所可御坐月輪殿、
十九日辛亥、　天晴、
金語（吾＝㊐）音信、十六日七僧法会、講師定玄、公卿経高・為
家・実俊・実持・親俊、殿上人資季・定平・頼行・忠
高・親（能＝㊐）定・光国、十七日万タラ供、快雅、殿下渡御、大
将殿・経高・為家・為長早出・資頼・有親・経時・基
定・実俊・実持・親俊・資季・定平・頼行・兼高・忠
高・顕嗣・親（能＝㊐）定・信光・々国等、自今日、南殿御読経三

ケ日、延暦・園城・興福寺僧六十口、大般若、毎日行香云々、秉燭以前、行賢寂宅方違、少将（時＝日）金吾来、今日南殿御読経、延暦、当日定通方卿・親俊朝臣書、弁経光、職事高嗣、出居左実清、御願趣、右通氏、度者、公卿通方・基良・為家・実世・有親・々俊朝臣、殿下御参、御直衣、御随身上郎冠、雅親卿無（共ノ誤カ）、両方行香、東公卿出居、西殿上人親忠・実清・顕嗣・惟忠・信光・々国今二人忘、明後日、公卿同人参歟、明日、隆親・両宰相等、六月朔日除目、御直廬始、納言可任云々、

廿日壬子、　自暁甚雨、

天明帰廬、取笠入門、終日甚雨、

廿一日癸丑、　朝天漸晴、

今日御談経（読ノ誤カ）、覚遍・親縁・賢信已下僧綱六人、公卿良（ママ）・通方・基良・為家・実世・公長卿、出居定平、渡左、通氏、左行香公卿出居、右親忠・隆兼・六位三人、公卿還着陣、有中文無大弁、不居膳早出、

廿二日甲寅、　朝天陰、巳後晴、

今日政云々、近日郭公音不絶、瞿麦十五日始開、仲夏如四月、覚源闍梨来、入夜金吾来、政上卿雅、夜可参由被示、有親卿又参、仍不参、

廿三日乙卯、欠、　朝天晴、

昨日、三条大納言室、於香隆寺辺出家、覚教僧正戒師、裔助法眼大納言子剃頭、病及旬月、未時許、兵部卿被来、雑談移漏、

廿四日丙辰、　朝天陰、巳後晴、

源大納言通、音信之次、大祀事預問、明年可宜由申、可為今年由定了云々、申時許、大炊御門中将来談、及黄昏、

廿五日丁巳、　朝少雨、巳後晴、

廿六日戊午、凶会、　天晴、

今明雖物忌、不閉土門、不忌書状、

廿七日己未、　朝天晴、

殿下、自一昨日五ケ日、善恵房戒云々、典侍参、未時許帰、予本自不知書文字事、嵯峨中院障子色紙形、故予可書由、彼入道懇切、雖極見苦事、慇染筆送之、古来人歌各一首、自天智天皇以来、及家隆・雅経卿、入夜金吾示送、今度除目、不可有指事由、殿下被仰云々、又依被駈吹田方違、方違供奉、

廿八日庚申、　朝天快晴、

午時許、菅相公枉駕、驚扶相謁、直廬初除目、承久勤仕事被問之、蒙昧忘却、見注付物可申由答之、去三月以後、予不音信、今日有存旨、不問他事言談、彼日愚記書出、即送之、放（於＝日）殿下門前、令入車云〻、

廿九日辛酉、五月中晦、夏至、　朝天晴、午後陰、

昨日金吾風病、不接吹笛（田＝日）事、午時許、寂身入道入来、言談、不経程帰了、

六月大、

一日壬戌、　朝天晴、

不聞世事、永日暮、

二日癸亥、　自夜甚雨、巳時陽景晴、

入夜金吾来、昨日依自吹田被帰、詣迎円明寺云〻、

三日甲子、　朝天晴、未後陰、

典侍参堀川殿、申時許帰、午時許、左京権来談、申終許、雑人説云、南京衆徒、成悪事向八幡、被仰武士、発向八幡云〻、武田・宇都宮修理已馳向、戎服美麗云〻、入夜聞、雖各向六波羅、今夕不向、帰家と猶用意云〻、八幡薪庄・春日大炭庄占隣、論耕作水、八幡庄民、打殺大炭庄民之故、衆徒欲焼払八幡云〻、左京所語、去月晦日、参前殿御仏事故入道殿御忌日、公卿十二人、家良・隆親・基良・頼資・範輔・経高・有親・公長・知家・長清・顕平卿・親俊朝臣、殿上人信実・資俊・伊成・家清朝臣、光俊・顕氏二人、雖参不取布施、不似当時之朝廷、人数甚多、徳広之所及歟、彼御辺一代列雪（雲ノ誤カ）路者、雖当時地下、皆列殿上人云〻無人恥而各出在、

四日乙丑、　朝天陰、辰後雨降、

未時金吾来、武士昨夕各帰家、而去夜衆徒已発向由、夜中有馳来使者、仍可馳向由、夜中被催、今朝未（明ノ誤カ）時、急会六波羅、見物之人成群、日出刻限皆発由、其中修理亮泰綱、其士卒依員多、赤江淀渡船少、而一日不可渡得、夜中遣人、令踏木津河瀬、有歩渡所之由来告、仍一人可向宇治路之由、企之、於河原打分、向法性寺方、其勢五百騎、行粧鞍馬以下、美麗異他、距衆徒、不可令焼八幡由、雖蒙仰、衆徒所行兼難存、有不拘制法者、其後事如何、臨陣後、不能申是非歟由、兼成不審云〻、来十四日、天武天皇山陵使、可遣勅使、参議無其人由、長朝催之云〻、抑山陵使事、諸陵頭未復任、助又闕、被任之後可有沙汰云〻、

五日丙寅、　朝雨灑、天即晴、
衆徒焼一庄、逐電之後無職(殊ノ誤カ)事云々、
六日丁卯、欠、　巳後天晴、
暲尋入来之次語、奉見山陵者伝々説、毎聞増哀慟之思、
於御陵者、又奉固由有其聞、定簡略歟、於女帝御骨者、
為犯用銀筥、奉弃路頭了、雖塵灰、猶可被尋収先(歟ノ誤カ)、等閑
沙汰可悲事歟、
七日戊辰、　自夜陰、辰時雨降、間休、
雖物忌、只閉門、強不忌人、申時許金吾来、武士猶在八
幡云々、衆徒焼薪庄、早帰之間、大庄庁(ママ)住人後群、逐北、
武士生虜三人、是彼庄張本、又歳(截ノ誤カ)群盗張本云々、昨日参
法花堂大将被逢帰路、午時許参堀川殿、大将・通大納言・隆中
納言・頼資・経高・為家・有親、殿上人資季・有資・実
隆已下多参、堂童子光資・惟忠、講師円経、南重(京ノ誤カ)損(指＝㊐)事不聞
由称云々、平納言、参前殿御仏事、病又仰範頼辞紀伊国
云々、方違雖当一昨日、不出門、
八日己巳、　終夜今朝猶雨降、臨昏殊甚雨、
暲尋帰了、今年郭公、猶声不絶満歟、
九日庚午、　朝天猶陰、巳後晴、
去春不爛灸跡、無故苦痛、重(灸＝㊐)之卅余壮、月前行賢寂宅宿
本所、金吾来、武士猶不帰、両社所論之堺、雖遣実検使、
南京使不来、不遂実検帰云々、近日勝事、治部卿入道親
長廿年以来愛念女郢曲松風弟、夫妻闘諍離別、妻与姉同車、
参禅亭門前、以忠光問答、不能決断由被命、即行六波羅
悲泣、親高又申背(ママ)院、仰検非違使、被退出某(其＝㊐)宅云々、
十日辛未、　朝陽快晴、
日出以前帰廬、大内山陵使、親俊領状云々、
十一日壬申、　天快晴、月殊明、
清定朝臣来、相逢、
十二日癸酉、　朝天陰晴、申時大雨如沃、又晴、
此間在病気、痟瘍歟、心神殊屈、夕但馬局来、謁典侍、
終夜雨滴、月又間見、
十三日甲戌、　朝天陰、巳時晴、
未時許、興心房入坐、入夜行冷泉亭、金蓮房来次、痢結
少便頻催、心神違例由示合、煎桃花令服瀉薬、秉燭以後、
腹中鳴動、聊停之間心神迷、而喚少婢懸之間、絶入也、
不覚悟、須臾蘇生、不能行歩、蚑帰平臥、途中又反吐之
後、聊復例汗出、帰例寝所、付寝之後、僅雖見月傾、不

及言語、夜明了、
十四日乙亥、　朝天陰、辰時晴、
今朝、雖無力、無殊違例、禅居(尼ノ誤カ)詣旅所、昼金吾示送、行
幸日出以後、公卿左大将殿・具実・伊平・基保・為家・
公長・定雅、左将家定・実清・教房・輔通、右有教・定
平・氏通・教定、職事宗平・高嗣、内侍所能定・頼行・
季頼、還御可為明後日、軒廊修理、為内裏守護指進武士、
与吉上闘諍、重時申此事、召吉上賜武士、和平云々、入
夜金吾来訪、実持卿、借性円僧都家居住、桟敷昇降之間、
落馬損身、両三日之後安堵云々、
十五日丙子、　天晴、
以忠康、問権大夫三位、今日無殊事云々、
十六日丁丑、　天晴、
一昨日夕、武士自八幡帰京云々、未時許、大宮三位被来
訪、扶起指(相ノ誤カ)謁、今夜行幸還御云々、
十七日戊寅、　朝天陰、辰時甚雨、
無力之余服薤、
十八日己卯、　天曙大雨、辰後止、未後又如沃、
依雀(除目＝㊐)　権大納言良実兼　剰加権右中弁忠高　左少弁兼高、
超右経光、　刑部権大輔家盛　少輔業教　皇后権亮通成
兼　勘解由長官為長兼　左中将実任　少将定具　右中将
公光　少将公香(斉＝㊐)　右衛門佐高階泰定　右兵衛佐藤雅平
正二位基良　実有　正四下公相　従四下忠高　正五下藤
光衡　中原師為　雑任甚多、
十九日庚辰、　朝天雨、天色如土、巳時、簷霤乍零陽
景見、夜月猶不明、
冷気催、着綿小袖、
廿日辛巳、　朝天晴、夜雨間降、
治部卿来、依可任官多、猶可有除目云々、一昨日殿下御
八講、依無四位、別仰召有教腫物、言家取有経(布施ノ誤カ)云々、伊
平・為家・為長・資頼・有親卿云々、
廿一日壬午、　朝雨又滂沱、
送賀札於左少弁、依位次、加左之由也、昏金吾来、今夜、
所縁入道次女本小笠原妻、離別、其身雖固辞、父強勧、令嫁千
葉八郎、故可乗金吾車之由、誂之、依八葉車、借此家車、
紀伊国所望者三人惟高・資宗、有御占、三度占之、皆不吉
不任、
廿二日癸未、　天猶不晴、午後陽景見、

去九日神祇官穢、月次神今食、明日被行、伊勢使祭主欲
勤、前左府訴未断、隆雅朝臣可勤之由被仰、祭主又訴、
今日被問両官（府ノ誤カ）・実親卿蔵后（籠居=㊐）人交出仕、人無之、内府被申、祭主有其
訴、可為先日御沙汰之趣、大納言、殺害実否、事未切、
就初官可為使云々、右府他行給之由、有御返（無=㊐）事、申時許、
定修死去之由、有伝々説云々、所従等未告着、不定歟云々、
廿三日甲申、　天晴、
伊勢使、隆雅朝臣可勤由、夜半被仰云々、昨今黄梅落尽、
此三四日郭公不鳴、
廿四日乙酉、　朝猶陰、午時雨降、
巳時許、典侍参法花堂、伴冷泉殿、申時帰、
廿五日丙戌、　終夜雨打窓、曙後休、陽景漸晴、
来月朔又除目云々、
廿六日丁亥、　終日陰、自夕又甚雨、
今日止薤、不聞世事、
廿七日戊子、土用、　終日又終夜甚雨、
深更、金吾怖畏、雨夜甚不受、明日、参月輪殿御月忌、
明後日、摂政殿氏院参賀、大将殿御拝賀御共、（出脱カ）立所被催、
吉事重畳如雨脚、大嘗会諸司、皆着吉服云々、

廿八日己丑、　朝天陰、雨又間降、
夕治部卿来、明日大将殿、依風家殿例、殿上人六人、前
駈十二人四位・六位、各二人、来月可有任官由云々、入夜殿下給御
書、大嘗会検校已下、皆被改、歌人又可然、承保・定（寛=㊐）
治・天仁三代吉例、儒者二人也、家光卿之外無其人、菅
相公、恐傍難由申、又非儒者、家隆卿如何者、申云、当
世作者之仁、去年具申入了、儒者二人最吉、尤可然候、
菅相公内々不思放由、年来承及、当時無其人、謀其仁勤
仕、何難候哉、又非儒者、家隆卿、世定帰伏候歟由、令
申了、
廿九日庚寅、　朝天陰、雨間降、
伊勢幣定、一上着帰給（陣=㊐）、参議不参由、頭中将示送、俄参
陣由示送、夜雨猶降、
卅日辛卯、　朝天晴、
金吾示送昨日事、午時参内、一上即参給、大弁少将召日
時、以外記内覧、日已暮了、以官人相尋伝奏人、不出逢
云々、日入帰参、秉燭退出、改衣参拝賀所烏丸面、中納言
隆・伊、参議為家・資頼・有親・々俊、先出中門、三方
拝、季頼・有教・顕氏、姫宮申之、前駈十二人、四位兼

教・正光、五位為仲・以忠・兼康・時長・基邦・仲雅・資敏、六位二人、殿上人有教・定平・頼行・言家・経氏・長朝、次参賀、中門儲座、一献両中納言、二献実納言・為家、三献資頼・有親、四献経範帰参兼教、五献雅継・実任、夜半退下、来月任大臣一定云々、巳時許、典侍参内裏、黄昏帰、自内参殿、入准后宮見参室町面又鵄鳴、御烏丸、殿下御足雑熱、非大事、無御行歩云々、

潤六月大、

一日壬辰、　朝天晴、未後陰、

昨日暑気、郭公又鳴、昏金吾来、一昨日御躰御卜、二位納言被参、件日吉服、弁少将禁色縮線赤色下襲、弁・頭中将二藹(藍ノ誤カ)下重、非職時長表袴・為経・長朝・高嗣、着吉服時皆如此、大将殿、内・宣陽門・宜秋門・東一条之後、北白河院参廻給、此間、東一条鵄鳴、今右大吉給(渡=日)、復御督典侍家、

二日癸巳、　天明雨灑、朝陽鮮晴、

未時飼蛭、

三日甲午、　晴陰、午時雨降、天又晴、

早旦沐浴、始念誦、

四日乙未、　朝陽晴、午後陰、

未時又飼蛭、雨漸降、雷電猛烈、雨如沃、

五日丙申、　朝天晴、午時大雨、不及須臾止、

暑気難堪、

六日丁酉、　終夜大雨、朝陽晴、

申終、有長朝臣来臨、相謁、主基歌、儒卿歌卿(両ノ誤カ)各固辞云々、

七日戊戌、　朝陽晴、暑気殊甚、未後雷鳴、小雨、

入夜金吾来、昨日御月忌、内府・家良・通方・具実・隆親・基良・為家・有親・ゝ俊、九人参、伊平卿止雨奉幣、

八日己亥、　朝陽出雲、風猛烈、巳時雨降、

庭樹林檎入籠、皇嘉門院北白川殿、有長朝臣奉書、主基歌、両卿辞退、経光如何由被仰、菅卿更不可有難、経光少年、忽勤仕重事、無先蹤由申之、

九日庚子、仲伏、欠、　終夜雨止、朝猶陰、雨間降、

宗全法印腫物早世、神護寺別当競望云々、未斜興心房入坐、黄昏、左足中央指、見付透水袋、心中周章、喚金蓮、以灯令見、以針出其水、入唐墨可試由示之、

十日辛巳(丑ノ誤カ)、没、　終夜今朝雨猶降、巳始陽景見、

遅明入(令ノ誤カ)金蓮見足、当時無事由祝言、頗成安堵之思、金吾来、明暁俄下向吹田云々、時議不及加詞、幸清法印俄腫

物云々、
十一日壬寅、　朝天適晴、
幸清法印事、問隆和法印、只今自八幡罷帰、当時不見安否由答之、
十二日癸卯、　朝天晴、
足当時無事由、金蓮称之、
十三日甲辰　朝天晴、夜月陰、
夜半許南方有火、後聞、四条油小路至于綾小路、
十四日乙巳、　朝天晴、夕雷電、
雑人説、春日一御殿鏡、破落由云々、公円僧正、阿宇木家（冢ノ誤カ）焼上云々、印円法印被訪典侍、暑気難堪不謁、一昨日
十一日除目、左宮城使実雄、右信盛、造東大寺為経、防鴨河使経氏、紀伊守藤家清、
十五日丙午、凶会、　未時許雷雨、日入晴、
月前宿北辺本所、
十六日丁未、秋節、　朝陽晴、夜雲充満、月不見、
興心房音信、三条大納言室、夜前被修（終ノ誤カ）、
十七日戊申、　朝陽晴、
賢舜（寂ノ誤カ）、令築南築垣之破壊、
十八日己酉、欠　天朝晴、
典侍権大夫局伴参法花堂、助里在共、中時雨又降、
十九日庚戌、　終夜雨降、朝天陰、
禅（尼ノ誤カ）居数輩乗車、礼近日所聞三尊像、近日、京中道俗騒動礼拝云々、奉写善光寺仏云々、鶏鳴以後、南方有火、
廿日辛亥、　朝天晴、
暁火、錦小路富小路、所縁入道宅門焼云々、子息左衛門尉頼業妻、昨夕死去邪気、賢寂従者等所称云々、午時許、
源大納言通、依八幡神輿御入洛、馳参内由聞也、（之＝日）日来不聞及、奇驚、自方々漸々聞此事、
廿一日壬子、　朝天晴、
宗廟騒動、雖伝々説、不触非人之耳、夕、兵部卿音信、於今者、非寺務進止云々、
廿二日癸丑、帰（忌＝日）、　朝陽快晴、
槿花初開、兵部卿音信、聊散不審、石清水御扉開事、閏六月十九日戌刻、神人等向東宝（殿歟）御戸、以扇叩御戸云、神人等訴訟ヲハ憐とハ思食ぬカ、アハレ御戸の開ヨカシト申ニ、一御戸左右ヘ其扉自然ニ開了、如此申ハ、今年安居以御綱引神人長宗五郎也、神人等数百人拝見之、放声

叩（叫＝日）喚、流涙天平伏、令開給以前ニ、東御殿震動云々、次而第二内陣御戸、又以開了、叩（叫＝日）喚以前響動、山々上下奉之輩、如法悲啼甚、雖末代、霊威之奇特、神人之愁訴、不違御託宣之由、故者（ママ）之所司・神人等申之、為後記之、御蔵扉自然令開御、作記進之候、大略見候歟、神輿于今御坐于宿院、仍大夫史季継参向之間、神人等行向、其間高橋東爪云々、季継宿禰不令下馬、神人咎申、爰雑色歟、官使歟、無左右神人所持の様（榊ノ誤カ）ニ取付云々、然間、神人与彼等喧嘩間、以榊聊依防之、空帰向了云々、希代勝事、中神輿、申此事、未承先例也、十之一二令申候、雑熱事、如当時者同時候也、恐々謹言、

後六月廿日　　幸清

権別当三人宗清・実清（宝＝日）依召参、仰詞ハ不承、神輿下山由、有聞間、早罷帰、可加制止由被仰、馳帰了、或説、御領一所、可被進八幡由、沙汰候也、神人許容不知之、勅使頭弁・右佐・左少弁・季継、連々下向、今日も兼高又下向云々、先是、幸清、神人等、於今者不可拘制止、与寺務違背、急寺務ヲ被仰器量権別当、此沙汰無為可宜由、以起（超清＝日）請令申了云々、

廿三日甲寅、　朝陽晴、間陰、未時雨降、

巷説云、神輿騒動落居歟云々、耽庄歟、毎有喧嘩闘諍、人領為社領、末世之習也、草露似秋朝、巳時許、興心房入坐、一昨日、依召参殿下自故摂政殿事後、無召不参之間、俄夜叩門被召、毎日可護身由被仰、昨今三ケ日参入、一昨日御違例、令振給云々、或説云、神輿事御憶病、昨今宜由被仰、一昨日、禅門・内府、於御前議定、被宿（宥ノ誤カ）仰事、立庄園可被寄云々、何国何村哉、先々依急事御病等、被立御願事、約束等、其事適無為之後、一事不被果、被始神事仏事、有祠官僧徒之煩念、無供料沙汰、一昨日、可帰一条由被仰、又漸延引云々、大納言女房、当日沐浴、着浄衣、敷清畳、引五色糸結印、但自未時無言語、而夜半終、大納言遭喪、相国頻不可然由欝憤、禅門不被音信云々、彼神人等、淀渡浮橋左右為供奉路、中央為御輿路、引標栽松、左女牛西洞院新宮、掃除経営、称可有入（御ノ誤カ）候云々、

廿四日乙卯、　朝天遠晴、

五位出納俊職、注進金吾許、一昨日、通方・具実・頼資・為長卿、於殿下議定、当社神輿御入洛、先規一切無所見、先被遣勅使、訴訟可有裁許由、被仰遣、可被奉留

神輿由被申、此外無他事云〻、昨日、左少弁下向奉留云〻、今三ケ日所望、一〻可有御沙汰之由被仰、又以蔵人佐被仰其状不聞、昨日廿二日、雅親・通方卿被参詣、今暁、通亜相、於宮寺見天変、以左衛門尉国行、被申度云〻、司天不知、歟、如何 被遣南京御使円経法印、已帰参云〻、又俊元之(云ノ誤カ)、於殿下、親継親房卿子・惟長拏攫云〻、今日暑気又還着、未後偃臥、又伝聞、信綱法師子サヽキ次郎左衛門、打殺神人、山衆徒又犯乱云〻、

廿五日丙辰、　朝天遠晴、

蟬声満庭樹、夜深金吾来、参殿下・内裏、神輿神人猶嗷〻訴訟、大理伝奏引山階寺之由、叩(叫=日)喚、成恐、以高三位令申、左少弁二度、蔵人佐二度、往反之後、裁許猶遅由叩(叫=日)喚云〻、三大納言・左衛門并子息等参入、通夜之間、神輿之上、彗星正見由、通氏朝臣語云〻、惟長罵親継之故、親継破惟長衣帽子、取本鳥よせかすら、依御寝所近辺、二人被追却云〻、山陵使、廿四日又延引、南衆徒又蜂起云〻、幸清法印危急、

廿六日丁巳、　朝天遠晴、

巳時許、興心房来坐、被仰付不動護摩、固辞申、御気色不快云〻、覚法印書状云、二位禅師ト云法師、於寺中、令打落人頸、被召下手人云〻、超清法印送書、本師病已獲麟、心中可察由也、自貞観以来、神輿出御山御一宿、全無其例、況御出京勿論云〻、今日猶御出京之由、雖騒動、依勅使往反、当時奉扣云〻、境節祭(察=日)而有余由答了、使法師云、去夜、三星降神輿之上、還祭居云〻、未時治部卿来、大将殿若宮(君=日)可奉迎由、自殿下・大将殿被押懸、不領状者、他奉公惣可被弃云〻、殿中之風、万人只是也、非剰加納受之落胤乳母者、惣不中用云〻、旁大切之奉公歟、佚(件ノ誤カ)児、師季卿・公有入道同時計会云〻、夜深、金吾以時広告送、八幡可被奉一国之由、被申請、有其沙汰、因幡、本所縁有事妨、河内、春日社領多、向後可憚、仍被奉土左、事切了、以参議可被申、其使、非汝者無其仁由、禅室命給、仍参殿、早可勤由被仰、但御斎会行事已宣下、可憚否被問外記、例未勘申、只今又周章出立由也、宣〻康口季継対揚、極有恐、此使、弁士舌端、謀夫善話、和漢才智、可抽其器哉、尤可有用意由答之、

廿七日戊午、　朝天遠晴、

勅使事尋賢寂、土左国事、神人等納受領状者、可被発遣

之、出立儲可待其左右云々、遅明禅居(尼ノ誤カ)等参賀茂云々、午
時許又問之、勅使、不限参議公州(卿ノ誤カ)也、納受、如放生会、
可被催奉一員、而唯我一人之外、雖被責、無領状之人云
々、及秉燭賢寂来云、右衛門督不参八幡、昨日参殿、仰
之(云＝曰)、汝外無可参人、早可馳参、申云、可随仰、但已御斎
会行事、被載定文了、若憚候歟、仰可馳走奔営、酉時許、
右佐高嗣、為神輿入御奉行、已罷下、早可被進発、但上
卿二人・宰相二人可令参由思食、雖被責、只今未出来、
黄昏、定高卿書状、御斎会行事、猶可憚歟由、有御猶与、
若被止者、可被借馬、宰相只今欲出立云々、雅親卿領状
了、伊平卿雖対捍、猶可構参由、有種々御沙汰、於今日
入御者一定也、可参人々、只今猶被催云々、時之政人煩、
毎聞迷是非、正三位権中納言平朝臣範輔、依病逼迫、今
日出家云々、幸運任意昇進、雖末代、猶可恐憚事歟、昇
上卿七ケ月、出仕不幾、飲水幷酒無算云々、年四十三、
経大弁、納言為黄、勘文被置其名字、今已欠、家光可還
着之由、雖日来被仰、顧身固辞云々、今夜暑熱失計略、
絶(終＝曰)夜悶絶、
廿八日己未、　朝天遠晴、

今日、摂政殿還御一条室町云々、高野本山・伝法院、又
合戦廻籌、定毫結構云々、南都又蜂起云々、暑熱殊難堪、
昏黒、兵部卿音信之次、因幡被付宮寺了、俄有此事、召
仕物等悉侘傺、一昨日所聞今日事也、以水火歟、甚不便、
迷是非之外無他、故院近臣、惣以失世途歟、是又賢者所
計歟、
廿九日庚申、　朝天陰、辰後晴、
夜深金吾来参禅室・殿下、世事少々談之、遂参八幡人々、雅
大納言・伊中納言・定宰相・実任・家定・少将頼行・少
将教定・少将右衛門権佐行事・左少弁・左衛門蔵人尉重
資、諸衛不被催出、此輩夜半参着、神人猶最初訴水事、
可被宣下由申、又申其由、被宣下之間、廿八日午時神輿
入御、於今者、宮寺無為歟、幸清又望申検校寺務如本、
以宗清補別当、最末之闕、可被補嫡孫超清子由申、成清
之道清聟、祐清之幸清弟、無其縁者別当不寺務、無其謂
歟由、世不許歟之間、宗清詣禅室面謁、非遺恨、只可任
神慮、但一子超越、無述(術ノ誤カ)訴也、超清所申又懇切、不可抑
留、諸官皆随時剰闕、以二人被加示由申、頗穏便、気色
宜云々、其次、被寄国事甚不便、和気清麿、為勅使、正

承大菩薩御詞之時、二千戸封、国土之費不可然、可為千戸由被仰、況一国、更非神慮之趣由申云〻、被寄国事、被問人〻時、定亜相、甚不可然、不便之由申云〻、又神輿入洛議定日、通大納言・具卿・両日野参、条〻中、已入御者、定有儀、可何様哉由被問大理伝奏、家光卿、於於(衍カ)此条者、不及兼儀定、已被定其式由、有其聞者、乗(弥＝日)勝有入洛歟、只為一定時、卒爾可被扣許歟由申、人以之為可云〻、南都之訴又以強盗(盛＝日)、已切円経房住由聞云〻、武士等多存南都之不当、若及距発向者、悪徒所行等、及向後大事歟、不便之由、且有歎輩上、御成敗、多被優南都由存之云〻、任大臣、朔日召仰、五日大饗由、有沙汰、依此等事延引由、禅室之説云〻、又饗所闕如、無其家云〻、室町殿故殿・冷泉亭故内大臣良通之所・陰明門・坊城、彼亭饗、其人〻閑散由云〻、惟長之闘之間、親継出家之由、今日粗有聞、氏人〻群参八幡之時、三卿先参、在馬場殿、少〻召寄神人、粗問答、無指事之間、夜深定通卿参着、不寄近辺、下輿歩行、奉尋神輿御在所参、地上令敷畳、諸卿参由聞之、在何所乎由問、聞馬場殿由、神輿已下御、昇堂上之条、不当由難之、三卿来加之後、下(召ノ誤カ)寄神人含子細、先訴訟至極之道理、次奉出御(神＝日)輿之儀、軽忽有恐、入洛穢悪路頭、全不可然之趣、誦数多託宣訓釈之間、神人皆流涕帰伏、精進日数不満、今夜不奉幣、可宿円明寺由、示之退出、道俗皆讃歎信仰云〻、此卿惣有廉直之気、又末世才卿也、将相之闕、可被優歟、近日、前左府、一位牛車之所望由、隆親卿説云〻、其次何故哉、又云、定高還着可任大納言云〻是皆存内也、摂政院大臣定摂政之、経高卿、俄病悩衰損、在(石ノ誤カ)不蔵云〻、雖末代、猶(懇望歟＝日)不可忘(忩ノ誤カ)過分之官途由、毎逢誡之、

卅日辛酉、欠、　赤日盛照、暑熱殊甚、

少将一昨日瘧病云〻、或人云、薪・大炭両庄、又闘諍之聞、権別当等被召上云〻、修羅之闘諍別儀歟、南京・叡山又蜂起、白山加賀又神輿京上、可擲入座主宮云〻、申時、陰陽師見来、仍修祓、今夜宿本所、

◇二条良基編『日次記』（癸八）(491)

文暦二年、

十月、

一日庚寅、

二日辛卯、
殿上人
房此間示送、以行範、重被申御返事、御気色不悪、但不知許否云々、此事、自始無殊被申旨歟、只不思放由之恩言許歟、度々之使者、甚以無詮、

三日壬辰、　朝天快晴、
（大脱カ）饗儀不曙以前　左大臣兼｜、右大臣実氏、内大臣良［実］｜、権大納言実基、中納言具実・隆親、権中納言実経、
未時許金吾来、昨日、内弁家良卿、俄称病無出仕、通方卿入夜勤仕、天明帰家由聞之云々、家良卿忽辞官推之、前殿、御気色歟金蓮伺見帰云　也、任而可見由勘付給、事已有実歟、為見世之任事、態今日被辞官歟、今夜猶被弃者、実以別儀歟、無処于愬、将奈何哉、暁更又相尋、今夜除目延引之由、頭弁仰外記云々、

四日癸巳、
時儀旁不穏歟、今夜行幸五辻云々、
今明、猶可有如然事歟云々、更無散不審方、是又期不来歟、

五日甲午、　自夜雨降、巳時止、午時天晴、
金吾云、唳（ママ）以良説、除目来八日云々、典侍女房説、事近々歟、尤可忿申歟云々、又達申禅室返事、此間由承也、定有其沙汰歟、五節事早可有用
日夜悪業煩悩、心中悲歎之故也、世上披露、基保卿又辞官云々、納言加任、不限人数歟、又説、芳（菅ノ誤カ）卿不向経通卿家、尼宰相為御使訓釈云々、夕金吾来、康房許令伺、聞無人由、参禅室、夜帰云、快奉謁、明日参可申定御長（後脱カ）官、新任人可不勲哉、基保猶不辞、与可勤五節由、以我（俄ノ誤カ）被

六日乙未、　自夜陰、朝雨降、
忠成宿禰訪来、坂本近日狼籍殊甚、恒例神事、皆依衆徒制止、無骨云々、賢舜［寂］来、雖持病発、相扶帰着　金吾今朝奉愚状、御返事又如夜申快然云々、彼是不重無極［審］者也、
夜猶雨降、槁禁［葉］之外無音信、

七日丙申、
依無人延引云々、今夜以　短札、一日示付趣、具披露、御後長官、猶全無其仁、構勲仕者、可為殊忠、其後事争無御計哉、於伺形勢、其闕又多歟者、如此被仰之上、又不能遁避歟由示送、予云、今度此役当仁之由、自始所存也、而遮毎旬公卿昇進事、康房来示之上、進被超者難堪

由、所存也、於尋常仰者、争不懃仕哉由
八王子御輿、明日一定可還御由、巷説云々、
秉燭之程、金吾自禅室来云、御後長官勤仕、尤可為其忠、
於御禊以後者、大祀以前、必可被加任之由、進被仰之、
経通、明日可加十大納言、家良不辞、基保又不辞、可献
五節云々、今月中、被行京官除目者、執筆昇進、殊愚意
之所願也、喜悦余身、又大将代遂勤仕之人有｜者不勤云々、通親王誰人
哉、因茲、内府更供奉本陣、右府可為節下由、被仰了、
世上之儀、或可謂言語道断、四条納言今日来臨、任大臣
日、出仕只七人、内弁通方卿、外弁伊平・基良・資頼・
親房・有親・々俊、我参饗所吹笙、基良箏、光俊比巴、資
雅拍子、宗平付歌、経行笛、伊忠和琴、明暁欲参日吉一宿、
依物忩即帰、世間人任意自由、更非王事歟、今夜行幸、
実有卿供
八日丁酉、　朝天陰、小雨灑、午後陽景見、
巳時許、興心房入坐参殿退出、夜前行幸、殿令参給、依御風
発被焼薪、今夕除目一定云々、経納言、一昨日聞一定可
任由、今日又有不定之気云々不知其由、或云、忽被加任之条、新大納言又欝云々、為是
為非、万事如此、金吾又来、夜前参右府、手振物具等無
相違云々、密々被語云、台階深恐思、有辞遁之志云々、
昇極位之人辞遁　末世之狂歟、又云、知宗娶狂勢之女、
放光入洛、龍蹄五疋献右々(府ノ誤カ)時云々、此間又風聞、将軍京
上、次第延引、依有御対面之望、禅室・准后共可下向給
由、有其説々有実歟、夜前、右府、此事実事歟、可弾指被示
云々、骨肉猶如此、酉時許巽方騒動、神輿登山給云々、
雑人等奔走、衣冠祠官、又狩衣、合七八人、神人・雑人
馳走無僧徒云々、神輿之躰、金銅錦美麗云々、金吾　参社了由、
賢[寂]舜来談、
九日戊戌、　寒霜如雪、朝陽快晴、
辰時許見聞書、権大納言経通、肥後守[卜]下部康村、按察使
藤頼経、右近中将実経兼、従三位親俊、正四位下良発(教＝徳)・
道嗣、従四位上頼行、
[巳]二一点金吾帰、神輿入御之後、八月(日ノ誤カ)大殿開、今暁又重陽
大殿開、今日相撲云々、衆徒已和平歟、去夜艮有炎上、
修学院之南方、村民之宅、随分富有者、群盗
印円法印被過談、扶起相謁、童来十五日欲令出家云々、
猶被召殿下、始三壇御祈、皆言用途、明後日又可有除目
由、被仰云、世間儀如何、不足言事歟、匪直也事哉、可

悲事也、抑大納言本自無闕、二人懇望、共被優者、可被加十大納言、而先被任下臈、已有超越之憂喜、経七ケ日被任上臈、彼是沙汰、御存知旨如何、只無心所着之儀歟、大納言被剰任、中納言被置、其以於用捨玄隔歟、前藤中納言被見懸　歌初見其所作、可謂優美、更言其歎褒美了、入夜忽相駕〔枉歟〕、驚起面謁、漸及深更被帰、自先祖以来、其性柔和、無腹黒、予見四代納言、寿考之至也、前按察、去秋給大隅云々、

十日己亥、凶会、欠、　朝天陰、巳後陽景見、入夜雨降、

少将疱瘡、貞幸称可軽之由之間、又以無実、自一昨日盛出、已如無地云々、猶称不可有大事、医家之説、想（惣ノ誤カ）不可之事歟、両禅尼行訪、日秉燭帰来、凡京畿此病充満云々、未及此家、恐歎無極、　今朝、注付存間等返送、態記歌本意由返報、

十一日庚子、　終夜今朝雨濛々、

聞除目由、自朝尋聞書、遂不得云々、夕云、除目今夜也、昨日凶会欠日也、有其謂、

十二日辛丑、凶会、　夜雨暁　朝陽漸晴、終日猶陰、夜月清明、

巳時見聞書、舎人二鈴式部已下諸司九人、伊豆守藤伊宗、左将監二人、左右衛門各五、左兵四、右五、左馬一、右馬二、正五下紀文平、従上源康房、安倍時貞、止左京亮、右衛門長峯秀速転左、適不被任納言、夕伝聞、去夜、摂政殿、内舎人随身御拝賀、九条新大納言・大宮中納言・大蔵〔卿〕問・藤宰相親俊・雅継・資季・忠高・兼高・能定云々、其後深更、左府拝賀、明夕内府御拝賀、

十三日壬寅、　朝陽快晴、

或説、新大納言実触穢云々、不可然　下人等云、聖護院弟子宮新院、疱瘡重悩、入道納言国通卿乳母、依不審在白川云々、件病、近日民戸嬰児或老翁、比屋死亡云々、秉燭之程、為方違乗車之次、行冷泉、見日吉資成唐鞍、破損無其躰、事已闕如歟、賢舜〔寂〕来、行粧闕如猶多、其価直難得之上、近日絹布之類、惣無其物之故、于今不尋得云々、帰路依非殊寒気、逗留一条東洞院辺、此間、内府、已令参持明院給由、下人示云々、次東一条院、経時刻、自万里小路南、出一条西洞院南、朧月之老眼、不弁人面、其行粧各不尋常、伊平卿車如塗墨〔色〕、雑矣車副、商歌牛口之疋夫歟、納言隆納言乗金吾車二人之外、他人不見後聞、非伊、平、資頼卿云々

宿本所、聞鐘入廬、

十四日癸卯、　朝天陰、陽景間見、

有発〔教〕中将書状、夜前先被申姫宮季頼、次持明院殿資季朝臣申、皇后宮亮、東一条忠高、内裏無御拝、次令入押小路給了御風気、殿上人資季・有発〔教〕・雅継・隆感〔盛〕・言家・頼給〔経〕・兼高、、・長朝・能定・発〔教〕定・隆兼童相具・知茂、御随身府生頼峯・番長久則、一座弐行、今夕行幸官庁云ゝ、

十五日甲辰、　朝天陰、終日雨降、

唐鞍事、未聞左右云ゝ、盛重入俄勤之、蔵人傍輩疱瘡之故云ゝ、定雅卿又疱瘡、不可供奉歟、此事発感〔盛〕、大祀極危事歟、

午時許金吾来、鞍遂不借得、以書状申禅室、七条稲荷祭鞍欠応（ママ）、自後院待召休云ゝ、被尋召乎由也、可尋由、以康房示遣之次、老者頻為御禊行幸、本随身童等付花事、有不可然之説、先之（とノ誤カ）如何、又供奉諸司、不具雑色歟、随身予（市ノ誤カ）比之下、着沓歟、将藁沓歟、如何、申云、付花事、不然之説間〔聞〕候歟、但寿永、後京極殿五位中将之時、御随身童付菊・紅葉、故入道殿、定御存知之間　多雖付風流、彼御所為尤為〔可〕証拠歟、不具雑色事、是本説候歟、具随身之人、尤可然歟、次将之間、父子共不具候遣（ママ）、予（市ノ誤カ）比下、前院、公事御沙汰之次ハ、被仰出此事、前内府通、沓可然由出詞、殊有不可然御気色、被閉口了、宇治左府御記、藁沓之由被載云ゝ、承上皇之仰之後、無略儀存候由答申、康房密語、定高卿、向鴨禰宜宅、酔郷、得千万之送物、如此事等、落書在殿中云ゝ、鹿嶋社之習、新任国司必造宮、前司所造、新司改任時必壊弃云ゝ、盛兼問、已造畢未遷宮之間、可忌（忩ノ誤カ）辞由、彼卿伝仰、改任後見光頭法師下向之間、社家存例、破壊新造社散ゝ、光頭存外周章云ゝ、

十六日乙巳、　朝天陰、巳時晴、

康房示送云、唐鞍被遣尋之了、又内大臣殿疱瘡令始給、彼御鞍不□（相カ）入之、同被申候也者、毎事可驚、大将代誰人可勤哉、此御禊、猶極不定事歟、駿河守重時最愛嫡男八歳、疱瘡死去、其宅已穢、悲歎乳母夫妻左衛門尉出家云ゝ、性（恵ノ誤カ）急房書云、高倉殿、此四五日病気、小瘡出給、已此事歟、未散不審云ゝ、秉燭以後、康房又来云、唐鞍事、申内大臣殿、御鞍可遣衛門督許由、被申右大臣殿了者、伝

ゝ定又牢籠歟、此事全非私懈怠、於鞍不尋得者、長官不参更不過事歟、美灑[濃]兵衛佐来、雖所労、隔物可逢由懇切、仍哉[対]謁、月昇後帰、
康房又云、可有除目云ゝ、未実匪直也事歟、
十七日丙午、　自夜甚雨滂沱、終日不止、
午時許、典侍参一条殿、秉燭以後帰、不聞世間事、今夜除目、禅室御対面、終日云ゝ、又重事歟、
丑時許、盲目蹴脇息足、顚倒突左膝、肩上打充遣戸之筋、定破損歟由雖疑思、肩膝無殊事、一寝之後、欲起腰損苦痛、不立得、老者　者身、多依顚(倒ノ誤カ)臥有事、極恐思、
十八日丁未、　雖雨止、天猶陰暗、申後又甚雨、
暁更、唐鞍事猶尋康房、答云、徳大寺鞍被尋出了、事不闕、除目事任人不承及、巳時許聞書見来、侍従清家言家子童
歟、近日吉在之身
式部少輔菅良頼　権小輔大江信房
右馬頭能忠　従三位家時　雑任十九人
金蓮来、顚[倒]候、当時非重事之由陳之、
午時、典侍権大[夫]者、来乗新大夫局、　参法花堂、秉燭帰、維長被免此御堂参云ゝ、他界如不参、
夜雨如沃、河水溢云ゝ、
十九日戊申、欠、　朝雨猶降、
御禊有儲日歟由向[問]、金吾伺申右府、更無延引之儀云ゝ、
河原之儀、洪水如何、　巳時陽景見、静俊来語云、於横川、号殿下御願、被書如法経十部、一昨日奉納、雨夜馳走、所ゝ奉埋之、二宮・十禅師・吉水大僧正御墓・横川御廟・崇徳院・聚洛院僧正墓北白川・後白河院法花堂・月輪入道殿御墓・長厳僧正之料今熊野・公修贈僧正山房跡、
供料浄衣已下事、皆以如無、僧徒嘲弄、
入夜金吾来、鞍自入道殿送給徳大寺美麗鞍云ゝ、不可借人起請之由、頻難渋、於我者、非起請限由、責、被仰了、餝馬相試、無驚気云ゝ、供奉人粗所伝聞、右大臣節下・右大将・九条新大納言高・別当御前長官、行粧被盗取、供奉危由、頻有其聞・大宮中納言・平宰相被責・左兵衛、皇后権大夫、式掌之外、只五人云ゝ、　桟敷二条南、高倉東角、資雅間地請之、此所、前殿御桟敷、隔小路相対、極有恐之由、日来雖痛恐、善忠房、彼入道等可見物由披露、密ゝ隠入、不可憚由示之、仍愁欲行向、　東洞院東定高間地用本主、次常住院大、禅室二条北、富小路西八間、僧正御桟敷准后・宜秋門院渡御云ゝ、右府本亭南垣壊ｌ被造、富小路東也、不経程帰了、
廿四日(ママ)己酉、　朝天晴、北風烈、
日出之程、行冷泉見鞍大滑、偏用金銅鐙、尤至要事歟構、馬副用侍之所

従等各一人、手振又用賢舜〔寂〕下人等已令戴冠、之間也向都督宅、可待行列時、輦路禁固辻ゝ、不可融雑人車等云ゝ、女房車先遣之間、前殿已渡御由聞之、雖急出、洞院大路已引塞幔了、万里小路未固由聞之、馳融、三条坊門西行無押小路、高倉北行、入此地闕地也、桟敷南面寄車、蚑入訖、西御桟敷東有織戸其内被立、御車参人ゝ車立其南、雖路狭構入訖借鴨光兼、車乗此桟敷、殊不法、葺板不合頼重所作敷破覚(ママ)、不知他、事、賢舜〔寂〕又来儲食事等北風如刀、四面吹張、通路皆塞、郷園隔、後悔無極、及午時、入道上人来臨云ゝ、未時地震、雖不久、仮屋尤怖畏、黒(雲脱カ)忽掩、急雨已降不湿地、病身被迫寒風〔気〕、短晷空及斜陽是皆兼所存、也京職兵士廿人相並適渡後、小ゝ雖見騎馬者、諸司甚少、非如箣〔鹵簿〕薄歟、神祇官等行粧、遶(ママ)知恥弾正無教正音無弁知、者歟隼人倀子等過語(訖ノ誤カ)、次第司次官式部輔不見知、馬副、手振各四人左衛門尉七人皆入洛武士歟、其鞦所負羽、皆以珍重驚目、其第二、緒山の〔入〕五郎左衛門云ゝ此入道親昵、扶持者也、第五、本馬左衛門云ゝ時反〔房〕、専一、第七不聞其名、直垂折烏帽子、左右各十人白黒文、紺白文、左右当色、有相具者、次検非違使五人歟之中、行範右近将監行兼子、五位俊親、権佐経氏、頭代家季朝臣、雑参持(色ノ誤カ)弓・纛旗今度此旗不作、杵短而能調歟、次兵衛尉歟二人許、左馬権頭兼

教、纛旗、次御前長官別当具実仰〔卿〕、馬副・随身・火長・看督・手振麴塵褐、追前行粧頗不宜、可在兵衛前、次馬寮歟、允白髪、助等不見知、相待節旗之間、実持仰〔卿〕進来不得心、顕平卿老懸、弓箭、於殿御前取弓、此前賜随身、馬副四人・随身六人、有親卿、実有向(卿ノ誤カ)、大納言高、已上馬副之外無雑色、于時反照已暗、而路頭不弁色、小ゝ雖有過者、不知之、少納言馬副二人張口、無手振渡歟、節旗奇行者取之、頻傾危而遅留、大臣、已以昏黒馬副不取松明、手振不着半臂歟、只推量也、威儀御馬、近衛府不弁其躰、右大将、依松明光僅見之、御輿過御訖、宰相定雅卿歟小随身紅単衣違見、中納言中将殿、次将等不能分別、次蔵人過間、殿下居飼松明進来、前馳(駈ノ誤カ)不取松明以如木雑色令取、不相並、一行中絶、渡間甚久、御随身・内舎人等歟、惣不見、物見懸簾檳榔御車御車在近衛陣後、永治御禊、御車在兵衛前、由聞之次纛旗、左兵衛佐頼清、尉一両歟、頼氏朝日〔臣〕、依非召問無督代云ゝ、次御後長官、随身取松明前行、馬副張口之外四人・手振八人、皆取松明、愚眼者、適似見漢官之威儀、過之〔了〕又旗、衛門督代不見分、権佐行粧尋常、正佐、尉二三人、同輿、出車女御代前駈車已下、只聞其音、其後扶入車中、融万里小路僅帰廬、見物後悔無極、諸病

覚(競ノ誤カ)発、
廿一日庚戌、　天快晴、
伝聞、今夕還御太[大]宮云々、申時許、金吾来臨談、昨日、及未時行大弐家於車中地震、令伺出御、此間右府被参、前駈六人、中将公相随身、小随身、弁小[少]将、扈従将、□[数]刻御輿已出御、大臣未騎馬給由、聞親[雑]人説、少将光成相共騎馬少将随身付菊、立大宮面壊築垣内、伺見節旗、在公卿後、近将不幾、御後諸司、欲催行別[列]、惣無見来者、兵衛佐過了、出路頭於堀川[了]、尉二人出来、右衛門督代能忠朝臣、来給(ママ)在後、左大将代、当座被占[召]実清朝臣云々、上郎[臈]二人参云々、殿御車、令立鴨院小[北]給、不御覧後陣、御車令加兵衛陣前給之間、久逗留町辺、令撤取物、令取松明以町西昼渡了、無可点持敷[然桟]、座主宮烏丸東・大僧正・入道殿、三所被焼庭燎、於三条京極乗車、入錦小路宅、休息炉辺、返遣名馬、駑駘置鞍、以下人、伺公卿給禄、騎馬儲京極、実持卿・右大将許供奉、又於猪隈辺乗車、帰了、今夕行幸欲供奉、或人云、前殿御桟敷、箭[函]簿、於今者無答(益ノ誤カ)之由有沙汰云々、右府御馬号春雲云々、日入以前帰、定雅、供奉以後皰瘡更悩乱云々、

廿二日辛亥、滅、　朝天陰、時雨回(間ノ誤カ)降、巳後陰暗、
金吾示送、去夜早参、深更殿下御参、主上御寝、夜半出御、隆親・伊平・為家・実持不列、左将資季・実清、右有[教]発・実光、少将雅継鈴奏、職事宗平・高嗣、内侍所教房・遠頼、還御之後、行啓御輿、伊平・為家・実持、将実清・実光、無宮司、不問名謁、於持明院殿鶏鳴、風病更発、鈴奏、中将不勤由各申、被問外記、不覚悟云々、通亜相被送書状、幸路臨暗、節旗行列違例等、不審由也、老病不見物由答申、終夜雨如沃、

廿三日壬子、　朝天陰暗、辰時陽景忽晴、天猶冱陰、間見陽景、
午時許、菅相公枉駕、扶腰病相謁、重[主]基歌被見合、奏宜[答]由、雑談頗移時刻、大理、御禊以後、早速可辞由兼申之、此事依仰、伝示申彼存旨云々、少納言、節下領状、依脚病所望(労ノ誤カ)無術、臨期申障、今、良頼依軽服出来、被催宗範、辞官不供奉、仍周房子俄供奉云々、謝遣之後、金吾示送、内裏、此流布事、有御気色由承之云々、過御禊之後、軽令果御出(者ノ誤カ)、尤宜隙歟、彼日至于深更、終始無御違例云々、天[令然]合点歟、中納言中将殿、自昨日皰瘡、

廿四日癸丑、　朝天窈冥、雨漸降、夕如沃、
不聞世事、悠紀主基歌、各有音信、
廿五日甲寅、　朝雨猶降、青天間見、
天顔雖頻晴、雨脚遂不止、
金吾書札、昨日、終日候内裏、明日、依皰瘡事、廿二社
奉幣、賀茂使申領状了、
廿六日乙卯、　朝陽、暁雨適止、
鍾愛孫、去廿一日肩辺外二ツ聊蚊触如水藻、無他病気、令見
金蓮、不驚而他行了、其物膿気歟、甚苦痛由聞之、驚又
令見、昨日付薬、今夜又増気、痛甚云々、今朝又示合、
今[令]見者、偏似皰瘡、雖無他違例、此病競発闕中也、於今
者、此事歟由承伏、止療治令慎之、只肩背胸辺、打散小
々出也、猶極不審、未時許、兵衛佐来談、扶病相逢、
廿七日丙辰、　朝天陰、辰時白日雖出雲、昼猶陰、
金吾候内裏、日々一両度令発御、又御身聊御出現、基
盛(成ノ誤カ)・経長不奉見分、在友、申一定此御事由、
昨日奉幣、弁経光宣命草、外記一人清書刻数、上卿右大将、
未時参陣、勤右筆了、八幡使実有卿領状、去夜々半、妻室
遂産俄止之間、伊平卿又勤仕秋已後三度、松尾顕平・平野
実極(持ノ誤カ)卿・春日殿上人時綱、上社々司遅々、丑時帰家之間、群
盗押南門、良久問答、入向宅定平朝臣光僧(兄ノ誤カ)、又入此南隣清定朝
臣宅、此女子、有悩気小温気云々、未後又甚雨、
廿八日丁巳、　朝雲、辰時天晴、
越部・細川大嘗会召物配府(符ノ誤カ)、大蔵卿内々送之、聊有恩言、
狂[枉]可被申免由、示付之、治部卿来、子童挙侍従由自讃、
近日無双之物吉歟、播州庄々、不可令触知領家、只国使
副官使許、入庄家可責取由、被仰下、昨日親房・経時卿、
争不触領家哉由、相議云々、臨昏行冷泉方違満、荒屋怖畏
之故也、小童病甚危、極不便、於女子者巳(已付ノ誤カ)時減了、見物
下人説、大理手振、召持取物松明云々、於官東門、教定
馬奔出、落馬之間、長朝未[朱](紱ノ誤カ)後白馬馬退而不進、懸陰陽寮芭(刺ノ誤カ)判
欲下馬、無侍(共ノ誤カ)抱下之間、猿取枝懸袖引破、逃隠了、又輔
通馬駐(ママ)、走懸右大将下﨟随身御馬之間、聊雖相去、当尾
袋抜懸、馬驚走、舎人切尾袋、適無為由被談云々、明春
朝親[観]行幸、北白川院可御冷泉隆親卿家、資(雅ノ誤カ)家卿養君姫君、
疱瘡夭亡、被隠其事云々、於大神事如何、夜前左府御賀、
殿下御答拝、被引龍蹄、行幸弁少将乗馬云々、国司除目、
来月五日云々、

廿九日戊午、　朝天陰、終日不晴、雨又灑、
鶏鳴之後帰来、此女子病、無指違例且奇、且悦、
終夜寒風惨烈、駿河守重時次男、今日又夭武士馳留云々、六歳、後聞虚言、
卅日己未、　寒雲飛、微霰零、辰後晴、
青天適晴、白日殊鮮、不聞世事、
寒風殊甚、地面悉氷、
修明門院坊門房〔局〕按察典侍、範光卿女、御禊夜終命云々、
十一月小、
一日庚申、欠、　朝天遠晴、
春日祭使、左少将能定云々、為氏送摺袴云々、菅相公、
又被示和歌事之次、明日参梅宮云々、金吾示送、去夜依
番宿内裏、今日又日蝕、平野祭依闕如、申可参由之処、
有親卿領状、宣命上卿実有卿、使光国佐渡前司、去夜、
使少将能定参内、八幡臨時御神楽、拍子隆範・顕氏朝臣、
日吉使伊忠、不勤者除尺之由被仰云々、臨時祭、依吉例、
被催内蔵頭未領状、
二日辛酉、没、　朝陽快晴、寒霜如雪、
大蔵卿書状、播州事、入之処、於知行分者可免由、被仰
下云々、懽悦由示之、依奉行芳心触免、可謂面目本意、

三日壬戌、初月高懸、　霜凝天晴、巳後沍陰、
治部卿書状云、日吉便〔使〕可勤由、被召仰、毎事無言略、未
時許、信実朝臣来、舎兄不参御神楽、定平・顕氏参勤云
々、告播州庄々荷責事、驚騒参向禅室了、興心房来坐給、
損腰久籠居、今日初参准后御方、御坐親季宅、姫君福王
御前、皰瘡自昨日有其御気、依軽服、憚公達、御坐件宅
云々、又浄土寺相国依招請、被忌（忩ノ誤カ）向了、禅居（尼ノ誤カ）行冷泉帰、
童病昨日無殊事云々、興心房語給、富有右衛門尉賀、通
能・経光殊後撰〔清〕、孔子賦卜筮、月来評定之処、禅室之命
准后仰、少将忠俊、長衡入道右衛門之兄也可執賀由、忽被召定間、
事已一定、耳（年ノ誤カ）来貧者、可為天下之陶朱、押小路京極新宅
可居住云々、夜深金吾来、今日三社奉幣、菅相公参陣、
一上可着陣由、兼被仰、依皰瘡無彼御参、延引朔日、平
野宣命之次、謁実有卿、行幸出御之時、列立近将外只二
人大納言、依為下臈前行、出東門、節下被立、引裾過其
前、聊雖伺気色、不被見入、家礼之身異他歟由、推量而
過了、大納言出、同過了、已雖騎馬、猶相伺之間、殿下
已令出門給之間、前駈競来、仍騎馬遠立、相府又被騎了、
猶伺気色、可近進由、再三気色、出待賢門、可行烈歟由、

思得進行、大納言只逐我競来、出門之後又気色、又可進由被示、乍不審進行之間、顕平・有親等卿出来、於二条大路、見付節旗之間、又留立、不堪不審、見付件長衡従者中間男、猶可前行候歟由令申、早可進由蒙命、此時、有秘説歟由、成信伏之思、前行訖、後日、節旗可在公卿後由、何不未驚哉之由被命、五度伺申之上、争申其由哉之由、密語云と、殿下又御覧此行列、無御不審、如何、当世之群賢、只如此歟、度と雖奉謁禅室、康房馳来告事、無一言之沙汰、忌(忿ノ誤カ)而不被措心歟、有恐不申出、時儀只此儀式歟、云而無益、具実卿、病悩違例由披露、不出仕云と、只厭威儀之行粧之故歟、

四日癸子(亥ノ誤カ)　霜凝天晴、午後沍陰、

下人荒説、大祀[礼]延引、仍御出来由、是又虚無歟、問金吾、不聞及由答之、前左馬長綱、来蓬門音信、腰不動由、以人令答、不見日而空暮、

五日甲子、　天晴、間陰、

治部頻無侍可訪由責之、助里・賢舜(寂ノ誤カ)示合、可相構由下知之、止身五節出仕・子童臨時祭舞人、可勤此使由被誂仰云と、殿下御懇切、定家一人納受歟、付事聞世間之儀式、助里帰、賢舜(寂ノ誤カ)猶言(令ノ誤カ)計略由申云と、入夜、台嶺野火光照耀、

六日乙丑、　朝陽快晴、午後又沍陰、

世間有重事議定等云と、皇后可臨供神物給由等云と、朝士疎遠不聞及、昨日、国司除目被行了云と、申時許金吾来、昨日、於右府御許聞及、定高来示、御軽服猶無例歟、兼日可被譲申左府、有内と議、而皰瘡不出仕給、母后可臨供神物給歟之間事、示合、無例重事、更難計申、后宮、又臨期有御障者如何、猶可恐此上事由、密と被示云と、将(惟ノ誤カ)長来、姫君御心地殊重由、成恐云と、期日已迫、天下大礼、今不定之条、実以不便、窃案、猶難被遂歟、此間、以人令伺御月忌、右大将・前中納言二人参云と、即参彼御堂布衣、検校雅親卿又皰瘡云と、吉水法印又始給、禅室被養中姫君、又本病神気危急云と、縦雖被渡他所、卒爾軽と事、定無其納受歟、国司除目、明日可被行云と、凡此摂籙之器、背冥慮之条、已以露顕、尤可有斟酌事歟、

七日丙寅、　朝天晴、時雨灑、

昨日御月忌、右大将、中納言家光・資頼、参議有親、三位成実・師季、殿上人有資・実蔭、

六条大納言拝賀、前駈六人、参殿、東対代被儲茵円座、

被引馬、少将公斉歟、一人在共云々、供神物、后宮御沙汰一定云々、御月忌以後、向三位許、訪申病、右幕下対面、移時刻、深更帰由示送、朝廷新儀進事、不審之余、以愚札問前黄門家光卿、

一、御軽服事、受生過七歳之上、依時依事、有無之儀如何、返事、或人と[云]、昨日昨日詞、於殿下有議定歟、中不承及由、御月忌之後、雖参殿、無被仰下、不散不審、七歳以後、服仮之条勿論、七歳以前、猶三ケ日之憚候歟、庶子一月服無疑、或人と[云]、御病危急之時、有異儀歟、若義絶歟、無指子細者又如何、修理大夫説、日来大嘗会間、后宮入内不定、而俄依此事可有入内、仍官庁営舎屋後房、可為宮御方、仍御直廬、更可構於[出]由被仰、然者、殿下猶可御禁中歟、

一、太后可令臨供神物事給由云々、旧例歟今案歟、誰人被申事哉、

此事粗承及、所推今案歟、昨日或人説、漢家例被准拠云々、又母后皇胤也、可然云々、

一、此間事、被問諸道候歟、又不然歟、

不及卿士之上、不及諸道歟、只沙汰之趣、漏承候許也、長和八歳、其時執柄不候給、今度五歳、母后扶持、何事在哉云々、

今聞此事、被問公卿之名字、猶無之歟、我朝初被行事、尤可被問公卿諸道歟、

漢家之例、若此事歟、

東漢和喜[熹]皇太后、永初七年正、初入大廟、斎七日、賜公卿百僚各尚着(有差ノ誤カ)、庚戌謁祠宗廟、率命婦群妾相礼儀、与皇帝交献親薦、成礼而還、

未時許暲尋来談、維摩会、別当法印御所作、甚以殊勝、大僧正密と聴聞給、随喜感歎給云々、懸(ママ)姫不例之後、今日初沐浴、

申時許、新宰相大府卿被来謁、清談、入夜帰、興心房、僧徒相共来、被修廿五三昧、寛治御忌日、清談之次、大理、自御禊翌日病悩、心神違例、不食無力之由、一日招請受戒云々、具発[教]入道近日同宿、称者[看]病由、三位中将実平卿、自此大嘗会出仕、興立妻父千葉籠居、成恨之故、可交衆、以侍従実尚新妻、親氏朝臣妻也、依包瘡死云々、

八日丁卯、朝霧、天晴、午後又陰、

辰時許見聞書、雑任又卅余人之内、摂津藤季親　近江権

守定雅兼、公卿、遥授被奪取之例、不覚悟、経高所帯也、聟君尤可然、　介藤実清兼　丹波権守親房兼　介藤実任兼　権介藤光成兼　権掾已下如例、有丹波和気等、左府猶有重悩給之聞云ゝ、

未時許治部卿来、日吉使毎度例、府舞人、陪従二具・近衛召人一具、送垸飯、参座主宮申此事、可相訪由被仰、相具馬副八人、渡馬場云ゝ、於鳥居下馬之後、前駈取松明是時綱・頭中将、如此云ゝ、

九日戊辰、　天晴明、

未時許金吾来、ゝ十五日斎場所御覧、可扈従由蒙催云ゝ、国司除目、上卿検校雅親卿包瘡虚言也、通方卿説云ゝ、老相公二人領状由、職事高嗣語云ゝ、昨日参右府、中納言来会、各所被陳世間事、只如他人存、被傾奇云ゝ、明春行幸事、又無本所御好、毎事定難叶歟、

后宮神供事、以頭弁被問師季、答云、此程狂不事及申是非云ゝ、御禊前殿御桟敷、権大納言・二位中納言・頼実（資ノ誤カ）・親俊卿、光俊・資俊朝臣・仲国・為永等参、五節参入夜公卿、右大臣・右大将・高実・ゝ有卿、御覧日同大臣・大将・実基卿、被催殿上人、若年皆包瘡、十四五人領状、少将忠俊富有妻、而右府、此御口入見苦、任本人心、不可有妨由、被申禅室云ゝ、興心房、風病発由示給、仍今日廿五三昧康申（平ノ誤カ）、於本房可被修由、示申了、暗夜怖畏之故也、

性恵房自醍醐来、

十日己巳、　天顔快晴、夜月清明、

午時許、典侍参姫君御前依殿御神事、親季宿所、御坐、准后御渡、見参之後夕帰、此御悩、数日危御坐、於今者令落居給云ゝ、供神物事、新書仮名次第、可被献后宮云ゝ、世猶有所思歟、此事猶非無不審、

十一日庚午、　朝陽晴、

夜前行啓、金吾只一人供奉、権大夫、於陣只（召ノ誤カ）仰上卿不候、啓将実清・発［教］房、自殿被催、参会路頭奉行長朝、三社奉幣今日発遣、行啓依此事被忘（忩ノ誤カ）、主上未及御湯殿、ゝ下御軽服、宣命可覧后宮云ゝ、剱［叙］位執筆未催、長朝奉行云ゝ、

十二日辛未、　晴陰不定、陽景間見、暮雨降、月明、

巳時許金吾来、昨日参吉水、皰瘡日来殊重御坐、自昨日聊落居給由、隆承法印相談、大僧正御房見参、退出、又参寺大僧正房、申承月来事、今日参日吉、明暁可帰洛、参会大殿開、

十三日壬申欠、　朝天遠晴、
日吉祭之日也、寒風惨烈、短晷空暮、資雅卿姪、土御門院高倉殿、包瘡終命、年卅一、月前宿北辺、鶏（鳴脱カ）帰、埋庭（雪脱カ）草、

十四日癸酉、　朝陽出、雪猶飛、
自暁更、此女子無故反吐、已及度ゝ、終日食事不通、偏反暁三度、以前五度酉、但無温気、更不得心、夕金蓮来云、可令服粟粥、終夜只同事也、不受一滴、欲反之、在辛苦、入夜漸有温気云ゝ、無疑包瘡歟、

十五日甲戌、　朝陽晴、又冱陰雨、
病者同昨日、但反事頗有隙、温気已露顕、申時許金吾来、今夕清暑堂拍子合、無能者小ゝ可着座由、有催、明後日参（斎ノ誤カ）場所、頻被催、依無直衣不能参、不便躰歟、中務為継被聴仙籍云ゝ、殊勝事歟、

十六日乙亥、　夜雪、沙石間顕、天晴、
病者雖同事、瘡聊出始由、雖見出、老眼不分別、視聴事不能注付、今度可候人（所作ノ誤カ）、昨日聞、本拍子経通卿、末拍子隆親卿、懇望勤仕云ゝ、件両事神楽・催馬楽、年来日来不受習、昨今習之云ゝ、世間之儀、奇而有余、和琴右大将、箏基良卿、笙実有卿、笛公頼卿、篳篥実俊卿、付歌資季・有資、琵琶実基卿也、
申時許金吾来、夜前、禅室、於室町殿念誦堂、見物給、依招引参其所号実〔尊〕同、於対代有其儀、殿下御横座、経通卿奥一、実有卿端、自余守次　神楽間、堂上堂下音相混、至催馬楽納言、惣其音不聞、安名尊之詞違歟、有資高歌直之歟、明夕行幸官庁、以朝所東廂、可為殿上、祖而経朝所南庭、経正庁後、可向五節所云ゝ、
親忠朝臣昼出仕云ゝ、非常世之儀歟、
新相公、明日参大原野祭由、有音信送諷記了、
今夜、病者殊辛苦、如縮身、

十七日丙子、　天晴陰、
以下人令伺見、已及日入帰云、参（斎ノ誤カ）場所御覧、前駈七人歟、頗剃〔刷〕、御随身装束又同、参公卿、伊平・実有・為家・実持卿伊平・為家卿新車、有教・能忠・言家・能定皆古車云ゝ、行幸又定深更事歟、月出間以後大風、其響如雷紛ゝ、

十八日、　天晴、雪降、夜雪積地寸余、
病者去夜頗静、多出故歟、典侍伴権大夫、参詣法花堂、雪中定有煩歟、豈図我君大祀之日、凌深歳雪拝陵墓、午

時許金吾来、昨日御車半蔀、前駈為仲・以良・家盛・康長・家国・時長・兼綱将監・時光子・伊平・実持卿束帯、殿上人有教・雅継中将・頼行、行幸、風以後、夜半、実基卿未着陣之故、伊平卿可行召仰由、昼被仰、参之処、大納言忽損足不参、又依重仰列立、遂参入御ヽ所、為家・顕平・公長車・実持、左将有資・教房・家定少将、右実光・雅継少将、実光問名謁、公卿列正庁北北面之故也、内侍所能定・輔通対押被参勤云ヽ、朝所東面弁少納言座為殿上、其西塗壁之北、立大床子、為日御座、其南庇御簾前、如北庇人ヽ居所也、西左大弁曹司跡者屋（立ノ誤カ）、為殿下御所、井南（ママ）、昨日、付兼康伺御気色、剱〔叙〕位無催、菅相公勤仕歟、仰云、剱信〔叙位〕ハ一夜其事少、仍菅有勤仕者〔歟〕由申、於除目者、必可勤仕、申畏承由、行幸之次重仰云、剱〔叙〕位猶殊忌〔忿歟〕思食、早速歟〔欲〕終事、可参勤也者、不顧失錯、於早速右筆者、可存知仕由申了、

右府五節無参入儀、伊賀国懃仕之云ヽ、不聞事歟、為継昇殿事、今朝被仰下云ヽ、昨日又有除尺輩云ヽ、明日可御覧廻立殿、有催依参叙位、不申領（状脱カ）、参場（斎ノ誤カ）所儀、悠紀御座横座、公卿依仰着奥南面、八女各四人、春稲謳新歌、有二曰、以人子（次八女ノ誤カ）御覧、主基屋御座南西、公卿着落板敷、殿上人不着座、稲春事等同前云ヽ、標山未作出、毎事懈緩云ヽ、道禅僧都験者、去十五日逝去雅親卿弟、大納言三人服、実基卿・実有卿、為検校弁着小忌、参儀親俊又着之云ヽ、小忌之外、参儀出仕只一人歟云ヽ、有親所〔労〕身、定雅未出仕、内弁三ケ日始終可候由、被琢磨云ヽ、今夕、可勤園韓神之上、為見御直廬、可参内、

十九日戊寅、霜如雪、雲漸晴、

病者、今夜又辛苦、多出添、金吾音信、除籍事、時綱・経季、教定儀（俄ノ誤カ）出仕之間、無其事、出仕人卅余人、為継付簡了、帳台、殿下・右内府紅打・大将・高実卿紅打・実有卿黄青裏、午時許、興心房入坐、心閑言談、未時地震不幾、昏被帰、

廿日己卯、霜凝天晴、

遅明書状到来、剱〔叙〕位、於故実作法者、不知之、存知事無違失、人ヽ不存之程、早速書終訖、従二位頼経　実経
正三位親房丹波権守　資頼　有親　定雅近江権守　正四上中臣
隆継喜詞（寿ノ誤カ）奏賞　正四下公光近江権守　実任丹波介　家教権中納言藤原朝臣安貞二年朝覲行幸
賞譲　頼氏三品暉子内親王給　実清近江介　従四上基長　伊忠鷹司院

光成丹権介　顕親　通成皇后宮御給　正五下源兼康従一位藤原
朝臣給　橘以良近江守　丹波忠茂大掾　和気伊成　同氏成
丹権大　平頼清安喜門院　丹広長権大掾　宣継丹守　大中臣永親
神祇官築垣　従五上藤忠輔　賀茂職近江権大　大中臣季宣築
垣　卜部兼任兼在御祓譲　卜部兼時[躬]宮　源資基　清原頼兼
四位外記巡　高泰定簡一　従五下淳資王寛和御後　源良親天
暦御後　藤高雅氏　橘以業氏　藤致広民部　橘知茂蔵人
清隆尚外記　中重俊史　藤長継左近　中章行沙汰　諸司五
人　外衛五人　近江八人　丹波十人　中則兼熈子内親王　藤
行親酔(ママ)、秉燭以後、后宮淵酔叙位了退出、聞万歳楽、両新大納言、
隆・伊・実有三中納言、実持・実俊、　伊卿、叙位勧盃後
立了、叙位召仰将通(経ノ誤カ)卿、召後伊平参、資頼・親房・親俊、
入眼殿上着座、両頭・定平推参・有資・通氏・通成・教
房・実清・高嗣・季頼・隆兼推参、鎮魂祭、俄親房可勤
由被仰、菅卿軽服出来、検校可勤由、夜前承之、領状以
前宣下云〻、后宮淵酔了、姫宮一条殿推参、次鷹司院云〻、
病者猶不快間、賢舜[寂]来次、示付在友朝臣、明暁令修泰山
府君祭、臨昏金吾来、為見物向大宮之処、甚早速引了、
人夫等奔帰間也、頭中将一人早参昨日、依一人参、及夜
殊不当由、被仰頭弁、実清朝臣奴袴三人・、侍六人歟、尋常出立、光
成兄弟同車、二品侍多相具、六条大納言簻車、差綱左佐
等、見之[了]来云〻、殿上着座、頭中将伺御気色、被仰人数
二人推成、有資云、教房出歌等事、一言不相触、又無私
聞及事、仍不相催、此事不請歟、不助音云〻、通成朝臣
今様、太優也、后町ひんた丶ら、有資・実清唱云〻、資
季慥夜〻出仕、可行事由被仰、仍雖出仕、猶不唱歌、
執筆之間承事、近江・丹波掾等忌(忿ノ誤カ)時各書之、已上近江掾、
と(已ノ誤カ)上丹波掾と書、一之説也、任仰[書歟]出之、実様姓等小〻外、
従五位下と可書、仰以前早書了、然者何事在哉由被仰、
叙位勘文欲入三筥、可入二筥由被仰、御座簾中也、書終
退出之間、以便召使示大外記、早速有驚気色、為不審、
授折紙了、職事長朝、叙位以前先除目、経通卿・親房卿
書了、近江守資親子、依包瘡不供奉、仍被求任人之間、以
良出望任之、次被任時舎人云〻、御前舞了退出、今日と
出之後云〻、沍寒之夜可労身由雖示、今夜猶聞堅固無人
由、可参大忌幄由、領状了云〻、
廿一日庚辰、
天明後撫物到来、丁寧祈念之由示送、去夜病者殊危急、

終夜辛苦、暁聊休息、
貞幸朝臣来、令見病者、此瘡三種白赤紫、是赤色也、雖非安、不可及大事、示薬事等、大略同金蓮、金吾示送、終夜芝上戴霜、資頼卿只二人云々、小忌幄、右大将・新大納言実・実有・親俊卿、大嘗宮剱璽、宗平・通氏朝臣、主基拍手事、天曙了後也参、典侍又参准后、欲申播州苛政、更不可被免事也、雑人云、悠紀標昇朱雀門院(ママ)間、日像随龍破損、下人等有言、不忠弁懈怠也、更非朝家之恠異歟、至于十七日不造、卒爾構出、不法可謂道理、暁鐘報後、主上、自悠紀御帳入御由、有来語者、大嘗会[宮]之間、御湯之時、聊無違乱、無御睡眠、令遂神事御云々、実是天之令然歟、

廿二日辛巳、欠日　自夜沍陰、辰後快晴、
未時示送、夜前内弁右府、小忌三人、大納言家良・通方・高実、中納言基良・実世、参儀為家・通忠・有親卿、通方・実世卿不立、喜[寿]詞列次之事、如例実世不着座、二献、風俗、有親下殿催二度下殿、後乍座催、三献、御(酒脱カ)勅使為家、次昇御頭挿台、高実・々有・為家卿等昇之、自東階立之、琴台、以良・実清・寄人二人、昇之、実清着胡床、先是次将皆退出、次小忌挿頭、弁・国司・寄人等取、次殿下御挿頭、為家抜箸立、揖向東壁外、史持藤花来向、指笏取花入東面、経母屋、到壇下跪脱靴、立昇東階、坐候気色、御目許之後、膝行参進、挿御右方、逆行抜笏左廻、降階跪着靴、経本路後[復]座、次内弁花、通忠卿取之無違乱、主基無御出、小忌実有・親俊卿、為家・有親、無他人、天明退出、悠紀一献之後入御、殿下令還着御座給、九条大納言、服日数過歟、今日巳時可始行由被催、有遅々事、申始許参由、重示送、内弁此間被参云々、病者終夜辛苦、予又歯根腫、苦痛難堪、

廿三日壬午、　霜凝、天晴、
巳時示送、夜前秉燭以後事始、内弁如昨日、小忌中納言已下、九条新大・二位中納言基良・姉中納言実世・為家・親房・実持外弁参列、標辺失了、白(自ノ誤カ)、次第如例、御酒勅使又勤、主基一献之後入御、三献後御挿頭、検校三人・親房丹波権守昇之、和琴弁・実任・光成・宣継、御挿頭又勤仕、小忌親俊、内弁挿頭、通忠卿参加禄所、以無能之身、着御神楽座、唐神歓盃之料云々、本座実有卿、瓶子教定、末座為家、瓶子隆嗣、勧盃訖退出、未及鶏鳴、

清暑堂座、
北御所殿下・右府・実基・隆親・実有・実俊・資季・右大将・経通・基良・公頼・為家・有資、
為役五位殿上人、
為禄四位、各小ゝ依催参候、姫宮推参今日云ゝ、禅室温泉、今暁已被出京訖、金吾不供奉由、今日聞之、弁少将、五節之間籠居云ゝ、是只依不具歟、可謂不思議、兵衛佐有来示事、治部卿任事不便、
廿四日癸未、　自暁雨降、
自行幸日、天晴、臨暁雨降、天之相応可貴、病者瘡膿、終夜痛泣、
未時許金吾来、去夜秉燭之後、仰内弁、大納言定通・ゝ方・実基奥、家良・高実・中納言伊平端、此間端座人、伝下令書加叙、十一人書入、親俊下名不宜名字之間、如常書之間、不知次第、以其隙書入了、中原章行止位記、摺今又伝上、此間小忌参儀参、相替起座、先是、公卿参殿御直廬、有盃等、此事不指其日、三ケ日ゝ中一度有例云ゝ、四位持参盃傍、経範・基邦近習物等、不束帯云ゝ、不接其座、御寝由、及深更、外弁、大納言定通・家良・右大将・通方・高実、中納言隆親・伊平・実世、参儀為家・通忠、小忌三人、叙人三人、不列昇殿、着座叙列、通忠催宣命使隆親、内弁、下殿不立拝早出、土御門大納言行之、叙人両宰相被召着座、訪五節所、通方・隆親・伊平・実有・実世・為家・親房・有親・公長・実持、受領二所櫛殊刷、不着座、見殿上人舞、退出了、忠高・兼高・長朝・雅継・少将定平、
乱舞得骨、此廊北、当時為御所、各進小舞、出居、有資・実清・通成三人云ゝ、
大嘗宮大忌幄、資頼卿早参、不堪寒気、以蓆令裹、自小忌幄、以召使、有興輩等、相奉(互ノ誤カ)有狂言等、
殿下御退出之時、常参人ゝ殊可祇候由、被仰之、次衛門督日来責伏、非此限由被仰云ゝ、六ケ日之勤不重歟、御挿頭台、昇東階之儀、公任卿、昇中階更東行、無其謂由、被加難云ゝ、天仁昇和琴参儀、不下階直還着之儀、経信卿用此儀云ゝ、依不出仕除籍、時綱・経季二人云ゝ、氏通、大納言懇切申入、不被削、但申加叙、無具(恩ノ誤カ)許云ゝ、箏納言、不触内弁気色、加端座、起居揖躰有若亡、毎人属目云ゝ、頭ヲはやす事、有資朝臣、各無度[ま]にて有なんや、如何由示、含恨、可知事由答、夜前言家、称御共料、着

位袍出来、実持卿近習之儀威光、高声喚殿上人、可献櫛由催之、又以蔵人、召五節所櫛云々、如此事新儀、若為後例歟、
金蓮云、例［別］当病危由披露、温気興盛、吐面（血ノ誤カ）之由、下人等説云々、
入夜、寒風猛烈、払雲歟、星猶稀云々、
今夜、猶依番、参宿内裏由聞之、
廿五日甲申、天晴、
病者今夜聊付寝、今朝又始触食事之名、午時許、興心房来見給、聊念誦、今日大嘗会大祓、検授［校］参議、於朱雀門前行之、依番先参内、賢舜［寂］来、
廿六日乙酉、天晴、
雑人説、五節之間、於二条町、兵部権少輔経俊車、欲融少将雅継車傍、少将牛童押塞、懸寄東三条築垣、車筒懸経俊車輪、責融間、轅転前了、車放輪落軸又破、大弐入道怒、召籠童、懸水勘責云々、好駿牛曽（勇ノ誤カ）幹之人、還有其失、不可懸上﨟車、尤不当歟、今夜弊宅神祭、
廿七日丙戌、天晴、
夜前、秉燭以前、供奉人可参由、有催、不取松明参内、御寝之間、又深更、頭中将扶病遅参、右大将、中納言隆親・伊平、参議為家、三位顕平・実持不別［列］、奏小［少］将雅継、左有資・実清・少将家定・頼行・通成、右実蔭・通氏・実光、内侍所定具一人、
大理病無増減、来月二日、行政可辞云々、中納言基保、昨日進辞状、被収了、衛府参議前途、此悪道歟、秉燭以後、行冷泉宿、東黄門家、門前入七丈、可有裏築垣、棟門可為四脚朝覲行幸料、賢舜［寂］宅西、可為裏築垣云々、
大祀之間事等、自然聞之、辰日、親房末座、依座近、密々雖相示、地躰依不知、惣散々、如一献二献、推而乍座催、如風俗事、又必依可下殿、内弁乍座を可仰、無隙而、悠紀已訖、主基一献相示、令下殿之時、乍座と被仰、悠紀禄所、有親下殿之路又相示、令着座之処、依忌［忘］而不示含、大臣被給禄之時、不動座在床子、主基禄所、又其路示宰相中将、参議事、適他人所役、偏扶持、至午日、訪五節所、退出以後、事定暗然歟、今度出仕殿上人、宗平・定平・有資・通氏・為経・実光・実任・実清・顕氏・教房・氏通卯日以後不見、訴通成超不許・通成・雅継・忠高・顕嗣・雅忠（惟ノ誤カ）御点以後領状・親高午日内事了、乱舞之間落冠、姫宮推参・経氏・高

嗣・季頼・顕朝・教定・隆兼・経俊・信光、此中実任、
寅日変改、着小忌出仕、午日御前召以後、又参皇后宮、
殿上人其後参姫宮一条殿、不参鷹司院云々、
女叙位事如次〔始〕第、不知始末、只往年之仰等、注付事許授
之、其篇目、自今朝示誂、都護、篇目可注出由、悠被許
諾、来月二日云々、
廿八日丁亥、　朝天晴陰、
遅明帰廬、微月僅昇、今日参月輪殿被〔彼〕摂政殿御月忌由示送、
遠路寒風難堪歟、
廿九日戊子、晦、　自暁雨降、未後雨止、天猶陰、
忌日事、昨日送嵯峨、扶病念誦、日短申疲、経一部、阿
弥陀経読誦之間、晩鐘已報、
酉時、都護被注送一紙、雖略取要、披見感悦、即送之訖、
窮屈平臥之間、為継朝臣来相逢、聞五節之間事、舞妓昇
降之間、扶持人々、専無所存任意奔寄、惣無人、以進来
採用、取几帳、取茵者、不存退出之時、只以見来令取、
経俊車事、姫宮推参以後、退出之門前也、前後人皆見之、
被懸破裏築垣、下車放輪横臥棟石、西、経俊立大路中、親
房・親高、入興乱舞之間、袖懸日蔭引落冠、不覚悟而舞、

皇后宮推参、惟忠競候〔顚倒〕不落冠、以西庁北一間、為帳台、
顕朝竟夜、於其内摩挲、雅継近寄検知之間、離去、経氏、
参入夜、被件如〔仰女〕房、不請辞退、被催付悠歩出、遠退而歩、
人々奇悪、雲路之交、日愛日新由称之日〔元〕、後取行幸御後、
不待再三催、存而可領状由示之、依行香催、参法成寺了、
十二月大、
一日己丑、復、　雨降、未時雨脚猶滂沱、陽景又照、
見新暦、不聞世事、入夜又雨降、
二日庚寅、　朝霧深、陽景晴、
殿下令参御堂給、扈従有催云々、明後日向吹田、来六日
帰京云々、明日以後日次不宜、仍今日初令洗病者之顔、
金蓮所示也、
三日辛卯、　霜凝、天晴、
世事殊不触耳了、
四日壬辰、　朝天快明、
暁更赴吹田云々、不聞委事、病者、已及三七日、痛泣事
猶不休、不似他人歟、今日又如形令沐浴、其後無増減、
五日癸巳、欠、　朝天快晴、
午後兼直宿〔禰〕来談、入簾中言談之次、問寿言中氏之

間、朝議其事先期向(被ノ誤カ)公卿、又有御直廬議定、一同、式文、
不限祭主中氏可難由[問]、期(被ノ誤カ)中、不懸同軽服氏者上﨟勤仕、
超数輩叙正上了、覚寛法印来之間、宿禰退帰、又相謁、
来八日、宮高野御参、中二日可還御云々、侍従宗基、胞[疱]
瘡殊重之上、肩腫物出来、猶在御所中云々、適念誦日、
客人相妨、及晩之、心神又違例、終夜不尋常、
六日甲申[午]、　曙後天色如墨、日夜雨降、風又烈、
心神違例、若風歟、終日睡眠、甚不快、
秉燭以後金吾来、昨日、自吹田入洛給了、今日、欲参御
月忌之間、言家使来、只今為御使可参、不可出行由示送、
無故及晩景来、内大臣殿元三無御所、冷泉家借進哉由被
仰云々、蓮恵無可罷渡所、尋廻可申由答了、参御堂所来
云々、吹田、相府・金吾・実持・尊実、鞠、自御山公雅
卿・公審供奉云々、忠俊聟君事、右府妨止給後、禅室猶
許給歟、只称其身好、已遂訖、但此辺来通事不可有由、
猶命給云々、任官等事、惣無聞及事云々、
七日乙未、　天曙雪紛々、雨又、即消、巳後曙(晴ノ誤カ)、
心神猶違例、食事頻(厭ノ誤カ)献之、手疼不取筆、入夜、桜井宮御
使参川来、伝仰村(旨ノ誤カ)、畏申之由令申、沐浴之後寒風無術、
不相謁、
八日丙申、　天晴陰、
金吾居所事、隆承法印安居院房借而(受ノ誤カ)云々、今日詣西園寺、
帰可申宿所借出由云々、今日令払蓬屋炲煤、八講、新大
納言実・大宮中納言実有・右衛門・平有・権大夫持宮司、不憚
治部一人、永光・以邦行香云々、奉仕殿上人幾多、二人
尤大切、晩陰、兵部卿書状之次云、前納言頼資卿、所労
危急、昨日遁世之由聞、示(不ノ誤カ)便云々、雖求使者、無其仁、
九日丁酉、　霜凝、天晴、
喚孝弘、吊前納言、返事云、自去月十日、口乾疾相侵、
内痟又危急罷成、一昨日遂出家、具問本意由也、今年、
儒非儒、適眼見史書公卿二人欠、於今一大納言・老耄大
儒之外、名字已断絶歟、可悲代也、
早旦治部云、来十二日、准后御共可参春日、如人夫訪乎、
無其術由答之、此間大炊・薪庄闘諍、又喧嘩由、衆口嗷
々、已以無為歟、久不被遂御物詣被催、南京静謹[謐]不可過
之歟、又不知、不顧衆徒之怒、有御立、乗輿以後令留給、
如先例歟、昨日、禅室命、月来阿党勘気之上、住宅期収(被ノ誤カ)
公、尤可然、汝須造建家歟由、命給、骨肉之中存知之詞、

如他人如何、故入道左府近年成追従、雖期(被ノ誤カ)成一躰之詞、
聟亜相恥運籠居、猶子三位公俊無吹挙、而公雅下郎、実
蔭、期遇(被遏ノ誤カ)絶所重(望ノ誤カ)、有孫子之覚重(競望ノ誤カ)前、疲于無恩歟、後(彼ノ誤カ)門人
昨日不参云々、
午時許金吾来、女叙位簿、公行卿書康給(治ノ誤カ)、自台記見出、
無殊事云々、貞応以後女叙位文書、俊職一人菅(管ノ誤カ)領、書申
事、今度右佐沙汰、不令知俊職云々、夜前参内府、蓬屋
可随召由示置、時光子男令参殿下給、又示女房了、又於
西園寺示言家了、来十四日臨時祭云々、賢舜[寂]来、入夜右
近盛重来、依軽服古(日ノ誤カ)来籠居、十二日以後可出仕、交衆之
間、存外人重(望ノ誤カ)諸人芳心、貫首已下蒙恩言、職事之闕当仁
由、男女房許之由自嘆、可謂得時運者、六位出仕、云至
愚云白痴、踏薄氷者也、剰有誉者、尤可謂吹挙之面目、
尤悦思、依厭寒風、乍臥隔物言談、御湯殿蔵人季宣、其
夜之外不参、平中爵、年已五十二、及白髪云々、永光兄也、
十日戊戌、　天陰雨灑、巳時漸密、
去夜、大嘗会御調度御覧之後、殿下御退下、深更御装束、
直可参円座歟、先可候座歟、以盛長申入、直可参進由
期(被ノ誤カ)仰後、又寛治先候座、先可着公卿座、被仰所存無為、
無指失、資季密語、第一執筆也、睡眠可無術由存之処、
早速大切由被仰、密事ニハ作法そしとけなき事雖相交、
早速殊勝云々、於作法者、争存知哉、感悦無極、除目廿
四日二ケ夜云々、今日政、上卿資頼卿、参議闕如、或説
云、経通卿又辞退、露棘之光如電、
十一日己亥、　朝天快晴、午後間陰、
秉燭以後、暗雲急雨暴風、夜深寒月明、
十二日庚子、　朝陽晴、西風烈、昼頗宜、入夜雪紛々、
病身畏寒風、遅出臥内、日即及午、金吾来、夜前、又自
殿以盛長、神今食範如(闕ノ誤カ)、可称(構ノ誤カ)参由被仰下、今源相公俄所
労、有親参政、病起退出、菅仮、藤初詣花山未拝賀、即
沐浴馳参、上卿又闕、四条只今被仰可参、私遣使、被答
只今参由、相待之間、聞公卿参由、源相公也、即起座退
出、弁忠高、自月頭祇候云々、
女叙位事、皇居[后]宮御中文、親子貴所御名之由、御不審、
以高嗣、被問外記、脩明門院御名、仍不被叙、中文三通、
依仰置硯柳筥上、今夕、北白河・安加(仏脱カ)門両御名可参、
関東、注山門悪僧夾名、申可召給由、又雖有恐忩請、早
速可令下向由、示送重時許云々、去秋奉出神輿幷致神人

不当沙汰之輩云々、梨本五人、青蓮院七人、
十三日辛丑、　夜雪積、後半消、朝天晴陰、
下人説云、山僧、雖一人不可出由、吐悪言云々、
申時許、興心房来給、此病頗安穏之後、太相禅門最愛姫君十二、自廿日危急之間、又尽心力、殊鍾愛之故、被悲歎、於今者又存命歟、今日依御神事、遇参殿、十八日僧事、競望成群喧々、除目事未聞、准后、昨日御参詣、未還御給、共親季・雅継・言家・新聟早速出仕歟、
十四日壬寅、　宿雪残、注[沍]寒無興、朝天陰、
今日賀茂臨時祭、頭中将奉行、使隆盛朝臣内蔵頭、舞人実隆侍位[従]・公員兵衛佐・教氏同・隆兼侍従・隆嗣左衛門・忠氏侍従・資光侍従・泰定右衛門・高階行広・藤仲綱非蔵人、加陪従為綱朝臣・基邦朝臣・孝綱・懐兼・長説此冬叙爵、所作数少、加陪従多云々、
朝雨雪、巳時陽景見、晩陰、興心房使者来云、姫君御経[絶]入、依召馳参、無別御事云々、但殿中又騒動云々、内々宿聞(尋ノ誤カ)、少年姫君疱瘡御邪気云々、一寝後、冷泉隣有火云々、車雑人追遣之間、滅了、帰云、二条北洞院西、小屋小々焼云々、

十五日癸卯、　朝陽快晴、
興心房有書状、昨日、准后令参吉田・賀茂・北野給之間、姫若[君]御絶入、依殿仰馳参之間、御気(色ノ誤カ)今雖令直給、依仰終夜被召置、只今退下、中将家、可修不動供之由被仰、窮屈無術者、
一万躰愛染王造立、親岩・真恵・行賢・行遍・実愉・宣厳・俊厳・覚助・成厳今一人、十人被目集、十壇法於寝殿被召夜前供食[養]、金吾書状、昨日未時参内、権大納言家一人参、使已参、舞人一人、其後漸参集、右大将、六条大納言実基、中納言隆親・基良・資頼、参議為家・通忠、三位公長・資宗・実持公長・実持不着不上(座ノ誤カ)、日入之後、殿御参御禊幄掌□(灯カ)、御禊了、権大納言奏宣命付頭中将、召使給了、庭座出御、頭中将召人、大納言上(ママ)人・隆納言・二宰相着壁下、同頭召使経参議参、各着座、一献同頭、瓶子盛重、陪従少将能定、二献権大納言、瓶惟忠、衝重兼親・顕朝、三献大将、瓶範氏大将直被着殿上、陪従二献家清、三献顕氏、置挿頭螺盃、重坏、定平・家定・蔵人高嗣、次挿頭、大将又進被取、伯不取早還[出]、同頭召人、権大・々将為(ママ)・隆親・為家・通忠卿、不下着(殿ノ誤カ)御、今度不出御、頭又召使、不下(殿ノ誤カ)御遅参、依姫君御事也、還立、

隆納言・権大夫云々、伯昇沓脱揖、今日内府御着陣、可扈従云々、未斜又示告、御着陣之、退出可有出立、不知其儀云々、答云、出立事物不見及、今日、又必及暗歟、不可用意、午時許、典侍参内裏、又参一条殿、入夜帰屋、相公参会、貴入(人ノ誤カ)見参、二品又被参、元三御陪膳典侍闕如、今一条殿弟姫君、皰瘡之後御邪気、興心房被奉仰、又大姫君、御皰瘡之後、如腫物事、日来御煩適減気、已及日没、内府令出給、前声聞之云々、愚案符合、
盛重、主殿司衣服譴責由、示(告ノ誤カ)意、賜桑〔孫〕糸一疋、
今日、禅室被参内云々、
十六日甲辰、月蝕、望、　寅時月蝕正見、帯蝕入山、朝天殊晴、
辰時許金吾来少将相見〔具〕、明後日白地物詣、昨日巳時由有(内府ノ誤カ)依御車闕如、晩陰、被借出実有卿云々、扈従隆納言・資納言三人、着陣給間、史掌灯、御退出、盛長仰可止由、
親尊以公審子為聟、辞法勝寺譲公審、一昨日已被補了、世以驚云々、公雅卿、已称元三断〔料〕、借所々毛車、納言所不被任参儀、上卿可加歟、執筆、昨日依之有無術故障、称(構ノ誤カ)得者可参由申了、通忠卿可勤由称云々、隆納言説、頗不可信事歟、
新舞人隆兼・忠民〔氏〕、不具雑色、泰定軽服、侍従忠兼勤之云々、今日聞、大嘗会挿頭花、家良卿・通忠卿、如他人挿右、通方卿・基良卿挿左、此事不可替、人各相替由、示親俊、其事申前、其大納言被参之次、被挿左由、有御興言、於御前、兼書々状遣中納言許、挿左御存知如何由也、返事云、可挿右之由存之間、上郎通方挿左、仍奥座人如此歟之由、忽成案云々、
臨時祭日、大納言被語云々、伯立沓脱揖、隆納言取挿頭、使・隆嗣・教氏三人動座隆兼不動、
入夜行冷泉、喚賢舜〔寂〕、示今夕聞及事、即以賢寂進教訓、夜中令運渡遣所女房局、其人検知訖、可遣他所由、蒙成敗之詞、返預持帰由、来告賢舜〔寂〕随身之、已叶愚案、小時帰蓬、于時停午月前也、
十七日乙巳、欠、　朝天遠晴、
長氏催年始御簾一間、可調進由、示付賢舜〔寂〕了、南僧綱参、中八幡正権別当流罪事云々、不聞其間事、是只国家滅亡之期歟、
十八日丙午、　朝陽晴、午後俄沍陰、霙降、即晴、

典侍明後日参社、依始精進、不参此花(法ノ誤カ)堂、不聞世事、金
吾参社馳帰、今夜参集[東]一条院御仏名、其次可来由示送、
戌終許束帯来、昨日、槐門・禅室、於今度者不及疑給由(殆ノ誤カ)
示給、又不被反掌者、頗似可凴、伺(彼辞ノ誤カ)後乱勢(ママ)二闕経通・基保、
微望家光還着、参議三人被任本一闕、又被剥親房歟、公雅・公基、各
被申請得分歟、今一人、右筆器可被任歟、所推在大丞歟、
世上事堪否難測知、当時禁中、々将一人出仕、無頭弁、
五位只高嗣一人云々、不可知世間之理非、有一身之得功
者、可為掌、即参仏名、盛進(ママ)猶為此院蔵人奔走、有頭(弘ノ誤カ)・忠康
三人同車、参訖云々、
天台座主昨日辞退、被送印鎰、新補又其仁不聞云々、今
夜僧事、千僧有定、雪月催興云々、
明日欲渡安居院、重案之、三郎童、歳内有密々首服之志、
姫君、可有魚食事、如此事、重服僧房周忌之内、尤可憚
歟、仍不顧狭少、元三之間、同宿此蓬屋哉由、此夕始案
出由云々、於老僧者、朝夕出仕、無不審事、只一身之慶
也、於屋女房等存知者、不測知由答之、
十九日丁未、　宿雪寸余、朝陽晴、
又雪興、依禅室之召、馳出了云々、興心房来給、僧事聞
書尽注裏、小姫君御邪気之間、被召籠祇候云々、
今夜内御仏名、
廿日戊申、　天晴、霜凝、
禅屋[室]参詣日吉一宿、金吾猶不可来此家云々、女房等嫌狭
少歟、未時許来、又可居賢舜[寂]宅云々、夜前参法勝寺大乗会第二日、
親俊卿只二人着座、次参御仏名、一二御導師、訴申僧事
[最]宛末超上郎、可給可被叙御教書由申、季頼、以書状申殿之間、
及夜半蒙裁許、被始事、此間隆親卿着陣、円宗寺法華
会・尊勝最勝寺灌頂・親[観]音院灌頂僧名定、弁兼隆欲書、
可遅々由依相譲、又書之、仏名公卿、内府、大納言家
良・通方・高実、中納言隆親・資頼、参儀為家、権大夫、
出行香、宗平・有殿(教ノ誤カ)加有宿(布施ノ誤カ)、中将有資・家定・能定、立
弓場砌筥文助(ママ)之列、勧盃将又同頭中将被召着、右将出仕三人、有教・定
平・雅継、為継之外四位不参、両勘解由・範氏等取火櫃、
東一条御仏名、親房卿其夜、中納言殿二位御拝賀、親房・親俊両卿参之次・忠高・顕
朝奉行・経行・範保・長氏・能定参云々、今御方違行幸
公卿三人、実有・為家・実持、冷泉万里小路、殿下可御
西山善恵房之山也、
除目執筆、通忠卿領状之上、殿内々仰、可勤由被仰云々、

忠俊執聟宅行向侍雑仕、右府被追放、禅室、以長衡、可被免由示給、於此一事者、不可随仰由被申云〻、禅室、如当時者、一定由、昨日雪中盃之仰命給、頗有外聞之恐公審・以康等、人、多聞云〻顕参法印長病終命、明禅法印悲泣云〻、南京衆徒、頻有蜂起之聞云〻、定及大事歟、

秉燭以後、宿賢［寂］舜宅、一寝之後、過夜半金吾来、脱束帯、向方違所云〻、隔物聊問答、依御寝、夜深、公卿三人・次将七人、還御、亭主可供奉、実持卿祇候、二人退出、殿下御風気、無御方違、春日御様（榊ノ誤カ）、明日御入洛由一定云〻、立春後朝、衆徒狂乱、未曽有事歟、京官除目、無故及除夜、遂不被行歟、今夜観音院灌頂、大蔵卿参云〻、書状之次、有辞退之志由、今夕示送、已可被召返歟、維月只如夢、倀子之遊何為哉、寒月清明而夜静、無風雪、聞暁鐘帰廬、

廿二［一］日己酉、　朝天快晴、

参社之輩早速帰来、世間事、以書状、奉問興心房、巳一点入坐、春日御様（榊ノ誤カ）、不奉移〻殿、明日直御入洛由、定秉馳申之間、未時許、御方違止了、自秉燭以前、御腹張令苦痛給、殆危急之間、寸分殿［不］賜仮、終夜祇候御前祈念、

今朝卯時、御腹頗落居、又令下給、可行法由、賜仮時程罷出也、宗清昨日申状、可申請被召察（禁ノ誤カ）神人、今度下手神人可召進、早可遣南都、因幡国辞退申由也、定高卿、先可遣此状於南京由申、昨日未時許、召頭弁令書下、其返事未到、此暁、武士向宇治了、祇候検非違使等、可依御所辺由被仰云〻、親尊非和解之儀、只禅室平塞衣（ママ）被補公審、前大僧正御房、泣雖申給、申不及之由被仰、深成怨欝給云〻、雖不始今事、世間只禅室之任意歟、供物馳走者之外、無宥如［恕］憐愍事、人之悲歎無尽期云〻、諸苦所因貪欲為本、法花之所説也、但親尊、年来右府家中、万事奉仕奔営之由、金蓮所語也、

今日不聞両方事、

廿二日庚戌、凶会、　朝天快晴、

尋申興心房、昨日申時、御榊未出御但猶喧〻、御風気、自申時又令発給、終夜候御前云〻、巳時、又以使被示、御榊已御木津云〻、今年除目、定不被行歟、

鴨社司又有訴訟云〻、助通被処殺害同意之、社司一同、書記請（起ノ誤カ）、子孫永不可令補社司由、議定了、今度闕、被加助通子之間、他社司禰宜已下、皆可辞其職由申、仰云、

年来夙夜我家在侍所、争不補哉云〻、雖勘発勘（ママ）、可恐神罰之由、一同称之云〻、北野盗神鏡、称新造、法師又募件盗之功、以子叙法橋、禅室被執申事云〻、毎社毎寺訴訟、太不便、夜漸深金吾来、及晩頭参殿之間、殿下已御参内訖、御榊発向事、可有公卿議定云〻、仍参禅室間、頗彼時刻（移ノ誤カ）、今朝武士已向了、為用意、分手八幡了、宇治手、引橋可在橋東由、雖被仰、可向由已被仰下訖、引橋、若聞向八幡由者、無其路而可失便宜、渡橋在一故（坂ノ誤カ）以西、若聞八幡合戦由者、取籠于中央、可摧破者、〔去〕神山衆徒、雖有放矢罪神（科ノ誤カ）、承仰向陣之上、争不遂合戦哉由称之、近日守護、武蔵国称党物、無是非懸鋒之輩、不被拘制法云〻、宗清進宮寺解状、其状至極之道理也、可申請最初被召禁神人、因幡国為幸〔宗〕清申沙汰、使此事某死去、被寄宮寺之条、猶不可叶神慮、急返上、向大炊庄、所殺害神人之薪庄神人片野馬允宗成、早可召進、可被行罪科由云〻、於南京申状者、専無其理只可流宗清云〻、円経法印密〻申、去秋、馮悪徒等、可被鎮沙汰事、内〻申入之処、長房入道、衆徒事我可語宥由申談、弥令加増悪行、遂如此、偏彼入道所為由、別当辞退返印鎰、入山寺給了、円経又以籠居云〻、

山門事、去秋、梶井、以仁栄為使、被仰定高卿、座主、以公性又被仰、是両方和合、所被示合也悪事偏被懸〔蓮花〕連前院、禅室又依殿仰、始末子細、以隆承之書、進其状殿下給、定高遣関東時、定高止隆承状、以任芳（栄ノ誤カ）・公性等意趣、在関東、因茲欲召禁者多、青蓮院泰慶、揚鞭下向関東了、自殿被尋仰之処、隆承状、急忙之間取落由、定高申、仍禅室、以其状被遣関東、返事此間到来、二条中納言被示送隆承法印申状、先度所承已以水火、早可被尋決由申云〻、於禅室者、猶争歳内不被行除目哉由、命給云〻、猶肥満儀〔蔵〕人、御榊明日可御宇治由、有其聞、孫子・呉起之軍法、若不被拘制止者、悪徒之滅亡及大事歟、尤以不便、

廿三日辛亥、朝天陰、

隣〔柳〕仰霞聳、庭松鶯啼、一昨日、被行内侍所御神楽無出御、殿無御参、拍子資季・顕氏、笛親忠、篳篥教定、琴有資云〻、頭中将奉行、老蔵人此間出仕、其夜又称母死由退出云〻、去夜事、問前納言、返事云、去夜、於御直廬、被定八幡・春日等訴事、右相府・土御門兄・六条・家光・新資・菅相公等参入、議定之詮、欲行罪科、於宗清者、宗廟祠官無其例、随又、長治光清猶有造意歟、然而明時之望〔聖断〕聊、

猶不被遂行罪条、今度宣清(宗ノ誤カ)已如無造意、以何可被行科決哉、於此条者、人々一同、欲被行大明神御帰坐、又衆徒之欝念、以何可令散哉、三ケ条訴宗清流罪事、可被付薪庄於、南都事、可被禁獄下手人事無裁許者、不可叶歟、彼是之儀難給(治ノ誤カ)之由、又一同、但先明旦被立勅便〔使〕、且被謝申神明之影向、且可被誘衆徒之愁訴歟、其上下手人宗清、可被行罪科云々、此条又可然由、各被申、而大衆不可承引之条、必然歟、御榊無為還御、宗廟可安之趣、無大奇由、被定申了、先随御使左右、退可有秘計由、有沙汰、各退出云々、

終日不見陽景、

廿四日壬子、　終夜今朝雨降、

昨日、御使左小弁兼高朝臣下向云々、除目延□(否カ)可造(告ノ誤カ)送由、頭弁昨日雖示、于今無音云々、巳時午時許、告延引由云々、於今者、定不被行歟、終日雨滂沱、

廿五日癸丑、滅日、　夜星見、朝雲分、朝陽晴、

今日、頭弁又為御使下向云々、馬允某禁獄由云々、子細不聞及、午時許、信実朝臣来次云、件下手、去夜神人奪取、登御山訖、弥増衆徒之怒歟云々、土御門大納言説也、此間事匪直也事、始終定為大事歟、

廿六日甲寅、凶会、　陽景晴、朝霞深、

鶯院〔既〕頻歌、有春気、午時許金吾来、風病更発不出仕、夜前参右府、無聞得事、明年三月公卿勅使、六条大納言已承之、是只悠紀国庄々重滅亡之外、不可有他要歟、雑人之説、御榊、昨日出木津、令着丈六堂給由、雖有云々尋常之説、惣無所云出、頭弁夜前可帰、于今無音之由、家人等今朝称之金蓮院〔説〕、只今雖参禅室、転(博ノ誤カ)奕之間不奉謁、与尊実法印空退出云々、世間儀式、不過此分限歟、拝礼御出扈従、示子頼(ママ)、依之先例喪家嫡給、遣人無此(世ノ誤カ)事歟、今度自当日歓娯、尤可然、依分配、可参尊勝寺灌頂云々、暗夜無益出仕歟、

南都濫王(望ノ誤カ)之内、菩提山僧正信円諡号事有之云々、尤可被裁許歟、金蓮、於武士之宅聞及説、自昨日申時、衆徒在平等院門前、武士引橋、夾河陣列東西岸、衆徒来加如雲云々、

廿七日乙卯、　朝天沍陰、巳後雨降、夜猶不止、

不聞世事、巳時許、典侍参法花堂権大夫殿相具、申時帰参訖、頭弁又向宇治云々、不聞其面起(趣ノ誤カ)、臨昏興〔心〕房来給、被仰衆徒三ケ条事、春日、如賀茂・八幡、可被立臨時祭

事、春日奉幣使可為公卿事、菩提山大僧正諡号事云々、
此上不承伏者、別謀反歟、
廿八日丙辰、欠　朝雲晴、
頭弁昨日申時帰、衆徒全不承伏、弥以雲集云々、是又不
知定説、
廿九日丁巳、　朝陽快晴、
紅梅纔開、黄鶯頻囀、閑地桑門、不知事之艱難、只悦春
景之早速、如何、宇治河水、風吹単幕［挙］、甲冑蒙霜雪、面
皆被裂歟、頭弁憶病、不及問答逃帰歟云々、今暁新中納
言又下向由、金吾示送、今日、三郎童密々令元服、姫君
魚食云々、又密々所調檳榔新車、令立此宅、以旧物裏、
未時許、興心房書状、昨日物詣、只今罷帰、禅室・定納
言被候御前、未入見参、無承及事、但女房説、三ケ条仰、
衆徒、更不承諾、奉捨御榊、衆徒可帰由相議云々、
卅日戊午、　朝陽晴陰、
濫人法印書状云、一昨夜、実瑜大僧都、書置数通書状、
晦跡逐電、所領二所、譲于定恵阿闍梨、暫住山寺後、可
参高野由書之、法器有其誉、官途世路無其恨、発心之由
来、更不測知云々、即魔界之所為歟、四位侍従公仲朝臣
息、母隆（盛ノ誤カ）頼朝臣次女予姪也、為高野御寵人、宿運無恨［限］、
猶々可奇、
未時許、興心房示給、衆徒事弥興盛、無申限、拝礼節会
皆止歟云々、是即天下之魔滅歟、適給仮帰赤□［院］由云々、
此外無音信之人、入夜令修鬼祭、夜天間陰、星纔見、黄
昏、上林奉興心房、蓬屋、小々雖改畳、不替翠簾、亥時
許金吾適来、終日々藹禅室、又無聞出事、資頼卿、以舟
渡、雖在平等院釣殿、宗清配流之外、綸言不可承由云々、
遇寒風難堪之間、帰東庫（岸ノ誤カ）、在船中、以使申此由、未帰京、
衆徒、相具番匠、雖欲渡橋、武士不令渡、不可奉融由、
被仰下上、不可融、依有禁制、不及弓箭剱戦、依不可融
只可突入河水、是全非殺害之儀、水練人何不存命哉由、
示合之間、怒帰了、其勢多由、雖有巷説、実正不聞［幾］云々、
是覧（ママ）□［通］公卿等之門徒所為云々、長房・定高、内々和合之
輩也云々、
殿下、元三之間、惣被行事不可有云々、於内裏者、如常［節］
会定不可然歟、但氏公卿不可出仕云々、右府之存知如此、
身又不可出門云々、即帰耳［了］、

補遺

年次等が未詳の記事と、本来は『翻刻　明月記　一』『同　二』の収載範囲であるものの、その刊行後に所在の判明した自筆本の記事を掲出した。

●建久四年（一一九三）または五年

◇大阪府立中之島図書館蔵注7

（前欠）

参進、頭中将奏度数募物等事、所掌作法了着的付座、蔵人置銭机、結付懸物、宮御方女装束付松枝、此間、出居雅行朝臣起座入、殿下令着公卿座上給於小庭着御沓、令出無名門給、

次射手、次第立継参射、権中納言・左衛門督・左兵衛督・親能、、・雅行、、・信清、、・顕兼、、・下官・隆衡侍従・頼房等也、為後弓並顕兼朝臣、信清朝臣放初矢之後、取弓矢出無名門、立継手*1、信清朝臣射畢退入、予替立、向艮注《ヤハク》、顕兼射了、取矢尻、捻向て見的、次放袖、取片矢逆ニ右手ニ持、イタツキノキワヲ取也、右手ヲ弦より伝天、ハケタル矢ヲトラヘテ、左廻、左手ニ取タル弓ヲハツシテ、カタヌキタル袖ヲ、剱のウシロヘ押遣、又肩ヲコム、腋ヲコミテ、取弓カサシテ、踏出足て放矢、ユタウシ、テ葛。手ス、須右廻、未練之間左廻、失錯也、此間、居衡重、次供御膳、顕兼跪向乾、下官又跪、袖ヲツラヌキテ、右手取弓伏之、御膳供了立、又袖ヲ▨祖《カタヌキ》天矢ヲハク、顕兼射了、又見的、如先射了、ユタウシセテ、右手取弓、左廻退入、中度自後《ウシロ》射、信清放初矢之後、立継手、射了退入後、替ニ立矢ヲハク、此間、殿下起座、令入無名門給、已立弓立了之後也、是非私事、雖家礼者、可跪哉否、未知此事、雅行又不坐乙矢未射、顕兼立継手間跪伏弓、

（後欠）

＊1射様

●建仁元年（正治三　一二〇一）カ

◇村瀬務氏蔵（嘉禄元年五月）本注8

（正月）十四日、天晴、

早旦、依召参大臣殿、見参之後退下、午時許、束帯参最勝光院御八講始也、有存旨参入、但事遅と、上卿以下未*1参、仍退出、未時許参院、御馬場殿了云と、参春宮御方、入見参退出、参大炊殿、二位参会、御悩已重云と、秉燭退出、向三条坊門、女房、為見物今夜咒師最勝寺、在此

所、即参内、人未参、亥時許、藤大納言、自官庁参着陣座以例陣座、今夜為右近陣、儲饗、宰相親雅云々、源大納言、雖在殿上、不着座、将達行向陣座辺、行事、但無着陣、将不着座、

一献右中将成家朝臣官人取瓶子、自柱内往反依擬右近陣、不知、柱有無之由存云々着軾、勧盃不取続酌、□（依カ）[　　]出、

二献少将兼季朝臣、如前[　　]将資家朝臣経柱外、如例、取続杓、*2次居湯漬、次催湯、頻遅々、持参之後、居署預粥、次舞人為永来召着軾、大納言被揖立之間、予等又儲下侍方、公卿着殿上、催出居、四人着座、経青瑣門、公卿三人着座、論義始之間、予起座退出、

今夜、清長奉行也、雖無催参入、為見公事也、帰坊門宿、臨暁女房還来、左中弁相具向最勝寺云々、公房中納言上卿、又相具皇后宮女房見物云々、

*1最勝光院御八講参事

*2御斎会内論義

十五日、　天晴、

午時許、布衣参院、訪成定朝臣、一昨日出家云々、謁女房、三位基宗・少将有通等参会、又参大炊殿、帰坊門、相具女房、帰九条、夕参上大臣殿、見参之後退下、』(7)

五月、

一日、　天晴、

自鳥羽殿天明退出、窮屈無為方、未時洗髪、日入之程参上、有殿仰等、又大臣殿見参之後、謁女房、深更退下、明日春宮陪膳忘却、有蔵人告、仍夜中示付宣房了、

日来所取聚和歌、今日結番、預置兵部少輔許了、為清書也、

八条院、御幸西大納言局亭頼盛卿後家、献出車、

二日、　天晴、

早朝、女房先出参詣日吉三名相具、巳時許、予出京依病気、遅々、*1午終参着、即宮廻三名令懐相具、共奉幣、女房先宮廻了云々、次参姫宮御宿所八条院宮也、一昨日参籠給、退下、新法眼被来、即女房帰京三名同之、秉燭以後、又参御前通夜、

*1参日吉

三日、　天晴、

巳時許宮廻登坂、午始還宿所、心神殊悩、老屈之所致也、

四旬頽齢漸暮、二世之宿望已空、可▨〔悲〕ゝゝ、
入夜、参御前通夜、
四日、　天晴、
日出之程宮廻了不登坂、今日恒例神事、内競馬ヤフサメ、
於馬場辺、雑人見物云々、夜通夜、稠人狼藉、
五日、　天晴陰、
暁懺法了、退下宿所、又参御前、御〔逢〕殿開、雑人狼藉無為
方、遅明、神輿三渡御大宮、於途中奉礼、入宿所、午時
以後、永信儲桟敷、与法眼見物、終日窮屈、祭礼存例云
々、ヤフサメ甚異様、』(2)

(前欠)
(五月五日条に続くカ)
京幷近江国住人富有物、勤仕馬頭〔上〕、尽資財供奉、是例也
云々、京童部・雑色皆悉供奉、舎人・居飼・櫳・随身、
物皆雑色所作云々、
先参上、次退下、社司着馬場屋衣冠、騎馬参社頭、次〔又〕先
下、次御輿七社渡御馬場、次競馬称馬衆男恒例勤之云々、十番了、
社司又供奉、御輿各入御本社〔直〕云々、
見物了入宿所、無益窮屈也、入夜通夜、不能宮廻、老屈
所致也、』(12)

六日、　天晴、
申時許宮廻登坂、夕帰宿所、入夜、向御匣殿宿所、謁其
母堂、還参御前通夜、
今日、自京日来沙汰歌合等持来、入道殿御判了遣之、』
(3)
七日、　天晴、
*1早旦、歌合正本取具、送親成宿禰許、須披講、而人衆更
不会合、清貧之身、又不能招請、仍示付神官了、
法眼今暁退出、御匣殿同▨〔出〕京云々、
今日内陪膳番、語付忠行少将了、
未時宮廻、会供陪時登坂、参姫宮御宿所、日入以前帰宿
所、通夜如例、』(4)

*1歌合付親成事

(六月カ)
廿一日、　天晴、
巳時許、参女院御所、午時許参院、頭弁・木工頭等参会、
内府・座主参入給、出御可及晩云々、仍退出、又参女院、

未時帰参、小時、出御〻馬場殿御船、競乗推参、
即被出競馬之結、各着例装束、人〻座如例、
内府・春宮権大夫・左兵衛督・仲経三位等、在堂上座、
公清・予』(9)*1在殿上人座、信雅・実信鼓鉦、
一番隆清/親実鼓　二番宰相中将/大弐儲勝　三親兼朝臣/御所儲御勝　近儲令打/御空鼓給
之間、親兼打鼓、/御共大略憶病［　］
四長房朝臣/有通儲勝　五番宗長追勝/親定取宗長之間、被引落、
六忠信遠追/隆仲儲勝　七有雅儲勝/頼次毎度負　八康業/景頼追勝云〻、
此間及昏、馬場末不分明、
此間、星自東入月中、退下之後見之、漸西ニ出去、不知何事、
九番成重/秀康追持云〻、　十知重/久清追勝
*2今日、内府幷宰相中将、自余上北面等多、百首殊宜之由、
有御気色□(之ヵ)趣、粗示之、日来沈思摧心肝、今聞此事、心
中甚涼、及感涙、生而遇斯時、自愛難休、』(10)

*1競馬事

*2人〻語百首宜之由有御気色之趣事

○「今日、内府幷」以下を、一条兼良抄出『明月記　歌道事』では建仁元年六月十三日条とする。

廿日(七月ヵ)、　天晴、未時雨灑、即止、
巳時、参安楽寿院之間、今日川上御幸之由聞之、仍馳参
御所、問人〻、一定云〻、一品宮渡御之間、三位中将殿
*1御共可参之由、雖有女院仰、先参御幸御共、可帰参之由
思之、
午終御〻船、御南殿如例、馳出御幸桂川上、/狩装束、布衣之輩如
*2例、自作路入朱雀、壬生北行経二条大宮参儲、過知息院辺
之後、雨灑、不及笠、顕兼・公清・親実・隆仲・定通
自一条/出来・師季等也、小時御幸、人〻皆悉水練、予一人、
依身不堪、不解衣裳*3、還為恐、終日納涼、風水漸冷、日
入之程、入御〻所、人〻各行饌、即御〻輿、布衣之輩前
駈、自大宮大路還御、入御七条院七条殿、無程又出御〻鳥羽
殿、入御了退出、
信雅・公清・師季・忠信・実快童直垂・有通等許参、自
余留京辺、一品宮入御了云〻、参安楽寿院、申此恐退
下、』(8)

*1御幸川上狩装束事

*2布衣人自作路参事

*3依身不堪一身不解衣装事

●建保元年（建暦三　一二一三）

◇九州国立博物館蔵

○『翻刻　明月記　二』（327〜328ページ）で慶長本を底本に二月十日・十二日条として翻刻したが、自筆本の出現を受けて正せる箇所が存存するため、あらためて掲出した。

（二月）十一日、　夜雨晴、朝陽鮮、
*1巳刻許出京、参詣日吉、未始許直参宝前、小時奉幣、宮廻了、退宿所休息、又出登坂、奉拝八王子宝前、退下、又参十禅師御前、秉燭以後退下、一位入道公時卿、参籠奉幣云々、
親成宿禰来談、服者同宿、不可有指憚、始精進日、別火可渡他所者、
亥時許、通夜夏堂、
　*1参日吉

十二日、　天晴、
暁退下、小時帰京、於辛崎辺天漸明、
*1秉燭以後、参歓喜光院束帯、依打梨也、奉行院司五位時長前民部在座、予着座、招寄問公卿参、無他人云々、僧参入了、然者可始歟由示□〔之〕、布施取殿上人・楽人等不参云々、予云、漸始者定参会歟、又可被示合僧達、ゝゝ可早始由相議、初夜導師入ゝ▨〔昇〕了、勤了退下、次問楽人参ゝ乱声了▨〔初夜〕参進了後、只今参会云々、即大導師昇有楽、又三十二相楽之間、隆範朝臣参入、錫杖之間、置導師布施、隆範奉行取之間、予起座退出出入巽角南面戸、帰廬極早速、
　*1歓喜光院修二月

●同年カ

◇林原美術館蔵注9

（前欠）

（二月十六日以降二十一日以前カ）相具少将、為歴覧参閑院、敦通少将不□〔勘カ〕□相共見廻、宜陽殿・敷政門・宣仁門・陣座・軒廊・南殿・仙華・明義・無名・左青璅・殿上・神仙門・下侍・弓場殿・*1校書殿東面□　□仁寿殿西土廂代等、一所大内、日月花門、如普通中□高大、其南有華美釣台□□□□□〔東面カ〕・内侍所、其南有反釣殿、西為殿下御直□〔廬カ〕

（後欠）

＊1閑院殿歴覧事

●嘉禄元年（元仁二　一二二五）以降

◇善光寺大勧進蔵注10

（前欠）

流枠下手人可□（潰カ）間□（事カ）□

此間、兵庫庄安嘉門御領、光盛妹一条殿知大弐給之、半物雑仕装束詮分

可勤仕云ゝ、件庄本自熟所也、春華門御墓所仏聖用途二百余

石、無未下究済

（後欠）

注

注1　東京国立博物館蔵「嘉禄三年四月記」は12紙からなる巻子装一巻。同年四月から六月にかけてと嘉禄元年の記事からなるが、嘉禄三年四月の連続した一巻に見えるように改装されている。年月日の比定は五味文彦『明月記の史料学』（青史出版　二〇〇〇年）にしたがう。

注2　嘉禄三年夏の断簡類の年月日の比定は東京大学史料編纂所研究成果報告二〇一二—七『断簡・逸文・紙背文書の蒐集による「明月記」原本の復元的研究』（二〇一三年）にしたがう。

注3　天理大学附属天理図書館蔵「嘉禄三年七月他記」は12紙からなる巻子装一巻。同年七月と寛喜二年九月の記事からなるが、嘉禄三年七月の連続した一巻に見えるように改装されている。

注4　天理大学附属天理図書館蔵「嘉禄三年八・九月他記」は15紙からなる巻子装一巻。14紙までは同年八・九月の記事だが、15紙のみは同年七月の記事。連続した一巻に見えるように改装されている。

注5　東京大学史料編纂所レクチグラフ（六八〇〇／五〇）によれば16紙からなる巻子装一巻。貞永二年四月一日〜二十九日の連続した一巻に見えるように改装されているか。四月二十三日〜二十九日とある12紙以降（実際は五月八日〜九日・十一日・二十四日〜二十九日）は日付や干支が改変されているか。

注6　東京国立博物館蔵「天福元年六月記」は16紙からなる巻子装一巻。巻頭に後筆で「建暦二年」とあり。

注7　年の比定は（注2）書にしたがう。

注8　村瀬務氏蔵「嘉禄元年五月記」は15紙からなる巻子装一巻。嘉禄元年五月一日〜二十八日（十二日〜十三日、十六日〜十九日は欠）の連続した一巻に見えるように改装されている。1・5〜6・11・13〜15紙は『翻刻　明月記　二』で翻刻ずみ。

注9　年月日の比定は林原美術館の発表にしたがう。

注10　（注7）に同じ。

底本一覧

月日欄のゴチック体は底本が自筆本、明朝体は写本であることを示す。推定による日付の場合は（　）で括った。参を付した日付は自筆本・写本の底本が得られず既存の翻刻から参考掲出したものである。東京大学史料編纂所柳原家旧蔵本謄写本については解題を参照されたい。

［史］は東京大学史料編纂所の略、［目］は売立目録の東京文化財研究所における架番を示す。冷泉家時雨亭叢書（朝日新聞社刊）は「叢書」と略した。

注番号は翻刻本文におけるそれと一致している。

No.	始月日～終月日	所蔵（巻名・巻次等）／写本／写真
	安貞元年（嘉禄三年　一二二七）	
401	**正月一日～閏三月二十九日**	北村美術館蔵「嘉禄三年春記」
402	**四月一日～六日**	東京国立博物館蔵「嘉禄三年四月記」（1～2紙）注1
403	**四月九日**	［目］一七〇二一（昭11年1月24日村瀬庸庵）注2
404	**四月十四日～十七日**	「北日本新聞」（昭56年2月7日）掲載写真注2
405	**四月二十二日～二十三日**	静岡県立美術館蔵注2
406	**四月二十五日**	大阪青山歴史文学博物館蔵注2
407	**四月二十六日～二十八日**	善本五百種展観入札会出品「御切」（昭36年11月15日）注2
408	**五月十日～十一日**	『加島美術新春書画幅逸品目録』（平16年1月）掲載写真注2
409	**五月十四日**	清和書道会蔵注2
410	五月二十一日～二十二日	［史］影写本（三〇七一・三六／一六／二）
411	**五月二十三日**	佐佐木信綱編『竹柏園蔵書志』掲載写真注2
412	**五月二十三日～二十四日**	五島美術館蔵注2
413	**五月二十四日～二十七日**	東京国立博物館蔵「嘉禄三年四月記」（11紙）注1
414	**五月二十八日**	田中登編『平成新修古筆資料集　一』掲載写真注2

415	六月六日～八日	東大寺図書館蔵注2
416	（六月十日）～十五日	東京国立博物館蔵「嘉禄三年四月記」（6～8紙）注1
417	（六月二十一日）～二十四日	『鴨東通信』七五掲載写真注2
418	（六月二十七日）～三十日	東京国立博物館蔵「嘉禄三年四月記」（12紙）注1
419	（夏ヵ某日）	國學院大學図書館蔵注2
420	嘉禄三年秋記旧表紙	冷泉家時雨亭文庫蔵「附　旧表紙集」（9紙）（叢書60巻『明月記　五』）
421	七月一日～二十二日	天理大学附属天理図書館蔵「嘉禄三年七月他記」（1～8紙）注3
422	七月二十二日	東京大学総合図書館蔵野宮定基旧蔵本
423	七月二十三日～二十八日	紅葉山文庫旧蔵本（一〇五―〇〇〇二）（一一）
424	七月二十八日～九月七日	天理大学附属天理図書館蔵「嘉禄三年八・九月他記」（15紙・1～8紙）注4
425	九月七日	紅葉山文庫旧蔵本（一〇五―〇〇〇二）（一一）
426	九月七日～二十六日	天理大学附属天理図書館蔵「嘉禄三年八・九月他記」（9～13紙）注4
427	九月二十六日	紅葉山文庫旧蔵本（一〇五―〇〇〇二）（一一）
428	九月二十六日～二十八日	天理大学附属天理図書館蔵「嘉禄三年八・九月他記」（14紙）注4
	参九月二十八日～二十九日	国書刊行会本所収逸文
429	十月一日～十二月二十九日	冷泉家時雨亭文庫蔵「第四十一　嘉禄三年冬記」（叢書59巻『明月記　四』）
●寛喜元年（安貞三年　一二二九）		
430	三月一日～四月三十日	冷泉家時雨亭文庫蔵「第四十二　寛喜元年三月四月記」（叢書59巻『明月記　四』）
431	五月一日～六月二十九日	東京　蓮念寺蔵「寛喜元年五月六月記」
432	七月一日～九月三十日	冷泉家時雨亭文庫蔵「第四十三　寛喜元年秋記」（叢書59巻『明月記　四』）
433	十月一日～十一月十七日	冷泉家時雨亭文庫蔵「第四十四　寛喜元年冬上記」（叢書59巻『明月記　四』）
434	十一月十八日～十二月二十九日	冷泉為久書写本（五二）
●寛喜二年（一二三〇）		
435	寛喜二年正月閏正月記旧表紙	冷泉家時雨亭文庫蔵「附　旧表紙集」（10紙）（叢書60巻『明月記　五』）
436	正月一日～三十日	［史］写真帳（六一七三／四一一八）

437 閏正月一日　冷泉家時雨亭文庫蔵「第四十五　寛喜二年閏正月記」（2紙）（叢書第59巻『明月記　四』）

438 閏正月一日～三日　『日本歴史』二五五掲載写真

439 閏正月三日～四日　慶長本（内閣文庫蔵　特九七―二（五一））

440 閏正月五日～二十七日　冷泉家時雨亭文庫蔵「第四十五　寛喜二年閏正月記」（3～12紙）（叢書第59巻『明月記　四』）

441 閏正月二十七日～二十九日　慶長本（内閣文庫蔵　特九七―二（五一））

442 二月一日～三月二十九日　冷泉家時雨亭文庫蔵「第四十六　寛喜二年二月三月記」（叢書第59巻『明月記　四』）

443 寛喜二年四月記表紙　［目］一六八八（昭10年12月3日関戸松下軒）

444 四月一日～三日　慶長本（内閣文庫蔵　特九七―二（五三））

445 四月四日～六日　冷泉為弘氏所蔵「手鑑」のうち

446 四月六日～二十二日　慶長本（内閣文庫蔵　特九七―二（五三））

447 四月二十二日～六月二十九日　冷泉家時雨亭文庫蔵「第四十七　寛喜二年四月五月六月記」（叢書第60巻『明月記　五』）

448 七月一日～九月九日　［史］写真帳（六一七三／三二〇）

449 九月九日～十二日　慶應義塾大学蔵

450 九月十三日　小林強・高城弘一著『古筆切研究　第一集』掲載写真

451 九月十三日　慶長本（内閣文庫蔵　特九七―二（五五））

452 九月十三日～十四日　公益財団法人徳川黎明会蔵

453 九月十四日～十五日　慶長本（内閣文庫蔵　特九七―二（五五））

454 九月十六日～十七日　個人蔵

455 九月十七日～二十二日　慶長本（内閣文庫蔵　特九七―二（五五））

456 九月二十三日～三十日　天理大学附属天理図書館蔵「嘉禄三年七月他記」（9～12紙）注3

457 十月一日～十二月三十日　冷泉家時雨亭文庫蔵「第四十八　寛喜二年冬記」（叢書第60巻『明月記　五』）

●寛喜三年（一二三一）

458 正月一日～三月三十日　冷泉家時雨亭文庫蔵「第四十九　寛喜三年春記」（叢書第60巻『明月記　五』）

459 七月一日～九月二十九日　冷泉家時雨亭文庫蔵「第五十　寛喜三年秋記」（叢書第60巻『明月記　五』）

●貞永元年（寛喜四年　一二三二）

参六月十三日・十月二日　［史］柳原家旧蔵本謄写本（二〇七三／二一一）

●天福元年（貞永二年　一二三三）

460 正月一日～三月三十日　冷泉家時雨亭文庫蔵「第五十一　貞永二年春記」（叢書第60巻『明月記　五』）
461 四月一日～二十三日　［史］レクチグラフ（六八〇〇／五〇）（1～11紙）注5
462 四月二十四日～二十六日　慶長本（内閣文庫蔵　特九七―二（六〇））
463 四月二十七日～二十八日　美保神社蔵
464 四月二十八日～五月八日　慶長本（内閣文庫蔵　特九七―二（六〇））
465 五月八日～九日　［史］レクチグラフ（六八〇〇／五〇）（12紙）注5
466 五月九日～十一日　慶長本（内閣文庫蔵　特九七―二（六〇））
467 五月十一日　［史］レクチグラフ（六八〇〇／五〇）（16紙）注5
468 五月十二日～十三日　慶長本（内閣文庫蔵　特九七―二（六〇））
469 五月十四日～十七日　東京国立博物館蔵「天福元年六月記」（9紙）注6
470 五月十八日～二十一日　慶長本（内閣文庫蔵　特九七―二（六〇））
471 五月二十一日　静嘉堂文庫蔵
472 五月二十二日～二十四日　慶長本（内閣文庫蔵　特九七―二（六〇））
473 五月二十四日～二十九日　［史］レクチグラフ（六八〇〇／五〇）（13～15紙）注5
474 五月二十九日　慶長本（内閣文庫蔵　特九七―二（六〇））
475 六月一日～十日　東京国立博物館蔵「天福元年六月記」（1～6紙）注6
476 六月十日　『古典籍展観大入札会目録』（平20年11月）掲載写真
477 六月十日　慶長本（内閣文庫蔵　特九七―二（六〇））
478 六月十日～十一日　東京国立博物館蔵「天福元年六月記」（7紙途中まで）注6
479 六月十一日　慶長本（内閣文庫蔵　特九七―二（六〇））
480 六月十一日～十三日　東京国立博物館蔵「天福元年六月記」（7～8紙）注6
481 六月十三日～十七日　慶長本（内閣文庫蔵　特九七―二（六〇））
482 六月十八日～二十三日　東京国立博物館蔵「天福元年六月記」（10～12紙）注6

483 六月二十三日　慶長本（内閣文庫蔵　特九七―二〔六〇〕）

484 六月二十四日～二十九日　東京国立博物館蔵「天福元年六月記」（13～16紙）注6

485 七月一日～八月二十九日　個人蔵「天福元年七月八月記」

486 九月一日～十一月七日　冷泉家時雨亭文庫蔵「第五十二　天福元年九月十月十一月記」（叢書第60巻『明月記 五』）

487 十一月八日～十二月二十九日　日本大学総合学術情報センター蔵「天福元年十一月十二月記」

●文暦元年（天福二年　一二三四）

参五月某日・六月三日　［史］柳原家旧蔵本謄写本（二〇七三／一一一）

488 七月一日～九月二十九日　国立歴史民俗博物館蔵二条良基編『日次記』（癸四）

●嘉禎元年（文暦二年　一二三五）

489 正月一日～三月二十九日　国立歴史民俗博物館蔵二条良基編『日次記』（癸六）

490 四月一日～閏六月三十日　冷泉為久書写本〔一五〕

491 十月一日～十二月三十日　東山御文庫蔵二条良基編『日次記』（癸八）

●補遺

（建久四年〈一一九三〉または五年某月某日）
大阪府立中之島図書館蔵注7

（建仁元年〈正治三　一二〇一〉ヵ正月十四日～十五日・五月一日～七日・六月ヵ二十一日・七月ヵ二十日）
村瀬務氏蔵「嘉禄元年五月記」（7・2・12・3～4・9～10・8紙）注8

（建保元年〈建暦三　一二一三〉二月十一日～十二日）
九州国立博物館蔵

（同年ヵ二月十六日以降二十一日以前ヵ）
林原美術館蔵「日本古筆手鑑」のうち注9

（嘉禄元年〈元仁二　一二二五〉以降某月某日）
善光寺大勧進蔵注10

解題

冷泉家時雨亭文庫

本巻には、『明月記』の安貞元年（一二二七、嘉禄三年十二月十日改元）から嘉禎元年（一二三五、文暦二年九月十九日改元）までの記事を収めた。本巻をもって、『翻刻　明月記』全三巻が完結となる。

本書の底本の選定方針について、今一度説明しておく。

まず、公益財団法人冷泉家時雨亭文庫が所蔵する定家自筆本をはじめ、諸機関・民間に散在している自筆本についても、断簡も含めて可能な限り博捜し、これを用いた。なかには『翻刻　明月記　一』『同　二』刊行後に確認された自筆本断簡もあり、本巻に「補遺」の章を設けて収載することとした。

次に、自筆本の現存が確認されない部分、あるいは自筆本でも破損などにより判読が不能な箇所については、国立公文書館内閣文庫蔵の慶長本『明月記』（特九七—二）をはじめ、複数の『明月記』の写本や抄出本、部類記を適宜用いた。詳細な年次と底本の対応については、各巻の解題及び底本一覧表を参照されたい。

翻刻の方針については凡例に述べるとおりである。本書は底本に忠実な翻刻をすることを旨とし、いたずらに翻刻者の判断による傍記を付さないことを心掛けてきた。ただし、本巻収録のうち最末期にあたる天福二年（一二三四、十一月五日に文暦に改元される）秋、文暦二年（一二三五、九月十九日に嘉禎に改元される）春・夏・冬の記事については、定家自筆本が現存しない上に、底本も定家自筆本からの書写とは考えられず、明らかに誤写と判断される箇所が目立った。そこで、利用者の読解の便宜を図るために、可能な限り、字形からもとの文字を推測して、それを示すようにした。以下、この点について述べる。

天福二年秋記、文暦二年春・夏・嘉禎元年冬記の底本としたのは、二条良基編『日次記』または冷泉為久書写本である。両書ともにこれらの部分の記事をすべて有している。まず両書について簡単に説明しておく。

二条良基編『日次記』（以下、『日次記』とする）は、二条良基（一三二〇—八八）による古記録の編纂本である。複数の写本があるが、貞享二年（一六八五）に霊元天皇が書写させたものが、最善本であるとされている（石田実洋「『明月記』延宝奥書本をめぐって」〈『日本歴史』六四七、二〇〇二年四月〉）。この貞享写本は、現在、東山御文庫（勅封五〜八函）と国立歴史民俗博物館（高松宮家伝来。一〇〇〇・ソ函二）とに分かれていて、天福二年秋記と文暦二年春記は国立歴史民俗博物館に、文暦二年夏・嘉禎元年冬記は東山御文庫に蔵されている。なお、『日次記』はこれまでも、建久九年（一一九八）や嘉禄元年（一二二五）の一部の条で底本に用いている。

冷泉為久書写本（以下、為久本とする）は、冷泉家第十四代為久（一六八六―一七四一）が中心となって書写したもので、当時冷泉家に所蔵されていた定家自筆本を書写したものと、紛失により他家所蔵の写本を求めて書写したものとからなる（『翻刻 明月記 二』解題参照）。これまでも底本の破損箇所などを補うのに使用してきた。天福二年秋記、文暦二年春・夏・嘉禎元年冬記は、いずれも他家所蔵の写本を求めて書写したものである。

両書を比較した上で、底本には、天福二年秋記は『日次記』（国立歴史民俗博物館蔵〔癸四〕）、文暦二年春記は『日次記』（国立歴史民俗博物館蔵〔癸六〕）、同夏記は為久本、嘉禎元年冬記は『日次記』（東山御文庫蔵〔癸八〕）を選び、他方を必要に応じて傍記で示した。底本を選定した基準については後に述べる。

これらの記事には、両書ともに、誤写と判断される箇所や、解読できずに字形を模写している箇所が多く、また特に『日次記』には校正した箇所（見せ消ちで訂正する、あるいは「〇歟」と傍記する）が目立つ。けれども、これらを比較し、さらに定家自筆本も参照すると、いくらか誤写の傾向や背景が読み取れるところもある。そこで翻刻では、次のような処置をとることとした。

1．『日次記』と為久本とで文字が異なり、どちらが正しいか判断できない場合は、傍記を付して示した（これまでは、底本を他本で訂正できる場合にのみ、傍記を付している）。

2. 底本で、傍記（「〇歟」など）や見せ消ち等による訂正が正しいと判断される場合は、本行の文字を翻刻せず、傍記や訂正による文字を採用した。

3. 底本で、傍記（「〇歟」など）や見せ消ち等による訂正があっても、前後の文字から校正者が推測したに過ぎないと判断されることがある。この場合、傍記や訂正が正しいとは言えないので、本行の文字を採用し、傍記や訂正は翻刻しなかった。

（例1）図1『日次記』は「夜香尼公」とし、「香」を見せ消ちして「来」と訂正するが、これは校訂者が「香尼公」を理解できずに、自身の判断で「来」に訂正したと考えられる（為久本は「夜香尼公」とする）。そこで「夜香尼公」と翻刻し、見せ消ちや訂正は翻刻しなかった。

図1『日次記』天福二年七月十四日条

4. 底本では、書写者が解読できずに字形を模写している文字でも、定家自筆本を参照することで、もとの文字を推測できることがある。この場合、推測される文字を本行に入れるか、または本行を□にして（〇ヵ）と傍記した。

（例2）図2『日次記』の二文字目は字形を模写したものと推測される（為久本は「殊剰」のようにする）。定家自筆本の図3が「殊刷」と読めることから、図2も「殊刷」と翻刻した。

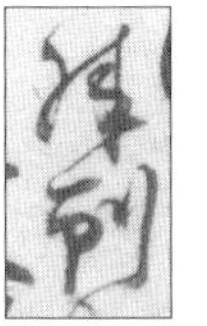

図2『日次記』嘉禎元年十一月二十四日条。刷の右は書写者の疑念を示す印か＝上
図3自筆本天福元年十月六日条＝下

5. 底本の文字が明らかであっても、誤写の可能性が考えられることがある。さらに、底本の誤写に傾向が見出され

ることで、もとの文字を推測できることがある。この場合、推測される文字を（○ノ誤ヵ）と傍記した。

（例3）図4『日次記』に「不下御遅参」とあるが（為久本も同様）、図5『日次記』に「大将不《殿歟》」（為久本も「大将不」とする）とあるように、『日次記』も為久本も「殿」を「不」と誤記する傾向にある。これは「殿」と「不」の字体が似ているためである。そこで図4は「不（殿ノ誤ヵ）下御遅参」と翻刻した。なお、図5は2の判断に従い「大将殿」と翻刻した。

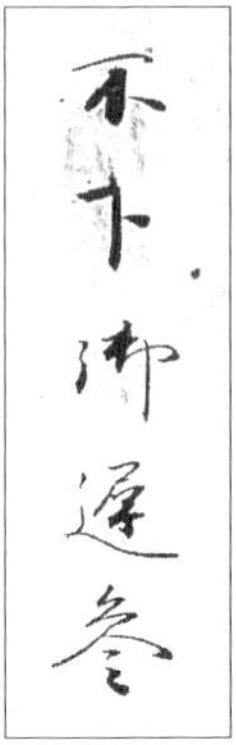

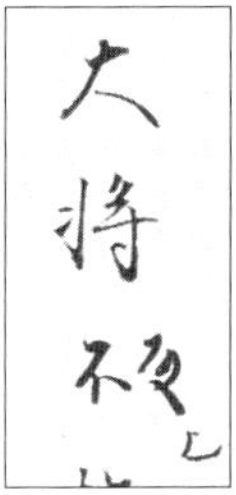

図4『日次記』嘉禎元年十二月十五日条＝上
図5『日次記』文暦二年二月四日条＝下

（例4）図6『日次記』に「所重有孫子之覚重前」とあるが（為久本も同じ。但し下から二字目の「重」を空白にする）、図7定家自筆本の「競望」の字体からも推測できるように、「競」を「覚」と、「望」を「重」と誤記する可能性が考えられる。そのことは図8『日次記』の見せ消ちによる訂正からも確認できる。そこで図6については、「所重（望ノ誤ヵ）有孫子之覚重（競望ノ誤ヵ）前」と翻刻した。

図6『日次記』嘉禎元年十二月九日条　図7自筆本寛喜三年二月一日条　図8『日次記』嘉禎元年十二月十三日条＝上から

さらに、『日次記』と為久本は、「望」と「違」とを誤記する傾向もある。これは定家自筆本の図9「無其望」と図10「無相違由」を比較すれば分かるように、「望」「違」の字体が似ているためである。したがって、図11『日次記』は「望（違ノ誤ヵ）例」、図12『日次記』は「望（違ノ誤ヵ）失由」と翻刻した。

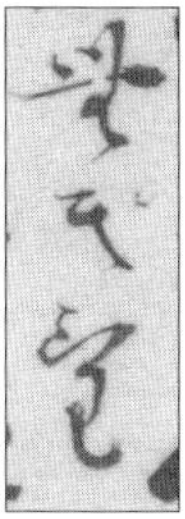

図9 自筆本寛喜二年六月四日条
図10 自筆本寛喜三年正月九日条
図11 『日次記』文暦二年正月三日条
図12 『日次記』文暦二年正月二十七日条＝右上から左下へ

以上は、一部の例をあげたのみである。2〜5については、これまでも定家自筆本以外を底本とした際に、同様の処置をとったところもあるけれども、この天福二年秋記、文暦二年春・夏・嘉禎元年冬記については、その対象が多数に上ったことを強調しておきたい。

このような翻刻時の処置も踏まえて、『日次記』と為久本のいずれを底本とするかを判断した。すなわち、①誤写が少ないか、②自筆本の用字に沿っているか、③翻刻者が誤字の訂正やもとの文字の推測をしやすいか、④利用者が翻刻者の判断の適否を検証しやすいか、といった点を考慮した。その結果、先に述べたように一方を底本に選び、他方を参照することで翻刻を作成した。

なお、これらの記事について、定家自筆本が一切現存せず、また誤写が目立つことは、『明月記』の享受と関係があるだろう。

史料は、享受と用途の性格により変化する。『明月記』もその例外ではない。そもそも、定家の時代の貴族日記は、公務用であり（『九条殿御遺誡』）、子孫の宮仕えの先例として遺すために、出家後に編集をするのが習いであった。

『明月記』も天福元年（一二三三）十月の定家出家以後に切り継ぎ等の編集がされたのであろう。この「編集」過程については、本叢書別巻一『翻刻 明月記紙背文書』解題「紙背文書と相批ぎ」（藤本孝一執筆）で、巻子本である『明月記』の造本の側面からも論述している。参看願いたい。

では、出家後に遺されている『明月記』をどう解釈したらよいのであろうか。定家の『熊野御幸記』一巻（国宝、三井文庫蔵）があるように、「別記」が作られていたのであろうと考える。

定家が日記を書いていた時期は、為家が阿仏尼に宛てた文永十年（一二七三）七月二十四日付「融覚藤原為家譲状」（冷泉家時雨亭叢書第五十一巻『冷泉家古文書』所収3号文書）に「故中納言入道殿日記自治承、至于仁治」とあるように治承（一一七七—八一）から仁治（一二四〇—四三）年間であることがわかる。定家は仁治二年八月二十日に八十歳で薨去しているから、ほぼ最晩年に至るまで日記を書いていたことが知れる。しかし現在確認される『明月記』は嘉禎元年の末までである。嘉禎二年以降の日記は遺されていないが、日記は書かれていた。

日記の伝存について、重要な二本の論文がある。山本信吉「『親信卿記』の研究」と今江広道「『小右記』古写本成立私考」である。ともに『日本史籍論集（上）』（吉川弘文館、昭和四十四年）に収載されている。山本氏は、「当時日記の抄出、あるいは部類抜き書が盛んに行われ、後世本記が紛失した時には部類記、あるいはこれに別記を加えて年月日順に復原している例をいくつかみることができる」とし、「『親信卿記』の場合、本記が早く亡くなったか、その他の理由で、部類記事が本記同様に扱われ、その孫行親の時にはすでに部類記事からの本記復原が行われたと解されるのである」（三二四頁）と記す。今江氏は、「部類されるのは日次記が中心になる。従つて、『小右記』写本に見られる異例日附表記の部分は本来、『小右記』の一部であつて、それを一度、云はゞ〝小右記部類〟とでも称すべきものに部類され、その部類記から、再びもとの当該年次条に還元されたものと考へられる」（三五〇頁）と記す。ここにいう「異例日附表記」とは「『小右記』現存写本中には、不必要と思はれる年月を冠し、或は傍書した所、同一日附の重出して居る所、日次の乱れて居る所等が甚だ多い」(三三六頁)と説明されるものである。結論として、「平安・鎌倉期の写本である前田本・九条本・伏見宮本と云ふ『小右記』の三大古写本の孰れもが、既にこの過程を経た後の成立である事を明らかにし、幾つかある異例日附表記の型の成立事情を推定した」(三五九頁)とある。こうして伝存『小右記』は、実資が毎日書いていた日記からではなく、別記・部類記等から年代順に復元した日記であり、それも早く平安時代後期には行われていたことが立証された。このように、ともに、後世に別記・部類記等から日記が復元されることが多かったと論述している。

この点、『明月記』に異例日附表記が端的にみられるのが、国書刊行会本も『大日本史料』も採録している柳原家旧蔵本『明月記』の『新勅撰和歌集』関連記事である。うち本巻には、ほかに底本を得ることができなかった貞永元年六月十三日条、同十月二日条、天福二年五月某日条、同六月三日条を参考掲出している。東京大学史料編纂所の謄写本(二〇七三/二一一)によれば、筆者の柳原紀光(一七四六―一八〇〇)は冒頭で「貞永元六十月　天福元九十月　同二五六十十一月　文暦二三月/右新勅撰撰進間事記」と記している。ただ、同写本には勅撰集関係以外にも天福元年九月十八日条の藻璧門院崩御記事と同十月十一日条の定家出家記事も含まれ、記事全体が異例日附表記で書かれている。そうなると、別記・部類記等から年次に従って復元された『明月記』とみることができよう。また、『明月記』の別記・部類記については、『翻刻　明月記　二』の解題で、「(承久の)乱に関係した建保二年から元仁元年間の日記を、乱後に幕府の処断を逃れるために廃棄するにあたり、有職故実だけを部類して遺したものが伝えられた」(七四二頁)と記述した。この前後の『明月記』は、同巻の底本一覧表に頻出する『明月記別記』『明月記　歌道事』『為政録』や『伏見宮御記録　仙洞御移徙部類記』なども、遺された別記や部類記をもとに編纂されたものであろう。

本巻に翻刻した天福二年秋記、文暦二年春・夏・嘉禎元年冬記は『明月記』の伝存している最終年次である。貴族日記の場合、編纂が終わると、元になった日記は破棄するか燃やすかなどされていた。定家は出家後に編纂し終わった原本を処理した後も、日記を書いていた。定家薨去後に遺されていた日記が、為家以降に編纂されたと思われる。この期間の日記の中に、興味を引く「小倉百人一首」の原型についての記事（文暦二年五月二十七日条）が書かれていることなどもあり、一種の別記が作られていたのだろうと思われる。その別記を、二条良基が年次に従って復元し、『日次記』としたのではなかろうか。元になった別記が定家自身の監督のない書写であったために、右に例示したようにわかり難い箇所が多数出てきたのではないかと推測する。

出家の前と後とでは、貴族たちの日記に対する姿勢には大きな隔たりがあったと思える。定家の私家集『拾遺愚草』が遁世歌で終わっていることからもうかがえるように、出家後の世界を俗世と区別する意識があったのである。

自筆本が現存する部分、また断簡となっている部分、あるいは自筆本が現存せず写本や抄出本によってしか確認し得ない部分、さらには抄出本や部類記などにも見出せない部分など、現在、我々が触れられる『明月記』の本文の姿は様々である。このような複雑な状態で本文が伝えられてきたこと自体が、『明月記』の長い享受の歴史を物語っているると言えるだろう。本書がその歴史を受け止め、また次の時代へと繋いでいく役割を果たすことができれば幸いである。

（田中倫子・橋本正俊・藤本孝一）

冷泉家時雨亭叢書　別巻四

翻刻 明月記 三　自 安貞元年　至 嘉禎元年

二〇一八年五月一日　第一刷発行

編　者　公益財団法人冷泉家時雨亭文庫
理事長　冷泉為人

発行者　渡辺雅隆

印刷製本　精興社

発行所　朝日新聞社

発　売　朝日新聞出版
〒104-8011　東京都中央区築地五－三－二
電話　〇三－五五四一－八七九五（編集）
〇三－五五四〇－七七九三（販売）

装　本　熊谷博人

定価はカバーに表示してあります。落丁・乱丁本の場合は、朝日新聞出版業務部（電話〇三－五五四〇－七八〇〇）へご連絡ください。送料弊社負担にてお取り替えいたします。

ISBN978-4-02-240388-9 Printed in Japan